张海鹏先生
八秩初度纪念文集

Commemorative Edition for
the 80th Anniversary
of Mr. Zhang Haipeng's Birth

李细珠　赵庆云◎主编

社会科学文献出版社
SOCIAL SCIENCES ACADEMIC PRESS (CHINA)

张海鹏

　　1939 年 5 月生于湖北省汉川县。1964 年 7 月毕业于武汉大学历史学系。1964 年 8 月进入中国科学院近代史研究所（1977 年后改属中国社会科学院）工作。1979 年评定为助理研究员，1985 年评为副研究员，1990 年升任研究员。现任中国社会科学院学部委员，马克思主义理论研究与建设工程首席专家、国家哲学社会科学研究专家咨询委员会委员、全国哲学社会科学规划办公室中国历史学科评审小组召集人、中国社会科学院台湾史研究中心主任、国台办海峡两岸关系研究中心学术顾问、中国社会科学院史学理论研究中心顾问、教育部统筹推进"双一流"大学专家委员会委员、新华通讯社特约观察员、山东大学特聘一级教授、国家清史编纂委员会委员等。曾任中国社会科学院近代史研究所所长、中国社会科学院文史哲学部副主任、中国史学会会长、中国孙中山研究会会长、中国义和团研究会理事长、第十届全国人大代表、国务院学位委员会委员兼历史学科评议组召集人、中国地方志指导小组成员等。学术专长为中国近代史研究，主要学术成果有《中国近代史稿地图集》《追求集：近代中国历史进程的探索》《张海鹏集》《张海鹏自选集》《中国近代史基本问题研究》《书生议政——中国近代史学者看台湾的历史与现实》；主编有《中国近代通史》（十卷本）、《台湾史稿》（两卷本）以及"马工程"重点教材《中国近代史》等；发表有关中国近代史研究理论方法、中国近代史专题研究和涉及香港、澳门、台湾以及中日关系问题等各类文章约 400 篇。

目　录

我的学术，我的理想，我的人生

张海鹏

我出生在 1939 年 5 月。那正是抗日战争进入相持阶段的时候。我的家乡在汉口以西不过 50 公里的汉川县农村。大革命时期汉川县是农民运动活跃的地区之一，还成立过苏维埃。日本侵略军到过那里。新四军也在那一带活动。我记得，抗战胜利后，国民党军队在那里驻扎。我上过一年私塾，1946 年上小学。我的小学时代基本是在战争环境下度过的。

1951 年小学毕业，考上湖北省立马口中学（省重点），1954 年初中毕业，考上了湖北省孝感高级中学。1954 年的长江大水，冲掉了我上高中的梦想。1954 年 7 月到 1956 年 8 月，我在家乡种田，当了两年农民，参与了互助合作运动全过程，当过高级农业社会计。1959 年高中毕业，考上了武汉大学历史学系，在那里受到了良好的大学教育，也经历了从三年困难时期到经济恢复时期的全过程。

我在大学的学年论文做的是秦汉之际的游侠，毕业论文做的是苏美建交问题。我本来想报考中国科学院历史研究所侯外庐先生的研究生，临考前历史系党总支通知我，要我报考外交学院，我考上了外交学院外交研究班。我没有能够去读外交学院研究班，却被中国科学院近代史研究所要来了。此后，我的人生和我的学术道路，就与近代史研究所紧密联系在一起了。

我在近代史所经历的"四清"与"文化大革命"

1964 年 8 月中旬，我从武汉大学历史系毕业后，进入了中国科学院近代史研究所。近代史研究所隶属于中国科学院哲学社会科学部，简称学部。那年，我刚满 25 岁，青春焕发，正是激情燃烧的岁月。能进入首都北京，能走进最高科学殿堂，心情无比激动。但是，在最高科学殿堂里，真正从事中国近代史的学术研究，却是在 13 年以后，即在 1978 年以后，1979 年，我就满 40 岁了，刚刚评上了助理研究员。那一年，两鬓已初现华发。比起现在 30 多岁就当了教授的后学者，我的内心是羡慕的。

到所里报到后两三天，所里派我和郭永才到西颐宾馆（今友谊宾馆）报到，那里正在举办 1964 年北京科学讨论会，我们去做会议服务工作。我被分配在政法组，给政法组中国代表刘思慕做秘书，整理会议记录。郭永才被分配在历史组。在那里服务 14 天，回到所里，就准备参加"四清"。

"四清"是俗称，正式称呼是农村社会主义教育运动。近代史所与拉美所一起，去甘肃河西走廊的张掖。这是中央统一部署的。行前学了一个月文件，包括"前十条"、"后十条"、刘少奇讲话、王光美的"桃园经验"等。

我记得，临行前，范老（近代史所所长范文澜）在大会议室举办全所宴会，为参加张掖"四清"的同志们壮行，他还特别把张闻天同志的夫人刘英同志介绍给大家。1959 年反右倾以后，张闻天被安排在学部经济所，刘英被安排在近代史所。去甘肃前，所内团支部改选，原书记仍旧，增加了一名副书记张友坤（所党支部青年委员），增加我为支部委员。接着在全所大会上，刘大年副所长总结了一个月的学习，张崇山副所长做了临别赠言，我代表团支部读了决心书。10 月 30 日抵达张掖县城，学习一周，主要是了解张掖地区情况，学习西北局、甘肃省委关于"四清"的文件，传达甘肃省委"四清"工作团对工作队员的纪律要求等。

我和王忠先生（副研究员，专长西藏史，已过世）分在张掖县乌江公社贾家寨大队二队（包括任家庄、周家庄、褚家庄），开始住在任家庄一户农民家里，后来住进周家庄一个周姓农民家里。贾家寨大队工作队负责人是近代史所副研究员蔡美彪。

我们在张掖农村生活了 8 个月。我们的工作，按照"桃园经验"是"访贫问苦"，发动群众揭发生产队干部的"四不清"问题，逐一落实。经过一段时间调查，发现当地情况不像"桃园经验"所说的那么严重，生产队干部"四不清"也就是稍微多吃几斤粮，有些男女关系。"访贫问苦"一个月左右，没有发现十分严重的问题。"四清"工作本身并不重。1965 年 2 月，中央有新的文件俗称"二十三条"发下来，学习后觉得很高兴。"二十三条"提出了"党内走资派"，这个概念一出来，我们觉得生产队、生产大队没有党内走资派，所有干部一律解放。1965 年 5 月，结束"四清"工作，离开村子时，当地干部群众都来欢送，似乎有点难舍难分。而我的实际感受是，"二十三条"纠正了"桃园经验"的偏差。2013 年 7 月我顺道到贾家寨探访，遇到了当年生产队褚队长，他还认识我。他说当年工作队把他们都解脱了，没有留下后遗症，很是感谢。

1965 年 6 月中旬，1964 年进所的大学生就转到山东黄县（今龙口市），住进于口大队上孟、下孟、于口几个生产队里，目的是完成国家规定的大学生劳动锻炼时间。这个生产队在山区，没有平地，主要在山上经营果树，主产梨。我们在山上同农民劳动了 7 个月。在这个过程中，我更多地认识了中国的农村。1948 年淮海战役，黄县各村里的农民，男子都推着小车支援前线，为淮海战役的胜利贡献了自己的力量。后来陈毅元帅说过淮海战役的胜利是山东农民用小车推出来的，我们在黄县农村有了比较切身的感受。

1965 年 11 月，在黄县县城做劳动锻炼总结时，看到了姚文元的文章《评新编历史剧〈海瑞罢官〉》。回到北京以后，近代史所副所长黎澍同志找我谈话，让我写批判吴晗的文章。那个时候批判吴晗，是一种学术批判。他给我布置一篇评《海瑞罢官》的文章。我花了一个月时间，写好了给他看，他对我的文章不满意，对我说还是去读书吧，要我多读点书。实际上，那时对吴晗的批判已转向政治批判，学术批判做不下去了。黎澍主编的《历史研究》受到的压力非常大，他很着急。

此后，近代史所组织第二批"四清"工作，地点是江西。所里没有让我去，黎澍先生安排我到西郊组，住在西颐宾馆（今友谊宾馆）的中馆。西郊组是黎澍领导的，1963 年建立，对外名称叫"中国近代史讨论会"。西郊组的活动对外是保密的。这个组的任务，是为外交部中苏谈判代表团准备中俄边界问题资料。

这期间，学部各研究所除了批判吴晗，还批判"三家村"、"青春漫语"。"青春漫语"是《北京晚报》开辟的一个杂文专栏，执笔者是学部副主任兼政治部主任杨述。那时候，各大报纸大张旗鼓批判"三家村"，学部则在组织批判"青春漫语"。批判的材料都印出来发给我们，各所都开批判会。1966年5月下旬，学部大院贴满了大字报，大多是《哲学研究》编辑部署名的，矛头直指杨述及其《青春漫语》。5月30日，近代史所召开全所（部分人员在江西"四清"）大会，批判《青春漫语》。我被安排第一个发言。西郊组党分支部决定大家可以写大字报，参加"文化大革命"。学部《新建设》编辑部在近代史所张贴大字报，揭发副所长黎澍替《光明日报》写的评论员文章《让青春放出光辉》是大毒草。黎澍是大家都很尊重的理论家、近代史所领导，忽然被揭发，我的心里很不平衡。我写了一份大字报，质问黎澍何以写出那样的大毒草。于是一批批判黎澍的干部路线的大字报在西郊组和所里贴了出来。

1966年6月4日，学部在首都剧场召开全学部大会，批判《青春漫语》。近代史所挑选了我和沈庆生到学部大会上发言。前一天，《人民日报》发表了社论《夺取资产阶级霸占的史学阵地》，还配发了史绍宾的长篇文章，点了《历史研究》和近代史所的名，指出这些资产阶级"权威"老爷们，是史学界的"东霸天"、"西霸天"，他们像奸商一样垄断史料，包庇吴晗。社论批评的矛头直接针对近代史所。清早就听到中央人民广播电台广播这篇社论。那时《人民日报》的社论就相当于中央的最高指示，社论点了近代史所的名，就等于被中央点名。第二天我要代表近代史所在学部大会上发言，我想，前一天有社论，我第二天代表近代史所发言，应该回应一下社论。我就在发言稿的最后加写了几句话。我把这个发言稿给西郊组的负责人余绳武同志看。他没有反对，说可以。随后我知道西郊组内有不同意见。余绳武告诉我，是否讲以及如何措辞，由我决定。6月4日，学部批判杨述大会上，学部分党组成员（包括潘梓年、关山复、刘导生等以及刘大年等领导同志）坐在主席台上。按照大会安排，我是第四个发言。我在批判了杨述《青春漫语》后，在结语里结合"6·3社论"对刘大年提出了质询。我说，我们一定团结在党中央和毛主席周围，高举毛泽东思想伟大红旗，向一切牛鬼蛇神开火，彻底打倒盘踞史学界的资产阶级的"东霸天"、"西霸天"，夺取资产阶级霸占的史学阵地。台下有人高呼刘大年下台。哲学所、《哲学研究》、《新建设》等单位的一些同志认为学部党委特别是关山复包庇杨述，把矛头对准学部党委，刘亚克等人上台争夺麦克风。我想，这次大会应该是学部"文革"的正式开始。

接着中央就向学部派了工作组。工作组组长是中宣部常务副部长张际春。近代史所也来了工作组，组长是中央组织部办公厅主任王瑞琪，副组长是中央联络部调查处的处长（相当于今日的局长）时代。所里当时有一个党支部（其作用相当于后来的机关党委），支部书记是连燎原，他是转业军人。他通知在6月15日开会，布置在所内开展文化大革命。那时我在西郊组，脱离了所里，不知道所里在酝酿什么。6月15日上午，部分党支委、团支委和部分青年党员商讨当天大会召开问题，主要是确定由谁来主持大会。工作组组长王瑞琪、副组长时代等已经到所。大家要求工作组主持会议，工作组表示刚到所，不了解情况，不能主持会议。后来经过大家讨论，七嘴八舌，决定民主选举大会主席团。通过民主选举，产生了张德信、郭永才、余绳武、蒋大椿和我组成的主席团，主席团推举我为大会主席。我就主持了6月15日的全所大会。我根据《人民日报》的社论讲了一些看法，大家鼓掌通过，这就算本所"文化大革命"开始了。在随后成立的近代史所"文革"领导小组里，我担任副组长。组长还是学部"文革"小组（后来是学部联络委员会）成员，所里的工作主要由我来管。这样我就成了近代史所的"造反派"。

"文化大革命"初期，我主持近代史所工作期间，主要是抓所谓斗争大方向，始终抓的是所谓"党内走资派"，始终抓的是批判刘大年和黎澍先生。对其他人，触动不多。在我后来挨整的时候，所里有的老知识分子，像邹念之先生，还有荣孟源、金宗英、丁原英等先生都替我说过好话。

1968年2月，我所在的群众组织垮台。这是因为它的后台戚本禹垮台。此后，我就被所内反对派群众组织控制起来了。

1968年12月，中央向学部和所属各所派来了工宣队和军宣队。1969年上半年，工宣队、军宣队在所内做团结工作，消除派性。我自己清查思想，清查自己在"文化大革命"中的言行，检讨并反思自己。下半年就开展"清查五一六反革命阴谋集团运动"。从此，我被作为"五一六反革命阴谋集团"的骨干，成为清查运动中的重点审查对象，经历了长达 5 年的艰难岁月，经历了严酷的政治审查和心理考验。这是我此生最痛苦的时期，最无奈的时期，最无助的时期，最感到迷茫的时期。

1970 年 5 月 30 日，工宣队押送我去河南息县五七干校。此前，我被关押在"文联大楼"（今商务印书馆）和美术馆，长达七八个月，完全失去自由，被迫交代问题。到了干校，我被编入二排八班。二排任务是盖房。分配我的任务是拿瓦刀砌墙。半年之内，盖了 5 栋里生外熟的房子，解决了全连（近代史所、考古所）住房和办公问题。在干校，白天盖房，晚上接受审查，开批判会，清查所谓"五一六"问题。

1971 年 1 月，学部干校离开息县，搬到明港军营。在息县干校，主要精力是体力劳动，建设干校。到明港军营，目的是集中一切时间和精力，掀起"清查五一六反革命阴谋集团"的高潮。

11 月，学部军宣队在某范围内传达中央有关林彪事件文件，我被允许参加。"五一六分子们"很高兴，大都坚持整了"无产阶级司令部林副统帅"的黑材料，弄得军宣队很尴尬。军宣队批判说，林彪是"五一六反革命阴谋集团"新的黑后台。此后清查"五一六"运动无法进行下去。2015 年 9 月我到成都出席会议，顺便到安仁镇建川博物馆，看了那里收藏的原学部军宣队总指挥余震副军长的有关材料，发现当时军宣队内部对清查运动有分歧，"清查"推动不下去，军宣队几次向中央报告，要求撤出学部。看来，那时主持学部"清查运动"的军宣队是左右为难的。

到了 1972 年，"清查运动"就冷清了。1 月，我在营房里闲来无事，借来林庚、冯沅君主编的《中国历代诗歌选》上编和《唐诗三百首》、龙榆生编选之《唐宋名家词选》，抄写并诵读。又读《史记》列传，写读书心得。我在行动上还是不自由的，但是看这些书，已经没有人来干预了。

7 月，学部五七干校全体回到北京。回到所里后，依军宣队规定，我依然处在被监督下，不能自由出入，每天在大院里扫马路、扫厕所，与所里瓦匠师傅一起到屋顶补漏。记得 1973 年起，北京人民广播电台开播英语和日语广播，我利用晚上和早晨听，也试着翻译美国出版不久的包华德主编的《民国人物传记辞典》，我翻译了一百多个人物词条，送给刚参加民国人物传写作的同辈朋友参考。1972 年下半年，所里成立民国史组，由李新领导。许多年轻朋友都可以进入民国史组，我被排除在外，心里自然是难受的。

1974 年 12 月某日，工宣队和军宣队负责人找我谈话，对我宣布了经学部领导小组批准的结论，大意为：经审查，我的问题不属于"五一六"问题，没有"五一六"错误，更没有"五一六"罪行；"文化大革命"中，由于极左思潮影响，由于识别不了王关戚，犯了一些错误，但这些不属于清查范围，今后好好总结经验就行了。随后召开全所大会，正式宣布我在"无产阶级文化大革命中犯有一般性路线错误"，解除对我的审查。1975 年初，军宣队通知我，可以选择一个研究组。我选择了翻译组，当时还想提高一下外文水平。翻译组懂各种文字的人都有，英文、俄文、日文好多种文字，一些人水平很高。实际上，"文化大革命"运动还在进行中，没有多少时间工作，很难达到提高外文水平的目的。

1975 年上半年，近代史组何重仁先生与龙盛运同志多次找我谈话，让我到近代史组来，不要在翻译组耗时间了。后来他们在谈话中流露出是刘大年同志要我去政治史组。我很感动，没有多想，在 1975 年 9 月就去了近代史组（经过军宣队批准）。近代史组正在学习和讨论毛泽东的"评水浒"，实际上是批投降主义，组里提出怎样结合近代史研究，把毛主席的这个指示贯彻到近代史研究中来。讨论的结论是，要结合太平天国、结合李秀成，李秀成当时是投降主义，用这个事例来说明毛主席"评水浒"的一些道理。组里把写文章的任务交给我，给了我两个月的时间。我从接受任务的当天，就全心全意地投入太平天国史研究，这是 1964 年 8 月到所里以后，我第一次接受研究工作任务。

我用三个月写了一篇文章。我的文章针对的主要对象是上海的罗思鼎和北京的梁效。罗思鼎、梁效在批林批孔中发表的政论文都涉及太平天国，我的文章主要是从观点上针对他们。我把文章送请何重仁、钱宏、龙盛运看，他们都感到很满意。最后我还送给刘大年同志看，这是我第一次给大年同志看我的文章，他看过后从结构上对文章做了调整。

1975 年底，当时学部领导小组经中央同意，决定要把《历史研究》从国务院科教组拿回来，还是请黎澍先生来做主编。黎澍上任前开过几次座谈会，请北京及外地的一些学者来，讨论如何接办《历史研究》。所里党总支派我做会议记录，然后整理座谈纪要。第二次座谈会散会后，我把我写的文章交给黎澍同志。这篇文章就在《历史研究》1976年第1期发表了。这正是黎澍重新接手后的第一期。那篇文章我认为在学术本身还是站得住脚的。关于太平天国的土地制度、太平天国在苏南地区的一些土地政策等研究，还是我的研究心得。但是那时还在"文化大革命"中，写文章，因为按照毛主席"评水浒"的意思，我心里又针对罗思鼎与梁效的那些观点，所以不免带有"文化大革命"时期写文章的风格，而且结尾还联系到苏联修正主义进行批判，但是文章的主体部分还是一种纯粹的历史研究。

在近代史组，除了写文章，我还接受了一项安排，协助刘大年同志做些《中国近代史稿》的辅助工作。刘大年从1971年4月离开干校回京，接受郭沫若院长的任务，把1962年出版的4册《中国史稿》扩编为10册，前7册为古代史，由历史所尹达负责，后3册为近代史，由刘大年负责。刘大年建议，后3册独立出来，称为《中国近代史稿》，获得郭沫若同意。1975年底我参加《中国近代史稿》工作的时候，主要是协助刘大年处理稿件，核对注释。《中国近代史稿》撰写初稿的作者有丁名楠、钱宏、樊百川、刘仁达、金宗英、张振鹍、王明伦、龙盛运、严敦杰、俞旦初等人，初稿经钱宏处理交给刘大年。刘大年改过的稿子再交给我，由我来整理并核对史料出处。我看到刘大年改过的书稿，几乎看不清原稿的模样了。此外，我还负责为书稿选择历史图片、编绘历史地图。《中国近代史稿》第1册在1978年由人民出版社出版。

1975年，在军宣队领导下，近代史所建立了党的总支部，刘大年任书记，郭永财、黎澍、李新任副书记。我被安排协助刘桂五先生做学术秘书的工作。我还受所里委托协助刘桂五抓"开门办所"，到北大历史系、天津历史所做了调研，组织本所人员到房山南韩继村割麦，到北京内燃机总厂学工，最重要的是与北京印刷系统工厂合办了"七二一大学"，编写了讲义，组织所内研究人员讲中国近代史。

1976年10月"四人帮"被粉碎，《光明日报》举办座谈会，揭露和批判"四人帮"在史学界的罪行，所里党总支推荐我出席会议，我在座谈会上的发言被刊登在报纸上。

1977年5月中国社会科学院正式成立。院里安排"清理帮派体系"工作。"清理四人帮的帮派体系"是当时中央的精神。如何清理，如何正确处理"文化大革命"结束后各种复杂的关系，就看各单位负责人的做法。近代史所"清理帮派体系"领导小组在组长李新的领导下，把刘大年、郭永才、张友坤和我作为"四人帮的帮派体系"，加以批斗。大多数人不支持这样的做法，许多人对我表示了同情和支持，我一点也不感到孤立。近代史所的这种过激倾向，到年底就烟消云散了。

1978年，社科院进行了改革，各所组建了研究室，组建了科研处。1978年开始，我进入了真正的学者生活，努力抢救失去的时间，一心一意展开自己的学术研究。在这样的条件下，度过了我从事纯粹学术活动的10年黄金时间。

钱钟书在为杨绛《干校六记》写的小引中说："在这次运动里，如同在历次运动里，少不了有三类人。假如要写回忆的话，当时在运动里受冤枉、挨批斗的同志们也许会来一篇《记屈》或《记愤》。至于一般群众呢，回忆时大约都得写《记愧》：或者惭愧自己是糊涂虫，没看清'假案'、'错案'，一味随着大伙儿去糟蹋一些好人；或者（就像我本人）惭愧自己是懦怯鬼，觉得这里面有冤屈，却没有胆气出头抗议，至多只敢对运动不很积极参加。也有一种人，他们明知道这是一团乱蓬蓬的葛藤账，但依然充当旗手、鼓手、打手，去大判'葫芦案'。按道理说，这类人最应当'记愧'。"我看了《干校六记》，心情很激动。

过去，我们理想主义太多，对共产主义具有急迫感，对社会现实缺乏切实的体验。"文化大革命"中我们的实际经历，使我们认识到理想和现实之间的差距，到达理想的路是不平坦的。这样的认识对我的人生是很重要的，通过"文化大革命"这样一个挫折和锻炼，引起了一些思考。我们过去的理想主义，包括共产主义很快就要到来、"大跃进"，这些我都是经历过的。那个时候我们意气风发，"大跃进"时我正好是十八九岁，土改、互助组、合作化、人民公社化，都是经历过的。"文化大革命"以及"文化大革命"过去以后，我们经历过了，才认识到，理想和理想的实现中间是差距很大的。这可以说是"文化大革命"10年给我的一个最基本的影响：懂得了通向社会主义、共产主义的道路不可能是一帆风顺的。共产主义的理想是好的，但到达共产主义的道路绝不是笔直的，共产党内的思想倾向绝不是铁板一块的。

这是我离开大学后，通过"文革"上的最重要的一课。

我的学术和事业

1978 年至今，我在学术和事业方面尽管不很满意，还是做了一些事情，下面做一点概略回顾。

在学术方面：

第一件，参与了刘大年先生主持的《中国近代史稿》1~3 册（1978~1984 年出版）和 4、5 册（未完成）的工作，负责组织稿件、整理书稿、核实注释、搜集图片和编制附件以及联系出版，完成了《中国近代史稿地图集》（地图出版社，1984）的编绘和《简明中国近代史图集》（长城出版社，1984）的编撰，受到了参与通史类著作编撰的工作训练，初步奠定了学术基础。我记得《中国近代史稿地图集》出版后，复旦大学历史地理研究所所长谭其骧教授写信来表示祝贺，本所民国史研究室主任孙思白教授对我说，这本书的出版奠定了你在学术界的地位。

第二件，做了若干涉及太平天国史、洋务运动史、义和团历史、辛亥革命史、留学生史、皖南事变历史、抗日战争史和二战史以及中日关系史的专题研究，发表了若干篇学术论文，为相关研究领域留下了若干铺路石子，可以留作后起的研究者参考。这些学术论文，至今读来，尚不觉落伍。这些论文，分别收集在《追求集——近代中国历史进程的探索》、《东厂论史录——中国近代史研究的评论与思考》两本论文集中。我还对孙中山、毛泽东做过一些研究，发表过多篇论文。

2004 年我在《抗日战争研究》上发表《试论当代中日关系中的历史认识问题》一文，对中日关系的发展现状、中日关系中的历史认识问题、关于战略集中原则以及中日关系的发展方向等学术界认识比较混乱的问题提出了讨论。2015 年在《中共党史研究》上发表的《第二次世界大战历史的宏观反思》对二战史做了总的回顾，认为二次大战从开始到结束是一个极为复杂的过程，它从酝酿、爆发到高峰再到结束，原因都极为复杂。我们必须看到，二次大战有两个战争策源地，有两个爆发点或者起点，有两个主要战场，有两个战争结局和战后对战争的不同认识。在这个总体认识下，阐述了中国抗日战争是第二次世界大战的东方主战场。

我在抗战史研究上的贡献，主要是努力论证抗战中存在着中国国民党和中国共产党两个领导中心，用这个观点解释抗战的全过程。今年（2017）我针对抗日战争是 14 年还是 8 年的争论发表了几篇网络文章，提出了我的基本观点，引起了学术界广泛注意。

第三件，在香港史、澳门史、台湾史以及两岸关系史方面，撰写了一系列文章和论文。其中，多篇台湾史和两岸关系史的论文在台湾的报纸和刊物上发表。主持编写并出版了《台湾简史》和 100 多万字的《台湾史稿》。有关台湾历史与现实方面的文章，九州出版社在 2011 年初出版了我的专集《书生议政——中国近现代史学者看台湾的历史与现实》。此书此前在台湾海峡学术出版社出版。

第四件，为中国近代史学科体系的发展做出了探索，就中国近代史研究中的一些理论和方法问题发表了系列论文，贡献了个人的绵薄之力。2008 年，中国社会科学出版社出版了我个人的文集《张海鹏集》，作为中国社会科学院学者文集之一。这本文集编入了我在中国近代史学科体系方面的诸多探索与思考。2009 年，我在《人民日报》发表了《中国近代史和中国现代史分期问题》，在《历史研究》发表了《六十年来中国近代史学科的确立和发展》，在《近代史研究》发表了《60 年来中国近代史研究领域有关理论与方法问题的讨论》等论文，进一步从理论和事实的角度总结了中国近代史学科体系问题。这些文章，正在受到学术界的重视。我和我的学生龚云合著的《中国近代史研究》（福建人民出版社，2005），我和我的另一学生赵庆云合著的《试论胡绳的中国近代史研究》、《试论刘大年的中国近代史研究》、《论牟安世先生的中国近代史研究》，都可以算作探索中国近代史学科体系的作品。我探索中国近代史学科体系的心得和主张，体现在 1999 年出版的《中国近代史（1840～1949）》和 2007 年出版的《中国近代通史》（十卷本）中。

1998 年我在《近代史研究》发表《关于中国近代史的分期及"沉沦"与"上升"诸问题》，对近代中国的历史发展规律进行探讨，提出了近代中国经历了"沉沦"、"谷底"和"上升"的规律性变化。2007年在首尔大学东亚文化研究所《东亚文化》发表《近代中国历史发展的特点与转折》，从另一个角度探讨了近代中国历史发展规律。

第五件，2006 年我当选为中国社会科学院首批学部委员以后，又陆续发表了多篇论文。社科院学部主席团要为学部委员出版专题文集，我清理出当选学部委员以后发表的文章，结集为《中国近代史基本问题研究》，由中国社会科学出版社在 2013 年 1 月出版。学习出版社按照中宣部指示把我列入《学习理论文库·理论家自选集》学者，我按照要求，将在报刊上发表的带有理论倾向的文章结集，题为《张海鹏自选集》，在 2012 年出版。

第六件，2006 年 3 月 1 日，在《中国青年报·冰点周刊》上发表《反帝反封建是近代中国的历史主题》一文，与此前《冰点》发表的《现代化与历史教科书》商榷，引起了港澳台以及国际媒体的广泛报道和转载。2013 年 5 月 8 日在《人民日报》发表《论〈马关条约〉与钓鱼岛问题》（与李国强合作），引起了国际媒体广泛反响，"琉球再议"一时成为新闻媒体的主标题。日本官房长官当天向中国政府提出抗议，中国外交部新闻发言人当天拒绝日本的抗议；次日美国国务院新闻发言人也就此回答记者的提问。国内外新闻媒体对这篇文章做了广泛报道和评论。

第七件，我还在《人民日报》、《光明日报》、《求是》杂志发表多篇有影响的时政性论文。1994 年 9 月 28 日在《光明日报》发表的《论台海两岸暂时分离的由来——评台湾当局〈台海两岸关系说明书〉》，被收入国台办新闻局编《两岸关系与和平统一——1994 年重要谈话和文章选编》。2009 年 1 月 12 日在《人民日报》发表的《中国走社会主义道路是历史的选择》，以及 4 月 3 日发表的《走中国特色社会主义道路是历史的选择》，被收入《人民日报》理论部编《人民日报系列解答理论文章（一）"六个为什么"——对若干重大问题的解答》和《人民日报系列解答理论文章（二）"六个为什么"——对若干重大问题的解答》，成为一些单位的学习材料。同年 9 月 1 日在《人民日报》发表的《中华人民共和国成立的伟大历史意义》，被收入中宣部《学习》活页文选，新闻媒体广泛转载。1997 年香港回归、1999 年澳门回归，我都曾在《求是》杂志发表撰文，论述香港、澳门的历史和回归祖国的历史和现实意义。

在事业方面：

第一件，我从 1988 年 9 月担任副所长，1994 年 1 月担任所长，到

2004 年 7 月退下来，有 16 年担任近代史研究所负责人，在治所方面，投入许多精力。无论是学科的调整与建设还是图书馆建设、所刊的建设，都曾有所着力。在治所的经历中，有一点尚可值得提出的，是通过国际学术讨论会的组织，开拓了近代史所的国际学术联系和广泛的国际学术交流空间。这一点与改革开放的时代大背景有关，也与我个人的努力有一点关系。在 1990 年前，近代史所基本上没有以本所名义召开过国际学术讨论会，那时候召开会议大多以中国史学会的名义，由近代史所承办。1990 年是近代史所建所 40 周年，在我的推动下（当时所长王庆成先生在美国访问一年），以本所名义召开了近代史所建所 40 周年的国际学术讨论会，会议定名为"近代中国与世界"，国内外研究中国近代史的学者名流几乎都应邀出席，台湾学者第一次出席了在北京召开的这次学术讨论会。1991 年 9 月，以中国抗日战争史学会、中国社会科学院近代史研究所与辽宁省社科院的名义，在沈阳召开了"九一八"事变 60 周年国际学术讨论会，我作为大会秘书长，是实际的组织者。1992 年 6 月在北京与台湾师范大学三民主义研究所举办了"孙文思想与现代化"的学术座谈会，这是两岸学术单位第一次联合举办这样的学术会议。1993 年 1 月在北京与美国华人学术团体联合召开了"近百年中日关系"国际学术讨论会。1994 年 1 月在杭州与台湾师范大学三民主义研究所联合召开了"孙逸仙与儒家人文精神"学术讨论会。1995 年 6 月召开了由中共中央党史研究室、中共中央文献研究室、中共江苏省委、中国社会科学院主办，近代史所承办的瞿秋白就义 60 周年纪念暨学术讨论会，我任秘书长，中共中央政治局常委刘华清出席开幕式。1995 年 12 月，我在珠海主持"香港史研究现状与前景"学术研讨会。1997 年 12 月，近代史所与香港大学联合在香港举办"香港历史与近代中国"国际学术研讨会。1998 年 9 月，我作为社长主持了《抗日战争研究》杂志社主办的"抗日战争时期的汪精卫与汪伪政权研究"学术座谈会，由台北《近代中国》杂志社协办。1999 年 12 月 31 日～2000 年 1 月 3 日，中国社会科学院近代史研究所在北京小汤山举办"1949 年的中国"学术讨论会，海内外学者 80 人出席。2000 年 9 月，在顺义区怡生园举办第二届近代中国与世界国际学术讨论会。2001 年 9 月，中国社会科学院近代史研究所、中国抗日战争史学会在北京举办"'九一八'事变与近代中日关系"国际学术讨论会。2001 年 10 月，近代史所与华中师大等在湖北省咸宁市召开北伐战争暨汀泗桥贺胜桥大捷75周年学术研讨会。2002年8月，近代史所与澳门中西创新学院在北京九华山庄召开"中华民国史（1912—1949）"国际学术讨论会。在我任内，差不多每年举办一次国际学术讨论会。这些会议，为近代史所与世界各地学者建立了广泛的学术联系。以上这些会议的经费，来自美国、日本及中国台湾、香港、澳门各地，大多数是由我来筹措的，我为此花费了大量时间和精力。

第二件，探索了在近代史研究所培养青年学术研究人才的路子，形成了通过所内青年学术讨论会督促、培养青年学者成长的路子。这已被公认为是一种成功的模式，引起了俄罗斯和美国学者的注意。俄罗斯历史学会主席、俄罗斯科学院院士齐赫文斯基专门著文，向俄罗斯科学院各研究所推荐中国社会科学院近代史研究所培养青年研究人才的办法和经验。从1999年起，这样的会议每年一次，至今未停。同时推动在上海书店出版社出版中国社会科学院近代史研究所专刊，从专刊已出各种专著看，作者多为中青年学者，他们的学术贡献已经引起了学术界的重视。

第三件，组织推动并主持编撰了《中国近代通史》十卷本，完成了本所建所之初范文澜所长、刘大年所长一再倡导的出版一本完整的中国近代史专著的夙愿。范文澜所长的《中国近代史》只写到义和团，刘大年所长主持的《中国近代史稿》三册也只写到义和团。《中国近代通史》550万字，是第一部这样篇幅的近代通史，起始于1840年，终结于1949年的完整的中国近代通史，集中了近代史所的学术精英，反映了目前国内中国近代史研究的总的水平，出版后得到学术界和出版界广泛好评，2010年12月荣获第二届中国出版政府奖图书奖，2011年1月荣获第七届中国社会科学院优秀科研成果奖二等奖。到2017年，这套通史出版已经10年，出版社认为有再版的必要。目前我正在组织《中国近代通史》的修订，争取尽快推出修订版。

第四件，作为中央马克思主义研究和建设工程第一首席专家，组织推动编撰了大学重点教材《中国近代史》（2012年出版）。这本教材正在高等院校中推行。

第五件，协助刘大年和白介夫（北京市政协前主席），推动了中国抗日战争史学会和《抗日战争研究》杂志的成立。1990年，在中央顾问委员会常委胡乔木提议下，刘大年、白介夫商议成立中国抗日战争史学会，具体组织、策划工作由我承担。1991 年 1 月中国抗日战争史学会正式成立，刘大年任会长，白介夫任执行会长兼秘书长，我是副秘书长之一。以抗战史学会名义创办《抗日战争研究》学术刊物，1991 年发行创刊号，我任主编。2004 年，我始辞去这个学会和刊物的一切职务。抗战史学会和《抗日战争研究》对于推动国内抗日战争史研究，起到了一定作用。1980 年，我接受丁名楠先生的委托，在推动中国义和团研究会组织方面做过一些工作。1984 年义和团研究会成立时我担任秘书处常务秘书。1987 年，我主动辞职。2007 年我被推举为义和团研究会理事长，在这一职务上，推动了 2010 年义和团运动 110 周年国际学术讨论会的举办。

第六件，推动中国社会科学院中日历史研究中心的成立和运作。1995 年中日战争结束 50 周年之际，日本国会通过了村山富市首相提出的中日历史研究的计划，中日外交当局之间做了长时间的沟通。我国外交部向中国社会科学院提议，在中国社会科学院建立对日历史研究的窗口，我院尚未定议前，外事局征求我的意见，我提出了非常积极的建议，推动了这一提议的决定。1998 年，我院成立中国社会科学院中日历史研究中心，以当时的院党委书记王忍之为主任，郭永才、何秉孟为副主任，我也忝列副主任。我还策划推动了 10 人专家委员会的成立，专家委员会召集人是刘大年，1999 年底刘大年去世后，我成为召集人。这个委员会在国内实行招标制度，推动了国内抗战史的研究。日本方面，日中友好会馆下面成立了评议委员会，以著名经济学家隈谷三喜男为座长。中日双方的专家在 1998～2003 年进行了较好的合作，双方隔年互访，对改善中日学者间历史问题的认识不无助益。

第七件，推动了中国社会科学院台湾史研究中心的成立和运作。2002 年，在李铁映院长、朱佳木副院长大力支持下，组建了中国社会科学院近代史研究所台湾史研究室，组建了中国社会科学院台湾史研究中心，推动了所内和中国大陆的台湾史研究，为台湾历史研究的学术发展，也为服务于祖国统一事业略尽绵薄之力。2004 年开始，以中国社会科学院台湾史研究中心名义，召开了多次台湾史学术讨论会，吸引日本和我国台湾学者与会，出版了会议论文集，使台湾史研究中心产生了学术和政治影响。最新一次讨论会在 2015 年 10 月在广州举行，会议名称是"抗日战争胜利暨台湾光复 70 周年学术讨论会"。2002 年在近代史研究所设立台湾史研究室,十多年来,这个研究室已经有了长足的进展,除了发表论文外,还出版专著以及会议论文集十多种。

第八件,1998 年被选为中国史学会副会长,2004 年被选为中国史学会常务副会长兼秘书长,2009 年 4 月被选为中国史学会会长,在团结全国史学工作者,推动中国史学会的国际学术合作等方面起到了一些作用。2010 年 8 月在阿姆斯特丹国际历史科学大会期间,申办在中国举办国际历史科学大会成功。

2015 年 8 月 23 日出席第 22 届国际历史科学大会开幕式并致辞

经过五年筹备,2015 年 8 月 23～29 日在山东济南成功举办了第 22 届国际历史科学大会,与会学者逾 2000 人,其中外国学者 900 人。中共中央总书记、国家主席习近平给大会发来贺信,中共中央政治局委员、国务院副总理刘延东出席开幕式并致辞。习主席的贺信说:"历史研究是一切社会科学的基础,承担着'究天人之际,通古今之变'的使命。世界的今天是从世界的昨天发展而来的。今天世界遇到的很多事情可以在历史上找到影子,历史上发生的很多事情也可以作为今天的镜鉴。重视历史、研究历史、借鉴历史,可以给人类带来很多了解昨天、把握今天、开创明天的智慧。所以说,历史是人类最好的老师。"习主席对历史研究作用的评价,给与会的中外历史学者极大的鼓舞!

这是 115 年来国际历史科学大会第一次在亚洲举办。国际历史学会主席和秘书长对大会的成功给予了高度评价。我在申办和筹备大会召开方面不无微劳。

2015 年是中国抗日战争和世界反法西斯战争胜利 70 周年。我作为中国史学会代表团团长率团出席了在莫斯科和科洛姆纳市举办的两场纪念抗日战争和苏联卫国战争胜利 70 周年的学术讨论会，并在会场上阐述了中国学者的观点。科洛姆纳市举办的学术会议是由中国史学会与俄罗斯历史学会联合主办的。我撰写了论文《第二次世界大战历史的宏观反思》，在北京举办的纪念抗战胜利 70 周年的国际学术讨论会上宣读，也在重庆举办的中俄史学会上宣读。这篇文章的观点，还在南京、成都等地的学术会议上做了演讲。文章发表在《中共党史研究》2015 年第 8 期。同年《新华月报》第 18 期全文转载。此文经过修改，以 "The Two Starting Points of World War II: A Reexamination from a Global Perspective" 为题发表于近代史研究所编辑、伦敦 Routledge 出版发行的 *Journal of Modern Chinese History* 2016 年第 1 期上。

第九件，我从 2003 年起担任国务院学位委员会委员，兼历史学科评议组成员、召集人，前后 10 年。在这期间，参与了对高等学校学位问题的讨论和决策，在参与学科目录调整中提出了一些建议，特别是把学科目录中原来的一级学科历史学提升为历史学门，下设考古学、中国史、世界史三个一级学科，发挥了一定作用。在国务院学位院委员会领导下，作为第六届历史学科评议组召集人与钱乘旦一起主持制定了学位授予和人才培养考古学、中国史、世界史一级学科简介以及三个一级学科博士、硕士学位基本要求，这些文件已被收入高等教育出版社《学位授予和人才培养一级学科简介》和《一级学科博士、硕士学位基本要求》（2013 年版）。

第十件，参与了国家清史编纂工程。2002 年 12 月，国家清史编纂委员会成立，我担任委员，参与了委员会若干会议，发表了一些建议。还参加了清史编纂工程中通纪、典志、传记、图录部分的工作，担任了一审或者二审审稿。

第十一件，我有幸担任第十届全国人大代表，参加湖北代表团，出席了每年一次的全国人民代表大会，参加了几次以人大代表身份进行的考察。作为代表，积极履行职责，每届大会期间，都提交涉及国家大政方针的建议。有些建议受到政府有关部门的重视。这些建议都收录在全国人大常委会秘书局编辑的文献中。中国社会科学院直属机关党委汇编了 2006 年、2007 年中国社会科学院全国人大代表和全国政协委员的议案和建议，2006 年我有 5 项，2007 年我有 11 项。在社科院选出的人大代表中，我提出的建议是比较多的。

我在研究工作中学习和运用唯物史观的实践

我从在大学学习，到进研究所工作，包括在"文化大革命"中接受审查最难过的时候，都曾花时间学习马克思主义的基本理论，学习唯物史观的基本原理。马克思和恩格斯合著的《共产党宣言》给了我共产主义世界观的最基本的信仰，也给了我有关唯物史观的基本理论知识。我从马克思的《"政治经济学批判"序言、导言》、马克思和恩格斯合著的《德意志意识形态》第一卷第一章"费尔巴哈·唯物主义观点和唯心主义观点的对立"和恩格斯的《反杜林论》以及《路德维希·费尔巴哈和德国古典哲学的终结》等著作中学习到了有关唯物史观的系统的知识。恩格斯的《家庭、私有制和国家的起源》、《德国农民战争》，马克思的《1848 年至 1850 年的法兰西阶级斗争》、《不列颠在印度的统治》、《不列颠在印度统治的未来结果》，列宁的《帝国主义是资本主义的最高阶段》、《中国的战争》等著作，教给我怎样用唯物史观去观察社会历史现象。我从毛主席的《中国社会各阶级的分析》、《论持久战》、《中国革命和中国共产党》、《新民主主义论》、《论人民民主专政》、《关于正确处理人民内部矛盾的问题》以及《实践论》、《矛盾论》等著作中学习了马克思主义、唯物史观如何与中国的社会历史实际相结合的基本方法和理论，学习了毛主席如何用马克思主义、历史唯物主义的立场、观点和方法，观察和研究中国的历史特别是中国近代史所形成的一系列结论。我是在学习中国历史尤其是中国近现代史专业知识的过程中来学习和体会马克思主义、唯物史观的基本理论的。我在学习和理解这个理论后，是服膺这个理论的。即使遇到质疑或者反对马克思主义的种种理论，都不曾动摇过。我对马克思主义理论，对唯物史观学习和理解的程度不一定很好，不一定很深刻，我学到的，理解了的，在我的具体的学术研究中，在我的人生经历中，都努力实践、运用这个理论；或者按照我所理解到的深度，努力去宣传这个理论；或者在我主持研究所的学术工作的时候，努力去倡导这个理论。

我认为，世界上任何一个历史学家，或者政治家，或者社会问题研究专家，要想研究和说明历史上的某个问题，总会秉持某种史观，这是不需要特别加以证明的。有人说，唯物史观是教条。我想世界上任何一种理论都可能成为教条。像任何一种理论一样，如果你只死死记住那几个条条，那就是教条。如果你在社会实践中领会那个理论的精神实质，掌握那个理论的立场、观点和方法，它就不是教条，而是活的理论，是指引我们研究工作的活的指南。我们所以主张唯物史观，不是因为它是教条，是"八股"，而是因为它能告诉我们一种方法，一条路径，使我们能更有效地处理纷繁复杂的历史问题和社会现实，使我们能更好地洞察历史发展的方向。当然，应该指出，学习和应用唯物史观也有一个态度问题。在某种政治气氛下，有的历史学者在历史研究中运用唯物史观存在着教条和"八股"现象，他们不是从方法论的高度去领会唯物史观的精神实质，而是拿着马列的某些个别词句，到处贴标签。这不是一种正确的态度。这种情况在学习唯物史观的过程中，本是应该力求避免的。不幸在"文化大革命"中达到登峰造极的程度。这种情况，在"文化大革命"结束以后，随着国家社会政治生活的转变，历史学界也在努力纠正它。

唯物史观是人们对社会历史认识的一种最一般的观念，它并不是那么神秘而不可理喻。通俗地说，唯物史观对历史的认识，首先是唯物主义的，它认为，有史以来的人类历史，是客观存在的，不是主观形态的。历史现象虽然千姿百态、纷繁复杂，却不是虚无缥缈的，人们虽然不能像自然科学那样在实验室里重复制造历史过程，但在掌握了尽可能多的历史资料以后，是可以对过往的历史过程加以描述的，是可以获得对往史的较为近真的影像的，因此历史是可以认识的，不是不可知的。历史现象是可以理出头绪的，我们可以看到人类社会历史显示了一种由低级到高级的发展过程，人们从茹毛饮血到今天享受现代化的网络工具，很自然地说明了这个过程的一个重要方面，而马克思、恩格斯指出的五种社会发展形态，则是对这一过程的最一般的描绘。人类的经济生活是社会生存的基本方式，社会依生产力的发展、前进而发展、前进，生产力和生产关系的矛盾运动推动着社会的前进，决定着人们依赖其中的社会政治、经济、阶级关系和文化从属的基本面貌。与生产力、生产关系的发展等经济属性直接相关的阶级斗争理论，给我们指出了一条指导性的线索，使我们能在这种看似迷离混沌的社会状态中发现历史的规律性。物质生产和精神生产是社会运行的主要内容，物质生产的状况决定了精神生产的状况，劳动者是物质生产的主体，是决定历史前进方向的终极力量。人们（包括劳动群众和社会精英）创造了一定的历史环境，一定的历史环境反过来又决定了生活在其中的人们的面貌。我想，这就是唯物史观告诉我们的基本东西。它所概括出来的人类社会发展的基本规律虽未穷尽真理，却指示了社会发展的一般方向及其未来。同时也应该说，它只是提出了社会发展的一般方向和未来走向，丝毫没有给出各地区各国家历史发展的具体方向。各地区各国家的社会历史发展还要靠那里的历史学家去研究、去总结。各个地区各个国家不一定都要按照五种社会形态的先后演进，像中国历史，就没有经历过纯粹的资本主义社会时期，我们通常是把1840～1949年期间的半殖民地半封建社会归入中国历史上的资本主义社会时期。

我所理解的唯物史观，是一种实事求是的精神，体现在历史研究过程中，是在全面搜集、研究历史资料的时候，不仅看到历史的表面现象，而且努力追索历史过程的本质，把科学的方法和革命的精神结合起来。我在从事中国近代史研究的过程中，不论是具体历史问题的研究，还是宏观历史的思索，都努力本着唯物史观的基本精神，努力体现科学方法和革命精神的结合。中国近代史起自晚清，经过民国时期，直接与中华人民共和国相连接。中国近代史不仅中国人在关注，欧美、日本等大国都在关注。不仅历史学家在关注，几乎所有的人都在关注，持有各种意识形态的人都在寻求对近代中国历史进程的解释。因此对中国近代历史的认识，就不仅仅是对一般历史进程的解释，好像对秦始皇、汉武帝的解读那样。对中国近代史的认识，直接关系到对中国近代历史发展道路的认识，关系到对中国共产党历史道路的认识、对近代历史必然导向中华人民共和国的合理性的认识。研究中国近代史，不坚持唯物史观作指导，不坚持科学的方法与革命精神相结合，就难以得出令人信服的科学结论。我在研究太平天国、义和团、辛亥革命历史的时候，在研究孙中山、黄兴等历史人物的时候，在研究"皖南事变"历史的时候，在研究中国共产党领导下的农民战争历史的时候，在研究近代留日学生及其归国运动的时候，在研究中日关系和抗日战争的时候，在研究台湾、香港、澳门历史的时候，在研究帝国主义侵略中国和中国人民的反抗历史的时候，都是本着这种精神。我以为只有本着这种精神，才能使自己的研究结论符合历史的本质，符合历史的真实。

从 1984 年在《历史研究》发表《中国近代史的"两个过程"及有关问题》一文以来，我依据唯物史观的基本理论，结合毛泽东同志有关中国近代史的论述，发表了一系列有关中国近代史的基本线索、中国近代史的分期、中国近代史的理论范式和学科体系等带有宏观探索和理论思考的论文。这些论文，对于国内学术界的研究，具有一定的影响，许多论文被广泛转载；也受到国外学术界的注意，据我所知，在苏联、日本、韩国，以及我国的台湾，或者被评论，或者被转载。这些论文指出，从 1840 年到 1949 年，是中国历史上的近代时期，这个时期的社会性质是半殖民地半封建的，这个时期中国人民的主要历史任务，是反对帝国主义、反对封建统治。要充分估计中国人民，特别是近代农民在反帝反封建斗争中的作用，也要恰当评价资产阶级特别是民族资产阶级在近代中国的历史作用。在近代，由于西方殖民者的侵略，由于资本主义生产方式的引进，中国传统社会也开始走向现代化，但这种现代化，不是属于中国人民的现代化，而是半殖民地半封建社会的现代化。总起来说，中国人民只有争得了民族独立和人民民主，才能为中国人民自己的真正的现代化扫清道路。

一些论者试图用现代化的研究范式取代在马克思主义指导下中国近代史的研究范式。对这种研究取向，我明确表明了不同的意见。这些论文分别收集在我的论文集《追求集》（1998 年版）、《东厂论史录》（2005 年版）中。2005 年福建人民出版社出版了我和我的学生龚云合作撰著的学术史专著《中国近代史研究》，以唯物史观为指导，比较系统地总结了百年来中国近代史研究的学术历程，提出了我们对中国近代史研究的一系列看法。在我主持编著的一些论著中，我也努力贯彻以上的精神，努力贯彻唯物史观的原则，比如 1999 年出版的《中国近代史1840～1949》、同年出版的《20 世纪的中国·政坛风云卷》，2000 年与王忍之同志共同主编的学术性普及读物《百年中国史话》（共 92 册），以及 2007 年出版的由我担任主编的我院重大课题《中国近代通史》中，我都是努力这样去做的。

面对学术界和新闻媒体所反映的错误倾向，我曾毫不含糊地展开批评。我的武器就是唯物史观。我想在这里举几个例子。1995 年，我院科研局让我就中国近代史研究领域的动态做一个报告，我在科研局的会议上，就近年来近代史研究领域的倾向性问题做了剖析，列举了近些年近代史学界以及报刊所反映的有关中国近代史的若干错误观点，分析了产生这些错误观点的原因。科研局认为这个报告很有价值，让我将报告整理出来，以《中国近代史研究中马克思主义史学观点面临挑战》为题，发表在《要报》和《信息专报》上，同时还以这个题目，在院党办主持的会议上、在中央国家机关宣传部长会议上做了报告，产生了很好的影响。同年，我还针对一些人试图否定半殖民地半封建的观点，在教育部社会科学中心和北京市史学会联合主办的研讨会上做了发言，那篇发言以《正确认识近代中国社会的性质是研究中国近代史的出发点》为题发表在《高校理论战线》，人民大学报刊复印资料给予了转载，在北京的高校也产生了好的影响。1996 年，我在一次研讨会上做了《不能否定近代中国人民的反帝斗争》的发言，也在《高校理论战线》发表。这一年，我还依据以上的认识，完成了《近年来中国近代史研究中的若干原则性争论》的论文，阐述了用唯物史观正确看待近代史研究领域的原则性争论问题。这篇长文先后发表在《炎黄文化研究》和《马克思主义研究》上，并且被多处转载。我还以上述论文为题，在北京市高校工委主持的北京地区高校政治课教师报告会上做了演讲，也产生了积极效果。

针对我院学者李泽厚、刘再复在香港出版的《告别革命》一书的观点，我在《当代中国史研究》发表了《"告别革命"说错在哪里》的评论文章，批驳了这本书中歪曲、诬蔑中国近代革命史、世界革命史的错误言论，指出"所谓告别革命，实际上是要告别马克思主义，告别社会主义，告别近代中国人民的全部革命传统"，"把近代中国的革命历史都否定了，把本世纪的革命理论都'解构'了，所谓反帝反封建自然不成立了，中华人民共和国的成立自然就失去合理性了。如此，则所谓有中国特色的社会主义、社会主义的市场经济，岂不是都消解殆尽了么？"这篇文章也被多处转载，受到了广泛关注。1998 年，我院《要报》增刊发表了我的《对毛泽东中国近代史论的评价和近代史学理论研究中值得注意的倾向》一文，也是以学术动态的形式，反映我的基本观点。2003 年"非典"期间，中央电视台第一频道在黄金时间播出长篇电视连续剧《走向共和》，我和北京地区的几位学者曾经集会探讨，共同认为这个连续剧的倾向是错误的，并向中央做了反映。我写了《电视剧〈走向共和〉引起观众历史知识的错乱》，刊登在我院《要报》上。这篇短文被中央政策研究室《政研内参》转载，并在网上广泛传播。同时，我还在《高校理论战线》发表《是一部历史政论剧，而不是历史正剧——关于历史剧〈走向共和〉的零星感想》，在我院《社科党建》和《马克思主义研究》上发表《历史电视剧〈走向共和〉宣扬什么历史观》的长文，分析这个电视连续剧违背历史事实、违背唯物史观的错误，给观众和读者以正确的引导。

最近的例子，是 2006 年 3 月 1 日在《中国青年报·冰点周刊》复刊号上发表的《反帝反封建是近代中国的历史主题》。广州某大学退休教授在 2006 年 1 月 11 日《中国青年报·冰点周刊》发表《现代化与历史教科书》一文，全面否定我国中学历史教科书，否定中国近代史领域一些正确的观点，否定近代中国人的反帝斗争，引起了读者的强烈不满。有关部门要求《冰点周刊》停刊整顿，这一举措在台港以及海外媒体中产生强烈的反效果。2 月下旬，《中国青年报》约我写稿，评论《现代化与历史教科书》那篇文章。我本来不赞成那篇文章的错误观点，以完成任务为己任，在一个星期以内完成了写作和修改任务。发表后反映很好。我在文章中除了就第二次鸦片战争和义和团运动的具体史实驳斥了对方曲解史料而得出的错误观点外，还结合唯物史观的基本原理，结合具体史实，强调了用唯物史观指导历史研究的意义。

在这篇文章最后一部分，特别从历史观和方法论的角度强调唯物史观不可动摇。我在这一部分里指出："研究和解读历史，是非常严肃的事情。把研究和解读所得用通俗的文字介绍给广大读者，更应该对社会、对读者抱着非常负责的态度。历史过程、历史事实是怎么样就怎么样，并不能由人做任意的解释，这才是历史唯物主义的态度。同时，历史进程充满矛盾的运动，复杂的事件是由各种各样具体的事件组成的，我们在分析、研究历史事件时不能把握尽可能多的史料，不能把事物提到一定的历史范围内，不能抓住历史过程的本质方面，不能对历史现象做出阶级的、辩证的分析，我们就不能从纷纭的历史现象中理出头绪，把握历史过程的基本规律。如果不尊重历史事实，对历史事实、历史过程作任意的解释，那就是历史唯心主义。"

新华网记者为这篇文章发了摘要通稿。国内的大部分网站，国外的大部分报纸都做了报道。当天香港有线电视台记者采访我，认为我的文章很平实，出乎他们的意料。我调查了头三天网民的反应，支持的占到60%，反对的占不到40%。支持的人中，有人对文中提出的唯物史观不理解，甚至反感。2006 年 12 月 14 日我在《中国社会科学院院报》发表《中国近代史研究的基本评价和方法论问题》，一个网上博客对我强调唯物史观提出了强烈批评。我欢迎读者的批评，我会在今后的研究中考虑他们的意见，但是，我认为坚持唯物史观是正确的，对此我将乐此不疲，不会松懈。

2006 年电视台播出了《大国崛起》的电视剧，引起人们的关注，评价不一。这部电视剧，讲述了 9 个国家在历史上崛起的经验，意在告诉观众，中国要做这样的大国。但是电视剧隐瞒了一个真相，即历史上的大国崛起有一个共同的因素，就是对别国的侵略。《大国崛起》的总策划在《中国青年报》发表长篇访谈，大谈《大国崛起》的指导思想。他认为西方人发明了"妥协"的观念，中国人只知道斗争。他说：这部片子将来播放了以后，中国观众要能领会和学会两个字，我们就功德圆满了，那两个字就是"妥协"。2007 年初，我以《社会主义和谐社会与历史学研究》为题，在《人民日报》著文，简要阐述了我的见解，然后在学术刊物上发表长篇文章，结合英国、欧洲的发展经验，分析了历史上大国崛起的经验教训。我指出：人类历史，不管是东方还是西方，妥协与斗争，往往是历史场景中的两个面。绝对不是西方只有妥协，中国只有斗争。这就像革命与改良一样，人们往往称赞改良，不喜欢革命。其实，历史上，革命与改良，也往往是历史场景中的两个面。有人以为，革命是少数人煽动起来的，完全是误会。少数人的煽动是不可能制造出革命的。恩格斯说：如果不通过革命，就能达到无产阶级的目的，共产党人是最欢迎的。他说："革命不能故意地、随心所欲地制造，革命在任何地方和任何时候，都是完全不以单个政党和整个阶级的意志为转移的各种情况的必然结果。"① 这就是为什么痛恨、反对革命

① 恩格斯：《共产主义原理》，《马克思恩格斯选集》第一卷，人民出版社，1995，第 239 页。

的阶级和政党可以延缓革命、不能阻止革命的发生的原因，也是欢迎革命的政党和阶级可以推动革命、不能随意制造革命的原因。

在人类历史上，不管是西方还是东方，往往是斗争以后出现妥协，革命以后，会有大规模的改良。国际条约，往往是斗争以后的产物，或者是战争以后的产物。妥协与斗争甚至战争，是紧密相连的。斗争和妥协，革命和改良，都是推动历史前进的动力。难道西方只有妥协，没有斗争，只有改良，没有革命吗？现代国家的建立，除了"妥协合作的方式"就没有别的了吗？欧美国家内部的阶级斗争与革命，各国之间的战争，两次世界大战，殖民主义侵略与殖民主义体系的建立，都是血淋淋的历史。就是现今的世界，也是既有合作和妥协，也有不合作和不妥协。美国要打伊拉克，联合国反对，联合国斗不过美国，只好妥协。历史的面相，不止一面，往往是两面甚或多面，只说一面，是片面的。放弃了历史唯物主义指导，以偏概全，就说不出历史的真相。

2009 年初，《人民日报》为了深入回答与社会主义核心价值体系建设密切相关的重大理论问题（即"六个为什么"），邀请学者撰写文章，从指导思想、经济制度、政治制度、发展方向等方面阐述六个为什么所提出的问题。我应邀撰写了《中国走社会主义道路是历史的选择》一文，在《人民日报》发表。我从近代中国历史的演变、近代中国政治思想史的发展、近代国际环境和民族危机的影响以及广大人民群众的态度等四个方面，论证了近代中国历史的发展使中国选择了社会主义道路，这一选择，为当代中国的一切发展进步奠定了根本的政治前提和制度基础。文章发表后，引起读者关注，网民发表了不少意见和商榷。此后，我应《人民日报》要求，以回答网民商榷的方式进一步做了阐述。我还就这个问题做了延伸研究，在《当代中国史研究》发表长文，进行了系统论述。

为了纪念中华人民共和国成立 60 周年，我还应邀以中国史学会名义撰写长篇文章，《人民日报》在 2009 年 9 月 1 日发表，这篇文章题名为《中华人民共和国成立的伟大历史意义》。这篇文章运用唯物史观，把 1949 年以后的中国与 1949 年以前的中国做了对比，从历史坐标、国家的空前统一、奠定社会主义的经济基础、确立国家的基本政治制度、提高了中国的国际地位、开启了中华民族伟大复兴的历史新纪元等几个方面阐述了中华人民共和国的成立改变了中国历史发展的方向，深刻影响了世界历史发展的进程。这篇文章，中宣部《党建》杂志、中央马克思主义理论研究与建设工程办公室和中国社会科学院分别予以转载。外交部党校还邀请我为在那里学习的驻外大使、公使等外交官做了报告。2014 年，为了庆祝新中国成立 65 周年，《人民日报》理论部再次邀请我撰写了《为中华民族走向复兴点赞——庆祝中华人民共和国成立 65 周年》的理论文章。"点赞"是网络语言，《人民日报》开始不愿意使用，我坚持了。这是《人民日报》理论文章第一次使用"点赞"这个词。不久后，习近平同志也用了这个词。

2010 年，日本政府鼓动了钓鱼岛国有化的喧嚣。本来"搁置争议"的钓鱼岛问题浮出水面，变成敏感话题。我约请我院边疆中心李国强研究员合作撰写了《论〈马关条约〉与钓鱼岛问题》。这篇文章于 2013 年 5 月 8 日在《人民日报》要闻版发表。文中有几个亮点：钓鱼岛是中国固有领土；1895 年 1 月日本内阁偷偷做出决定，把钓鱼岛划归冲绳县，是借甲午战争的胜利窃取钓鱼岛，从未得到中国政府承认；1879 年日本政府强行把琉球王国灭亡，改作日本冲绳县，当时中国政府提出了抗议，引起了中日之间的长期交涉。我在文章结尾有一句话：长期悬而未决的琉球问题到了可以再议的时候。这篇文章发表当天，日本政府向中国提出抗议，中国外交部发言人拒绝了日本抗议，次日，美国国务院发言人也就这篇文章回答了记者提问。国内外新闻媒体围绕这篇文章开展了广泛的报道和评论。

我还有一个机会直接面对台湾地区的历史学者宣讲唯物史观。1998 年是台北出版的《历史月刊》创刊 10 周年，编辑部打电话给我，要我给该刊撰文，纪念创刊 10 周年。我了解到该刊发表我的文章，什么话都可以说。我从 1990 年开始与台湾学者接触，1992 年 5 月率团最先赴台出席学术活动，对台湾学者有一定了解。我知道他们一般对我们所说的唯物史观采取不理睬甚至敌视态度。我决定直接向该刊的读者宣讲唯物史观。这年《历史月刊》2 月号发表了我写的《关于中国近代历史发展规律的认识和对若干史实的解说》的长文。我在这篇文章中系统解说了唯物史观的基本原理，结合这个原理对近代中国的若干历史事实，包括帝国主义侵华问题、洋务运动问题、辛亥革命问题、孙中山学说（特别是三民主义）问题、资产阶级历史作用问题、三大政策即"联俄、联共、扶助农工"问题等分别给予了解说。其后，台湾中研院张玉法院士、该院近代史所前所长陈三井研究员告诉我，台湾地区研究中国近代史的主流学者大概都看过这篇文章。著名的民国史专家蒋永敬教授在他的文章里还征引了我的文章。1999 年，我随同李慎明副院长访问香港科技大学，也以这个题目对该校社会科学院的教授们发表了演讲。台湾、香港地区的学者大概不会公开接纳我的观点，但是，他们读过了我的文章，不会完全不产生任何影响，迄今未见他们的反驳文章，则是事实。

结束语：体会与感悟

我进入工作单位，有幸在著名的马克思主义历史学家范文澜、胡绳、刘大年等同志领导下工作，不仅读他们的著作，而且亲炙他们的教诲。在他们弃世前后，我曾撰文阐述他们在中国近代史领域的开拓之功，特别是他们在史学研究中开创马克思主义理论指导的先驱作用。我在撰写有关范文澜、胡绳、刘大年、吕振羽等前辈史学家开创马克思主义理论指导史学研究功绩的时候，也是一种自我的学习，督促、鼓励自己努力沿着这些前辈史学家开创的道路，继续前行，不能动摇。这些文章的发表（包括一些网站特别是大学网站的传播），我想对我国年轻一代的学者会有一些好的影响。

前贤范文澜先生，主张做学问要有坐冷板凳、吃冷猪头肉的精神，要有"等富贵如浮云"的精神；前贤罗尔纲先生提出先读 40 年书，然后再来写文章。这些是成为学术大师的必备条件。我甚心向往之。但是我未能做到。现在的时代条件变化了，整个世界运转的速度大大加快了，先读 40 年书再来做学问的时代氛围不存在了。但是"二冷"精神还是要继承的。社科院要创造一种氛围，让有志成才的年轻学者有可能坐冷板凳。没有坐冷板凳的精神，在人文社会科学领域，是出不了学术大师的。

近代中国的历史进程告诉我，中国只有坚持社会主义的方向，中国才能复兴；中国只有坚持中国共产党主张的马克思主义与中国实践相结合，中国才能前进。所以，在学术事业中，在历史研究的实践中，我坚持只有遵循唯物史观的指导，我们的学术研究事业才能更为客观，更加科学，更符合历史事实。要认清人类历史发展的方向，要揭示人类历史前进的规律，只有马克思主义、唯物史观最具有指南针和解剖刀的意义。形形色色的唯心史观，在这个问题上都显得软弱无力。迄今为止，所有的历史事实，都未能证明对人类社会历史的唯心主义解释是符合客观历史事实的。所有的历史理论都不能取代历史唯物主义的人类社会历史的认识。我们当然应该注意吸取能够正确解释历史和社会现实的各种思想、学说和理论，但是，只有坚持马克思主义，坚持唯物史观的指导，坚持学术上百家争鸣的方针，中国的哲学社会科学事业的发展才能更为平稳、扎实和繁荣。

但是，我并不主张在学术研究实践中到处引用马克思主义的只言片语。我主张学习唯物史观的基本理论，努力领悟唯物史观的方法论意义，在研究实践中，在百家争鸣中，运用这种方法论做解剖刀，去辨识历史事实，开拓学术视野，建立自己的学术观点。我撰写的学术论文，都是努力学习这种方法论，努力实践这种方法论的指导。当然，这不是说我已经做得很好了，只是说一直在努力中；当然这种努力是无止境的，生命有日，在学术活动中都要这样去做。

研究历史，关注现实，是我从事中国近代史研究的基本态度。我写过不少历史与现实相结合的文章，有关社会主义道路问题、台湾问题、香港问题、澳门问题、中日关系问题，等等。我写这些文章，并不是专门研究现实问题，而是为研究现实问题的人提供历史资料，通过历史问题的阐述加深对现实问题的理解。有时候，从现实得到启迪，去研究历史上的某个问题；有时候，从历史中得到启迪，去观察现实中的问题。在这种研究中，始终要注意历史和现实的结合。但是需要谨慎，因为历史不等于现实。如果把历史和现实混淆在一起，就可能出问题。

写历史，是写过去的政治、过去的经济、过去的文化，不是写今天的政治、今天的经济、今天的文化。过去的政治、过去的经济、过去的文化不等于今天的政治、今天的经济、今天的文化。这是历史与现实的基本区别。司马光著《资治通鉴》，是要让最高统治者借鉴历史上的经验。从借鉴历史经验的角度说，历史对于现实的意义，今天仍是这样的。但是历史对于现实，仅止于借鉴，提出更多的要求是不合适的。历史为现实服务，不是说为现实政治做简单的服务，所谓服务，是从借鉴历史经验的意义上说的。

写历史也不能用现实的需要改铸历史。今天我们在搞现代化，用现代化的框架改写历史是不行的。今天我们以经济建设为中心，放弃了"阶级斗争为纲"的路线，不能说历史上就不存在阶级和阶级斗争。今天党中央提出建设和谐社会，我们在历史书上也去构建一个和谐社会的形象，这是历史书吗？为了集中精力发展经济，我们今天强调社会稳定，难道我们要在历史书上也强调社会的稳定吗？当然，历史上的确出现过某种和谐时期，或者出现过某种稳定时期，这些历史时期如果对历史的前进起过积极的作用，我们也要依据事实做出判断，提出研究结论。总之，研究历史，要依据一定的时间地点为转移，不能简单化。

党中央赋予了中国社会科学院崇高的地位。中央要求把中国社会科学院建设成为马克思主义的坚强阵地、哲学社会科学的最高殿堂以及党中央和国务院的思想库与智囊团。这是党中央对我们的一种期望，也是我们的努力方向和奋斗目标；也可以理解为中央对知识、知识分子的尊重。马克思主义坚强阵地，当然是指哲学社会科学研究的政治方向和学术理论方向。但是，它不能代替学术研究本身。所以提出哲学社会科学研究的最高殿堂。所谓最高殿堂，应是指在哲学社会科学研究领域，在学术上要取得最重要的成果，要代表哲学社会科学研究的基本成就和发展趋势。所谓思想库与智囊团，从狭窄方面理解，应是指从哲学社会科学研究的角度，为党中央、国务院在处理政治、经济、文化、社会发展和国际关系事务的决策方面提供对策方案和中央决策所需要于哲学社会科学领域的基本资料。因为社科院不是实际工作部门，在对策上不大可能提供政策上的执行方案，应该是运用学术上的基础，提供宏观思路和发展方向，当然也不排除实际生活中的对策方案。

从以上认识来说，我觉得我们社科院需要培养两种人，一种人是"书呆子"，另一种人是战略思想家。我认为，多数研究人员要成为"书呆子"，少数人要成为战略思想家。换句话说，多数人成为某一个问题研究上的专门家，少数人不局限于具体问题的研究，而具有广阔的视野、宏观的思维，上下古今，国内国外，无不涉猎。许多专门家及其学术成果形成了引领某个、某些学术领域前进的标志，始终处在学术研究的前沿。某个学科领域的战略思想家则在某个或者某些学科的学科体系上做出创新性的思维，引领那个学科向着更高的水准，或者集成的高度发展。这样的战略思想家，小则可以引领某一学科领域向着新的高度发展，大则可以为国家和社会的发展提出具有前瞻性的战略思维。我认为，中国社会科学院要努力争取党和国家的支持，为这个坚强阵地和最高学术殿堂里年轻人才的成长创造更为合适的条件。

党的十八大以来，习近平总书记就哲学社会科学几次发表讲话，强调要在中国化马克思主义指导下发展、繁荣中国特色哲学社会科学，强调一个没有繁荣的哲学社会科学的国家也不可能走在世界前列，指出我国哲学社会科学学科体系、学术体系、话语体系建设水平还有待提高，指出支撑话语体系的基础是哲学社会科学体系。没有自己的哲学社会科学体系，就没有话语权。这些意见极为重要，哲学社会科学工作者要努力贯彻这些讲话精神。

2016 年我在《人民日报》和《光明日报》上分别发表文章《推进我国史学话语体系建设》和《努力建设哲学社会科学的基础学科——历史学》，我认为，美国学者在中国近代史研究领域提出了不少新的概念和理论，如冲击－反应模式、现代化研究范式、中国近现代历史的连续性、文明的冲突、告别革命、历史的终结等。这些风靡世界也曾风靡中国的概念和理论，体现了西方的学术话语体系和话语权。历史虚无主义的流行，在根源上与其中一些概念和理论紧密相关。我国历史学者研究历史时所坚持的概念和理论，如马克思主义社会形态学说、中国文明起源、汉民族形成、中华民族在长期历史进程中的民族融合、近代中国社会性质是半殖民地半封建社会、中国近代史的主题是反帝反封建、民族资本主义和官僚资本主义等，往往不被西方学者接受，甚至现在也不大受中国年轻学者重视。在西方许多学者眼中，中国作为社会主义国家在意识形态上与西方是对立的，正是由于这一偏见，他们总是难以冷静客观地评价中国的哲学社会科学，总是习惯于排斥中国历史学者提出的概念和理论。

在我看来，今天，建设中国历史学话语体系，提升话语权，最根本的要求就是自觉坚持以中国化马克思主义为指导来研究中国历史和世界历史。在中国化马克思主义指导下建设并提升中国历史学话语体系，关键是总结、概括出体现这一话语体系的科学概念和学科范式。就中国近现代史而言，要坚持以前提出的半殖民地半封建社会性质、反帝反封建斗争、旧民主主义革命和新民主主义革命、旧三民主义和新三民主义等科学概念，要在更多史料的支持下进一步论证和丰富这些概念；要对诸如中国特色社会主义、协商民主、民族区域自治等政治术语做出翔实的学术论证，使之成为学术话语。要对我国学者有较多话语权的社会历史发展规律学说，做出更加翔实的学术研究和论证，形成具有中国学术特色的学术体系。只有在这些方面进行努力，我国历史学才能把话语体系提高到一个新的水平，而不是跟在西方学者后面亦步亦趋。

建设中国历史学话语体系，提升话语权，基础是开展扎实深入的史学研究。否则，话语体系就是无根的浮萍，话语权也就是空谈。这就要求我们坚持在中国化马克思主义指导下深入开展史学研究。比如，我们要研究中华文明起源的历史根据，中华文明何以不同于世界其他文明，中华文明在历史上是如何吸收其他文明的精华，中华文明的优点和弱点在哪里；要研究自甲骨文以来中国历史发展的特点，中国封建社会经历漫长历史时期的原因，中国几千年的经济结构、政治结构和社会结构是如何形成的；要研究中国传统社会意识形态体系或者说儒学体系的精华和糟粕是什么，儒学体系在面对西方资本主义思想体系时为什么会打了败仗，今天正在走向复兴的中华民族应该如何看待中华传统文化包括儒学体系；要研究中国革命的特点和成功的原因究竟是什么，马克思主义在中国化过程中是如何与中国革命实际相结合、与中华传统文化相结合的，中国特色社会主义在中国发展的历史必然性；要研究五千年不曾中断的中华文明对世界做出了哪些贡献，中华文明的连续性发展对当今世界发展有什么启示意义，如何看待世界历史的发展以及世界历史发展中心的转移，等等。这些课题都是需要历史学者深入研究的，把这些问题研究透了，才能把握历史发展规律。历史学者要有甘坐冷板凳的精神，研究要有十分扎实的史料根据、十分严谨的论证逻辑，要有令人信服的阐释力。只有这样的研究，才能在学术上有说服力，才有助于中国历史学话语体系水平和话语权的提高。

我国历史学具有十分悠久的历史传统，如何在这一悠久历史传统基础上，在新的时代条件下，建立我国历史学在国际上的话语权，我国历史学者还要做很多努力。我虽然已届晚景，也要为此而奋斗不息。

我在武汉大学历史系当学生时，就曾下决心当一个历史学家。回顾在研究所近54年，所得成绩微小，令人惶恐不安。1978年以前，没有条件做学问，1988年以后，不能专心一意做学问、坐冷板凳，限制了我在学业上的进步。当然，54年来，我没有虚度光阴。我利用了几乎所有的业余时间和节假日，以及在国外访问的机会，乃能写出一些差强人意的文章。约略统计一下，迄今为止，我独自编著的著作（包括 6 本论文集）共有 9 本，参与编写、参与主编或主编的著作和资料集近 30 种。论文和各种文章 350 篇，序跋 50 篇，各种会议开幕词 50 篇，各种访谈 34 篇（以上都是公开发表的）。

现在，我已经进入耄耋之年，所有学术上的愿望都只能打折扣了。当然，我现在还没有停止思考，还没有停止笔耕，还在龟步爬行，唯有如此，在学术的路上，还可以多走一步半步，庶几少生浩叹也。

2018 年，中国致公出版社要为我出版一本《论中国近代史的若干转折——我的史学论文精选集》，讨论近代中国历史的转折，是我长期思考的关键问题之一。

湖北教育出版社愿意为我出文集。我把这次出版文集当成一次对我的学术事业的总检阅。约略统计一下，40 年来，我发表过的各类文章超过 400 篇。我从中检出 143 篇，编成四卷。第一卷，中国近代史学理论的研究与探索；第二卷，中国近代史基本问题研究与探索；第三卷，从中国近代史看港澳台以及中日关系；第四卷，时论：从中国近代史出发。这四卷，大体上反映了我的学术视野。

我希望以这四卷文集，告慰我的师长，献给我的同辈和我的年轻的朋友们。

党的十九大提出了习近平新时代中国特色社会主义思想，规划了未来 30 年中国发展道路，中国的学术界，包括历史学界应该建立起自己的学术立场和学术自信。我相信，年轻的朋友们在大好的时代里，只要勤恳耕耘，勤于思考，在你们当中是可以出史学大师的。我预祝你们成功。我作为你们的前辈，在学术的道路上，留给了你们一些可供参考或者批判的东西。虽然我取得的成绩渺小，但是我要说，我沿着前辈的足迹，思考了，探索了，努力了。

2018 年 1 月 25 日改定

于北京东厂胡同一号

论清代的省例

徐　鑫[*]

一　前言

　　清代是中国历史上地域最广阔的朝代之一，清代的主要行政区划分为内地十八省、五个将军辖区、两个办事大臣辖区，共计二十五个一级行政区域，除此之外，还包括内蒙古诸盟旗。这样的划分既和清代的疆土扩大有关，更是为了能够因地制宜地统治各个地区。因而，在各个不同的行政区域中，就产生了不少为解决地方问题而制定的具有地方特色的法律法规。这样的法律法规发布者多为地方主要官吏，实际效力不一，接受程度的差异性也非常大。在地方性法规中，由省级地方政府制定的"省例"被接受的程度较好，在全国各省中都普遍被承认具有法律规范效力。

　　省例是清代主要的地方性法规．它与大清律例没有特别明显的承继关系。但是，省例也是律例的重要补充，是在一省范围内通行的重要"例"。虽然省例在律典中没有较为明确的效力规定，但是省例依然在各省得到普遍运用，甚至在某些时候和国家律例相左。清代省例是各省制定的文件体系，具有一定的因事而设的临时性质，因而并没有形成系统而完整的保存制度，散佚严重。现存的若干省例，或由个人因兴趣而编纂，或由相关的机构组织汇编，编次时间跨度也各不相同，但仍然可

　　*　徐鑫，中国社会科学院近代史研究所在站博士后。

以展现清代地方法律事务的面貌。现存省例主要有如下几种（见表1）。

表1 现存省例汇总 *

省份	省例	作者/刊发部门	刊发时间	内容/体例
河南	《拟定成规》	不详	雍正八年刊本	
	《豫省成例》	不详	乾隆年间	
	《豫省续增成规》	不详	雍正八年刊本	
山东	《乾隆朝山东宪规》	不详	成书时间应为乾隆后期	本书涉及的时间从乾隆四年四月至乾隆四十二年六月
	《东省通饬》	仁山氏辑	不详	本书涉及时期从乾隆到光绪，主要涉及臬政事宜
山西	《晋政辑要》	海宁总辑、郑源璹纂辑	乾隆五十四年山西布政使司刊本	内容主要涉及行政、藩政
	《（重修）晋政辑要》	刚毅修，安颐纂	光绪十四年山西官刻本	内容和《晋政辑要》差别较小
直隶（今河北）	《直隶现行通饬章程》	不详	光绪十七年保定臬署刻本	
江西	《西江政要》（布政司本）	不详	不详	内容从乾隆十六年，到乾隆二十六年
	《西江政要》（按察使司本）	不详	光绪年间江西按察司衙门刊	
	《藩司定例》	江西布政使司	光绪年间江西布政司衙门刊	内容从乾隆年间至光绪年间
	《臬司定例》	江西按察使司	光绪年间江西按察司衙门刊	内容从乾隆年间至光绪年间
四川	《四川通饬章程》	钟庆熙等辑	光绪二十七年四川藩局刊本	内容主要涉及光绪年间四川省制定和发布的条规
安徽	《皖政辑要》	冯煦主修，陈师礼总纂	光绪三十三年	全书依照清末新官制分为十科：交涉科、吏科、民政科、度支科、礼科、学科、军政科、法科、农工商科、邮传科

续表

省份	省例	作者/刊发部门	刊发时间	内容/体例
江苏	《江苏省例》	不详	同治己巳八年江苏书局刊	内容从同治二年至光绪三十三年，分为藩政和臬政，按年分别编写
	《江苏省例续编》	不详	光绪乙亥元年江苏书局刊	
	《江苏省例三编》	不详	光绪癸未九年江苏书局刊	
	《江苏省例四编》	不详	光绪庚寅十六年江苏书局刊	
浙江	《成规拾遗》	万维翰	乾隆三十九年芸晖堂重刊	
	《治浙成规》	不详	道光十七年	
湖南	《湖南省例成案》	不详	嘉庆二十五年	内容仅到乾隆三十八年
	《湖南省例》	吴达善等监刻	不详	内容涉及雍正三年至嘉庆五年
福建	《福建省例》	不详	大约是同治十二三年	内容涉及乾隆十七年到同治十一年，且原本名称仅为《省例》
	《闽政汇参》	不详	不详	内容汇辑清初至道光年间，包括成案
广东	《粤东省例》		道光年间钞本	
	《粤东省例新纂》	宁立悌、陶复谦、王锡章辑	道光二十六年	内容从乾隆至道光二十五年
	《广东省例》	不详	不详	

注：大部分省例并没有编纂者署名，它们的编纂者应为督抚或两司等省级部门，因而没有明确署名。

省例虽不是法律史研究的重点领域，但是仍有一些学者对此进行了一些卓有见地的研究。较早进行省例研究的是日本学者，从二十世纪九十年代开始，一些日本的法律史学者开始注意到清代的省例问题。寺田浩明著有《清代的省例》一文，这篇文章被收入了滋贺秀三主编的

《中国法制史——基本资料的研究》，① 该文章主要依靠的史料是日本所藏的省例文献，对于省例的研究和利用状况做了较为全面的回顾，并且对清代省例的存世概况、基本结构和性质都做了详细的介绍和分析。谷井阳子所著的《清代则例省例考》对省例的立法和刊发做了较为详尽的考察。② 在织田万所著的《清国行政法》③ 中，对于省例也有所提及。国内的研究则较为滞后，早期少有人涉及这一领域的研究。2000 年前后，苏亦工、郑秦等学者在相关著作中开始呼吁重视清代地方立法中的省例，并开始对省例进行介绍。④

此后，随着对地方司法研究的深入，省例的重要性也被相关学者注意到了。李永贞认为："省例在清朝法律体系中的地位，不见有明文规定，但它确实在地方衙门所辖的地域内具有法律效力。乾隆以后，由于刑部通行和成案的流行，省例的制定也就成为一种趋势。"⑤ 复旦大学法学院的叶孝信则认为："作为补充律例的一种独立法律形式，省例的地位和效力得到清朝中央政府和当时社会的普遍承认。因此，省例是清朝基层政府各种规范中最为重要的一种形式，在各地司法、行政活动中具有重要作用。"⑥ 刘笃才对于省例制定的目的做了归纳，认为省例的长期有效在制定之初就是省例的目标。他认为："关于制定省例的目的，很多文件有'刊入省例，通颁遵照'、'刊入省例，以便遵循'、'刊入省例通颁，以垂久远'、'刊入省例，永远遵行在案'等语。从中可以看出，其制作者之所以要将所拟定的章程、办法、规条通过'刊入省例'的方式公布，是为了赋予其'永远'和'久远'的长期效力。立法者企图改变地方性法规不仅是个人的职权行为，而赋予其机构立法的形式。这可以说是省例作为地方性法规的突出特点。"⑦ 中国社会科学院的杨一凡给予了省例更高的评价："明、清时期，地方立法空前繁荣，

---

① 〔日〕滋贺秀三主编《中国法制史——基本资料的研究》，东京：东京大学出版会，1993，第 657~714 页。

② 〔日〕谷井阳子：《清代则例省例考》，《东方学报》1995 年总第 67 册。

③ 〔日〕织田万：《清国行政法》第 1 卷，临时台湾旧惯调查会，大正三年印刷。

④ 见苏亦工《明清律典与条例》，中国政法大学出版社，2000，第 74~78 页；郑秦《乾隆五年律考——律例定型与运行中的条例》，《清代法律制度研究》，中国政法大学出版社，2000，第 70~73 页。

⑤ 李永贞：《清朝则例编纂研究》，世界图书出版公司，2012，第 144 页。

⑥ 叶孝信：《中国法制史》，复旦大学出版社，2002，第 326 页。

⑦ 刘笃才：《中国古代地方法制的功能结构与发展》，《北方法学》2012 年第 1 期。

法律形式更加多样化。在清代地方立法成果中，'省例'的编纂，标志着我国历史上地方立法已进入成熟阶段。省例适用于当时省级所管辖的地域，在本省范围内具有普遍的、长期的约束力。古代地方立法作为国家法律体系的有机组成部分，发挥着补充和辅助国家法律实施的功能。只有把朝廷立法和地方立法结合研究，才能揭示中国古代法律体系的全貌。"① 除了从立法角度来讲之外，省例和社会经济发展也分不开，山本进认为："从市场来看，18 世纪湖广、四川、福建、两广等数个省级规模的区域经济圈从全国市场独立出来，每个省的行政财政也开始呈现出独立性。此时，各省开始编纂的'省例'也是为了应对这种倾向。"②

虽然省例一再地被给予高度评价，但是以省例为中心的综合性研究，目前仅见复旦大学王志强的研究。③ 他认为，"在制定主体上，省例不是出自一般基层官员之手，而是以地方官员中地位最高的省级政府长官为主要制定者；不是个人进行的作品汇编，而是官方主持的重要文件集成；在形式上，不是只鳞片爪的零星罗列，而是具有相当完备、系统化的载体形式；在时间上，不同于人存政举、人亡政息的其他一般告谕，而是具有相对比较稳定持久的效力；在地域上，其影响力相当广泛，在一省范围内具有普遍的法律约束"。④ 因此，王志强将自己的研究定义为"以省例为中心，集中探讨地方立法的有关问题，包括地方法规与中央制定法的相互关系、各地法规之间的差异及其成因"。⑤ 王志强系统地对省例进行了研究，对于省例的制定、运作和变化都做了较为详细的整理和分析。但是其整体的分析框架仍然是在"中央－地方"这样的模式下做出的。他得出的主要结论就是地方官员对于中央制定法律并非完全遵从，在立法问题上体现了中央政府和地方政府之间的动态平衡。2011 年，曾哲和高珂在《武汉大学学报》上发表《清代省例：地方法对中央法的分权》⑥ 一

---

① 中国社会科学院法学研究所编《纪念中国社会科学院建院三十周年学术论文集·法学研究所卷》，方志出版社，2007，第 106 页。

② 〔日〕山本进：《清代社会经济史》，李继锋等译，山东画报出版社，2012，第 76 页。

③ 参见王志强《论清代的地方法规：以清代省例为中心》，《中国学术》2001 年第 7 辑；《论清代条例中的地区性特别法》，《复旦学报》（社会科学版）2000 年第 2 期。

④ 王志强：《论清代的地方法规：以清代省例为中心》，《中国学术》2001 年第 7 辑。

⑤ 王志强：《论清代的地方法规：以清代省例为中心》，《中国学术》2001 年第 7 辑。

⑥ 曾哲、高珂：《清代省例：地方法对中央法的分权》，《武汉大学学报》（哲学社会科学版）2011 年第 3 期。

文，认为清代省例是地方法律对于中央法律的分权，但是其文章内容和王志强的《论清代的地方法规：以清代省例为中心》几无分别，甚至其论证的证据和论点都与之相似，并无独创性。其后，中国政法大学的博士生程泽时发表了《管制与恤民：清代典当业省例》一文，认为地方省例多不遵从《大清律例》，而其依靠的原则就是"恤民"。① 除此之外，也有关于单个省例本身的研究。穆键依托于《皖政辑要》的一系列文章，从整体上展示了地方省例规范的广泛性和重要性。②

虽然将多种省例联合使用的综合性研究较少，但是作为地方史料中的一种，省例却早已成为重要的资料来源。有不少学者以单个省例作为主要材料来对地方现象进行研究。如郑振满以《福建省例》为中心，对福建省整个清代的财政体系的变化进行研究，全面地展现了清代早、中、晚期政府财政职能的变化。③ 龚汝富通过对《西江政要》中法律文本和案例的整理，分析了清代保障商旅安全的法律措施的运用情况，认为要确保商旅行程的安全，关键是规范陆路脚夫、水路船户和歇店的法律责任。④

省例反映了当时发布命令的原貌，而非经过精简化处理的结果，在省例当中，往往有制定过程较为详细的描述，而非简单直接的命令式发布方式。其精细之处，乃至刊入省例、侯宪台批复等话语都按原版直接刊入其中，我们可以从中窥见当时的官府运作情况、省例的制定过程

---

① 程泽时：《管制与恤民：清代典当业省例》，《中国政法大学学报》2014 年第 3 期。
② 穆键：《〈皖政辑要〉所见清末芜湖警政建设》，《安徽广播电视大学学报》2010 年第 2 期；穆键：《〈皖政辑要〉所见安徽近代教育行政体制的建立》，《安徽广播电视大学学报》2011 年第 1 期；穆键、朱寅：《〈皖政辑要〉：晚清史籍编纂体例的创新典范》，《许昌学院学报》2011 年第 3 期；穆键：《论〈皖政辑要〉的编纂体例》，《内江师范学院学报》2011 年第 5 期；穆键、朱寅：《〈皖政辑要〉所见清末安徽新军之编练》，《天中学刊》2011 年第 6 期；穆键、朱寅：《〈皖政辑要〉所见晚清安徽财政制度的变革》，《天中学刊》2012 年第 1 期；穆键、朱寅：《〈皖政辑要〉所见晚清安徽的中外交涉》，《甘肃联合大学学报》2012 年第 2 期；穆键、朱寅：《〈皖政辑要〉中所见清末安徽经济》，《安庆师范学院学报》2012 年第 2 期；穆键：《〈皖政辑要〉史料来源探赜》，《长江师范学院学报》2012 年第 3 期；穆键、朱寅：《〈皖政辑要〉所见清末安徽的农业改良》，《许昌学院学报》2012 年第 3 期。
③ 郑振满：《清代福建地方财政与政府职能的演变——〈福建省例〉研究》，《清史研究》2002 年第 2 期。
④ 龚汝富：《清代保障商旅安全的法律机制——以〈西江政要〉为例》，《清史研究》2004 年第 4 期。

等，以及在这个过程中发生的争论、调整等较为全面的运行轨迹，而非简单的结论性的材料。省例往往前后相继数年或数十年，有些省份甚至将整个清代的大部分时期的省例都刊发出来了，这样前后相继，在内容上具有相当连续性的材料，可以让我们看到省级部门所处理事务的发展过程，以及处理事务的发展过程中和不同层级官员乃至朝廷的互动，进而得到非常丰富的清代地方政务处理轨迹图。除此之外，省例对于理解中国传统精英阶层的思维和逻辑，特别是省级阶层有极大帮助。中国传统的政治家和思想家在一定程度上是重合的，其大多数人其实并不能像西方思想家一样形成完整的文字的理论体系，这首先是因为所有精英阶层都是儒家的信徒，都必须在儒家的理论框架下来解释自己的思想，其次，中国成功的思想家都是政治家，是官僚体系的一部分，他们的理论思维大多直接地转化为自身的施政理念和具体的施政行为。因此，要真正全面认识传统的精英阶层的理念，"听其言"固然重要，"观其行"才是明辨其思维的重要落脚点。不仅如此，虽然传统的知识分子都在儒家体系中，但是不同层级的官员士子对于具体事务的认识不同。因此，在区分他们本身的背景的同时，应该对同一阶层产生的"共同意志"给予足够重视，才能更进一步地理解传统知识分子的精神世界。

二 省例的定义与起源

关于省例究竟如何定义，现在主要有两种说法。一种说法就省例本身的制定过程而言，如苏亦工认为省例是"清朝各省政府于本省范围内执行政务的公文汇编"。[①] 其强调的是省例的制定由来和效力范围体系。另一种定义是根据省例的性质而来的。复旦大学法学院的王志强较系统地对省例在国家立法中的地位以及省例和国家法的关系进行了研究。他梳理清代地方法规的主要类型，认为省例在清代地方立法中具有突出的地位和特色。他认为省例是"以地方性事务为规范对象，以地方行政性法规为主体，兼含少量地区性特别法的一种法规汇编，在各地司法、行

---

① 苏亦工：《明清律典与条例》，第 74 页。

政过程中具有重要作用"。① 这两种定义都具有一定的合理性。苏亦工从省例的制定过程出发，强调省例的重心是一种法规汇编。王志强更强调省例的地方性和行政性的特征。省例的内容是混杂且模糊不清的，我们很难以一个精确的定义来概括省例，但是如果我们将省例的起源、体例和制定主体等方面置于清代律例体系中进行分析，可能会更为清晰地理解省例的特点。

省例的根本在于各省在处理地方事务中所形成的事务性规范，这些规范通常是以"通饬"条例的形式单条存在。省级部门会针对具体的某项事务制定相应的处理办法，并将之向下属的府州县衙门颁布，并要求其遵行。因此，省例的产生是一个非常零散的过程，并在具体事务过程中不断发展和变化。这就造成了不同省例的或存或废，许多省例因年深日久而产生遗漏。每一件具体事务，在由督抚决定成为日后办事的固定规条之后，就成为一条省例。这种省例随时由省级衙门饬发交府州县，以便当时或日后遵照办理。省例在产生之初，并非被直接冠以省例之名，但是确实发挥着省例的作用。随着省例制定的日益增多，对于省例的保存有了新的要求。因此，在乾隆九年（1744 年），针对条例问题，湖北按察使石去浮上奏朝廷，要求将相应的条例"汇造齐册"，并纳入官员交接时的必要程序。这一建议，被朝廷采纳，成为定例。② 这条定例的产生，使得省例从临时性的命令式的文件体系，开始被有意识地加以保存，以便后人继续使用。在实践中加以总结，继而产生能够应用于一省的律例条文。这些省例的保存，是今日我们看到的刊行省例的源头。

在省例被有意识地保存之后，不少省份将省例刊行出来，使之成为重要的地方律例。刊发省例的主要时期集中在乾隆和光绪两朝。乾隆时期就有一批省例刊出，如《乾隆朝山东宪规》、《晋政辑要》和《成规拾遗》等。《湖南省例成案》的编纂刊发时期虽然在嘉庆年间，但是其内容基本是乾隆年间的，我们也可以推测这一刊本的最初编纂日期可能在乾隆后期。乾隆时期刊出的省例可能与石去浮上奏所产生的定例有一定关系，在朝廷要求妥善保管省例的情况下，将省例刊出发行，未尝不

---

① 王志强：《论清代的地方法规：以清代省例为中心》，《中国学术》2001 年第 7 辑。
② 薛允升：《读例存疑》卷八，清光绪刊本。

是一种较为方便的形式。当然，朝廷将保存省例作为一项重要的政务在此时重申，并提出相应的惩罚条件，未尝不是省例在具体实践中的作用得到重视的结果。乾隆时期，刑部通行饬令和成案广为流行，成为断案的重要依据。与之相关并更具法律效力的省例在此时被编纂和刊行出来，也就成为一种趋势。光绪时期是省例刊发的另一个高峰时期，如《（重修）晋政辑要》、《直隶现行通饬章程》、《藩司定例》（江西）、《臬司定例》（江西）、《四川通饬章程》、《皖政辑要》、《江苏省例》、《江苏省例续编》、《江苏省例三编》和《江苏省例四编》等。这一时期刊发省例与太平天国运动后动荡的社会环境有一定关系。《江苏省例》的编纂者认为："凡院司各衙门通饬新定章程以及裁除陋规等件均关吏治民生，现从同治二年克复省城起，分年编辑，名曰江苏省例。俾各属遵守奉行，免致歧误。"① 省例的编纂者和其他清代的立法者一样，认为法律的编纂和颁布有利于地方稳定和社会风气的好转。在光绪时期，《皖政辑要》的编纂者也认为："皖省自粤乱敉平数十年来，历行政策散在官司，积卷浩繁，未经董理。分研一事则端委不具，综核全体则表里不融。坐使文献无征，庶事丛脞，不得不及时搜辑，整齐条目，分别部居，为乡土志之统宗，兼风俗通之流别，俾官斯土者有所依据。祛俗吏识小逐末之疏，取博学折衷进化之益，非细故也。"② 从表 1 中我们可以看出，这两个时期刊发的省例占了现存省例的绝大部分，甚至山东、山西、江西等省在整个清代，只在这两个时期编纂刊行了相应的省例。省例的发布是一个长期的过程，但是省例的刊行是与社会经济条件息息相关的，但是不论何种具体的社会条件，省例的大量颁布刊行，是与清代中国地方社会的发展成熟分不开的，也是清代各省在地方治理中具有相对独立性的表现。

省例的保存和整理虽然是一省政务的重点之一，但是其编纂和刊行却和当时的私家所著律学书籍之风气有着千丝万缕的联系。能够编纂和写作一些律学著作的作者多是从事过专业的司法工作，或是担任过官僚的幕府，或是自身就是管理司法工作的官吏。如《例学新编》的作者杨士骧一生做过的官职有翰林院编修、直隶通永道道员、直隶按察使、

---

① 《江苏省例初编·凡例》，清同治八年江苏书局刊本，杨一凡、刘笃才编《中国古代地方法律文献·丙编》第 11 册，第 533 页。
② 冯煦主修、陈师礼总纂《皖政辑要·凡例》，黄山书社，2005。

江西布政使、直隶布政使、山东巡抚、直隶总督等职务。《政学录》的作者郑端则担任过工部主事、工部员外郎、户部郎中、贵州按察司佥事、陕西按察司佥事、湖南按察使、安徽布政使、湖南巡抚等职务。这些作者的丰富司法工作经验，促使他们编纂出相关的律学著作或者官箴书。这些律学书籍的作者们编纂这些书籍，其主因就是在实际工作过程中，审断案件和处理地方事务需要有所依据。有清一代，律例的修纂极其频繁，例文五年一小修，十年一大修。而且就在司法实践中起到的作用而言，例的应用极为重要。从实际情况看，清代例的数目逐渐有了较大规模的增加。例如，康熙初年例321条，雍正三年（1725年）815条，乾隆二十六年（1761年）1456条，同治九年（1870年）增至1892条。例的增加造成了司法官员需要求助于专业的法律著作才能解决法律适用的困难。省例是一省之中最为重要的"司法解释"和新规则的来源，在地方政府的日常工作中扮演着重要角色，其制定过程也和相关官员的相关工作经验密不可分。在清代至今的大多数丛书编纂中，并未严格区分省例和其他律学著作，这些工具书都是日常司法工作的重要依靠。《四川通饬章程》更是直接就谳局委员的工作重点而编纂的。"庆熙学殖浅薄，治谱懵然无所知，迨筮仕逐队谳局，遇疑难案牍，饬吏胥检阅存通行通饬者，往往残缺遗漏，心窃憾焉。"① 而且，之所以编纂省例，大多是在事务繁杂、社会秩序并不安定的情况下，需要清晰明白的律法来指导司法工作。如《四川通饬章程》就因时势艰难而修订。"我朝律例一书仁育义正，几于家喻户晓，惟自乾嘉以降，时势日艰，情伪日幻。于是大部有通行部章，川中各上宪有通饬省章，皆以达律例之未赅，准情法之持平，求乎大中至正之归，诚哀矜苦心也。"② 不仅如此，地方上还将省例的修订看作地方从乱到治的表现。省例的编纂往往是在律例杂乱之时，其编纂的过程既与当地的司法官员紧密相连，又离不开相应的律学专家之佐助。《粤东省例新纂》即是如此。"及粤东幅员辽阔，政务繁巨，甲于他省。二百年来，省例尚阙而未修，恩彤于道光癸卯牧是邦，爰属即补同知。宁君立悌、候补布政司经历陶

---

① 《四川通饬章程·自序》，清四川谳局刊本，杨一凡、刘笃才编《中国古代地方法律文献·丙编》第15册，社会科学文献出版社，2012，第397~398页。

② 《四川通饬章程·自序》，清四川谳局刊本，杨一凡、刘笃才编《中国古代地方法律文献·丙编》第15册，第397~398页。

君复谦、候补从九品王君锡章，分司纂录，由是钩考旧牍，讨论新章。"①
这也无怪乎苏亦工推测，"《西江政要》、《治浙成规》、《晋政辑要》等
具有省例性质的典籍均不用'省例'之名，最初很有可能是某位有心
的大吏将档案中收存的以往发布的有关本省政务较有参考价值的公文按
照一定的顺序和类别加以编纂成书"。②

三　省例的体例

省例的体例并非整齐划一，而是有着数种截然不同的分类方式。这
既体现了省例的制定缺乏统一规范，又与省级部门制定法律的发展过程
有一定关系。省级主要采用的体例有如下几种。（1）直接将所有省例
按年编列。目前所见的最早的《乾隆朝山东宪规》采取这一做法，全
书并未分成不同的体例，而是直接按照时间顺序，将所有制定的省例分
为六册列出。全书一共收录省例一百一十二条，并附录一件。这一省例
是目前已知清代法规中最早的一部。该书内容涉及非常广泛，甚至包括
穷员无力回籍酌给银两、普济堂并养济院等各个方面。但是并未划分类
别，仅仅是按照时间顺序将所有省例一一列出，而且也没有作序或编定
凡例。③ 乾隆朝的《晋政辑要》体例也较为模糊，并没有明确的体例划
分，而是模糊地分为八卷。（2）按照六部所定则例的体例进行划分。《湖
南省例成案》则将内容分为吏律、户律、礼律、兵律、刑律、工律六个
部分。在不同的条例下面又细分为名例、田宅、婚姻、课程、钱债、市
厘、贼盗、人命、斗殴、诉讼、受赃、断狱、营造、河防等细目。④ 《粤
东省例新纂》和《湖南省例成案》的分类几无区别。"粤东向无省例，
一切外办事宜，屡有更改，历年既久，卷帙繁多，未能悉照原案录，叙
兹就现办章程按吏、户、礼、兵、刑、工六科分门别类，纂辑成例共得

---

①《粤东省例新纂·序》，台北：成文出版社，1968，第 7～8 页。

② 苏亦工：《明清律典与条例》，第 78 页。

③ 杨一凡、田涛主编《乾隆朝山东宪规》，《中国珍稀法律典籍续编》第 7 册，齐钧点
校，黑龙江人民出版社，2002，第 7～12 页。

④《湖南省例成案·目录》，嘉庆二十五年刊本。

八卷。"① 这些省例的体例是严格按照六部进行编排的，在六部的门类下按照相应的事务自行增减具体的例条名目。《福建省例》则更为直接，并未按照六部的门类来划分，而是直接将不同的事务划分为具体的例条，其分类为："本书计分公式、仓库、钱粮、奏销、交代、税课、解支、俸禄、养廉、捐款、平粜、社仓、户口、田宅、劝垦、当税、恤赏、兵饷、科场、盐政、钱法、铁政、船政、海防、修造、邮政、刑政、捐输、差务、铨政、征收、缉匪、杂例等三十三类。"② 每类所列例案，多的有一百二十一件，少的只有两件，都是依照年代先后排列的。但是这些例条的名称也和六部制定则例的具体例条极为相似。因此，这种编纂体例也可以认为是按照六部则例的体例进行的。光绪年间的《（重修）晋政辑要》的体例则更为明确地分为"吏制、户制、礼制、兵制、刑制、工制"六类，其下又设不同的例条门类。③《（重修）晋政辑要》的纲目较为明确，因此被认为"大纲细目，条列秩然，每叙述一事，必具原委，详核典实，询各省官书可贵之编"。④ 较晚制定的《皖政辑要》的分类则更为近代化，全书依照清末新官制分为十科：交涉科、吏科、民政科、度支科、礼科、学科、军政科、法科、农工商科、邮传科。虽然《皖政辑要》的编纂体例较为近代化，但是其仿照的对象是《晋政辑要》，即"是书仿《晋政辑要》之例，皖政大要悉著于篇，以为官吏研究政治之资。事求核实，一以简而能赅、质而不俚为宗旨"。⑤ 其体例不用六部分类是因为其时已经是清末新制发布时期，但其体例按新官制编纂的方式与之前的省例体例编纂方式并无区别。（3）不少省例将内容分为藩政和臬政，即布政使和按察使发布不同命令分别刊发。《江苏省例初编》就将体例定为"省例之编以钱粮款项及省钱调补等事为藩政，其事关命盗杂案、监狱驿传等件为臬政、按年分编目录以便检查"。⑥ 并

① 《粤东省例新纂·序》，第 11 页。

② 《福建省例·目录》，《台湾历史文献丛刊》，台中：台湾省文献委员会，1997，第 1 ~ 3 页。

③ 刚毅修、安熙纂《（重修）晋政辑要》，光绪十四年山西官刻本。

④ 续修四库全书编纂委员会编《续修四库全书·史部选目》，上海古籍出版社，2002，第 2563 页。

⑤ 冯煦主修、陈师礼总纂《皖政辑要·凡例》，黄山书社，2005。

⑥ 《江苏省例初编·凡例》，同治八年江苏书局刊本，杨一凡、刘笃才编《中国古代地方法律文献·丙编》第 11 册，第 533 页。

且在《江苏省例续编》刊行的时候，仍然强调这一体例"续纂省例自同治八年讫光绪元年，仍按藩臬衙门逐年分编目录以便查检"。①《治浙成规》的体例也分为藩政和臬政两个部分。

从编纂的情况来看，仿照六部则例分类方式的省例都是按照内容的具体细化章目来编纂的。分为藩司和臬司两个门类的刊本则更为简单地将所有省例条目都按年份罗列出来。如《江苏省例初编》中"现在截至同治七年先行编订刊颁所有八年起各衙门通饬事件再行接续编刊"。②虽然划分的方式不一，但是总体而言，早期的省例基本以六部则例的方式分类，晚期的省例，则更倾向于使用藩司和臬司的分类方式。这是因为早期的省例是地方对于部例的模仿产物，晚期的省例则主要根据自身的使用方便而编纂，较少受到部例的体例限制。最早的省例，如《乾隆朝山东宪规》仅仅将所有的省例条目按年代逐条罗列出来，保持了省例的原始样貌，并未对其进行相应的分类整理。其后的省例开始仿照六部则例的体例形式，按六部的体例进行分类整理，在六部的体例之下，又进行细分类别，按照具体的事务细分类目。这体现了早期省例是简单模仿六部的行为，而非省例官员自创的法律规范形式，其重点在于对上级的要求给予回应，重心在于对上负责，而非对下实践。这样的省例编纂刊行，表现了早期省例的重点是对于中央政策的理解和执行，只是机械地将省例按照规范格式编在一起而已。其后出现的省例，开始摆脱这种简单模仿性质的编纂方式，《福建省例》就略去六部的分类，直接按照具体的事务分类。这种分类方式直接承袭了《大清会典》对于例的要求。《湖南省例成案》则是对于相关例的种类进行删减，并将之归纳到六部则例的体系中。在其后编纂的《西江政要》和《江苏省例》等省例中，按照六部事务分类的方法被弃用，而采取藩司、臬司两分法。这类省例的编纂刊行时期，多出现在清朝的中晚期，这时的省级地方部门拥有更多的权力，且负担了更多的地方事务的处理职能。在省级官僚部门中，主要的职能虽然由不同管理部门对接中央的六部，但是实际上是采取布政使主管"钱粮"、按察使主管"刑名"的工作方式。随着地方

---

① 《江苏省例续编·禁革大签名目》，光绪元年江苏书局刊本，杨一凡、刘笃才编《中国古代地方法律文献·丙编》第 12 册，第 201 页。

② 《江苏省例初编·凡例》，同治八年江苏书局刊本，杨一凡、刘笃才编《中国古代地方法律文献·丙编》第 11 册，第 533 页。

自主性的增强，采取藩司、臬司二分法，更有利于实际工作的开展。不仅如此，这一时期，省级地方政府的权力增强，省例的内容也开始强调省对州府县的管理，省例调适的关系开始从中央和地方之间的关系转变为省级部门和地方州府县之间的关系。省例的体例转变，并非在理论的指导下进行有目的性的构建，而是根据实际工作的需要，自然而然地形成的共识。地方的工作重点是如何，省例的编纂形式也就随之而调整，不需要跟随中央的六部分类方式，地方官府拥有的自主权决定了体例的体现形式。

四　省例的制定主体

省例既是一省之例，那么制定发布省例的主体就是省级的官员。对于省例的制定主体究竟是省级的哪类官员，学界大多认为是督抚为主。如王志强就认为"在制定主体上，省例不是出自一般基层官员之手，而是以地方官员中地位最高的省级政府长官为主要制定者"。[1] 诚然，督抚为省级部门的最高长官，省例的颁布需要经其批准才能实施。但是我们也应该注意到，督抚直接颁布刊行的省例并不多见，直接经手省例的设计和制定的往往另有其人。总体而言，省例的制定者应该是督抚、两司。其中，绝大部分省例是需要督抚批准才能生效实行，不过督抚只是掌握了省例制定的决定权，并非省例制定的唯一主体。

从省例的制定立意来看，主要有四种。其一是对中央法律法规的地方化，将朝廷的律例在地方层面上加以重申或者具体化。如在《湖南省例成案》中的雍正四年（1726 年）七月的《严禁纠众强抢米谷》一条，就是典型地将朝廷律例具体化。巡抚首先认为强抢米谷律有专条，"照得白昼抢夺有杖百徒三之典，赃重者有计赃治罪之条，至若聚众罢市横行抢夺者照光棍例问拟"。[2] 其后，又强调了上谕，"如有结谷之名，扰害良善，逞其凶锋行同光棍例，则乡邑之大蠹，不可不重加惩治，以儆颓风"。[3] 在引述完国家律典和上谕之后，巡抚提出了湖南本

---

① 王志强：《论清代的地方法规：以清代省例为中心》，《中国学术》2001 年第 7 辑。
② 《湖南省例成案·刑律·贼盗》卷一《严禁纠众强抢米谷》，嘉庆二十五年刊本。
③ 《湖南省例成案·刑律·贼盗》卷一《严禁纠众强抢米谷》，嘉庆二十五年刊本。

地遇到的实际情况，认为在湖南强抢谷米的小民"本属好人，因听师巫邪说，被其煽惑，随延请教师演弄拳棒，学习法术，自恃不畏夹打，公然横行乡曲"。① 对此，湖南巴陵县已经进行了审讯，"几番严审即受刑不起，将纠众抢谷实情一一供出"。② 由此认为"邪法之不足恃也"。最后提出了具体的解决方法。（1）"一切师巫邪术以及拳棒教师，种种匪类概行摒绝。"（2）"或遇年岁歉收、米粮□贵，本署部院即行飞饬地方官开仓平粜，接济民食。"③ 国家律典禁止强抢米谷，上谕又加以强调，湖南巡抚根据实际情况将主要的防范对象定为"师巫邪术以及拳棒教师"，并且提出了如果遇到灾年，就会加以救济的防范措施。这样的省例是明确地将国家律例加以具体化、地方化，进而使之在符合国家规定的同时，在地方的操作中更加具有针对性和可行性。

其二是总督和巡抚亲自拟定发布的条例。这类条例往往是督抚在日常工作中认识到了某种现象的存在而制定的。总督发布的省例往往极为直接、简单，一般以命令式的为主，如《江苏省例》中就有"两江爵督部堂李批江都县详萧文海劫一案，查此案于三月初二日失事，延迟三月有余始行通详，殊不成事。嗣后各州县遇有盗案，务于十日内通详并将文武职名一并详悉声叙，不得延混。同治四年六月通饬"。④ 除了总督之外，巡抚由于专管一省，且涉及的事务较多，也会发布不少省例。如《湖南省例成案》中雍正十年（1732 年）十一月初一日发布的《严禁尸亲牵告无辜》就提到为解决死者亲属借机诬告别人而提出了相应的规程。其发布的主要原因是"抚部院赵为严禁尸亲牵告无辜以遏刁风事"，⑤ 开始就提出了朝廷律例中的处理方法，"照得人命重情难容诬害牵累，故律载告二人以上，但有一人不实者，罪虽轻以诬告论"。⑥ 而其后，根据自己的访查情况，提出了"湖南命案有等不发尸亲罔知功令，以人命为奇货，希图吓诈，将旧有嫌隙之人任意罗织，妄希报复，

---

① 《湖南省例成案·刑律·贼盗》卷一《严禁纠众强抢米谷》，嘉庆二十五年刊本。
② 《湖南省例成案·刑律·贼盗》卷一《严禁纠众强抢米谷》，嘉庆二十五年刊本。
③ 《湖南省例成案·刑律·贼盗》卷一《严禁纠众强抢米谷》，嘉庆二十五年刊本。
④ 《江苏省例初编·盗案十日内通详》，同治八年江苏书局刊本，杨一凡、刘笃才编《中国古代地方法律文献·丙编》第 11 册，第 575 页。
⑤ 《湖南省例成案·刑律·诉讼》卷九《严禁尸亲牵告无辜》，嘉庆二十五年刊本。
⑥ 《湖南省例成案·刑律·诉讼》卷九《严禁尸亲牵告无辜》，嘉庆二十五年刊本。

以致无辜枉受抚累"① 的情况。随后，巡抚提出了相应的解决方法。"除行按察司通饬外，合行出示严禁。示仰抚军民人等知悉，嗣后人命案件，尸亲具报之时，务须载明伤痕，凶伏及正凶、帮殴确系有罪之人名姓，且必须在场目击者方为证佐，据实开列，随词粘连，并无牵告无辜，希图吓诈情弊。如□愿甘坐罪甘结及自尽命案，亦照此取结，该地方官于相验之时，倘有无辜平被告者，当场讯明即行摘驿，除正凶即助殴等犯照律治罪外，其牵告无辜之尸亲以及主唆人等一并按照诬告重轻依律加等，拟流徒等罪。"② 除了交由按察使通饬，并要求地方官在命案出现当时即行按规处理外，巡抚还提出了对地方官员的要求。"倘地方官将无关被害之人不即讯明释宁，致有拖累及狗纵不按律告诬者，一经察出，定行严参不贷，慎之慎之！"③ 这样的省例形式是常见的，督抚制定的省例往往对于其属下官员都有约束力，而司法方面的具体事务就是由按察使承办的。当然，督抚也会直接提出对于府州县官员的要求。通常督抚是以上级对下级的严厉口吻给予命令，同时说明处罚决定，如本条省例中的"定行严参"。

其三是布政使（藩司）、按察使（臬司）根据其具体从事的事务从而有针对性地制定相关的省例规定。《治浙成规》中的《试用官员禁用私刊木戳》一条，就是以布政使为主导制定的。浙江承宣布政使司认为，"今查浙省试用人员到省之后，辄自刊刻木戳。该员既无专司，即偶有差委，应须禀报事件，自应于就近衙门借用印信，何用私刊钤记。虽现无别项情弊，但不可不防其渐"。④ 其后，将此事交由杭州府"议详"，形成了新的规定，"（试用人员）原不必私刊木戳，致滋出票传人及骚扰情事。应请饬令销毁，嗣后各员如有应禀及差委在途禀报事件，即于就近州县佐杂等衙门借用官封，其封面仍列本衔，注明借用某衙门印信钤记，庶弊窦不致滋生，而信守益昭慎重"。⑤ 在杭州府做出这样的建议之后，布政使将其发布作为省例。但是其制定过程仍然需要督抚的批准。"嘉庆十一年四月十七日奉总督部堂玉批如详通饬遵照，仍刊

① 《湖南省例成案·刑律·诉讼》卷九《严禁尸亲牵告无辜》，嘉庆二十五年刊本。
② 《湖南省例成案·刑律·诉讼》卷九《严禁尸亲牵告无辜》，嘉庆二十五年刊本。
③ 《湖南省例成案·刑律·诉讼》卷九《严禁尸亲牵告无辜》，嘉庆二十五年刊本。
④ 《治浙成规》卷三《试用官员禁用私刊木戳》，道光十七年刊本。
⑤ 《治浙成规》卷三《试用官员禁用私刊木戳》，道光十七年刊本。

入成规，通送察核至各该员于某衙门借用官封印记，饬令即将何项差委
应禀事件先行移咨该衙门存案，一面照例借用，倘仍遇有出票传人及滋
扰地方情事，以便吊核借用衙门案据分别办理。"① 其中刊入成规的做
法是省例中常见的，这些规条在制定之初就被有意识地保存下来，从而
成为地方府州县办事的依据。

　　臬司也是如此，按察使在实际的司法事务所提出的规范性的意见也
是省例的一个重要的来源。如《江苏省例初编》中的《盗犯不准轻纵》
一条，按察使首先提出了该条省例的起因，即"为通饬事各属获办盗
犯，从前往往援情有可原之例，申请免死发遣，自咸丰五年严定章程以
后，各州县知在外把风接赃之犯亦应一律拟斩，不能再援此例，于是又
为盗犯想一开脱之法，或称临时畏惧，或称临时患病，或称在船看守、
并未同行上盗，而盗犯遂得问拟徒流，较之遣罪更轻矣"。② 起源在于
州县衙门在处理盗案时，有意开脱罪犯，将盗犯的行为多描述为从犯，
而非主犯，借以脱罪。其后，按察使又讲到最近的具体案例，"如江都
县详事主陈振鳌被劫一案，挐获盗犯何得胜等三名；仪征县详事主古长
泰被劫一案，挐获盗犯曾麻子等四名，非畏惧不行，即在船看守，竟无
一上盗行劫之犯"。③ 在此基础上，按察使认为这些案件"殊出情理之
外"。同时，按察使也认为州县的处理方式是与朝廷的政策相违背的，
即"朝廷欲严办盗匪，不准以情有可原，声请免死发遣，而各属竟愈开
轻纵之门，在该州县何厚于盗匪而必欲为开脱耶？"④ 最后，按察使提
出了从严办理的要求，"嗣后挐获盗犯不准仍前曲为开脱，如敢狃于积
习，牢不可破，定即严揭详参，以为纵盗殃民者戒"。⑤ 该项省例制定
于同治四年（1865 年），正值太平天国战乱平定之后，按察使重视盗匪
处理，从严要求，正是因时而设事。同时，按察使也强调了国家政策的

---

① 《治浙成规》卷三《试用官员禁用私刊木戳》，道光十七年刊本。
② 《江苏省例初编·盗犯不准轻纵》，同治八年江苏书局刊本，杨一凡、刘笃才编《中
　国古代地方法律文献·丙编》第 12 册，第 573 页。
③ 《江苏省例初编·盗犯不准轻纵》，同治八年江苏书局刊本，杨一凡、刘笃才编《中
　国古代地方法律文献·丙编》第 12 册，第 573 页。
④ 《江苏省例初编·盗犯不准轻纵》，同治八年江苏书局刊本，杨一凡、刘笃才编《中
　国古代地方法律文献·丙编》第 12 册，第 574 页。
⑤ 《江苏省例初编·盗犯不准轻纵》，同治八年江苏书局刊本，杨一凡、刘笃才编《中
　国古代地方法律文献·丙编》第 12 册，第 574 页。

严肃性，努力使地方事务的处理顺应国家要求。

省例究竟是由藩司还是臬司来主导制定的，并非泾渭分明，而是根据实际情况有所调整，藩司和臬司作为省级主要部门，其合作是极为紧密的。如《粤东省例新纂》中，道光十六年（1836年）制定的《帮补普宁县捕费》认为"潮州属普宁县民情强悍，讼狱繁多难治情形，为潮郡之最"。① 因此，需要各地资助以充作办案津贴。其中规定"每年藩司捐银一千两，南韶连道一千两……共银八千两帮给该县……按季于季首解赴司库汇齐，由该县具文请领"。② 文末注明了这项省例的制定者，"此项于道光十六年由藩司阿会同臬司筹议详院批行遵照"。③ 省级部门的工作是由藩司和臬司负责具体处理，省例的制定也是其中一项重要任务。这条省例涉及藩司及周边府县捐银事宜，而所捐助的银两是为了司法用途，因此，制定这条省例的过程是布政使和按察使会商，共同制定条款。

其四是地方府州县官员根据实际的工作情况，针对性地提出建议，经过藩司、臬司或督抚核准，形成省例。如《江苏省例初编》中为了制定审解费用，由按察使制定方案，巡抚批准施行。"巡抚部院丁批按察司勒详复禁革各属招解命盗杂案规费一案，据详尚属可行，至本衙门遇有解勘案件，每提审一次，无论案件多寡，由本部院自行捐给钱二千文，毋庸各州县再捐，余如所议办理等因。"④ 同样为了制定押解犯人的费用标准，《福建省例》中的《详定命盗等案犯解费章程》的制定则是更加复杂的过程：

> 一件请通饬事。案奉总督部堂英批据署寿宁县曾近三禀：该县命犯陈正义解省，并由省领解叶书幅等犯回县需用川资等项、开折禀报缘由，奉批：据禀已悉。仰福建按察司核明饬遵具复。又奉巡抚部院下批司查议，详复饬遵，并严立审解期限，核定章程，通饬

---

① 《粤东省例新纂》，《帮补普宁县捕费》，道光二十六年刊本，台北：成文出版社，1968，第443页。
② 《粤东省例新纂》，《帮补普宁县捕费》，第443页。
③ 《粤东省例新纂》，《帮补普宁县捕费》，第443页。
④ 《江苏省例初编·招解命盗杂案由官给费》，同治八年江苏书局刊本，杨一凡、刘笃才编《中国古代地方法律文献·丙编》第12册，第158页。

办理等因。①

总督收到寿宁县的要求，希望能够解决该县犯人押解至省审讯的费用。总督将此事交给按察使司来处理。按察使在制定了相应的规程之后，交由巡抚对此批复。这条省例制定出来之后，发给各州县通饬办理。

从实际的省例制定过程来看，督抚掌握了省例制定的最终决定权。无论省例的拟定者是何人，其来源是何种具体情况，这些规定是否颁布省例作为日后通行的规范都取决于督抚是否能够给予批准。在一些重要的省例规定中，督抚会直接给出"刊入省例"、"刊入省例，通颁遵照"、"刊入省例，以便遵循"或"刊入省例，永远遵行在案"等决定，而非在省例编纂时由编纂者决定。但是，我们仍然可以看到，督抚并非省例条款的主要制定者，在省例真正的制定过程中，布政使和按察使掌握的权力似乎更为重大。在大多数的省例中，都是由两司直接草拟省例所规定事务的具体条款。督抚需要颁布的省例，往往是由藩司和臬司草拟的；而地方府州县提出的方案，也要经由两司修订；至于两司自身在事务处理过程中发布的省例，就更为常见了。因此，省例的制定中心应该在藩司和臬司，而非督抚，督抚掌握了决定权，而两司掌握了实际制定的权力。

五　结论

省例虽然具有地方法律的性质，但是它不是国家的正式法典。简而言之，省例就是省级官员命令的合集。它的刊发时间以乾隆朝和光绪朝为主，既是朝廷重视与否的直接反应，亦被私家法律书籍的编纂风气影响。省例的制定之初具有模仿中央律例的情形，但其后发展成为地方省份处理省内事务的重要依据，体例也发展为藩政和臬政并列的分类方式。省例规范的关系也以省级官员和州县官员之间关系为主。省例的内容是以藩、臬两司为主要制定者，督抚为决定者。省例以"通饬"为

---

① 《福建省例·刑政例》（下），《台湾历史文献丛刊》，台中：台湾省文献委员会，1997，第 1028～1030 页。

中心话语，是省级以下的基层地方官员在政务处理中所要遵循的原则。在一省之内，省例能够得到较为有效的承认和执行。省例虽然在制定过程中不够规整，但它既是地方实际情况对于中央统一规定的一种解释方式，也是总督、巡抚、布政使、按察使这些省级官员形成的官僚阶层的统一意志的体现，具有足够的严肃性和连贯性。

长生、济世及一统：郑观应的仙道梦

马平安*

一 问题的提出

说起郑观应，① 人们多马上将他与晚清的实业界及思想界联系起来。诚然，晚清近代化实业的起步，如轮船招商局、机器织布局、电报局、汉阳铁厂的草创与早期发展，均与郑观应有着甚大的关系。尤其是他的《盛世危言》一书的问世，"天子嘉叹，海内传诵。当世贤豪士夫无不知陶斋其人矣"。② 因是之故，长期以来，学术界将他的身份定格为洋行买办、洋务实业家、早期改良派、民族资本家，认定郑观应是中国早期近代化的倡导者与实践者、初期资产阶级改良派中的主要代表人物，这几乎已经成为定论。不过，多年来，学术界在研究郑观应时，却忽视了他的另外一个重要的身份，这就是，郑观应是一个虔诚的道教俗家弟子。郑观应说他"行世七十八，求道六十年"。③ 一个人孜孜矻矻访真求道六十余年，老而弥坚，道教信仰贯穿一生，这不是一件容易做

---

* 马平安，中国社会科学院近代史研究所博士后，现任职中国社会科学院近代史研究所研究员。

① 郑观应（1842～1922），广东省香山县（今中山市）雍陌乡人；本名官应，又名观应，字正翔，号陶斋，别号杞忧生，中年以后别名罗浮偫鹤山人。"偫鹤"，郑观应常写为"待鹤""待崔"。

② 盛宣怀：《罗浮偫鹤山人诗草·盛宣怀序》，夏东元编《郑观应集·救时揭要（外八种）》（下），中华书局，2013，第326页。

③ 郑观应：《陈抱一祖师命式一子传谕一济到扬入室志感》，夏东元编《郑观应集·救时揭要（外八种）》（下），第539页。

到的事情。从某种程度上可以说,郑观应是晚清民初实业界与思想界中终生服膺道教,热衷追求仙道,既具有实修经历,又具有自己独到的道教观的为数不多的几个士大夫之一。他"虽蹭蹬仕途,奔驰商界,与当代名流晋接,日不暇给",① 经世却不过是他外在的一种面相,他是商人兼士大夫阶层的道教徒。另一方面,他又是近代民间道教徒中最能入世、最能适应社会转型、能用自己的经商才能与学问去弘扬与传承传统道教的实业家和思想家,道教信仰真实地反映了他的内心世界。

近年来,对于郑观应的道教信仰与宗教思想,学界开始有文章进行探讨,② 这是件可喜的事情。不过,关于郑观应在中国近代道教史上地位及作用的研究与探讨还不尽如人意。纵观目前研究状况,还多停留在表层阶段,无论是史料的进一步发掘,还是研究的全面、深入等方面都还亟待进一步加强。尤其是,纵观目前出版的各种涉及近代道教的学术著作,均未发现郑观应在其中应该占有的地位,这无疑是一种缺陷。缘此,将郑观应纳入近代道教史的视野与研究范围,用宗教学、历史学、文化学的研究方法进行探讨,以郑观应为个案来研究士大夫阶层在近代道教传播史上的作用并总结近代道教衰落之原因,无疑都具有十分重要的价值与研究意义。缘此,本文拟从郑观应所追求的长生、济世与一统梦三方面进行探讨,以期说明他在中国近代道教史上应该占有之地位,同时揭示晚清民初道教衰落之原因。

二 长生梦:实修中的艰涩

晚清以降,传统道教愈发衰落。不仅有欧风美雨的打击、太平天国

---

① 郑观应:《重刻〈陈注关尹子九篇〉序》,夏东元编《郑观应集·盛世危言后编》(一),中华书局,2013,第152页。

② 涉及郑观应与道教关系的文章,公开发表的主要有:王煜《郑观应的道教思想》,《宗教学研究》1996年第3期;杨俊峰《改革者的内心世界——郑观应的道教信仰与济世志业》,《台大历史学报》2005年第35期;张秀莉《论郑观应的道教信仰与经世实务之关系》,《史林》2007年第6期;孙启军、张英姣《论郑观应的求道救世思想》,《五邑大学学报》(社会科学版)2007年第2期;潘慎《清末诗人郑观应的改良主义与道教信仰》,《太原师范学院学报》(社会科学版)2009年第4期;欧良德《郑观应宗教思想刍议》,《湖北社会科学》2009年第10期;吴国富《郑观应学道经历探幽》,《中国道教》2012年第3期。

运动的破坏，更重要的是，清统治者对道教的抑制政策也越来越严。早在鸦片战争前的 1821 年，清政府就停止了历代天师来京朝觐的活动，中断了中央政府与道教的一切联系。此后的数位统治者"不废其教，亦不用其言，听其自生自息天地之间"。① 在失去统治者政治、经济上的有力支持，地位急剧下降之后，道教传播开始转向民间，进一步走向世俗化，并在少数经济活动活跃的城市和沿海地区有所渗透。其时，道教界鱼龙混杂，江湖术士乘间混迹其中，扰惑民众。郑观应的寻道自救及救人的思想与实践即发生在这样的一个环境中，他的思想及行为不免留有这个时代的烙印。

郑观应一生学道不辍。他的同乡黄瑞勋言他"夙有本末，尤慕神仙，有出世之志"。② 其晚年业师万启型③亦曾这样评价道："郑君夙具慧眼，幼知向道，于兹五十载未尝须臾离，所著《盛世危言》正续编、《中外卫生要旨》、《罗鹤山房诗钞》，以及道书数十种久已流布寰区，脍炙人口。"④

1898 年，郑观应 57 岁时，曾经对他半生修仙、追求长生的艰涩历程有过如下总结：

> 浮生若梦，富贵靡常。风灯草露，石火电光。不修大道，终落空亡。参同悟真，警世谆详。观应童年，愿学老庄。寻师向善，艰苦备尝。所闻小术，语半荒唐。不入空寂，便是邪狂。徒劳精力，心命惶惶。初师东海，筹置丹房。未经入室，已致倾囊。⑤

这段文字至少为我们提供了如下信息。

(1) 作者感到浮生若梦，人生易老，认定唯有早修大道，才可免

---

① 黄钧宰：《金壶七墨》，浪墨，卷七，僧道，《笔记小说大观》第 2 编第 7 册，台北：新兴书局，1962 年影印本，第 3999 页。
② 黄瑞勋：《重刊〈盛世危言〉增订新编序》，夏东元编《郑观应集·盛世危言》(下)，中华书局，2013，第 708 页。
③ 万启型，字雯轩，道号式一，晚清举人，曾任宝应县、甘泉县知县，民国后卸任修道，自称得到仙师陈抱一祖师的真传，在扬州创设修真院，广招修道门徒。
④ 万启型：《万序》，陆西星著《方壶外史》(上)，盛克琦编校，宗教文化出版社，2010，第 8 页。
⑤ 郑观应：《罗浮罗鹤山房谈玄诗草自序》，夏东元编《郑观应集·救时揭要（外八种)》(下)，第 487 页。

"落空之"，这是他一生信仰道教的内在缘由。

（2）作者很早就与道教结缘。"观应童年，愿学老庄"，就是很好的注释。在后来给家人的信函中他也多次提到自己"少年多病，爱读仙经养生之书"① 的事情。

（3）作者半生以来，一直访真求道，艰苦备尝，但多所遇非人，大多是江湖术士，因而才会留下"所闻小术，语半荒唐。不入空寂，便是邪狂"的感叹之语。

（4）作者"徒劳精力，心命惶惶"，由于半生辛苦追寻无所收获，因而显得心神不定，流露出不太甘心之意。

郑观应自幼生活在宗教活动浓厚的广东香山地区，并有润物细无声的家庭信道氛围的影响，他自童年即种下道缘亦在乎情理之中。香山地近澳门，是明清以来中西文化交流的门户，无论是西方宗教或是中土儒释道三教都很早就在这里发生碰撞、对抗与交流。当地开放的文化传统无疑在潜移默化中渗透于郑观应早年的心灵深处，影响了他此后的人生道路。同时，郑氏家族的好道环境也对童年时代的郑观应有着重要的影响。郑观应的父亲郑文瑞"丹铅殆遍，澹于进取，敝屣科名"，"乐善好施"，② 热衷道教。他的性格爱好在郑观应早年精神信仰的形成过程中同样具有无可替代的作用。不过，外部环境毕竟不是最根本的因素，具体到郑观应个人来看，他早年信道是因为治疗自己疾病的需要。至于寻觅长生仙术，则应是郑观应年长后才渐渐在心中树立起来的不懈大愿。由于郑观应年少体弱多病，年长后又长期为哮喘病所折磨，因而他为求丹治疗疾病，很早就开始研习道术。这说明他对于道学的痴迷，与其孱弱的身体状况有着直接的关系。郑观应在《吕纯阳、张三丰两祖师仙迹诗选序》中曾经提及他早年学道的诱因：

> 官应弱冠时撄疾病，自念"人为万物之灵，岂有寿不如龟鹤。"锐志求道，凡三教经诗、诸子百家、占卜术数之学，靡不研究。及长，谋食市廛，奔走南北，数十年来，闻有抱道高人，必厚

---

① 郑观应：《致月岩四弟书并寄示次儿润潮》，夏东元编《郑观应集·盛世危言后编》（一），第 133 页。

② 郑观应：《先考荣禄大夫秀峰府君行状》，夏东元编《郑观应集·盛世危言后编》（四），第 1498、1499 页。

礼虚心叩以性命之学。①

这说明，治病与追求长生是郑观应早年走上道教信仰与实修之路的重要原因。

成年后的郑观应对道教的痴迷，远远胜过他的幼年时期，这很可能来自下面两个方面的因素：一是壮年时期事业上遭遇挫折以及人事上的诸多不顺；二仍是常年疾病的困扰以及对长生的持久渴望。事业上的失意，主要是 1883 年因上海经济风潮的冲击以及此后太古洋行案带来的巨大债务的压力，进一步强化了郑观应访仙求道的欲念，此后他一度隐居澳门，并将道教修行作为自己精神世界的寄托。尽管在渡过债务难关后他又回上海投身商界实业，但访仙求真、拜师求经、护师入室、寻求长生大丹等实修活动从此占据他此后人生的很大部分，而且愈到晚年，这一比重愈向修道方面倾斜。

但是，郑观应满怀热忱、虔心修仙求道、追求长生的结果，却是不断地"因求道而受骗"。②"观应自童访道以来，于兹五十载，遍游海岳，变产力行。"③"所遇非兀坐孤修，即涉于采补，甚有以符箓黄白等术愚人。其蓄奸行骗者，则巧言如簧，所在皆是。官应选经护师入室潜修，丹财不足，复求助于道侣，竭力经营，竟无效果。有如昔贤抱元子破家产、弃妻子，贻亲友之笑矣"。④ 1883 年，郑观应在道观习静时，亲眼目击当时道教宗风扫地的状况，十分心伤，为此他特作《〈辨道诗〉并引》。在《辨道诗》的序言中，郑观应客观记述了他在当时的所见所闻：

> 癸未习静于道观，往来谈元者甚多，大半习闺丹炉火之术。又有伪托仙传诈称佛降，借长生为骗局，假财色以愚人，惑世诬民莫此为甚，招灾惹祸到老无成。竟有妄诋名真，狂排上乘，宗风扫

---

① 郑观应：《吕纯阳、张三丰两祖师仙迹诗选序》，夏东元编《郑观应集·盛世危言后编》（一），第 74 页。
② 郑观应：《致张静生道友书》，夏东元编《郑观应集·盛世危言后编》（一），第 129 页。
③ 郑观应：《重刊〈古书隐楼藏书〉序》，夏东元编《郑观应集·盛世危言后编》（一），第 117 页。
④ 郑观应：《吕纯阳、张三丰两祖师仙迹诗选序》，夏东元编《郑观应集·盛世危言后编》（一），第 74 页。

地，一至于斯。①

妻子的不满、亲友的贻笑、求丹梦的不顺、道教界中的江湖术士的欺骗，皆给郑观应以沉重的打击，这无疑是他在求道过程中心理上布满了重重阴云的重要因素。幸而他"夙志不回，自维德薄魔重，逆来顺受"，② 才能够对道教信仰坚定不移，益加勉励向善，"求道之心百折不回，务达其目的而后已"。③

关于郑观应求道实修的苦涩经历，下面三段史料很能说明问题。

一是《上张三丰祖师疏文》。在此文中，郑观应曾有如下较为详细的记述：

> 待鹤求道已五十年，凡有道之士靡不执贽求教，指示迷津；凡有善事无不尽力倡助，冀消魔障。奈夙孽重、德行薄，虽不惮跋涉，北至京、奉，南至闽、浙，东至芝罘，西至巴蜀，曾经护师入室：江西万先生三次，四川廖先生二次，江苏徐先生潜修十年；江苏丁先生，四川陈先生、徐先生，云南杨先生，福建彭先生，敝省苏先生，均已行功数月或年余，小有应验，无大效果，不能如金丹真传所论立竿见影：行之五月而体貌异，九月而丹成。竟失所望。更有自称广华山剑侠者，因公受累，所亏数千金追索甚急，求待鹤解救，愿将剑术等法传授，借以救世。待鹤力薄，曾邀张道友相助。其所试有形剑术小法，不甚奇异，均不愿学。彼尚纠缠，贻人笑柄。可知世上借道骗钱者多，岂上苍故令群魔煅炼我心所致耶！然年老多病，心益惶惶。久已黄粱梦醒，不贪世间名利；屡拟出外从师，为病所阻，又苦无真师提拔，故刊《丹经剑侠图传》。访道曾遇法师云峰山人，许授长生符水活人之术，并携资代为择地筑室同修，约于乙卯年春，偕耿师祖来传符法，并赐神丹以除喘病。待鹤以为奇逢，可继宋朝罗浮真人所赐八十老翁苏庠之神丹，服后大

---

① 郑观应：《〈辨道诗〉并引》，夏东元编《郑观应集·救时揭要（外八种）》（下），第511页。

② 郑观应：《吕纯阳、张三丰两祖师仙迹诗选序》，夏东元编《郑观应集·盛世危言后编》（一），第74页。

③ 郑观应：《致张静生道友书》，夏东元编《郑观应集·盛世危言后编》（一），第129页。

病立除，须发再黑。不料逾期已久，渺无音信，又不知云游何处。①

二是《焚香祷告老祖师火龙真人疏文》。在该文中，郑观应同样吐露出其求道过程中的艰辛和上当受骗的苦酸：

> 待鹤自幼好道，博览丹经，长复遍游海岳，备尝艰苦……欲以术延命，曾经护师入室，毫无功效……曾遇两法师，均云仙术治病，以心为法，以神如符，以气为水，斯无投之不灵。一谓必先为其出资解难而后传，一谓必先出资代为择地筑室而后同修。虽均如所嘱，不料逾期未临。②

三是《陈抱一祖师命式一子传谕一济到扬入室志感》。在这首诗中，晚年的郑观应对求仙过程中上当受骗的一些经历仍然耿耿于怀：

> 行世七十八，求道六十年……遍处寻仙侣，北还复入川。忆遇两术士，自称道法全。约我同修炼，索造丹房钱。誓词应无假，如何信渺然。护师三入室，亦非获真诠。自惭德行薄，叠遇野狐禅。③

上述三段史料，无疑是郑观应不平之气抑郁多年的心语吐快，其中内容比较丰富全面，对我们了解郑观应的求道访仙具有重要的参考价值。

（1）它比较清楚地告诉了我们郑观应的习道开始日期。"行世七十八，求道六十年"，说明郑观应自己认定开始习道的时间是他 18 岁的时候。郑观应的寿数是 81 岁，说明他一生求道学仙的时间长达六十三年。

（2）在《上张三丰祖师疏文》中，郑观应说自己求道已经五十年，说明他写作《上张三丰祖师疏文》的时间应该是在他 68 岁之期。郑观

---

① 郑观应：《上张三丰祖师疏文》，夏东元编《郑观应集·盛世危言后编》（一），第 60 ~ 61 页。

② 郑观应：《焚香祷告老祖师火龙真人疏文》，夏东元编《郑观应集·盛世危言后编》（一），第 88 页。

③ 郑观应：《陈抱一祖师命式一子传谕一济到扬入室志感》，夏东元编《郑观应集·救时揭要（外八种）》（下），第 539 页。

应 68 岁时是 1909 年，可以推算这篇疏文的写作时间应该是在 1909 年，此时他已年近暮年，求仙不成，疾病缠身，心情消沉，但对修道长生依然执着。

（3）六十年来，为寻道访真，郑观应的足迹北至北京、奉天，南至福建、浙江，东至山东芝罘，西至成都、重庆，行迹在空间上几乎遍及中国南北各地。

（4）说明他的求道之路并不孤单，有一群道友相随相伴，大家经常一起切磋或者书信往来，共修长生之道。

（5）求道过程中屡屡上当受骗的辛酸经历深深地伤害了他。

细读《郑观应集》，在郑观应求道访仙的生涯中，有四个人对他影响较大，可以由此清晰地反映出他在求道过程中心路历程的变化。

一是上海的杨了尘道长。郑观应说："忆壬午年（1882 年）在沪遇杨了尘道人，授《金笥宝箓·冲虚外篇》。"[1] 1881 年，郑观应在上海因缘遇到杨了尘道长，杨了尘赠送郑观应道学宝典并就自己的修行之法进行传授，这对郑观应影响较大。

二是罗浮山道人彭凌虚。1886 年春，郑观应访道罗浮山，缘遇彭凌虚。彭传授郑炼精化气、炼气化神、炼神还虚口诀。郑观应曾详细记载下了这件事情：

> 丙戌岁（1886 年）游罗浮，遇彭师凌虚，蒙将其师李真人所传炼精化气、炼气化神、炼神还虚三步口诀一并传授。观应犹恐遗忘，复书小本，切嘱珍藏，千万勿泄，要俟自己成道后，方准传人。并将《慧命经》讲解一遍，谓：欲修仙、佛之道者，其下手贵在不着尘缘，一意记住下田，即心下、肾上之中，朗朗彻彻，不有不无，活活泼泼，不即不离，常存如是而已。且夫仙、佛之所以为仙、佛者，至简至易，无非性命双修。究其源不过一味先天炁非有他故也。然所以先要不着尘缘者，盖先天一炁，从虚极静笃中而来，与今日何合藏祖师命卢教智先生所传之先天口诀大旨相同。然卢先生只传炼精化气工夫。曾问年老气衰，活子不生，如何救护，

---

[1] 郑观应：《〈还丹下手秘旨〉序》，夏东元编《郑观应集·盛世危言后编》（一），第211页。

据说当炼气化神，倘有所疑，嘱问何祖师。①

对于彭凌虚的传授与教诲之恩，郑观应念念不忘，晚年他在《罗浮偕鹤山房谈玄诗草自序》中还专门提到这件事情。他说："罗浮访道，复叩彭张。讲活子时，返照回光。先天祖气，药中之王。"②

三是匡庐山观妙道人戴公复。戴公复是郑观应求道实修过程中一个很重要的人物，可谓郑观应修炼内丹的重要引导师。戴公复在为郑观应《盛世危言后编》所写的序言中说他自己"自少好道，幸遇异人，获授真传于南派，用功已三十余年"。戴公复推崇明人陆西星的道家学说，认为儒释道三教从根本上看是一个道理，"三教之道一而已矣。生天、生地、生人、生物同一道之所为"。他主张内丹性命双修之功，不赞成烧炼炉火的外丹之道，指出内丹大道核心在于"性以道全，命以术延，圣修之能事而性命之极至也"。③他在引导郑观应实修内丹之道的同时，对于郑观应热衷外丹烧炼曾给过慎重的提醒。郑观应在《致观妙道人书》（庚戌后稿丁巳补刊）中提到了这一点。郑观应说："前函论点化服食事，未尽所言。查古今来以炉火炼金石为丹，非但不能点化，而且服食受病，医药莫救，诚如《妙解录》所云：实破家戕生之捷径也。《丹诀论》有云：八石三黄非长生之药石，硫硇有软铜铁之功，矾石有杀虎豹之能，岂有服食而不为物所害哉！又有用曾青、雌黄、雄黄杀水银令死成丹，亦非服食之药。元阳子《还丹歌》云：'君看前后烧丹客，误杀千人与万人。'所以往年四川鲍春霆爵帅为方士所惑，曾费十万金大修炉火，已炼数载无效。"④由郑观应回函的内容来看，他是同意戴公复的意见的，尽管他愈到晚年愈热衷渴望获得长生的仙丹。

四是江西丰城人万启型。郑观应晚年曾告诉自己的弟弟和儿子说他终于找到了真人，得到了真传。他所说的真人就是万启型。郑观应曾邀

---

① 郑观应：《〈还丹下手秘旨〉序》，夏东元编《郑观应集·盛世危言后编》（一），第211～212页。

② 郑观应：《罗浮偕鹤山房谈玄诗草自序》，夏东元编《郑观应集·救时揭要（外八种）》（下），第487页。

③ 戴公复：《〈盛世危言后编〉匡庐山观妙道人戴序》，夏东元编《郑观应集·盛世危言后编》（一），第7、5页。

④ 郑观应：《致观妙道人书》（庚戌后稿丁巳补刊），夏东元编《郑观应集·盛世危言后编》（一），第103页。

万启型为《盛世危言后编》写序，并特地将它放在序首以示尊崇之意。万启型在序中言他"迨甲寅（1914 年）季秋，以奇缘得遇仙师陈抱一先生，授以天元秘旨，嘱为广传大道。四方之士踵门而求道者纷纷不绝。陶斋先生闻之喜而不寐，亟托观妙道人为之介绍。乙卯（1915 年）春间，陈师降临，首授先生以玄科秘旨，嘉叹无已，甚惜相遇之太迟。自是先生来扬州受诀，始得一亲德范，而论次之间，倾心吐魄，毫无所隐，乃知先生直道德中人"。[①] 这说明郑观应与万启型结识的原因是因为听闻万得到了仙师陈抱一的真传，郑观应为得到长生仙诀通过戴公复介绍而与万启型相识。对于万启型所谓以奇缘偶遇陈抱一获天元秘旨的说法，郑观应深信不疑，晚年把自己得到长生的希望全部寄托到了万启型的引导实修上面。在《呈万式一先生》一诗中，郑观应向万启型乞求赐给他神丹妙药，并为他今后的道修指明方向，其中言语极为恳切。郑观应写道：

> 清净无功服食难，不得已乞女金丹。昔年承教应如是，老须借此救衰残……非师指示不能醒。势迫干渎救垂危，故将苦况诉天知。如蒙怜悯无药产，不赐灵丹赐玉芝。[②]

因为相信万启型得到了陈抱一的真传，郑观应一直视万启型为自己的"度师"。对于万启型经济上的所有要求，无论是修造扬州修真院，购置道产、刊印道书或是开坛法事等等，郑观应无不倾囊相助。但对于郑观应亟想得到的所谓能够治病及能够延年益寿的"神丹大药"，万启型却总是以各种理由不给提供。即使是为敷衍塞责而给予的一点符水与丹药，郑观应服后并没有产生什么明显的效果。对此，郑观应不做他想，而是一直虔诚地在自身寻找失败的原因，坚定地认为这一切是自己修行太晚、修炼不够、魔障太多等因素所致。这从郑观应的《致扬州修道院同学诸道长书》及《致张静生道友书》等信函中可以得到证明。

---

① 万启型：《盛世危言后编·序》，夏东元编《郑观应集·盛世危言后编》（一），第 3 页。
② 郑观应：《呈万式一先生》，夏东元编《郑观应集·救时揭要（外八种）》（下），第 541～542 页。

在《致扬州修道院同学诸道长书》中，郑观应言：

> 昨在九江，万师临行手谕："观应入室两月以来，关窍幸开，玉液已还，可以救护老残，虽遗精可以采补。此功效之著也。惟龙虎大丹未得，终非上品。"弟心甚急，故屡次用法行收，而年高德薄，每升火则承受不住，非是遗精即肝火旺，只好缓缓培补，待九、十月间来扬，当设法图之，并请陈师指示遵行。今接万师自扬来谕："秋燥不能收丹，须待至冬至后方可收丹。如即来扬，只可养性"等语。两谕之意，体贴下情，殊深惭感，自应遵谕循序而行，冀邀天眷，不敢奢望。①

在《致张静生道友书》中，郑观应流露出了同样的心情：

> 前岁幸我度师万雯轩先生怜予苦志，代禀陈抱一祖师，传授玄科口诀，行已三年。今夏复蒙准予入室，忻幸无极，以为指日可得还丹。不料入室百余日，只通关窍，尚未得丹，不能追随同学，联袂而上，累师操持，实深惭感。若谓恐非累行积德，动有群魔作障。②

就在郑观应满心希望地追随万启型修道乞求祛病长生之际，万启型却突然于1919年暴病身亡。这位号称得到陈抱一与张三丰两位仙师庇护的，且获得真经秘旨能够炼得仙丹的"度师"，不但让笃信长生的郑观应在晚年耗费了大量金钱，更重要的是，万启型之死在心理上实际浇灭了郑观应希望通过性命双修追求长生的梦想。郑观应在《登吕祖阁有感》中苦涩地写道：

> 访道寻真数十秋，东南西北独遨游。苦心毕竟天开眼，得诀归来雪满头。悟彻色空登彼岸，难忘花月下扬州。驹光如驶囊如洗，

---

① 郑观应：《致扬州修道院同学诸道长书》，夏东元编《郑观应集·盛世危言后编》（一），第142页。

② 郑观应：《致张静生道友书》，夏东元编《郑观应集·盛世危言后编》（一），第129页。

叩罢仙师怅倚楼。①

一个"怅"字，真实地道尽了郑观应在求道过程中所遭遇的种种酸甜苦辣。

晚清民初，西风东渐，中土传统文化出现瓦解之势。传统道教活动由大型教团开始转变为松散的民间信仰活动，道教自身的缺陷更是成为其近代衰落之路的推动力。道教在民间传播的过程中，一批江湖术士借传道敛财骗钱，远远背离了传统道教的基本精神与原则，败坏了道教信仰的神圣与庄严。"今方士假此骗人财宝，且有资身之法，或有一方而能医奇病，或有一银方而造假银，或推托寻铅觅砂，延捱岁月。其伪术多方……学者谁敢致疑而识其诈？"② 郑观应学道求法，本欲长生，却"迭遭狡徒诳谝"，落得个"业经破产，室人交谪，子丧家贫"③ 的窘境。在这样"旁门外道世何多"④ 的大环境下，除了感叹"感慨寻真受坎坷，旁门曲径何其多"⑤，发出"自惭德行薄，叠遇野狐禅"⑥，"惟近日邪术借法敛财者颇多"⑦ 的无奈叹息外，他又能做些什么呢？

三 济世梦：致力于世间功德

郑观应一生笃信道教，"庄周不仕休征辟，救世心存学剑仙"。⑧ 他

---

① 郑观应：《登吕祖阁有感》，夏东元编《郑观应集·救时揭要（外八种）》（下），第492页。

② 郑观应：《致观妙道人书》（庚戌后稿丁巳补刊），夏东元编《郑观应集·盛世危言后编》（一），第104页。

③ 郑观应：《上通明教主权圣陈抱一祖师表文》（丁巳年元旦上张三丰祖师表同），夏东元编《郑观应集·盛世危言后编》一，第126页。

④ 郑观应：《〈辨道诗〉并引》，夏东元编《郑观应集·救时揭要（外八种）》（下），第511页。

⑤ 郑观应：《醒世》，夏东元编《郑观应集·救时揭要（外八种）》（下），第512页。

⑥ 郑观应：《陈抱一祖师命式一子传谕一济到扬入室志感》，夏东元编《郑观应集·救时揭要（外八种）》（下），第539页。

⑦ 郑观应：《致吴君剑华、何君阆樵书》，夏东元编《郑观应集·盛世危言后编》（一），第77页。

⑧ 郑观应：《得罗星潭观察陈次亮部郎手书》，夏东元编《郑观应集·救时揭要（外八种）》（下），第439页。

不仅希望通过学道延年益寿，而且更在乎通过修道成就他的成仙救世的恢宏梦想。

郑观应认为，"以剑仙一流于世为宜、于用为切"。① 为此，晚年他将学道目标寄托在通过求道学得仙术进而凌虚步高、剑诛妖邪上面。这种宏愿，在《郑观应集》中多处都有表露。他在《致天津翼之五弟书》中说："兄志大才疏，恨无实际，少时有三大愿：一愿学吕纯阳祖师得金丹大道，成己成人；二愿学张道陵天师得三甲符箓之术，澄清海宇；三愿学张三丰真人得黄白之术，令各州县多设工艺厂以养贫民，并设格致学校以育人材。"② 在《致万雯轩先生书》中，郑观应说他的夙愿是"官应立愿：继火龙老祖师以符水活人，云游五洲，积德立功。至名利二字，久已看破，等诸过眼之浮云矣"。③ 如果说，上述史料还不足以说明这一问题的话，下面这段材料则可进一步佐证郑观应的内心深处确实存在以仙剑术济世度人的梦想。郑观应说：

> 盖时际内哄外侮，是非颠倒，赏罚不公，有强权无公理，趋炎附势，不顾廉耻，无道德，无法律，视苍生贱如马牛，哀黎遍野，凄惨可怜。且各国杀人火器日出日精，近有四十二生的大炮，有毒炸弹，有飞行机，有潜水艇，动辄杀人流血千里，伤残惨酷，为自有战史以来所未见。然欲挽浩劫而靖全球，非应龙沙会之谶，有多数道成法就者广施仙术，不足使至奇极巧之火器销灭于无形。盖神仙身外有身，散则成器，聚则成形，出入水火，飞腾云雾，万里诛妖，一电光耳。剑仙虽是符箓之法，亦不缺内功，所谓静则金丹，动则霹雳，凌虚隐遁，除暴安良。故吕祖师赠剑仙诗有云："三清剑术妙通灵，剪怪诛妖没影形。飞腾万里穷东极，化作长虹下北溟。"待鹤下德之士也。太上谓："下德为之而有以为。"有为者以术延命之谓也。既未能以术延命，自应内养欲，于洞府修炼，学符

---

① 郑观应：《致吴君剑华、何君阆樵书》，夏东元编《郑观应集·盛世危言后编》（一），第 77 页。
② 郑观应：《致天津翼之五弟书》，夏东元编《郑观应集·盛世危言后编》（四），第 1450 页。
③ 郑观应：《致万雯轩先生书》，夏东元编《郑观应集·盛世危言后编》（一），第 107 页。

篆三五飞步之术，以救哀黎。①

在郑观应的求道之路上，之所以特别青睐剑仙一类人物、存剑仙济世之梦，与他生活的背景和思想的变化有着很大的关系。他早年一腔热血，以道德济世，主张商战立国，复又主张变法改良，冀图改变中国积弱积贫的面貌，然而现状却是世界发展日新月异，而中国"政府不知发愤，各科学不讲，各实业不兴"，"诚上无道揆、下无法守，有强权而无公理"。面对此混乱不堪之时代，郑观应感到绝望，有"思缓难济急"，用神仙法术快速解决种种乱象，"冀求速效"② 的想法自然就不难理解。

对于仙剑救世之道，郑观应是有一定认识的，这在他《致曹一峰先生书》中有清晰的表述：

> 查剑术源流，考其教略，分三乘：炼气者为上，谓积累三光，招致五气，以成无形之剑，可以驭气凌空，顷刻万里，比于飞仙，故为上乘，名曰剑仙。炼剑者次之，以数寸之剑，或以小匣祭炼而成，列于中乘，名曰剑侠。炼艺者下乘，名曰剑客。凡是三乘，古今以来其得道而成者不知凡几……待鹤凤慕剑仙能除邪扶正，时深向往。③

郑观应的求道济世思想萌芽于19世纪后半期内忧外患的年代。他认为求真修仙有助于人心之向善，人人积善成德，这样就可以拯救社会、拯救人世。在郑观应看来，宗教皆以救世度人为己任，只是各教深浅难易有别。有的注重修身成己，有的注重济世度人。郑观应曾打算修道成仙后再入佛门，仙佛修成后再穷究与打通天主教、耶稣教、伊斯兰教之理，一统天下各教为一教，以达到统一天下世道人心的目的。单从这个角度来看，在中国近代道教的传播与思想发展史上，郑观应的道教思想就不是可有可无，而是理应占有一席之地的。

---

① 郑观应：《上张三丰祖师疏文》，夏东元编《郑观应集·盛世危言后编》（一），第61页。
② 郑观应：《致王君静山书》，夏东元编《郑观应集·盛世危言后编》（一），第339页。
③ 郑观应：《致曹一峰先生书》，夏东元编《郑观应集·盛世危言后编》（一），第176页。

大致而言，郑观应以道济世的途径与实践主要表现在下列五个方面。

（1）以道教徒的济世之心积极倡导和主办近代化实业。

近代以来，列强接踵而至，中国面临蚕食鲸吞、瓜分豆剖之危局，如何救亡，如何富强，成为摆在中国人面前的主要课题，仁人志士无不在用各种方式希冀寻求挽救危亡之道。在这种环境中，国人多将注意力集中在寻求富强良策上面，却忽视了文化传统中固有的内在价值的发掘。二者不平衡的发展，最终必然会导致中国社会的畸形发展。郑观应则很早就认识到了这一点。他不仅是一名以道教救世的坚持者，同样也是中国早期近代化的倡导者和实践者。他常年潜心专研经世之学，将平生经验陶铸为传世名句："国非富不足以致强，亦非强不足以保富……有国者苟欲攘外，亟须自强；欲自强，必先致富；欲致富，必首在振兴工商；欲振工商，必先讲求学校、速立宪法、尊重道德、改良政治。"从郑观应的思想与实践来看，他一生都在崇奉道教、研习道术，同样，他一生也都在创建中国近代化企业，寻求国家富强的良方。他一边"言道术，即正心修身、穷理尽性"，认为它是"至命之学"，践行、传播中国道教文化，一边又在"言治道，即齐家治国、安内攘外"，认为此为"自强之说"，因而极力主张学习西学，引进西方国家的富强之术。东西方文明在他身上并相体现、互相促进，这可谓近代思想界与道教界的一大奇观。他认为"道德为学问之根柢，学校为人材之本源"，"非兵强不足以保国，非商富不足以养兵，而商战之利器在农工"。他主张"标本兼治。道德固与富强等量，富强亦与道德齐观"，① 精神文明与物质文明同时建设。正是在这样认识的基础上，他一生在跻身于道教修行、弘扬传播道教文化的同时，也积极投身于中国早期的许多重要实业的创建。郑观应一生办过多种实业，如商业、矿业、轮船、铁路、电报等等，其特色皆十分明显，在中国早期近代化史上，他有开拓草创之功。这种经世之念、草创之功，是郑观应对传统道教积修外功在晚清民初大时代下的遵循与兑现，充分体现了道教文化中的包容、开放、注重实践等优秀品性。

（2）针对晚清僧、道界中存在的种种腐败现象，郑观应主张汰浊

---

① 郑观应：《盛世危言后编·自序》，夏东元编《郑观应集·盛世危言后编》（一），第13、14、16页。

留清，整顿改革。

晚清时期，僧、道两门中弊病重重，很多和尚、道士表面上宣称"明心见性"，"修真炼性"，"实则利欲熏心，豺狼成性"，"疏懒为真，食色为性"。他们"失志则打包云水，乞食江湖；得志则登坛说法，聚众焚修"。这些逞其才智的不道德之徒或者"募化十方，轮奂而居，重裀而坐，膏粱而食，锦绣而衣"，或者"附托权门，夤缘当路，通声气，市权利，或且聚狂徒，逞邪说，窝盗寇，干法令"，"只知建醮超幽，敛人财物，未闻有行一善举如耶稣、天主教士设学校以教人、创医院以治疾者"。尤其是"僧、道两门所聚徒众不下数十万，或众至百万人"，已经构成了社会上极不稳定因素。郑观应认为这是"弥勒、白莲、金丹诸教匪因风吹火、乘势蜂兴"，民间动乱的重要原因。对此，他主张"沙汰僧道"，整顿二门，廓清教风，以利于社会稳定与经济的正常发展，并提出了具体解决办法。①对于僧道两界"年老力衰、多病残疾、幼弱未成丁者，改各州、邑大寺为恤贫院以处之"。②对"劝之不改，汰之不去"者，"革其衣冠，配其男女"，"以布施之庄田，为计亩授耕之用"。③对真心崇奉仙、佛，遵从戒律者，允许其"深山穴居，茅棚独处，任其高遁"，"惟断不得创宫、观、寺、院，召徒众，募布施，蓄财货，登台说法，衣冠歧异，以惑斯民之视听"。① ④鉴于"今之道流不从事内功，而徒科法是恃，且符箓虽真而未获师传，神不守舍，宜其毫无灵应。舍本逐末"的现状以及"又有学术未精，借小术以愚人，受其愚者往往至破家亡身而不悟"的现实情况，他"悯后学不识本末，因而受害"，② 特别刊印一系列道教宝典于世人学道者。

（3）整理与刻版道教经籍。

郑观应自幼喜阅道教典籍，求道寻真以来，他有感于自己在求道过程中屡屡遭受那些异端旁门及一知半解的江湖术士的欺骗，虽虔诚向道却耗费资财而皓首无成的实际情况，发愿广泛搜求、解读、辨伪与整理出版道家典籍，以便于真心向道的道友们学习与参悟。郑观应云："余访道天涯，备尝艰苦，幸蒙师授，语契丹经。自愧福薄，未克下手，敢将秘传先圣所述内外丹药次序不同之处，备载于此，愿与有道之士同受

---

① 郑观应：《僧道》，夏东元编《郑观应集·盛世危言》（上），第 310～313 页。
② 郑观应：《〈道法纪纲〉序》，夏东元编《郑观应集·盛世危言后编》（一），第 76 页。

其福。"① 对于整理与刻版道教经籍传播道教文化一事，郑观应在晚年曾经有所总结。他说：

> 观应慕道已六十年矣，曾览《道藏全书》、《道藏辑要》及未入《全书》、《辑要》等书，觉所论命理玄奥，语多譬喻，隐而不露，未得诀者莫名其妙。于是凡遇有道之士，无不虚心请教，证以丹经，始知成道者不外清净、同类、服食三大端……传道者果得真传，则不索赞金多寡，不论学者贫富。盖大道无亲，惟传善人，否则必遭天谴也。无如异端旁门及得一知半解以惑人者日甚，致令后学往往倾家荡产，蹉跎岁月，皓首无成。爰将《黄帝龙虎经》、《阴符经》、吕纯阳祖师、张三丰祖师、圣僧济祖师诗文及群仙歌诀、金丹真传，分为八卷，付诸手民，名曰《道言精义》。然读者未得诀，仍然不晓，乃续刊《唱道真言》、《多心经》、《清静经》、《金华宗旨》、《金笥宝箓》、《三一音符》、《天仙心传问答》、《七真灵文》、《方壶外史》、《慧命经》、《金仙证论》、《陆约庵就正篇》与《林奋全书》、陈抱一祖师《参同契注释》、闵小艮先生《琐言续》、《古法养生阐幽》、刘止唐先生《大学古本》、莫月鼎真人与王天君《内炼口诀》等书，交书肆照本发售。于兹已三十余年矣。②

在总结了出版道学典籍的基本原因及已经刊印的一些主要书目后，郑观应又进一步补充道：

> 年来蒙陈抱一祖师传授玄科口诀，何合藏仙师传授先天口诀，爰手辑吕纯阳祖师《百句章百字篇》、陈抱一祖师《训释道黑幕文》、《咏道诗》、张三丰祖师《打坐歌》、《道要秘诀歌》及《删正樵阳经》、《玉液还丹秘旨》、抱仁子《重订玉液还丹秘旨》、李含虚真人《收心法》、希一子《补天随功候篇》、《太微洞主授郑德安玄关口诀》、尹真人《添油凝神入窍法》、《神息相依法》、《聚火

① 郑观应：《重刊〈金仙证论〉序》，夏东元编《郑观应集·盛世危言后编》（一），第41页。

② 郑观应：《〈还丹下手秘旨〉序》，夏东元编《郑观应集·盛世危言后编》（一），第208~209页。

开关法》、《治心法》、《筑基全凭橐籥说》、《元性元神说》、《归根复命说》、邱祖师《秘传大道歌》、太虚真人《道程宝则》、止唐先生《论道四则》、陆潜虚真人《内外药论》。以上各篇借重人元之学，而所编不厌重复，历引诸真之言，互相引证，庶免读者疑惑，并录文先生《易学歧途辨》，陈真人《翠虚吟编》为一册，名曰《还丹下手秘旨》，皆扫除譬喻，直露真诠，用以自镜，并愿与同学者均知尽性以至命，勉力行善，内外兼修，先行却病延年工夫。①

以上所引仅仅是郑观应在一篇序言中所胪列的由他亲自编辑刊行的道学宝典，计有 40 余种之多。在这篇序言中，郑观应说他"今已年将八秩"，说明这份材料应是他离世前二三年时所为，文中所列的书目显然是经过他精心挑选的，因而具有十分重要的参考价值，其中内容宏达精深，基本上涵盖了道教教义的核心与全部的修炼要点。由此看来，如欲探讨和总结郑观应的道教人生，对这份史料的深入解读与研究应该说是一件十分必要且有一定价值的事情。

除此之外，郑观应还编辑出版有《剑侠传》、《道法纪纲》、《海山奇遇》、《龙门秘旨》、《真诠》、《梅华问答编》、《青华秘文》、《金宝内炼丹法》、《玉清金笥》、《新解老》、《神功广济先师救化宝忏》和《陈注关尹子九篇》等重要道学典籍。为了便于女子向道者修炼道术，郑观应还专门从《古书隐楼藏书》中摘取重印《西王母女修正途》和《女宗双修宝筏》。他在此二书重印序言中指出："今因女界中多有殷殷访道者，特择全书中二种合印为一卷，俾修真女子借此寻师质证，不致堕入旁门。""《古书隐楼藏书》全部中《女修正途》、《女宗双修宝筏》二种，专为女士指引迷途，言简意赅，意精而透，洵为不可不读。"②

作为一名以积德行善为成仙"大药"的道家弟子，郑观应集后半生之精力，持之以恒地整理与出版道教宝典，这在晚清民初道教式微的历史大背景下，无疑独树一帜，此举对弘扬、保存、继承与传播道教文

①　郑观应：《〈还丹下手秘旨〉序》，夏东元编《郑观应集·盛世危言后编》（一），第 209 页。

②　郑观应：《重印〈西王母女修正途〉、〈女宗双修宝筏〉序》，夏东元编《郑观应集·盛世危言后编》（一），第 182 页。

化具有重要意义，他在中国近代道教传播史上的作用与地位理应引起学界重视。

（4）发道心之力，积极募捐赈济灾民。

赈灾慈善在中国有着悠久的历史传统，这与中国传统文化有着密切的关系。儒道佛三教都有劝人行善、积累功德的功能与作用。道教文化大力推崇积德行善，提倡人们行善除恶，认为"积德立功尤为求药之大本"① 是获得自身"金丹大药"的必要条件，从而把积善立功与长生、修仙紧密联系起来。《玉钤经中篇》即云："立功为上，除过次之。为道者以救人危，使免祸，护人疾病，令不枉死，为上功也……若德行不修，而但务方术，皆不得长生也。"② 郑观应对举办慈善事业十分热衷，"凡有公益善事，力为赞助"，③ 这应是他深受道教文化中积德立功观念熏陶的结果。

1870 年，郑观应刊印《陶斋志果》，其重要目的是规劝人们戒恶向善。郑观应认为："'志果'一书，言非无稽，事皆征实，于世道人心不无小补，窃愿怀道德之君子广为传播，俾善知劝而恶知惩，则种花得果，左券可操。"④

1877 年，郑观应与经元善、谢家福、严作霖等在上海创办筹赈公所，赈济山西灾荒。此后扩大到河南、直隶（今河北）等省。郑观应在"直、东、晋、豫、苏、皖等省灾赈，募资助办，为数甚巨，最著勤劳"。⑤ 为了救济灾民，郑观应将友人所写《十可省歌》、《铁泪图歌》与《广譬如歌》等诉说灾民苦况的文章汇刻，以事劝募。⑥

1878 年，郑观应又刊行《富贵源头》和《成仙捷径》，其目的仍然是为了募集赈灾款项。郑观应在《成仙捷径》序中大声疾呼："苟非积德以求，又安能成圣成仙成佛也哉！夫修道者以能尽性命为功，而积德

---

① 郑观应：《答曹一峰先生书》，夏东元编《郑观应集·盛世危言后编》（一），第 54 页。
② 葛洪著《抱朴子内篇全译》，顾久译注，贵州人民出版社，1995，第 76 页。
③ 郑观应：《上通明教主权圣陈抱一祖师表文》（丁巳年元旦上张三丰祖师表同），夏东元编《郑观应集·盛世危言后编》（一），第 127 页。
④ 郑观应：《重刊〈陶斋志果〉序》，夏东元编《郑观应集·盛世危言后编》（四），第 1497 页。
⑤ 吴尹全：《倚鹤山人事略》，夏东元编《郑观应集·救时揭要（外八种）》（下），第 577 页。
⑥ 夏东元编著《郑观应年谱长编》上卷，上海交通大学出版社，2009，第 83 页。

者以能救性命为行。欲救人性命则莫大于荒年赈饥。""愿与天下有志之士广修至德，以凝至道，相期跃出凡流，同登圣域，洵成仙之捷径，亦仆生平之厚望也。"①

在募捐赈灾慈善活动中，郑观应既注意汲取传统宗教中的劝善助弱思想，同时又结合他对西方社会救济思想的了解，根据时代特点提出了自己新的救助主张。他不仅十分推崇西方各国"以兼爱为教，故皆有恤穷院、工作场、养病院、训盲哑院、育婴堂"，认为"其意美法良，实有中国古人之遗意"，而且积极将德国工人养老、工伤、疾病等的社会保障制度加以介绍，认为"利己利人，莫善于此，而水火、盗贼诸险，可由此而推矣"。②

郑观应注重践行道教的扶危济困的主张，在日常生活中关注弱势群体，主张尽力对难民、灾民、流民、失业者、鳏寡孤独废疾者以及其他生计艰难阶层积极进行救助。他不满"哀鸿满中泽，百日天悠悠"③ 的状况，不仅积极参与办理救赈公所，出任善堂、广肇公所董事，而且还兼任中国红十字会特别名誉会员。在郑观应看来，"修行功德之事，不以茹素诵经为修行，不以建坛设醮为功德"，④ 而应当把金钱与力量实实在在地用到该帮助的人身上。针对当时普遍的溺婴状况，他提出在城乡各地建立保婴会。"其法：各就乡隅集一善会，或以十里为限。凡地方贫户生女，力不能留养者，准到局报明，每月给白米一斗，钱二百文，以半年为度。半年之后，或自养或抱送，听其自便。实则半年之后，小孩已能嬉笑，非特不忍溺，亦必不忍送堂矣。且贫户既以得所资，而易于留养。彼稍堪温饱之家，亦必心生惭愧，感动必多。此法简便易行，可大可小，可暂可久。一经提倡，全活必多。愿与天下有心人共起图之。"⑤ 郑观应反对妇女裹足，认为"此事酷虐残忍，殆无人理"，⑥ 主张严令禁止。他反对官宦富贵人家虐待婢女的不道德行为，为此他专门写有一篇《虐婢歌》，指出"万物人为贵，国家当教育……

---

① 郑观应：《〈成仙捷径〉序》，夏东元编《郑观应集·盛世危言后编》（四），第1318页。
② 郑观应：《善举》，夏东元编《郑观应集·盛世危言》（上），第300、302页。
③ 郑观应：《筹赈感怀》，夏东元编《郑观应集·救时揭要（外八种）》（下），第368页。
④ 郑观应：《论广东神会梨园风俗》，夏东元编《郑观应集·救时揭要（外八种）》（上），第35页。
⑤ 郑观应：《劝诫溺女》，夏东元编《郑观应集·救时揭要（外八种）》（上），第39页。
⑥ 郑观应：《女教》，夏东元编《郑观应集·盛世危言》（上），第65页。

暴虐必招殃，上天报应速"。① 用宗教神灵在背后监督的说法来劝诫虐待婢女的不法人家。这种天地之间人最贵、离地三尺有神灵的观点，明显带有道教文化劝善惩恶的痕迹。

（5）组织道德会、崇真院、丛林修真院，养育人材。

上海道德会是清末民初以宣扬道德为宗旨的一个会社组织。最初由湖南、四川等地的道人为宣化救世、挽回道德人心而提倡。尔后，经王新甫举荐、郑观应出面号召组织而建立，会所定在上海牯岭路延庆里，由杨海秋等主持修真论道事务，兼以符水治病。崇真院、修真院则是由郑观应倡导建立的专事培养道教人材的机构。两者中较有特色的是七教丛林修真院，这是郑观应在近代社会发生剧变与转型大背景下企图以道教融合各教以救亡图存的一种新尝试。郑观应认为，"欧战虽停，内讧未已，中原逐鹿，南北分驰"，值此列强各国对中国"众虎环伺，各逞其并吞割据之谋"，国内又"政府失权，军党只知争私人之利"，中国"分裂不远，殆所谓危急存亡之秋、三期浩劫降临之日"，"欲挽此劫，非得内圣外王之才如轩辕太公者，固未能平治今之天下也"。这是郑观应极力主张建立修真院的根本原因。他的构想是集众道友之力，合力"捐资四十万元，提十万元购地三十亩，分地十亩建设七教丛林一所，分地十亩建设男修真院一所，分地十亩建设女修真院一所……限取善男子二十人，善女子二十人……既入院修持，不成道不能出院"。郑观应特地为之拟定简章九条，乞求"各教主、众仙佛赞成，并蒙玉旨恩准"。郑观应乐观地设想："如二十人中得成道者十人，则教昌之五大愿可冀陆续举行，五大洲可享太平之乐。"② 郑观应希望得到吕洞宾、陈抱一、张三丰、何合藏等仙师的支持来创办七教丛林修真院、培养人才、挽救衰世的愿望当然不可能实现，但这种坚定的道教信仰与探索精神却无疑值得肯定与探讨。

四 一统梦：以道教融摄各教的乌托邦

晚清以来，道教愈加衰微，面对此种种窘境，郑观应忧心忡忡。为

---

① 郑观应：《虐婢歌》，夏东元编《郑观应集·救时揭要（外八种）》（下），第473页。

② 郑观应：《上吕纯阳祖师、陈抱一祖师、张三丰祖师、何合藏祖师禀》，夏东元编《郑观应集·盛世危言后编》（一），第340~341、344页。

此，他不断在理论上进行思考与探讨，力图打通儒、佛、道三教。他同意道友刘止唐提出的"三教虽异，其实同源"的说法，认为三教"均于心上做起，于心上收功，诚澈始澈终工夫"，① 在终极关怀层面道理相通，皆旨在"穷理尽性至命"②，从而将人的道德精神升华成为一种普遍价值。郑观应认为三教各有所长，应该取长补短，相互借鉴。在继承、总结历史上儒、佛、道三教合一思想的基础上，郑观应提出了"七教统一"的新主张。

郑观应所谓的"七教"，从狭义上是指儒、道、佛、回、耶稣、天主、希腊各教；从广义上看则是指天下万国各教派。郑观应把通晓七教教义作为统一各教的起点，"观应原拟仙道成学佛，佛道成再穷究天主、耶稣、回教之理，道通各教、法力无边之后，即商前辈高真，会同奏请上帝施恩饬行"。③ 郑观应从同源、同道、同心三个方面会通中国传统三教，致力在思想和理论上找到七教统一的契合点。为此，他大量阅读与研究外国宗教书籍，以增强自己对西方各教的认识和了解。郑观应认为：

> 泰西基督一教，流派分而为三：一曰耶稣教，日耳曼国之所演也，英吉利、德意志、美利坚、丹麦、荷兰、瑞典顿、瑙威、瑞士等国从之；一曰天主教，传自犹太，盛行于罗马，意大利、奥斯玛加、比非利亚、法兰西、日斯巴尼亚、葡萄牙、比利时等国从之；一曰希腊教，希腊为西洋文字之祖，亦缘饰基督教之说，别树一帜，小亚细亚、欧罗巴之东、俄罗斯、希腊等国从之。其教或分或合，有盛有衰，名目不同，源流则一，略本《摩西十诫》。耶稣基督自命为上帝之子，创立新约，以罪福之说劝人为善，其初意未必遽非，而千百年来，党同伐异，仇敌相寻，人民苦锋镝，原野厌膏血，别分门户，遂酿干戈，变本加厉，实非教主始念所及。④

---

① 郑观应：《答曹一峰先生书》，夏东元编《郑观应集·盛世危言后编》（一），第98页。
② 郑观应：《再致扬州修道院同学诸道长书》，夏东元编《郑观应集·盛世危言后编》（一），第145~146页。
③ 郑观应：《上通明教主权圣陈抱一祖师表文》（丁巳年元旦上张三丰祖师表同），夏东元编《郑观应集·盛世危言后编》（一），第126页。
④ 郑观应：《传教》，夏东元编《郑观应集·盛世危言》（上），第183页。

郑观应对回教亦有一定的认识。他说："独不见夫回教乎！彼族虽奉其教，诵其经，而人伦执业不异四民，日用衣冠悉遵王制，惟不食猪肉等事，彼教自伸其私禁。故在上者亦安之而已。安见处二氏①者独不可以如是治之耶？世有通人留心治术者，当不河汉斯言。"②

在近代中国，对西方宗教有所认识者凤毛麟角，有融通宗教各门之愿的志士更是寥寥无几，郑观应则是其中一名敢于担当者。作为一名道教徒，郑观应能够站在中和的立场，冲破当时人们对西方宗教片面而又极端的认识，以开放的心态和包容的胸怀容纳各种宗教，极力寻找它们与中国传统宗教上的相同之处，这是难能可贵的。他之所以有这样的高度，完全来源于他"尝读各教经书有年，颇知各教主皆以救世度人为心。惟所著之书有深浅、有譬喻，或修身，或治世，后学不知道无二致，各树一帜，互相倾轧"而已。正是认识到宗教有救世度人的价值以及各教具有共同性特点，郑观应才坚信他能够以道教融摄其他各教，以宗教的统一来实现人类世界的统一，最终确立"大同之基础"。③

1917年初，郑观应在《上通明教主权圣陈抱一祖师表文》及《上张三丰祖师表文》中，提出了他的气势宏伟的救世五愿。

第一愿：统一天下万国宗教。"合各教为一教，除治世行政之书归各国因地制宜自行修改外，拟即将各教主论道之书，选其精义，分为顿、渐两法，编辑成书，庶学者易于入门。并将未成道者所著之书合理者存，不合理者毁，免为伪书所惑。"在世界各国"设圣道总院，供奉各教主圣像，令人瞻仰。该院监督必须由各教主公举，非已成道有六通者不能胜任。既有法力，又能前知，则后学自无纷争矣"。

第二愿：由各国圣道总院培育人才，以适应各国圣道分院传道之需。"各国圣道总院，应招考是真心修道、誓守院规合格者方准入院潜修。俟道成后，由院监督派往各埠各院当教长……凡各国各埠有天主堂、耶稣堂、清真堂、孔教堂者须设圣道分院……每星期该教长必须对

---

① 二氏，指佛、老两家。郑观应曾言："二氏者，佛、老之名也。学佛者僧之徒，学老者道之徒。"《僧道》，夏东元编《郑观应集·盛世危言》（上），第309页。
② 郑观应：《僧道》，夏东元编《郑观应集·盛世危言》（上），第313页。
③ 郑观应：《上通明教主权圣陈抱一祖师表文》（丁巳年元旦上张三丰祖师表同），夏东元编《郑观应集·盛世危言后编》（一），第125、127页。

众演说修身、齐家、治国之道，使妇孺咸知。"

第三愿：消灭各种伤人火器。"由仙佛法力慑服乱世魔王，消灭各种火器……凡创造伤人之火器，即治其罪，以期四海升平，共享大同之乐。"

第四愿：发展经济，富国强民。"以点金术所成黄白，限制若干分交各分院教主，选聘公正绅商，创设贫民工艺厂、各学校及开矿、开垦等事，务使野无旷土，国无游民。……不分畛域，不分种族，无论何国一视同仁。"

第五愿：由得道圣贤管理与监督教育、经济、民生诸事务。"圣道总院之监督，由各教主公举，而各分院之教长由总院监督选派该处士人已成道而有六通者方合格。"对于经济、教育、民生诸事，由总院监督派已成道有六通能者，定期到各地工艺厂、学校、矿山、开垦地考察，以决定奖惩措施。

概括起来，上述五愿，主要集中在"合各教为一教"这一核心内容上面。郑观应希望用道教来融合天下万国各教，实现之法，一是求吕洞宾、张三丰、陈抱一等道教仙师广施法力帮助而成；一是在世界各国设立圣道总院、各地设立分院，作育人才而成之。

对于自己提出的救世五愿，郑观应充满信心、激情满怀地不断憧憬与设想着未来。他自信"其第一、第二愿成则圣贤日多，第三、第四、第五愿成则政治良、风俗美、人心正"，如此就可以"重见三皇以上之世，气象祥和，民安国泰，岂不伟欤！"① 他在给道友伍廷芳的赠诗中，幻想着一统梦实现后的美好情景。"我倡各教统一议，已蒙上帝准行矣。尚祈各教统一心，协力同心急奋起。大同世界泯战争，民康物阜万国宁。不分畛域无强弱，专崇道德重文明。"②

很明显，郑观应提出的救世五愿，企图用道教来融摄、统一天下各教的主张，带有康有为所讲大同世的味道，也具有近代西方空想社会主义乌托邦的影子。这种愿望的初衷和目的是明确与美好的。他认识到宗教具有正面作用并对其正能量给予充分的挖掘，企图凭借这个

---

① 郑观应：《上通明教主权圣陈抱一祖师表文》（丁巳年元旦上张三丰祖师表同），夏东元编《郑观应集·盛世危言后编》（一），第 125、126 页。

② 郑观应：《伍秩庸先生辞总裁仍护法巩固共和赋此志喜》，夏东元编《郑观应集·救时揭要（外八种）》（下），第 543 页。

方案来挽救世风日下的世道人心，这对于弥补当时道德严重缺失的状况、重振道德精神、改变清末民初道德日益式微的面貌，无疑尽到了他作为一个虔诚的道教徒该尽的一份责任。不过，郑观应企图通过统一天下宗教来统一天下人心，进而实现人类大同的主张与愿望明显有着幻想的成分。各种宗教的出现，皆有其产生、发展的独特历史，有人文、社会、风俗、政治、经济等背景，各自有其存在的合理性与异质性，人为的一刀切的统一模式是不现实的。尤其是郑观应实现五大愿的手段是乞求吕洞宾、陈抱一、张三丰、何合藏等几位道教历史上的仙师广施法力来实现，用今天科学的眼光来看，根本就没有实现的可能。郑观应的宗教一统梦，只能注定永远是一个不可能实现的超越现实的乌托邦之梦。

五　结语：寻梦的意义

近代以来，道教因多重因素的影响而日趋式微。

> 中国文化与宗教，在清朝中叶以后，概受西洋文化思想输入的影响，一蹶至今，尚未重新振起。自十九世纪以来，正式代表道教的胜地观宇……虽然还保有道教观宇与若干道士，仿效佛教禅宗的丛林制度，各别自加增减，设立规范，得以保存部分道教的形式，但已奄奄一息，自顾不暇，更无余力做到承先启后，开展弘宗传教的事业了。何况道士众中，人才衰落，正统的神仙学术无以昌明，民间流传的道教思想，往往与巫蛊邪术不分，致使一提及道教，一般观念便认与画符念咒，妖言惑众等交相混杂，积重难返，日久愈形鄙陋。[1]

在这样一个道德驰坠、争名逐利大的历史环境下，作为一名道教的俗家弟子，郑观应并没有悲观消极，而是力所能及地担当起自己对于道教振兴的一份责任。郑观应的一生几乎是与中国近代道教的传播历史相

---

[1]　南怀瑾：《中国道教发展史略》，复旦大学出版社，2011，第137页。

同步，他的修道人生可谓晚清民初士大夫阶层道教活动的一个典型缩影。他的坎坷的求真路以及冀望通过道教来实现他的长生梦、剑仙济世梦及一统天下宗教梦的破灭，无疑也是对近代中国道教衰落内在原因的一个很好的诠释。

有清一代，道教不受重视。"全国中男子之优秀者，概为八股文所牢笼；女子之聪明者，又为旧礼教所束缚。神仙学术，非但不敢验之于身，并且不敢出之于口。"① "上级社会，大都以儒学为依归，而旁参佛学之哲理；下级社会，始有神道之信仰，则以释、道、回、基督四教为著，若犹太教则微末已甚矣。"② 清人钱咏直言："天地能生人而不能教人，因生圣人以教之。圣人之所不能教者，又生释、道以教之。故儒、释、道三教并行不悖，无非圣人同归于善而已。孔子曰：'中人以上可以语上也，中人以下不可以语上也。'盖圣人之教，但能教中人以上之人，释、道不能教也。释、道之教但能教中人以下之人，圣人亦不能教也。"③ 在这种歧视观念的影响下，一般士大夫大都不会公开承认自己信仰道教。郑观应则不然，他敢于公开表明自已的道教信仰，坦言自己"视富贵如浮云，欲修身以济世"。④ 他在世八十一年，寻道问真六十余载，行迹几乎遍及中国的大江南北、长城内外。晚年他还明确宣称自己"凤慕神仙事业，曾读南派、北派、东派祖师丹经数十种，遍求丹诀已五十余年。自愧德薄，勉力行善，虽遭魔障、备尝艰苦，仍锐志向前，不敢稍懈"。⑤ 他的虔诚向道的态度与勤奋务实的修炼实践，即使是一个寻常的在观道士也往往难能望其项背。另一方面，我们也应该看到，在中国传统宗教文化中，道教既有为众生祛病长生的修炼门径，同时又有教化天下的济世利人精神。祛病长生是郑观应追求仙道修炼的一个重要原因，但在这个原因的背后，潜伏着他济世救人的更高层面的目标与理想。郑观应"且念积德为入道之门，苟不至德至道不凝，诚恐前生孽重，故见义勇为，扶危济困，甚至受人所累，变产赔

---

① 陈撄宁：《与朱昌亚医师论仙学书》，胡海牙、武国忠主编《陈撄宁仙学精要》（下），宗教文化出版社，2008，第455页。

② 徐珂：《清稗类钞》第四册，中华书局，2010，第1938页。

③ 钱咏：《履园丛话·杂记上·三教》，卷三十三，中华书局，1979，第601页。

④ 郑观应：《或问守身要旨》，夏东元编《郑观应集·救时揭要（外八种）》（上），第52页。

⑤ 郑观应：《致刘和毅真人书》，夏东元编《郑观应集·盛世危言后编》（一），第109页。

偿，宁人负我，我不负人"。① 他将自己修炼道术多年积累下来的经验
毫不保留地与道友进行切磋和交流，"用觅知音，同跻圣域"②。他数十
年如一日，致力于搜集、解释、刊行道教典籍，为传播道教文化做了
许多有益的事情。更重要的是，他吸纳与借鉴其他宗教思想与体制特
点，探索改善道教自身组织体系。他积极兴办社会慈善事业，增强道
教的入世功能与社会影响。他将道教文化视作当仁不让的救世良药，
将道教济世度人的入世功能发挥到了一个极限。他信奉道教的因果报
应思想，重视做善事、积阴功，劝善抑恶，"筑基炼己求真我，得药
还丹论色身。频刻仙经思普渡，遍求佛法救沉沦"。③ 他"志在先积阴
功，后学神仙"，因而在名利场中四十余年，能够做到"廉政自矢"，
"扶危救急，如筹赈、设善堂、施医药、保婴、救溺、皆殚心竭力相助。
凡有利可兴，有弊可除，事关大局者，均不避嫌怨"。④ 由此可见，在
道教济世思想的作用下，作为商人兼思想家的郑观应，已经实现了高
度的道德自律。可以说，正是信奉道教积德行善和济世利人的圣训，
郑观应的访道求仙才具有了值得肯定的可贵价值。他一生虽历任实业
界多种重要职务，但能够始终做到克己奉公、尽职尽责，这与他信仰
道教有着重要的关系。信道使郑观应的个人才华得到了充分的施展，
不仅使得他成为晚清商界、实业界中的一位睿智的思想家，而且也使
他成为晚清思想界中最具有实干精神的实业家。出世与入世、寻仙与
济世，在他身上表现出了高度的协调与统一。晚清状元夏同龢曾这样
评价郑观应："香山偫鹤山人最富于宗教思想者……崇任侠而明黄
老……特神仙家支派有二：有持厌世主义而仅为自了汉者，有持救世
主义而自度度人者。如前之说，其人虽仙无裨于世，是方技家而非宗
教家也；如后之说，大都由任侠而入于神仙者。纵不即仙，而抱此高
尚纯洁之理想，或见之于行事，或著之于寓言，其足以感发当世之心
思，而变化其气质者盖不少矣。偫鹤山人殆其流亚欤？何其诗之多杂

① 郑观应：《复苏州刘君传林书》，夏东元编《郑观应集·盛世危言后编》（一），第72~
73页。
② 郑观应：《〈道言精义〉序》，夏东元编《郑观应集·盛世危言后编》（一），第124页。
③ 郑观应：《感赋七律八章藉纪身世》，夏东元编《郑观应集·救时揭要（外八种）》
（下），第524页。
④ 郑观应：《呈张欧冶真人书》，夏东元编《郑观应集·盛世危言后编》（一），第48页。

仙心也。"① 盖棺论定，郑观应正是这样一个人：道教徒中一名有作为有思想的俗家弟子；一位一生坚持了六十多年的仙道实修者；晚清民初民间道教的一位积极传播者；一个会做梦、敢做梦，勇于通过丹道修炼追求长生，希冀通过仙剑成道救世度人并且幻想借助神仙力量来用道教统摄天下宗教，以此达到天下大同、万国康宁的宗教乌托邦者。他对中国近代道教史的贡献与作用不容忽视，理应进入中国近代道教史的"凌烟阁"，并在其上面拥有一席之地。

原载《世界宗教研究》2017 年第 1 期

---

① 夏同龢：《〈罗浮偫鹤山人诗草〉夏同龢序》，夏东元编《郑观应集·救时揭要（外八种）》（下），第 330 页。

"尖阁问题"内在的法理矛盾

——旨在驳斥"固有领土"论

〔日〕羽根次郎[*]

引　章

关于中国政府在"尖阁归属问题"中所持的立场，日本媒体的主流说法是"原本对'尖阁诸岛'的领有权并不关心的中国一方，在20世纪70年代有人提出那里可能存在着大规模的天然气田后，忽然提出了对'尖阁诸岛'的领有权主张"。照这种说法来看，中方的这种主张是基于资源民族主义的，是别有用心而非"纯粹"的。然而，日本对于领有权的主张就真的不是别有用心，真就那么"纯粹"吗？

"当前""这里"这样的时间和空间概念，通过抽象某一特定断面，无视错综复杂的历史性，才能最终被人美化。因此，在考察"尖阁问题"时，首先就必须深入与此相关的历史性中去。为了恢复问题的历史性，本文要讲述的是关于1895年的"国标"设置之前的历史（1895年的"国标"设置正是"尖阁诸岛领有化"问题的起点）。

一　"固有领土"说之话语方式及其去历史性

若要追问和探究问题中原有的历史性的真相，反而是那些无视历史

---

[*]　羽根次郎，中国社会科学院近代史研究所博士后，现为日本明治大学政治经济学部副教授。

性的文本材料恰好可以成为一个切入点。作为一份从历史记述中失去历史性的文本材料，日本外务省讲述关于"尖阁诸岛"编入日本领土过程的那份说明是我们再好不过的研究"教材"。

> 自1885年以来，日本政府通过冲绳县当局等途径多次对尖阁诸岛进行实地调查，慎重确认尖阁诸岛不仅为无人岛，而且没有受到清朝统治的痕迹。在此基础上，于1895年1月14日，于内阁会议上决定在岛上建立标桩，以正式编入我国领土之内。①

在这个文本中，有两个问题本应说明而事实上却完全没有涉及。第一个问题，实现对"尖阁诸岛"的领土编入为什么会花费了整整10年的时间（1885~1895）。忽略这个问题的后果是，冲绳县提出的设置"国标"的申请曾经被日本中央政府退回的史实也被掩盖了起来。第二个没有被涉及的问题是，清政府当时曾经对于冲绳的归属问题再三提出抗议。

首先应该注意的是，日本中央政府对于"国标"设置问题进行的最早的讨论并不是从1895年才开始的。事实上，这个问题初见于1885年9月22日冲绳县令西村舍三向内务卿山县有朋提出的《关于国标设置等事宜恭请指示》的请示。② 但是在日本中央政府内部，山县与外务卿井上馨讨论的结果是，于同年12月25日下达了"目前考虑无设标必要"的退回的答复。"无论是在历史上还是在国际法上都很明确，实际上我国有效控制着"③ 的"尖阁诸岛"的"领有化"为什么会被退回呢？

关于这一点，可以参考的是在此之前的1885年10月21日井上馨给山县有朋的一封信。井上在这封信中说道，"尖阁诸岛"既"接近清

---

① 日本外务省主页，《我国关于尖阁诸岛领有权的基本见解》，http：//www. mofa. go. jp/region/asia-paci/china/pdfs/r-relations_ cn. pdf，最后访问日期：2012年11月13日。

② 《关于久米赤二岛外二岛调查之上书》，《关于在久米赤岛、久场岛、鱼钓岛设置国标之事宜》，日本亚洲历史资料中心所藏外务省外交史料馆史料（电子版），Reference Code：B03041152300。

③ 日本外务省主页，《关于尖阁诸岛问题的问与答》，http：//www. mofa. go. jp/region/asia-paci/senkaku/pdfs/qa_1102_cn. pdf，最后访问日期：2012年11月13日。

朝疆界"①，各岛又已都有中文命名，鉴于此类诸多因素，"设置国标、着手开拓之事，则另待他日良机亦可"。② 外务省对于"尖阁诸岛"的"领有化"会刺激到清政府一事是格外戒备的。日本政府的这种谨慎直到甲午战争爆发都不曾放松过。

二 传统中国的版图观

在关于冲绳的归属问题的讨论中，1871 年缔结的《中日修好条规》是重要文件，其中第一条所描述的"两国所属邦土，亦各以礼相待，不可稍有侵越，俾获永久安全"的互不侵犯条款是值得参考的。

若照日本统治已涉及冲绳的现代空间编制来看，此条文似乎毫无不妥。那么，且看一下当时为了解决纷争中的朝鲜问题而来清的森有礼与李鸿章的谈话吧。

　　森：高丽与印度同在亚细亚，不算中国属国。

　　李：高丽奉正朔，如何不是属国？

　　森：各国都说高丽不过朝贡受册封，中国不收其钱粮，不管他政事，所以不算属国。

　　李：高丽属中国几千年，何人不知？和约上所说"所属邦土"，"土"字指中国各直省，此是内地，为内属，征钱粮，管政事；"邦"字指高丽诸国，此是外藩，为外属，钱粮、政事向归本国经理，历来如此，不始自本朝，如何说不算属国？

　　……

　　李：条约明言"所属邦土"，若不指高丽尚指那国？

　　森：条约虽有"所属邦土"字样，但语涉含混，未曾载明高丽

① 1885 年 10 月 21 日由井上馨外务卿发至山县有朋之"亲展第 38 号"：《关于在久米赤岛、久场岛、鱼钓岛设置国标之事宜》，日本亚洲历史资料中心所藏外务省外交史料馆史料（电子版），Reference Code：B03041152300。

② 1885 年 10 月 21 日由井上馨外务卿发至山县有朋之"亲展第 38 号"：《关于在久米赤岛、久场岛、鱼钓岛设置国标之事宜》，日本亚洲历史资料中心所藏外务省外交史料馆史料（电子版），Reference Code：B03041152300。

是属邦，日本臣民皆谓指中国十八省而言，不谓高丽亦在所属之内。

李：将来修约时，"所属邦土"句下，可添写"十八省及高丽、琉球"字样。①

也就是说，对于清政府而言，"邦土"并不是现代语境中所指的"国土"的意思，而是"'邦'与'土'"的意思。"邦"是指属国，所谓属国，只要进行"朝贡"和"册封"（中国皇帝对各国的国王进行"王"的授封）的礼仪、使用中国朝廷的年号（即"正朔"），中国王朝是不会对其内政、外交、军事等各方面进行干涉的。李鸿章在此番对话中解释说属国作为"外藩"，也是构成"中国"的一部分。由此观点来看，琉球也成了清朝的"外藩"。因此，在"尖阁诸岛"设置"国标"的问题很容易扩大为琉球问题，井上馨所担心的正是这一点。

但是，日本对于冲绳问题的主流认识是：在1872年的"第一次琉球处分"时，琉球王国（国家）变成了琉球藩（外藩）；之后在1879年的"第二次琉球处分"中，琉球藩又经历了"废藩置县"（琉球藩→冲绳县）。确实，在1872年设置了琉球藩后，明治政府的冲绳相关事务一并从外务省移交到了内务省。但是，藩王尚泰（琉球王国最后一位国王）仍然接受清朝的朝贡、册封、正朔这"三大手续"。因此，对于清政府而言，琉球的变化反映得并不算深刻。当然，正如众所周知的那样，自从1609年遭受过萨摩藩的攻打后，琉球实际上已处于萨摩藩的强大影响之下，然而这与"只要不影响到'三大手续'就不会对属国进行干涉"的清政府对琉球政策并没有产生尖锐的矛盾。对于清政府来说，此时尚没有达到琉球作为属国的名分遭到动摇的阶段。

三 "日本人"和"琉球人"
——清朝官员对"台湾出兵"的反应

对于清朝而言，琉球作为属国的名分首次遭到动摇是1874年的

---

① 《附 日本使臣森有礼署使郑永宁来直隶督署内晤谈节略》（光绪元年十二月二十八日），顾廷龙、戴逸主编《李鸿章全集》第31册，"信函"（三），安徽教育出版社，2008，第340~341页。

"台湾出兵"（中国亦称"牡丹社事件"）发生之时。事情的导火线是1871年的"琉球漂流民被杀害事件"——宫古岛合计官民69人因遇暴风漂流到台湾南部，其中54人被台湾民众杀害。1874年，明治新政府以"保护领土居民"和"对台湾'生番'进行报复"为由，向台湾派兵，继而攻击并占领了"生番"的居住地区。在1871年和1874年之间进行的"第一次琉球处分"（1872年）是非常具有暗示意义的，通过这次"琉球处分"，至少是在日本国内已经通过设置琉球藩建立起了所谓的"琉球藩民等于日本国民"的出兵的正当化逻辑。另一方面，日本政府把其攻击对象"生番"的居住地看作"无主之地"，称其"与中国无关"。就这样，日本政府在没有同清朝中央政府进行充分协商的情况下就擅自采取了军事行动。

这样的"偷袭"极大地刺激了清朝中央政府。在全权公使柳原前光与李鸿章进行会面时，李鸿章对柳原前光进行了如下的诘问：

> 李：生番所杀是琉球人，不是日本人，何须日本多事？
> 柳：琉球国王曾有人到日本诉冤。
> 李：琉球是我属国，为何不到中国告诉？①

将琉球与日本分开考虑的不止李鸿章一人，例如当时在台湾负责处理此事的钦差大臣沈葆桢也曾明言："琉球虽弱，亦俨然一国，尽可自鸣不平。"②

在承认日本出兵为"保民义举"的《北京专条》签订以后，大久保向太政大臣（当时日本政府的最高官位——译者注）三条实美呈递了报告。从这份报告中，我们仍然可以读出冲绳归属问题的敏感性。

> 此次专条若干留下琉球属于我国版图的行迹。然而，眼下要得出明确结论却并非易事。就琉球归属一事而言，我无法保证各国并

---

① 《附 与日本公使东使柳原前光郑永宁问答节略》（同治十三年六月十一日），顾廷龙、戴逸主编《李鸿章全集》第31册，"信函"（三），第69页。

② 《给日本国中将西乡照会》，《同治甲戌日兵侵台始末》，台北：文海出版社，1983，第31页。

无异议。①

这篇报告暗示冲绳归属问题的搁置极易招致列强的介入，也表明了日本欲在冲绳确立起排他性主权的意图。于是，在"台湾出兵"的第二年也就是1875年的5月，明治政府迅速向琉球藩发布了废除与清朝的"朝贡–册封"关系、使用明治年号的命令。如前所述，作为琉球"属国地位"的核心就是朝贡、册封、年号（正朔）这"三大手续"，因此，日本的此番举动受到了驻日公使何如璋的强烈谴责。在何如璋心中，已然生出了"琉球既灭，行及朝鲜、台湾"的忧患意识。尽管如此，由于日本政府准备对冲绳藩实行"废藩置县"而采取故意拖延的战略，何如璋的愤怒就像打在海绵上的空拳，中日之间的交涉只不过是徒耗时日。在此期间，日本政府在1879年3月强行废止琉球藩，设置冲绳县，为了确立对于冲绳的排他性主权的正当化，一步又一步地将对冲绳的事实统治推行下去。

四 "分岛改约"中的主权放弃

事态的变化是从1879年6月清政府委请美国卸任总统格兰特（Ulysses S. Grant）在中日间进行调停以后开始的。格兰特调停的结果是，从第二年也就是1880年8月18日至同年的10月2日，中日两国在北京进行了交涉。在此之前，格兰特曾提议日本政府"在琉球问题上做出让步并在其他问题上取得利益"。此后，日本政府在调停正式开始前就派出了竹添进一郎来试探李鸿章的意向。同年3月26日竹添与李鸿章之间实现了会谈，以下是竹添当时的说帖。

> 尔后会美国前统领格兰氏游历我国，为我说曰，琉球南部诸岛与台湾相接，为东洋咽喉，日本占有之，若有侵逼中国之势者，李

---

① 〔日〕松田道之：《琉球处分》第1册《关于进行琉球处分内务卿申请太政大臣指令》，下村富士男编《明治文化资料丛书》第4卷《外交篇》，东京：风间书房，1962，第77～78页。

中堂所忧，盖在于此也。我闻斯言，始悟中国违言之所由起矣。①

同时，竹添还说，中国与日本人同其种，书同其文，本应和好，现西洋各商均得入内地贸易，而我商民独不得同其例。他单刀直入地向李鸿章提案：

> 中国大臣果以大局为念，须听我商民入中国内地懋迁有无，一如西人，则我亦可以琉球之宫古岛、八重山岛定为中国所辖，以划两国疆域也。②

将内地通商权与"分岛"提案一并提出的做法无疑是给人以唐突之感的。李鸿章在给总理衙门的信中称之为"显系借端要求""未便因球事而牵连及此"而断然拒绝。③ 然而，外务卿井上馨在《谈判手续内训状》中给特命全权公使宍户玑下达的命令依旧是坚持将"分岛"和"改约"一并解决。这也是因为日本在1878年7月与美国签订了恢复关税自主权的新约。如果中日修好条约中被规定的相互承认领事裁判权和协定关税等特殊的互惠不平等性得不到修正的话，美国就很可能在条约修改后对日本要求享受"最惠国待遇"的权利。为了日本国内产业的振兴，关税自主权的确立也是必要的。正因为如此，日本才会一直纠缠于"借端要求"。

为这一状况起到助势作用的还有当时正于圣彼得堡进行交涉的中俄领土争端问题。一直顾忌会遭到日俄"两面夹击"的清政府从最初就对日本持妥协态度，这使得"分岛改约"的交涉进展顺利。双方交涉的结果是，1880年10月宍户玑与清政府就条约修正案达成共识，内容是日方以承认两岛为清朝领土，换取中方承认日方可享受与欧美列强同样的"最惠国待遇"和"内地通商权"。之后的宍户玑便静待此条约签

---

① 《附　日本竹添进一说帖》（光绪六年二月十六日到），顾廷龙、戴逸主编《李鸿章全集》第32册，"信函"（四），第524页。
② 《附　日本竹添进一说帖》（光绪六年二月十六日到），顾廷龙、戴逸主编《李鸿章全集》第32册，"信函"（四），第524页。
③ 《致总署　议球案结法》（光绪六年二月十七日），顾廷龙、戴逸主编《李鸿章全集》第32册，"信函"（四），第525页。

字画押。但是，此条约受到了清朝高官的批评，正式签约便被一再拖延。当时，中俄交涉已经结束，对于清政府来说，遭到"两面夹击"的危险性已经大大降低。由于国际形势的新变化，旨在谋求条约修改的"分岛改约"构想迅速宣告破产。此后，不断催促签约的日本一方，和有意拖延的清朝一方，在一段时间内就维持着这样的对立僵持局面。

五　为保障资源而放弃"分岛"

先岛诸岛①就这样作为日本的辖地遗留了下来。在考虑"尖阁诸岛"的归属问题时，尤为需要注意的两点是：（1）在日本的积极促进下，双方就清朝政府（中国政府）对先岛诸岛的主权承认达成了一致；（2）虽然离签约只差一步但最终并没有正式签订。为了经济上的利益，先岛诸岛差一点被日本中央政府放弃。试问在当时日本政府里有谁顾惜"尖阁诸岛"的主权吗？从外务省说明"固有领土"的那些言辞中，让人读出的是其想要掩盖曾经有过的"分岛"政策的意图。如果说由"资源民族主义"引起的"唐突"的领有权主张是别有用心的，那么为了利益而对主权的放弃，以及对历史的忘却又怎能说不是别有用心的呢？

先岛诸岛的主权之所以被遗留在日本，并不是由于日本"毅然的对应"，而是缘于清政府当时未在已达成共识的修改条约上签字。而且，清政府对于签约的态度也日渐消极。这种消极态度的原因，是顾忌到在失去琉球后，日本还会对朝鲜这个最后的朝贡国进行侵蚀。在 19 世纪 80 年代，对于当时军备力量强于日本的清政府来说，在对俄交涉已告一段落的情况下，相对只占领在经济上完全不能自立的先岛诸岛而言，恢复亲清旧琉球王国势力，也就是维持其作为"外藩"的地位，就是出于对日安全保障考量，清政府这样做，也更为合理。也许是日本当时对清朝的军事实力估计过高，日本总对于本国军事实力尚未对清朝形成压倒性优势这一事实惴惴不安。尤其是建成于 19 世纪 80 年代中叶的北

---

① 指冲绳最西边（与台湾岛最相近的）的以与那国岛、石垣岛与宫古岛为主的群岛，在日本国内法上也包括钓鱼岛在内。但是在日语的语言环境里，这个名称平时不包括钓鱼岛，当然本文的用法也如此，不包括钓鱼岛。

洋舰队，当时已拥有一些排水量 7000 吨的战舰，日本海军却只拥有 4000 吨排水量级别的战舰，相比之下，双方海军实力的落差是不言而喻的。另外，还应该注意到的是，日本外务卿井上馨于 1885 年 5 月 16 日发送给日本驻北京公使榎本武扬的一封英文电报：

> 请不要劝导总理衙门或李鸿章来日。若为其他目的来日尚可，但若他要重提琉球问题，则我方将被置于窘境。之所以这样说，是因为自宍户公使交涉至今已隔多时。修改同中国的条约，作为琉球问题解决条件之一，已耗太多时日。加之，欧洲各国的殖民政策已开始以强大的攻击之势席卷亚洲。我国无意放弃既为地理紧要之地又盛产煤炭之众岛屿。①

随着欧洲殖民主义的东渐及先岛诸岛煤炭的发现，日本一方也对"分岛改约"兴趣渐失。在 4 月 20 日与李鸿章的会谈中，关于先岛诸岛，榎本说道："据说有发现煤炭矿脉之处，这可能是与鸡笼（基隆——引者注）矿脉相连的吧。"② 并且明确把"宫古诸岛"称为"我方领土"。就"欧洲殖民政策"而言，日本最心怀顾虑的是直至一年前所进行的中法战争。位于台湾北部，因煤矿而闻名的基隆，正是此次战争的战场之一。日本此时担心的已不只是中国，还有欧美列强会在侵占台湾后进而对琉球诸岛进行侵占一事。

六 "尖阁诸岛"的"领有化"

日本政府以安全保障与确保自然资源为目的，决定继续占有先岛诸岛，接下来就必须在周边海域，先于其他国家寻找到尚未被发现的岛屿，以便确立先占权并将其编入日本领土。这一方针推行的结果是大东诸岛（位于冲绳群岛东方大约三百多公里的岛屿，原为无人岛，明治时

---

① 《井上外务卿至榎本公使》（明治十八年五月十六日），外务省编《琉球归属问题》第二，甲："对支交涉"。
② 《榎本公使与李鸿章对话纪事》（明治十八年四月二十日），外务省编《琉球归属问题》第二，甲："对支交涉"。

代之后才有人开始定居——译者注）和"尖阁诸岛"被确认为未被开发的无人岛。日本以拥有可供人类定居的水资源、离中国大陆和台湾有一定距离为由，根据先占权理论，于1885年宣布大东诸岛为日本领土。

再看"尖阁诸岛"的情况又如何呢？在1885年9月22日，正是与大东诸岛被编入日本领土的同时，冲绳县令西村舍三在给内务卿山县有朋的呈报书中说道："关于（'尖阁诸岛'）与《中山传信录》（清朝来琉册封使徐葆光的著作——引者注）中所记载的钓鱼台、黄尾屿、赤尾屿是否属同一地点尚有疑问的余地。"① 西村在暗示了关于先占权的主张还存在微妙的紧张感的同时，也提出了设置能够标志"日本所有权"的"国标"的申请。顾虑清朝反应的山县于10月9日向外务卿井上馨发送了征询意见的信件。10月21日井上馨回信山县，以"尖阁诸岛"已有中文岛名，且在中国报纸上已流传日本占据台湾附近岛屿的消息等理由，反对在"尖阁诸岛"设立"国标"并进行开发。"在如今局势下，若贸然公开采取设立国标等处置，则恐招致清朝猜忌……设置国标、着手开拓之事，则另待他日良机亦可。"② 不仅如此，为了不刺激清政府，井上在其建议中还希望不仅"尖阁诸岛"就连大东诸岛的事情也不登载在官报和报纸上。之后，在同年的12月5日，井上和山县联名向西村下达了驳回西村建设"国标"的提议。

在给当时的太政大臣三条实美的报告中，山县说道："国标设置一事与清朝相关，各方情势错综复杂，故眼下应推迟设置一事。"③ 在"尖阁诸岛"这一问题上，日本所顾虑的不是欧洲列强而是海军实力远胜日本的清政府。然而，随着19世纪80年代前半期对"分岛"政策的放弃，日本反而萌生了竭力将先岛诸岛周边岛屿置于日本主权之下的想法。如此一来，日本政府就有必要对"尖阁诸岛"及其附近海域的水

---

① 1885年9月22由冲绳县令西村舍三发至内务卿山县有朋之第315号：《关于久米赤岛及另外两岛调查情况的呈文》，日本亚洲历史资料中心所藏外务省外交史料馆史料（电子版），Reference Code：B03041152300。

② 1885年10月21日由外务卿井上馨发至山县有朋之"亲展第38号"：《关于在久米赤岛、久场岛、鱼钓岛设置国标之事宜》，日本亚洲历史资料中心所藏外务省外交史料馆史料（电子版），Reference Code：B03041152300。

③ 1885年11月27日由内务卿山县有朋发至太政大臣三条实美之信：《呈于太政官之具禀方案：关于在久米赤岛、久场岛、鱼钓岛设置国标之事宜》，日本亚洲历史资料中心所藏外务省外交史料馆史料（电子版），Reference Code：B03041152300。

产业者进行管理。于是在进入 1890 年后，冲绳知事便向日本中央政府提出了设置管理"尖阁诸岛"的机构的请示。然而，和以前一样，日本政府这次也没有下定设置"国标"（"领有化"）的决心，对"尖阁诸岛"的措施再度与大东诸岛大相径庭。之后，在甲午中日战争爆发前的 1893 年 11 月 2 日，冲绳县知事奈良原繁再次向中央政府提出"为管理渔业设置标桩"的申请。此时正值甲午战争开战前夕，冲绳县当局并不是试图在战争的纷乱中解决"尖阁诸岛"问题。然而，在中日军备扩张竞争造成紧张气氛中，围绕琉球群岛主权的纷争，在大东诸岛和"尖阁诸岛"的问题上已经达到了沸点。1895 年 1 月 14 日日本中央政府利用胜局已定的机会，下达了设置"国标"的许可通知。其背景体现了日本中央政府的强烈意向：彻底地将"尖阁诸岛"问题作为先岛诸岛（冲绳县）的一部分来处理。

结　语

如此看来，直至"标桩"设置为止，中日之间就"尖阁诸岛"问题完全没有对话过。关于琉球的归属问题，清朝高官对废止琉球藩和设置冲绳县提出了反对，因此，对于位于琉球海域的"尖阁诸岛"就没有必要再单独强调是"本国领土"了。正因为如此，在涉及甲午战争以前的原始史料中，就完全找不到清朝方面单独将"尖阁诸岛"的归属问题提出来的史料。只要试想一下清政府对冲绳整体的归属还有异议，这一点就很容易理解了。我们有必要明白的一点是，"尖阁诸岛"问题与冲绳的归属问题原本就是处在同一位相的问题。

这样的矛盾在甲午战争后被断然"解决"。战争的结果是台湾被"割让"给了日本，这样一来，冲绳归属也成了没有必要考虑的问题了。得益于战争的胜利，日本获得了原本试图要通过以"分岛"作为交换条件来获取的"内地通商权"和"最惠国待遇"等。值得注意的是，除了"分岛改约"时期，日本政府始终将冲绳问题作为国内问题来处理，所以在《马关条约》中，"尖阁诸岛"以及冲绳整体的归属问题，完全没有涉及。基于此，且先不说实际上怎样，就从法理上说，冲绳归属问题就被束之高阁了。另外，由于不是作为"割让"对象而是在当时战争将要结束的时候被编入"冲绳县管辖"的缘故，"尖阁诸岛"在《马关条约》中也没有被提及。

在清朝崩溃后的中国，最热心于冲绳问题的是蒋介石的国民党政权。在中日战争过程中，蒋介石对于冲绳到底是划归中国领土还是托付管辖等多种可能性进行了思考，总之当时的他对于冲绳的归属问题表现出了极大的关心。但是，众所周知，战后的冲绳被置于了美军的占领之下，美国更在此后将施政权归还了日本，所以，关于冲绳在法理上的归属问题也就在无议论之机会的状态下被遗留至今。由于问题没有法理上的定论，作为当事者的中日双方都可以构建将冲绳视为本国领土的法理逻辑，因此，"尖阁问题"依然存在。而且，这也必然是在冲绳本地的历史主体性的存在遭到无视的情况下才会出现的。

如前所述，曾经企图放弃先岛诸岛的不是中国，而是日本。对于致力于争取冲绳整体归属权的清政府来说，没有单独对"尖阁诸岛"的归属权提出异议的必要。日本正是通过掩盖了这两点而谋取"尖阁诸岛"的"固有领土"地位的。正因如此，外务省的说明里，对此两点没有任何解释。无视1885年以前的"尖阁诸岛"的历史位相，才能掩盖冲绳归属问题在法理上的不连贯性，才可以一味空喊"固有领土"的高调。在不深入历史的僵硬的言论界里，只有对于"发扬国威"的领土民族主义的依附，除此之外别无其他。无论到底归属于谁，如果双方对话的渠道被关闭，只有空洞无物的高调，就无法获得对方的同意，问题才会在法理的层面上被遗留下来。如此，"尖阁诸岛"问题才得不到解决。

原载《抗日战争研究》2013年第2期

赫德与中日甲午战争

张志勇[*]

中日甲午战争对近代中国甚至世界历史影响深远。在此次战争中，海关总税务司赫德（Robert Hart）并不像有的学者所总结的在"旁观"，而是积极地投入备战、调停以及为中日议和献策中来。[①]

一　支持中国抗日

在中日甲午战争中，赫德坚定地站在中国这一边。当英国还在倡导5国联合干预日本，企图阻止日本挑起战争时，赫德就预料到日本将不会罢手，中国必将被迫应战。因为当时日本正在向朝鲜运兵，赫德认为中国也必须增派军队，而且越多越好。[②]1894年7月17日赫德在总理衙门表示，如果可能的话，当然最好是避免战争，但是今天唯一的安全是依靠自己，如果自己准备好了，不怕战争，如果没有准备好，对于日本来说，它有大量训练过的军队，在朝鲜首都有6万人，如果中国派一

---

* 张志勇，中国社会科学院研究生院博士，现任职中国社会科学院近代史研究所副研究员。

① 学术界关于该题目的研究成果主要包括：卢汉超《赫德传》，上海人民出版社，1986，第216~224页；陈诗启《中国近代海关史（晚清部分）》，人民出版社，1993，第354~359页；王宏斌《赫德爵士传》，文化艺术出版社，2000，第300~324页；王宇博《甲午战争期间赫德与英国远东政策》，《江苏社会科学》2000年第5期。现有研究成果对于赫德与甲午战争的关系主要概括为"旁观"，理论分析多于事实叙述。有鉴于此，笔者不揣浅陋，利用已刊《中国海关密档》、甲午战争相关史料以及未刊《赫德日记》对于赫德在甲午战争中的具体活动做一系统梳理，以求教于方家。

② "11 July, 1894," *Hart's Journals*, Vol. 44，藏英国贝尔法斯特女王大学。

小股部队去只能是招来灾难。赫德认为应该派 10 万军队过去。① 在战争中赫德对于中国抗日的支持主要表现在下面四个方面。

（一） 帮助筹措战争借款

两国相争，军队和军备是取得战争胜利的关键因素，而军备则需要财政的支持。而对于晚清财政来说，并没有多少财政可以用于军备，所以只能依靠借款来充实军备。甲午中日战争爆发前夕，赫德就开始通过中国海关驻伦敦办事处税务司金登干（James Duncan Campbell）筹备有关清政府的军事借款事宜。赫德曾试图通过英格兰银行办理 600 万英镑中国贷款，② 但他的尝试最终归于失败。③ 对于英格兰银行的消极态度，赫德极为不满，他在 1894 年 8 月 19 日给金登干的信中抱怨英格兰银行几乎把一件好事弄糟，他认为英国人在中国的势力和地位正日趋低落，这不是在华英国人员的过失，而是英国国内官员和企业家们办事的方法造成的。④ 赫德的这种抱怨反映出他对于英国在华影响日渐削弱的不满与担忧。

通过英格兰银行借款的尝试失败后，金登干建议将中国借款交汇丰银行承办，并要立刻行动，因传闻日本也在商借外债，战事如遇挫折，将对借款不利。⑤ 9 月 15 日赫德来到总理衙门，见到户部左侍郎兼总理衙门大臣张荫桓，张荫桓想知道是否可能借到一笔银借款，并表示现在户部处境困难，到处都需要钱。⑥ 赫德遂与汇丰银行北京分行经理熙礼尔（Hillier）进行联系，商量银借款事宜，并将汇丰银行的意见转告总理衙门，商定中国自汇丰银行借款 1000 万两白银，10 年还清，年息 7%。⑦

---

① "17 July, 1894," *Hart's Journals*, Vol. 44.

② 《赫致金第 904 号电，1894 年 7 月 15 日》，陈霞飞主编《中国海关密档》第 8 卷，中华书局，1995，第 747 页。

③ 《赫致金 Z/625 函，1894 年 7 月 27 日》，陈霞飞主编《中国海关密档》第 6 卷，第 94 页。

④ 《赫致金 Z/628 函，1894 年 8 月 19 日》，陈霞飞主编《中国海关密档》第 6 卷，第 105 页。

⑤ 《金致赫第 820 号电，1894 年 8 月 17 日》，陈霞飞主编《中国海关密档》第 8 卷，第 751~752 页。

⑥ "15 September, 1894," *Hart's Journals*, Vol. 44.

⑦ "22 September, 1894," "23 September, 1894," "27 September, 1894," "29 September, 1894," "1 October, 1894," "4 October, 1894," "11 October, 1894," *Hart's Journals*, Vol. 44；《赫致金 Z/634 函，1894 年 9 月 30 日》，陈霞飞主编《中国海关密档》第 6 卷，第 128 页。

赫德帮助准备中英文借款合同，并建议由总理衙门章京负责同汇丰银行签署借款合同。10 月 24 日总理衙门章京舒文与熙礼尔签订借款草合同。[①] 其主要内容为："一、借库平纹银一千万两，借银还银，不论镑价；一、常年七厘行息，还本若干，息即递减；一、分期以十年本息还清，届时准由海关税厘拨抵。"[②] 但是汇丰银行在与辛迪加洽谈借款的过程中将借期由 10 年改为 20 年。[③]

白银借款草合同签订后，赫德致函总理衙门，建议筹借一笔 1000 万英镑的金借款，而不是银借款。[④] 10 月 31 日总理衙门同意了赫德关于筹借 1000 万英镑金借款的建议，并表示如果该项金借款不成，则继续进行银借款。[⑤] 赫德随即电告金登干，中国政府已决定筹借英镑借款，希望金登干与汇丰银行磋商，要求答复：（1）汇丰银行是否可承办总额为 1000 万英镑的借款，并按照中国政府的指示以每笔 200 万英镑分批向公众发行？（2）汇丰银行建议以多少年为期限，利息多少，发行折扣多少？并表示如果汇丰银行愿意承担此项英镑借款，就不必进行白银借款；如果英镑借款不成则继续进行为期二十年的白银借款，赫德业经得到授权。[⑥] 但是汇丰银行认为二十年期白银借款已经与辛迪加洽谈成功，这对于中国财政信誉和声望来说是一大胜利。如果此项安排在任何方面遭到阻碍，不仅会极严重损害中国的财政声誉，也会使眼下举借英镑借款的任何打算变得不可能，除非条件极为苛刻。而这次白银借款将最能为随后不久举办巨额英镑借款铺平道路，借款条件也会是优厚的。并请赫德催促中国方面明确复电立即发行为期二十

---

① "13 October, 1894," "18 October, 1894," "22 – 24 October, 1894," *Hart's Journals*, Vol. 44；陈义杰整理《翁同龢日记》第 5 册，中华书局，1997，1894 年 10 月 19 日条，第 2740 页。

② 《总署奏向汇丰银行借一千万两奏明请旨折，光绪二十年十月十二日》，王彦威纂、王亮编《清季外交史料》（二），卷 99，第 19 页，总第 1718 页。

③ "29 October, 1894," *Hart's Journals*, Vol. 44；《金致赫第 809 号电，1894 年 10 月 27 日》、《赫致金第 542 号电，1894 年 10 月 29 日》、《金致赫第 2248 号电，1894 年 10 月 29 日》、《金致赫第 813 号电，1894 年 10 月 31 日》，陈霞飞主编《中国海关密档》第 8 卷，第 774 页。

④ "27 October, 1894," *Hart's Journals*, Vol. 44.

⑤ "31 October, 1894," *Hart's Journals*, Vol. 44.

⑥ 《赫致金第 543 号电，1894 年 10 月 31 日》，陈霞飞主编《中国海关密档》第 8 卷，第 776 页。

年的白银债券。① 11 月 3 日赫德致函总理衙门，要求得到关于同意银借款的谕旨，以便送给英国驻华公使欧格讷（Nicholas Roderick O'Conor），并由其交给汇丰银行。② 翌日总理衙门将银借款事上奏，该项借款被批准。③ 赫德立即将此消息电告金登干，请其通知汇丰银行，可以放心发行债券。④ 11 月 5 日银借款的债券顺利发行。⑤

银借款办完后，英镑借款就被提上了日程。11 月 7 日汇丰银行表示希望承办英镑借款。⑥ 赫德随即电询金登干英镑借款何时发行适当，并询问汇丰银行的手续费。⑦ 11 月 10 日金登干电告赫德，借款期限为二十年或三十年，偿债基金 1% 或 2%，可随中国意愿而定；利息 5%，大概按九五发行，银行经手规费同白银借款一样。如果取得中国在六个月之内不再借款的谅解，他们可以在明年 1 月份筹到 500 万英镑借款。⑧ 11 月 12 日赫德将金登干来电告知孙毓汶，孙毓汶表示明年 1 月可能需要 500 万英镑。⑨ 但此时由于伦敦金融市场上中国债券不是十分受欢迎，汇丰银行对于赫德所提英镑借款并不热心。⑩ 11 月 30 日孙毓汶询问赫德英镑借款是否还在进行。⑪ 赫德立即电告金登干，他已被授权借款 500 万英镑，并询问汇丰银行愿否承担，何时办

① 《金致赫第 813 号电，1894 年 10 月 31 日》，陈霞飞主编《中国海关密档》第 8 卷，第 776 页。

② "3 November, 1894," *Hart's Journals*, Vol. 44.

③ "4 November, 1894," *Hart's Journals*, Vol. 44；《总署奏向汇丰银行借一千万两奏明请旨折，光绪二十年十月十二日》，王彦威纂、王亮编《清季外交史料》（二），卷 99，第 19 页，总第 1718 页。

④ 《赫致金第 549 号电，1894 年 11 月 4 日》，陈霞飞主编《中国海关密档》第 8 卷，第 781 页。

⑤ 《金致赫第 818 号电，1894 年 11 月 5 日》，陈霞飞主编《中国海关密档》第 8 卷，第 782 页。

⑥ 《金致赫第 820 号电，1894 年 11 月 7 日》，陈霞飞主编《中国海关密档》第 8 卷，第 783 页。

⑦ 《赫致金第 552 号电，1894 年 11 月 9 日》，陈霞飞主编《中国海关密档》第 8 卷，第 785 页。

⑧ 《金致赫第 822 号电，1894 年 11 月 10 日》，陈霞飞主编《中国海关密档》第 8 卷，第 786 页。

⑨ "13 November, 1894," *Hart's Journals*, Vol. 44.

⑩ 《金致赫第 825 号电，1894 年 11 月 15 日》，陈霞飞主编《中国海关密档》第 8 卷，第 789 页。

⑪ "30 November, 1894," *Hart's Journals*, Vol. 44.

理。① 对此汇丰银行并不积极，只称愿在可行时承办借款，但目前有一定困难。②

　　此时除赫德在向汇丰银行商谈英镑借款外，李鸿章和户部也向汇丰银行探询借款 500 万镑的条件。③ 对此赫德非常不满，认为此刻汇丰银行应拒绝考虑任何借款的建议，除非是总理衙门和通过总税务司提出来的。④ 而金登干认为恢复市场和报界信任的唯一方法，是由总理衙门指定汇丰银行为一切借款的代理人，随时与总税务司会商。英国国内公认汇丰银行，为了中国政府和公众利益，汇丰银行是经办这项业务的最直接和最可靠的渠道。⑤ 显然赫德与汇丰银行都想垄断中国借款业务。而且赫德认为应该使汇丰银行成为海关银行。12 月 15 日孙毓汶告诉赫德，关于借款，可能将来都由总理衙门、总税务司和汇丰银行来承办。⑥ 对此赫德感到非常振奋，立即于翌日将此消息电告金登干，称将来的所有借款很可能都由总理衙门、总税务司和汇丰银行经办，希望汇丰银行能够按照他的 571 号电办理，战后还有可能举借巨额贷款。此电表明赫德有长远的打算，希望能够由他与汇丰银行承办将来清政府的一切对外借款。同时赫德询问明年 1 月汇丰银行能否筹借 500 万英镑，大概是多少利息，如何发行，多少年限。⑦ 对此，汇丰银行的答复如下：（1）借款既有优先权，并给予汇丰银行以保证条件不再承受其他借款等等，该行在明年 1 月可以筹措 300 万至 500 万英镑，届时再视市场情况确定总额；（2）利息六厘；（3）按 95.5% 折扣发行；（4）期限二十

---

① 《赫致金第 561 号电，1894 年 11 月 30 日》，陈霞飞主编《中国海关密档》第 8 卷，第 799 页。

② 《金致赫第 836 号电，1894 年 12 月 1 日》，陈霞飞主编《中国海关密档》第 8 卷，第 799~800 页。

③ 《金致赫第 845 号电，1894 年 12 月 10 日》，陈霞飞主编《中国海关密档》第 8 卷，第 803 页。

④ 《赫致金第 571 号电，1894 年 12 月 13 日》，陈霞飞主编《中国海关密档》第 8 卷，第 806 页。

⑤ 《金致赫第 848 号电，1894 年 12 月 11 日》，陈霞飞主编《中国海关密档》第 8 卷，第 804~805 页。

⑥ "16 December, 1894," *Hart's Journals*, Vol. 45，藏英国贝尔法斯特女王大学。12 月 19 日孙毓汶进一步表示，总理衙门和户部决定总理衙门将通过赫德与汇丰银行安排借款（"19 December, 1894," *Hart's Journals*, Vol. 45）。

⑦ 《赫致金第 572 号电，1894 年 12 月 16 日》，陈霞飞主编《中国海关密档》第 8 卷，第 806 页。

年，但随时可于提前三个月通知按票面值收回；（5）汇丰银行收经手规费 6.5%。① 总理衙门接受了这些条件。② 12 月 26 日赫德致电金登干，请其转告汇丰银行：请安排发行利息为 6% 的贷款，业经批准。③ 1895 年 1 月 5 日，清政府颁布谕旨批准了此项英镑借款，④ 总额为 500 万英镑，期限二十年，经手规费 6.5%，分五或六期按 95.5% 或 92.5% 折扣发行，照汇丰银行认为最佳办法办理。⑤

但是由于筹款困难汇丰银行将借款额改为 300 万英镑。⑥ 对此赫德并无异议，但他表示，如果汇丰银行不能把英镑借款办成，他们就会丧失对借款的垄断和一切联系。⑦ 他的意思显然是告诫汇丰银行不要因小失大，银借款与金借款只是他们合作的开始，只有将英镑借款办妥，他们才可能垄断清政府的一切对外借款。此后双方主要是讨论英镑借款的合同内容。⑧ 汇丰银行共定十六款，其第十六款规定："中国政府承诺在今后十二个月内不以海关税收担保举借或批准商借任何其他借款，除非由汇丰银行代理人承办。"⑨ 但是总理衙门拒绝接受这一条件，赫德也认为谕旨本身就足以成为中国的最佳保证，又有海关关票的支持，是完全可靠的。他指示金登干劝告汇丰银行放弃多余的条件，否则就可能阻碍有指望的开头。⑩ 汇丰银行表示，此款不是为了银行的利益，而是

---

① 《金致赫第 853 号电，1894 年 12 月 19 日》，陈霞飞主编《中国海关密档》第 8 卷，第 808 页。
② "25–26 December, 1894," *Hart's Journals*, Vol. 45.
③ 《赫致金第 575 号电，1894 年 12 月 26 日》，陈霞飞主编《中国海关密档》第 8 卷，第 809 页。
④ "5 January, 1895," *Hart's Journals*, Vol. 45.
⑤ 《赫致金第 581 号电，1895 年 1 月 6 日》，陈霞飞主编《中国海关密档》第 8 卷，第 814 页。
⑥ 《金致赫第 864 号电，1895 年 1 月 7 日》，陈霞飞主编《中国海关密档》第 8 卷，第 815 页。
⑦ 《赫致金第 584 号电，1895 年 1 月 9 日》，陈霞飞主编《中国海关密档》第 8 卷，第 816 页。
⑧ "15 January, 1895," "18 January, 1895," *Hart's Journals*, Vol. 45；《赫致金第 589 号电，1895 年 1 月 15 日》、《金致赫第 873 号电，1895 年 1 月 15 日》，陈霞飞主编《中国海关密档》第 8 卷，第 820、821 页。
⑨ 《金致赫第 869 号电，1895 年 1 月 13 日》，陈霞飞主编《中国海关密档》第 8 卷，第 819 页。
⑩ 《赫致金第 593 号电，1895 年 1 月 23 日》，陈霞飞主编《中国海关密档》第 8 卷，第 823 页。

为了中国政府的信誉和使借款顺利完成，如果第十六条改为以六个月为期也不能接受，汇丰银行将尽可能删去此款，但中国政府应自负借款失败的风险。① 总理衙门最终删掉了此款，1 月 25 日赫德电告金登干："合同明日签字总理衙门感谢汇丰银行，并要求该行在删掉该款后尽最大努力经办借款。因为不论中国的信誉将来会怎样，总理衙门都要借重汇丰银行。"② 这表明总理衙门也希望能够同汇丰银行长期合作。1 月 26 日总理衙门与汇丰银行分别在一千万两白银与三百万英镑借款的合同上签字。③

银借款和英镑借款对于财政紧张的清政府来说无异于雪中送炭，英镑借款还在谈判中时总理衙门就让赫德电告汇丰银行，要求于明年 1 月向上海分批汇拨 500 万两。④ 赫德为清政府购买军舰的款项也准备从这两笔借款中出。

（二）帮助购买军火

赫德一直是帮助清政府购买军火的重要渠道，中日甲午战争爆发后，赫德更是积极帮助清政府购买军舰与枪械弹药。1894 年 9 月 7 日赫德在与总理衙门讨论防御问题时，就特别强调了武器弹药供应的重要性。⑤ 9 月 17 日黄海海战中北洋舰队损失惨重，急需补充战舰。10 月 4 日赫德致电金登干，让其设法打听哪里能够买到兵舰，例如从巴西或智利，同时还请他打听能否安排从哪里供应军火。⑥ 10 月 14 日赫德又电询金登干是否找到了什么可以购买舰只和军火的途径。⑦ 金登干经过探

---

① 《金致赫第 878 号电，1895 年 1 月 23 日》，陈霞飞主编《中国海关密档》第 8 卷，第 823 ~ 824 页。

② 《赫致金第 595 号电，1895 年 1 月 25 日》，陈霞飞主编《中国海关密档》第 8 卷，第 824 页。

③ "26 January, 1895," *Hart's Journals*, Vol. 45；《总署奏息借汇丰银行一千万两及三百万磅订立合同折，光绪二十一年正月十二日》，王彦威纂、王亮编《清季外交史料》（二），卷 105，第 1 页，总第 1780 页。

④ 《赫致金第 575 号电，1894 年 12 月 26 日》，陈霞飞主编《中国海关密档》第 8 卷，第 809 页。

⑤ "7 September, 1894," *Hart's Journals*, Vol. 44.

⑥ 《赫致金第 898 号电，1894 年 10 月 4 日》，陈霞飞主编《中国海关密档》第 8 卷，第 757 页。

⑦ 《赫致金第 888 号电，1894 年 10 月 14 日》，陈霞飞主编《中国海关密档》第 8 卷，第 765 页。

听，电告赫德战舰无处可购，但是可以购买到奥地利温策尔式来复枪和子弹。① 后来通过赫德与金登干的努力，又打听到可以从智利购买到巡洋舰。② 但是因为财政困难，以及缺乏将战争打到底的决心，③ 清政府最终放弃购买巡洋舰，只决定购买 10 万支来复枪和 2000 万发子弹。④

（三） 支持洋员抗日

赫德支持中国抗日还表现在其对洋员抗日的支持上。首先，赫德允许海关洋员加入北洋舰队直接参战。其次，赫德积极支持汉纳根（Constantin Von Hanneken）练军计划。1894 年 10 月 17 日孙毓汶向赫德询问时任北洋海军总教习兼副提督的德国人汉纳根的情况，并表示出让汉纳根来北京负责训练军队的意思。对此，赫德非常支持，认为如果让汉纳根来领导，决断训练事宜，军队水平将会大大提高。⑤ 其后赫德又建议让汉纳根做其所训练军队的统帅，并采用戈登的训练方法。⑥ 10 月 28 日汉纳根来到北京，提出了训练 10 万人军队的计划。⑦ 清政府本想实施该计划，但是因害怕将来尾大不掉，最终停止了该计划的实施。⑧ 对此，赫德感到非常可惜，认为清政府与其花费 1 亿两白银来求和，还不如将这笔钱花费在能够产生好的结果的计划上，清政府将来会为此而感到后悔，就像现在后悔当初没有同意他的海军计划一样。⑨ 再次，为了加强海军作战力量，赫德帮助清政府联系曾在北洋海军担任副统领的琅

---

① 参见《金致赫第 799 号电，1894 年 10 月 17 日》《金致赫第 797 号电，1894 年 10 月 21 日》《金致赫第 792 号电，1894 年 10 月 27 日》，陈霞飞主编《中国海关密档》第 8 卷，第 768、769、773 页。

② 参见《赫致金第 546 号电，1894 年 11 月 2 日》《金致赫第 815 号电，1894 年 11 月 2 日》《赫致金第 549 号电，1894 年 11 月 4 日》《金致赫第 826 号电，1894 年 11 月 15 日》，陈霞飞主编《中国海关密档》第 8 卷，第 778～779、780、790 页。

③ 1894 年 11 月 4 日赫德电告金登干："最近十天来有规律的拉锯，（总理衙门）早晨高谈大举备战，晚上又怯懦地准备作一切让步。"（《赫致金第 876 号电，1894 年 11 月 4 日》，陈霞飞主编《中国海关密档》第 8 卷，第 780 页）

④ 《赫致金第 562 号电，1894 年 12 月 1 日》《金致赫第 850 号电，1894 年 12 月 15 日》，陈霞飞主编《中国海关密档》第 8 卷，第 799、806 页。

⑤ "17 October, 1894," *Hart's Journals*, Vol. 44.

⑥ "25 October, 1894," "27 October, 1894," *Hart's Journals*, Vol. 44.

⑦ "28 October, 1894," *Hart's Journals*, Vol. 44.

⑧ "4–6 November, 1894," *Hart's Journals*, Vol. 44.

⑨ "6 November, 1894," *Hart's Journals*, Vol. 44.

威理（William M. Lang）再次来中国任职，但是为琅威理所拒。① 除琅威理外，赫德还让金登干设法寻找其他合格的退休或退役的海军军官，金登干为此而积极活动，但是因为英国的外国服役法绝对禁止战争期间在英国招募官佐为中国海军服务，赫德帮助清政府招募英国海军军官的活动无果而终。②

（四）传递情报与战况

甲午战争时期，中国已经铺设了电报，清政府对于战况已经能够比较及时地了解到，并能够从同文馆学生的国外报纸摘要中了解国外的动态。但是作为海关总税务司，赫德能够从包括朝鲜海关税务司在内的各地税务司那儿及时得到有关战况以及日军动向的报告，从而为清政府传递了许多情报与战况。

1894 年 6 月 28 日赫德自江海关税务司贺璧理（Alfred Edward Hippisley）处收到一封电报，称日本已准备好 12 艘鱼雷，可能会一晚上就击毁中国舰队，并于第二天宣战。赫德把该电报送到总理衙门，让其将此送往北洋舰队。③

8 月 24 日赫德将从各方面获得的有关战争的消息汇总后送给总理衙门。④ 8 月 30 日赫德收到消息称日本已经安排在旅顺港附近的岛屿登陆，他随即将此消息电告天津与烟台。⑤ 9 月 18 日赫德接到贺璧理电报，称平壤已于 15 日陷落，赫德马上将该消息送往天津，并亲自告知总理衙门。⑥ 9 月 23 日赫德到总理衙门谈论战况，并将根据日本报纸做的简报送给孙毓汶阅看。⑦

1895 年 1 月 11 日英国驻华公使欧格讷函告赫德，日本第 3 军已于

---

① 参见 "17 October, 1894," Hart's Journals, Vol. 44；《赫致金第 884 号电，1894 年 10 月 17 日》、《赫致金第 872 号电，1894 年 11 月 13 日》、《金致赫第 779 号电，1894 年 11 月 17 日》，陈霞飞主编《中国海关密档》第 8 卷，第 708、788、791 页。
② 参见《赫致金第 873 号电，1894 年 11 月 13 日》、《金致赫第 778 号电，1894 年 11 月 18 日》、《金致赫第 776 号电，1894 年 11 月 20 日》、《金致赫第 775 号电，1894 年 11 月 23 日》，陈霞飞主编《中国海关密档》第 8 卷，第 787、792、793、797 页。
③ "28 June, 1894," Hart's Journals, Vol. 44.
④ "24 August, 1894," Hart's Journals, Vol. 44.
⑤ "30 August, 1894," Hart's Journals, Vol. 44.
⑥ "18 September, 1894," Hart's Journals, Vol. 44.
⑦ "23 September, 1894," Hart's Journals, Vol. 44.

9 日出发，可能前往威海。赫德立即将该情报函告孙毓汶，并将其电告德璀琳（Detring Gustav Von），让其转告威海卫。①

二 策动英国调停

虽然赫德支持中国抗日，但是他并不希望中日之间爆发战争。朝鲜发生全琫准起义后，赫德对于中国出兵朝鲜并不积极支持。1894 年 5 月 26 日赫德在给德璀琳的信中就认为朝鲜海关总税务司柏卓安（John McLeavy Brown）不应该建议朝鲜国王要求中国帮助。② 6 月 26 日赫德在总理衙门表示，列强只会说，中国必须自己保护自己，如果朝鲜国王承认他是中国的属国，中国必须保护他，如果他说不是，中国就可以撒手不管，告诉他必须自己照顾自己。③

随着中日之间局势的日益紧张，欧格讷几乎天天去赫德家中，交换有关时局的消息，关注着中日谈判。6 月 24 日欧格讷告诉赫德，小村寿太郎（Jutaro Komura）停止与中方对话，并声称中国反对与其成为朋友，共同协作。赫德表示将向总理衙门询问此事。翌日赫德去了总理衙门，见到了总理衙门大臣孙毓汶和徐用仪。赫德解释了俄国、日本、朝鲜和中国的关系，称中国想纠正日本对于朝鲜过去的认识，而日本则忙着考虑朝鲜的未来。总理衙门让赫德转告小村寿太郎，如果他带着谈判条件来总理衙门，他们将会尽力接待他。赫德随即将此告诉欧格讷，欧格讷又将此转告小村寿太郎，小村寿太郎遂将此电告日本政府。④ 6 月 29 日欧格讷收到来自日本的电报，日本准备在朝鲜独立的条件下谈判，而这种条件是根本不会为中国所接受的。⑤

中方除希望直接同日本对话外，也希望西方列强能够出来调停，甚至是直接制止日本。由于历史与现实的原因，最有可能充当这个角色的就是俄国。6 月 26 日孙毓汶告诉赫德，俄国驻华公使喀西尼（Count

---

① "11 January, 1895," *Hart's Journals*, Vol. 45.
② "26 May, 1894," *Hart's Journals*, Vol. 44.
③ "26 June, 1894," *Hart's Journals*, Vol. 44.
④ "25 June, 1894," *Hart's Journals*, Vol. 44.
⑤ "29 June, 1894," *Hart's Journals*, Vol. 44.

Cassini）就曾对他表示过这个意思。① 对此赫德非常清楚，而他更希望英国能够出来充当这一角色，7月1日赫德告诉欧格讷，他认为现在的形势可能会迫使中国将自己的未来与俄国和法国拴在一起，而它从英国那儿可能得到的却那么少。② 欧格讷与赫德是莫逆之交，自然领会赫德的意思，7月2日欧格讷告诉赫德，他将尽力使英国政府为中国采取行动。③ 但是英国的调停也没有使中日朝鲜问题得到解决。就在中日谈判与各方调停未果的时候，赫德也曾考虑自己是否应该亲自去日本一趟，④ 但是还没等赫德考虑清楚，中日战争已经爆发了。

7月27日赫德收到津海关税务司德璀琳来电，得知中国三艘战舰在牙山附近遭到日本海军袭击，同时赫德收到欧格讷来函，得知装载1500名士兵的高升号轮船被日本海军击沉。显然中日战争已经爆发，但是赫德依然没有放弃和平的希望，他建议总理衙门先等一等看列强会有什么反应，然后再相应地做出中国方面的计划，总之什么也不做是最好的，不要采取任何将会带来无法控制的结果的措施。⑤ 但是清政府并没有听从赫德的建议，于8月1日正式对日本宣战。

中日战争刚刚开始的时候，赫德与清政府都得到了误传叶志超在牙山取得胜利的消息，赫德为此而感到非常高兴，认为"我们将会比我认为的要快地赢得这场游戏"。⑥ 但是很快各方面都传来叶志超实际上在牙山大败的消息。赫德认为，日本将军将其军队集中在一起，攻打一个地方，征服该地后再去其他地方；而中国军队没有战略，他们唯一的训练就是镇压土匪，所以结果非常坏，中国要么必须在困难条件下长期作战，要么接受调停，赔偿战费。⑦ 但是赫德更倾向于后者，所以他便着手起草了一份备忘录，准备在战事进一步恶化，使该备忘录可能会被接受时再交给庆亲王。该备忘录主要内容是"不要再进一步陷入更深的泥潭中——赶快转身出来——允许朝鲜国王宣布独立，从而使你们从作为宗主国保护他的责任中解脱出来，然后将各种事务归正，真正的为未来

① "26 June, 1894," *Hart's Journals*, Vol. 44.
② "1 July, 1894," *Hart's Journals*, Vol. 44.
③ "2 July, 1894," *Hart's Journals*, Vol. 44.
④ "25 July, 1894," *Hart's Journals*, Vol. 44.
⑤ "27 July, 1894," *Hart's Journals*, Vol. 44.
⑥ "1 August, 1894," *Hart's Journals*, Vol. 44.
⑦ "7 August, 1894," *Hart's Journals*, Vol. 44.

做准备！"① 赫德在 8 月 26 日给金登干的信中即表示，在时机到来的时刻他很可能要"插手"安排调解。②

9 月以来，中国军队在陆海战场上连连失利，赫德认为插手的时机已到，遂于 9 月 29 日通过金登干致电英国国会议员伦道尔（Stuart Rendel），策动英国调停。赫德认为如果英国政府不采取行动阻止日军登陆，中国将被迫无保留地投入俄国怀抱。所以英国应以实力进行干预，外交手段毫无用处，而且应马上干预。机不可失，时不再来。③ 对此伦道尔回复称，首相和外交大臣均不在，他已同他们二人联系，但除非有可能与其他国家联合，英国难望有所举动。④ 伦道尔同英国首相联系后，首相将赫德来电交给内阁，内阁认识到局势的严重，决定采取预防措施。伦道尔则要求赫德一面同英国驻华公使欧格讷合作，一面通过他与首相保持自由联系。⑤

就在赫德主动同英国方面联系，策动英国调停的同时，战场上的失利也使总理衙门想到求助于赫德。10 月 4 日孙毓汶询问赫德对于解决目前危局有何办法。赫德没有立即回答，而是问孙毓汶是想打还是想和，孙毓汶答称想和。对此赫德称，如果想和，中国就要放弃对朝鲜的宗主权，这样对大家都有益，可以避免长期的战争，中国边界利益可以得到保证。孙毓汶与徐用仪表示同意。此外赫德认为，中俄联盟非常危险，⑥ 中国肯定会为此付出代价，应该试一下其他计划，请列强进行干涉。⑦ 翌日，赫德电告伦道尔：

（1）公使不在北京，不能磋商。昨天总理衙门内阁大臣同我郑

---

① "9 August, 1894," *Hart's Journals*, Vol. 44.

② 《赫致金 Z/629 函，1894 年 8 月 26 日》，陈霞飞主编《中国海关密档》第 6 卷，第 108 页。

③ 《赫致金第 899 号电，1894 年 9 月 30 日》，陈霞飞主编《中国海关密档》第 8 卷，第 755 页；"29 September, 1894," *Hart's Journals*, Vol. 44.

④ 《金致赫第 817 号电，1894 年 10 月 1 日》，陈霞飞主编《中国海关密档》第 8 卷，第 755 页。

⑤ 《金致赫第 814 号电，1894 年 10 月 4 日》，陈霞飞主编《中国海关密档》第 8 卷，第 756 页。

⑥ 此时盛传中俄可能会结盟，赫德对此非常担心，所以一有机会就向总理衙门阐述中俄结盟的危险性。

⑦ "4 October, 1894," *Hart's Journals*, Vol. 44.

重商量时，我利用时机便宜行事。（2）请查阅朝鲜对外条约汇编以及每一条约的附件，查找朝鲜国王说明与中国宗藩关系的文件。从而使朝鲜的地位为所有的人了解并予承认。（3）中国同日本之间的龃龉起于朝鲜同中国的宗藩问题。中国人认为这个边陲王国地位非常重要，不能放弃。"高陞（升）"号大惨案使事态恶化，促成战争。（4）中国政府考虑到战争拖延对本国和国际利益均有损害，愿意立即结束战争，如果边界利益得以保证。（5）如果有关各国共同保证朝鲜的独立和中立而无需中国屈膝求和，中国政府可以同意终止宗藩关系。（6）中国恳请英国政府就以上条件迅速斡旋，以免日本侵入中国本土，增加困难。（7）日本可能不屑一顾，但考虑到战争是怎样强加于中国的，此建议应得到支持。（8）直接有关的国家是中国、日本和俄国。但能有广泛的保证更佳。中国定会希望英国参加，也希望由美国参加，因为美国对朝鲜感兴趣并且对日本有影响。或许最好是使所有的缔约国家都参加，包括德、法、意大利和奥地利。（9）最好立即行动，阻止日本再向前进。事情已经到了这一步，这是一个迫在眉睫刻不容缓的问题。（10）此电系循总理衙门之请和授权拍发的，已赋予行动的全权。英国公使回来后便可接办。（11）英国政府是否有意承担？（12）此电收到后盼复，请尽最大努力速办。①

伦道尔接到赫德的电报后立即密电英国首相，并将电文的副本寄交英国外交大臣。② 紧接着赫德又续电伦道尔称："（13）中俄联盟的设想原系各省督抚会商所提出，并非中央政府所主张。（14）最好请美国能同意表面上带头，可以显得调停无利害关系而使拒绝不大可能。（15）已向我保证，对于各种真正的改革即将着手研究。"③ 接到赫德来电后，英国首相向英国外交大臣提议立即行动，④ 英国外交部随即采取紧急行动，

① 《赫致金第 897 号电，1894 年 10 月 5 日》、《赫致金第 896 号电，1894 年 10 月 5 日》，陈霞飞主编《中国海关密档》第 8 卷，第 757、758 页。
② 《金电赫第 813 号电，1894 年 10 月 5 日》，陈霞飞主编《中国海关密档》第 8 卷，第 758 页。
③ 《赫致金第 895 号电，1894 年 10 月 5 日》，陈霞飞主编《中国海关密档》第 8 卷，第 758 页。
④ 《金致赫第 812 号电，1894 年 10 月 6 日》，陈霞飞主编《中国海关密档》第 8 卷，第 759 页。

按照赫德转达的总理衙门的意见与各大国开始接触。①

此时慈禧六十大寿庆典在即，清政府非常希望英国能够调停中日战争成功，10 月 6 日孙毓汶和徐用仪拜访赫德，重新深入讨论了 10 月 4 日所说请英国调停问题。② 翌日，赫德到了总理衙门，见到恭亲王奕䜣、庆亲王奕劻、孙毓汶与徐用仪。奕䜣表示，让列强进行干涉，使日本停止战争，中国将放弃朝鲜，而列强将保证其中立、完整与独立，如果能够做到就试一试。赫德表示同意。奕䜣非常坦诚地告诉赫德，："我们希望和平，特别是因为慈禧太后的生日庆典，我们特别希望的是立即停止敌对行动。对此，列强会怎么看？"赫德答称："日本可能想要更多——俄国不会接受，但也不好拒绝——其他国家应该会很高兴接受。"同时赫德建议中国同意列强通过英国被邀请来安排这件事情。③ 翌日赫德将会谈内容电告伦道尔：中方所最希望的是马上停火，对此中方提出保证朝鲜的独立、中立和完整。赫德请伦道尔设法办到这一点，至于条约等可留给全权代表会议。④ 此时英国政府已与各国政府直接联系，向德、法、美、俄各国政府提出，在保证朝鲜独立的基础上，由各国联合调停，并建议战费赔款。英国政府同时已向日本政府试探是否可以接受。日本人的答复虽不肯定，但并未表示拒绝。大多数国家表示首肯，美国亦然。⑤

赫德同伦道尔直接与英国首相、英国外交部进行联系的过程中，伦道尔一直将其视为英国驻华公使，同时又是中国的全权代表。英方此时认为中国的出价太低，日本不会满意，所以伦道尔向赫德询问中国可否考虑割让台湾以代替赔款。⑥ 对于伦道尔所称割让台湾与赔款，赫德十

---

① 《金致赫第 811 号电，1894 年 10 月 6 日》、《金致赫第 809 号电，1894 年 10 月 7 日》，陈霞飞主编《中国海关密档》第 8 卷，第 759、760 页。英国外交部在关于中日甲午战争的备忘录中表示："英国政府受赫德爵士启发，找到一种大概可行的解决办法，遂于 10 月 6 日向法、德、俄、意、美诸国政府询问，在保证朝鲜独立、向日本赔偿军费的前提下，是否愿意参加联合调停。"（《备忘录》，戚其章主编《中日战争》第 11 册，中华书局，1996，第 3 页）

② "6 October, 1894," *Hart's Journals*, Vol. 44.

③ "7 October, 1894," *Hart's Journals*, Vol. 44.

④ 《赫致金第 893 号电，1894 年 10 月 7 日》，陈霞飞主编《中国海关密档》第 8 卷，第 760～761 页。

⑤ 《金致赫第 808 号电，1894 年 10 月 9 日》，陈霞飞主编《中国海关密档》第 8 卷，第 762 页。

⑥ 《金致赫第 807 号电，1894 年 10 月 9 日》，陈霞飞主编《中国海关密档》第 8 卷，第 762 页。

分不满，认为中国割让台湾完全不可能，赔款几乎同样是办不到的。①
但是伦道尔坚持认为，以朝鲜独立为唯一条件，谈判是无望的，提出发
动战争的道义问题也无用，必须完全面对既成的事实！除非中国马上同
意英国所提出的朝鲜独立和赔款建议，否则必将危及当前的有利谈判
时机。②

　　虽然赫德认为中国宁可打下去而不肯赔款，③ 但实际上由于中国军
队在战场上的失利，清政府急于结束战争，即使日本提出苛刻的条件，
也是可以考虑的。10 月 13 日赫德将英方所提对日割让台湾或赔款的条
件告诉了孙毓汶。④ 10 月 14 日赫德到总理衙门，见到总理衙门大臣孙
毓汶、徐用仪、翁同龢与张荫桓，他们同意赔款。但是孙毓汶与徐用仪
让赫德弄清楚是谁首先提出了赔款条件，是日本还是英国。如果数额合
理，中国将赔款，如果不合理，中国就会打下去。⑤ 10 月 16 日伦道尔
电告赫德，是英国首相建议增加赔款并为英国外交部所接受。⑥ 虽然赫
德对于伦道尔所提条件的第一反应十分过激，但他与总理衙门大臣会谈
后随即就转变了态度，电请其不要中止谈判，⑦ 随后又告之中国原则上
接受赔款之议。⑧

　　虽然中国接受了赔款的要求，但是各国对于英国倡导的调停并不热
心，同时日本发动战争并不仅仅是为了获得赔款，它对中国领土的野心
使其不可能接受英国的调停。10 月 25 日欧格讷函告赫德，日本拒绝谈
判。⑨ 10 月 27 日伦道尔电告赫德："日本的答复是目前尚非订立和平条
件的时候。他们的答复虽很客气，但是关闭了立即续开谈判之门，因此

① 《赫致金第 891 号电，1894 年 10 月 10 日》，陈霞飞主编《中国海关密档》第 8 卷，
　第 763 页。
② 《金致赫第 805 号电，1894 年 10 月 11 日》，陈霞飞主编《中国海关密档》第 8 卷，
　第 763 页。
③ 《赫致金第 890 号电，1894 年 10 月 11 日》，陈霞飞主编《中国海关密档》第 8 卷，
　第 763 页。
④ "13 October, 1894," *Hart's Journals*, Vol. 44.
⑤ "14 October, 1894," *Hart's Journals*, Vol. 44.
⑥ "16 October, 1894," *Hart's Journals*, Vol. 44.
⑦ 《赫电金第 889 号电，1894 年 10 月 13 日》，陈霞飞主编《中国海关密档》第 8 卷，
　第 765 页。
⑧ 《赫致金第 887 号电，1894 年 10 月 14 日》，陈霞飞主编《中国海关密档》第 8 卷，
　第 765 页。
⑨ "25 October, 1894," *Hart's Journals*, Vol. 44.

意味着战火还要延续下去。"① 这样赫德努力了将近一个月的英国对中
日战争的调停以失败告终。

三 为中日议和献策

日本拒绝英国的调停之后，对于中国来说看似只有战争一途了。
1894 年 10 月 25 日赫德将欧格讷来函中所说日本拒绝谈判一事告诉了孙
毓汶，并表示现在中国必须为战争做准备。同日张荫桓与翁同龢拜访赫
德，要求赫德给予建议，赫德表示只能建议为打胜仗做准备。② 但是实
际上总理衙门并不想放弃求和。10 月 26 日孙毓汶邀请赫德商谈中日和
谈事宜，张荫桓也在场。他们询问赫德关于解决目前中日冲突的办法，
赫德给出了 5 种解决办法：（1）最好是由中国自己抗击；（2）谈判；
（3）要求俄国帮助；（4）撤回所有军队，放弃抵抗；（5）赔罪。赫德
认为对于第一个办法来说，几乎没有时间，但是还是可以做些准备；第
二个方法已经试过，失败了；对于第三个办法来说，其他列强将会制造
麻烦；第四个办法太危险；第五个办法不需要讨论。所以只需要讨论第
一个办法，进行抗击。但是孙毓汶和张荫桓并未打算与赫德讨论抗击日
军问题，而是询问赫德继续谈判是否可行，恭亲王是否应该拜访所有使
馆，请他们帮助调停。赫德认为书信比恭亲王亲自拜访更合适，于是孙
毓汶和张荫桓就让赫德来负责起草该信函。③ 但是后来总理衙门又改变
主意，决定邀请英、美、德、法、意五国公使到总理衙门，然后交给他
们一封短信，要求各国调停中日矛盾，中国将允许朝鲜独立并赔款。而
将赫德所拟信函单独送给美国公使田贝（Charles Denby）。孙毓汶告诉
赫德，他们特别希望和平，因为他们发现中国各项事务都糟透了。但是
赫德认为日本可能不愿意谈判，还是建议中国继续积极进行备战。④

但是此时清政府求和的意见已经占了上风，除通过各国公使请列强

---

① 《金致赫第 791 号电，1894 年 10 月 27 日》，陈霞飞主编《中国海关密档》第 8 卷，
　　第 774 页。
② "25 October, 1894," *Hart's Journals*, Vol. 44.
③ "27 October, 1894," *Hart's Journals*, Vol. 44.
④ "31 October, 1894," "1 November, 1894," "3 November, 1894," *Hart's Journals*, Vol. 44.

调停外，还根据汉纳根的建议请前德国驻华公使巴兰德（Maximilian August Scipio Von Brandt）出任中国特命全权公使，负责游说欧洲各国对中日战争进行调停。总理衙门将联络巴兰德的任务交给赫德。但是因为欧格讷曾告诉赫德，德国反对英国干涉朝鲜事务，所以赫德对于这一建议持保留态度，认为不可能成功，但是他还是通过金登干询问巴兰德是否愿意接受这一职务。① 结果正如赫德所料，巴兰德电告赫德他不愿意接受该职务，② 他认为各国联合行动的建议是不成熟的，战争越持久对中国越有利。③

虽然清政府任命巴兰德出任中国特命全权公使，帮助中国游说各国对中日战争调停的努力失败了，但是清政府通过各国驻华公使请求各国调停的行动却有了成效。11月4日法国驻华公使施阿兰（Auguste Gerard）告诉赫德，列强可能会采取行动使中日战争停止，法国同情中国。赫德认为这说明列强对于调停中日战争的态度正在改变。④ 总理衙门甚至认为法国将设法做出安排，能使中日两国都满意。⑤ 除法国对调停中日战争的态度有所改变外，美国也开始为调停中日战争积极活动。11月22日欧格讷告诉赫德，美国正在单独行动，但是日本答复称，作为胜利者，中国自己应该和他们接触。⑥ 11月25日欧格讷又告诉赫德，田贝电告美国驻日本公使："中国希望在朝鲜独立和合理的赔款基础上谈判。"⑦

清政府一面通过各国驻华公使请求各国调停，一面派张荫桓赴天津与李鸿章商讨求和事宜。⑧ 其结果是李鸿章决定派德璀琳赴日本试探其对和谈的态度。11月18日孙毓汶函告赫德暂时指派一人去天津海关，李鸿章有要事让德璀琳去办。当时虽然还不知道德璀琳的具体任务是什

---

① "21 October, 1894," "5 November, 1894," *Hart's Journals*, Vol. 44；《赫致金第 875 号电，1894 年 11 月 5 日》，陈霞飞主编《中国海关密档》第 8 卷，第 782 页。

② "10 November, 1894," *Hart's Journals*, Vol. 44.

③ 《金致赫第 783 号电，1894 年 11 月 12 日》，陈霞飞主编《中国海关密档》第 8 卷，第 787 页。

④ "4 November, 1894," *Hart's Journals*, Vol. 44.

⑤ 《金致赫第 876 号电，1894 年 11 月 4 日》，陈霞飞主编《中国海关密档》第 8 卷，第 787 页。

⑥ "22 November, 1894," *Hart's Journals*, Vol. 44.

⑦ "25 November, 1894," *Hart's Journals*, Vol. 44.

⑧ "14 November, 1894," *Hart's Journals*, Vol. 44.

么，但是欧格讷告诉赫德，他感觉到和平正在临近。[①] 11 月 22 日赫德得知德璀琳被谕派前往日本，试探和谈是否可能。[②] 对于德璀琳使日，正在积极调停的美国非常不满，田贝甚至要求总理衙门召回德璀琳。[③] 而此时日本对美国的答复已经表明其对和谈的立场，那就是只有中国指派其全权大臣进行和谈时才会告知日本的条件。所以欧格讷告诉赫德，日本是不会接待德璀琳的。[④] 结果不出欧格讷所料，德璀琳在日本没有被接见，无功而返。[⑤]

日本对美国的答复与德璀琳使日没有被接待都说明一个问题，那就是中国只有派全权大臣去日本才有可能与日本进行和谈。12 月 10 日德璀琳回到北京，告诉赫德，张荫桓正在天津，据此赫德推测李鸿章可能会被派往日本。[⑥] 欧格讷对此非常积极，劝说总理衙门派遣全权大臣去日本，[⑦] 甚至想让赫德去见孙毓汶，建议派遣特使前往日本，而非上海。[⑧] 但是清政府并没有指派李鸿章，而是指派张荫桓与署理湖南巡抚邵友濂前往日本和谈。[⑨] 临行前，张荫桓于 1895 年 1 月 3 日拜访赫德。张荫桓向赫德表示，虽然他是全权大臣，但是他的权力是受到限制的，他对于日本将承认他的地位到什么程度，以及接待他的态度感到非常紧张。赫德遂安慰了张荫桓几句，但是同时警告他注意对任何事情提出反对的方式，否则日本将会借机关闭谈判。如果他失败了，他将会被责备，如果他胜利了，他仍然会招致更多的责备，所以所有自私的考虑都要摒弃掉。如果需要的话他必须有勇气做出超过其权力范围的决定，如果他要求得到权力，将会被拒绝，但是如果他做了，他的行为将会被接受（当然是在一定限度之内）。张荫桓还告诉赫德，光绪皇帝本来希望李鸿章与他一起去日本，但是李鸿章不能去，因为作为一个中国军队的统帅来说，去日本求和对于他真是太可耻了。另外他要求德璀琳陪同他

---

① "18 November, 1894," *Hart's Journals*, Vol. 44.

② "22 November, 1894," *Hart's Journals*, Vol. 44.

③ "25 November, 1894," *Hart's Journals*, Vol. 44.

④ "30 November, 1894," *Hart's Journals*, Vol. 44.

⑤ "3 December, 1894," *Hart's Journals*, Vol. 44.

⑥ "10 December, 1894," *Hart's Journals*, Vol. 45.

⑦ "12 December, 1894," *Hart's Journals*, Vol. 45.

⑧ "18 December, 1894," *Hart's Journals*, Vol. 45. 此时李鸿章与慈禧太后都希望与日本在上海和谈。参见戚其章《甲午战争史》，人民出版社，1990，第 441 页。

⑨ "21 December, 1894," *Hart's Journals*, Vol. 45.

前往日本，但是德璀琳没有表态。① 为此赫德致函德璀琳，关于陪同张荫桓使日，如果光绪皇帝说"去"，那就去，否则就自己决定。② 最终德璀琳选择了不去日本。

张荫桓到达日本后，日本对其所负"全权"百般挑剔，所以总理衙门希望另拟一份国书，对"全权"重新措辞，并请赫德与欧格讷帮忙。③ 但是重新拟定的国书并没能挽救张荫桓使团的失败，2月12日张荫桓通过赫德电告总理衙门，日本希望与恭亲王或李鸿章在旅顺港谈判。赫德认为李鸿章如果被任命，则应该同意去日本。④ 2月13日田贝也告诉赫德，日本想要一位位高权重的谈判者，田贝建议李鸿章去，但是李鸿章可能不会同意，因为无论他如何为政府付出，最终都会成为人民反对的目标，但是总得有人为国家牺牲个人利益，因为日本条件将非常苛刻。⑤ 2月16日李鸿章官复原职，被任命为赴日议和的特使。⑥

此时虽然日本还没有明确提出议和条件，但是清政府对于日本将要提出的条件还是有一定预测的。2月19日晚赫德拜访孙毓汶，讨论中日和谈问题。从张荫桓的来电中，孙毓汶猜测日本可能会要求赔款1000万美元，这样还在中国财政能力范围之内。孙毓汶将美国驻日公使给田贝的电报密示赫德，该电报称除了赔款，全权大臣必须有权割让领土。孙毓汶想知道是否可以用赔款换回领土，日本是否想要台湾。他认为让日本保有他们占领的地方（旅顺港与威海卫）要比台湾容易一些，并询问赫德对此列强将做何反应。赫德答称俄国将会反对朝鲜被割让，但是没人会反对日本占有台湾。⑦

2月26日上午来京觐见皇帝的李鸿章拜访赫德，问赫德能否建议他做些什么，能否为支付赔款与中国自己的用度制订计划。李鸿章告诉赫德，他真心希望媾和，光绪皇帝理解所有日本想要的，他有权处理所有条件。⑧ 3月2日赫德回拜李鸿章，认为日本和中国应该成为朋友，

---

① "3 January, 1895," *Hart's Journals*, Vol. 45.
② "5 January, 1895," *Hart's Journals*, Vol. 45.
③ "7 - 9 February, 1895," *Hart's Journals*, Vol. 45.
④ "12 February, 1895," *Hart's Journals*, Vol. 45.
⑤ "13 February, 1895," *Hart's Journals*, Vol. 45.
⑥ "16 February, 1895," *Hart's Journals*, Vol. 45.
⑦ "20 February, 1895," *Hart's Journals*, Vol. 45.
⑧ "26 February, 1895," *Hart's Journals*, Vol. 45.

相互支持。李鸿章表示这正是他与日本首相伊藤博文（Hirobum Ito）的想法，但是伊藤却很难将这个想法付诸实施，他将尽力将这一想法灌输给伊藤，向他说明中日两国应该将未来置于自己的安排下。赫德告诉李鸿章，他从伦敦听说日本的要求是赔款 5000 万英镑，割让台湾。对此，李鸿章先是称中国永远无法支付这么巨大数额的赔款，也不会放弃台湾，但是随后就与赫德讨论起支付赔款的办法，以及将台湾割让给日本的问题。李鸿章还询问赫德英国保护台湾的可能性，赫德的答复是不可能。[①] 李鸿章赴日本前，赫德为李鸿章准备了一份关于中国税收与用度的备忘录，以供随李鸿章赴日本议和的美国人科士达（John Watson Foster）来决定中国支付赔款的借款能力，同时赫德还建议安排新的电报密码。[②]

李鸿章到达日本后，日方于 4 月 1 日将和约底稿示知。[③] 赫德于 4 月 3 日从欧格讷那里得知了日方要求的主要内容：朝鲜独立，割让辽东半岛、台湾以及澎湖列岛，赔款 3 亿两白银。[④] 此时欧格讷还不知道日本所提商业方面的要求。4 月 6 日总理衙门将日本和约底稿的电报让赫德阅看，赫德才知道日本商业利益方面的要求，他对日本降低进口税的要求非常不满，认为如果进口税降低到 2%，那么中国海关税收将由每年 2250 万两白银减少为 1250 万两。但是英国对于日本商业方面的要求却很支持，欧格讷告诉赫德，他听说日本要求中国废除厘金，撤销所有商业障碍，开放整个中国，他认为整个世界将对此欢迎。但是对于日本割让辽东的要求，欧格讷认为中国应该赎回牛庄。[⑤] 赫德随即拜访孙毓汶，认为对于日本割让辽东半岛的要求，中国应争回牛庄，从海城西南到海划一线，而对于日本对割让台湾及澎湖列岛的要求，应使东经 119 度成为水上界线，日本可以占领北纬 23 度和 24 度间的岛屿。而对于日

---

① "2 March, 1895," *Hart's Journals*, Vol. 45。李鸿章在 1895 年 2 月 23 日拜访欧格讷时就曾询问中国在抵制割让台湾方面可从英国得到何种支持，欧格讷答称他不要指望得到什么物质帮助，并强烈主张与日本议和，以免北京被占。同时李鸿章还让中国驻英公使龚照瑗替他口头询问英国外交大臣金伯利（Lord Kimberley）对于此事的意见，金伯利拒绝对具体割让问题发表任何看法（参见戚其章主编《中日战争》第 11 册，第 596~597 页）。

② "2 March, 1895," "12 March, 1895," *Hart's Journals*, Vol. 45.

③ 参见戚其章《甲午战争史》，第 474~475 页。

④ "3 April, 1895," *Hart's Journals*, Vol. 45.

⑤ "6 April, 1895," *Hart's Journals*, Vol. 45.

本的商业利益要求，赫德反对 2% 的进口税，认为应该保持原有条约税率。孙毓汶做了笔记，告诉赫德他将把这些电告李鸿章。① 4 月 10 日晚孙毓汶告诉赫德，李鸿章已经交给日方中国的对案，但是还没有收到答复，赫德的建议已经电告李鸿章，李鸿章已经照办。②

虽然李鸿章据理力争，但是日本除答应将赔款减为 2 亿两白银外，其他要求没有改动，并需要在 4 月 14 日下午 4 时之前对是否签约做出答复。③ 此时李鸿章能否与日本签约在很大程度上取决于列强的态度。4 月 8 日欧格讷函告赫德，他听天津方面说俄国将反对日本的做法。赫德认为，如果这样的话，所采取行动将是疯狂的，俄国、法国与中国联合起来将成为日本难以对付的敌手。④ 4 月 11 日德璀琳电告赫德，看起来列强要为中国进行干涉，反对辽东半岛割让给日本。⑤ 4 月 12 日欧格讷也告诉赫德，列强越来越认为日本不应该得到辽东半岛，特别是旅顺港。同日孙毓汶询问赫德，列强是否将进行干涉，并将李鸿章的电报给赫德阅看，该电报内容为德璀琳电称施阿兰说列强将进行干涉，而日本要求 3 日内给予是否签约的答复，李鸿章询问孙毓汶下一步该怎么办，能否依靠列强干涉？对此，赫德称将咨询欧格讷，然后给予答复。随即赫德找到欧格讷，欧格讷将一份电报给赫德阅看，该电报显示列强建议日本不要太苛刻，但是其他的就不会再多做什么了。所以赫德就函告孙毓汶列强干涉靠不住。⑥ 而此时英国已经完全站在日本一边，生怕中国因为寄希望于列强干涉而拒绝签约。4 月 13 日晚欧格讷告诉赫德，他得到消息称盛宣怀与德璀琳已经电告李鸿章不要签约，所以赫德于第二天函告孙毓汶，天津方面建议李鸿章推迟签约，最好是再次告诉他 3 天期限内无法指望列强干涉，他一定不要再次引起战争而危害时局。孙毓

---

① "7 April, 1895," *Hart's Journals*, Vol. 45.

② "11 April, 1895," *Hart's Journals*, Vol. 45.

③ 参见戚其章《甲午战争史》，第 480~481 页。

④ "8 April, 1895," *Hart's Journals*, Vol. 45.

⑤ "11 April, 1895," *Hart's Journals*, Vol. 45.

⑥ "12 April, 1895," *Hart's Journals*, Vol. 45。1895 年 4 月 13 日欧格讷电告金伯利："总理衙门昨晚秘密派人来询，若中国拒绝日方条件，我个人认为其是否会得到欧洲国家帮助。我说您不会支持中国拒绝日方条件，它也不要指望得到物质帮助；但若时间允许，他们不妨了解一下其它国家的意见。"（戚其章主编《中日战争》第 11 册，第 733~734 页）

汶函复称："好的，我们致电盛宣怀，你致电德璀琳，让他致电李鸿章!"①4月17日李鸿章在中日《马关条约》上签字。

虽然《马关条约》签字了，但是清政府是否会批准该条约就又成为赫德所关注的下一个问题。4月20日德璀琳函告赫德，俄国、法国和德国已经告诉天津方面不要承认条约，并要求修订条约。②4月23日欧格讷告诉赫德法国和德国已经写信给总理衙门，阻止批准条约。即日赫德到总理衙门，对于三国反对批准条约，赫德认为，法国和德国可能也就是说说而已，俄国可能是为了自己，没有一个是为了中国，所以不要拒绝批准条约，除非得到及时的支持与安全的退路的保证。总理衙门大臣们对于赫德所说表示赞同。③中日约定于5月8日在烟台交换条约，但是因为一是俄、法、德三国可能会干涉，二是国内也一片反对批准条约之声，所以直到5月1日，清政府还是没有决定下来是否换约。该日晚间赫德问孙毓汶是否已经指派负责换约者，孙毓汶答称还没有，条约是否批准还没有定下来。赫德随即交给孙毓汶一份备忘录，建议负责换约者立即出发，在5月7日或8日根据列强的态度再电告是交换还是不交换。④5月2日晚欧格讷告诉赫德，伍廷芳成为去烟台负责交换条约的人。赫德认为这就是他交给孙毓汶备忘录的作用，⑤孙毓汶按照他的意见让伍廷芳到烟台等待命令。⑥

虽然伍廷芳被派往烟台负责交换条约，但是直到5月7日，清政府还没有决定下来是否交换。即日赫德拜访孙毓汶，孙毓汶告诉赫德，三国干涉取得了一些成效，日本同意放弃辽东半岛，但是想保有旅顺港，为俄国所拒绝，日本只得屈服。关于换约，使馆建议中国不要换，但是对于恭亲王所问他们能否帮助中国渡过难关，答复是中国不需要害怕，日本不敢做任何事情，而并没有做出什么承诺。有鉴于这样微弱的支持，军机处做出决定，通过田贝电告日本政府，通过李鸿章电告伊藤博文，因为辽东半岛已经不需要割让，应该从条约中删除，所以换约有必

---

① "14 April, 1895," *Hart's Journals*, Vol. 45.
② "20 April, 1895," *Hart's Journals*, Vol. 45.
③ "23 April, 1895," *Hart's Journals*, Vol. 45.
④ "2 May, 1895," *Hart's Journals*, Vol. 45.
⑤ "3 May, 1895," *Hart's Journals*, Vol. 45.
⑥ "4 May, 1895," *Hart's Journals*, Vol. 45.

要推迟到比 8 日晚的一个日期进行。但是赫德仍然认为换约是正确的政策，也许日本不敢强迫三个列强，就像当英国说它不会允许日本碰上海和扬子江时，日本就不敢碰一样，但是日本人民非常兴奋，条约被批准而没有交换将会激怒他们，然而相反如果完成换约，伊藤可以告诉日本人民中国已经屈服，但是现在其他国家又使情况发生了改变。对于赫德所说，孙毓汶表示理解和同意，但是他只是一个人，而另一方却有无数人，他们已经决定了，他再说也没有用了。因此赫德问命令伍廷芳交换条约的电报是不是还没有发出，孙毓汶答称还没有。此时欧格讷对于中日换约一事也非常关注，赫德刚从孙毓汶处回到家中，欧格讷就来探听消息，赫德连忙将他所听到的告诉欧格讷，欧格讷则赶紧电告英国外交部，中日换约看起来极不可能。①

但是中日换约并没有像赫德与欧格讷所认为的那么不可能，5 月 8 日中日双方在烟台换约，中日甲午战争结束。对于清政府批准换约，赫德认为有两个原因：一个原因就是总理衙门从欧洲得到一些信息，表明换约是可取的；另一个原因就是他前一天和孙毓汶的谈话。②

小　结

在中日甲午战争中，赫德一方面支持中国抗日，希望中国胜利，另一方面他在中国不断失利的情形下，又极力策动英国调停，支持中日议和，希望早日结束战争。对于赫德这种看似前后矛盾的行为，可以从以下三个方面理解。

（1）赫德在中国为官三十多年，其利益与中国息息相关，而与日本则毫无干系，在战争中他自然是要坚定地站在中国一边，尽自己的力量帮助中国，同时在策动英国调停中日战争时，希望以牺牲中国最小的利益来换取调停成功。

（2）赫德身为英国人，与英国对华政策既有一致的一面，又有矛盾的一面。一方面，他极其希望英国能够调停成功，以增强英国在华影

---

① "7 May, 1895," *Hart's Journals*, Vol. 45.

② "8 May, 1895," *Hart's Journals*, Vol. 45.

响，另一方面他对英国不听其劝告，未能强力制止日本对华战争表示不满。在中日议和阶段，赫德则与欧格讷保持着密切联系，不断将欧格讷的意见传递给总理衙门。

（3）赫德深知清政府的腐败无能，对于中国短期内战胜日本并没有信心，所以当中国军队连连战败后，他就开始策动英国调停。英国调停失败后，一方面他要求清政府加强战备，继续支持中国抗日，另一方面他却更加积极地支持中日议和，不断为促进议和与换约成功而献策，希望早日结束战争，保住他的既得利益，同时也希望清政府能从失败中吸取教训，战后认真改革。

原载《安徽史学》2016 年第 2 期

载沣与清末海军的"兴复"

李学峰[*]

清朝末年,清王朝实施海军的重建。涉及此问题已有不少研究成果,[①] 这为清末海军重建问题的研究打下了一定的基础。

清末海军的重建可以分为两个阶段。光绪末年为一段。清政府虽然提出了规复海军,并制订了初步的计划,但由于财政困难,并未落实,实际以整顿为主。宣统朝为一段。明确了复兴的目标,制订了复兴的计划,并采取了卓有成效的措施。作为宣统朝的主要执政者,载沣在复兴海军的决策以及实施方面起到了重要作用,而已有研究成果鲜有论及。笔者拟就载沣与清末海军复兴的关系进行探讨,谈一点肤浅的看法。

一 光绪末年规复海军的努力与阻滞

中日甲午战争中,清政府耗资无算、苦心经营的北洋舰队全军覆

* 李学峰,中国社会科学院研究生院博士,现任职河南大学马克思主义学院副教授。

① 据笔者所见,关于清末海军重建的主要研究成果有:戚其章《晚清海军兴衰的历史启示》,《清史研究》1997 年第 4 期;黄乘矩《甲午战后的海军建设和海防思想》,《中国边疆史地研究》1994 年第 4 期;陈崇桥《清末甲午战后重建海军述略》,《辽宁大学学报》1993 年第 2 期;王双印《甲午战后中国海军近代化建设述论(1896 ~ 1911)》,《中国社会科学院研究生院学报》2003 年第 6 期;杨虎《〈海军旗式及章服图说〉与清末海军重建》,《明清论丛》第 11 辑;吴昌稳《整军与筹饷——甲午战后清政府军队改革的尝试》,《北方论丛》2015 年第 1 期。另外,周益锋的《"海权论"东渐及其影响》(《史学月刊》2006 年第 4 期)一文,张一文的《清末海防思想的演进》(《军事历史研究》1998 年第 4 期)一文,虽重在论述海权、海防思想,但也与清末海军的重建有一定关联。

没。1895 年 3 月，根据总理海军事务衙门奏请，裁撤总理海军事务衙门，停撤海军经费。7 月，清廷允北洋大臣王文韶所奏，将北洋海军武职实缺全部裁撤，并将关防印信钤记缴销。

甲午战败，日本索款二亿两白银，约等于清政府年财政收入的三倍，清政府无力承担，只得举债偿还。在此情况下，清政府一时无力大规模建设海军，只能因陋就简，消极应付。两江总督、南洋大臣刘坤一认为"巨款难酬"，"将才尤为难得"，"即使借款购制铁甲等船，徒以资敌"。① 提出先从培养训练海军人才入手，等到款项充盈再从容购办。直隶总督、北洋大臣王文韶的看法与刘坤一如出一辙。他在给朝廷的奏折中分析："欲规复前此海军之制，一铁舰需款二三百万，一快船需款百余万，加以各项船艇粗具规模，亦非二三千万不可。取诸库帑，则罗掘已穷；多借洋款，则负累愈重。"他主张从整理水师武备学堂、培养海军人才入手，并饬各练船认真操巡，以娴兵备，"俟财力稍裕，即行渐次扩充"。② 与海军关系密切的南北洋大臣刘坤一、王文韶的意见明确而一致，先整顿海军，待财政状况好转之后再规复海军。此后数年，事实上整顿成为清政府海军建设的主要指导方针。

清政府在整顿海军方面主要采取了裁汰旧式兵轮、购买建造新式舰船等措施。

1897 年，为节饷增船，两江总督刘坤一奏请裁减"飞霆"等四蚊船，酌减"开济"等五兵轮勇弁，改"登瀛洲""威靖"二兵轮为练船，将节省的十六万两白银专款存储，以备添购船艇之用。③ 1902 年，署理两江总督张之洞奏请将"南琛"等兵轮、"龙骧"等蚊船，以及一些不得力的小差轮一并裁停，节省的经费用于购买建造浅水快船。1906 年，在考察的基础上，两江总督周馥对南洋各船进行整理，除将"南瑞"等四艘舰船分别裁撤、变价、收坞，将"策电"派充巡洋，将"登瀛洲"派充缉私外，将尚属可用的"镜清"改为练船，"南琛"和"保民"改为运船，并对"建安"和"建威"两炮舰及四艘鱼雷艇重加修配。④

在对原有舰船进行整顿的同时，清政府还筹措资金，向外洋购买一

① 张侠等编《清末海军史料》，海洋出版社，2001，第 86 页。
② 张侠等编《清末海军史料》，第 88~89 页。
③ 张侠等编《清末海军史料》，第 89~90 页。
④ 张侠等编《清末海军史料》，第 91~92 页。

些舰艇。至1908年，先后在德国订购了"飞鹰"驱逐舰，"海筹"、"海容"、"海琛"巡洋舰，"海龙"、"海青"、"海华"、"海犀"鱼雷艇；在英国订购了"海天"、"海圻"巡洋舰；在日本订购了"江元"、"江亨"、"江利"、"江贞"、"楚泰"、"楚同"、"楚豫"、"楚有"、"楚观"和"楚谦"巡海炮舰，"湖鹏"、"湖鹗"、"湖鹰"、"湖隼"鱼雷艇。1899年，在德国订造的"海龙"、"海犀"、"海青"、"海华"四艘鱼雷艇抵达塘沽，通过验收。在此之前，在德国订造的"海容"、"海筹"、"海琛"，在英国订购的"海天""海圻"等舰业已抵华。加上"飞鹰"、"飞霆"两鱼雷艇，"通济""复济"两练船，北洋水师粗具规模。清廷谕令裕禄督饬叶祖珪认真整顿。谕称："此次购置各船，为规复海军之始基，亟须参酌原定章程，痛除积弊，重整规模。著裕禄督饬叶祖珪等申明赏罚，认真整顿……"① 这是甲午战后清廷第一次明确提出规复海军。1900年八国联军之役，"海龙"、"海青"、"海华""海犀"4艘鱼雷艇被联军掠去，"飞霆""飞鹰"两舰的部件被卸下运走。更为糟糕的是，《辛丑条约》规定中国向列强赔款4.5亿两白银，加上地方赔款和利息，总额高达近十亿两，清政府财政雪上加霜，海军规复遭受重创。

1904年，贝子溥伦奉命赴美参加圣路易斯赛会。出使过程中，溥伦对日美两国进行了详细考察，目睹"美日两国海陆军学堂衙署章程之完备，制造船舰枪炮厂局规模之壮丽，以及储备将才宽筹经费，并其停泊镇守之要游弋策应之宜"，艳羡不已。归国后，溥伦奏请规复海军。其理由包括三个方面（1）世界诸强国均重视海军，日美海军有后来居上之势。十数年后，日美两国向西侵略更甚，欧洲各国已有所准备，中国不能没有周密的谋划。（2）无有海军，就不能维护海权，巩固海防。中国海域辽阔，"乃各国船舰驰骤纵横，中国转不能自固藩篱，振兵威而扬国势，岂所以整军经武，詟服远人"。（3）无有海军，难以应付来自俄国的侵略威胁。溥伦提出从三方面着手规复海军。（1）设立辽海、东海、浙海、粤海四支海军。这样，"内有陆军以资震慑，外有海军以俟扩充之渐"，"安攘兼筹，攻守咸备"，不仅海权在握，屏障疆圻，还可以惠及海外侨民。（2）设立海军部，整顿船政，并总揽船舰需用枪

① 张侠等编《清末海军史料》，第413页。

炮事宜。（3）筹措海军经费。筹措之法，一为整顿渔业，一为厘定土药新章，所筹之款专拨整理海军之需。除此之外，"劝捐出洋华商，以助经费"。① 奏上，奉旨：练兵处知道。②

对于溥伦规复海军的主张，"各当道皆甚赞成"。溥伦与练兵处各王大臣商议，拟仿照日本设立海军部，设海军总督一员，统理海军事务；设立海军学堂，延聘外国教习，培育海军人才；设立常备、预备舰队，担任沿海守备之责。③ 最终，因"政府以帑藏支绌，筹款不易"，④规复海军不了了之。溥伦是道光帝嗣曾孙，同治初曾有青宫之望，是光绪末年及宣统朝举足轻重的人物。溥伦的这次奏请虽未有结果，但规复海军及设立统一管理机构海军部这两个问题在清廷内部引起了重视。

此后不久，经与北洋大臣袁世凯往复电商，署理两江总督周馥奏将南北洋海军合成一队，归叶祖珪统领，"规模画一，官弁无滥竽幸进之心，畛域无分，调遣收犄角相生之用，气象较前自壮"。周馥所奏，与前溥伦奏中统一海军管理用意相同，且较有可行性，因而得到了清廷的批准，奉旨："著照所请，该部知道。"⑤

在此基础上，顺天府尹沈瑜庆进一步提出："联合各省海军，合力御敌，以壮声威。"他在折中强调海军的重要性。认为"方今列强环伺，人为刀俎，我为鱼肉，所恃以起死回生者，全在于海军之一脉"，"海上争权，非海军无以立"。沈氏主张在练兵处特设海军提督，负责管理各省船坞、轮船、水师学堂、沿海炮台及养船养厂各经费，以谋推广以一事权。⑥

1906 年，戴鸿慈、端方赴欧洲考察政治，回国后又一次提出规复海军问题。戴、端首先指出海军的重要性。"查各国注重海军，尤视陆

---

① 溥伦：《奏为富民强国请广择人才劝捐集资兴办海防等敬陈管见事》，中国第一历史档案馆缩微胶卷，档案号：03 - 6188 - 090，缩微号：460 - 2834。

② 中国第一历史档案馆编《光绪宣统两朝上谕档》第 30 册，广西师范大学出版社，1996，第 329 页。

③ 《溥伦海军之策划》，《大陆报》1904 年第 11 期，第 55 页。

④ 《海军部设立之不果》，《鹭江报》1904 年第 83 期，第 12 页。

⑤ 署理两江总督周馥：《奏为南洋海军应联北洋合成一队专派大员统率事》，中国第一历史档案馆缩微胶卷，档案号：04 - 01 - 01 - 1066 - 081，缩微号：04 - 01 - 01 - 162 - 1239。

⑥ 顺天府尹沈瑜庆：《奏为时事紧急请联合各省海军合力御敌以壮声威事》，中国第一历史档案馆缩微胶卷，档案号：03 - 6188 - 091，缩微号：460 - 2845。

军为甚……海军之不立,不徒无军,是不有其海也","独海军不谋成立,譬如筑室者外无墙垣,虽有守御之人仍不免于重困"。二人提出,规复海军宜指定一款,以五年为期,分年筹划。① 戴、端二人为考察政治大臣,其意见的影响不容低估。

在兴复海军问题上,载沣态度积极,"久有整顿海军之意"。② 1907年腊月间,在慈禧、光绪询问其对兴复海军的见解时,奏对"颇为称旨"③。载沣能在海军方面颇有见解,令慈禧、光绪相当满意,是其长期学习关注军事问题的结果。1901年载沣奉命出洋,对德国军事进行了详细考察,对其军事强大羡慕不已。回到国内,受到刺激的载沣发奋读书,对于军事著作尤感兴趣。载沣阅读的有关军事的书籍有《钦定平定苗匪方略》、《钦定平定回匪方略》、《日本国创办海军史》、《战法学》、《孙武子十三篇》、《武备通论》以及《历代名将事略》,另有关于操法、军语、步队行军、陆军营制饷章等类书籍。④ 慈禧还曾打算派亲贵分赴东西各国考察海军制度,并将载沣列为首要人选,后因经费问题而搁置。⑤

1906年11月6日,清廷发布官制改革上谕。谕称:"兵部著改为陆军部,以练兵处、太仆寺并入,应行设立之海军部、军谘府未设以前,均暂归陆军部办理,原议各部院等衙门职掌事宜及员司各缺,仍著各堂官自行核议,悉心妥筹,会同军机大臣奏明办理。"虽然没有即设海军部,但确定了设立海军部的原则和方向,所谓"改兵部为陆军,以示海军必立"。⑥ 1907年6月,陆军部奏定的陆军官制规定海军部暂名海军处,内设六司(暂设三司,等处内事务增多,再按照原拟司科分别次第添设),置正副使各一员,比照陆军部丞参,管理全处事务。

海军处成立不久,奕劻、铁良等提出一个宏伟的海军计划,目标是

---

① 出使各国考察政治大臣礼部尚书戴鸿慈、出使各国考察政治大臣两江总督端方:《奏为军政重要拟请择要取法各国制度以图进步事》,中国第一历史档案馆缩微胶卷,档案号:03-9283-001,缩微号:667-0312。

② 《摄政王注重海军》,《申报》1909年2月22日,第1张第4版。

③ 《贵胄自请出洋考察海军》,《申报》1908年2月10日,第1张第3版。

④ 虞和平主编《近代史所藏清代名人稿本抄本》第1辑,大象出版社,2011,第616、630、631、632、634页。

⑤ 《拟派皇族出洋考察海军》,《申报》1906年10月29日,第3版。

⑥ 上海商务印书馆编译所编纂《大清新法令(1901~1911)》第1卷,商务印书馆,2010,第39页。

建立一支包括大铁甲船十余艘，快船二十余艘，炮船、猎船、雷艇各数十艘的舰队。该计划需款三亿两白银，尚不包括设立军港、船坞的费用。由于库款支绌，人才缺乏，奕劻等提出先从编练巡防等船及建港储才入手，然后逐渐扩充。①

该计划虽然规模宏大，但在筹备经费时遭受挫折。陆军部尚书铁良欲购置战舰以兴办海军，度支部尚书载泽极力反对，"以经费无出为词"。② 铁良又提议，由各省路客货票价内增加一层，全数提充海军经费。此提议得到度支部的认可，邮传部尚书陈璧则担心有碍路政发达，不予认可。③ 还有人提出通过举借外债、加征盐茶税、开征印花税解决海军经费问题，最后都归于无效，规复海军被搁置起来。

二　载沣决策兴复海军及其原因

1908 年 11 月，光绪、慈禧先后死去，载沣监国摄政。不久，规复海军问题又被提了出来。

1909 年 2 月 19 日，肃亲王善耆上奏请早立海军基础，以维时局。善耆认为"东西各国所以并峙地球者，固赖工商各业以致富，尤赖海陆各军以致强"。就当今世界大势而论，海军尤其重要。"盖海权若不巩固，万不能言战守"。近年东西各国，如日本、美国、巴西、英国、法国、意大利、德国，"均年增舰队，而航驶我国海面者，尤相属于道"。英、法两国，"更有所谓常驻中国舰队，巡驶于我国之领海"。由是观之，中国新练陆军即使能与东西各国并驾齐驱，也难以巩固我国边圉。请求特简大臣综理海军事务，筹集费用、搜集人才、教育官兵、编制船舰、改良厂坞、分配根据地点、制定海上法规等，先立海军基础，等财政稍为充裕时再大治海军。④

---

① 奕劻、铁良：《奏为筹议复兴海军酌拟次第办法事》，中国第一历史档案馆缩微胶卷，档案号：04 - 01 - 01 - 1083 - 062，缩微号：04 - 01 - 01 - 165 - 1269。

② 《泽公不欲急兴海军》，《大同报（上海）》1908 年第 8 卷第 22 期，第 31 页。

③ 《预备重兴海军》，《大同报（上海）》1907 年第 7 卷第 8 期，第 37 页。

④ 善耆：《奏为拟请早定海军基础以维时局敬陈管见事》，中国第一历史档案馆缩微胶卷，档案号：04 - 01 - 20 - 0021 - 002，缩微号：04 - 01 - 20 - 002 - 2046。

载沣阅览善耆奏折，"大为之动"，在召见军机大臣之前召见善耆，询问办法。善耆详细奏对，"颇惬王意"。载沣又召奕劻入内，"谕商良久"，① 决定兴复海军，即以宣统名义发布上谕："肃亲王善耆奏筹办海军基础一折，所奏不为无见。方今整顿海军，实为经国要图，著派肃亲王善耆、镇国公载泽、尚书铁良、提督萨镇冰，按照所陈各节妥慎筹画，先立海军基础；并著庆亲王奕劻随时总核稽察，以昭慎重。俟规模大定，再候谕旨。"② 上谕虽未言兴复海军，但"先立海军基础"一语表明海军建设绝不止于建立基础，而是以大治复兴为最终目标。

在财政十分困难的情况下，载沣之所以决定大兴海军有以下几个因素。

第一，中国海疆辽阔，没有海军无以巩固海防，维护主权。由于没有海军，中国海上几不设防，列强军舰自由游弋，对中国主权构成严重威胁。1897年，俄国强租旅顺，德国强租胶州湾。意大利趁火打劫，援例欲租借三门湾，被中方拒绝。于是派军舰六艘，来华恫吓，并递交哀的美敦书。海天舰管带刘冠雄等认为意大利人远涉重洋而来，我主彼客，我逸彼劳，且我有海天、海容、海筹、海琛等舰，尚堪一战，向政府陈请。政府遂将哀的美敦书掷还，事情作罢。1898年初，英国军舰停泊定海，引起了浙江巡抚廖寿丰的巨大不安。廖一面向朝廷报告，一面密探英国意图。英领事告以"各舰泊定，实无他意，但防他国觊觎"。廖寿丰认为英国虽无强租定海之意，但"他族环逼，旦夕苟安，恐非长策"，除修明内政，讲求军实外，还需暂复海军，"将新旧现有兵轮调集一处，召洋将郎盛理回华，认真训练巡驶，考察功课，破除情面，一轮务得一轮之用，而另以廉洁知兵大员统之，勿掣其肘，庶海军可期暂渐复，而全局亦有转机"。③

第二，缺乏像样的海军已经严重影响到了中国的国际形象和国际地位。1907年海牙平和会给中国巨大刺激。会议伊始，需将各国舰队吨位列表。保和会专使陆征祥就此事向国内请示。外务部复电称中国有大小兵船共计43162吨。陆征祥遂把该数据报告给平和会。英国事

① 《商议筹办海军情形》，《申报》1909年3月1日，第1张第4版。
② 中国第一历史档案馆编《光绪宣统两朝上谕档》第35册，第41页。
③ 浙江巡抚廖寿丰：《为目前宜修内政讲求军实暂复海军事》，中国第一历史档案馆缩微胶卷，档案号：2-06-12-024-0018，缩微号：014-1775。

先准备的调查册载明中国军舰 13300 吨，平和会虽按照陆征祥所报吨位对调查册进行了改动，"而訾议殊甚"，谓中国海军"舰各异式，队各异制，且窥弊不足此数"。如此际遇令陆征祥感到十分难堪，请求外务部"转商陆军部海军处从速整顿，将舰队统一制度实行，庶息外谤亦张国势"。①

第三，防范革命的需要。1907 年，革命党人徐锡麟在安庆刺杀了安徽巡抚恩铭。此事件震惊全国，朝廷上下，一片惶恐。7 月，清廷令端方等会商巡缉长江章程。谕称："现值人心不靖，隐患宜防，应如何布置以期有备无患之处，著沿江沿海各督抚体察情形，妥议办理。"随后不久，端方等将沿江一带巡缉办法上报朝廷。端方等只是奉旨会商巡缉长江，故而所筹办法并未涉及沿海。鉴于此，闽浙总督松寿奏请加强沿海巡缉。其奏称："惟沿海各省口岸纷歧，兵商轮往来如织，匪徒煽惑处所在外，党魁接济军火费用或所不免，端方诸臣所奏亦曾未能遍及，以福建之马江、厦门，广东之广州、汕头，及云南蒙自等处皆番舶必经之地，匪徒出没，防不胜防，虽内地逐节稽查，既有接济，影响难保不乘间而入……惟有就南北洋巡海各船，由津沽而吴淞，以次周巡。"② 其加强沿海巡缉的奏请显然着眼于防范革命。

第四，载沣自己想要有所作为是一个极其重要的因素。庚子事变之后，慈禧有些心灰意懒，虽然被迫推行了一些新政，但苟且因循，惰于政事，诸如规复海军之类的重要事情被一再搁置，未能采取有力的措施。其实，前面已述，慈禧也深知海军的重要性，故而临终前还以海军为念。在某种意义上来说，问题不在于有无必要规复海军，而在于最终决策者有没有决心，愿不愿意拍板决定。载沣摄政后，励精图治，欲有所作为，兴复海军是其推出的一项重要举措。除海军重要，不容再缓之外，醇亲王奕譞曾总理海军恐怕也是让载沣做出兴复海军决定的一个因素，对他而言，兴复海军有子承父志的特别意味。

---

① 收保和会专使陆征祥电：《为请转商陆军海军部整顿舰队统一制度事》，中国第一历史档案馆缩微胶卷，档案号：2 - 05 - 12 - 033 - 0782，缩微号：2 - 05 - 12 - 033 - 0782。

② 闽浙总督松寿：《奏为遵旨筹办沿江沿海巡缉事宜请饬陆军部南北洋等诸臣酌定添造砲船的款事》，中国第一历史档案馆缩微胶卷，档案号：03 - 6041 - 030，缩微号：451 - 3357。

三 推动兴复海军

载沣兴复海军的愿望十分迫切,与奕劻、铁良等"夙夜筹划"[①]。在召见善耆、载泽、铁良等时,谕以"中国海军不能振兴,必难与各国并驾驰驱,故海军最为紧要,须伍年内办有成效",[②]"于二年内必具基础"。[③] 又面谕善耆:"我国兴复海军一事,为各国所注目,非切实筹画不足以资完全,此次所派筹办之王大臣类皆平日擅长一切要政者,萨镇冰久历戎行,尤可倚畀,务须和衷共济,协力图维,庶海军成立有期,以慰先帝在天之灵,而竟太皇太后未终之志,至关于海军之用人行政诸大端,均宜揆之国势,妥订详章,不得仍沿海军衙门旧案,依样仿办,致滋流弊。"[④] 载沣对萨镇冰颇为倚重。在萨镇冰陛见之时,"垂询练水师,防革匪及禁运军火各事"。萨镇冰奏对称旨,载沣对其大加嘉奖。[⑤] 度支部尚书载泽心中十分清楚,旨派其筹划海军基础,实欲其负责筹措经费。开办海军经费浩繁,而度支现极支绌,急切难筹,故请从缓。[⑥] 二月初二日,载泽奏请收回成命。其奏称:"至筹备海军,是属兵谋,既未尝习战昆池,顾何敢预论横海?况造端伊始,尤为重要。抚躬循省,殊未能堪。伏乞圣明体念下情,准予收回成命,俾奴才得专力财政,藉图报称。"[⑦] 载沣兴复海军的决心已下,当然不会收回成命,当日颁发上谕,不允所请。上谕称:"镇国公载泽奏请收回成命一折,海军关系重要,亟应筹办,以立始基,……著仍遵前旨,实力计画,以期早日观成,所请收回成命之处著毋庸议。"[⑧]

经过几个月的努力,筹办海军取得初步进展。7月9日,善耆等上奏筹办海军基础办法。具体办法为:一、画一海军教育,现有之四所海

① 《京师近事》,《申报》1909 年 2 月 7 日,第 1 张第 5 版。
② 《筹办海军之最近闻》,《申报》1909 年 3 月 3 日,第 1 张第 4 版。
③ 《电一》,《申报》1909 年 2 月 21 日,第 1 张第 5 版。
④ 《摄政王之海军谈》,《通问报:耶稣教家庭新闻》1909 年第 341 期,第 6 页。
⑤ 《萨镇冰奏对称旨》,《大同报（上海）》1909 年第 11 卷第 9 期,第 31 页。
⑥ 《电一》,《申报》1909 年 2 月 21 日,第 1 张第 4 版。
⑦ 张侠等编《清末海军史料》,第 94 页。
⑧ 中国第一历史档案馆编《光绪宣统两朝上谕档》第 35 册,第 44 页。

军学堂、烟台学堂改为驾驶专门，黄埔学堂改为轮机专门，福州前学堂改为工艺，定额收学生，陆续扩充。就浙江之象山，设枪炮练习所、水雷练习队。并拟于京师设立海军大学。二、编制现有舰艇，分巡洋舰、沿海巡洋舰、练习舰、长江巡防舰、守口雷艇等，就现有舰艇，量为编制，以立舰队之基础。三、开办军港，择浙江象山先行开筑，以为海军根据地。四、修整船坞、台垒，即整顿大沽、上海、福建、黄埔之修船厂坞，以备修理船艇；整顿炮台以为海军策应。①

善耆对筹办海军大臣一职（将来就是海军部尚书）觊觎已久，曾表示想辞去民政部尚书专办海军，对筹办海军大臣职位实志在必得。不料，为载沣胞弟载洵捷足先登。7月15日，载沣颁发朱谕，谕称："著派郡王衔贝勒载洵、提督萨镇冰充筹办海军大臣，俟有成效，再候谕旨。"② 此任命虽有任人唯亲的嫌疑，但也有利于海军筹办的一面，载洵有摄政王胞弟的特殊身份，能减少阻力，得到更多的支持和响应，筹办海军更为得力。

7月23日，载沣谕准成立筹办海军事务处。事务处内设参赞厅，专设参赞一员，协助载洵、萨镇冰规划一切，拟由裁缺海军处副使谭学衡充任。厅内分设秘书、庶务两司，每司各设司长、司副、科员等缺，掌管文牍庶务。拟于厅内设一、二、三等参谋官，以海军学生出身人员充当。此外暂设第一、第二、第三、第四四司，每司设司长、司副、科长、科员等缺，先就旧日海军处人员遴选委任。并请饬下度支部拨给开办经费六万两白银。奉旨"依议"。筹办海军大臣的任命和筹办海军事务处的成立，使海军有了专门的管理机构和负责人员，加快了筹办海军的步伐，对于兴复海军具有重要意义。

成立筹办海军事务处后，载沣还谕准载洵等人所奏，在海军制度建设方面采取一系列措施。

第一，重定海军人员官阶职。1907年，陆军部核议陆军官制办法，在清单内声明嗣后海军人员应当比照陆军三等九级官阶设置额缺，但一直并未实行，海军人员官职阶级仍沿用绿营旧制。1909年8月，载洵等奏请嗣后海军官制完全按照陆军奏定的三等九级办理，"以作士气而

---

① 陈宝琛等撰《清实录·宣统政纪》，中华书局，1987，第281~283页。
② 中国第一历史档案馆编《光绪宣统两朝上谕档》第35册，第252页。

崇海卫"。①

第二，拟定海军旗式章服。载洵等奏称各国海军自海军大臣以下各长官，"均有特别旗式悬挂桅端，以辨等威"，各级军官也有章服标示，"以示区别"，中国现筹办海军，应参仿各国成规拟定海军长官旗式暨各项章服，"以期品级分明，略备规制"。②

第三，拟定筹办海军大臣徽章。载洵等奏称，承命筹办海军，需赴沿江沿海各省巡阅，且时常与来华兵舰酬酢往返，应该佩戴特别章记，"以辨等威而昭识别"，拟制徽章，"佩带胸际，俾壮观瞻"。③ 以上奏请均得到载沣的允准。

8月13日，载沣谕准载洵、萨镇冰会同陆军部奏定海军入手办法。办法具体内容如下。

第一，筹措经费。经费包括开办经费和常年经费，拟先筹开办经费一千八百万两白银，用于辟建象山港，设立学堂及各项厂所，购置各式舰船。常年经费除原有经费不变外，拟每年暂筹二百万两，将来陆续扩充，再随时奏请添拨。

第二，编练舰队。（1）将北洋已有之"海圻"、"海筹"、"海容"、"海琛"和"飞鹰"等五船，拟添购之巡洋舰三艘、灭鱼雷艇二艘共十艘，及南洋之"辰宿""列张"，湖北之"湖鹏"、"湖隼"、"湖鹰"和"湖鹗"等八雷艇，编为巡洋舰队，以为梭巡洋面之用，并应随时派赴外国保护华侨。（2）将北洋现有"通济"及拟购之新式练船二艘、航海炮船十艘，共计十三艘，编为练习舰队，常川出洋，用于训练及巡缉沿海各省口岸。（3）将南洋之"建安"、"建成"、"江元"、"江亨"、"江利"、"江贞"六炮船，湖北之"楚豫"、"楚观"、"楚泰"、"楚同"、"楚有"、"楚谦"六炮船，共计十二艘，编为长江舰队，分巡上下游，其原设之长江水师，仍令照常巡缉湖港河汊。各舰队设正副统领各一员。聘请英国海军人员一名为顾问官，另聘英国海军官数人，分充

---

① 载洵等：《奏为拟订海军人员官阶职任请比照陆军办理事》，中国第一历史档案馆缩微胶卷，档案号：04 - 01 - 01 - 1099 - 098，缩微号：04 - 01 - 01 - 168 - 2186。

② 载洵、萨镇冰：《奏为拟订海军旗式章服事》，中国第一历史档案馆缩微胶卷，档案号：04 - 01 - 01 - 1099 - 092，缩微号：04 - 01 - 01 - 168 - 2159。

③ 载洵、萨镇冰：《奏为绘拟筹办海军大臣徽章式样事》，中国第一历史档案馆缩微胶卷，档案号：04 - 01 - 01 - 1099 - 093，缩微号：04 - 01 - 01 - 168 - 2163。

练船教习。

第三，辟建军港。辟象山港为军港，分设海军公所、演武厅、操场、港务厅、军械库、修械厂、储煤厂、医院、灯楼、旗台、铁石码头。

第四，筹办学堂。（1）在象山港建设海军驾驶轮机学堂一所，仿英国最新办法，作为各省海军学堂之模范，并设枪炮鱼雷水雷练习所，酌聘外国驾驶、轮机、枪炮、鱼雷、水雷各项专门教习数员，分科教授。（2）各学堂挑选学生仿照陆军成案，按省份定额。（3）整顿烟台、福建、江南、广东等处水师学堂，并归筹办海军处管辖。（4）准备筹设海军大学堂。

第五，改良厂坞。整顿大沽、上海、福州、黄埔等船坞，奏派专人负责。

第六，整顿炮台。沿海沿江炮台均归筹办海军处管辖，由筹办海军处会同各省督抚经理，所有各台将领官弁人员，均归筹办海军事务处管理。①

按照奏定入手办法，8月24日，载洵、萨镇冰请训出京考察，载沣谕以"设立军港最为紧要，通国总需五处海军学堂，以设在南北洋为便，酌留从前水师学生年轻者进堂，归速成班，尔等查勘宜细，事竣速回"。② 十余日后，载沣又电谕载洵、萨镇冰："兴复海军以军港、军械局为最要，著详细查勘，认真考察，海军人才现尚缺乏，并著留心谘访，奏保录用。"③

10月，载洵、萨镇冰奉命启程赴欧洲各国。载沣电谕二人，谆谆告诫。谓：筹办海军巡舰实为始基，关系重要。该大臣等有鉴于此，不惮烦劳，亲往东西洋考察所有兵舰以及枪械，何种为新式，何种最合用，当不难得其要领，应俟考察完竣，再行订购，勿稍冒昧，致涉靡费。④ 考察期间，载洵、萨镇冰在意大利订购炮舰一艘，命名为"鲸波"；在奥匈帝国订购驱逐舰一艘，命名为"龙湍"；在德国订购鱼雷艇3艘及浅水炮艇两艘分别命名为"同安"、"建康"、"豫章"和"江

---

① 载洵、萨镇冰：《奏为遵筹海军基础办法各条事》，中国第一历史档案馆缩微胶卷，档案号：04-01-01-1099-099，缩微号：04-01-01-168-2192。
② 《电二》，《申报》1909年8月26日，第1张第4版。
③ 《电一》，《申报》1909年9月12日，第1张第4版。
④ 《电谕海军大臣勿遽订购械舰》，《申报》1909年11月1日，第1张第3版。

鲲"、"江犀";在英国订购巡洋舰 2 艘,命名为"肇和""应瑞"。

考察回国之后,载洵等对海军计划进行了调整。他们认为:"购置船舰,但有的款,克期可成,而官长之养成在于储才有素,计非十年不办。军港之建筑,关乎根本至计,亦非一蹴可及,然则训练人才,建置军港两大端较购船为尤急矣。"因此他们提出两点建议。(1)以学校及练船作为训练人才之区。将现有的烟台海军学堂改为海军初级学校,并在象山军港内设立海军中等学校,所有功课门类及教授管理规则,完全参仿英国办理,其教育人员也选用英国海军员弁,以资教授。并向英国著名工厂订购最新式练船二艘,聘用英国海军人员充当教习,随时赴洋练习。(2)建置军港。从速经营象山军港,次第兴筑港内应设的海军中等学校、水雷练习所、枪炮练习所等厂所,并预留地段,以备将来修筑船坞之用。①

载洵等还重定海军处各司职名职掌。原设第一司改名为军制司,掌海军规制、考绩、驾驶、器械、轮机等项事宜。第二司改名为军政司,掌修造船舰、建筑工程等项事宜。第三司改名为军学司,掌海军教育、训练、谋略等项事宜。第四司改名为军防司,掌铨衡各省水师将弁并侦测等项事宜。医务司(添设于 1909 年七月)改名为军医司,掌海军卫生、疗伤、医药及军医教育等项事宜。参赞厅内原设之秘书司改名为军枢司,掌全处人员升迁、调补差缺、机密公牍函电及承发文件等项事宜。庶务改名为军储司,掌海军经费及服装、军粮等项事宜。两司改名后不再隶属参赞厅。原设一、二、三等参谋官仍留厅内,以资佐理。另设军法司,掌海军军事裁判、风纪、法律等项事宜。②

1910 年 8 月,载洵、萨镇冰等再次出洋,赴日本、美国考察海军。考察期间在美国订购巡洋舰一艘,命名为"飞鸿";在日本订购炮舰两艘,分别命名为"永丰""永翔"。归国后,载洵等再次对海军计划进行了调整,奏请设立第一舰队。载洵等认为,各国舰队支数及战斗力虽有不同,但都以战斗舰为主。现在日韩合并,我国时事日亟,加上海疆延亘七千余里,外国战舰常川游弋,非设数支舰队不足以保海权而资策

① 载洵、萨镇冰:《奏为就原拟海军基础办法酌分次第举办事》,中国第一历史档案馆缩微胶卷,档案号:04 - 01 - 01 - 1113 - 033,缩微号:04 - 01 - 01 - 171 - 0986。

② 载洵、萨镇冰:《奏为重订海军部各处职掌职名事》,中国第一历史档案馆缩微胶卷,档案号:04 - 01 - 01 - 1113 - 032,缩微号:04 - 01 - 01 - 171 - 0980。

应。而财政困难，为今之计，只有将宣统元年（1909 年）拟编之巡洋舰队略为变通，增购战斗舰二艘，钢甲巡洋舰二艘，鱼雷猎船八艘，加上原有的各巡洋舰合成一支，名叫第一舰队，作为续设各舰队的模范。设立第一舰队约需银三千五百万两，数额巨大。奏上，载沣朱批："著该大臣等将所需款项应如何筹画之处妥慎筹拟办法，先行会商度支部并会同密陈，候旨办理。"①

筹办海军最大的难题还是经费，载沣对此大力支持。② 载洵等奏入手需筹开办经费一千八百万两白银，常年经费二百万两，请饬下度支部迅速筹拨，并饬各省督、抚协同筹划，以维大局。载沣朱批"依议。钦此"。③ 1909 年 8 月 2 日，载沣召见载泽，"垂询海军费甚详甚久"。载泽颇感为难，奏称"此事需费过多，实在难于筹措"。载沣态度坚决，谕以"海军势在必兴，你们速即妥商筹措"。④

同日，载泽在政务处会议上提出海军经费难酬，拟另谋筹款之策。政务处王大臣当即拟就电稿，随后即通电各省，大致云：海军为强国要图，势在必办，需费过巨，全赖各疆臣体念时艰，不分畛域，竭力筹措，前经电咨在案。各该省究竟能筹若干，希即迅速妥筹电复，以便汇核复奏。⑤

各省先后复电。其认筹经费情况如下。

直隶省认筹开办经费银一百二十万两，常年经费银二十万两，"以上两项皆系勉力筹认，尚无指定的款，俟奏准后当设法腾挪，移缓就急，分别按月筹解"。

奉天、吉林、黑龙江三省共认筹常年经费银十万两，"拟在各款内竭力节省匀凑"。"其开办经费，实在限于财力，仍请免筹。"

江苏省认筹开办经费银一百二十万两，常年经费银二十万两，"财

---

① 载洵、萨镇冰：《奏为拟设海军第一舰队并厘订海军部官制各情事》，中国第一历史档案馆缩微胶卷，档案号：04 - 01 - 01 - 1113 - 046，缩微号：04 - 01 - 01 - 171 - 1064。

② 据报载，因海军开办经费不敷甚巨，清廷打算由王公大臣倡办海军捐，以为商民之先导。载沣与军机大臣们提议，以海军为全国君民共担之责任，捐款应由他自己开始，拟首先提取奕𫍙之遗蓄金，拨作海军开办经费，以为王公臣僚及海内外商民之观感（见《摄政王之新政见：倡捐海军经费》，《华商联合报》1909 年第 20 期，第 32 页）。

③ 张侠等编《清末海军史料》，第 671 ~ 672 页。

④ 《摄政王深虑创办人丁捐之扰民》，《申报》1909 年 8 月 13 日，第 1 张第 3 版。

⑤ 《电催各省认筹海军经费数目》，《申报》1909 年 9 月 15 日，第 1 张第 4 版。

政困难已极，惟有随时设法腾挪凑解"。

广东省认筹开办经费银一百二十万两，常年经费银二十万两，自1909 年起按年筹解。

湖北省认筹开办经费银八十万两，常年经费银十万两，当就司、关各库随时腾挪，自宣统二年（1910 年）起分批筹解。

浙江省认筹开办经费银一百万两，常年经费银十五万两，按年协解。

山东省拟岁拨银二十万两，四年共银八十万两，充开办经费，就各库、局内除京、协各款外，斟酌轻重缓急，权为凑解。其常年经费拟认银十五万两，在藩、运两库及胶关常税项下分拨，按年筹解。

福建省认筹开办经费银八十万两，此项银两系于万分支绌之余，为移缓就急之计，四年匀拨，恐难如期，曾与海军大臣面商，请稍宽期限，分年匀解。承海军大臣电嘱，另筹数万作为常年经费。闽本瘠区，已苦罗掘，兹勉遵另筹银五万两为常年经费。

四川省认筹开办经费银八十万两，常年经费银十万两。认筹各款仓促应命，并无的款可指，只有移缓就急，设法腾挪。

河南省认筹开办经费银六十四万两，常年经费银八万两，拟于耗羡税、契厘税、盐斤加价项下筹措。

山西省认筹开办经费银六十万两，分四年匀解，常年经费银五万两，统由司、道酌拨，限于财力，无可再加。

江西省认筹开办经费银五十六万两，每年解银十四万两，常年经费银十万两。此项的款，如何腾挪，唯有将新旧政需用之款，分别先后裁停，以资凑济。

广西省认筹开办经费银五十万两，分四年匀解，常年经费银六万两，按年解拨，随时设法腾挪，依期解足。

安徽省认筹开办经费银四十八万两，分四年匀解，常年经费银每年八万两，饬由藩司及皖南、北两关按年份认措解。

陕西省认筹开办经费银二十万两，分四年匀解，常年经费银二万两，按年解报。后又电称，如能宽假年限，拟认筹开办经费银四十万两，分作八年解清，其常年经费，仍每年认筹银二万两。

湖南省每年认筹开办经费银九万两，四年合银三十六万两，暂指藩库裁兵节饷二万两，粮库南折银二万两，长沙海关税五万两。常年经费拟每年认筹银四万两，在裁兵节饷及厘金项下筹解。因长沙关税开关经费尚未归清，度支部令湖南设法另行筹措。①

10月4日，度支部将筹拨海军开办及常年经费情况上奏，历陈为难情形。当日，载沣谕令度支部尽力设法筹划海军处经费。谕称："兹据度支部复奏，未能如数筹拨。部款支绌，自系实在情形；惟军需重要，亦难视为缓图。著照该部现筹数目暂为拨付，其余不足之数，仍著该部尽力设法筹画，俟有的款时，再行酌量拨给。"②

筹措海军经费的困难远超出了载沣的想象，事实上连这些认筹的经费也没有保障。江西由于铜元贬值，财政赔累已久，端方任两江总督时就曾奏请改征银两，缓解财政困难，未得到允准。兴办海军，加剧了江西的财政困难。江西巡抚冯汝骙以预算不敷，请减解北洋海军经费及协饷，奏称："查赣省岁解北洋海防经费银十万两，本系海军经费改拨，现海军经费已派巨款，实无余力再解此款。……以上各项拟请减解银四十万四千两，划抵银五万两。"载沣朱批："度支部议奏。"度支部复奏："惟各省财政同处困难，拨协各款又皆奉行已久，倘以该省不敷之故，骤准减免，则各省纷纷踵效，应协者必争请减缓，受协者必呼吁频来，无补盈亏，徒增紊乱。似未便以该省一隅，牵动财政大局。应请饬下该省，协解各款，仍遵照历届成案办理，所请减解、抵划两层，均毋庸置议。"奏上，奉旨依议。③

其后安徽巡抚朱家宝，也以库款支绌，协饷与海军经费难以兼筹，奏请暂停各项协饷。度支部复奏称："该省于海军经费既能勉力筹解，于协解各饷自应照旧源源协济。……相应请旨饬下该抚无论如何为难，于协解拨补各款仍当设法接济，俾免贻误。所请……应毋庸议。"④

由于财政困难，各省所认筹办经费和常年经费不能按时解足，海军筹备事务处只得请度支部电催各省将认定之款速即照解，并先予垫拨。至1910年5月，度支部垫拨已达银一千万两。载洵请度支部再垫拨银五百万两，此时度支部亏空已达银一千五百万两，度支部尚书载泽坚决不允。⑤

① 张侠等编《清末海军史料》，第673~676页。
② 中国第一历史档案馆编《光绪宣统两朝上谕档》第35册，第365页。
③ 《赣抚力请停解杂款》，《申报》1910年10月15日，第1张第5版。
④ 《皖抚请停各项协饷不准》，《申报》1910年1月13日，第1张第5版。
⑤ 参看《电四》，《申报》1910年3月18日，第1张第3版；《电一》，《申报》1910年5月17日，第1张第3版。

　　万般无奈之下，载沣考虑请求隆裕皇太后发内帑充拨海军经费。7月7日，载沣办事后在三所特召枢臣商议此事。军机大臣们认为，"海军一举存亡所关，不可希图省费，致同虚设。然全数取之民间，当此民力凋敝之际，实亦不胜担负，惟有颁发内帑，以资补助，如有不敷，再由度支部筹拨"。当即决定奏明隆裕，简派专员将慈禧所遗库帑彻底盘查，核计确数，酌量提拨。① 载沣两次向隆裕奏请，隆裕才允拨赤金三十万两作为海军的款，其余无论尚亏若干，均归度支部筹措。②

　　早在 1909 年 8 月，大学堂总监督刘廷琛在奏对时就因财政困难，经费难酬，请求暂缓举办海军。其奏谓："现在赔款垒垒，加以举办新政，须款孔殷，此时若不分别缓急，将来必至事皆掣肘，况近来民生凋敝，水旱频仍，海军兴复虽已降有明谕，万难罢议，然筹款艰难，度支空乏亦深可虑。拟请暂缓举办，并饬下枢部诸臣妥为筹议，必须指定的款，无累于国计民生，更须先将海军经费列表预算，然后设法筹措，此时似不必视为急务。"载沣不以为然，未予采纳。③

　　1910 年，财政愈形困难，两江总督张人骏提出缓办海军。其奏大致谓：国家财政支绌，筹办各项新政已觉力有未逮，无余力再办海军。纵此时竭力筹措，得树基础，以后常年经费定难继续。且象山非建筑军港合宜之地，载洵非办理海军之才，果用此人，照此办理必至徒糜巨欵，毫无效果。虽此项经费系由各省分摊，然值经济困难之时，无非勉强罗掘，究其极仍吸取人民之脂膏。计自海军处设立以来，业已逾年，用欵二千万试问所办何事？务请宸衷独断，饬令缓办或另简贤才办理。④

　　甚至载沣、载洵的胞弟军谘大臣载涛也反对海陆军并举，主张先办陆军，后办海军。他在政务处王大臣会议上提出："筹办海军宜循序办理，不可操之过急，须先筹的款训练全国陆军，俟陆军完备再从事于海军，是为正办，苟海陆同时并举，中国财政断难敷用。"载涛的意见得到政务处王大臣的赞同。"各王大臣均以涛邸此论确有阅历，而度支部尚书泽公尤深韪其言。"⑤

---

① 《内帑拨充海军经费确闻》，《申报》1910 年 7 月 14 日，第 1 张第 4 版。
② 《慈宫准拨内帑创办海军》，《申报》1910 年 8 月 5 日，第 1 张第 4 版。
③ 《刘廷琛奏请缓办海军》，《申报》1909 年 9 月 5 日，第 1 张第 4 版。
④ 《电一》，《申报》1910 年 6 月 16 日，第 1 张第 3、4 版。
⑤ 《涛贝勒亦议缓办海军耶》，《申报》1910 年 8 月 24 日，第 1 张第 4 版。

如此多的大臣反对兴复海军，载沣不能不有所考虑。他就京内外大臣主张缓办海军、撙节财用、办理宪政问题一事询问载洵。载洵对称："斯时降旨缓办海军必为各国所轻视，至于撙节财用一事，固属当务之急，以臣之见，若内外大臣实行痛除虚糜，共守维持国脉之心，想数年省千数万两尚非难事。"① 缓办海军之议遂寝。

虽然困难重重，但兴复海军依然不断前行。1910 年 12 月 4 日，载沣谕准《海军部暂行官制大纲》，决定设立海军部。官制如下：海军大臣一员，海军副大臣一员，参议官若干员，参事官若干员，秘书官若干员，并分设八司一处。（1）军制司。司长一员，司副一员，内分驾驶、轮机、制度、考核、器械五科，每科设科长一员，科员录事各若干员。（2）军政司。司长一员，司副一员，内分制造、建筑两科，每科设科长一员，科员、艺师、艺士、录事各若干员。（3）军学司。司长一员，司副一员，内分教育、训练、谋略、调查、编译五科，每科设科长一员，科员、录事各若干员。（4）军枢司。司长一员，司副一员，内分奏咨、典章、承发三科，每科设科长一员，科员、录事各若干员。（5）军储司。司长一员，司副一员，内分收支、储备、庶务三科，每科设科长一员，科员、录事各若干员。（6）军防司。司长一员，司副一员，内设侦测、铨衡二科，每科设科长一员，科员、录事各若干员。（7）军法司。司长一员，司副一员。另设司法若干员，录事若干员。（8）军医司。司长一员，司副一员，内分医务、卫生两科，每科设科长一员，科员、录事各若干员。主计处计长一员，副计长一员，内设会计、统计两科，各设科长一员，科员、录事各若干员。②

海军部设立后，载洵拟定了更加宏大的海军发展计划，"欲在七年以内（宣统元年至宣统七年）建造一等战舰八艘，各等巡洋舰二十余艘，各种炮舰二十艘，及第一、第二水雷艇队各若干只，并就全国设置四大军港，以构成二十五万吨内外之海军势力，一切经费约需一亿五千八百四十万两"。③

1911 年 9 月，海军部与美国贝里咸钢铁公司订立合同，"拟用库平

<hr/>

① 《洵贝勒不欲缓办海军》，《申报》1910 年 9 月 21 日，第 1 张第 4 版。
② 《筹办海军处奏拟定海军部暂行官制大纲折》，张侠等编《清末海军史料》，第 520 ~ 522 页。
③ 《海军部计划之远大》，《申报》1911 年 2 月 2 日，第 1 张第 4 版。

银二千五百万两，以应海军之需"。① 合同的订立不仅有望大大缓解兴复海军的财政困难，也为加强与美国的合作开辟了广阔前景。

此后不久，武昌起义爆发，清王朝在革命的风暴中覆灭，刚刚步入轨道的海军兴复随之夭折。

结 论

由于清王朝灭亡，载沣兴复海军的努力最终以失败告终，但决策推动海军兴复是值得肯定的，其主导的海军"兴复"的历史意义也不容否定。

第一，建设一支近代化的海军，对于海疆辽阔，列强逼处，内乱方兴未艾的清王朝来说是必须的。如果把视野放得更宽广一些，从超出清王朝利益命运局限的国家民族的角度来说，更是如此。那种认为重建海军非但于挽救清王朝命运无补，且加重了清王朝财政负担的观点是极其狭隘和短视的。决策并推动海军兴复是完全正确的，在此问题上载沣的政治见识和政治魄力是值得充分肯定的。

第二，在财政艰窘万分的情况下，由于载沣的大力支持，清王朝筹措了约三千万两白银进行海军建设，取得了巨大成绩。在机构方面，最终设立了海军部，成立了统一的管理机构，结束了北洋、南洋、粤洋、闽洋四洋并立，互不统属，各行其是的混乱局面。在制度方面，建立了官制、军服、旗式等方面的一系列制度，初步建立了近代化的海军制度，实现了海军指挥管理的专门化、职能化。在舰队方面，建立了巡洋和巡江两支舰队，并购买了一些新式舰船。在军港方面，开始建设象山军港，为中国近代海军开辟了一个可靠基地。在资金方面，与美国贝里咸钢铁公司订立了兴办海军的借款合同。载沣执政时期，清王朝的海军重建已开始步入轨道，假以时日，兴复有望。不过，历史不再给清王朝和载沣机会。

第三，在指导思想上，宣统年间海军的建设已不仅仅是甲午战前海

---

① 筹办海军大臣载洵、海军副大臣谭学衡：《呈与美国贝里咸钢铁公司订立合同清单》，中国第一历史档案馆缩微胶卷，档案号：03-7498-024，缩微号：557-1163。

军建设的重复，其建设不是仅仅着眼于东亚，主要针对日本，而是着眼于世界，针对列强，开始具有了全球视野。

第四，清末海军兴复的努力成果对民国以后海军发展及抗战有着重要影响。1912 年民国政府制定的海军部官制设海军总长、次长各一名，下设总务厅、参事厅、秘书处、副官处、技正室、视察室、军衡司、军务司、军械司、军需司，显然借鉴了清末海军部官制。宣统年间购买的军舰在民国海军中扮演着重要角色。在抗日战争爆发前，第一舰队中的唯一一艘驱逐舰"建康"（伏波）舰，第三舰队中的唯一一艘驱逐舰"同安"（飞云）舰，第四舰队中的唯一一艘巡洋舰"肇和"舰都是在宣统年间订购的。"中山"、"建康"、"永翔"、"同安"、"应瑞"、"江犀"和"江鲲"等七舰在抗日战争中英勇作战，或被日军炸沉，或自沉阻塞水道以阻挡日军进攻，在历史上留下了极其悲壮的一页。

原载《史学月刊》2017 年第 7 期

再论"内外皆轻"权力格局与
清末民初政治走向

几年前，笔者在研究地方督抚与清末新政课题时，曾提出清末新政时期中央与地方权力格局演变为"内外皆轻"，在一定程度上补充或修正了自罗尔纲先生以来所谓"内轻外重"权力格局说。① "内外皆轻"说的提出，在学界引起了某些关注。孙燕京教授曾撰文鼓励并提出质疑，② 促使笔者继续思考，深感有必要进一步阐释和深入论证。本文即因此而作，谨就教于孙教授及学界同仁。

一 "内外皆轻"含义再释

所谓清末"内外皆轻"权力格局的核心意涵，具体涉及清末新政时期中央与地方权力关系问题。

首先必须明确什么是"权力"。"权力"作为社会学与政治学的重要概念，一般而言有广义和狭义之分：广义的权力是指对事物的影响力

* 李细珠，中国社会科学院近代史研究所博士后，现任职中国社会科学院近代史研究所研究员。

① 参见拙文《晚清地方督抚权力问题再研究——兼论清末"内外皆轻"权力格局的形成》，《清史研究》2012年第3期；《辛亥鼎革之际地方督抚的出处抉择——兼论清末"内外皆轻"权力格局的影响》，《近代史研究》2012年第3期。又见拙著《地方督抚与清末新政——晚清权力格局再研究》，社会科学文献出版社，2012，第363~443页。

② 孙燕京：《"内轻外重"抑或"内外皆轻"？——评李细珠〈地方督抚与清末新政〉兼论晚清政治史研究》，《近代史研究》2014年第2期。按：文中引述此文仅夹注页码。

和支配力，大致可分为社会权力和国家权力两类；狭义的权力指国家权力，就是统治者为了维护其统治利益和建立某种统治秩序而具有的制度性支配力。这种制度性支配力，实际上就是制度设计的产物，是制度的规定性效力。"权力是一种某个职位的占有者可以使用而非必须使用的东西，它反映的是一种潜在能力而非实际现象。"① 可见，权力与制度规定的职位相关，其实际效力取决于对相关制度执行的程度。权力的大小关键在于对制度的掌握和利用的程度，也就是掌握和利用制度发挥影响力和支配力的程度。如果能有效地掌握和利用制度而发挥较大的影响力和支配力，就可谓权力大（或曰"重"），反之则可谓权力小（或曰"轻"）。本文正是从这个意义上，理解清末权力格局的"内外皆轻"。

关于晚清权力格局问题，一般都是在中央与地方权力关系的框架之内讨论，学界长期以来多持"内轻外重"说。这个说法最早源自太平天国史研究大家罗尔纲先生。罗先生从湘军的兴起，论证咸同以后"兵为将有"的起源，指出将帅各私其军而出任疆寄，造成"外重内轻以致于分崩割据的局面"，并在此基础上提出"督抚专政"说，认为地方督抚"既擅兵柄，又握有地方上的财政、民政等政权，于是他们便上分中央的权力，下专一方的大政，便造成了咸同以后总督巡抚专政的局面"。② 罗先生的这个观点在学界有非常广泛的影响，但也不断受到挑战和修正。从王尔敏、刘广京到刘伟，基本上赞同晚清权力格局出现"外重内轻"局面，但还不至于到"督抚专政"地步。③ 邱涛则全面修正罗先生的观点，认为在晚清既没有形成"内轻外重"的局面，也没有出现所谓"督抚专政"。④ 值得指出的一点是，既往相关研究在时段

---

① 〔美〕安东尼·奥罗姆：《政治社会学》，张华青等译，上海人民出版社，1989，第153页。

② 罗尔纲：《清季兵为将有的起源》，《中国社会经济史集刊》第5卷第2期，中央研究院社会科学研究所，1937年6月，第235～250页；《湘军新志》，商务印书馆，1939，第232页。

③ 王尔敏：《淮军志》（成书于1967年），中华书局1987年据台北中研院近代史研究所专刊〈22〉1981年2月版影印本，第376～385页；刘广京：《晚清督抚权力问题商榷》，原载《清华学报》新10卷第2期，转引《中国近代现代史论集》第6编，台北：台湾商务印书馆，1985，第341～386页；刘伟：《晚清督抚政治——中央与地方关系研究》，湖北教育出版社，2003，第402～403页。

④ 邱涛：《咸同年间清廷与湘淮集团权力格局之变迁》，北京师范大学出版社，2010，第13～48页。

上主要局限于太平天国兴起的咸同时期,至多延伸到庚子事变,而对庚子以后的清末新政时期则缺乏实证研究,笼统地谈论"晚清"只不过是逻辑推论而已。

笔者的研究重点正是清末新政时期地方督抚权力的变化与清廷中央集权的关系,在时段上正可弥补既往相关研究之不足。庚子事变时期的东南互保是地方督抚权力的最高峰。清廷在庚子事变之后开始实行新政,进行各项制度改革,其中一个重要目标是中央集权,尤其是预备立宪,明确标榜"大权统于朝廷"。其时,清廷之要中央集权,就是要调整和收束自咸同军兴以来地方督抚增大的权力。通过对清末新政时期地方督抚权力变化的研究,笔者认为,辛亥鼎革之际,中央与地方权力关系实际上已演变为"内外皆轻"的权力格局。在清末庚子至辛亥期间,随着新政尤其是预备立宪的开展,清政府不断加强中央集权措施,地方督抚的权力被收束而日益变小,其干政的影响力也有一个逐渐减弱的趋势。但与此同时,清政府中央集权的实际效力却并不显著,反而随着统治集团内部矛盾的激化而有削弱之势。这便形成"内外皆轻"的权力格局。一方面,清廷并没有建立强有力的中央政府,也未能真正控制全国的军权与财权,中央集权有名无实;另一方面,各省督抚也不能有效地控制地方军权与财权,在地方已没有强势督抚,更没有形成强大的地方势力。清末新政从制度上使权力交接失控,武昌起义前夕,正是地方督抚权力明显削弱,而清廷中央集权尚未强固之时,在此权力转换临界的关键时刻,革命爆发,清廷中央不能控制地方,地方无力效忠清廷,清王朝最终覆亡。

需要特别说明的是,"内外皆轻"权力格局的形成,是清末新政时期清廷中央集权对地方督抚收权的结果,适应时段在"清末新政时期"尤其是武昌起义前夕。职是之故,"内外皆轻"说的提出,不是对罗尔纲先生"内轻外重"说的颠覆,而只是一定程度的补充或修正。准确地说,要讨论咸同以来到宣统末年所谓"晚清时期"权力格局的演变,可以说有一个从"内轻外重"到"内外皆轻"的转变,发生此种转变的转折点就在庚子事变。

对于笔者所谓清末权力格局"内外皆轻"说,孙燕京教授在鼓励之余,进一步质疑地方督抚权力究竟是"重"还是"轻"。她认为:"在中央全力集权的过程中,地方督抚们是否乖乖就范,老老实实地交出了手中的权力？对朝廷特别是少壮派亲贵的虎视眈眈，督抚们是否束手无策？这是值得讨论的问题。"随后，她提出了五点疑问："一、督抚是否乖乖就范？二、督抚的应对；三、'忠与非忠'；四、为什么集权之后中央还'无法控制地方'？五、权力的流向。"（第145页）所谓"权力的流向"问题留待下节讨论。前面四点疑问，按照孙教授的解答，基调是肯定督抚权力之"重"。她认为，在清末新政时期，中央与地方权力争斗异常激烈，面对清廷中央的收权，督抚们绝不肯乖乖就范，而是想方设法做了保留，以便继续在一些重大问题上"掣肘"中央，至少是不合作；督抚应对方式是联衔上奏，如果不以"要挟"理解的话，至少也是"聚众壮胆"；督抚并不是无力效忠，而是无心、无意，就是"离心离德"。在她看来，"清末的'外重'不一定以'权重'的形式出现，而是以'离心离德'的形式呈现"。她进而认为：

> 关键性的解释漏洞出在"中央无法控制地方"这一句上。清末新政设立了名目繁多的职能部门，收走了督抚手中的权力，应该说当即生效——有"法"控制。但结果却是"无法控制"，这就说明收回的权力没有生效（用李细珠的话是"实际效力并不显著"），那就是说有"法"而"不能"。这是一种什么局面？只能以督抚坐大了、尾大不掉、指挥不动解释。换一句话就是，表面上权已不在手，但"势"大、能量大，是另一种"重"。用一种或许欠妥的比喻，就像督抚身边存有巨大的"黑洞"或者"暗物质"。有了它，谁能说权已不重了呢？（第146~147页）

这一段的关键还是说的地方督抚权力之"重"。

对于孙燕京教授的质疑，笔者并不认同，下面拟做三方面的解释。其一，清廷通过新政确实从制度上收回了地方督抚一些重要的权力。咸同军兴以后地方督抚权力增大的表征，主要是"兵为将有"和"就地筹饷"，就是军事权和财政权的扩大。庚子事变之后清廷实行新政，在调整和收束地方督抚的权力方面，首先解决的也是军事权和财政权，另外还有司法权、外交权、人事权、行政权等等。在新政与立宪的过程中，清廷中央集权的手法，主要是通过在中央设立军事、财政等各职能部门，相应地在各省设立下级机构，垂直掌控，直接剥夺了地方督抚在军事、财政、司法、外交、人事与行政等方面的权力，从制度设计上把地方督抚的相关权力收归中央，逐步加强了中央集权，从而使地方督抚权力越来越缩小。在此过程中，无不遭到地方督抚的激烈抵抗，中央集权与地方分权的矛盾激化，但结果大都是督抚不得不退让。现实中，部臣不断侵夺疆吏之权，如时人所谓："顷岁以来，学部保提学使，度支部设监理财政官，民政部保巡警道，农工商部保劝业道，法部保提法使，各安置私人，攘夺地方一部分之事，内外直达，守法之官骎骎干预行政，欲堕坏行省规制，而侵天子用人之权。……复见度支部尚书载泽奏定盐务章程三十余条，将盐运使以下各官归其任用。夫一省之大，至重要者只此数事，而皆画界分疆，一任部臣包揽而去，督抚孤居于上，已成赘疣。"① 从制度设计上看，清廷通过中央集权举措，由中央各职能部门分割了地方督抚的多种权力，使地方督抚权力逐渐缩小，是不争的事实。

其二，清廷中央集权并没多大实际效力，没有实际掌握从督抚手中收回的各种权力。清廷从制度上收回地方督抚不少重要权力，但因为亲贵专权，内部矛盾重重，政出多门，实际上破坏了中央集权的效力，未能真正掌握这些权力。一个显著的事例是，清廷通过中央集权，把新军的指挥权、调遣权收归军谘府、陆军部，但事实上，军谘府、陆军部并不能有效地指挥和调遣新军。新出监国摄政王载沣日记记事非常简略，但对收紧军权记载很详细，诸如载沣自代宣统皇帝为全国海陆军大元帅，载涛、毓朗为军谘处（府）大臣，载洵为海军大臣，荫昌为陆军大臣，载涛、毓朗、载搏为训练禁卫军大臣，② 等等，均认真抄录有关上谕，可见其用心之良苦。他还特别记录了把北洋新军六镇指挥权、调遣权收归陆军部的事实。宣统二年八月二十三日，"内阁奉上谕：'第一、二、三、四、五、六镇均归陆军部直接管辖。'"二十九日，"直督奏二、四镇办法，代朱批：'览悉。嗣后遇有调遣，准由该督一面再电奏请旨后，方可暂由该督节制。余著仍行懔遵前旨办理。'"③ 北洋新军

---

① 胡思敬：《劾度支部尚书载泽把持盐政折》（宣统二年三月十一日），《退庐疏稿》卷2，南昌问影楼刻本，1913，第19～20页。

② 爱新觉罗·载沣：《醇亲王载沣日记》，群众出版社，2014，第330～331、374～376、393～394、410～411页。

③ 《醇亲王载沣日记》，第366页。

六镇收归陆军部管辖，但事实上陆军部并不能有效指挥。武昌起义爆发后，清廷派陆军大臣荫昌督师进剿，但荫昌不能如意指挥前线军队，这些军队恰恰正是袁世凯的"北洋旧部"。在这种情况下，清廷才不得不召回荫昌，而被迫起用蛰伏多时的袁世凯，并授袁世凯为钦差大臣，谕令："所有赴援之海陆各军，并长江水师，暨此次派出各项军队，均归该大臣节制调遣。……此次湖北军务，军谘府、陆军部不为遥制，以一事权。"① 此所谓"军谘府、陆军部不为遥制"之说，正说明在武汉前线，军谘府、陆军部已经被迫自动放弃了军权，清廷中央集权之效力可想而知。所谓"中央无法控制地方"，只是清廷实际上不能掌控收回来的权力，并不是督抚坐大而权"重"，不能简单地推论为"只能以督抚坐大了、尾大不掉、指挥不动解释。换一句话就是，表面上权已不在手，但'势'大、能量大，是另一种'重'。"

其三，地方督抚在制度上失去许多重要权力，在实际上处于无能为力状态。清廷通过新政加强中央集权，相应地削弱了地方督抚权力，使督抚在地方办事艰难。如时论所谓："自中央集权之说中于中央政界之心理，而督抚之权日削，而外省之力日瘠，迄于今几无一款之可筹、一事之能办，疆臣愤不能平，则相率托词乞退。呜呼，其流毒之巨有如是也。"② 仍可以军权为例。清廷收回各省新军的指挥权、调遣权统归军谘府、陆军部，使地方督抚虽有节制新军之名义，而没有指挥、调遣新军之实权。武昌起义爆发，各省督抚应对无方，正如御史陈善同所说："各省督抚，膺千余里土地之重寄，为数千万人民之所托命，万不可无调遣兵队之权，以资镇摄。苟既命以如此重大之任，而复靳兵权而不予，是不啻缚其手足而使临民上，欲求无事不可得也。疑其人而罢其督抚之任可也，任之而复疑之，缚其手足不可也。今各省会城之变，大抵皆坐此弊，则兵权集于中央之说误之也。……今则各省陆军皆一律归部直接管辖矣，各该督抚均不能直接调遣矣，若不速为变计，乱未已也。"③ 直隶总督陈夔龙感同身受，曾痛陈疆臣失去兵权之害，有谓：

---

① 陈宝琛等撰《宣统政纪》卷62，宣统三年九月上，《清实录》第60册，中华书局，1987，第1132、1140页。

② 《时评·其一》，《申报》宣统二年八月九日，第1张第6版。

③ 《宣统三年九月初七日御史陈善同奏折附片一》，中国史学会主编《辛亥革命》（五），上海人民出版社，1957，第473页。

"余于宣统己酉腊月，履直督任，所辖北洋第二、第四两镇，兵力甚强，足以建威销萌。新党不便，怂恿京师权贵收归部中直辖，监国贸然允之。疆臣职司疆土，直隶尤屏蔽京师，一旦骤失兵柄，其何能淑。疏凡再上，以去就力争，卒未能收效果。"① 辛亥鼎革之际，地方督抚面对革命，除少数顺应世变潮流以外，尽管可能有多数督抚想效忠清王朝，但大都有心无力。独立各省督抚既无法控制新军，也不能筹集军饷，大都成为无兵无钱的光杆司令，只能消极应对革命形势。

概而言之，地方督抚之权"轻"，是清廷通过新政实行制度变革的结果。对此，时人有深刻的体察。资政院议员于邦华认为，清廷实行中央集权措施是地方督抚无权办事的症结，有谓："现今各省谘议局与督抚冲突事件，不能说是民气嚣张，而归咎于各省谘议局，实缘议决之事各省督抚不去执行，所办之事又不能洽于民心，心之不平，其气益不可遏。然亦不能归咎于各省督抚，我国行政机关有种种牵掣，况近日民间搜括殆尽，财政无着，又有中央集权之说使督抚愈不能办事，是以对于议决之事往往不能执行，甘受人民唾骂，则督抚自有督抚难处。"② 御史胡思敬更是尖锐地指出，清廷中央集权直接导致各省"都成散局"的严重后果，有谓："自中央集权之说兴，提学使为学部所保之员，巡警道为民政部所保之员，劝业道为商部所保之员，皆盘踞深稳，不敢轻言节制。而又司法独立，盐政独立，监理财政官气凌院司，亦驳驳有独立之势。一省之大，如满盘棋子，都成散局。将来天下有变，欲以疆事责之督抚，而督抚呼应不灵；责之学使以下各官，而各官亦不任咎。"③ 胡思敬不幸而言中，武昌起义之后地方督抚无力效忠朝廷的惨痛事实可为明证。调兵不动，筹款不成，办事不能，谁能说督抚还是权"重"？

二　所谓"权力流向"问题

所谓"权力流向"问题，涉及权力的转移或再生，与制度建设直接相关。

---

① 陈夔龙：《梦蕉亭杂记》，中华书局，2007，第122页。
② 《资政院第一次常年会议场速记录》第9号，宣统二年九月二十日。
③ 胡思敬：《请罢新政折》（宣统二年五月二十日），《退庐疏稿》卷2，第37页。

孙燕京教授认为："从广泛意义上说，权力大致是常量，一个变轻，另一个（相对待的一方）自然趋重。那么，内外皆轻便于理不通。"（第145页）这只是简单的逻辑推论，与实际史实并不相符。关键在于权力不是物质的东西，也不是实际的能量，如前引安东尼·奥罗姆（Anthony M. Orum）《政治社会学》所谓只是"一种潜在能力而非实际现象"，作为一种制度的规定性效力，这种效力只有在掌握和利用制度的情况下才能发挥出来，否则就是无效力。可见，权力不是"常量"，并不简单地遵循此消彼长的规律。所谓"权力流向"，既与制度的掌控和利用相关，也与制度变迁相关。

接下来的问题是，清末中央与地方权力关系形成"内外皆轻"格局之后，权力到哪里去了？这是孙教授与一般读者问得较多的问题。笔者有一个比较概括的说法："当清廷中央与地方督抚的权威一并衰落之时，军人势力崛起，从而出现军人干政局面。"（拙著《地方督抚与清末新政——晚清权力格局再研究》第410页）也就是说，权力从清廷中央和地方督抚转移到军人势力。话说简单，但要深入探讨还有较大空间。需要解决的问题是，权力具体究竟是如何转移的呢？

孙燕京教授也认为："如果我们放大视野，观察一番清末中国的政治格局，那么，权力的流向就清楚了，那就是清王朝衰弱了，其他政治势力不断崛起，比如革命排满、拥护共和的革命党；比如反对流血、提倡立宪的立宪派；比如压抑已久支持改变的广大民众；当然最大的获益者还是心机特重、善于权术的袁世凯。"（第147页）这是对辛亥革命之后中国政局变动非常到位的观察。需要追问的是，最后的赢家为什么是袁世凯？要理解这个"权力流向"问题，关键还是要解剖革命之后的制度变迁与重建问题。

现代西方政治学理论表明："政权崩溃之后出现的是权力真空。……如果在旧政权消失之后，余下的各种社会力量的强弱相差很大，那么最强大的社会力量或社会力量的联盟也许只需相对说来较少地扩大一下政治参与，便能够填补这一真空并重建权威。"① 武昌起义之后，清王朝政权土崩瓦解，革命党人、立宪派与旧官僚等多种势力纷起竞争，最后

---

① 〔美〕塞缪尔·P. 亨廷顿：《变动社会的政治秩序》，张岱云等译，上海译文出版社，1989，第290页。

是作为“最强大的社会力量或社会力量的联盟”的袁世凯北洋集团收拾残局，并试图重建统治权威。这个逻辑思路很是清晰，清末民初历史演变事实也大体如此。

具体来说，辛亥革命之后制度变迁与重建的过程大致可分为两步：革命与和谈，正是这两步比较完整地完成了权力转移过程。用非常粗线条的图式表示，就是：清政府→孙中山南京临时政府→袁世凯北洋政府。

第一步：革命，就是通过武装起义，革命党人、立宪派与旧官僚联合势力在各独立省区建立革命政权，以此为基础成立南京临时政府，分享了部分国家统治权力，与北方清政府形成南北对峙局面。武昌起义后，湖北、湖南、陕西、江西、山西、云南、上海、贵州、浙江、江苏、广西、安徽、福建、广东、四川十五省区相继独立。为什么不能一鼓作气夺取全国政权，这既与此次革命没有统一领导与规划的分散性特点有关，也与各独立省区内部矛盾状况有关。从各独立省区革命的实际情况来看，各地革命党人发动起义大都各自为政，相互联系与支持的情况不多，尤其是各地革命政权的建立情况较复杂，多少都掺杂了革命党人、立宪派与旧官僚等多种势力的争斗，本来并不强大的革命力量却内耗很严重。如首义省份湖北，革命党人鼓动新军起义，以谘议局为代表的立宪派人士被迫附从，结果却推举新军协统黎元洪出任湖北军政府都督。再如首先响应省份湖南，革命党人焦达峰等人建立革命政权，立宪派勾结旧军官发动政变，谘议局议长、立宪派首领谭延闿继任都督，湖南革命政权完全落入立宪派手中。即使在革命派内部，其实也不无分歧和矛盾，如上海，本是革命的重要策源地，同盟会中部总会与光复会的活动都颇为活跃，但在起义之后，同盟会派陈其美成立沪军都督府，光复会首领李燮和大为不满，转而另立吴淞军政分府，革命党内部的派系矛盾充分显露。不仅如此，各省区革命政权之间也有矛盾，以至于在南部中国地区形成武昌与上海两个政治中心：武昌为首义之区，革命力量集聚较多；上海为东南重镇，资产阶级与立宪派颇为活跃。正是以此两地为中心，各派政治势力为筹建统一中央政府而展开了激烈的争斗，甚至出现所谓“政府设鄂，议会设沪”① 的妥协议案。直到革命领袖孙

① 《张謇等致庄蕴宽密函》，上海社会科学院历史研究所编《辛亥革命在上海史料选辑》，上海人民出版社，1981，第1070页。

中山回国，被各省代表会议选举为临时大总统，在南京成立中华民国临时政府，表面上暂时解决了独立省区内部各革命政权之间的权力争斗，但南北两个政权对峙，并没有达到革命的最终目的，孙中山领导的南京临时政府只是占有半壁江山，还不足以充分享有完全的国家权力。孙中山当选第一任临时大总统，南京临时政府成立，在某种意义上颇有无奈的意味。其中"临时"一词颇可玩味，实际上充分表明了这个革命政权的过渡性意义。孙中山当选临时大总统时，就曾致电袁世凯表示虚位以待之心，有谓："文前日抵沪，诸同志皆以组织临时政府之责相属。问其理由，盖以东南诸省久缺统一之机关，行动非常困难，故以组织临时政府为生存之必要条件。文既审艰虞，义不容辞，只得暂时担任。公方以旋转乾坤自任，即知亿兆属望，而目前之地位尚不能不引嫌自避；故文虽暂时承乏，而虚位以待之心，终可大白于将来。望早定大计，以慰四万万人之渴望。"[①] 孙中山在就职典礼上宣誓更是明确表示："至专制政府既倒，国内无变乱，民国卓立于世界，为列邦公认，斯时文当解临时大总统之职。"[②] 虽然孙中山领导的南京临时政府通过革命的方式，从清政府手中取得了各独立省区的统治权力，但这只是暂时的，随时都在准备交给袁世凯，只要袁世凯达成推翻清朝建立民国的革命目的。

第二步：和谈，就是通过所谓"南北和谈"，袁世凯依靠北洋集团，借革命之力，迫使清帝退位，继任临时大总统，建立南北统一的中央政府，攫取了全部国家统治权力。南北和谈在革命之后不久就开始启动，甚至与革命交叉进行，只是因为南京临时政府的成立而一度出现波折，但南北双方事实上始终没有真正放弃议和，交易仍在秘密进行。"代表会形式上取消，而南北运用，未曾停止，仍由伍、唐在内幕沟通商洽。"[③] 袁世凯在唐绍仪辞去代表职务后便与伍廷芳直接通过电报联系，唐绍仪也仍在上海与伍廷芳不断地进行秘密交涉。这个时期，双方交涉的主要内容集中在袁世凯迫使清帝退位的交换条件上，即孙中

---

① 《致袁世凯电》，广东省社会科学院历史研究室等合编《孙中山全集》第 1 卷，中华书局，1981，第 576 页。

② 《临时大总统誓词》，广东省社会科学院历史研究室等合编《孙中山全集》第 2 卷，中华书局，1982，第 1 页。

③ 张国淦编《辛亥革命史料》，香港：大东图书公司，1980，第 297 页。

山在清帝退位后辞去临时大总统职务，并推举袁世凯为民国大总统。对此，南方各派政治势力基本上赞同，孙中山也并不反对。在和谈期间，袁世凯对南京组织临时政府和孙中山当选临时大总统颇为不满。他致电伍廷芳诘问：“此次选举总统是何用意？设国会议决为君主立宪，该政府暨总统是否亦即取消？”[①] 他还通过唐绍仪询问伍廷芳：“孙君肯让袁君，有何把握，乞速详示。”[②] 迫切希望得到南方的切实保证。孙中山通过伍廷芳向袁世凯明确表示：“如清帝实行退位，宣布共和，则临时政府决不食言，文即可正式宣布解职，以功以能，首推袁氏。”[③] 袁世凯得到孙中山的这个保证后，便开始加紧进行“逼宫”，迫使清帝退位。此后南北和谈的核心内容是清帝退位优待条件。1912 年 2 月 12 日，清帝接受优待条件，宣告退位。13 日，孙中山向南京临时参议院辞去临时大总统职务，并举袁世凯以自代。15 日，南京临时参议院选举袁世凯为新任临时大总统。3 月 10 日，袁世凯在北京正式宣誓就任临时大总统，随后组织临时统一政府，完全攫取全国统治权力。

需要特别解释两个问题。一是袁世凯何以能成为最后的赢家，也就是说清政府的权力最后为什么会转移到袁世凯手中？孙燕京教授对于袁世凯是否“军人发迹”或“军人起家”的问题多有辨析（第 147 页），不无道理，但有点偏离笔者讨论问题的重心。无论对“发迹”或“起家”如何理解，可以肯定的是，北洋新军是袁世凯在清末民初政坛崛起与纵横捭阖最大的政治资本。一个不可否认的事实是，武昌起义之后，被黜多年的袁世凯能够迅速东山再起，并实际控制清政府的军政大权，就是因为他手中掌握着一支强大的北洋新军。北洋新军是清末“中国陆军的核心”，与南方民军相比，虽然在数量上可能并不占优势，“可是作为一支战斗力量来说，他们统一的指挥、训练和划一的装备，都使他们优于民军”。[④] 当时，一些外国军事观察家通过对广州、上海、苏州、

① 《袁世凯电责南京组织政府电》，“中华民国开国五十年文献编纂委员会”编《开国规模》，台北：正中书局，1974，第 536 页。
② 《致孙文黄兴电》，丁贤俊、喻作凤编《伍廷芳集》下册，中华书局，1993，第 440 页。
③ 《复伍廷芳电》，《孙中山全集》第 2 卷，第 23 页。
④ 参见〔美〕拉尔夫·尔·鲍威尔《1895～1912 年中国军事力量的兴起》，陈霞飞等译，中国社会科学出版社，1979，第 125、298 页。

武昌和南京等地驻军的研究后，认为："革命军队显然不如忠于清皇朝的军队。……除了极少数例外，革命军队一般都是'军纪涣散的乌合之众'。如果北洋军队全力支撑清皇朝，革命军队将不是它的对手。"① 南方民军的情况到底如何呢？据曾任广东军政府都督和南京临时政府总统府秘书长的胡汉民回忆说："南京军队隶编于陆军部者，号称十七师，然惟粤、浙两军有战斗力。……其他各部，乃俱不啻乌合，不能应敌。盖当时党人对于军队，不知如法国革命及苏俄革命时所用之方法，能破坏之于敌人之手，而不能运用之于本党主义之下。由下级干部骤起为将，学问经验，非其所堪。又往往只求兵数增加，不讲实力，此为各省通病，而南京则尤甚也。"② 显然，南方民军要战胜北洋新军是相当困难的。正因为有强大的北洋新军的存在，才使南方革命势力对袁世凯不敢等闲视之。

其时，国内外多种政治势力都期待着袁世凯重新出山。据英国《大陆报》特派员观察认为，"其时只有一个人可以应付时局，只有一个人能在与南方军对垒时可以使北方军队服从，这个人就是被贬的袁世凯"。③ 英国《泰晤士报》驻北京记者莫理循（George Ernest Morrison）转述日本武官青木宣纯的话说："袁世凯的权力时时刻刻在增长。他会拥有独裁权力。他能得到他所要求的任何条件。他是皇室的唯一希望，他在中国有信誉，在外国有好名声，是唯一可望从目前的动乱中恢复秩序的一个人。"④ 庆亲王奕劻向摄政王载沣提议起用袁世凯时认为："此种非常局面，本人年老，绝对不能承当，袁有气魄，北洋军队都是他一手编练，若令其赴鄂剿办，必操胜算，否则畏葸迁延，不堪设想。且东交民巷（各国驻华使馆——引者注）亦盛传非袁不能收拾。"⑤ 当时形成"非袁不可"的局面，关键就是袁世凯拥有北洋新军。清政府无法

① 参见〔澳〕冯兆基《军事近代化与中国革命》，郭太风译，上海人民出版社，1994，第284页。

② 《胡汉民自传》，《近代史资料》1981年第2期（总45号），第59页。

③ 〔英〕埃德温·丁格尔：《辛亥革命目击记：〈大陆报〉特派员的现场报道》，刘丰祥等译，陈红民校，中国青年出版社，2002，第156页。

④ 《致达·狄·布拉姆函》，〔澳〕骆惠敏编《清末民初政情内幕——〈泰晤士报〉驻北京记者、袁世凯政治顾问乔·厄·莫理循书信集》上册，刘桂梁等译，知识出版社，1986，第767页。

⑤ 张国淦编《辛亥革命史料》，第108页。

驾驭北洋新军，不得不起用旧臣袁世凯。

袁世凯被起用后，很快出任内阁总理大臣，并迫使摄政王载沣退归藩邸，攫取了清朝行政大权。庸弱的隆裕太后也不得不把清廷命运完全交付袁世凯，在召见袁世凯内阁时，有谓：“顷见庆王等，他们都说没有主意，要问你们，我全交与你们办。你们办得好，我自然感激，即使办不好，我亦不怨你们。皇上现在年纪小，将来大了也必不怨你们，都是我的主意。”① 在革命党炸死良弼后，隆裕太后闻讯颇感绝望，禁不住当朝掩面而泣曰：“梁士诒啊！赵秉钧啊！胡惟德啊！我母子二人性命，都在你三人手中，你们回去好好对袁世凯说，务要保全我们母子二人性命。”② 其时，袁世凯正在暗中操纵南北和谈。为了攫取民国大总统权位，袁世凯不惜牺牲清廷，与南方革命政府磋商优待条件，迫使清帝退位。清廷无可奈何，发布上谕：“著授袁［世凯］以全权，研究一切办法，先行迅速与民军商酌条件，奏明请旨。”③ 一纸上谕，使清廷完全把自己的命运交给了袁世凯。袁世凯毫不犹豫地以清廷为筹码向南方革命政府换取了民国大总统的权位。

二是袁世凯的统治权力来源问题，即袁世凯是直接继承了清政府的统治权力还是攫取了新生的中华民国政权的统治权力？也就是说清政府的权力是如何转移到袁世凯手中的呢？袁世凯在辛亥鼎革之际玩弄两面手法，一面挟清廷以对抗革命，一面借革命以逼迫清帝退位，从而登上民国大总统宝座，成为最后的赢家，“时人谓之新式曹操”④。乱世枭雄曹操，是篡位窃国的代名词。关于袁世凯的“窃国”，即其统治权力来源问题，历来有两种说法：逊清遗民认为袁世凯所窃之“国”，是“大清”朝；⑤ 与清朝遗民不同，后世论者则从革命史的角度立论，认为袁

---

① 《许宝蘅日记》第 1 册，许恪儒整理，宣统三年十一月初九日，中华书局，2010，第
385～386 页。按：绍英当天日记记载与此大致相同，有谓：“皇太后垂泪谕袁总理大
臣云：你看看应如何办即如何办，无论大局如何，我断不怨你。即皇上长大，有我
在，亦不能怨你。”参见《绍英日记》第 2 册，宣统三年十一月初九日，国家图书馆
出版社，2009，第 264～265 页。

② 凤冈及门弟子编《三水梁燕孙先生年谱》上册，无出版地，1947，第 111 页。

③ 中国第一历史档案馆编《光绪宣统两朝上谕档》第 37 册，广西师范大学出版社，
1996，第 415 页。按：上谕中“［世凯］”括号里两字原空缺，为引者所加。

④ 《胡汉民自传》，《近代史资料》1981 年第 2 期（总 45 号），第 58 页。

⑤ 如胡思敬著《大盗窃国记》（《退庐全集》本），南昌退庐，1923。

世凯篡夺了辛亥革命的果实，所窃之"国"是新生的"中华民国"。①
一个值得注意的现象是，在辛亥百年之际，学界有人翻出尘封久远的
《清帝逊位诏书》，把清帝退位描述为中国版的"光荣革命"，认为清政
府的统治权力是通过《清帝逊位诏书》转移到袁世凯手中，意即袁世
凯直接继承了清朝的统治权力。此似是而非之新说，实不脱逊清遗民立
论之窠臼，甚至还不如某些逊清遗民如胡思敬之流看得明白。胡思敬所
著《大盗窃国记》，认为袁世凯"篡窃之志蕴蓄十余年之久"，其之所
以利用南北和谈的方式迫使清帝退位，"其意盖以大清之亡，非亡于袁
氏，而亡于革党；袁氏之取，取于革党，非取于大清也"。② 胡思敬指
破袁世凯的狡猾之处，其本意是要揭露袁世凯窃取了"大清"朝，但
确实也指明了清朝被革命党推翻及袁世凯从革命党手中攫取国家政权的
史实，也就是说袁世凯不是直接继承了清朝的统治权力。

　　事实上，在《清帝逊位诏书》中有谓："由袁世凯以全权组织临时
共和政府，与民军协商统一办法。"③ 据新出《袁世凯全集》收录一份袁
世凯《手批清帝逊位诏书稿》可知，袁世凯确实做了手脚。此处文字原
稿是"由袁世凯以全权与民军组织临时共和政府，协商统一办法"，④ 袁
世凯把"与民军"三字后移，意思大变。《清帝逊位诏书》颁布后，对
此说辞，时人与后人多有误解，往往担心甚或认定清廷把统治权直接交
给了袁世凯。胡汉民回忆与张謇之子张孝若的记载较有代表性，他们认
为：胡汉民请张謇起草清帝退位诏书，并由唐绍仪转电袁世凯。袁擅自

---

① 陈伯达著《介绍窃国大盗袁世凯》，认为袁世凯是"近代中国的第一个窃国大盗"。
"人民经过革命推翻了满清朝廷，但革命的果实却没有落在人民的手里，而被大地主
大买办反动派代表人物袁世凯所篡窃而去。"（华北新华书店，1946，第4、9页，该
书后来再版名为《窃国大盗袁世凯》，笔者见有新华书店1949年版）黎澍著《辛亥
革命与袁世凯》，专列一章论述"袁世凯的窃取权力"（三联书店，1948，该书后来
更名《辛亥革命前后的中国政治》，人民出版社，1954）。胡绳著《帝国主义与中国
政治》，力图揭破袁世凯在清朝与革命之间大耍两面派"阴谋"，最后依靠"帝国主
义者的支持"而取得"胜利"（人民出版社，1979，第6版，第120、127页，该书
写于1947年）。李宗一的《袁世凯传》则着力描述袁世凯"攫取民国总统职位的阴
谋活动"，其结论是"在'南北统一'的欢庆声中，革命果实被袁世凯篡夺"（中华
书局，1980，第181、208页）。
② 胡思敬：《大盗窃国记》（《退庐全集》本），第13页。
③ 中国第一历史档案馆编《光绪宣统两朝上谕档》第37册，第432页。
④ 《手批清帝逊位诏书稿》，骆宝善、刘路生主编《袁世凯全集》第19卷，河南大学出
版社，2013，第545页。

在后面加入"授袁世凯全权"一语，狡猾地自以为乃从清政府手中取得政权。孙中山发现后，大怒责其不当，但袁与唐推诿于清廷，"且以其为遗言之性质，无再起死回生而使之更正之理"。① 孙中山也曾致电袁世凯严正指出："至共和政府不能由清帝委任组织，若果行之，恐生莫大枝节。执事明于理势，当必知此。"② 袁世凯先是委托心腹梁士诒等人通过唐绍仪致电孙中山做了如下解释。"清谕有'全权组织'字样，南方多反对者。实则此层系满洲王公疑惧，以为优待条件，此后无人保障，非有此语，几于旨不能降，并非项城意。故奉旨后，亦未遵照组织政府。清谕现在已归无效。若欲设法补救，除非清谕重降，自行取消不可。又万万无此办法。南方若坚持此意，实为无结果之风潮。"③在此，梁士诒等人清楚地说明所谓"清谕有'全权组织'字样，并非袁世凯之意（"非项城意"），袁世凯"奉旨后，亦未遵照组织政府"。稍后，袁世凯又亲自致电孙中山、黎元洪、各部总长、参议院、各省都督、各军队长，直接说明："孙大总统来电所论，共和政府不能由清帝委任组织，极为正确。现在北方各省军队暨全蒙代表皆以函电推举为临时大总统，清帝委任一层无足再论。然总未遽组织者，特虑南北意见因此而生，统一愈难，实非国家之福。"④ 袁世凯也不以"清帝委任"为然，而"总未遽组织"临时共和政府。后人也许会认为这些均不无狡辩之意，但实际上梁士诒等人与袁世凯所说大致还是实情，最关键的一点是当时袁世凯确实还没有组织临时共和政府。尽管他也曾以"全权组织临时共和政府袁"的名义发布布告，但很快就改为"新举临时大总统袁"的新身份发布命令。⑤ 他对后者的认同更甚于前者，这是显而易见的。

至于袁世凯的统治权力到底来源于何处？可从两个方面进一步具体分析。一方面，袁世凯的统治权力并不是来自清政府。如梁士诒等人所

① 张孝若：《南通张季直先生传记》，中华书局，1930，第155页；《胡汉民自传》，《近代史资料》1981年第2期（总45号），第56～57页。
② 《孙中山致北京袁慰庭先生电》，《南京临时政府公报》第18号，中国科学院近代史研究所史料编译组编辑《辛亥革命资料》（《近代史资料》1961年第1号，总第25号），中华书局，1961，第144页。
③ 《唐绍仪致南京孙大总统电》，《南京临时政府公报》第20号，《辛亥革命资料》（《近代史资料》1961年第1号，总第25号），第163页。
④ 《致临时大总统孙文等电》，《袁世凯全集》第19卷，第577页。
⑤ 中国第一历史档案馆编《光绪宣统两朝上谕档》第37册，第435～436页。

谓袁世凯实际上并没有遵照《清帝逊位诏书》组织临时共和政府，袁世凯自己也认为如此，是以袁世凯是否擅自加入"全权组织"字样，已没有实际意义，而且《清帝逊位诏书》还明确地说"将统治权公诸全国，定为共和立宪国体"，① 也没有说要直接交予袁世凯。可见，袁世凯并没有直接继承清政府的统治权力。另一方面，袁世凯的统治权力实际上来自南京临时参议院，是对南京临时政府的直接继承。孙中山在清帝退位之后第一天便向南京临时参议院提出辞职，并推荐袁世凯自代。就在清帝退位之后第三天（1912 年 2 月 15 日），南京临时参议院选举袁世凯为新任临时大总统。参议院致电袁世凯称："查世界历史，选举大总统，满场一致者，只华盛顿一人。公为再见。同人深幸公为世界之第二华盛顿，我中华民国之第一华盛顿。"次日，袁世凯回电参议院，欣然表示接受，电称："承贵院全体一致正式选举，凯之私愿，始终以国利民福为归。当此危急存亡之际，国民既以公义相责难，凯何敢以一己之意见辜全国之厚期。"② 3 月 8 日，袁世凯将受职誓词电告南京临时参议院，得到参议院的认可，并由原任临时大总统孙中山通电布告全国。3 月 10 日，袁世凯在北京正式宣誓就任临时大总统。誓词称："民国建设造端，百凡待治，世凯深愿竭其能力，发扬共和之精神，涤荡专制之瑕秽，谨守宪法，依国民之愿望，蕲达国家于安全强固之域，俾五大民族同臻乐利。凡兹志愿，率履勿踰。俟召集国会，选定第一期大总统，世凯即行解职。"③ 袁世凯登上了中华民国临时大总统的宝座。随后，袁世凯根据孙中山颁布的《中华民国临时约法》，经南京临时参议院议决，任命唐绍仪为国务总理，组织了新的南北统一的中央政府。可见，袁世凯继孙中山之后为中华民国第二任临时大总统，其统治权力直接继承了南京临时政府，与其说是来自清政府的"委任"，不如说是

---

① 中国第一历史档案馆编《光绪宣统两朝上谕档》第 37 册，第 432 页。按：据袁世凯《手批清帝逊位诏书稿》，此处原文是"将统治权暨完全领土悉行付畀国民，定为共和立宪国体"，袁世凯先是把"暨完全领土悉行付畀国民"改为"完全公诸全国"，随后又把"完全"两字圈掉，显得更加模糊。参见《袁世凯全集》第 19 卷，第 544 页。

② 《致南京临时参议院电》、《附录 临时参议院来电》，《袁世凯全集》第 19 卷，第 578 ~ 579 页。

③ 《孙文关于袁世凯受职誓词电》，中国第二历史档案馆编《中华民国史档案资料汇编》第 2 辑，江苏古籍出版社，1991，第 105 页。

来自南京临时参议院的授权。①

综上所述,关于清末民初的"权力流向"问题,实际上是从君主专制走向民主共和的制度变迁与重建的结果。清政府的权力并没有直接转移到袁世凯,尚有一个不容忽视的中间环节,那就是南京临时政府与南京临时参议院。一方面,南京临时政府通过革命的方式在各独立省区建立政权,分割了清政府的部分统治权力;另一方面,南京临时政府通过南北和谈的方式,与袁世凯合力迫使清帝退位,使清政府交出了另一部分统治权力,这一部分统治权力是清政府在接受优待条件的同时交给南方革命政权的,实际上还是暂时归于南京临时政府。由于清帝退位之后孙中山辞职,袁世凯继任,最后这两部分统治权力都由南京临时参议院授予新任中华民国临时大总统袁世凯。可见,清政府的统治权力经由南京临时政府与南京临时参议院,最终转移到袁世凯北洋集团。

三 "内外皆轻"与民初政治走向

清末"内外皆轻"权力格局对民初政治走向的重要影响,是辛亥革命在清廷中央与地方督抚权威一并衰落之际爆发,掌握军队尤其是新军的军人势力崛起,以袁世凯为首的北洋集团乘势而动,从军人干政到军人主政,试图重建统治权威而未能奏效,政局分崩离析,导致民国初年的军阀政治。

这期间值得注意的有三个重要环节。第一,军人干政使清政府乖乖就范。武昌起义爆发后,新军势力成为清朝中央与地方政府难以控制的力量,以至于出现军人干政局面。其时军人干政有两个显著的事例。一是张绍曾滦州兵谏立宪。清政府推行预备立宪本有抑制革命的目的,但一再拖延敷衍反而加速了革命的进程。就在清政府忙着调兵遣将应对前

---

① 学界早已见及于此。王世杰、钱端升所著《比较宪法》在征引清帝退位诏书之后评论道:"据此谕文,则未来中华民国的政府,将不独为清廷的延续,抑且出自清廷的创造;民主立宪之政制,亦为清廷所给予。但这只是清廷方面的见解。实则清帝退位以前,民军的共和政府已经成立于南京;清帝退位以后,袁世凯之继孙中山先生任总统,亦系出自南京参议院的选举。"参见王世杰、钱端升《比较宪法》,商务印书馆,1999,第403页。按:该书出版于1927年,以后多次增订重版;本文所引版本系根据商务印书馆1937年3月增订第5版重排本。

线紧急军情之际，立宪派在资政院内也要求加快推行立宪步伐，张绍曾滦州兵谏更是火上浇油。宣统三年（1911）九月初八日，新军第二十镇统制张绍曾联合第三镇协统卢永祥、第二混成协统领蓝天蔚、第三十九协统领伍祥祯、第四十协统领潘矩楹等人电奏清廷，以各军将士名义请愿改革政治，提出最后通牒式的十二条政纲，强烈要求年内即开国会，由国会改定宪法，组织责任内阁，内阁总理大臣由国会公举，国务大臣由总理推任，皇族永远不得充任总理大臣及国务大臣，还明确提出军人有参与解决现时规定之宪法、国会组织法及国家一切重要问题之权。① 在军人通电干政等多方面的压力下，清廷不得不下诏罪己，取消皇族内阁，并颁布宪法重大信条十九条。清廷妥协退让，是颓势尽显的标志，如陈夔龙所谓"帝位虽存，大权业已下移"。② 滦州兵谏开启军人干政之先河，后果不堪设想。如王锡彤有谓："朝廷之所以号召天下震慑群庶者，威信而已。今朝廷失信之事已更仆难数，此诏一出，更示天下以弱。现任兵官尚可迫胁，何人不可迫胁乎？威严尽失，何以立国？乱事之起，靡有涯已。"③ 金梁有云："然以朝廷遽发信条，为军士所轻，卒启军人干政之举，后且合词请退位矣。"④ 王锡彤、金梁之言，果然不幸而言中。二是段祺瑞电奏请愿共和。就在滦州兵谏三个月之后，十二月初八日，袁世凯为了迫使清帝退位，加紧"逼宫"步伐，指使北洋将领段祺瑞、姜桂题、倪嗣冲、段芝贵、曹锟、王占元、王怀庆、李纯、张怀芝、潘矩楹等50人电奏清廷，强烈要求清廷接受优待条件，赞同共和，并请"明降谕旨，宣示中外，立定共和政体，以现内阁及国务大臣等，暂时代表政府"。⑤ 此奏气势凌人，明显是要逼迫清帝退位。有人把北洋将领段祺瑞等人请愿之电与革命党人彭家珍炸良弼之弹相提并论，以为"实乃祛除共和障害之二大利器也"。⑥ 的确，袁世凯之所以能如此迅速逼迫清帝退位，并攫取民国大总统权位，"得力于段芝泉率前敌将士一电，请愿共和之最有力者也"。⑦ 无论是张绍曾滦

---

① 张国淦编《辛亥革命史料》，第197~198页。
② 陈夔龙：《梦蕉亭杂记》，第122页。
③ 王锡彤：《抑斋自述》，郑永福、吕美颐点注，河南大学出版社，2001，第174页。
④ 金梁：《光宣小记》，上海书店出版社，1998，第38~39页。
⑤ 张国淦编《辛亥革命史料》，第305~306页。
⑥ 廖少游：《新中国武装解决和平记》，陆军编译局印刷所，1912，第72页。
⑦ 王锡彤：《抑斋自述》，第179页。

州兵谏立宪,还是段祺瑞电奏请愿共和,都是军人干政的典型事例,软弱的清政府无可奈何,只能顺从地满足其政治意愿而不敢有丝毫的违背。

第二,袁世凯重建统治权威企望落空。袁世凯在北洋军人的支持下顺利地接掌了新生的民国政权,以袁世凯为首的北洋政府实际上是一个军人集团——北洋集团操控的中央政府。为了加强北洋政府的统治权威,袁世凯不断地采取措施笼络立宪派、旧官僚,打击革命党人,企图建立一个强有力的政府,结果却走了一条从临时大总统到正式大总统、独裁大总统、终身大总统乃至于洪宪皇帝的不归路。袁世凯通过镇压"二次革命"打败革命党势力以后,政治野心进一步膨胀,希望去掉"临时"性质,做正式大总统。1913 年 10 月 6 日,在北洋军警的威逼之下,国会通过三次投票勉强选举袁世凯为正式大总统。随后,袁世凯便以"乱党"为名宣布解散国民党,并撤销国民党党员之国会议员资格,继而又以"几酿成暴民专制之局"为名,宣布解散国会。① 与此同时,袁世凯策动增修《中华民国临时约法》,为此特设造法机关——约法会议,并提出增修约法大纲案,咨交约法会议讨论。其增修约法之理由是"临时约法适应于临时大总统,已觉有种种困难,若再适应于正式大总统,则其困难将益甚"。其主旨是改内阁制为总统制,尽可能扩大总统权限。约法会议遵照此意,制定新的《中华民国临时约法》,其要义在建立以总统集权为核心的"强有力之政府"。约法会议咨复文宣称:

> 方今共和成立,国体变更,而细察政权之转移,实出于因而不出于创。故虽易帝制为民国,然一般人民心理,仍责望于政府者独重,而责望于议会者尚轻。使为国之元首而无权,即有权而不能完全无缺,则政权无由集中,群情因之涣散,恐为大乱所由生。此以历史证之,而知应含有特性者也。世界各共和国,其幅员皆不及我国之广大。盖地狭则治之也易,地广则治之也难。中国横亘东亚,方二万万里,而且五族各异其性,南北各异其宜。苟无一强有力之政府提挈全局,各自为政,不相统一,势必以内部之破坏,妨及国际之和平。此以地理证之,而知其应含有特性者也。且共和成立,

---

① 《解散国民党令》(1913 年 11 月 4 日)、《布告解散国会原因文》(1914 年 1 月 10 日),章伯锋、李宗一主编《北洋军阀(1912~1928)》第 2 卷,武汉出版社,1990,第 500~501、512 页。

开自古未有之创局。建设未遑，飘摇风雨，纲解纽绝，无可遵循。当此千钧一发之时，即遇事过为审顾，已有稍纵即逝之虞，若设法牵掣多方，将不免立见危亡之祸。乃临时约法于立法权权力扩张，行政权权力缩减，束缚驰骤，使政策不得遂行。卒之筑室道谋，徒滋纷扰，贻害全国，坐失事机。夫国家处开创之时，当多难之际，与其以挽救之责委之于人民，委之于议会，其收效缓而难，不如得一强有力之政府以挽回之，其收效速而易。所谓易则易知，简则易从也。况人民政治知识尚在幼稚时代，欲其运用议院政治，窃恐转致乱亡。此以现在时势及风俗习惯证之，而知其应含有特性者也。本会议基此理论，勒为成文。以统治权之不可分割也，于是设总揽机关。以议会政治之万不宜于今日之中国也，于是以总揽统治权属之于国家元首。以重大总统之权而又不能无所限制也，于是有对于全体国民负责之规定。以国势至今，非由大总统以行政职权急起直追，无以救危亡也，于是凡可以掣行政之肘，如官制、官规之须经院议，任命国务员、外交官以及普通缔结条约之须得同意等项，皆与删除；凡可以为行政之助者，如紧急命令、紧急财政处分等，悉与增加。以国权脆弱亟宜注重军防也，于是特定陆、海军之统率及编制权，以扬国威而崇兵备。以共和建设来日方长，非策励殊勋不克宏济艰难也，于是设各项特别荣典，以符优待而劝有功。以大总统之职责既重，必须有审议政务机关以备咨询也，于是有参政院之设，以维持共和立宪之精神。……此次增修约法之结果，名以降大总统之权，即实以重大总统之责。①

经过约法会议修订而成的《中华民国临时约法》（又称《袁记约法》），规定大总统作为国家元首"总揽统治权"，事实上赋予了大总统独裁统治的权力。但是，袁世凯对于做这样一个独裁大总统仍不满意，又指使约法会议修正《大总统选举法》，改变原有大总统任期五年、可连任一次的规定，确定大总统任期十年，得连任（无限期），以及每届大总统选举时，由现任大总统推荐三个候选人，先期亲书其姓名于嘉禾

---

① 《公布中华民国约法之布告》（1914 年 5 月 1 日），《袁世凯全集》第 26 卷，第 209 ~ 212 页。按：标点多有调整。

金简，密储金匮，藏于大总统府特设之石室。① 这便实现了大总统终身制，并可能传给子孙后代，大总统选举法已无限接近皇位继承法。袁世凯如此肆意妄为，并没有多少阻力，于是一不做二不休，以致演出一幕洪宪帝制的丑剧。帝制终归逆潮流而动，袁世凯重建统治权威的迷梦随之灰飞烟灭。

　　第三，北洋集团分裂与军阀割据。袁世凯在护国战争的炮火声中忧郁去世，北洋集团迅速面临着树倒猢狲散的境地。尽管袁世凯一世枭雄，在清末民初政坛上纵横捭阖，甚至倒行逆施，但时人对袁世凯的惨淡结局不无哀婉之意。恽毓鼎从逊清遗民的视角评论袁氏，有谓："（袁氏）固一世之雄也，一误于辛亥之推倒清朝，再误于乙卯之欲登帝位，结果如斯：众叛亲离，赍恨长往。若使辛亥之冬力主君主立宪，奉宣统皇帝于上，而己以王爵笏内阁，揽大权，削平东南巨乱，何惭千古第一流人物。即不然，始终以总统制治世，为民国第一任开先，亦不失为英杰。初衷忽变，为德不卒，忠信两失，实左右群小误之也。"② 许宝蘅从民国仕宦的角度品评袁氏，有云："项城生平怀抱极阔，大欲建功立名，果敢坚强，乘时际会，当国五年，訾毁者虽多，要非群材所能比拟也。星命家多言其今年不利，其果然耶？国事如何，黝冥莫测，不独为逝者哀，实可为斯民痛也。"③ 与恽毓鼎哀婉袁世凯个人声名上晚节不保的情形不同，许宝蘅更担忧国家与人民的前途命运。毋庸讳言，袁世凯在辛亥鼎革之际之所以能攫取民国大总统的权位，确实是"非袁莫属"的结果，有如许宝蘅所谓"非群材所能比拟"的过人之处。袁世凯在世时，虽然北洋集团内部各派系不免矛盾重重，但因为有这个主心骨而不能不说尚有较高的凝聚力。同时，正是由于袁世凯的存在，而使其他非北洋势力不敢轻举妄动，从而暂时维系了全国表面上的统一性。袁世凯突然去世，谁能继承他的衣钵就成了极大的政治问题。黎元洪虽然以副总统名义直接上位大总统，但并非北洋系的黎氏完全没有统摄北洋集团的名望与实力。段祺瑞与冯国璋则大致势均力敌，结果不但不能恢复北洋集团的最高统治权力，反而只能分裂为相互对立的派

---

① 《公布修正大总统选举法令》（1914年12月29日），《袁世凯全集》第29卷，第636~637页。

② 《恽毓鼎澄斋日记》第2册，史晓风整理，浙江古籍出版社，2004，第771页。

③ 《许宝蘅日记》第2册，第582页。

系而争斗不已。据曹汝霖日后回忆，对于段祺瑞与冯国璋争斗致使北洋集团分裂颇感惋惜，有谓："所惜者，合肥自讨复辟以后，中外称颂，人心拥护，又得日本借款为助，而南方局面，亦适值混乱之时，若使北方团结一致，一鼓作气，确有南北统一之可能。合肥谋国家统一，而冯河间挟其一得之见，又不能控制全局，从中阻挠，破坏合肥政策，使统一终成虚愿，北洋团体，从此分裂，谁实为之，孰令致之，冯国璋应尸其咎！""合肥自武力统一失败后，深感北洋军队，已成个人军队，不听中央指挥，纲纪荡然。"① 段祺瑞没有完成统一大业，曹汝霖归罪于冯国璋的阻扰破坏，是非对错姑且不论，其所谓北洋集团由此走向分裂则是毋庸置疑的事实。北洋集团分裂为段祺瑞的皖系、冯国璋的直系，张作霖的奉系后来加入，以及西南军阀等各地方派系纷起，整体构成了北洋时期的军阀割据局面。

最后需要着重说明的是，民初军阀不是清末地方督抚势力自然增长的延伸，而是掌握军队尤其是新军的新生势力的崛起。如孙中山在总结革命的经验教训时曾非常痛心地反省说："排满成功以后，各省同志——由革命所发生的新军人，或者满清投降革命党的旧军人，都是各据一方，成了一个军阀，做了一个地方的小皇帝，想用那处地盘做根本，再行扩充。"② 事实上，不仅有不少参加革命的新旧军人成了军阀，参与镇压革命的北洋新军将领及各地新旧军事首领，在进入民国以后也大都成了军阀。美籍华人教授齐锡生认为："各省督军很少能完全控制自己的管辖领地。有许多小军阀、师长、地区驻军司令，甚至旅长，都急于争夺地盘。这些势力较小的军人不管有没有正式宣布，实际上都是独立于中央政府和省政府的。"③ 加拿大籍华人教授陈志让认为："如果以旅长以上这一个时期的军人为军阀，我们应该考虑的有一千三百个军阀。"④ 显然，民国时期的军阀主要是军人出身者。

关于近代军阀的起源问题，罗尔纲先生早年讨论咸同时期"兵为将

① 曹汝霖：《曹汝霖一生之回忆》，中国大百科全书出版社，2009，第186、187页。
② 孙中山：《三民主义·民生主义》，广东省社会科学院历史研究室等合编《孙中山全集》第9卷，中华书局，1986，第385页。
③ 〔美〕齐锡生：《中国的军阀政治（1916~1928）》，杨云若、萧延中译，中国人民大学出版社，2010，第17页。
④ 〔加〕陈志让：《军绅政权——近代中国的军阀时期》，三联书店，1980，第6页。

有"与"督抚专政"时曾认为,由于曾国藩的湘军与李鸿章的淮军、袁世凯的北洋新军一脉相承,晚清"督抚专政"的直接后果,便是在民国初年袁世凯死后"北洋军阀遂演分崩割据之局"。[①] 后世学者关于曾国藩、李鸿章与湘淮军史研究,及其对于晚清民初政局的认识,大都秉承了罗先生由"督抚专政"而"军阀割据"的基本论断,并不同程度地予以较深入的阐述。他们立论的基本逻辑是,清末"督抚专政",地方主义抬头,地方势力增大,在民初便直接蜕变为近代军阀,甚至把曾国藩、李鸿章看作近代军阀的鼻祖。这个逻辑推论似是而非,并不符合历史实际。

其实,民初军阀主要是清末军人尤其新军将领,而不是地方督抚。进入民国以后,前清督抚大都步入遗老行列,而新旧军事将领则在政治舞台上纵横捭阖,异常活跃。从袁世凯统治时期(1912 年 3 月 10 日至 1916 年 6 月 6 日)各省军政长官出身背景统计分析,便可略见其端倪。

表 1　袁世凯统治时期各省军政长官出身背景

省份	姓名	出身背景	备注
直隶	张锡銮	山西巡抚	改署直督
	冯国璋	北洋将领	
	赵秉钧	民政部大臣	
	朱家宝	安徽巡抚	
奉天	赵尔巽	东三省总督	改都督
	张锡銮$_2$	山西巡抚	
	段芝贵	北洋将领	与鄂督互调
	张作霖	清末巡防营统领	
吉林	陈昭常	吉林巡抚	改都督
	张锡銮$_3$	山西巡抚	奉天都督兼署
	孟恩远	新军第 23 镇统制	
黑龙江	宋小濂	署黑龙江巡抚	改都督
	毕桂芳	北洋洋务局总办、科布多大臣	
	朱庆澜	新军第 33 协统领	

① 罗尔纲:《湘军新志》,商务印书馆,1939,第 244 页。

续表

省份	姓名	出身背景	备注
江苏	程德全	江苏巡抚	
	张勋	江南提督	
	冯国璋₂	北洋将领	
安徽	孙毓筠	革命党人	
	柏文蔚	革命党人	
	孙多森	直隶劝业道	任期 21 天
	倪嗣冲	北洋将领	
	张勋₂	江南提督	
江西	李烈钧	革命党人	
	黎元洪	新军第 21 混成协统领	副总统兼领
	李纯	北洋将领	
浙江	蒋尊簋	新军第 25 镇第 49 协统领	
	朱瑞	浙江新军标统	
	屈映光	安徽陆军测绘学堂教习	短期兼署
	吕公望	浙江新军 82 标督队官	
福建	孙道仁	新军第 10 镇统制	
	李厚基	北洋将领	
湖北	黎元洪₂	新军第 21 混成协统领	副总统兼任
	段祺瑞	北洋将领	陆军总长兼领
	段芝贵₂	北洋将领	
	王占元	北洋将领	暂署
	张锡銮₄	山西巡抚	与奉督互调
湖南	谭延闿	湖南谘议局议长	
	汤芗铭	革命党人	
山东	胡瑛	革命党人	
	张广建	署山东巡抚	改都督，任期 14 天
	周自齐	度支部副大臣	
	靳云鹏	云南新军第 19 镇总参议	
	张怀芝	北洋将领	

续表

省份	姓名	出身背景	备注
河南	齐耀琳	河南巡抚	改都督,任期8天
	张镇芳	署直隶总督	
	田文烈	陆军部副大臣	
	赵倜	北洋将领	
山西	阎锡山	新军第43混成协第86标统带	
陕西	张凤翙	陕西新军混成协第2标第1营管带	
	陆建章	北洋将领	
甘肃	赵惟熙	甘肃布政使	
	张广建₂	署山东巡抚	
新疆	袁大化	新疆巡抚	改都督,病免,未就任
	杨增新	甘肃振武军步队统领	后兼任民政总长
四川	尹昌衡	四川新军教练处会办兼陆军小学堂总办	
	胡景伊	广西新军混成协统领	
	陈宧	新军第20镇统制	
	周骏	新军第17镇标统	暂署
广东	胡汉民	革命党人	
	陈炯明	革命党人	
	龙济光	新军第25镇统制	
广西	陆荣廷	广西提督	
	陈炳焜	广西新军第2标标统	短暂兼护
云南	蔡锷	新军第19镇第37协统领	
	唐继尧	新军第19镇第37协管带	贵州都督兼署
贵州	杨荩诚	贵州新军第1标教练官	
	唐继尧₂	新军第19镇第37协管带	
	刘显世	贵州巡防营管带	

注:1. 袁世凯统治时期为1912年3月10日袁世凯就任临时大总统到1916年6月6日去世;2. 各省军政长官初名都督,后改称某某将军管理某省军务;3. 任职变化而重复出现者,第二次出现时在其右下角加"2"字,其余依此类推;4. 出身背景选择其任职前最重要的身份,典型"革命党人"与著名"北洋将领"不列其具体职位。

资料来源:1. 钱实甫编著《北洋政府职官年表》,黄清根整理,华东师范大学出版社,1991,第69~81、237~278页;2. 孙宝铭编《北洋军政人物简志》,章伯锋主编《北洋军阀(1912~1928)》第6卷,武汉出版社,1990,第352~565页;3. 徐景星等编《北洋军阀人物小志》,来新夏主编《北洋军阀》第5册,上海人民出版社,1993,第291~389页。

据表1资料，可得出两点重要认识。一是新旧军事将领占绝大多数。在袁世凯统治四年多时间里，各省军政长官59人，有36人来自新旧军事将领，包括新军统制、协统、标统、管带、督队官、教官与清朝提督、巡防营统领、管带等，占总数的61%；另有革命党人即职业革命者7人，占12%；旧官僚与立宪派包括督抚、部院大臣、布政使、劝业道及谘议局议长16人，占27%。可见军人势力之强大，段祺瑞、冯国璋、张作霖、张勋、段芝贵、倪嗣冲、张怀芝、靳云鹏、王占元、陈宧、李纯、赵倜、阎锡山、陆荣廷、唐继尧、汤芗铭、陈炯明、龙济光、刘显世、杨增新等著名的北洋时期军阀头目均赫然在列。二是地方督抚势力甚微。旧官僚包括督抚10人，其中未独立省份东三省总督赵尔巽、吉林巡抚陈昭常、署黑龙江巡抚宋小濂、署山东巡抚张广建、河南巡抚齐耀琳、新疆巡抚袁大化，均由袁世凯于1912年3月15日电令改称都督，同时山西巡抚张锡銮改署直隶都督。他们大都任职较为短暂，如赵尔巽年底即请辞退隐，陈昭常、宋小濂在次年"二次革命"前后辞免，张广建改称都督仅14天便调任，齐耀琳改称都督仅8天便请假后辞职，袁大化更是托病请免而并未就职。另外，江苏巡抚程德全是武昌起义后第一个改称都督的巡抚，但在"二次革命"之后，遂退出政坛，闭门诵佛，不问政事。署直隶总督张镇芳出任河南都督，安徽巡抚朱家宝出任直隶都督，都是因为与袁世凯亲近的关系。这些督抚在民国时期大都少有作为，与上述军人势力几乎不可同日而语。

总之，从民初军阀并非清末地方督抚而多为新旧军事将领的事实可知，近代军阀的起源并非地方势力的兴起，而是军人以武力控制地方的结果。在清末"内外皆轻"权力格局之下，中央与地方权威一并衰落，军人势力乘间而起，以致出现军人干政局面。袁世凯正是依靠北洋新军的力量，进入清廷权力核心，从中央而不是从地方控制清政府，借革命之力，迫使清帝退位，并攫取新生的中华民国政权。本来，袁世凯企图建立强有力的政府，重建统治权威，扭转清末以来"内外皆轻"的局面，但却逆潮流而动，走上了帝制自为的不归路。袁世凯去世后，没有强有力的核心人物能够牢固地控制最高统治权力，北洋集团四分五裂，各自为政，全国演变为军阀割据局面，涌现无数大大小小的军阀。这些军阀，并不是先来就有地方根基，实际上只是因掌握一定的军队而控制相应的地盘而已。全国性军阀如皖系段祺瑞、直系冯国璋为北洋重要将领从中央控制地方，地方军阀多为军事将领掌握军队后控制地盘，如东北张作霖（后来走向中央成为全国性军阀）、山西阎锡山、广西陆荣廷、云南唐继尧、广东陈炯明等，都是如此。他们各自盘踞一方，为争夺地盘和统治权力而互相厮杀。早在曹锟发动北京兵变时，有人感叹："五代骄兵之祸，将见于共和世界矣。"① 历史无情地重演了，近代中国政治在袁世凯之后不可避免地走向了军阀混战之局。

原载《清史研究》2017 年第 2 期

---

① 《恽毓鼎澄斋日记》第 2 册，第 580 页。

从文化帝国主义到文化国际主义：
美国传教士对中国文化态度的
演变（1907~1932）

王立新[*]

费正清（John K. Fairbank）在 1974 年曾提出，美国对华传教运动史的研究包含三个重点："美国传教运动的发展和向外扩张；这种传教活动对中国人民与社会的影响；传教运动影响的回流对传教士在美国国内的支持者和普通美国民众的影响。"[①]学术界已有的研究大体上是在此三方面进行的，也就是把传教运动纳入中美各自国家的历史和双边关系史中进行考察。不过，当我们从当代人的现实关怀和跨国史的视角来审视传教运动的时候，则会发现传教史上"有意义的问题"并不限于费正清提出的三个方面。在全球化时代如何处理不同宗教和不同文明之间的关系，以实现文明间的和谐共处是当代人类社会面临的重大挑战，而近代基督教在东方的传教运动实际上是不同宗教和文明之间的一次大规模遭遇，是早期全球化进程的重要方面。从这一角度来考察美国在华传教史，可以发现传教史所具有的新意义。本文要探讨的问题是，在长达一个多世纪的对华宣教运动中，美国传教士是如何看待中国文化和处理跨宗教、跨文化关系的，其经验为后人处理不同文明、不同宗教之间的关系提供了哪些有价值的思想资源。[②] 由于美国天主教会直至"一战"

---

[*] 王立新，中国社会科学院近代史研究所博士后，现任职北京大学历史学系教授。

[①] John K. Fairbank, "Introduction," in John K. Fairbank, ed., *The Missionary Enterprise in China and America.* Cambridge, Mass: Harvard University Press, 1974, p. 6.

[②] 关于近代来华传教士对中国文化的态度，学术界已有较多的研究，但已有的研究主要集中在 19 世纪，且基本上是对传教士对中国文化看法的介绍和评述，鲜 （转下页注）

后才派少量传教士来华宣教，其影响小得多，本文的考察对象以美国新
教传教士为主，兼及个别英国传教士。

一 "为基督征服中国"：福音主义、帝国主义与 19 世纪传教士的文化征服观念

传教士一踏上中国的土地，就面临如何处理基督教与中国本土信仰
和文化的关系问题。在 19 世纪，绝大多数传教士相信，中国处于罪恶的
异教文化影响之下，为了让中国人改信基督，必须瓦解中国固有的信仰，
同时，为了营造有利于"福音"传播的环境，必须对中国文化进行彻底
的改造。也就是说，宣教事业的目标是用基督教战胜并最终取代中国本
土的信仰、伦理和价值观，即对中国进行文化征服。英国传教士杨格非
（Griffith John）1877 年的一段话典型地反映了这一目标："我们来华不
是为了开发资源，不是为了促进商业，也不仅仅为了促进文明的发展，
我们来到这里是为了同黑暗势力进行斗争，拯救世人摆脱罪恶，为基督
征服中国。"① 这里的"黑暗势力"就是中国人的传统信仰和风俗习惯。

1834 年，寓华传教士和一些西方商人在广州组织了一个以向中国
介绍西学知识为宗旨的"在华实用知识传播会"（中文名称为"益智书

（接上页注②）有涉及传教士处理跨文化关系的观念与实践。罗志田论文《传教士与
近代中西文化竞争》与本文的主题最为相关，并给予作者以启示，但该文主要讨论
19 世纪传教士的文化观念，并特别关注"传教士如何运用科学和出版物来证明西方
文化的优越，以说服中国士人以及后者的回应"，文章的目的是理解近代中西新旧的
互动关系，与本文的旨趣不同。笔者在 1997 年出版和 2008 年再版的专著《美国传教
士与晚清中国现代化》曾有一章讨论传教士与中西文化的比较和会通的问题，但出
发点是关注中国文化的现代化问题而不是跨文化关系。留美的华裔学者连曦的著作讨
论了三位美国传教士即乐灵生（Frank J. Rawlinson）、胡美（Edward H. Hume）和赛
珍珠（Pearl S. Buck）对中国文化的欣赏，对笔者写作本文有很大帮助，但该书重点
是中国文化传统如何改变传教士的态度以及传教团体内自由主义神学思想的兴起。参
见罗志田《传教士与近代中西文化竞争》，《历史研究》1996 年第 6 期；王立新《美
国传教士与晚清中国现代化》，天津人民出版社，1997、2008，第三章；Lian Xi, *The
Conversion of Missionaries: Liberalism in American Protestant Missions in China, 1907 –
1932*. University Park, Pennsylvania: Pennsylvania State University Press, 1997。

① Griffith John, "The Holy Spirit in Connection with our Work," *Records of the General Confer-
ence of the Protestant Missionaries of China*, held at Shanghai, May 10 – 24, 1877. Shanghai:
American Presbyterian Mission Press, 1878, p. 32.

会")。该会《通报》这样说道：

> 我们现在做这个试验，是在把天朝带进与世界文明各国联盟的一切努力失败后，她是否会在智力的炮弹面前让步，给知识以胜利的橄榄枝。我们路程的终点是遥远的，壁垒是很高的，路途是崎岖的，通道是艰巨的，因此，我们的进展可能是缓慢的。但是，我们已经为可能出现的意外做好准备，也知道这不是一日之功，我们欢呼这项事业的开始，并欣然参与这场战争。我们确信胜利者和被征服者将聚在一起欢呼和雀跃。[1]

这里所谓"在智力的炮弹面前让步"实际上就是让中国屈服于西方文明。《通报》大量使用"战争"、"征服"和"胜利"等词汇表明传教士把宣教事业看作一场争夺思想和心灵的斗争。正如 1932 年出版的美国平信徒调查团报告[2]所言，"宣教事业最初的目标是用基督教征服世界，这是一种含有征伐意味的世界性慈善事业"。[3] 事实上，传教士确把传教事业视为"文明"对"野蛮"、"福音"对"异教"的征战，而传教士是这场征战中的"士兵"。美国长老会传教士杜步西（Hampden C. DuBose）声称，"传教使团中的普通士兵必须冲入敌人的

---

[1] "Proceedings relative to the Formation of a Society for the Diffusion of Useful Knowledge in China," *Chinese Repository*, Vol. 3, No. 8, Dec. 1834, p. 380.

[2] 平信徒调查由参与东方传教事业的美国七大宗派于 1930 年共同发起。调查的目的是在美国对外传教运动开始 100 年后对新形势下美国在海外，主要是亚洲传教事业的得失利弊进行评估，并对未来的宣教工作提出建议。调查工作的第一阶段是由美国社会与宗教研究所派人到印度、缅甸、中国和日本四国进行实地调查，获取关于宣教事业的第一手资料；第二阶段是由评估委员会（The Commission of Appraisal）进行研究和评估。由哈佛大学教授威廉·霍金（William E. Hocking）担任主席的评估委员会于 1932 年公布和出版了评估报告（通称为"平信徒调查团报告"），即 *Rethinking Missions: A Laymen's Inquiry after One Hundred Years*, New York: Harper &Brothers, 1932。报告对宣教工作的一般原则、基督教与其他宗教的关系、基督教在远东的使命、宣教事业的范围、教会教育事业、差会医疗事业、差会与工业发展、妇女活动以及宣教事业的管理和美国方面的改组等问题进行了全面的评估，对传教事业未来的发展方向做出了展望，并提出详细的建议。报告主要反映了神学自由主义思想，出版后毁誉参半，特别是遭到保守的教会人士的攻击。该报告中译本由中国基督教著名人士徐宝谦、缪秋生、范定九翻译，取名《宣教事业平议》，由上海商务印书馆于 1934 年出版。

[3] The Commission of Appraisal, *Rethinking Missions: A Laymen's Inquiry after One Hundred Years*, New York: Harper &Brothers, 1932, p. 35.

阵营，挥舞圣灵之剑"驱散邪恶，而"街头教堂是传教士的堡垒，教士们在那里把灼热的枪弹和炮弹射入敌人的阵营"。①

文化征服过程就是基督教战胜中国本土宗教，成为唯一信仰的过程，为此要瓦解中国人固有的信仰和文化象征，并对中国人的价值观念和风俗习惯进行彻底的改造。普鲁士传教士郭实腊（Charles Gutzlaff）称他"心中长久以来就怀有这样的坚定信念，即在当今的日子里，上帝的荣光一定要在中国显现，龙要被废止，基督将成为这个辽阔的帝国里唯一的王和崇拜的对象"。② 长期在福建传教的美以美会传教士武林吉（Franklin Ohlinger）在 1890 年传教士大会上说："几乎在登上亚洲海岸那一刻，传教士们就感到迫切需要改变或废除那些妨碍和折磨这些异教国家人民并使之变得低劣的风俗习惯。"③ 就中国而言，由于儒学在中国具有统治地位，对中国的文化征服主要是瓦解儒家思想的统治地位。为达到此目的，美国长老会传教士狄考文（C. W. Mateer）在 1890 年传教士大会上提出教会"要训练好自己的人，用基督教和科学教育他们，使他们胜过中国的旧式士大夫"，以便"在中国人的思想中根除儒家思想，取代旧式士大夫所占据的（统治）地位"。④

文化征服的最终结果将是西方思想在中国的胜利。在传教士看来，面对中国人的抵制，这一任务并不轻松。美国监理会的孙乐文（David L. Anderson）在 1910 年感叹说："对中国的征服……将是一场激烈的战争，我们的对手要比教会在与罗马帝国的冲突中所遭遇的对手更强大，防御更坚固。"⑤ 尽管会遇到重重阻力，但是胜利一定属于基督教，差

---

① Hampden C. DuBose, *Preaching in Sinism or the Gospel to the Gentiles*, Richmond, Virginia, 1893, p. 42, 转引自 Paul A. Varg, *Missionaries, Chinese and Diplomats: American Missionary Movement in China, 1890 - 1952*. Princeton University Press, 1958, pp. 20 - 21。

② Charles Gutzlaff, "Journal of a Residence in Siam: and of a Voyage along the Coast of China to Mantchou Tartary," *Chinese Repository*, Vol. 1, No. 4, August 1932, p. 139.

③ Franklin Ohlinger, "How Far should Christians be Required to Abandon Native Customs," *Records of the General Conference of the Protestant Missionaries of China*, held at Shanghai, May 7 - 20, 1890. Shanghai: American Presbyterian Mission Press, 1890, p. 604.

④ C. W. Mateer, "How May Educational Work Be Made Most to Advance the Cause of Christianity in China?" *Records of the General Conference of the Protestant Missionaries of China*, held at Shanghai, May 7 - 20, 1890, p. 459.

⑤ Paul A. Varg, *Missionaries, Chinese and Diplomats: American Missionary Movement in China, 1890 - 1952*, p. 15.

会和传教士对此深信不疑。英国传教士立德（Archibald Little）在 19 世纪末非常肯定地说："最终，西方思想方式（在中国）取得控制地位的日子一定会来到。"①

传教士的文化征服观念，既来自那个时期的神学思想，同时也与对华传教运动发生的时代背景有关。

19 世纪传教神学的核心是认为基督教是唯一的真理，除此之外，没有其他真理；个人只有通过信奉耶稣基督为救世主才能得救，除此之外，没有其他得救的道路；信奉基督的人死后灵魂在天堂的祝福中永远喜乐，而不信基督的人注定永受地狱之火的焚烧。因此必须在耶稣复临之前尽可能让更多的人聆听到福音，从而摆脱灵魂遭受地狱永苦的危险。这种传教神学通常被称为"福音主义"（evangelicalism）。福音主义的信奉者坚信其他宗教都是魔鬼的产物，充斥着怪异、多神、迷信、偶像崇拜和腐败，"他们承担的任务就是建立教会，把人们心灵从原来的环境中解救出来，成为耶稣的信徒"。② 他们宣称"这些'错误的'宗教要为东方社会和风俗的缺点负责"，而"基督教则为他们在西方生活中感受到的所有优点负责"。③ 他们惯常的做法就是"通过贬低其他宗教来荣耀基督"，"通过指出其他文化的弱点来证明基督教的优越"。④

福音主义神学把世界分成光明与黑暗、文明与野蛮、上帝的国度和撒旦的领地两个截然对立的部分，而传教士就站在"光明与黑暗两大地区的分界线上"，把西方文明的成果在"东方各国的居民中广泛传播开来"，为东方带去光明。⑤ 根据这种传教神学，中国是异教世界的一部分，由于受魔鬼撒旦的统治，缺乏福音的力量，不可能发展出西方那样的文明，而只能走向停滞，甚至死亡。卫三畏（Samuel Wells Williams）

① Archibald Little, *Gleanings from Fifty Years in China*, London: Sampson Low, Marston & Co., Ltd., 1910, p. 37.

② The Commission of Appraisal, *Rethinking Missions: A Laymen's Inquiry after One Hundred Years*, p. 30.

③ The Commission of Appraisal, *Rethinking Missions: A Laymen's Inquiry after One Hundred Years*, p. 31.

④ Walter H. Judd, "On Becoming a Missionary," in The Department of Missionary Training, University of Nanking, ed., *The Linguist* (1925 - 1926), pp. 66 - 67.

⑤ "Fourth Annual Report of the Society for the Diffusion of Useful Knowledge in China," *Chinese Repository*, Vol. 7, No. 8, Dec. 1838, p. 405.

在 1864 年的一篇文章中称，"直到（基督教）真理在这里成为其社会基础之前，中国人肯定继续远远地落后于基督教国家的人民"，"他们不可能在文明方面取得进步"。① 杨格非在 1877 年传教士大会上说："中国已经死去，可怕地死去，……他们需要的是生命。基督到中国来就是为了给中国人以生命。"②

而中国要想获得新的生命，就必须抛弃旧的信仰、道德、观念和风俗。美国公理会传教士谢卫楼（Devello Z. Sheffield）认为中国文明和基督教文明"是无法妥协的"。③ 武林吉则提出传教士应要求中国本土的基督徒"完全放弃""所有偶像崇拜的风俗，所有承认在真神上帝以外还有可崇拜对象的风俗"，特别是祖先崇拜。他声称"新教对祖先崇拜或与之相关的事情不能有任何让步"。④ 在 1890 年上海召开的第二次在华传教士大会上，围绕美国长老会传教士丁韪良（W. A. P. Martin）《祖先崇拜——恳请容忍》一文的纷争典型地反映了 19 世纪绝大多数传教士对中国文化不妥协的立场。⑤ 正如学者保罗·科恩（Paul A. Cohen）所言，"传教士深深地、不可避免地坚信这一主张：只有从根本上改组中国文化，才能符合中国人民的利益。天主教徒和新教徒，自由主义和保守主义者，全都有这种信念。他们的区别不在最终目标，而在用以达

① Frederick Wells Williams, *The Life and Letters of Samuel Wells Williams*. New York: G. P. Putnam's Sons, 1889, p. 352.

② Griffith John, "Salvation from Sin, the Great Need of the Chinese," in Jessie G. Lutz, ed., *Christian Missions in China : Evangelists of What?* Boston: D. C. Heath and Company, 1965, p. 12.

③ Devello Z. Sheffield, "Christian Mission in China Should be Protected by Western Nations," *The Chinese Recorder*, Vol. 31, No. 11, Nov. 1900, p. 546.

④ Franklin Ohlinger, "How Far should Christians be Required to Abandon Native Customs," *Records of the General Conference of the Protestant Missionaries of China*, held at Shanghai, May 7 – 20, 1890, p. 605.

⑤ 丁韪良向会议提交了《祖先崇拜——恳请容忍》（*The Worship of Ancestors: A Plea for Toleration*）一文，但未与会，由美国北长老会的李佳白（Gilbert Reid）牧师代为宣读。丁韪良在文章中对中国的祖先崇拜表示了同情，认为祖先崇拜与基督教教义和基督精神并不矛盾，不是偶像崇拜。结果该文在会上遭到猛烈抨击，内地会会长、著名传教士戴德生（James Hudson Taylor）抨击丁韪良和李佳白的观点为异端邪说，并表示了对这种说法的极大愤怒。他请与他有同样立场的传教士起立，整个会场几乎所有人都站了起来，除了李佳白本人。大会还通过一项决议谴责偶像崇拜行为，并把丁韪良的文章从大会印刷的报告中剔除。丁韪良的文章和对该文的讨论载于 *Records of the General Conference of the Protestant Missionaries of China*, held at Shanghai, May 7 – 20, 1890, pp. 619 – 631, 690 – 702。

到此目标的策略"。①

而基督教可以提供中国所需要的新信仰和新道德。美国公理会传教士明恩溥（Arthur H. Smith）在他那本广为流行的《中国人的特性》一书中说："在中国无论是个人、家庭还是社会都需要一种崭新的生活，中国多方面的需要归根结底就是这一个迫切需要，只有基督教文明才能永久地、彻底地满足这一需要。"② 实际上，在 19 世纪，传教士"带着强烈的优越感和对自己文化的自负，一直试图切断其信徒与旧风俗、思想和宗教的一切联系"，他们要求中国信徒要与自己的过去"彻底决裂"（clean-breach），"根据西方基督徒的生活方式对其习惯进行彻底的改变"，从而成为"新人"（new creature）。③ 这一策略旨在将中国基督徒与中国文化彻底剥离，深刻地反映了传教士对中国文化的态度和实行文化征服的用心。

曾担任全国基督教青年会总干事的徐宝谦这样概括 19 世纪的传教神学及其与文化征服思想的关系：

> 传统的基督教思想，承认创造宇宙万有的神，虽然也在各时代各地域的历史及文化中，有他的启示；然而神的特殊启示，却在耶稣基督里。耶稣是道成肉身，基督是万代的救主。他是真理；在他以外，更无所谓真理。儒、释、道、梵、回各大教，及其所影响的文化，虽然也包含着若干真理，但是同基督教是不可同日（而）语的。所谓"日月出矣，爝火自熄"。因此，基督教对于他教，不得不采取敌对的态度；对于非基督教文化，也不得不存"起而代之"的心。④

传教运动兴起于西方在海外开拓殖民地的时代，传教士的世界观还受到那个时期在整个西方世界盛行的殖民主义、种族主义和帝国主义观

---

① 〔美〕保罗·科恩：《1900 年以前的基督教传教活动及其影响》，〔美〕费正清编《剑桥中国晚清史》上卷，中国社会科学院历史研究所编译室译，中国社会科学出版社，1985，第 584 页。

② Arthur H. Smith, *Chinese Characteristics*. New York：Fleming H. Revell, 1894, p. 330.

③ The Commission of Appraisal, *Rethinking Missions：A Laymen's Inquiry after One Hundred Years*, pp. 26, 30.

④ 美国平信徒调查团编《宣教事业平议》，徐宝谦等译，上海商务印书馆，1934，第 8 页。

念的影响。传教士群体自觉不自觉地与当时的殖民主义者分享同一时代的文化观念，即以征服"落后"地区和推进"文明"扩张为核心的帝国主义精神。正是这种帝国主义精神使传教士带着征服者的心理、施主的傲慢和种族偏见来到中国，相信自己掌握着真理和最高评判标准，有权谴责和挑战中国的风俗和习惯，改变中国的文化身份和精神传统，并最终用基督教来取代中国的传统信仰。用小阿瑟·施莱辛格（Arthur Schlesinger）的话说，传教士实际上从事了对中国"核心思想和价值观的致命攻击"。[①]

在帝国主义精神的影响下，传教士还自觉承担了"文明化"（civilizing）[②] 的使命。一直到"一战"前，传教士习惯于把基督教与西方文明成就联系起来，普遍相信自己的使命不仅仅是传布福音和让更多的人受洗，同时还包括传播（西方）文明，把中国这样的"半文明"的国家改造成"文明"的国家。他们要么借助于西方文明的成果，特别是科学来辅助宣教事业；要么致力于用西方文明来改造中国社会和瓦解中国文化，以培育有利于福音传布的社会环境。这些宣教士们把西方文明视为基督教的同盟，坚信文明的胜利就是福音的胜利。知名教会史学家威廉·哈钦森（William R. Hutchison）指出，一直到 20 世纪初，把西方传教士凝聚在一起不仅是传布福音的共同目标，同时还包括共同的信念，即坚信"西方文明从根本上是正义的，并且几乎不

---

① Arthur Schlesinger, Jr. , "Missionary Enterprise and Theories of Imperialism," in John K. Fairbank, ed. , *The Missionary Enterprise in China and America*, p. 360.

② "文明化"的思想大体上兴起于 18 世纪中期的欧洲。当时的一些启蒙思想家将人类历史视为一个直线的、不断进步的发展过程，经历蒙昧、野蛮和文明等阶段。所谓"文明"在当时欧洲人的观念中包括技术、制度、信仰、习俗、生活方式、产权关系等多方面的标准，根据这些标准，西欧和北美属于先进的国家，处在人类发展的最高阶段，即"文明阶段"，而其他地区则较为落后，还处于"野蛮"和"半文明"的阶段，处于最高阶段的"文明"国家有责任和使命向其他落后的地区传播文明，使这些地区"文明化"。这一思想后来逐渐变成一种殖民话语，被用来论证欧洲征服和控制东方的正当性。英国提出的"白种人的责任"（white man's burden），法国提出的"开化使命"（mission civilisatrice）等说法就是这一话语的变种。19 世纪后半期，伴随美国海外扩张活动的兴起，"白种人的责任"的话语也传到了美国。根据这一话语，中国处于"野蛮"，至多是"半文明"的阶段，还不属于"文明世界"，传教士不仅具有传播福音的使命，还有输出"文明"，即西方的技术、制度、观念和生活方式的使命，并以此对中国进行改造，使中国成为"文明世界"的一员。关于欧洲文明观念的演变，可参见 Bruce Mazlish, *Civilization and Its Contents*. Stanford, California: Stanford University Press, 2004。

可避免地获得胜利"。①

传布"福音"和从事"文明化"的工作是相辅相成的，其目的是瓦解中国的文化认同，改变中国人的思想。对此，无论是当时的中国人还是其他西人都有所认识。郑观应即称洋人到中国传教，是"欲服华人之心"②。浸礼会牧师、约翰·洛克菲勒（John D. Rockefeller）的慈善事业顾问弗雷德里克·盖茨（Frederick T. Gates）则称传教事业带来的最终结果将是"和平地征服世界——不是政治上的控制，而是在商业、制造业、文学、科学、哲学、艺术、优雅（refinement）、道德和宗教上的支配"。③

正是抱着文化征服的观念，传教士群体对中国的本土宗教乃至整个文化传统进行猛烈的攻击，并相信基督教取代中国本土的信仰不仅是正义的而且是必然的。这是典型的文化帝国主义行为。在西方武力进攻和传教士的文化讨伐双重攻击下，中国遭受了让-弗朗索瓦·勒维尔（Jean-Francois Revel）所说的"最耻辱的失败"，即"文化上的失败"，"忍受不得不向征服者学习以实现自救的耻辱"。④ 在 19 世纪，中国人批判基督教的主要武器是中国传统的儒家思想，而到了 20 世纪，这一武器变成了来自西方文明中的理性主义和科学，这从一个侧面反映了中国文化的失败和中国知识精英文化自信心的丧失。⑤

二 "与各教中善的力量同工"：新潮流的冲击与传教士对跨宗教关系的新思考

就在传教士还在为西方文明的胜利而欢呼雀跃的时候，他们失望地发现，中国文化的失败并不意味着基督教的胜利，因为中国人从获胜的西方文明中发现了更强大的反对基督教的武器，这就是理性主义和民族

---

① William R. Hutchison, *Errand to the World：American Protestant Thought and Foreign Missions*. Chicago：University of Chicago Press，1987，p. 95.

② 郑观应：《论传教》，夏东元编《郑观应集》上册，上海人民出版社，1982，第 121 页。

③ Arthur H. Smith, *China and America Today*. London：Oliphant，Anderson and Ferrier，1907，p. 236.

④ Jean-Francois Revel, *Without Marx or Jesus*, Overseas Edition. London：Paladin，1972，p. 117.

⑤ 列文森（Joseph R. Levenson）对此有非常精彩的论述。参见〔美〕列文森《儒教中国及其现代命运》，郑大华、任菁译，中国社会科学出版社，2000，第 107 页。

主义。同时，欧洲的大战也使西方人对自己文明的信心大大降低了。这些新潮流构成对传教运动的巨大冲击。

由启蒙运动所揭橥的理性主义在 20 世纪随着科学的发展和工业化浪潮的推进越来越深入人心。理性主义倡导以理性的态度和怀疑的精神对待一切，反对迷信和盲从，对宗教构成巨大的挑战。特别是现代科学的发展展现了理性的巨大力量，动摇了基督教神学的根基。20 世纪初期的中国知识和政治精英也把理性主义的成果——科学视为拯救中国的良方，陈独秀、李大钊、蔡元培等新文化运动的知识分子都以科学为武器批判宗教蒙昧，坚信基督教代表了落后和保守的力量。胡适 1925 年在燕京大学的演讲中即谈到理性主义是传教事业在中国遇到的难关之一。他说：

> 二十五年前，传教事业的敌人是愚昧的迷信。二十五年后，传教事业的难关是开明的理性主义。我们现在不怕基督教士挖眼珠子去做药了；我们现在对于基督教的教义与信条也渐渐明白了。但我们有人要进一步疑问基督教的根本教义能不能成立。我们有人要问上帝究竟有没有，灵魂究竟有没有。……这种理性主义现在虽然只是少数人的信仰，然而他们的势力是不可轻视的。①

理性主义的胜利带来世俗主义思想的盛行。正如一些基督教人士所担心的，"如果科学、工业或者经济要素可以满足人生的一切需要，……那么结果就会是世俗主义"。②世俗主义的盛行使人们失去对彼岸世界的兴趣，只关心现实的生活，削弱了宗教的影响力。

在理性主义和世俗主义削弱基督教神学基础的同时，现代民族主义在中国的兴起则冲击着传教运动所预设的东西方不平等的关系，引发了20 年代的非基督教运动和收回教育主权运动。一些传教团体日益感受到东方民族主义兴起的冲击，认识到"任何地区的基督教传教士都不可能继续奉行自己在种族上比其宣教对象优越的立场"，同时需要调整自己的行为，向其布道对象证明宣教士"不再把自己看作征服民族的成员，

---

① 胡适：《今日教会教育的难关》，《胡适文存》（三），黄山书社，1996，第 576~577 页。
② The Commission of Appraisal, *Rethinking Missions: A Laymen's Inquiry after One Hundred Years*, p. 20.

相反，是'人类仆人'（*Servant of Men*，指耶稣——引者注）的仆人"。①

如果说理性主义和民族主义壮大了中国反教力量的话，"一战"则打击了西方人，包括教会人士对西方文明和基督教的信心。欧洲的大战自然使人们怀疑，相互之间进行了人类历史上最可怕，也最具毁灭性战争的基督教国家有何资格输出基督教和对其他国家进行所谓的"文明化"。正如威廉·梅里尔（William Pierson Merrill）牧师在1919年所指出的，"关于这场战争最具悲剧性的事实是，它是在基督教世界发生的"，"整个基督教世界必须背负沉重的耻辱和罪恶的负担"，"如果基督教国家不能像基督徒绅士那样和平共处，我们就不要在谈论什么'基督教文明'"。②担任过中华基督教青年会干事的美国传教士鲍乃德（Eugene Barnet）发现，"西方的声誉因为大战而遭到沉重的打击，基督教的声誉也因此而受到了打击"。③实际上，"一战"使西方优越和福音正义的观念无论是在美国国内还是在东方都受到一定程度的质疑。著名教会史家赖德烈（Kenneth Scott Latourette）观察到，战争使欧美各国国内的人们发现，"西方远不具有基督的品性"，西方要想派传教士到其他国家布道，"必须先在经济生活、种族关系和国际交往方面使自己符合基督的标准"。④

"一战"实际上瓦解了西方人对基督教和西方价值观绝对优越的信心，促使传教士和教会领袖反思西方文明的缺陷，重新思考基督教与东西方文明的关系。曾在印度传教，后来担任美国协和神学院教授的丹尼尔·弗莱明（Daniel J. Fleming）在1925年指出，在绘制宣道地图的时候，差会一直"把派出国画成白色，而把接收国画成黑色"，但实际上"我们西方的价值观在很大程度上是非基督的"，西方也"属于非基督教世界"。⑤ 1923年12月至1924年1月美国学生立志证道团（Student Volunteer Movement）在印第安纳波利斯召开大会，与会的传教领袖和学生们"不再故意把世界

---

① The Committee on the War and the Religious Outlook, *The Missionary Outlook in the Light of the War*. New York: Association Press, 1920, p. 240.

② William Pierson Merrill, *Christian Internationalism*. New York: The Macmillan Company, 1919, pp. 1-3.

③ Eugene Barnet, *My Life in China, 1910-1936*, edited by Jessie G. Lutz. East Lansing, Michigan: Asian Studies Center, Michigan State University, 1990, p. 176.

④ Kenneth Scott Latourette, *A History of Christian Missions in China*. New York: The Macmillan Company, 1929, Reprint 1967, pp. 769-770.

⑤ Daniel J. Fleming, *Whither Bound in Missions*. New York: Association Press, 1925, p. 47.

分为两大阵营，即东方和西方，基督教世界和异教世界"，而是"把今天的世界视为一个相互间紧密联系的整体"，认为"东西方面临同样的威胁，遭受同样的罪恶（只是在不同地区略有不同），急需同样的拯救"。[①] 这种优越感的丧失甚至成为 20 年代中期以后美国对华传教运动走向衰落的一个重要原因。赖德烈指出，"在大战结束不到十年的时间里"，新教各差会在其国内的基地就开始"面临一系列最恼人的问题"，并不得不"在中国为自己的生存在战"，其中"最具威胁性的因素是失去了对福音的效力和基督教优越于世界其他宗教的信心"。[②]

在世界新潮流和大战的冲击下，同时在 19 世纪末美国兴起的自由主义神学（即现代主义神学）的影响下，一些教会领袖和传教团体开始重新界定传教运动的使命，并在此基础上反思基督教与西方文化、基督教与非基督宗教的关系，导致传教思想发生巨大的变化。

第一，将宣教目标从单纯的个人得救发展为"使人类生活基督化"。

到 20 世纪 20 年代，美国各传教团体开始改变传教事业的重点，调整宣教策略，对传教使命进行重新界定：宣教工作不再以教义为中心，而以基督为中心，重要的是耶稣的人格，而不是圣经的教条（doctrine）；宣教的目标是在现世建立"上帝之国"，而不是避免来世的惩罚；教会的任务不仅是个人得救，还要根据基督爱和公义的原则改造社会；宣教的重点不是把基督教文明的恩典带给落后的东方，而是让基督精神充满世界，无论是东方还是西方。用国际宣教协会[③] 1928 年耶路撒冷大会宣言中的话说，宣教事业的目标是"在个人、社会和国家中培育具有基督品性的性格"。[④]在北美传教事业中具有广泛影响的加拿大平信徒牛顿·罗厄尔（Newton

---

① Archibald Gillies Baker, "The Religious Ideals of the Student Volunteer Movement," *The Journal of Religion*, Vol. 4, No. 2, March 1924, p. 194. （JSTOR 数据库，http://links. jstor. org）

② Kenneth Scott Latourette, *A History of Christian Missions in China*, pp. 770 – 771.

③ 国际宣教协会（International Missionary Council）成立于 1921 年，是当时最有影响、最具有代表性的跨宗派联合组织，其宗旨是协调欧美各传教团体的工作，研究传教活动的方针和政策，并推进教派间的合作。该会根据 1910 年爱丁堡世界宣教大会的决议成立，参加者主要是欧洲和美国的传教组织，后来亚洲和非洲的所谓"后进教会"（younger churches）也成为该会的成员。该会曾组织多次世界传教大会，包括 1928 年的耶路撒冷会议等。

④ International Missionary Council, "The Council Statement," *The Jerusalem Meeting of the International Missionary Council*, March 24-April 8, 1928, Vol. 1. New York: International Missionary Council, 1928, p. 407.

W. Rowell）在 1921 年的演讲中这样阐述北美教会宣教目标的变化：

> 传教工作就是传播一种信仰或扩展一种教会组织的想法永远过
> 去了。人们意识到，传教并不是像以前理解的那样就是宣讲福音。
> 基督教传教事业是一种努力，目标是让世界各地人们的生活和人与
> 人之间的关系变得具有基督的品性，以基督的兄弟之爱（brother-
> hood）和服务的道德黄金律为基础组织人类社会和全人类的生活。①

徐宝谦将这一新的宣教目标简化为"使人类的生活基督化"。② 也
就是说，宣教的重点不是把西方基督教移植到东方，而是表达和展现基
督的精神。长期担任《教务杂志》编辑的美国南浸信会传教士乐灵生
观察到，到了 20 年代，在华各差会"越来越不强调基督教的西方形式，
而更加真诚地尝试首先践行耶稣的精神"。③

第二，将基督教与西方文化相分离，相信基督精神也体现在其他民
族的文化传统中。

"一战"后，传教士发现，与西方文化联手在过去也许有利于福音
的传播，但现在对福音事业却是有害的，因为大战所暴露的西方文明的
弊病被算在基督教的头上，如果基督教号称是西方文明的源头，那么它
就要为西方的种族主义、殖民主义和帝国主义负责。在这种情况下，越
来越多的教会人士意识到，基督教必须与西方文化传统相分离。这里的
"分离"包含两层含义：第一，基督教不再依附于西方的历史和文化传
统而存在，"福音化"（evangelization）或者说皈依基督并非以西方化为
前提；第二，基督教对西方文明的发展固然有巨大的影响，但西方文明
的发展有其自身的逻辑，其成就与弊害并不一定是基督教的产物。传教
士把基督教与西方文明相分离，意在剥掉自己的西方身份，突出基督教
的特点，让基督教回归信仰本身，因为如果基督教依附于西方的历史和

---

① Robert Wright, *A World Mission: Canadian Protestantism and the Quest for a New International-
al Order, 1918 – 1939*. Montreal: McGill-Queen's University Press, 1991, p. 150.

② 美国平信徒调查团编《宣教事业平议》，第 10 页。

③ Frank J. Rawlinson, "Change and Progress in the Christian Movement in China during the last
two decades (1900 – 1920)," in Milton T. Stauffer, ed., *Christian Occupation of China: a
General Survey of the Numerical Strength and Geographical Distribution of the Christian Forces
in China*. Shanghai: China Continuation Committee, 1922, p. 38.

文化传统而存在，它就无法成为世界性的宗教，而只能是西方的宗教，并继续为西方文明中的罪恶所牵累。这一做法与他们在 19 世纪借西方文明以自重颇为不同。丹尼尔·弗莱明在 1925 年告诫"每一个现代的传教士都要尽一切可能让基督教自己显示其力量，不受与西方文明联系的妨碍"。① 平信徒调查团报告也指出："基督教与西方生活的关联，在从前是一件荣耀的事情，现在则有种种不利的地方。为了让基督教能被公正地认识，有必要尽可能地把它与我们的历史和我们的宣传机构分开，按照其普遍的面目展示它。"②

在将基督教与西方文明相剥离的同时，传教士们开始相信基督精神可以在非西方文化中得到体现和表达，甚至认为海外宣教活动的附带目标就是用非西方文化遗产来丰富基督精神的表达和基督教的传统。在 1925 年于华盛顿召开的北美传教大会上，美国卫斯理公会著名牧师斯坦利·琼斯（E. Stanley Jones）指出，传教士到东方的目的"不是让信徒简单地复制西方"，而是要在那里"尊重其文明中任何好的成分"，让信徒"通过他们自己的民族才智和历史来解释主基督"。③ 在 1928 年耶路撒冷会议上，根据当地文化来解释基督不仅得到鼓励，而且被认为是教会本色化的一部分。

在这种新的传教思想影响下，东方和西方、基督教文化和异教文化的区分被认为是站不住脚的。不仅如此，既然接受福音并非以西方化为前提，既然西方文明的成就与基督教并不存在必然的关联，那么，向东方民族传播"先进"的文明也就不再是差会和传教士的任务。在把基督教与西方文明相剥离之后，差会也开始淡化，甚至主张放弃"文明化"的使命，不再坚信传教士除了传播信仰之外还有"教化"落后民族的责任。琼斯在华盛顿会议上称"基督教传教运动的目的现在不是在世界各地传播西方文明，也不是把教权（ecclesiasticism）扩展到全世界"，而是

---

① Daniel J. Fleming, *Whither Bound in Missions*, p. 59.

② The Commission of Appraisal, *Rethinking Missions：A Laymen's Inquiry after One Hundred Years*, p. 23.

③ E. Stanley Jones, "The Aim and Motive of Foreign Missions," in Fennell P. Turner and Frank Knight Sanders, eds., *The Foreign Missions Convention at Washington, 1925：Addresses delivered at the Foreign Missions Conventions of the United States and Canada held at Washington, D. C. , January 28 to February 2, 1925*. New York：Foreign Missions Conference of North America and Fleming H. Revell Company, 1925, pp. 52 – 53.

"培育基督式的人格"。① 据学者罗伯特·赖特（Robert Wright）的研究，到 20 年代中期，在英国和北美传教团体内部已经达成了一种共识——"宣教士带给世界的礼物是基督，而不是西方文化成就，甚至不是西方基督教"。②实际上，传教士此后在中国从事的教育、慈善和乡村建设等活动虽然仍有传播西方文明之功效，但传教士宣传的话语已不再是对落后的地区"文明化"，而是"贯彻基督精神"和"服务"中国。

第三，基督教的敌人从其他宗教变成理性主义、物质主义和世俗主义。

差会和宣教士们逐渐意识到，现在基督教的主要敌人不是其他宗教，更不是随着帝制废除已经在中国丧失统治意识形态地位的儒学，而是与所有宗教对立的理性主义、物质主义和世俗主义。平信徒调查团报告这样解释为什么教会要重新界定基督教的对手：

> 世界文化中的科学和批评精神与各教中的威权主义誓不两立。当所有经典的神圣性都被否定的时候，此经和彼经的智慧还有什么可比较的呢？当一切宗教直觉的表达有被实践理性抛弃的危险的时候，何必还比较回教和佛教的优劣呢？现在的问题不是哪个先知或哪本书可信的问题，而是一切的先知、经典、启示、仪式和教会是否还可信的问题。……各教最大的敌人不是基督教，而是马克思、列宁和罗素哲学中反宗教的成分，今日的困难，不属于一教，而属于一切的宗教。③

乐灵生直截了当地指出，对基督教的主要威胁存在于西方内部，包括"战争的习性"、内部的争斗以及宗教与科学的对抗。④ 如果说"一战"前传教事业的最终目标是把中国人从异教信仰中"拯救"出来，

---

① E. Stanley Jones, "The Aim and Motive of Foreign Missions," in Fennell P. Turner and Frank Knight Sanders, eds., *The Foreign Missions Convention at Washington*, 1925, p. 53.

② Robert Wright, *A World Mission: Canadian Protestantism and the Quest for a New International Order*, 1918 – 1939, p. 142.

③ The Commission of Appraisal, *Rethinking Missions: A Laymen's Inquiry after One Hundred Years*, pp. 32 – 33。译文参考了《宣教事业平议》第 29 ~ 30 页。

④ John Lang Rawlinson, *Rawlinson, the Recorder, and China's Revolution: A Topical Biography of Frank Joseph Rawlinson*, 1871 – 1937. Notre Dame, Indiana: Cross Cultural Publications, 1990, p. 577.

"一战"后则是与现代的物质主义和世俗主义等作战。教会人士的论辩对象也越来越从儒教、伊斯兰教、印度教和佛教转向物质主义、世俗主义和自然主义（naturalism）。

第四，决心与其他宗教携手，"共同追求真理"。

既然宣教的使命是"使人类生活基督化"，既然耶稣基督不仅在西方，而且也可以在非西方文化中得到表达，既然基督教的最大敌人不再是异教信仰，而是物质主义、世俗主义和非宗教主义，那么，基督教与其他宗教的关系自然也就发生了变化，双方不再是敌对和竞争的关系，而是合作和互补的关系。基督教不再以绝对唯一的地位自居，也不再相信非基督徒必然陷入永远的毁灭之中。宣教士的任务"首先是了解和理解其他宗教，然后与旨趣相同者共同携手"，以纠正物质主义和世俗主义带来的"罪恶"；各宗教之间的关系"不是一种宗教粗暴地取代另一种宗教的问题，而是一种宗教在成长过程中融入另一种宗教的问题"。① 这是关于基督教与非基督教信仰关系的新观念，是对传统福音主义的重大背离。

早在 1920 年世界基督教学生同盟报告中，穆德（John R. Mott）就提醒青年学生要欣赏东方文化，在与其他国家人民接触时要"慷慨地欣赏其他民族和个人的优点并愿意向他们学习"，"渴望为了所有人的共同利益而（与其他国家的人）共同工作"。② 在 1925 年的华盛顿会议上，参加大会的 5000 名代表普遍表达了"对东方文明中优秀成分的欣赏"以及"融合所有文明中的优秀成分来建立基督的秩序"的愿望。③ 而 1928 年国际宣教协会耶路撒冷大会讨论的一个重要问题就是传教士如何与非基督宗教合作。协会的会议宣言宣称"欢迎非基督徒和非基督教（信仰）体系中每一个高贵的品质"，并指出其他宗教中的如下思想是真理的一部分：伊斯兰中关于真主至高无上的观念以及由此而来的敬畏和崇拜；佛教教义中居于核心地位的对世界苦难的深刻同情，以及对逃离这些苦难的方式的无私探索；印度教中与主宰一切的最高精神权力

---

① The Commission of Appraisal, *Rethinking Missions: A Laymen's Inquiry after One Hundred Years*, pp. 33, 27.

② John R. Mott, *The World's Student Christian Federation: Origin, Achievements, Forecast*, N. P.: WSCF, 1920, p. 82.

③ "The Christian Renews His Mind," *The Chinese Recorder*, Vol. 56, No. 4, April 25, 1925, p. 245.

接触的愿望；儒教谆谆教诲的关于宇宙道德秩序的信念以及对道德行为的执着坚守；世俗文明中对真理和人类福祉的公正追求等。①

《教务杂志》1929年3月的一篇社论注意到在华差会跨宗教关系观念的新变化，即欣赏其他信仰的价值，认为其他宗教的优秀成分可以被纳入中国基督徒的信仰。社论认为这一变化"部分是因为中国革命给中国各宗教带来共同的危险——对宗教的攻击，部分是因为各宗教都渴望获得共同的权利——宗教自由"。在这一变化的基础上，"各地的基督徒团体还寻求如何与其他宗教的信徒共同合作，来提高人类的福祉"。②

传教团体跨宗教关系思想的改变集中体现在平信徒调查团的报告中。报告指出，传统的福音布道方式虽然充满对异教人民的善意和仁慈，但却抱有错误的观念，即认为只有一种拯救方式，其他宗教在人类救赎中是没有作用的。这导致教会人士不容忍其他信仰，也不承认其他宗教的价值。但实际上，基督教会"作为真理的捍卫者并不完美，他种宗教无疑有可以成为我们教导的成分"。基督教的作用不是垄断真理，而是与其他宗教合作，"共同追求真理"，"今后不同宗教之间的关系必须越来越采取共同追求真理的形式"。③ 报告这样说道：

> 很明显，攻击他种宗教体系不是基督教传教士的责任，甚至谴责他在这些信仰体系中看到的谬误和弊病也不是他的主要责任。他的主要职责应该是正面地表现基于真理的生活方式，并让这种生活方式自己说话。……基督徒因此应该尽力与各教中善的力量同工（co-worker）。如果他能用他的思想和精力去帮助和鼓励这些善的力量，他就算是尽职了。④

平信徒调查团报告的思想并非是全新的，而是一些传教士正在实践

---

① International Missionary Council, "The Council Statement," *The Jerusalem Meeting of the International Missionary Council*, March 24 – April 8, 1928, Vol. 1, pp. 410 – 411.

② Editorial, "Christianity in China Changing," *The Chinese Recorder*, Vol. 60, No. 3, March 1929, p. 139.

③ The Commission of Appraisal, *Rethinking Missions: A Laymen's Inquiry after One Hundred Years*, pp. 35 – 37, 46 – 47.

④ The Commission of Appraisal, *Rethinking Missions: A Laymen's Inquiry after One Hundred Years*, p. 40. 译文参考了《宣教事业平议》第35页。

着的宣教战略。平信徒调查团将其作为正式建议提出来，表明这一思想日益被传教团体所接受。徐宝谦这样概括平信徒调查团报告中所代表的处理跨宗教关系的新思想：

> 各宗教是建造在一个共同基础之上的，就是人类所共有的宗教直觉。基督教也是建造在这个基础之上的，因此不能自诩为唯一无二之真理。上帝自然是一切真理的源泉；但是他的启示，并不限于基督教。因此，我们应该抛弃占有的思想。在基督教里边，固然有特殊之点，如浅近精到的教义，及耶稣基督完备的人格；但是，我们不能因此就说：其他各教，没有他们特殊之点，没有可以供我们参考的地方。如佛教之注重静修，实为基督教所不及。……所以，与其以基督教为唯一的真理；不如使各教互相携手，共同追求唯一的真理。与其用基督教去改革其他各宗教；不如将基督教与非基督教，一齐改良。与其用基督教去代替非基督教，不如使各教自由交通，相互学习；使在真理界内，收同存共荣之效。①

显然，根据这一思想，传教士所遭遇的世界不再被划分为对立的基督教世界和异教世界，而是划为宗教力量和世俗主义势力，真正与基督教为敌的，不是其他宗教，而是物质主义和世俗主义，因此基督徒的恰当角色是成为其他信仰的合作者而不是征服者。

三 "以谦卑宗教学生的身份接近东方"：传教士对中国文化的欣赏与借鉴

神学思想和跨宗教关系观念的转变带来了传教士对中国文化态度的深刻变化。这一变化大体始于1907年传教士百年大会。大会发起的教派合作运动淡化了宗派差异，带来的是在教义方面的妥协精神。与此同时，19世纪末在美国兴起的自由主义神学开始影响宣教运动，清末新政也使中国对西方越来越开放，传教团体对中国文化的评价开始改变，

---

① 美国平信徒调查团编《宣教事业平议》，第8页。

讨论"中国的觉醒"成为当时传教界的热门话题。[①] 1910 年的爱丁堡世界宣教大会促进了这一趋势。会议设立了一个特别委员会，负责征集各地传教士对非基督宗教的看法，有代表提出应该承认其他地方信仰的价值。五四时期中国民族主义的兴起促使差会和来华传教士进一步反思他们对中国文化的态度。根据乐灵生的观察，1907 ~ 1920 年，传教士对中国文化与宗教的态度逐渐"发生了变化"，"无论是中国基督教领袖还是传教士现在都对保持中国文明中有价值的元素感兴趣"，"在 1907 年，中国被认为是基督教世界的小学生，而教会是中国的老师，但现在（指 1920 年），二者互为学生（learners）和仆人"。[②] 曾担任雅礼会总干事的著名传教士胡美则在 1927 年进一步提出，中国已经进入拒绝"让西方来拯救其心灵"的新阶段，传教事业要想在中国获得继续发展，传教士"必须以谦卑的宗教学生的身份接近东方，而且终其一生都必须一直是学生"，并与东方人合作，"共同寻找永恒的真理（eternal truth）"。[③]

不再以中国的"老师"自居，而愿意充当中国的"学生"。尽管这一思想并未被多数传教士接受，但 19 世纪那种一味指责中国社会的罪恶和中国文化的缺点的做法遭到了唾弃，谈论中国文化的优点及其对基督教的可能贡献在 20 年代逐渐成为一股潮流。

来华从事医疗工作的传教士周以德（Walter H. Judd）1925 年在金陵大学的学习总结中说，中国文化"几乎具有耶稣所宣布的每一个思想和原则：一神论、天父、四海之内皆兄弟、己所不欲勿施于人的道德黄金律、以德服人、仁者爱人、重义轻利"，而且中国人"在很大程度上实践了这些教导"；中国有"很多我们过去认为只有我们能带给他们的东西"，包括：家庭的神圣、对儿童的关爱、对大自然的热爱以及对朋友的忠诚等。[④] 在 1928 年的耶路撒冷大会，中华基督教青年会总干事来会理（D. Willard Lyon）则引用谢扶雅的话认为儒教中有两个应该保持、

① 参见 W. A. P. Martin, *The Awakening of China*. London: Hodder & Stoughton, 1907。

② Frank J. Rawlinson, "Change and Progress in the Christian Movement in China During the Last Two Decades (1900 – 1920)," in Milton T. Stauffer, ed., *Christian Occupation of China*, p. 38.

③ Lian Xi, *The Conversion of Missionaries: Liberalism in American Protestant Missions in China, 1907 – 1932*, p. 54.

④ Walter H. Judd, "On Becoming a Missionary," The Department of Missionary Training, University of Nanking, *The Linguist* (1925 – 1926), pp. 66 – 69.

发展并可以与全人类分享的观念，也是孔子自己原创的思想，即"仁（或者理想的人格）和大同（或世界主义或世界意识）"。[1] 司徒雷登（John Leighton Stuart）则提出："把基督福音传给中国人民的决心带来的结果应该是实现而不是消除儒家教导中最高贵的理想，是用基督福音独特的、根本的特性来补充儒学，同时用儒教来纠正我们文明中的缺陷以及使我们对我们自己的宗教信仰有一个更广阔和更全面的理解。"[2]

乐灵生的改变从一个侧面深刻反映了来华传教士文化观念的变化。乐灵生在来华之初也同其他传教士一样，对中国的"异教"特征极为反感，他在1902～1903年给差会的信中深为中国人的"罪恶、贫穷、堕落和（灵性）需要"所"震骇"，甚至怀疑这样的国家能否被"文明化"（civilized）。在中国居住一段时间后，他对中国的负面看法有了一些改变，但仍然不愿让自己的孩子与中国人接触，以免受到周围异教文化的影响。他也相信传教士来华的目的是用基督教取代中国本土的信仰。他在1910年撰写的一篇评论中说："我们决不能忘记，基督教到这里来是要征服其他所有宗教，……而征服从来不是一项轻松的任务。"[3] 但是，到了20年代，乐灵生对中国宗教与文化的看法已经发生了根本的改变。他认为儒教思想中有很多重要的价值是对人类的独特贡献，包括把人类关系人格化（personalization of human relationships，即强调人格力量在社会中的重要性），反对过度个人主义的社会责任观念，忠的思想和恕道。[4] 乐灵生对中西的国民性格和精神习惯（life-set）进行了比较，他特别赞赏中国人"坚韧的耐心"，认为耐心使中国人在处理对外关系时通常采取"相互理解和说服的方式"，而西方人则"缺乏耐心"，倾向于采用"强迫"的方式，"一些西方基督徒认为他们有权利和责任传播基督思想而不管中国人是否想要"。从这一点来看，他认为中国是

---

[1] D. Willard Lyon, "Religious Values in Confucianism," International Missionary Council, *The Jerusalem Meeting of the International Missionary Council*, March 24 – April 8, 1928, Vol. 1, p. 92.

[2] John Leighton Stuart, "Christianity and Confucianism," International Missionary Council, *The Jerusalem Meeting of the International Missionary Council*, March 24 – April 8, 1928, Vol. 1, p. 45.

[3] John Lang Rawlinson, *Rawlinson, the Recorder, and China's Revolution*, p. 59.

[4] Frank J. Rawlinson, "Christo-Centric Broadmindedness," *The Chinese Recorder*, Vol. 57, No. 3, March 1926, p. 179.

一个"成熟的民族",而西方则处于"青春期"。①

在神学思想上,乐灵生也从来华之初的福音主义者(evangelist)变成"一战"时期的"社会福音"论者,并在 20 年代成为自由主义神学的坚定支持者。他认为传教士必须超越"攻击性的福音主义"(aggressive evangelism),实现基督教在中国的本色化。② 到 20 年代后期,他进一步提出基督教与中国宗教相互借鉴与融合(Sino-Christian synthesis)以及建立世界宗教(world religion)的主张。③

传教士大谈中国文化的优点和价值,并非仅仅是对一个毫不相干的文化体系的赞美,在一些传教士的思想中,了解中国文化可以丰富基督教的启示和加深西方人对基督教的理解。胡美即提出,在基督教传教运动中,应该"有来自东方的信使把东方宗教的启示传到西方",以"扩大和丰富我们对基督教的理解"。这样,当"外国传教"时代在中国结束的时候,将出现一种新的基督教,即从东方宗教中获得启迪的基督教,一个胸怀广大、没有侵略性、仁慈博爱的基督教。④ 中国基督教领袖、华中大学校长韦卓民也提出,"基督教在与东方文化接触过程中没有什么可担心的,相反却可以从东方文化中获益很多",即可以"把中国文化遗产融入基督教以补充西方基督教和丰富基督教的传统"。如果这样,"传教运动在中国就不会再被认为代表了西方的傲慢和专横,传教士也就不会被认为是在利用其特权来宣传自己拥有的而别人没有的东西,而是被认为在履行为基督教信仰寻找更充分表达的职责"。⑤

虽然在 19 世纪,李佳白、丁韪良和理雅各(James Legge)等人也对中国文化,特别是儒家思想表达了一定程度的尊重和欣赏,但他们人数较少,仅属个人行为,不代表差会整体态度的变化,而且是面对中国文化强大阻力时不得已做出的妥协。他们仍然坚信基督教是唯一的真

① Frank J. Rawlinson, "Some of China's Life-Sets," *The Chinese Recorder*, Vol. 57, No. 5, May 1926, pp. 346 – 347.

② John Lang Rawlinson, *Rawlinson, the Recorder, and China's Revolution*, p. 576.

③ 参见 John Lang Rawlinson, *Rawlinson, the Recorder, and China's Revolution*, Chapters 45 – 46。

④ Lian Xi, *The Conversion of Missionaries: Liberalism in American Protestant Missions in China, 1907 – 1932*, pp. 54 – 55.

⑤ Francis C. M. Wei, *The Spirit of Chinese Culture*. New York: Charles Scribner's Sons, 1947, pp. 28 – 29, 160.

理，儒家思想虽然有一定的价值，但仍远逊于基督教，基督教与中国宗教的关系是成全与被成全的关系。他们也并不打算借鉴儒教的价值来丰富基督教的传统（李佳白或许是个例外），也没有与中国宗教携手追求更高价值的愿望。用金陵大学教授史迈士（Lewis S. C. Smythe）的话说，理雅各等人仍然认为中国文化与宗教只是"上帝对所有民族原初的启示"，而基督教是最高的启示，实现和完成了中国宗教的任务；而新的传教观念则强调"与中国人合作，一起建立新的世界文明"，"一起为全人类探索如何实现更高的生命价值"。[1]

当然，对中国文化和宗教的欣赏与借鉴并未被所有传教士接受，实际上保守势力仍然非常强大，他们主要集中在农村地区，仍然坚信福音是唯一的真理，指责自由派传教士的做法是调和主义（syncretism），"是根本的背叛，是同谬误妥协，是放弃基督教独一无二的价值"，会"削弱传教的热情"，是"对传教事业背信弃义的放弃"。[2] 但是，到20年代末和30年代初期，尊重和欣赏非基督宗教的价值，追求与其他信仰合作的自由主义传教思想已经形成强大的力量。[3] 就如著名宗教史家威廉·哈钦森所言，"到1920年代"，尽管基要主义仍然有很大的势力，但是"在传教团体中，自由主义已经成为具有强大影响力的正统"。而

---

[1] Lewis S. C. Smythe, "The Changing Missionary Message," *The Chinese Recorder*, Vol. 60, No. 3, March 1929, pp. 158 – 159.

[2] The Commission of Appraisal, *Rethinking Missions: A Laymen's Inquiry after One Hundred Years*, pp. 35 – 36.

[3] 根据连曦的研究，到20世纪20年代中期，中华全国基督教协进会等全国性基督教组织、基督教大学和基督教男女青年会以及《教务杂志》（The Chinese Recorder）和《中华基督教年鉴》（The China Christian Year Book）等有影响的全国性基督教杂志都支持自由主义神学。同时，自由主义神学在城市，特别是沿海城市的传教士群体中被普遍接受，而城市是传教士的主要基地，当时在华的大部分传教士（约占56%）在城市布道。与此同时，农村地区保守的传教士虽然人数不少，但其影响逐渐式微。由来华传教士于1920年成立的跨宗派基要主义团体——圣经联盟（Bible Union）在20年代末逐渐衰落并在1937年后销声匿迹。到30年代初，尽管农村地区的大部分传教士在神学上仍然相当保守，不愿欣赏非基督宗教的价值以及与其他宗教合作，但已经有在内地的传教士以个人的身份与其他宗教的人士合作开展救灾活动。同时，教会大学和传教士语言学校开设了大量关于中国文化与宗教以及比较宗教学的课程。这些神学自由化的趋势都传播并加强了传教士的宗教包容观念。1973年，"在华传教士口述历史项目"对50位曾在中国布道的传教士进行调查，大部分被调查者对中国文化和宗教表现了"极大的包容"。Lian Xi, *The Conversion of Missionaries: Liberalism in American Protestant Missions in China, 1907 – 1932*, pp. 147, 196 – 199.

到 1932 年，欣赏其他宗教的价值并希望与其他信仰合作的观念——哈钦森称之为自由主义综合（liberal synthesis）——已经"成为美国新教正式的对外政策"。①

实际上，到 30 年代初，"基督教征服世界"无论是作为一种口号还是一种思想都失去了市场。到 1932 年，也就是《基督教占领中国》（Christian Occupation of China）（中译本书名为《中华归主》）出版 10 年后，"基督教占领"已经沦为一个教会人士所不齿的词汇。即使有人使用，其含义已经发生了变化，不再是"地理意义上的'占领'"，而是"占领新的领域"（new fields of occupation），包括重建社区，反对军国主义和支持裁军，公开主张和促进经济与工业资源的公平分配和反对共产主义"。② 这从一个侧面说明文化征服的思想已经被绝大多数教会人士抛弃，欣赏与合作越来越成为传教士共同体在中西文化关系上的主流立场。以平信徒调查团报告出版为标志，在如何处理与中国文化的关系问题上，主要的传教士团体已经实现了从征服者向合作者的转变。

四 结语：从文化帝国主义到文化国际主义

来华的美国浸礼会传教士葛德基（Earl Herbert Cressy）在 1919 年 6 月出版的《亚洲》杂志上撰文指出一个非常有意思的现象：一个回美国度假的传教士自称是"作为西方精神生活的使者来到远东"，向"异教国家"布道的，但在远东居住一段时间后，他却开始向美国人介绍远东的文化遗产，并在远东文化的影响下修正自己的教义，于是他"两次成为传教士：第一次是向接受他的国家（中国）传教，第二次是向本国传教"。葛德基称这一现象为"传教士的改宗"（conversion of missionaries），即改变信仰。他据此评论说：

　　他带着赐予（基督）启示的激情来到远东，但是，在传播过

---

① William R. Hutchison, "Modernism and Missions: The Liberal Search for an Exportable Christianity, 1875 – 1935," in John K. Fairbank, *The Missionary Enterprise in China and America*, pp. 126 – 127.

② "Editorial," *The Chinese Recorder*, Vol. 63, No. 1, January 1932, p. 6.

程中东方却给了他启示，他出来是为了改变东方，但回去的时候自己却成了被改变的人。……远东对传教士的改变使他不仅是一个宣教士，还是一个国际主义者，即世界两大文明的中介。在国外，他代表一种世界性的宗教，体现了西方追求社会正义和世界大同理想的努力。在国内，他改变着千百万宣教事业支持者的态度，……帮助他们更加欣赏远东文明的伟大和优秀。①

这里的"改宗"当然不是指这位传教士改变信仰，成了儒教徒，而是指传教思想，特别是对中国文化的看法发生了根本的变化：从文化征服者变成文化合作者；从一个敌视儒家传统，企图把基督教强加给中国的文化帝国主义者变成了欣赏中国文化的伟大与优秀，并积极倡导宗教合作和文化交流的文化国际主义者②。这一转变在美国来华传教士中具有典型意义。到30年代，已经有越来越多的传教士放弃以征服为特征的文化帝国主义立场，开始以平等的态度对待非西方文化和非基督宗教，欣赏其中的价值以及其对丰富基督教传统可能做出的贡献；他们寻求在非西方文化中表达基督的精神，并努力推动基督教本色化运动；他们把传教事业视为与其他宗教携手以提高人类的福祉和共同追求更高价

---

① Earl Herbert Cressy, "Converting the Missionary," *Asia*, Vol. 19, No. 6, June 1919, pp. 553 – 556.

② 文化国际主义是指主张通过文化（包括宗教）交流与合作促进不同国家间和不同文化间相互理解，以实现世界和平的思想和行动。作为一种思想，文化国际主义包括以下三层含义：第一，不同宗教和文化都有其独特的价值，跨国和跨文化的交流应该建立在平等的基础上，因此文化交流不应该是单向的，而应该是双向和多向的；第二，不同宗教、文化和国家间的交流与合作可以促进国际理解和宽容，从而有助于世界和平；第三，国际秩序应该建立在共享的价值观和国家间相互理解的基础上，而不是建立在联盟、均势和武力的基础上。文化国际主义者倡导通过扩大交流与合作实现不同文化的相互理解、相互借鉴与共荣共存，而文化帝国主义的目标则是以牺牲其他国家文化为代价来扩大本国文化的影响并最终实现本国文化对其他国家文化的主宰。文化国际主义者欣赏非西方文化的价值，相信文化的多样性和国际合作是世界秩序与和平的基础；而文化帝国主义无视东方文化的价值，把西方政治、经济和文化侵略下非西方文化的毁灭视为历史的进步，认为国际安全与和平只有通过霸权国家的主宰才能实现。文化国际主义思想是"一战"后西方世界盛行的国际主义思潮的一个分支，对教会人士和宣教团体具有重要影响。关于国际主义的含义，可参见 Fred Halliday, "Three Concepts of Internationalism," *International Affairs*, Vol. 64, No. 2, Spring 1988；关于20世纪20~30年代的文化国际主义思想与实践，可参见 Akira Iriye, *Cultural Internationalism and World Order*. Baltimore: The Johns Hopkins University Press, 1997。

值的过程；他们试图从中国文化中获得启迪，以丰富自己对基督教的理解。这种文化国际主义观念虽然还没有主导每一位传教士的思想，但是已经成为传教士群体处理跨文化关系的正统观念和新的最具影响力的话语，改变了基督教传教运动的面貌，使宣教运动更加强调对中国的"服务"而不是"占领"，并加快了基督教会在中国的本色化进程。在全球化时代，这种文化国际主义思想也可以成为重要的思想资源，为国际社会处理不同宗教和不同文明之间的关系提供借鉴。在这方面，近代基督教运动还有很多重要的遗产可以挖掘。

原载《历史研究》2012 年第 2 期。收入本文集时，略有修改。

《驻汉五国领事严守中立布告》难言"中立"

朱文亮[*]

列强对辛亥革命的态度早为学界所关注，重要史料《驻汉五国领事严守中立布告》（以下简称《中立布告》）亦常被人提及。然而，诸多论著引用该布告内容时存有歧异，对布告发布过程亦说法不一。学界有关《中立布告》的评判，主要围绕"照会"、"中立"和"交战团体"等问题产生分歧：有学者将《中立布告》词句引为照会内容，认为领事团曾照会军政府"严守中立"；[①] 有学者未提照会一说，但认为《中立布告》表明列强已承认军政府为交战团体，宣言中立；[②] 也有学者并不赞成已承认交战团体的观点，却仍将布告当成列强的中立表态。[③] 本文将参照日方档案记载，试对以上问题重做探讨辨析。

一 《中立布告》之发布

汉口五国领事联衔发布的《中立布告》之所以重要，主要在于其文本中有"严守中立"字样，以及用"与"字将作战双方的清政府与

---

* 朱文亮，中国社会科学院研究生院博士，现任职暨南大学历史系讲师。

① 参见张忠绂编著《中华民国外交史（1911~1921）》，华文出版社，2012，第23页；傅启学编著《中国外交史》上册，台北：台湾商务印书馆，1983，第232页；李新主编《中华民国史》第1编（下），中华书局，1982，第275页。

② 参见林增平编《中国近代史》下册，湖南人民出版社，1979，第712页；张海鹏主编《中国近代通史》第5卷，江苏人民出版社，2007，第419页；冯天瑜、张笃勤《辛亥首义史》，湖北人民出版社，2011，第374页。

③ 参见吴东之主编《中国外交史（中华民国时期1911~1949年）》，河南人民出版社，1990，第4页；俞辛焞《辛亥革命时期中日外交史》，天津人民出版社，2000，第7~8页；熊志勇、苏浩《中国近现代外交史》，世界知识出版社，2005，第225页。

革命军并列称呼，从而引发有关"列强中立"和"承认交战团体"等解读，被研究辛亥革命的著作、论文广泛引用。但是，引用此布告中有关双方称谓的内容时，却出现至少三个版本："中国政府与中国民军"①、"中国政府与中国国民军"② 与 "中国政府与中国民国军"。③ 那么，《中立布告》的准确内容究竟为何？

时人至少对两幅《中立布告》拍有照片。其中一幅可参见曹亚伯《武昌革命真史》中册第4幅插图。另一幅则为革命党人李白贞所摄。这两幅《中立布告》的文本内容及格式基本相同，只是所盖印戳的位置有细微区别。此外，现存日本驻汉口总领事松村贞雄当时的抄件，比李白贞照片仅漏掉"敦结"二字。④ 李白贞拍摄的《中立布告》内容如下：

> 驻汉英俄法德日领事：
>
> 　为布告严守中立事，现值中国政府与中国民国军互起战争。查国际公法，无论何国政府与其国民开战，该国国内法管辖之事，其驻在该国之外国人无干涉权，并应严守中立，不得藏匿两有关系之职守者，亦不得辅助何方面之状态。据此，本领事等自严守中立，并照租界规则，不准携带军械之武装人在租界内发现，及在租界内储匿各式军械及炸药等事。此系本领事等遵守公法、敦结交谊上应尽之天职。为此剀切布告，希望中国无论何项官民，辅助本领事等遵守，达其目的，则本领事等幸甚！中国幸甚！谨此布告。
>
> 　　　　　　　西历一千九百十一年十月十八号　　白⑤

---

① 曹亚伯：《武昌革命真史》中册，上海书店出版社，1982，第110页；张难先：《都督府之组织设施及人选》，中国史学会主编《辛亥革命》第5册，上海人民出版社，1957，第227页。

② 李廉方编《辛亥武昌首义纪》（版权页记为《辛亥武昌首义记》）下册，湖北通志馆，1947，第129页。

③ 郭孝成编《中国革命纪事本末》，商务印书馆，2011，第14页；杨玉如编《辛亥革命先著记》，科学出版社，1958，第103页。

④ 参见《在漢口総領事松村貞雄ヨリ外務大臣子爵内田康哉殿宛（機密第32号）》，明治44年10月21日，JACAR（アジア歴史資料センター）Ref：B07090623200（第156画像目）。本文所引日本外务省外交史料馆资料源自"亚洲历史资料中心"（アジア歴史資料センター）网站，网址：http：//www. jacar. go. jp。

⑤ 参见辛亥革命武昌起义纪念馆编《辛亥革命大写真》上卷，湖北美术出版社，2001，第340页。

　　另外，对于《中立布告》发布的原因，时人记述不尽相同：有人认为是由于革命军起事后对外人多加保护与尊重，五国领事出于感激，主动颁布了《中立布告》。部分著作还详细描述布告发布前领事团派人向军政府示好的经过。① 也有人认为是出于军政府方面的主动要求，外国领事才应允发布，“二十八日，渡江，要求俄领事电知驻京公使团，转电各国承认我民军为交战团体。俄领事允诺。下午即发出确守中立布告，遍贴租界”。② 还有人注意到官革双方在租界附近激战与布告发布之关系，“东至刘家花园达大智门与租界毗连，时汉口六国领事联衔布告通衢，宣布严守中立”。③ 其中，杨霆垣、李国镛、黄中垲曾在军政府担负外交工作，其说法具有一定可靠性。但这些人毕竟不属于领事团一方，观点也并非一致，故既往研究难有定论。

　　据日方档案可知，该《中立布告》是五国领事协商的结果，是根据俄国首席领事的草案，④ 为了租界安全“作为临机之办法”而被迫发布的。⑤ 松村总领事较详细地记载了此布告发布的背景。10月14日，革命军照会各领事，准备炮击靠近德租界江面的瑞澄所在楚豫舰，领事们被迫派人与瑞澄反复交涉，最终使之移至下游江面。16日，革命军又向领事团俄国首席领事送来照会，准备攻击位于租界下方由清军占据的刘家庙车站，要求领事团与清军交涉，变更清军所占之地，以免交战时危及租界，领事团派人同清军提督张彪交涉，但张并未答应。17日，黎元洪再次照会首席领事，革命军必将攻击占据刘家庙之清军，仍希望领事团同清军交涉，变更刘家庙清军阵地，但俄国首席领事回答使者，如攻击刘家庙危及租界，终究为革命军施加之结果，这将违背革命军连日来不危害租界的声明。18日上午，两军交战，官军一部接近日方租

① 参见曹亚伯《武昌革命真史》中册，第109页；张国淦《张国淦自述》，人民日报出版社，2011，第90页；杨霆垣《记鄂军政府的初期外交活动》，全国政协文史和学习委员会编《亲历辛亥革命：见证者的讲述》中册，中国文史出版社，2010，第854页。

② 李国镛：《李国镛自述》，中国科学院近代史研究所史料组编《近代史资料》总25号，中华书局，1961，第502页。

③ 黄中垲编述《辛壬闻见录》，阳海清等编《辛亥革命稀见史料汇编》，中华全国图书馆文献缩微复制中心，1997，第354页。

④ 参见《有吉总领事ヨリ内田外务大臣宛（電報第143号）》，明治44年10月30日，JACAR：B07090623200（第134画像目）。

⑤ 《在汉口総领事松村貞雄ヨリ外務大臣子爵内田康哉殿宛（機密第34号）》，明治44年10月23日，JACAR：B03050633300（第245画像目）。

界，并有子弹落入，颇为危险，日方再次提醒张彪，不要让官军靠近租界。同日，汉口租界的五国英、俄、法、德、日（按租界位置的顺序排列）联衔发出布告。①

可见，领事们出于租界安全考虑，曾数次答应革命军照会之要求，同清方进行交涉。但官革双方实际都未屈从领事团的意见，仍然选择在租界附近激烈交战，这自然会给租界带来危险，并有进入租界引起骚乱的可能。此种情况之下，五国领事才被迫于当天急忙发布中文《中立布告》，以维护其"租界规则"，故有"临机之办法"一说。另外，日本外务省也曾专门致电问及此布告发布原因，② 松村回复即为"其趣旨是禁止两军武装士兵进入租界之内，总之，是宣告租界不可侵犯之意"。③

再来看《中立布告》发布后的传播过程。《中立布告》10 月 18 日发布当天，可能并未立即传至军政府。据李国镛所述，"越日夏维松在领事团携回告示数十纸交镛，呈军政府分寄各省，俾得周知"。④ 杨霆垣也认为，"对军政府并无正式来文，只由汉口办事处从俄领事馆取回原稿照抄一份贴在阜昌洋行门口。我得报告，亲自渡江观看过"。⑤ 李国镛的外甥夏维松精通俄语，与俄领事相熟，负责汉口办事处，所以由其最先从汉口带回《中立布告》相关信息的说法比较可信。另外，10月 19 日由于部分革命军曾进入租界，领事团议决由松村总领事向军政府提出公开警告。于是，松村 20 日派遣翻译波多野与黎元洪就此问题进行了交涉。双方大概也有提及《中立布告》。

军政府得到《中立布告》相关信息后，对《中立布告》内容进行了有效利用。在会见波多野次日，即照会日本总领事"曾蒙贵领事主持公理，承认为交战团体，布告中立，敝军政府实深感激"，⑥ 欲造成已

① 参见《在漢口総領事松村貞雄ヨリ外務大臣子爵内田康哉殿宛（機密第 32 号）》，明治 44 年 10 月 21 日，JACAR：B07090623200（第 145～148 画像目）。
② 参见《大臣ヨリ上海有吉総領事宛（電報第 73 号）》，明治 44 年 10 月 30 日，JACAR：B07090623200（第 131 画像目）。
③ 《奥田領事ヨリ内田外務大臣宛（電報）》，明治 44 年 11 月 8 日，JACAR：B07090623200（第 221 画像目）。
④ 李国镛：《李国镛自述》，《近代史资料》总 25 号，第 502 页。
⑤ 杨霆垣：《记鄂军政府的初期外交活动》，全国政协文史和学习委员会编《亲历辛亥革命：见证者的讲述》中册，第 854 页。
⑥ 参见《在漢口総領事松村貞雄ヨリ外務大臣子爵内田康哉殿宛（機密第 32 号）》，明治 44 年 10 月 21 日，JACAR：B07090623200（第 149～150、158 画像目）。

被承认为交战团体的既成事实。同时，又以"都督慰劳汉口商会及各同胞之文"对汉口华界进行宣传，"我同胞叔伯兄弟，可知各国已布告严守中立否"，"盖非数十万兵民一心，确守国际公法，不加损害外人与私人财产，彼何能遽认我为独立交战团体乎"。①

但是，在将布告"分寄各省，俾得周知"后，与革命军最密切的上海《民立报》却只报道了"中立照会"：该"中立照会"内容与《中立布告》基本相符，仅将《中立布告》的抬头"驻汉英俄法德日领事为布告严守中立事"加了"照会"二字，变为"驻汉英俄法德日领事照会为布告严守中立事"，落款日期同为 10 月 18 日。② 在天津的《大公报》也有相近报道：文中未注明日期，没有抬头部分的称谓，却明确说明此系"汉口领事团照会革命军之文件"。③ 北京《国民公报》同《大公报》类似，报道时亦未注明文件日期，标题则改为"汉口领事团照会革军文"。④

总之，从各方反应来看，军政府达到了一定的宣传目的。自此，外界开始以《中立布告》为据，或认为列强们曾宣布"严守中立"，"承认民军为交战团体"，或认为领事团曾照会军政府"严守中立"。这对后来的研究产生了不少影响。

二 《中立布告》并非"中立照会"

除《民立报》等报刊之外，也有学者根据李廉方所编《辛亥武昌首义纪》一书内容，认为 10 月 17 日领事团曾照会军政府"现值中国政府与中国国民军互起战争"、"严守中立"。⑤ 但查找该书可知，书中并无此

---

① 胡石庵：《湖北革命实见记》，武汉大学历史系中国近代史教研室编《辛亥革命在湖北史料选辑》，湖北人民出版社，1981，第 37～38 页；又参见《民立报》1911 年 10 月 27 日，第 3 版。

② 《武汉革命大风云（十五）》，《民立报》1911 年 10 月 25 日，第 3 版。

③ 《要闻》，《大公报》（天津）1911 年 10 月 31 日，第 1 张第 4 版。

④ 参见渤海寿臣主编《辛亥革命始末记》第 1 册，台北：文海出版社，1985，第 112 页。

⑤ 参见李新主编《中华民国史》第 1 编（下），第 275 页；石源华《中华民国外交史》，上海人民出版社，1994，第 17 页；王建朗《中国废除不平等条约的历程》，江西人民出版社，2000，第 17 页。

照会原文的记载。至于学者们引用的"现值中国政府与中国国民军互起战争"和"严守中立"等文字，则出现在所引页面的《驻汉英俄德日领事布告文》里，① 并非"照会文"。此布告中的"中国政府与中国国民军"与李白贞照片中的"中国政府与中国民国军"并不一致。由此看来，他们是受了李廉方的影响，将记载有误的《中立布告》当成"中立照会"。

"照会"是中国古代沿袭下来的一种公文体例，在明代被正式使用；以文书通告其事曰照会，其作为正式的外交文书，形成于鸦片战争之后。② "南京条约曾规定外国官员在致函给中国同等级官员时应该用照会，致函给级别高些的官员时用申陈，但在芝罘条约（1876 年）后，这些从属的形式放弃了，所有领事通函都用照会的形式。"③ 因此，作为领事团的外交照会应该具有两个基本要素：（1）有信函等文书；（2）发出者一般为公使、领事等外交人员。

李廉方是同意 10 月 17 日领事团曾照会军政府这一说法的，他认为盘恩（Byrne）就是"前致中立照会之英人"。所谓"前致中立照会"，指的是书中所载 10 月 17 日盘恩送信之事：

> 二十五日晚议决领事团承认为交战团。二十六日（一九一一年十月十七号）派英人盘恩持公函至军政府谒都督，并声言领事团欢迎中国国民军勇敢文明，外侨又承保护，故特承认国民军为交战团，各国严守中立云云。都督接见盘恩后，即备复文五分，派汤化龙胡瑛夏维松等送至各国领事署，其次日各国领事会衔发出布告。④

照此看来，似乎符合"照会"的基本要求：有盘恩所持"公函"；有派出盘恩的外交人员"领事团"。如公函又同《民立报》所载内容一样，抬头为"驻汉英俄法德日领事照会"，则无疑可确认为"中立照会"。因此，此公函的发出主体是否为领事团或五国领事至为关键，但参考当时的外交文件，存疑之处颇多。

首先，外交无小事，"中立照会"公函关系列强对军政府的承认问

---

① 参见李廉方编《辛亥武昌首义纪》下册，第 129~130 页。
② 参见王韦《"照会"的古与今》，《四川档案》1987 年第 6 期。
③ 〔英〕毕可思：《通商口岸与马戛尔尼使团》，张顺洪译，《近代史研究》1995 年第 1 期。
④ 李廉方编《辛亥武昌首义纪》下册，第 129 页。

题，势必引起清政府与列强的外交纷争。外界舆论都知"一经答复即系承认正式文件"，① 专业外交人员对于信函文件应该更为慎重。武昌起义不久，英国驻汉口代总领事葛福（H. Goffe）就曾"收到起义军统领的一封信件"，他当即谨慎处理，电告英国驻华公使朱尔典（J. Jordan），等待"关于此事的训令"，并报告"我同起义军首领们有间接联系"，朱尔典10月13日就此训令，"除了因英国人生命财产的安全而绝对不可避免的事情之外，您不应与起义军统领保持任何联系"。② 日本方面对此问题同样慎重，"帝国政府尚未承认叛党为交战团体，仅看作一次内乱，故我政府方针是不与叛党发生任何外交关系"，③ "关于彼此交涉问题，此时如以文书与革命军进行交涉，将造成承认该军为交战团体之后果，殊为不妥。因此，除遇到万不得已的情况外，应极力避免以书面与革命军方面往复交涉"。④ 为了协调列强共同的侵华利益，当时各国在北京联合组成公使团，在各地租界组成领事团。而公使团明确同意汉口领事团与军政府保持必要联系已是在10月28日之后。⑤

其次，领事团对军政府的信函往来，现存资料显示最早是在10月21日。还是在听说革命军都督"对于我们继续拒绝以任何方式承认他一事感到有点恼火"的情况之下，不得不决定"应由首席领事代表领事团"对革命军都督关于违禁品问题的两封来信表示收到。⑥ 但从其内容以及双方的反应来看，似乎并未将之当作照会文件。⑦ 据日本领事所

---

① 《革命军起事纪（八）》，《申报》1911年10月22日，第1张第6版。

② 《朱尔典爵士致格雷爵士电》，1911年10月13日，《英国蓝皮书有关辛亥革命资料选译》上册，胡滨译，中华书局，1984，第2、3页。

③ 《斋藤海军大臣致川岛第三舰队司令官（时在汉口）及加藤中佐（时在上海）电》，1911年10月17日，邹念之编译《日本外交文书选译——关于辛亥革命》，中国社会科学出版社，1980，第103页。

④ 《内田外务大臣致伊集院驻清公使电》，1911年10月27日，《日本外交文书选译——关于辛亥革命》，第111页。

⑤ 参见《朱尔典爵士致格雷爵士函》，1911年11月8日，《英国蓝皮书有关辛亥革命资料选译》上册，第86页。

⑥ 参见《代总领事葛福致朱尔典爵士函》，1911年10月21日，《英国蓝皮书有关辛亥革命资料选译》上册，第88页。

⑦ 此信可参见《汉口首席领事致革命军都督函》，1911年10月21日，《英国蓝皮书有关辛亥革命资料选译》上册，第88页；又见《汉口领袖领事复文》，辛亥革命武昌起义纪念馆、政协湖北省委员会文史资料研究委员会合编《湖北军政府文献资料汇编》，武汉大学出版社，1986，第596页。

述，在当天的领事团会议上，大家议决的是首席领事以"私信"名义回复，他对此种回复还持有保留意见。① 这封回信"仅用英文写的，一并送去他的外文名片"，私信特征较为明显。显然，要在更早的10月17日及《民立报》所记的18日以领事团或五国领事名义向军政府出具照会公函，可能性不大。

如此一来，盘恩送信一事就有待重新审视：此信函的出具者究竟为谁，其内容与《中立布告》有何关系？盘恩是什么身份，为何派他作为送信之人？

据葛福10月16日所言，"我们同那些携带武器进入租界的革命军发生许多纠纷，但此事正在与革命军首领间接进行商议"；在10月20日"继续谈我本月16日信中所说的事情"时则说，"我已授权租界工部局致函黎元洪都督，向他指出：租界章程不允许武装士兵进入界内"。② 可见，其所谓"间接商议"的途径之一应该是通过"租界工部局"这一机构进行的。信函中"租界章程不允许武装士兵进入界内"与10月18日《中立布告》"不准携带军械之武装人在租界内发现"的声明内容有所相近。可见，在10月16至20日，确实有与布告内容部分相近的信函送至军政府。但此"公函"的出具者为"租界工部局"这一英租界管理机构，既非领事团，也非五国领事。

至于送信之人盘恩的身份，③ 也有不同说法。杨霆垣在回忆中将其当作领事，"二十五日有英领事盘恩来见黎都督"；④ 参与过武昌首义革命工作的张难先认定其为商人，"英领事仍派英商盘恩赴洪山总司令部奔走局部停战"。⑤ 曾任军政府秘书长的杨玉如记载，"公推万国商会会

① 参见《在漢口總領事松村貞雄ヨリ外務大臣子爵内田康哉殿宛（機密第32号）》，明治44年10月21日，JACAR：B07090623200（第150~151画像目）。

② 《代总领事葛福致朱尔典爵士函》，1911年10月21、16、20日，《英国蓝皮书有关辛亥革命资料选译》上册，第88、51、63、64页。

③ 有人认为是"公推英领事葛福持一公函，送至武昌军政府"（张难先：《都督府之组织设施及人选》，中国史学会主编《辛亥革命》第5册，第227页），但葛福此前已接到训令，不能与军政府直接来住，又已授权工部局致函军政府，当然就没必要再亲自送信，故此说并不可靠。

④ 杨霆垣：《记鄂军政府的初期外交活动》，全国政协文史和学习委员会编《亲历辛亥革命：见证者的讲述》中册，第854页。

⑤ 张难先：《湖北革命知之录》，商务印书馆，2011，第418页。

长盘尔根（亦译名盘恩）渡江"，[1] 不仅认定是商人，更是万国商会会长，名字还可译成"盘尔根"。孙武在晚年所撰文稿中，则提到盘尔根所在洋行的名称，"请派姜心田，汉口商人，约同顺昌大班盘尔根，英人，同往俄领事府说明民军起义宗旨，并请求各国中立"。[2]

顺昌洋行原名镇江西商贸易行，"1899 年前希尔（W. E. Schiele）与 * 伯恩（E. G. Byrne）合伙开办。西名'Schiele & Byrne'"，"1906年前于汉口英界鄱阳街设分号。1910 年代初镇江本店停办，专致于经营汉口店"。[3] 它虽非汉口最大的洋行，但与辛亥革命的关系并不寻常。当起事各省派代表赴武汉会谈时，就曾"假汉口英租界顺昌洋行，为各省代表会会所"。[4] 另据日本总领事记载："'バーン'（Byrne E. G.）是汉口顺昌洋行（Schiele & Byrne）的负责人，汉口革命党员的秘密会所就设在其洋行内，他经常为英国总领事跑腿，同革军方面联系。"[5]

日文"バーン"及英文"Byrne"的读音都与"盘恩"接近，故英人盘恩的真名应为"Byrne"，盘恩、盘尔根、伯恩等都是其英文名的不同音译。其真实身份并非领事等外交人员，只是顺昌洋行的大班。遵照"除了因英国人生命财产的安全而绝对不可避免的事情之外，您不应与起义军统领保持任何联系"的指示，让身为顺昌洋行大班的商人盘恩"与革命军首领间接进行商议"，就成了英国代总领事葛福一种不错的选择。

综上所述，盘恩送信一事确有可能，此信函内容也与《中立布告》部分接近，但信函的出具者实为英租界工部局，汉口领事团与五领事并未给军政府送过"中立照会"。因此，《民立报》等所载"中立照会"实际就是《中立布告》，其中"照会"二字应该是《民立报》或军政府为了宣传需要而添改。故《中立布告》并非"中立照会"。

---

① 杨玉如：《辛亥革命先著记》，第 190 页。

② 孙武：《武昌革命真相》，朱纯超整理，《华中师院学报》（哲学社会科学版）1982 年第 5 期。

③ 黄光域编著《外国在华工商企业辞典》，四川人民出版社，1995，第 509 页。

④ 张难先：《中华民国政府成立》，中国史学会主编《辛亥革命》第 8 册，第 13 页。

⑤ 《在漢口總領事松村貞雄ヨリ外務大臣子爵内田康哉殿宛（公信 19 号）》，明治 45 年 1 月 16 日（原件错记为明治 44 年 1 月 16 日），JACAR：B03050649100（第 506 画像目）。

三 《中立布告》之性质

《中立布告》在租界颁布之后，军政府以之为据，认为各国已"承认为交战团，并宣布中立"，① 并大肆宣传。实际在更早之前，《民立报》就已发表宋教仁（渔父）的评论，鼓吹"外国竟承认革命军为交战团体矣，竟为革命军守中立矣"，"英国政府宣言赞成英领事之守中立"。② 其他报刊也有相关报道，"驻汉各国领事电致驻京公使请示对付鄂乱办法，得复，姑候本国政府训令，现须严守中立"。③ 受这些舆论影响，时人在回忆中多认为列强当时已"承认为交战团，并宣布中立"，很多学者也接受此种观点。但真实情况并非如此。

有关交战团体的承认，宋教仁认为其条件"大约有三：一、反乱者已得一定之土地；二、反乱者已建设一定之政治机关；三、战争方法合于一般文明国所行之习惯是也"，④ 这与权威国际法著作观点相近，"凡内战中之叛党，如已能占领土地，设立政府，及遵照战时法规作战者，他国皆可承认其为交战团体，毫无疑义"。⑤ 然而，"可承认"并不等同于必然承认。承认问题关系国际外交，各国都会从维护本国最大利益出发慎重考虑，列强对革命军"实力"强弱的判断也是承认交战团体的一个重要因素，"承认交战团体，其团体须具备如何之条件耶？曰：必有足以反抗本国之实力。至以如何程度之实力，可云适合此要件，则为事实问题。承认为交战团体之时尚早，急进而为承认，固生干涉母国之结果，若团体之实力充足，迟延而为承认，他日团体脱母国之羁绊，为独立之国家而活动，亦于外交关系，有不能圆滑之恐"。⑥ 因此，并非

① 《译革军都督致英署理总领事戈飞文》，1911 年 10 月 20 日，中国史学会主编《辛亥革命》第 8 册，第 344 页。
② 《交战时之中立论》，《民立报》1911 年 10 月 14 日，第 1 版。
③ 《专电》，《申报》1911 年 10 月 15 日，第 1 张第 3 版。
④ 《交战时之中立论》，《民立报》1911 年 10 月 14 日，第 1 版。
⑤ 〔德〕奥本海：《奥本海国际法——平时》，岑德彰译，台北：台湾商务印书馆，1936，第 119 页。
⑥ 〔日〕中村进午：《平时国际公法》，陈时夏译，商务印书馆，1913（初版于 1911年），第 160 页。

革命者占有一定土地、设立了军政府就已完全符合国际法中承认交战团体的必然要求，关键还得看其"实力"是否充足。做出革命者"实力"判断的是作为承认主体的各国列强。列强自然会从本国利益出发，根据其对革命军实力强弱的判断做出外交抉择。

武昌起义后，汉阳、汉口相继光复，军政府初具雏形，革命军秩序井然，对外国人也多加保护。可是，在布告发布的 10 月 18 日之前，与清军并未发生过大规模的战斗，外人大多并不看好革命军。英国驻华公使的报告记载，"一般的舆论认为，目前的乱事将被镇压下去"。① 俄国驻华公使认为，清军集结南下后，"很可能，荫昌将军会把起事镇压下去"。② 法国对战局预估相对谨慎，但从双方力量对比判断，"几天后，政府将有一支兵员比他们众多的军队与之对垒，而且指挥这支人马的将领善于赢得将士们的信赖。这对于保证他的胜利已足足有余"。③ 租界外文报刊也认为，荫昌到来后"叛军将陷入困境而不能发挥良好的战斗力，其得胜机会必然是微乎其微"。④ 以致在 10 月 20 日，"革命党人的这个胜利使这里的洋人们瞠目结舌了，因为几乎所有的人都认定，来自保定府的六个营和四千多河南兵获取胜利是很容易的"。⑤ 这种情况下，革命军初战胜负十分重要，"未来在颇大程度上取决于政府军和革命军头几次交战的结果，既使政府将起事镇压下去，这是十分可能的"，⑥ "大家都十分清楚，在目前情况下，最初的结果有利于哪一方是多么重要，它们对动摇不定的效忠之心会产生怎么样的影响"。⑦ 所以李国镛在 10 月 14 日会晤俄领事时，俄领事云"各国革命军起，未经战胜，各

---

① 《朱尔典爵士致格雷爵士函》，1911 年 10 月 16 日，《英国蓝皮书有关辛亥革命资料选译》上册，第 37 页。
② 《驻北京公使致代理外交大臣尼拉托夫》，1911 年 10 月 13 日，《俄国外交文书选译（有关中国部分 1911.5—1912.5）》，陈春华等译，中华书局，1988，第 115 页。
③ 《斐格致外交部长先生》，1911 年 10 月 16 日，章开沅等主编《辛亥革命史资料新编》第 7 册，湖北人民出版社，2006，第 209 页。
④ 英文《汉口日报》编《革命日记（连载之三）》，万小楠译，1911 年 10 月 18 日，《辛亥革命史丛刊》编辑组编《辛亥革命史丛刊》第 7 辑，中华书局，1987，第 266 页。
⑤ 《侯耀致法国驻华公使馆代办先生》，1911 年 10 月 20 日，章开沅等主编《辛亥革命史资料新编》第 7 册，第 218 页。
⑥ 《驻北京公使致代理外交大臣尼拉托夫》，1911 年 10 月 18 日，《俄国外交文书选译（有关中国部分 1911.5～1912.5）》，第 125 页。
⑦ 《斐格致外交部长先生》，1911 年 10 月 20 日，章开沅等主编《辛亥革命史资料新编》第 7 册，第 220 页。

国不能承认为交战团体",恐并非推脱之辞。①

武汉光复之后官革正式交锋始于 10 月 18 日,革命军胜利的战果直到 10 月 19 日才真正确立。② 即革命军凭借"战胜"成果改变列强对其"实力"的判断,最早也得在 10 月 19 日之后,在此之前则并不完全符合国际法中有关交战团体的认定。

事实上,即便在初战告捷,各地逐渐响应之后的一段时期内,列强也未正式承认革命军为交战团体。随着革命形势的发展,在军政府数次照会交涉之下,虽然"各国领事认为,今后同黎将军的事务性联系是不可能回避的",但俄国代理外交大臣仍表示,"北京外交团应将此等情况照会外务部,说明这并不意味列强承认革命政府","对是否承认中国革命军为交战一方的共同性问题,我们均希望同日本政府确立共同看法"。③ 而日本外务大臣直至 11 月底仍在指示其驻汉口总领事,"我国尚未承认革命军为交战团体","在交涉之际,必须充分注意,万不可采取任何可能被误解为我国已公开承认革命军为交战团体之形式"。④ 英国公使对黎元洪自认为各国已承认军政府为交战团体一事予以否认:"就我所知,他假定各国领事已承认该军享有交战团体的地位一事,是没有事实根据的;我已通知葛福先生说:据我看来,目前不宜予以承认,因为这种承认将使清政府有理由提出抗议。"⑤ 湖北军政府虽然宣称"我义师一方却敌,一方保民,外教外商,尤为周密,故世界愿认为战团,各国皆目为义举",⑥ 实际却深知,"现在义军四应,大局略定,惟未建设政府,各国不能承认交战团体"。⑦ 因此,在 10 月 18 日各地多未响应、两军胜负未分之际公布的《中立布告》,更不能作为列强承认交战团体的依据。

---

① 李国镛:《李国镛自述》,《近代史资料》总 25 号,第 500 页。
② 参见张海鹏主编《中国近代通史》第 5 卷,第 397 页。
③ 《代理外交大臣驻东京代办勃罗涅夫斯基》,1911 年 10 月 26 日,《俄国外交文书选译(有关中国部分 1911.5~1912.5)》,第 140 页。
④ 《内田外务大臣经有吉驻上海总领事复松村驻汉口总领事电》,1911 年 11 月 25 日,《日本外交文书选译——关于辛亥革命》,第 187 页。
⑤ 《朱尔典爵士致格雷爵士函》,1911 年 11 月 8 日,《英国蓝皮书有关辛亥革命资料选译》上册,第 87 页。
⑥ 《鄂人乞援各省文》,1911 年 11 月 8 日,《湖北军政府文献资料汇编》,第 38 页。
⑦ 《黎元洪关于如何组织政府致苏州程都督电》,1911 年 11 月 7 日,《湖北军政府文献资料汇编》,第 185 页。

然而，"交战团体"又与"宣言中立"密切相关。"中立云者，对于两交战国或交战团体皆不援助不干涉而为平和交通之谓也。其在反乱发生时则为承认交战团体之结果，既承认交战团体则不得不守中立而负国际公法上之各种义务。"① 交战团体问题之所以重要，只因"若有交战团体之承认，则第三国皆守局外中立，不加入其战争"。② 由此看来，承认交战团体应是严守中立的前提，因为中立者至少应为第三方所言，如果对交战双方都未加承认，中立也就无从谈起。反之，宣言中立也就等于承认了交战团体。而发布《中立布告》确有其事，且有五国领事联衔，并含有"严守中立"字样，故学界以此为据，认为列强已"宣布中立"、"承认为交战团"似乎又合情合理。这就与前面得出的结论有所矛盾。要解决这一矛盾，还必须注意到《中立布告》发布的特殊地点——租界。

租界"是中国独有、世界其他各国所无之特殊现象"，近代上海租界，"每遇中外国际战争，亦常处于中立地位。例如 1884 年之中法战争，上海法领事有谓：'中法虽因越南失和，而上海守局外之列。'1894 年之中日战争，日政府亦申明在战争期间内，对于上海租界及其邻近，不作仇视之工作"。③ 所以，"租界中立"之前已有先例。同样是在 10 月 18 日，武昌起义消息传到上海后，上海首席领事也曾提出相近要求，"请批准发布一项声明，宣告上海中立"，④ 这都是按照以往惯例做出的判断。

相较上海而言，在汉口占有租界的各国领事压力更大，"新兵从四乡涌入，招兵的军曹甚至闯入租界"，革命军甚至"要求英国工部局允许民军 1500 人通过租界"，⑤ 正如葛福所言，"我们同那些携带武器进入租界的革命军发生许多纠纷"，他只得与革命军首领间接进行商议，

---

① 《交战时之中立论》，《民立报》1911 年 10 月 14 日，第 1 版。
② 〔日〕中村进午：《平时国际公法》，第 159～160 页。
③ 陈三井：《租界与中国革命》，金冲及选编《辛亥革命研究论文集》上卷，三联书店，2011，第 273、276～277 页。
④ 《朱尔典爵士致格雷爵士函》，1911 年 11 月 15 日，《英国蓝皮书有关辛亥革命资料选译》上册，第 105 页。
⑤ 英文《汉口日报》编《革命日记（连载之二）》，章开沅译，1911 年 10 月 16 日，《辛亥革命史丛刊》编辑组编《辛亥革命史丛刊》第 5 辑，中华书局，1983，第 196、198 页。

其给公使的报告中实际已反映了同革命军间接"商议"的焦点,"该首领在写给我的五、六封信中,相当详细地谈论到关于中立的问题"。① 于是,在 10 月 17 日"黎都督照会各国领事,宣布将进攻清军",② 18 日双方不顾领事团的警告,正式在租界附近交战。在这种形势之下,五国领事被迫发布《中立布告》。布告清楚表明,"照租界规则"是"不准携带军械之武装人在租界内发现,及在租界内储匿各式军械及炸药等事";所谓"中立"不过是租界为了维护自身安全而采用的一个护身符,只是在关涉租界安全的条件下,才宣布租界"中立",并不具有国际法上的"中立"含义。正如汉口法国领事所言,"我们深信,我们对交战双方都没有什么可以害怕的,然而我们却担心溃逃中的军队会躲进我们这里,担心战斗在我们租界里继续进行下去。我们的全部防务努力都是为了一个目标,即严格保持租界的中立"。③ 不仅如此,领事团甚至还一致同意借机扩张租界,"为了各国租界的安全起见,绝对有必要把这些租界扩展到铁路线,而且把那些居住在这个中间地带的中国人驱逐出去"。④

辛亥革命时期,除了布告上列名的英、俄、法、德、日以外,尚有美国等国在汉口设有领事,为何美国领事没有掺和其中?究其原因,当时在汉口占有租界的也仅以上五个国家,美国在汉口没有租界,故《中立布告》针对租界而发的性质非常明显。各国领事在 10 月 18 日发布《中立布告》时,在未能预料革命军取胜的前提之下,或许只是为了租界安全而依照惯例所做的权宜之计,并未考虑到其在外交上的其他影响。实际上,10 月 23 日,日本总领事派人同黎元洪、"顾问武孙"等人正式交涉时,曾专门谈及军政府"误判"各国已宣言中立,承认革命军为交战团体之事。他在向日本外务省报告此次交涉内容时有较为详细的记载,这对了解双方当时的真实想法,有重要参考价值,试将此节

---

① 《代总领事葛福致朱尔典爵士函》,1911 年 10 月 16 日,《英国蓝皮书有关辛亥革命资料选译》上册,第 51 页。

② 英文《汉口日报》编《革命日记(连载之三)》,万小楠译,1911 年 10 月 18 日,《辛亥革命史丛刊》第 7 辑,第 266 页。

③ 《侯耀致法国驻华公使馆代办先生》,1911 年 10 月 20 日,章开沅等主编《辛亥革命史资料新编》第 7 册,第 218 页。

④ 《朱尔典爵士致格雷爵士函》,1911 年 11 月 8 日,《英国蓝皮书有关辛亥革命资料选译》上册,第 87 页。

大意译述如下:

关于租界中立之意义的部分

本月 18 日,在汉口拥有租界的各国领事联名,作为临机之办法发布了租界中立的布告。贵都督以之认为各国已宣言中立,承认贵军为交战团体,昨天(22 日),在致各国领事照会中还声言应特意派人致谢。贵都督及贵军幕僚中精通国际公法之人想必知悉,一国政府宣言中立的权限并不在于领事,必须有各国政府的训令,才可有国际公法上的中立。所谓租界中立,仅为防卫租界之必要,实指对于汉满两军不加任何干涉不以任何援助之意。顾问武孙回答:我们清楚领事没有宣言中立的权限,但既然已将租界视为中立区域,租界之外就应同样采取中立态度。我军都督照会各国领事,仍是希望各国承认我军为交战团体,宣言中立。我军起事以来不过十二天,如有略显幼稚之处,还望多多谅解。①

总之,《中立布告》只与驻汉五国领事及汉口租界有关系,是特定背景下的产物。领事不同于公使,"公使为政治上之代表者,而领事则为经济上之代表者,根本的之差异也"。② 领事不能独自代表国家宣布外交政策,"关于承认革命军为交涉对象问题,固不属于领事团讨论范围"。③ 可见,《中立布告》并非各国政府或公使决策的结果,它仅在租界发布,由领事署名,所以并不表明列强已经宣言中立,承认革命军为交战团体。"它们的所谓'中立',实际上不过是指租界的地位而言",④ 该布告的性质仅为"租界中立"。

原载《历史研究》2014 年第 5 期

---

① 《在漢口総領事松村貞雄ヨリ外務大臣子爵内田康哉殿宛(機密第 34 号)》,明治 44 年 10 月 23 日,JACAR:B03050633300(第 244~246 画像目)。
② 〔日〕中村进午:《平时国际公法》,第 256 页。
③ 《松村驻汉口总领事致内田外务大臣函》,1911 年 11 月 10 日,《日本外交文书选译——关于辛亥革命》,第 19~20 页。
④ 胡绳:《从鸦片战争到五四运动》下册,人民出版社,1981,第 817 页。

汤孙分裂与民初政局

郝幸艳[*]

  1916 年护国战争结束后，政界各种力量、各种思想不断分化重组。同为进步党中坚的汤化龙和孙洪伊始则志同道合，继则背道而驰，走向不同阵营。二人的分裂与交恶，不但使昔日针芥相投的朋友变成针锋相对的政敌，且深刻影响进步党走向、府院之争以及 1917 年国会解散等政治问题。汤孙关系的转变对于民初政局的影响值得深究，然学界目前鲜有细致讨论，且对二人关系的演变存在一定误判，相关资料尚未得到充分挖掘和利用。[①] 本文拟厘清汤孙交恶过程，进而分析进步党人在政改道路上的认知、选择及其逻辑，透视进步党内部的人事关系与护国战争、府院之争等民初重要政治事件的复杂纠葛。

---

* 郝幸艳，中国社会科学院近代史研究所博士后，现任职中国社会科学院近代史研究所助理研究员。

① 汤孙交恶囿于资料等原因，长期以来学界缺乏系统研究，往往寥寥数语，一笔带过。如李剑农的《中国近百年政治史》中仅提到，"在段祺瑞新组织的内阁中，该系人物仅一范源濂（孙洪伊虽为旧进步党人，现已转为激进派，与该党脱离）"。张朋园在《梁启超与民国政治》中论及"讨袁时期，孙氏滞留上海，与国民党往还，思想转趋激进。讨平帝制之后，孙氏拥有部分进步党人的支持，又与国民党成联袂之势，独树一帜（所谓韬园系）"。虽道出了孙脱离进步党的部分原因，但内容过于简略，依然难窥全貌。其他涉及民初政治历史的重要论著，如谢彬的《民国政党史》、张玉法的《民国初年的政党》等相关史书对汤孙分离的史实更是语焉不详。张永的《国会解散与进步党的分裂瓦解》（《安徽史学》2005 年第 6 期）和陈忠纯的《论民初进步党的立党理论及分裂的思想根源》〔《厦门大学学报（哲学社会科学版）》2010 年第 2 期〕，分析了进步党国会派和内阁派的分裂，但国会派内部后又分化为汤化龙和孙洪伊两派，两文没有涉及。

一　反袁态度和而不同

汤化龙与孙洪伊在清末国会请愿运动中相识相知，结下深厚友谊，后在民初组党风潮中成为追求政党政治的同路人。1912 年 4 月，他们携手创建了共和建设讨论会。孙认为该会"有历共甘苦患难不渝之友""有互相爱护之精神"。^① 讨论会在谋求与各团体合并时，孙洪伊被推为谈判代表之一。^② 后汤因赴京就临时参议院职，遂将上海本部会务交由孙洪伊主持，孙不负重托，多方奔走合并事宜，为民主党成立用力颇多。

1913 年 4 月，为抗衡国民党，民主党、共和党、公民党在袁世凯的支持下合组为进步党。该党秉持"稳健"和"温和"立场，推行和平改革，期造成两大政党对峙之象。^③ 汤化龙任理事，孙洪伊任党务部副部长。汤孙同为进步党重要成员，本应勠力同心，致力于政党政治，却有时人认为二人不久分裂。如进步党党员华觉明回忆说："1913 年 2 月 29 日，共和、民主、统一三党合并而为进步党，……未几，孙洪伊对于党内的民主派汤化龙、林长民等发生意见，就率领他的亲信议员王乃昌、牟琳、彭介石、时功玖、周恭寿、谢远涵等三十余人脱离进步党，参加国民党，当时称他们为国民党的小孙派。"^④ 究竟孙何时何因对汤产生意见而致分裂，华觉明并没有在文中详细交代。他在另一篇回忆录中曾提到："民国二年（1913 年）5 月国会成立时，孙洪伊活动竞选众议院副议长未成，而汤化龙则被选为众议院议长。孙颇怪汤不帮忙，与汤之友谊从此疏远。"^⑤ 据此回忆录推断，孙对汤的意见似乎是因汤不帮忙，而致脱离进步党，参加国民党，时间为 1913 年 5 月。国

---

① 丁文江、赵丰田：《梁启超年谱长编》，上海人民出版社，2009，第 411 页。

② 《共和建设讨论会职员会纪事》，《时事新报》1912 年 4 月 18 日。

③ 参见陈忠纯《论民初进步党的立党理论及分裂的思想根源》，《厦门大学学报》（哲学社会科学版）2010 年第 2 期。

④ 华觉明：《进步党和研究系》，中国人民政治协商会议全国委员会文史和学习委员会编《文史资料选辑》合订本第 4 卷总第 13～16 辑，中国文史出版社，2011，第 104 页。

⑤ 华觉明：《孙洪伊政海沉浮片段》，全国政协文史资料委员会编《文史资料存稿选编》上册第 1 辑，中国文史出版社，2002，第 936 页。

民党的国会议员王葆真也在回忆录中提到汤孙分裂事，称"解散国会，消灭政党，正是进步党作法自毙，而熊、梁则成了摧毁进步党的帮凶。此后，孙洪伊分子便与进步党汤化龙、梁启超等分裂，自成一派，号称小孙派，而不再谈进步党"。①

这两则回忆录一则认为汤孙分裂肇始于1913年5月孙竞选众议院副议长时汤不帮忙，一则认为肇始于1914年1月袁世凯解散国会事。此后孙脱离进步党，参加国民党。事实果真如此吗？

首先，国会解散事件中汤孙立场一致，孙洪伊系与梁启超派产生裂痕，而非汤化龙。

汤孙在清末即为请愿召开国会的急先锋，汤氏更是平素"所迷信于国会政治者，以为立宪国必以议会为立国根本"。袁世凯欲解散国会时，汤认为进步党应在"不损国会尊严"的前提下，"始终主张维持"。② 他几番谒袁力争，当面质问："今宪法尚未成，即国会竞寝罢，公将何以处民国？"③ 明确表示："国会无论好坏，民主国不能无此种机关。"④对政府联名提出的质问书中，汤和孙均名列其中。⑤ 甚至在袁迟迟不开国会后，汤失望地"决意旋里，以明其洁身主义"。⑥

因此，解散国会事上，汤与孙同属持"绝对维持主义"的国会派，并无矛盾和分裂。与汤化龙维持国会派不同，熊梁内阁被孙洪伊等人视为内阁派。早在进步党成立之初，孙洪伊就与梁启超有所分歧。梁为了抗衡国民党，实现两大政党的愿望，对合并者"来者不拒"，孙则要求"合并对象有所选择"。⑦ 及至袁世凯解散国会事发，孙洪伊认为与梁过于迁就袁世凯不无关系。孙及其追随者彭介石、萧晋荣、牟琳等人甚至公开谴责熊梁。⑧ 国民党报纸曾报道国会解散事件称，进步党"党员中

① 王葆真：《民国初年国会斗争的回忆》，中国人民政治协商会议全国委员会文史和学习委员会编《文史资料选辑》合订本第28卷总第81~83辑，中国文史出版社，2011，第250页。
② 《进步党维持国会之主张》，《时事新报》1913年12月6日。
③ 汤化龙：《蕲水汤先生遗念录》，台北：成文出版社，1919，第13~14页。
④ 《风雨飘摇之国会谈》，《申报》1913年11月13日。
⑤ 参见白蕉《袁世凯与中华民国》，荣孟源、章伯锋主编《近代稗海》第3辑，四川人民出版社，1985，第66~67页。
⑥ 《关于政局之新消息》，《申报》1914年1月18日。
⑦ 张朋园：《梁启超与民国政治》，上海三联书店，2013，第35页。
⑧ 参见《进步党之特别会》，《顺天时报》1914年1月10日。

因抱恨梁之阴谋派，情激过切，对于汤之阴谋派遂未留心"。① 该报道虽意在"揭露"政敌的"阴谋"，却从另一个侧面证明了当时进步党党员矛头所向为梁派而非汤派。

既然国会解散事件中孙汤立场一致，并未分裂，为何时人有此观点？盖不外以下两个原因。其一，基于汤梁长期以来的密切关系，将二人视为一派，混为一谈。汤梁辛亥革命前同为君主立宪派，民初政见相近，关系密切。进步党成立后，又同为执牛耳者，时人常以"汤梁并称"。② 实际上他们各自拥有一批追随者，人事关系上也互不统属。据长期追随汤化龙和孙洪伊的李仲公所言，进步党"在形式上虽然是汤、梁合组的政团"，但在人事关系上"汤是汤，梁是梁，各有各的系统"。③ 蓝公武也曾在给梁启超的信中提到：共和建设讨论会"极重要人为汤济武、林宗孟（长民）二人，皆非与公有必不可离之关系"。④ 且汤梁在成立民主党、合并进步党的过程中亦存在矛盾，因此，有学者指出，"梁、汤虽然始终合作，然似未完全糅为一体"。⑤ 其二，对汤化龙和袁世凯的关系认识不清，只看到了孙洪伊和袁世凯既联合又斗争的一面，却将汤视为拥袁派，忽略了汤与袁同样是既联合又斗争的关系。⑥

其次，遍查其他时人回忆录以及当时的报纸舆论，均未见孙因竞选众议院副议长事和汤产生冲突乃至分裂的说法或报道。孤证难立，仅华觉明一说值得商榷。诚然，据孙洪伊儿子回忆，孙本人个性较强，"常常过分坚持己见"，⑦ 不排除二人在某些活动上曾有过争执，但争执并未导致二人的分裂，尽管孙洪伊脱离进步党却是事实。根据资料显示，

① 《阴谋派原来如此》，《民国日报》1916 年 8 月 29 日。
② 陶菊隐：《武夫当国：北洋军阀统治时期史话（1895～1928）》，海南出版社，2006，第 133 页。
③ 李仲公：《护国之役时的汤化龙及其集团》，中国人民政治协商会议湖北省委员会文史资料研究委员会编《湖北文史资料》第 8 辑，中国人民政治协商会议湖北省委员会文史资料研究委员会，1984，第 107 页。
④ 罗瘿公：《致沧江先生书》（1912 年 6 月 28 日），丁文江、赵丰田编《梁启超年谱长编》，第 417 页。
⑤ 张朋园：《梁启超与民国政治》，第 35 页。
⑥ 参见王俊桥、郝幸艳《汤化龙与袁世凯关系考辨》，《华中师范大学学报》2013 年第 4 期。
⑦ 孙玉枢：《孙洪伊生平事迹》，中国人民政治协商会议天津市委员会文史资料研究委员会编《天津文史资料选辑》第 37 辑，天津人民出版社，1986，第 41 页。

国会解散后，进步党多次召开会议，孙洪伊和汤化龙均出席并发言，共同为恢复国会、发展进步党而努力。[1] 1915 年 5 月，汤任教育总长后，孙洪伊"集各方青年志士，讲学论政"，并时常在报刊上发表《肃政史救亡条陈之意见》等文章从事舆论宣传工作。汤对孙的文章和做法十分赞赏，称其："每研究一问题，必作成具体方案，以备实施，时或发布谠论警袁，如对肃政史条陈之意见等政论，一时推为杰作焉。"[2] 护国战争爆发前，据李仲公和刘道铿回忆，汤几次召集集团成员密议反袁会议时孙均在场。[3] 能参加如此秘密会议，说明二人当时关系非同一般。护国战争爆发后，汤动员刘崇佑公开反袁时曾说道："任公已快到广西，伯兰讨袁电已发，在客观上看来，即使不把任公的行动看成我们的行动，难道连伯兰的行动也不看成是我们的行动?!"[4] 由此语亦可知，此时汤仍视孙为集团成员，且关系密切度超过梁启超。

再次，孙洪伊当时不但没有和汤分裂，脱离进步党，也没有加入国民党。

袁世凯镇压"二次革命"后，进步党内部对于现实政治的意见和袁世凯的态度开始产生分歧，部分进步党员有所觉悟，趋向与国民党接近，但彼时孙洪伊尚无此念。尽管其曾在 1913 年 12 月 27 日有言："政府解散国会的宣传，说国会无成绩，国会之无成绩，是否为中俄协约、选举议长、大借款三案之争执？假使吾党当时不与力争，国民党曰可则可之，则全国舆论一致反对政府，大借款不能成立，政府尚能存在否？政府之得有今日专横如意者，则实我党之力为多。一般脑筋简单之人民，谓吾辈为闹意见，试问吾辈若事事与国民党一致行动，则今日之域中是谁家之天下？"[5] 然而结合语境分析，孙当时并非谴责进步国民两党相争，恰恰是针对政府和民众误解两党相争为闹意见，以致国会无成

---

① 1914 年 11 月 26 日上海《申报》刊登进步党本部理事会开会纪闻，孙洪伊和汤化龙均出席并发言说明进步党政见（《进步党开会纪闻》，《申报》1914 年 11 月 26 日）。1915 年 1 月 19 日，《申报》报道进步党政务部开职员会事，孙洪伊主持会议（《进步党开职员会纪事》，《申报》1915 年 1 月 19 日）。

② 陆乃翔：《孙公洪伊行状》，《河北月刊》1936 年第 4 卷第 10 期。

③ 参见本文第二节。

④ 李仲公：《护国之役时的汤化龙及其集团》，《湖北文史资料》第 8 辑，第 110 页。

⑤ 司马城辑《进步党资料一束》，中国社会科学院近代史研究所《近代史资料》编辑组编《近代史资料》总 73 号，知识产权出版社，2006，第 198 页。

绩而做出的反驳，意在说明正是由于进步党在国会中力争方有政府今日之天下，国会并非无成绩，以此发泄对政府解散国会的不满。其重点在于驳斥政府的宣传，维护国会存在的正当性，而非谴责两党相争。根据材料显示，在进步党1914年4月召开的会上，孙指出："国民党自失败后，闻其党员之抱痛苦者多求学日本，现已有数千之谱，源源而去，仍无止境。本党虽在社会上占大名誉，然恐将来该党中人毕业回国，于社会上仍占多数，国家甚为危险，应急起竞争，于国内多设学校，于国外多送留学，造成人材，国家、本党两得稳固。"① 显然，直到1914年4月孙仍视进步党为"本党"，为进步党的发展积极出谋划策，并视国民党为国家危险的政敌，又怎能视该语为孙趋向或加入国民党的证据？② 实际上孙系1916年9月方与国民党合组宪政商榷系。

那么曾经志同道合的二人究系何时、何因产生分歧，并最终走向分裂了呢？此事当追溯至袁世凯帝制活动公开后，二人在反袁方法和步骤上开始产生分歧。

1915年8月，"君宪救国论"出笼，筹安会宣布成立，袁改共和制为君主立宪制的计划加紧实施。汤至此"对袁始绝望，认为不可再迁就"，旋即以赴津看病为由辞教育总长职。但几番上书请辞，袁极力挽留，终未成行。③ 随后，梁启超也发表《异哉所谓国体问题者》反对袁称帝。鉴于形势，汤称病辞职，避居天津，派其亲信梁善济回京秘密召集集团中坚人物，报告其欲联梁反袁计划，征求同人意见，此时集团内部发生重大分歧。

集团成员对反对帝制拥护共和的意见是一致的，但对于倒袁应取何种态度和步骤，却有不同看法。汤当时的集团成员多系清末国会请愿运

---

① 司马城辑《进步党资料一束》，《近代史资料》总73号，第198页。
② 学界有论文和著作中将此语视为孙趋向或加入国民党的证据。如李育民《民初国民党与进步党离合关系新探》，《湖南师大学报》（哲学社会科学版）1985年第6期；刘建军《论孙洪伊辛亥革命后的宪政思想与实践》，《历史教学》2006年第5期。
③ 有资料可查的两次辞职：（1）1915年3月上旬汤即一再请辞教育总长，袁"当面慰留"，并许诺解决经费困难问题，又"前后托人劝留者，更不下五六次"，"汤去志愈坚，而总统挽留之意愈笃，大有二力相抵相消之势，故汤之一时不能去职"（《教育部之最新消息》，《申报》1915年3月26日）；（2）3月底汤又再次辞职，袁派人以当下与日交涉，"外忧内患，异常紧迫"，"政府中人不宜于此时引退"相劝，"汤乃决定俟交涉了后再去"（《新年发笔》，黄远庸：《远生遗著》第2卷，商务印书馆，1924，第120页）。

动时的追随者，虽然成员间彼此感情基础深厚，但同样以地缘、学缘为主形成三派。一是以刘崇佑为首的福建派，刘崇杰（刘崇佑之弟）、刘道铿、陈博生等属之；二是以孙洪伊为首的直隶派，王乃昌、牟琳、李其荃（李仲公）等属之；三是以汤化龙为首的湖北派，丁世峄、蒲殿俊、胡瑞霖等属之。汤化龙"领导湖北派运用于福建、直隶两派之间，乃居于整个集团的领袖地位"。其中福建派刘崇佑行事稳健，虑事周密，富于谋略。其与汤"不特为政治之友，而且属道义之交"。每党中有大事，汤化龙"非就商之不能决，而刘每一主张，必持之甚坚，众当时虽苦其颇，事后则多服其远见"。① 因此，福建派在集团内人数虽少，却有很大的发言权。② 刘崇佑等人恐暴露反袁目的，重蹈国民党二次革命失败的覆辙，称"固然不甘附逆，但政党手无寸铁，若行动过于暴露，恐将被袁一网打下"，主张汤"应出国待机"，并建议林长民留京"奔走帝业，为革命失败后占一地步"。③ 孙洪伊则秉其"尚侠好义"④ 之气，"大示反对"，谓"我们都想做人，偏要令宗孟（林长民字）去做傀儡，此岂对朋友应有的事"。⑤ 同时，据孙洪伊儿子称，乃父"性情急躁"，"不畏强暴，敢于冒风险"。⑥ 孙鉴于袁"益猖獗而行诡谋，觊觎非常"，⑦ 国会重开无望，一改往日"隐忍以顾大局"的态度，对袁不再抱有幻想，主张公开反袁。并言"既然不甘附逆，坚决讨袁，拥护民国，大义所在，还计较什么成败利钝"，"等到人家做好，我们再来，迹近投机，天下人其谓之何?! 你们不干，我就一个人去干"。⑧

但是，在这次分歧中，刘崇佑等人的意见明显影响了汤，孙洪伊的话语权未能彰显。最终，汤化龙在袁氏变革政体活动已触及共和底线的情况下，仍选择出国考察这一稳健的方式，未能旗帜鲜明地反袁。而激进的孙洪伊则于11月携带进步党的活动经费，带领彭介石等人赴沪展开反袁活动。孙赴沪后，派李仲公去天津"向汤报告他与西南接洽和在

---

① 刘以芬：《民国政史拾遗》，上海书店出版社，1998，第24页。
② 李仲公：《护国之役时的汤化龙及其集团》，《湖北文史资料》第8辑，第111页。
③ 《阴谋派原来如此》，《民国日报》1916年8月31日。
④ 孙玉枢：《孙洪伊生平事迹》，《天津文史资料选辑》第37辑，第41页。
⑤ 《阴谋派原来如此》，《民国日报》1916年8月31日。
⑥ 孙玉枢：《孙洪伊生平事迹》，《天津文史资料选辑》第37辑，第41页。
⑦ 李希泌、曾业英、徐辉琪编《护国运动资料选编》上册，中华书局，1984，第81页。
⑧ 李仲公：《护国之役时的汤化龙及其集团》，《湖北文史资料》第8辑，第110页。

沪一切活动情况",试图促使汤改变主意。但意见传来,汤再次囿于刘崇佑、丁世峄等人"必须从长考虑"之说,仍持温和谨慎的反袁态度,其与孙在反袁问题上出现分歧。

12月中旬,汤化龙、王家襄等人托病准备出境。是月下旬,汤在去日途中,从报纸得知云南已宣布独立,反袁形势有了重大变化,若再不加入反袁阵营,日后恐无立足之地,方决定违背原议,立即从大连转赴上海,与孙一道公开反袁。①

汤孙关于反袁分歧据刘以芬称,"孙伯兰先生为北方人,遇事主大刀阔斧,不以同人之细针密缕为然"。认为分歧系不同行事风格所致,其实背后凸显的是稳健与激进两条道路的区别。汤化龙最终选择的是一条极力避免暴力革命的,风险小、冲突少的稳健之路,以和平方式实现其政治理想。而孙洪伊则坚持"政治家要硬干"②的激进态度,果断与袁决裂且不惜以暴力形式反袁。因此,汤加入反袁护国战争后虽与孙分歧暂时弥合,但二人不同的行事风格和道路选择,随着护国战争中新问题、新矛盾的产生,使二人最终不可避免地走向分裂。

二　政治分立,另择盟友

护国战争爆发时,孙中山和黄兴均不在国内,主要由中华革命党在上海奔走反袁事宜。1915年11月,欧事研究会加入武装讨袁行列。因其与进步党有较深的历史渊源,表示"不论各党派政见如何不同,不论他们以前与国民党有何种嫌怨,只要他们现在反对帝制,肯出力打倒袁世凯的,都要与他们合作",③从而起到了联合进步党反袁的作用。部分进步党也开始反思民初言行,颇有悔意,意欲与国民党释怨言和,孙亦受此影响。他初到上海时,反袁活动尚无实质进展。后经欧事研究会谷钟秀

①　刘道铿:《汤化龙的政治活动及其思想》,《湖北文史资料》第8辑,第124页。
②　中国社会科学院近代史研究所《近代史资料》编辑组编《近代史资料》总40号,中华书局,1979,第176页。
③　李书城:《辛亥前后黄克强先生的革命活动》,中国人民政治协商会议全国委员会文史资料研究委员会编《辛亥革命回忆录》第1集,中国文史出版社,2012,第152页。

等人与孙协议，"乃合两党各省首领开秘密会于上海，决议分途行动"。①

中华革命党员何成浚鉴于孙洪伊积极的反袁表现，亦有意争取之。他与孙洪伊的追随者彭介石是同乡，在京做议员时与之"过从甚密"，便"通过彭介石的关系，拉孙洪伊投向国民党"。② 孙"复由何的介绍，认识了一些中华革命党的人士"。③ 此后孙洪伊与国民党的合作日益密切。据他的追随者陆乃翔称：孙常与国民党"相与策划，奔走联络以倒袁"。并在孙中山的爱将丁人杰、关忠信等人"肇和举义"时，"为之策动浦东陆军"。④

孙洪伊还受到了孙中山和黄兴的重视和称赞。1916 年 5 月，东南讨逆军总司令陈其美被刺杀后，孙被推为东南讨逆军盟主。⑤ 5 月 25 日，孙中山甚至当面交给孙洪伊三千银元，作为活动经费。⑥ 黄兴亦称赞孙："远在海外，读屡次宣言，披沥血诚，忠义奋发，廉顽立懦，可风当世，为之起敬。"黄兴回国后，二人见面大有"相见恨晚"之意，"时相过从，上下议论，抵掌轩眉，交至欢也"。⑦ 此时的孙已俨然国民党的同路人，当时有媒体称："参众两院议员中之旧国民党系及孙洪伊派并共和党之一部，自帝制问题发生以来政见已归一致，常执共同行动。"⑧

对于孙洪伊与国民党人的密切往来，汤化龙有何反应呢？

1915 年 12 月，汤到上海后即住在孙洪伊公寓附近。见孙寓出入的多为国民党人，其中不乏曹亚伯、何成浚、吴醒亚等从武昌起义以来一直反对他的同乡。对此，汤有所不满。⑨ 刘道铿称："护国反帝时两人意见分歧，表现得非常突出，当时孙是主张与国民党和政学系联合厮混的，而汤化龙对国民党的一些人则表示厌恶。孙常骂汤，'庸陋书生，

---

① 《调停殆非其时矣》，《申报》1916 年 4 月 10 日。

② 喻育之：《我所接触的何成浚》，政协武汉市委员会文史学习委员会《武汉文史资料文库》第 7 辑，武汉出版社，1999，第 195 页。

③ 华觉明：《孙洪伊政海沉浮片段》，《文史资料存稿选编》上册第 1 辑，第 937 页。

④ 陆乃翔：《孙公洪伊行状》，《河北月刊》1936 年第 4 卷第 10 期。

⑤ 孙玉枢：《孙洪伊生平事迹》，《天津文史资料选辑》第 37 辑，第 54 页。

⑥ 秦孝仪：《国父全集》第 6 册，台北：近代中国出版社，1979，第 120 页。

⑦ 孙玉枢：《孙洪伊生平事迹》，《天津文史资料选辑》第 37 辑，第 55 页。

⑧ 《方通信社电》，《申报》1916 年 9 月 12 日。

⑨ 湖北籍国民党议员在国会中是汤最有力的反对派，汤 1913 年被提名教育总长时就因湖北籍议员的反对未能通过，参见《汤化龙总长交涉》，《申报》1913 年 2 月 26 日。

竟纸上谈兵'。汤则骂孙'大言而夸,不切实际'。两人各行其是,越搞越拧。"① 大敌当前,二人虽有分歧,仍服从于反袁大局,并未因此公开分裂。据白坚武日记记载,1916 年 5 月前,汤孙还曾多次共商反袁事宜。② 但汤孙此时虽貌合,实神离,已隐然分为两派。正如《申报》等媒体报道,汤孙梁等进步党人"袁氏未逝时虽一致为讨袁之举动,而内幕已有派别"。③

护国战争后,二人由于趋向不合,在精神上和形迹上逐渐地疏远,"终于分道扬镳了"。④ 促使二人最终分裂并成为政敌的因素,除了国民党,还有联段与制段策略之别。该分歧同样于护国战争期间已现端倪。

孙洪伊在京时就常与直籍军官以同乡感情相款洽,"与北洋派中的直系军阀冯国璋等颇为接近"。⑤ 护国战争爆发后,为策动冯国璋反袁,孙利用冯段互争雄长的矛盾,派其亲信多次游说冯国璋,并致信为冯筹划联合国民党,借此伸张势力于北京,以备将来震慑野心家出而破坏等种种安排。⑥ 可知,孙当时的策略不仅是联合国民党,还欲利用直皖矛盾,和国民党一致联冯反袁,暗中亦有联直制皖的意味。正如张国淦所言,"孙在反对帝制时,与南京冯国璋结纳,因献联冯排段(联直排皖)组织策"。⑦ 而汤化龙则认为段"义勇从公,坦怀相向,可与共事",⑧ 所以直皖分派的根基和汤孙日后分裂均伏笔于此,只是当时一切以反袁为主,矛盾尚不显明而已。袁死后,双方制段和联段的不同立场开始凸显。

1916 年 6 月,黎元洪依法继任大总统,段祺瑞任内阁总理,南北均无违议。鉴于社会大众普遍厌倦党争的心理,汤和孙纷纷发表不党宣

① 刘道铿:《汤化龙的政治活动及其思想》,《湖北文史资料》第 8 辑,第 126 页。
② 根据《白坚武日记》载:1916 年 4 月 30 日,其"晤汤济武谈时许,同到伯兰处谈政局";5 月 19 日,"夜车来沪,晤孙伯兰、汤济武报告宁状"。参见中国社会科学院近代史研究所编《白坚武日记》,江苏古籍出版社,1992,第 22~24 页。
③ 《约法与将来政党之派别》,《申报》1916 年 6 月 19 日。
④ 李仲公:《护国之役时的汤化龙及其集团》,《湖北文史资料》第 8 辑,第 111 页;刘道铿:《汤化龙的政治活动及其思想》,《湖北文史资料》第 8 辑,第 126 页。
⑤ 李根源:《我与政学会》,中国人民政治协商会议全国委员会文史和学习委员会编《文史资料选辑》合订本第 1 卷总第 1~4 辑,中国文史出版社,2011,第 245 页。
⑥ 李希泌、曾业英、徐辉琪编《护国运动资料选编》下册,第 662 页。
⑦ 张国淦:《北洋述闻》,上海书店出版社,1998,第 144 页。
⑧ 《汤济武先生留别进步党同人演说》,《晨钟报》1918 年 3 月 20 日。

言。① 此时，进步党分化为三股政治势力。一为孙洪伊派，其成员以直隶人居多。二为梁启超派，以江浙两省成员为多。三为汤化龙派，该派成员湖北、福建人居多。

三股势力虽各成一派，但其中亲疏关系又不尽相同。

孙洪伊和国民党谷钟秀等人联直制段的立场较为一致。恢复被解散的旧国会是孙洪伊护国战争期间联合国民党反袁的主要目的之一。早在云贵起事之初孙即"发起召集前国会议员以便解决国家一切重要问题，然又虑全国议员猝难齐集，故先设国会议员通讯处于上海"，得到了谷钟秀诸人的赞同与支持。② 段祺瑞却担心临时约法和国会缚束政府太甚，拒绝恢复"民元约法"和国会。孙洪伊对段甚为不满，认为其"怀有君主专制时代之幻想，思以武力独裁政治统一全国，以奉一人"。③

除此之外，段祺瑞又与直系首领曹锟龃龉，孙洪伊本与曹锟是姻亲，护国战争后期又逐渐为国民党所重，被称为"民党巨子"，袁死后成为南北瞩望的政治中心人物。④ 孙洪伊便试图与国民党和直隶系共策进行，极力诱引冯国璋。⑤ 这样，其便得以"据其原有之地位以抗总理，乃谋组织一政党以天津为根据，而以冯国璋为基础，若冯果降心相从，则要人之归附孙者自必不少"。⑥ 孙的言行引起了段的不满，认为"此人捣乱"，⑦ 在内阁人选中仅安排孙任职教育总长，孙坚辞不就，后被更换为内务总长。

相较于孙与国民党、直系联手制段的立场，汤梁则属意段祺瑞，而非国民党。梁启超反袁初期，虽与汤一致进行，但"政见之主张或不尽同"。⑧ 梁主要依托西南地方实力派，而汤则在上海与孙共策进行。梁当时虽与国民党合作，后因军务院的撤销问题，与国民党再行反目。他在西南又素无根基，难以插足。梁启超曾在 6 月 29 日给刘显世的电报

① 《汤化龙宣言》，《大公报》1916 年 6 月 30 日；《孙洪伊之宣言》，《申报》1916 年 6 月 13 日。
② 《中央密筹之种种对待政策》，《大公报》1916 年 4 月 23 日。
③ 《孙洪伊致冯总统电》，《申报》1917 年 12 月 15 日。
④ 陆乃翔：《孙公洪伊行状》，《河北月刊》1936 年第 4 卷第 10 期。
⑤ 《字林报之北京政局观》，《申报》1916 年 12 月 28 日。
⑥ 《孙徐去职后之北京政局》，《申报》1916 年 11 月 29 日。
⑦ 张国淦：《中华民国内阁》，中国社会科学院近代史研究所《近代史资料》编辑组编《近代史资料》总 40 号，第 173 页。
⑧ 《将来各政党之预测》，《大公报》1916 年 6 月 23 日。

中愤称："任与何方提携，皆被利用而无善果。"① 他所倚重的蔡锷又病势恶化，出国就医。失望之余，梁将目光转向段祺瑞，认为"收拾北方，惟段是赖"。②

此时的汤与梁政治立场较为一致。汤在袁世凯当政时期，欲建立强有力政府，试图引导袁并借袁之力使国家步入正轨。但随着袁帝制活动公开化，汤不得不放弃幻想投入护国战争。袁死后，他反思教训时总结：初认为"袁氏亦知以养成国家之中心势力为务"，然袁氏之所为，"惟以个人为本位，而不以国家机关为本位，不足成为国家之中心势力"。面对纷繁复杂的政局，以稳定为政治诉求的汤化龙日夜思之，认为"尚有所希望者仍以众力养成国家之中心势力以巩固国家之基础"，遂"欲以政府与国会双方一致成一中心势力"。③ 从这段话可知，汤的反思并未汲取先前依附强权的经验教训，认为联袁策略的失败乃系袁个人之过，非其主义之过。彼时，实力派段祺瑞对汤"极为优礼"，④ 汤再次寄望于段。其所创办的机关报《晨钟报》称："黎公之浑厚，段公之刚毅，风雨飘摇之会，吾人对于国事前途，尚有一线之希望者，异口同声曰：惟二公是视。"⑤ 因此，三派之中，"汤与梁较近，孙与国民党亦较近也"。⑥

1916年8月1日国会重开后，为在即将召开的国会中占据有利位置，各派纷纷重组无形政党。汤化龙、刘崇佑等人于8月22日成立"宪法案研究会"。⑦ 梁启超于9月1日成立"宪法研究同志会"。⑧ 汤梁对段立场本就一致，"欲对抗国民党，非急行合并，殊难为功"。⑨ 阙后，两派遂于9月初无条件合并为"宪法研究会"（即研究系）。⑩

孙洪伊因对段立场问题与"梁汤两氏亦大不洽，又不能提挈大党以

① 梁启超：《致刘显世电》，李希泌、曾业英、徐辉琪编《护国运动资料选编》下册，第712页。
② 梁启超：《致刘显世电》，《护国运动资料选编》下册，第692页。
③ 飘萍：《汤济武之忧时》，《申报》1916年9月11日。
④ 刘以芬：《民国政史拾遗》，第20页。
⑤ 惺：《法言》，《晨钟报》1916年8月27日。
⑥ 《将来各政党之预测》，《大公报》1916年6月23日。
⑦ 《宪法案研究会之宣言及简约》，《晨钟报》1916年9月2日。
⑧ 《发起宪法研究同志会》，《申报》1916年9月4日。
⑨ 谢彬撰《民国政党史》，章伯锋整理，中华书局，2011，第64页。
⑩ 《汤梁两派之合并》，《大公报》1916年9月15日。

为之魁",① 最终选择与国民党"互相提携,以操议会之绝对多数"。② 孙中山对此表示赞同,他指示本党,唐绍仪、孙洪伊"此二公皆与吾等志同道合,诸君可赞助之也"。③ 在孙洪伊的倡议和孙中山的指示下,孙洪伊及其追随者,与国民党化合而成的客庐系和丙辰俱乐部于9月9日合组为"宪政商榷会"(即商榷系)。

可见,孙洪伊和汤化龙最终走向分裂不仅有国民党的因素,也跟二人对段迥异的立场有重要关系。正如李仲公在《我的历史交代》中所言,"因汤主联梁(启超)拥段(祺瑞)反孙(中山),孙(洪伊)主联孙(中山)拥黎(元洪)倒段,汤、孙分裂"。④ 国民党议员韩玉辰也称:"孙原系进步党中坚,与汤最好。此时孙采抬冯倒段之策,而自立韬园系,以致互相水火。"⑤ 孙对汤支持段祺瑞的立场极为惋惜,曾致信友人称汤梁诸氏"乃欲利用一种特殊势力支配国民。其主张适与专横武人、腐败官僚相吸合,张其势而助其焰,变乱乃无已时。不能不为贤者惜也"。⑥

孙洪伊脱离进步党与国民党合组商榷系,对进步党的影响不容小觑。不仅令进步党失去了一个声望、能力超群的得力干将,还因孙氏的离去影响了一批与之关系密切的集团成员,如温世霖、王乃昌、萧晋荣、彭介石、谢远涵、叶夏声、牟琳等五六十人随之离去,⑦ 严重削弱了进步党的力量。进步党化合而成的研究系仅有议员160多人,而新化合的商榷系却有议员380多人,成为国会第一大派系。⑧ 因此,"进步党之势弱,孙氏的分离颇有关系"。⑨ 需要指出的是,二人虽因政治立场的分歧分属不同的阵营,然"彼此私交维系如故"。⑩ 1916年7月,

① 衡若:《参众两院党派之区别》,《申报》1916年9月10日。
② 《国民进步两党之恢复说》,《申报》1916年8月20日。
③ 《批旧同志组织大政党事函》(1916年),中国社会科学院近代史所等编《孙中山全集》第3卷,中华书局,2011,第415页。
④ 李仲公:《我的历史交代》,1953年手稿本。
⑤ 韩玉辰:《汤化龙的一生》,《湖北文史资料》第8辑,第79页。
⑥ 《孙洪伊与某君论时事书》,《盛京时报》1917年7月18日。
⑦ 谢彬撰《民国政党史》,第63页。
⑧ 《政党变动新动向》,《益世报》1916年9月25日。
⑨ 张朋园:《梁启超与民国政治》,第36页。
⑩ 刘以芬:《民国政史拾遗》,第25页。

汤化龙筹备《晨钟报》期间，孙洪伊还推荐李大钊帮忙办报。①但随之而来的府院之争却令二人及其党员产生误解，矛盾激化，随之波及国会。国会内部政治分歧和意气之争比之袁世凯时期更甚，以致功能无法正常发挥，成为研究系日后不惜支持段解散国会，以临时参议院代之的原因之一。

三　汤孙交恶与政治纷争

1916 年 7 月，在各方敦促之下，孙洪伊就任段内阁的内务总长。但孙志不在此，他建议孙中山赴北京取段祺瑞而代之，"以便实行民主政治"，因孙中山"表示不愿参加政权，愿专搞党务而作罢"。但孙中山"又面嘱孙洪伊对北方政府要起监督作用"。②孙洪伊有国民党的支持，背后又有直系为依托，到京后踌躇满志。他对美国公使芮恩施（Paul Sainvel Reinsch）说："国会不可能只限于进行它的主要工作即完成宪法的制定；它还必须控制国民政府。"③据张国淦和天津《大公报》称：他一方面支持黎元洪同段祺瑞展开正面斗争，行使监督和质问权，并仿照民元内务部组织法，大力裁员；另一方面采取纵横捭阖的手法，拥戴同乡冯国璋为副总统，试图以冯制段，分化北洋派。④孙到任不久即取得黎的信任，参与一切密议，隐然执府中之牛耳。其联合总统府秘书长丁世峄，与国务院秘书长徐树铮相抗衡。徐树铮为段的左右手，以国务院秘书长而兼陆军次长，俨然为总理第二。徐树铮倚段以为抵制，与孙意见争执日益激化，黎、段感情因之益趋恶化，最终酿成了府院风波。

段拟将孙洪伊免职，而黎不肯盖印，府院之间相持不下。汤化龙因担心"国中分子运动过激，各走极端"，"倾轧不已，而国家政治乃无

① 葛培林：《立宪领袖：孙洪伊其人其事》，天津古籍出版社，2015，第 41 页。
② 孙玉枢：《孙洪伊生平事迹》，《天津文史资料选辑》第 37 辑，第 56 页。
③〔美〕保罗·S. 芮恩施：《一个美国外交官使华记》，李抱宏等译，商务印书馆，1982，第 159 页。
④ 张国淦：《北洋述闻》，上海书店，1998，第 144 页；《某社组织政党之大计划联络军人妙哉反敌为友之拉拢手段》，《大公报》1916 年 11 月 26 日。

平和改进之可言"，试图居间调停，使"各种势力归于平衡"，① 便多次赴黎元洪、段祺瑞处代为传达意见，却被外间传言其"亲谒总统请求免去孙内务总长之职"。② 反对派甚至在机关报上"冷潮热讽"，认为其欲"乘机攫夺孙之内务总长"，"为段祺瑞捧场"。③ 汤看到新闻报道后，"深为骇异"，因"恐生误会"，在报纸上发表声明，称从未在黎、段面前对孙洪伊辞职事"妄加议论"。④ 汤的声明有一定可信度，他虽与段接近，却并非一味附和段，如段起初不肯恢复旧国会和约法时，汤立即致电段反复沟通。⑤ 此时他表现的是尽力调和府院的姿态。同时，众议院议长地位同样重要，汤岂肯因觊觎孙的内务总长职而轻易放弃。⑥ 但汤是研究系领袖，不排除研究系有成员主张罢免孙，且汤对于修订宪法、省制不入宪等主张常给人和段以声气相应的印象，也无怪乎商榷系处处以疑忌的眼光对之。因此，尽管汤一再在报纸上发表声明澄清事实，但针对他的"冷潮热讽"并没有停止，弄得他"左右为难，只好袖手旁观"。⑦ 直到 11 月，徐世昌入京调停，将徐树铮、孙洪伊共同免职，府院风波才暂告一段落。但汤孙之间的误解却没有随之结束，反而有愈演愈烈之势。

在报纸舆论的推波助澜下，"歪曲之宣传往往胜于事实，感情之判断往往超乎理智"。⑧ 孙洪伊被免职后，该派成员迁怒于汤，双方误解和矛盾加深。政见之争加上意气用事，致使国会"冲突过于民国二年，其大打出手，几若未尝有相濡相湿之往事"。⑨ 如省制问题，商榷系力主省制入宪、省长民选，意在反对北洋军阀专权，但汤化龙和研究系认为

---

① 《汤济武先生在宪法研究会席上之演说》，《晨钟报》1916 年 5 月 4 日。
② 《汤化龙与孙洪伊辞职案》，《申报》1916 年 10 月 27 日。
③ 《汤议长总长热》，《民国日报》1916 年 10 月 27 日。
④ 原文为："段总理因事邀鄙人谈话，谈次述近来政局困难情形，并述孙内务总长辞职事既未实现，惟有呈请免职及自请免职之两途（其时陈二庵君亦在座），鄙人以政局不宜长此纷扰，总统负天下之重，须有相当之注意，在理不能不报知于总统，遂赴公府面陈，当时除报告实情外，绝未加议论，总统请黎少屏君告知前情，嘱其商孙君辞职。鄙人未加议论，亦未闻黎少屏君有何议论。鄙人旋即退出，并未进秘书厅之门，此当时之实情也。"参见《汤化龙启事》，《晨钟报》1916 年 10 月 25 日。
⑤ 《约法争议中之帝党法律家》，《申报》1916 年 6 月 25 日。
⑥ 刘以芬：《民国政史拾遗》，第 88 页。
⑦ 刘道铿：《汤化龙的政治活动及其思想》，《湖北文史资料》第 8 辑，第 126 页。
⑧ 刘以芬：《民国政史拾遗》，第 26 页。
⑨ 张朋园：《梁启超与民国政治》，第 81 页。

当前国情不适于省制入宪，大力反对，商榷系议案几次投票都没能通过。① 这本是政见之争，却因孙洪伊免职事，使得省制问题在"新仇旧怨"的驱使下演变为斗殴案。② 商榷系"激进者遂动武力以泄忿，以小孙派（为区别于孙中山，国民党称孙洪伊韬园派为小孙派——引者注）议员为最勇敢"。③ 宪法审议会也因省制问题大闹之后，"停顿至今，已及两旬"。④

再如对德参战问题，汤化龙认为参战有利于提高国家地位，"主张对德宣战"，⑤ 与段立场一致。小孙派"对人不对事"，"因怀怨孙洪伊的内务总长被免职，反对最力"。⑥ 不但"高唱反调"，且时常出入居仁堂鼓动黎元洪反对宣战，"意在否决此案，以倒段阁"。⑦ 导致此案相持不决，结果酿成段祺瑞派公民团围攻议院和议员的丑剧。无怪乎时人称，国会"前期之冲突尚含政治之意味，后期之冲突（国会解散而后）则政治而兼个人之怨毒矣"。⑧

反段派趁机怂恿黎元洪免去段职，汤试图再次调解，屡次访黎，而小孙派在黎面前说汤已倒向段，黎的左右亦多方阻止汤黎见面。黎元洪本与汤"曾共过患难，交谊尤笃"，⑨ 然此时想借重国民党以抵制北洋军阀，期完成南北统一大业，便"竭力延揽国民党人士唐绍仪、陈锦涛、程璧光、张耀曾和倾向国民党的孙洪伊"。⑩ 黎若与汤接近，又担心国民党不与其合作，⑪ 便常常托词不见汤，令汤十分气愤。每与夏寿康、张国淦谈话必说，"黎为小孙派所误，以我与黎的关系求一见而不

---

① 期期：《加入…不加入…》，《晨钟报》1916 年 11 月 17 日。

② 《宪法审议会中议员犯罪》，《晨钟报》1916 年 12 月 9 日；《八日之宪法审议会》，《申报》1916 年 12 月 11 日。

③ 韩玉辰：《汤化龙的一生》，《湖北文史资料》第 8 辑，第 84 页。

④ 期期：《加入…不加入…》，《晨钟报》1916 年 11 月 17 日。

⑤ 《客述梁任公、汤济武两先生之外交谈话》，《晨钟报》1917 年 2 月 12 日。

⑥ 刘道铿：《汤化龙的政治活动及其思想》，《湖北文史资料》第 8 辑，第 127 页；华觉明：《汤化龙与北洋政府》，《湖北文史资料》第 8 辑，第 135 页。

⑦ 韩玉辰：《政学会的政治活动》，中国人民政治协商会议全国委员会文史和学习委员会编《文史资料选辑》第 17 卷第 48 辑，中国文史出版社，2011，第 127 页。

⑧ 陆乃翔：《孙公洪伊行状》，《河北月刊》1936 年第 4 卷第 10 期。

⑨ 华觉明：《进步党和研究系》，《文史资料选辑》合订本第 4 卷总第 13～16 辑，第 108 页。

⑩ 刘景泉：《北京民国政府议会政治研究》，天津教育出版社，2006，第 415 页。

⑪ 刘以芬：《民国政史拾遗》，第 87 页。

可得"。① 加以总统府秘书长丁世峄又系孙的亲信，汤认为黎已完全为国民党的小孙派所包围，不足与有为。因此，小孙派与黎愈接近，与汤矛盾就愈深，甚至当面吵闹，势如水火。②

因调解无望，1917 年 5 月，黎元洪将段祺瑞免职，不想却引发了张勋复辟的政治危机。为扭转局势，黎邀请张勋北上，张勋趁机复辟，并迫使黎解散了国会。段祺瑞借助讨逆，重任国务总理。汤助段驱张，再造共和，本应恢复国会，但国会开会将近一年，两派"专闹意气，对于现成的宪法草案，二读尚不能告竣，并且尚有一部分未经过审议的程序，这是一般国人所不满的"。③ 研究系鉴于国会功能失调，在国会中又不占多数席位，难以控制议场，便趁机支持段解散国会，召集临时参议院，重新制定国会组织法，以便在临时参议院选举中占据多数席位。研究系此举无疑令民国"法统"中断，遭到了国民党及孙洪伊的抨击。孙中山称"北京伪政府乱国盗权之罪"，"段祺瑞实为首逆，倪嗣冲为叛军之魁，梁启超、汤化龙为主谋"。④ 孙洪伊亦不顾往日情分公开讨伐汤称："汤、梁诸氏利用强权之说，不惜牺牲国家以殉之，国何利焉！身何利焉！徒为天下罪人而已。"⑤ 因政改立场与路径的差异，汤成为孙公开讨伐的敌人，却仍无视其批评，志在赢得选举，扭转国会中的不利局面。孰料 11 月临时参议院开幕，"汤、梁自信已经抓在手里可以支配全国的选举权，始知已被安福不动声色地攫去"。⑥ 随后的国会选举也惨败收场，汤组织一党内阁的梦想至此破灭。

四　结语

汤引导袁世凯不成，再度与段祺瑞结盟，虽有其政治考虑，但究其理念，本非与段同路。段势力日大，不仅不受劝导，反而对其加以利

---

① 华觉明：《汤化龙与北洋政府》，《湖北文史资料》第 13 辑，第 136 页。
② 韩玉辰：《汤化龙的一生》，《湖北文史资料》第 8 辑，第 79 页。
③ 李剑农：《中国近百年政治史》，上海人民出版社，2014，第 398 页。
④ 《缉拿乱国盗权首逆段祺瑞等令》（1917 年 10 月 3 日），中国社科院近代史所等编《孙中山全集》第 4 卷，中华书局，2011，第 209～210 页。
⑤ 《孙洪伊致北京议员电》，《民国日报》1917 年 5 月 14 日。
⑥ 刘道铿：《汤化龙的政治活动及其思想》，《湖北文史资料》第 8 辑，第 129 页。

用，用后即弃，双方合作必然难以长久。失意之余，汤化龙辞职下野，出国考察。临行前研究系反思失败的原因时方意识到，段祺瑞迷信武力统一，不足与谋宪政，"从而深悔从前与国民党鹬蚌相持的错误"。① 汤也在《晨报》上公开发表文章，"对北洋派多谴责语，对国民党多谅解语，颇引起各方的注意"。② 遗憾的是，为时已晚。汤在国外考察时被国民党籍理发匠王昌刺杀。汤孙不同的政治抉择不但影响了民初政局，也决定了二人迥异的命运走向。

汤孙的分歧、分裂与交恶，既受民初诡谲纷乱的政治生态的制约，又反过来深刻影响了民初政治的演进历程。二人关系的演变，与双方行事风格和集团成员的影响有关。但深层根基在于二人的政改立场与路线差异，汤化龙持温和、稳健之立场，孙洪伊则持强硬、激进之主张，认为"稳健者则昧于远识，欲以他国君主立宪之大权政治移植于民国。适有袁氏、段氏并驰骛于君主专制时代之迷梦，其思想乃与若辈相吻合。于是若辈得直接以傀儡中央，即间接以傀儡我北方诸将"。③ 缘于此，双方在应对时局问题上纠葛不断。以个人与派系为主导的政党政治秩序，是影响民初政治民主化成败的一个关键问题。

原载《广东社会科学》2017 年第 6 期

---

① 刘以芬：《民国政史拾遗》，第 92 页。

② 华觉明：《进步党和研究系》，《文史资料选辑》合订本第 4 卷总第 13～16 辑，第 113 页。

③ 《公电》，《申报》1917 年 12 月 20 日。

"同化会"与台湾近代民族民主
运动的开启

李　理[*]

　　1895 年日本据台以后，台湾人民反抗激烈，总督府以台湾孤悬海外，住民强悍难治为借口，以"六三法"为法源，赋予台湾总督特别立法权。在儿玉、后藤等人的锐意经营下，台湾经济迅速发展，财政很快即告独立，并贡献于日本财政。台湾统治即告顺利，台湾之统治者与在台日本人，遂将台湾视为禁脔，极力主张台湾之特殊性。随着殖民地经济的发展，教育的某种程度的普及，政治的自由思想开始产生。以林献堂为首的台湾知识分子精英，开始寻求近代民族民主运动的道路。他受梁启超先生的启发，联合日本著名民权运动者板垣退助，促成"同化会"在台湾成立，使台湾近代民族运动开始滥觞。

一　梁任公与台湾民族民主运动的启蒙

　　林献堂①，台湾近代著名政治家、民族主义运动先驱者，对台湾人境遇极为关心，抱有强烈的民族主义情怀，关心着台湾的前途与命运。在总督府严苛的警察政治下，他求知识于岛外，"如沪之万国公报，戊

---

　*　李理，中国社会科学院研究生院博士，现为中国社会科学院近代史研究所副研究员。
　①　林献堂（1881~1956），名大椿，号灌园，字献堂，台湾近代著名政治家、民族主义运动先驱者、诗人，原籍福建龙溪。林献堂是台湾中部忠臣林文察之后代，倡导台湾民族运动，以汉人本位的思想，一生不说日语、不穿木屐，坚持汉民族的传统生活方式，从事对日本人的抗争，是位有道德勇气与使命感的民族运动先驱。

戌变法后，由横滨获读清议报，新民丛报，继而于东京读民报创刊号首页，则为国父孙中山先生之三民主义，自是民族民权思想，日益磅礴，方知欲与异族抗衡，必须提高教育"。① 1907 年春天，"翘望本岛人伸张权利，并暗中企图促进此机会成熟"② 的林献堂，借初次造访日本之机，有意拜访了仰慕已久的梁启超先生。林献堂与梁启超的见面，并不是诸如《台湾总督府警察沿革志》等一些著作中描述的纯然邂逅或偶遇③，而是有意拜访多方打探后的巧遇。

根据当时林献堂的翻译甘得中的《献堂先生与同化会》一文，可知当时的情况是："某日访任公先生于横滨新民丛报馆，迄无要领，转往大同学校晤林儒校长，告以来意，林氏谓任公不在这里，请向神户同文学校问汤觉顿校长。归途游奈良寓某旅舍，时既薄暮，细雨霏霏，余翻阅旅舍登记簿，有三位祖国人在焉，曰潘博、陈菖笙，馀一位忘其姓名。知陈氏为新民丛报发行人，必知梁先生现在何处，即询下女偕上三楼，至廊下，嘱下女持片先入请，她云不必。正在谈话间，室内突走出一位问何事？答以我台湾人，欲知梁任公先生行踪于潘陈二君。那位又问你找他何事？余说素读他文章，久怀仰慕，冀一识荆耳。那位乃相揖入座，即曰：我即梁启超也，闻之喜极。"④

根据甘先生的回忆来看，林献堂是在多次访询不见的情况下巧遇了梁任公。这说明林献堂先生当时是有意寻访拜见梁任公。林献堂三顾茅庐般地寻找梁启超，真的仅是"冀一识荆耳"吗？想来是对台湾前途感觉困惑，望其指明方向也！

当时林献堂向梁任公出示了林儒的介绍信。由于语言不通，双方只好笔谈。任公初落笔则言："本是同根，今成异国，沧桑之感，谅有同

① 《林献堂先生纪念集/年谱・追思录》，台北：海峡学术出版社，2005，第 47 页。
② 台湾总督府警务局编《台湾总督府警察沿革志》（三），台北：南天书局，1995，第 12 页。
③ "沿革志"（三）《台湾社会运动史》第一章"台湾同化会的成立及消灭"的第一节"中部本岛人之策动"对林献堂与梁启超的见面描写为："时为明治四十二年（1907），林献堂等人赴日本内地观光之时，在奈良市与流亡政客梁启超邂逅，听其说有所启发。"参见《台湾总督府警察沿革志》（三），第 12 页。"沿革志"中对此事件的说法，也许是由于编纂者本身对林与梁的见面情况不甚了解，也许是由于编排上的需要，而省略其具体情节。但这种情况致使后来的研究者对林与梁的见面情况有了误读，一些相关著文中才有了林与梁偶遇的写法。
④ 《林献堂先生纪念集/年谱・追思录》，第 55 页。

情……今夜之遇，诚非偶然……"① 梁的伤时怀世之感，几使林献堂等人落泪。林向任公诉说了台湾人民的苦境，求教先生指点迷津："我们处异族统治下，政治受差别，经济受榨取，法律又不平等，最可痛者，尤无过于愚民教育，处境如斯，不知如何而可？"②

梁答称："三十年内，中国绝无能力可以救援尔等，勿宁效爱尔兰人之抗英。初期爱尔兰人采取暴动抗争，但小则以警察，大则以军队，终被压杀而无一幸免，后乃变计，勾结英国朝野，渐得放松压力，继而获得参政权，终得与英人分庭抗礼……尔等何不效法之？"③

梁启超告之给林献堂的方法，是台湾人民暂时不要轻举妄动，不要做无谓的牺牲，最好仿效爱尔兰人对付英国的手段，多多结识日本的政界要人，以此牵制日本殖民当局，使其不至于过分压迫台湾人民。梁启超所谈非暴力温和的民族运动路线，给林献堂等人指出了抗争的新方向。林献堂闻之，"妙不可言，自是铭心印脑"。④

初次见面，梁启超对台湾同胞诚挚的关怀、深切的同情，使林献堂极为感动而对他更加钦佩。梁的宏材大略，也使林献堂大受启发。他因总督府压迫、虐待台湾人民而深感悲愤，但又不知如何解脱的抑郁心境，豁然开朗。这次会见，更加坚定了林献堂斗争的信心，成为其人生的一个重要转折点。林献堂立即邀请梁启超伺机前往台湾，向民众宣传其进步思想；同时希望梁启超为他引见日本政要，以为日后民族运动的开展奠定基础。

林献堂与梁启超见面后，时常有书信来往。1910 年春天，林献堂率子赴东京时，再次晋谒了梁任公。当时任公作《赠台湾遗民林献堂兼简其从子幼春》的七言长诗一首，内容除对林氏个人推崇勉励外，还对总督府对台湾的苛政，如制糖会社、保甲制度及日人对台胞的歧视侮辱等进行了批评。这些都说明他们的交往非常密切。

1911 年 2 月，梁启超赴台成行。经过一番周折，梁启超终于登岸台湾。他切身领教了日本警察对中国人的歧视，目睹了殖民统治下台湾人民所遭受的不公正待遇，亲眼看见一些古建筑被日本人毁坏，亲身感

---

① 《林献堂先生纪念集/年谱·追思录》，第 57 页。
② 《林献堂先生纪念集/年谱·追思录》，第 56 页。
③ 《林献堂先生纪念集/年谱·追思录》，第 56 页。
④ 《林献堂先生纪念集/年谱·追思录》，第 56 页。

受每日特务的跟踪监视，不由伤感而又难于直抒胸臆，遂作诗赋表达其意，以诗寄情、以诗言志，留下了诗 89 首，词 12 首。① 这些诗词隐晦地表达了殖民统治下台湾人民的哀怨之情，以及对殖民统治者的强烈不满，畅言了台湾同胞思念祖国的渴望心情。

任何社会运动都需要文化的启蒙，如中国的新文化运动，从性质上讲并不是单纯的文化启蒙运动，其所具有的反帝反封建意涵，带有强烈的民族主义特征，成为中国近代反帝反封建斗争的文化基础。而台湾被迫成为日本的殖民地，使其汉民族所持有的中华文化长期被打压。梁任公台湾一游，掀起了知识分子对祖国的思慕与热爱，发酵了台湾人民的民族意识，刺激了青年人对新思想新知识的求知欲，其对台湾社会，特别是台湾知识分子阶层，影响极为广泛深刻。他们集结在胸中的悲愤之气，也因梁任公的温存与慰抚，暂时得到了宣泄，强烈的民族主义情怀得到阐释。特别是其所主张的非暴力温和的民族运动方法，为台湾民族民主运动指明了方向。

林献堂仰慕梁启超，并不是赞成其君主立宪的主张，而是赞成其改良主义，这是社会存在决定社会意识的需要。"林献堂受梁启超启发最深，影响最大的一点是关于台湾民族运动的方法问题。就是叫他效法爱尔兰抗英，厚结日本中央显要以牵制总督对台人之苛政。"② 林与梁任公相见之时，台湾已被殖民统治了近二十年，残苛的警察政治下，他虽怀有满腔悲愤，却不知如何解救是好。过去台湾人的武装抗日斗争，正如梁任公所言，小则以警察，大则以军队，终被镇压。另外，他的资产、地位、声望及温和的个性，也会使他的行动受到限制，更不可能有革命的思想萌芽，但民族主义情怀，让他能千山独行地去寻找梁任公的改良主义，在那个特殊的时代，已经是非常伟大了！而其助板垣退助成立台湾同化会，自是梁任公指点道路的牛刀初试。

二 林献堂与板垣退助渡台

1913 年 5 月，林献堂前往大陆拜访梁启超，在归途中顺路访问了

---

① 梁启超：《饮冰室合集·专集》之二十二《游台湾书牍》，中华书局，1989，第 202 页。
② 叶荣钟：《日据下台湾政治社会运动史》（上），台北：晨星出版有限公司，2000，第 31 页。

东京。经与之志向相投的台中清水庄前庄长王学潜介绍，和台湾前税关官员佐藤源平、中西牛郎及《东京每日新闻》副社长寺师平一等相识，并透过他们的关系，希求与内相原敬会面。佐藤等人之所以愿意帮助林献堂引见政要，并不是因为与林道同，而是想从台湾谋取私利。他们曾用发行汉字新闻的名义，向板桥林本源家族募款，但事生龃龉未能成功，得知林献堂来台，以为可以利用。①

林献堂之所以想拜访原敬，是有历史原因的。原敬在第一次西园寺公望内阁时期，任过日本中央台湾事务局的委员，在"六三法"草案拟定时，曾对台湾总督拥有立法、行政、司法等广泛的权限（特别是具有法律效力之命令的发布权）和台湾的预算不需帝国议会协赞及总督武官制等，提出了质疑；另外他还向国会提交过著名的《台湾问题二案》②，提出不将台湾当成"殖民地"来看待。但其主张并未获得国会多数的同意。③ 原敬的意见虽未被采纳，但此后台湾到底应视为"殖民地"还是"内地同样"的争议则一直持续着。1905年，时任日本首相的桂太郎于第21次帝国议会中，就台湾的地位回答议员质询，做出了"当然是殖民地，并不视为内地同样考虑"④ 的答复，使台湾确立为"殖民地"。此后台湾与明治维新后被纳入日本版图的北海道、琉球有了不同的命运。而原敬"内地同样"的观点虽未获得日本政界的青睐，但对受压迫的台湾知识分子来说，则有一定先进的意义。

原敬以工作繁忙为由拒绝了他们的请求。原敬为什么没有接见林献堂，目前还没有研究者言及过。也许是身为内相的原敬真的很忙，无暇顾及，或者是根本不屑去见一个普通的台中士绅，还是觉得台湾的事情要由日本做主，这些都无从而知。但不管怎么说，原敬所主张的"内地同样"的观点，在1918年其以政党总裁身份担任内阁总理后，与其同属政友会系的田健治郎成为第一任台湾的文官总督，并推动所谓的"内地延长主义"，则不失为其"内地同样"的影子。所以，林献堂希望拜见原敬的用意也不言自明了。

---

① 《台湾总督府警察沿革志》（三），第13页。
② 伊藤博文编《秘书类纂台湾资料》，东京：原书房，1977，第32~34页。
③ 『岩波講座近代日本と殖民地4——統合と支配の論理』岩波書店、1995、33頁。
④ 外務省條約局法規課編『臺灣二施行スヘキ法令二關スル法律ノ議事錄』外務省出版、1966、194頁。

林献堂等人后经寺师平一引见，转而拜会当时正赋闲在家，已经七十八岁的自由民权运动领袖板垣退助伯爵。板垣是日本近代自由民权运动的倡导人，纯真的理想主义者，主张尊重民意、听从民意的自由民权思想。其所领导的自由民权运动虽终失败，但它所广布的人民权利与革命的思想，给一般国民指示结成政党争取参政议政权的道路。"他是一个廉洁公正，有理想，有信念，拿得起，放得下的纯真无垢的人物。"① 板垣虽然"采菊东篱"，但对世事仍有思考，认为"拥有东亚的和平非以日支两民族的同盟不足以维持的信念。而且似有在日支同盟的手段方法上，非利用台湾人不可"。② 也许正因为如此，板垣才愿意会见来自台湾的人。

林献堂向板垣控诉了台湾总督府统治政策的严苛状况。板垣非常同情，表示："台湾总督政治，不足以佐百姓，反是为虐，实大谬不然。"③并劝慰林献堂："你们台湾人原是汉民族，与大陆人民，情如手足，今日为日本臣民，与大和民族谊似同胞。君等处在两民族之间，持有情谊之柄，用以沟通双方意志，言归于好，无为中日亲善之梁。另有一事，君等需觉悟，台湾处于列强环伺之中，中国既无海军，台湾又孤悬在海外，终必有被白人占据之一日，如缅越印度各民族，食苦必多。今隶属帝国，既是同文同种，犹同是孔子弟子，与日人相处，较为轻松愉快。"④ 并表示愿意帮助林献堂，强调说："日支（华）提携，进而团结亚洲各有色民族，方得以安固东洋永远之和平。"⑤ 林献堂闻板垣言非常激动，当即请其赴台进行视察，而板垣亦表示愿意。佐藤等人也认为这是一个好的机会，便劝说林献堂出资。

1914 年 2 月，板垣退助率领一行人来台访问。他们自基隆下船，搭特别列车抵达台北火车站时，台湾总督亲率文武百官前往迎接。板垣不顾高龄，风尘仆仆到各地访问，并安排演讲，其主题均为强调东亚民族的团结，向台湾民众宣传其"同化意识"。

他反复强调："日本人是亚细亚人，应该和中国提携，对抗白色人种。台湾最近中国，适于亲善融和，所以在台的内地人（日本人）要

---

① 叶荣钟：《日据下台湾政治社会运动史》（上），第 48 页。
② 《台湾总督府警察沿革志》（三），第 13 页。
③ 《林献堂先生纪念集/年谱·追思录》，第 60 页。
④ 《林献堂先生纪念集/年谱·追思录》，第 60 页。
⑤ 《林献堂先生纪念集/年谱·追思录》，第 60 页。

尊重人种；有保护台湾人生命财产之义务。我这次细察台湾人与日本人的关系，深感应该互相同化。盼望诸君共同协助，造成一个真正的日本殖民地。"① 同时，他强调日本在国防上"实有与支那人缔结亲交之必要，而若欲开其端绪，舍本岛外实无他途。余此次来台视察本岛之理由委实在此"。②

板垣的演讲，其内容着重于日中两国之提携，其目的是为日本谋取利益，对台湾人境遇的说辞，是出于强者对弱者的同情。尽管这样，被日本殖民统治者差别待遇已久的台湾人，亲耳听到板垣这种"内（日）台人"不分轩轾的主张，并放辞批评总督之施政，自是前所未闻，大为感动，好评如潮。板垣原来预定的行程是半个月，但是在台湾人民的热情欢迎下，计在台逗留了二十天。6月4日返日后，他开始首倡创立"台湾同化会"，积极推展"同化运动"。

三　板垣退助倡导成立"台湾同化会"

回到日本后，板垣根据在台视察情况，写出《台湾之急务》③ 一文，提出了著名的"同化主义"主张。认为日本统治台湾已历时二十年，但台湾三百余万新附人民似对母国统治根本方针存有些许疑虑，快快不乐，诚应同情之。帝国的台湾殖民政策不似英国之于印度，应采取不分人种的同化主义，何况对台湾当地人民有同文同种之便。目前，在法律上还不承认台湾人与日本人通婚，对台湾人的教育也只给予职业教育，不给予文明国民必备的高等教育，连议论自由也不承认，遑论参政议政权，而这些又都是台湾人民的基本要求，日本政府应予以承认。

随板垣赴台的寺师、中西、佐藤等人，看到板垣在台湾受到极大的欢迎，便积极地谋划拥戴板垣成立台湾同化会。故"沿革志"中评价说："这些人的言行颇为奇矫，事事煽动本岛人，频频发出挑拨的言辞，或责难总督府的施政，或谩骂官员的行为，以博得本岛人的欢心。"④

---

① 《台湾总督府警察沿革志》（三），第13~14页。
② 《台湾总督府警察沿革志》（三），第13~14页。
③ 板垣守正编《板垣退助全集》，东京：原书房，1969，第403~408页。
④ 《台湾总督府警察沿革志》（三），第15页。

据此，不管这些人的目的如何，他们在同化会的成立过程中，一定起了很大的促成作用。

同年 7 月，板垣又发表了著名的《关于台湾同化会首倡》一文，倡导成立"台湾同化会"。板垣在文中断言，亚洲人在今后的国际关系中必须团结对抗欧美人的迫害，"尤其日支（华）两国之亲疏，关乎我国国运消长至重且大固无论矣，此点自不待言……盖帝国新领土之台湾岛，是南门之锁链，且为日支（华）两民族之接点。是故，该岛之统治如何，不只将我殖民政策之成败昭示与世界，同时亦将为决定日支两民族离合之端绪"。"且于此间殖民地统治者，往往急功近利而又习于苟安，愚民以逞，阻塞一切知识开发之机会，欲借法律加以压迫，是皆贻误统治之大计，缘此而不遗留百年之祸根？本来天不在人上造人，不在人种之上造人种，保持顶天立地平等之生存乃人类之原则。徒然抑制民智以求保全统治之全者所能为力哉。又有进者，精神教育不行，则爱国心无由而生，爱国心不生，则如何能养成完全之国民乎！唯有断然实行精神教育以开发智识，于所顾之处施行善政，使民无不平之声，舍此别无他策。"[①] 并重申"统治台湾之根本唯有采取同化主义"。[②]

板垣另在《台湾同化会设立趣旨》一文中明确了创立台湾同化会的意义与作用："同化主义是台湾本岛殖民地官民一般的舆论，而如欲使土著岛民和官吏及内地人能不拘形势以收浑然同化之实者，首先要有交际的机关。这就是设立本会的动机。为了使岛民和内地官民的亲密交往，尽量扩大其范围，令利害关系趋于合理，借以培养理想和友爱之情，这是它的着眼点。"[③] 该会之事业在于"致力精神教育、谋慈善事业之普及、期竞争之圆满、平等利用交通运输、奖励农工商诸业、以图组合事业之发展等"。[④]

板垣还为设立台湾同化会上下奔走，征得当时首相大隈重信的同意，并收集贵族院议长德川家达、众议院议长奥繁三郎、东乡平八郎元帅、川村景明等日本知名人士的赞助文，编纂成《朝野名士对台湾同化会意见书》。

---

① 《台湾总督府警察沿革志》（三），第 15 页。
② 《台湾总督府警察沿革志》（三），第 16 页。
③ 《台湾总督府警察沿革志》（三），第 16 页。
④ 《台湾总督府警察沿革志》（三），第 16 页。

晚秋时节，林献堂再度赴东京拜访板垣退助。板垣拿出《台湾同化会设立趣旨》及《朝野名士对台湾同化会意见书》让林一读，来表示日本朝野对台湾的重视，同时建议林献堂拜访这些名士，向他们说明台湾的情况。在板垣的安排下，林献堂等人造访这些人士，大致说明下列情事：自"六三法"通过后，对台湾所有立法，皆由总督以律令行之，台湾几成总督府之台湾，似与日本帝国无涉，若现在之总督政治，虽经二十余年之久，始终以警察为政，既不足以佐百姓，徒使人民畏惧。勿论为台湾计，为日本国家计，终非良策。虽于形而下之物质文明略有进步，无如形而上之精神文化落后如故。如台湾初等教育之就学者，尚在百分之二十余，而中等学校甚至一所亦无，较诸美国之于菲律宾，实相距甚远。历代总督之为政，虽宣称奉天皇陛下一视同仁之圣旨，但仅教育一端即如是，其他庶政当可类推而知。①

对"六三法"的订立、延长、争议等问题，笔者曾在《"六三法"的存废与台湾殖民地问题》②中有过探讨。这种委任立法，源自日本据台后，各地反抗强烈，不易事事皆经议会协赞，故决定将台湾的立法权，以三年为期委任于总督。"六三法"争议的真正本质，是有关新附领土统治政策之选择的政治性问题，而不是一般的法律问题。故此委任立法从制定开始，就引发是否违宪之争。尽管如此，此立法仍然于1899年、1902年、1905年三次延长，直到1906年的第22届帝国会议时，另外订立《第三十一号法律》（以下简称"三一法"），以取代上述法律。然而，"三一法"于条文内仍然规定："于台湾需要法律之事项，得以台湾总督之命令规定之。"③并附加5年的有效期。此法亦于1911年、1915年两度延长。由于此法与"六三法"相同，也承认总督的立法权，因此大多情况下还被称为"六三法"。

日本政界对林献堂等人的游说，反应较为积极。法务相尾崎行雄、内阁秘书长江木翼及立宪同志会领袖岛田三郎、河野广中等人，都表示待有机会访问台湾再做实地研究。立宪党党魁犬养毅亦深表同情："日本国内官僚滥用职权，警察枉法妄为，已为世人所疾首蹙额，而于台湾

---

① 《林献堂先生纪念集/年谱·追思录》，第63页。
② 参见《抗日战争研究》2007年第4期。
③ 《御署名原本·明治三十九年·法律第三十一号·台湾ニ施行スヘキ法令ニ関スル件》，日本国立公文书馆藏档，档案号：A03020657500。

想必更甚；日本之普选要求不久将渐及台湾，双方互勉继续努力；至于委任立法乃因环境特殊所采措施，约定今后将检讨废止事宜。"①

最令人深思的是，当时的首相大隈重信竟然也对成立"同化会"一事表示赞同："板垣之同化会，其主旨将为台湾别开新生面，台湾之总督政治为后藤新平所建，根深蒂固，非大举清扫，其污秽终难廓清。"② 而且，据甘得中先生在《献堂先生与同化会》中的回忆，大隈甚至还勉励林献堂等人："在台日人经常欺负你们，但日人在朝鲜、满洲皆是如此，实在毫无办法。闻同化会将在台展开活动，盼诸位惠予协助，切勿畏惧，若有事可直接告知我，以电报或书信亦可。"③

如果真如甘得中先生回忆的那样，首相大隈重信是支持成立台湾同化会的，且对"儿玉－后藤"时代所确立的"生物学"统治政策有所微词，那么可以推知，当时日本政府内部人士也多主张日中亲善，舆论又多倡和，对台湾的殖民统治策略有所反思，希望能找到其他方法来进行统治，以适应时代的变迁所带来的新情况，平息台湾人民的不满，巩固稳定帝国的统治。

另外，由于台湾立法权委任给总督，有关台湾法令，无须取决于国会，只将预算决算送呈中央政府，每期议会，由中央提到议会审查，台湾官员作为参与者，说明预决两案，而此两案只关系到收支，且台湾每年收入都有所增加，贵众两院心满意足，故不问他事，所以，日本朝野对台湾庶政确实相当生疏。林献堂等人对总督府实行苛政的控诉，使他们开始思考对台湾的殖民统治政策，才会有如此积极的响应。

由于林献堂与日本政界高层的频繁接触，贵众两院议员对台湾庶政开始置琢，报刊也开始言及台湾统治的问题。林献堂等人对此行的结果也十分满意，于是告别板垣退助返回台湾。

四　同化会的成立与同化会的性质

林献堂等人在东京时，恰好台湾民政长官内田嘉吉在京，于是林等

---

① 《林献堂先生纪念集／年谱·追思录》，第 65 页。
② 《林献堂先生纪念集／年谱·追思录》，第 66～67 页。
③ 《林献堂先生纪念集／年谱·追思录》，第 67 页。

去拜访。内田嘉吉极为傲慢，"高踞毫不为礼，问来京何事？答以何事。又问何时返台？答以何时，他只哼一声，非止无杯茶相待，连叫坐也没有"。① 从内田的态度来看，当时他可能还不知道林与板垣谋划成立同化会之事，或已经知道，但并不苟同，出于殖民统治者对殖民地人民的藐视，故对林献堂等人相当冷淡。

成立同化会，必须得到总督府当局的认可。故林献堂返台后，再次拜访内田嘉吉，欲告之板垣伯爵近日将来访台请求惠予协助。当时门吏告之内田正在沐浴，不便相见。林等返回路上，门吏将其追回。内田茗果咖啡相迎，并赠予书籍，言语态度，至为殷勤，较上次判若两人。他表示："同化会主旨极佳，正与本官所持方针吻合，唯政治如利刃，若使小孩玩弄，实危险万千。君等为地方先觉，请指导民众勿使近之，以防不测。"②

从内田的话分析来看，总督府当局根本无意板垣的同化政策，只是因为林等人历访日本朝野，响应积极，只好敷衍做样。他们蔑视台湾人民为未成熟开化的孩童，认为台湾人搞政治危险万千，并警告林献堂等人，不希望台湾人接近政治。这说明，尽管内田在口头上说什么同化会与其统治方针相吻合，但实际上并不赞同。

尽管这样，同化会的成立计划还在暗中进行着。11 月中旬时，以首倡者板垣退助署名的《同化会趣旨书》，以伯爵的名义分发给各厅下区长、保正及其他地方有力人士。

板垣在"趣旨书"中再次强调："我帝国今后之问题，首系于外交关系。而日中两国之亲疏，关系到我国运之消长。今欧美人动辄以上等人之感而行国际之事，亚洲人被迫害之例随处可见，让人心寒。"③ 从此语可以看出，板垣推动成立台湾同化会的根本原因是"意欲维持国家之独立""民族之昌隆"的日本国家命运，而不是改变台湾人被统治的命运。板垣之所以以临老之躯奔走于日本和中国台湾之间，是因为他将台湾视为日中两民族接触地，殖民政策成败垂示之窗口。

板垣还批评总督府说："有些殖民统治者往往贪图眼前之功名与苟安，或以愚民政策堵塞一切知识启蒙之机会均等，并以法律加以压迫者

① 《林献堂先生纪念集/年谱·追思录》，第 67 页。
② 《林献堂先生纪念集/年谱·追思录》，第 68 页。
③ 《台湾总督府警察沿革志》（三），第 15 页。

屡见不鲜。此均为统治大计上之谬误所致。"他引用变通福泽谕吉《劝学论》中"天不造人上人"之言,说:"原来天不在人上造人,更不在人种之中再造人种,保有顶天立地平等之生存乃人类之原则。"① "天不造人上人"本为板垣所领导的自由民权运动之口号,针对台湾之现实,而将此句引申为"不在人种之中再造人种"。板垣的说法,是对当时一连串的美国排日运动②的责难。当然,也不能否认,这也表明了他对台湾人民的同情。

综合板垣的言论,其所倡导的台湾同化会的本质,可以概括为以下几个要点。

第一,日本国运系于外交,要保证东亚的安全,必须日中两国相互提携。

第二,台湾统治如何,是日本殖民政策成败向世界的展示。

第三,台湾为日中接触之锁钥,所以要特别重视台湾。

第四,统治殖民地若愚民以逞,徒用法律压迫必致贻祸百年。

第五,天不在人上造人,不在人种之中造人种,对殖民地人民必须施以精神教育,启发其知识,施行善政以消弭其不平。

第六,台湾统治应采取同化主义,内台人疏通感情,进而共同事业,密切联系。

从以上要点分析来看,板垣所主张同化的实质是要求殖民地台湾人民,对日本国家尽日本人同样的忠诚与义务。同时,对台湾人民,也给予与日本人同等之待遇,以消除外地与本国之畛域,从而分化台湾人民的民族意识与情感。并且,其同化的目的是以日本国运昌隆为原则,将台湾作为对外展示的窗口及与中国交好的媒介。但其作为日本过时政要,勇于批评总督府的殖民统治政策,主张内台人平等,倡导给台湾人教育知识等,不能不说在当时特殊的境况下,有着非常正面的意义。这种强烈的个人正义感及对作威作福的在台日本官吏的抨击,言了台湾人所不能讲的言语,刺激了台湾人民的民族意识的提升,鼓励了台湾民众参政议政的政治意识。

---

① 《台湾总督府警察沿革志》(三),第15页。
② 主要指1897年三藩市的排日市民大会、1906年的日本学童排斥运动、1909年通过日本人土地所有禁止法及加州借地权限制法。参见叶荣钟《日据下台湾政治社会运动史》(上),第45页。

11 月 23 日，板垣再度莅台，此行一方面是对有志于同化运动的日台人以鼓励，一方面亲自向总督府提出请求，要求同意募款 105 万日元进行为期五年的"同化事业"。板垣于 12 月 9 日在台北厅会议室邀请市内各团体代表及其他重要人士二十多人，由桶胁盛苗说明该会设立的主旨，同时，对各街的评议员、台北厅下参事、区长及其他重要人士也做了说明。

但当板垣退助以同化会总裁名义向总督府申请许可时，又发生了龃龉之事。总督府请其将涉及政治一项完全删除，纯作社会教化的团体。为交涉此条，反复多次，最后板垣震怒，曰"日常生活皆属政治，舍弃政治，目的尽没，何有于社会教化耶？"① 总督府最后惧于板垣的声势，没有办法，只得隐忍，于 12 月 13 日以府令第 86 号认可募款，该会获得成立许可。虽然同化会得以成立，但台湾已经阴云重重，埋下了解散之伏笔。

12 月 20 日，"台湾同化会"在台北铁道饭店举行成立大会，发布了《台湾同化会规章》，宣布同化会是以内地人（日本人）台湾人（不问官民）为组织成员，作为敦亲睦族之交谊，期盼浑然同化，以报一视同仁之皇恩。为达成前项目标，筹划适于逐步改良风俗及精神修养，并其他聚会清游所需之设施。规章还规定会员必须守信义，重友爱，不可失去邻保共同之精神，互以真诚相待。②

成立后的同化会由板垣亲自任总裁，并以寺师平一、野津镇武、桶胁盛苗为理事，河合光雄、武藤亲广、石原秀雄、腾卓郎为干事，铃木宗兵卫为顾问兼会计监督。③ 规定由总裁推荐评议员，其人选除总督府高级官员、各厅长、在台日本人有力者外，大部分为台湾各地士绅。日本内地高官显要亦有多名被列为赞助人。当时与会者有五百多人，总督府官方有高田殖产局长、石井覆审法院长、高桥土木局长、高木医学校长、龟山警视总监、角通信局长等，也以来宾身份临席，其他知名官民亦有数十人，场面之大，声势之隆，可以说是前所未有。

从"同化会"核心组成人员来看，他们都是退职的日本官吏、军人或浪人之类，均是随板垣来台的日本人，并没有长期生活在台湾的经

---

① 《林献堂先生纪念集/年谱·追思录》，第 70 页。
② 《台湾总督府警察沿革志》（三），第 17 页。
③ 《台湾总督府警察沿革志》（三），第 13～14 页。

验，对台湾情况也不甚了解。[①] 另外，该会的核心组成人员均为日本人，也可以理解"台湾同化会"为日本人创办的第一个同化台湾人的机构与组织。会议成立之时，内田民政长官还发了祝词。尽管如此，总督府仍没有让"台湾同化会"存在很久，刚刚露出尖尖角的"稚荷"，就被总督府连根拔去！

为什么同化会成立大会会有这么多总督府的官员来捧场呢？他们并不是真心拥护台湾同化会，可能是由于日本政府内部一部分官员，包括首相大隈也表示赞成，在总督府方面，民政长官内田表面上也认为其主旨极佳，且其成立已经正式得到总督府的许可，尽管内心并不赞许，但为了一探究竟，顺机也给板垣伯爵一个面子等，就趁机来凑热闹。尽管总督府官员给足了板垣面子，但从同化会在台湾各地网罗了的会员中的日本人参与度来看，实是少得可怜。当时参加同化会会员有三千多人，而其中日本人一共才有 44 人。这表明在台日本人对同化会并不感兴趣。板垣退助倡议台湾同化会时期，台湾总督府对台人态度完全蹈袭"儿玉－后藤"时代的既成观念，一切以日人利益为施策重心，至于台人是否同化并不是问题。

矢内原忠雄曾在《日本帝国主义下之台湾》中就此进行了说明，他认为日台人士在接受同化会宗旨时，在心态上有着天渊之别。台湾人方面，是争取"享受与内地人（日人）同样之权利待遇"，而在日本人方面，则是"化育台人使与日本人同样"。[②] 同化会的参加人数见表1。

表1　台湾同化会各厅参加人数（其中有日本人 44 名）

单位：人

台北厅	新竹厅	台中厅	南投厅	台南厅	嘉义厅	阿缑厅	总计
794	532	1109	7	541	106	44	3133

从表1分析来看，除了台东及澎湖由于地理上远隔的关系无人参

---

① 寺师平一是《东京每日新闻》副社长，野津镇武是前韩国军事顾问，桶胁盛苗为前芝警察署长，铃木宗兵卫是高利贷者。参见赤乌帽子《台湾官民奇闻情话》，台南：新报社，1925，第 56～58 页。

② 矢内原忠雄：《日本帝国主义下之台湾》，周宪文译，台北：海峡学术出版社，2002，第 213～214 页。

加，其他地域都有人参加同化会。这说明同化会的主要成员都是台湾本岛人且普及性很强。特别是从会员身份来看，他们大部分是台湾社会的上流人物。他们参加同化会的动机，也许是仰慕板垣的声望及其对台湾人之好意，也许是被林献堂的号召力所吸引，但更多的是为了能通过此项政治活动而实质改善台湾人被殖民压迫的境地。尽管同化会还没有渗透到最普通的台湾大众之中，但在高压警察政治统治风气未松动的当时，这种全台性的社团组织，是破天荒的第一次，对于促进台湾人的民智开化、思想进步起了相当正面积极的作用，这一点是不容置疑的。

五 同化会的解散

带有浓厚政治色彩的台湾同化会，因其倡导"日台人平等"，得到了众多台湾热心人士的拥戴。栎社诗人林仲衡曾作诗唱云："三百万人齐下拜，马头拥出自由神。"[①] 台湾人民的热切关注，使总督府及在台日本人更加恐慌。

首先，板垣出身日本四国高第，在明治维新功臣中比"维新三杰"的身份还高，他军功卓越，且在不损害统治者利益的原则上，坚持自由民权思想。其自由民权运动虽终归失败，但日本史家对这次运动的历史意义有极高评价。板垣个人也因功荣，受天皇授予伯爵之衔，成为"华族"，他却一返前人的世袭制，提倡"华族一代论"，更是受到史家的高度评价。从板垣身世背景及其性格来看，其所倡导成立的台湾同化会，"是伯默念，日本拥有台湾，虽得其土，未得其民，终非国家长计"。[②] 但在台日本人则未必有此卓见，且视其为自由民权运动的再试验。如果殖民地台湾社会没有"人种之上之人种"，就必须消灭差别待遇，使台湾人与日本人享有同等的权利，这是对殖民者特权的挑战，是不可能被接受的！这也是同化会成立之时，在台日本人态度消极，参加的人数寥寥无几的真正原因。

其次，在台日本人的割据意识，使之视"台湾同化会"为洪水猛

---

① 叶荣钟：《日据下台湾政治社会运动史》（上），第 45 页。

② 《林献堂先生纪念集/年谱·追思录》，第 62 页。

兽。日本据台后，总督府完全以日本人的利益为施政的重心，长期以后藤新平的"生物学原理"来治理台湾，强调台湾的特殊性，倚仗"六三法"，逐渐形成一整套垄断殖民地利益的政策，并培养了一批绰号为"民敕"的特权阶级。他们视台湾为他们的私有物，将台湾人民视为榨取的对象。他们不但不肯与台湾人提携共享，甚至对日本人也加以排斥。板垣所倡导的同化主义，带有明显的法国大革命"天赋人权"思想，这必使他们的既得利益受到损害，故想尽办法使之瓦解。

在台日本人彼此间虽为个人利益钩心斗角，但在对付台湾人民时，无论官民、敌友，却总能合作无间，对板垣退助的同化会的破坏即是典型做法。

12 月 20 日，台北律师会计划在 27 日举行反对同化会的演讲会。在台北的板垣退助同乡、土佐出身者所组织的"土阳会"的会员，借口同化会可能伤害到板垣退助的晚节，反对板垣成立台湾同化会。

"土阳会"推选松村鹤吉郎、秋山善一两人为代表，访问板垣并面呈《对台湾同化会的意见》，对同化会提出各种异议，认为"同化会的成功与否，不啻关系内地人的信用，而且对本岛统治亦为具影响的大事"，要求板垣接受其改正案。其提出的"修正案要点"① 与《台湾同化会规章》对比见表 2。

从"土阳会"所提出的"修正案要点"来看，首先，在台日本人，并不赞成板垣敦亲睦族的浑然同化主义，而企图将同化会修改成为"完全避免涉及政治，以谋求普及国语、矫正风俗以及促进内地人本岛人间的亲善为目的"的民间教化组织，与总督府当初的要求相一致。这样既可以使同化会续存下去，也可以使板垣保持晚节。

"土阳会"的要求，实质显示了在台日本人反对同化会的宗旨。他们认为台湾人参加同化会，并不是希望同化成为日本人，而在于参政议政。"反过来看本岛人的状况又如何？已入会或拟欲入会的大多数人，都说加入同会化便可立获参政权，或说可被任用为高级官员，或说可和内地人结婚，或称可自由改废制度，从而可获得各种营利事业的经营权等等。宛如把同化会视为扩张利权的机关。"② 台湾人踊跃地参加同化

---

① 《台湾总督府警察沿革志》（三），第 21 ~ 22 页。
② 《台湾总督府警察沿革志》（三），第 21 页。

表 2　修正案要点与《台湾同化会规章》对比

修正案要点	《台湾同化会规章》
一、本会事业完全避免涉及政治，以谋求普及国语、矫正风俗以及促进内地人本岛人间的亲善为目的。	第一条　本会称为台湾同化会。 第二条　本会本部设于台湾台北，并于各地次第设立支部。 第三条　本会以内地人台湾人（不问官民）为组织成员，作敦亲睦族之交谊，期盼浑然同化，以报一视同仁之皇恩。
二、评议员应从在台会员中经总裁推荐之。	第四条　为达成前项目标，筹划适于逐步改良风俗及精神修养，并其他聚会清游所需之设施。 第五条　本会之经费以会费及本会之收入充之。
三、理事经评议员互选，由总裁任命之。	第六条　本会会员须守信义，重友爱，不可失去邻保共同之精神，互以真诚相待。
四、理事及评议员之人数，内地人与本岛人应为相等。	第七条　本会为了宣扬在台湾之伟业，每年于适当时期出版一次"南方发达史"。 第八条　本会会员定为左列三种：一、普通会员；二、特别会员；三、名誉会员。
五、确定评议员之权限，对本会重大施设计划，经评议员议决后由总裁裁决之。	第九条　普通会员每年应缴纳一元会费，特别会员应一次缴纳五十元以上会费，名誉会员则由本会推选对国家社会，或对本会有贡献之人士。
六、预算应由评议会决定。	第十条　对本会有特殊功劳者，由本会总裁亲自颁发感谢状，使其芳名永远流传。
七、干部均为无酬职并应尽量采取本岛人为原则。	第十一条　本会会员得享如左特惠：一、可接受有关内地留学之指导监督及其他各种介绍；二、可出席本会开办之演讲会或其他各种集会；三、除此之外，凡本会可为之事项，不论其种类如何均可得调查介绍以及其他相关之便利。
八、赞成本会事业之内地有志斥资赞助本会事业者，应聘为本会赞助员。	第十二条　本会设左列干部：总裁一名；理事若干名；干事若干名；评议员若干名；咨询员若干名；顾问若干名。
九、本会设置顾问，由学者、事业家及具有良好名誉之人中间推荐之。	第十三条　总裁总揽本会统辖全盘会务，理事辅佐总裁整理一切会务，干事在理事监督下担任本会事务之推行，评议员参与会务之评议，咨询员随时受理干部有关本会会务之咨询，顾问随时接受总裁之咨询，开陈其意见。
十、本会之会费应储存于本岛银行中。	第十四条　每年一次在适当时期召开总会作会务之总报告。对本会会务得向总会提建议。
希望：本会之创立费须经过报告并依据评议员会之决议，决定其支出。	第十五条　总会决议须经总裁裁决然后实施之。但紧急事项不在此限，经干部协议决行后，得请事后追认。 第十六条　本会会员如有损害本会名誉，或有违反本会目的之行为时则予除名。 第十七条　本会会员经除名或退会者，既缴付费概不退还。

会，当然也不是希望被同化，而是希望改变自己被殖民的悲惨境地。医学专门学校的学生蒋渭水、杜聪明等，由反对而转变为医专学生170多人参加同化会的事实，就是最好的证明。台湾同化会之所以昙花一现，其根本的原因就在此中。

其次，"土阳会"还要求加强评议员在同化会中的功能与权力，且希望评议员中日本人与台湾人平分秋色。此点可推知，在同化会成立的当时，由于台湾人参加的人数远远多于日本人，因此评议员可能大多由台湾人担当。此点的修正，说明在台日本人希望增加日本评议员人数，进一步掌握同化会的权力，而保证同化会不会危及在台日本人的利益。

最后，就财政问题提出了异议。"土阳会"会员的担心，并不是没有理由的，当时的同化会也确实存在一些经济上的问题。同化会所征收的会费合计只有 4660 多元，而开销高达 30000 元，入不敷出，甚至连板垣住宿铁路饭店的费用（700 元）也无法支付。① 经济问题并不是主要问题，却是最容易让人抓到把柄之处。

继民间同乡团体"土阳会"对板垣施压后，在台日本人又向中央政府施压。总督府官员纠集各厅长及地方有力人士，直接或间接地向日本政府攻击板垣的同化会，认为其无视台湾现实，如在明治初年散布自由民权平等，使台湾人民惶惑，如不尽早禁止，将动摇总督政治，使台湾前途陷入困境。后藤新平也亲自打电话，谓其接获台官民祈请函电数十封，恳请大隈下令禁止板垣之妄为。

总督府方面则以同化会干部哄诈台人财物为由，揭发板垣有欺君之罪，为解散同化会寻找理由。以台北厅长加藤为首，全台各厅长也一齐辞退同化会评议员，以打击瓦解同化会。12 月 23 日，总督府取消了同化会征收会费的认可，接着于 26 日以妨害公安为由，命令同化会正式解散。

在《台湾总督府警察沿革志》中，丝毫未提及所谓同化会"妨害公安"之实，却极力在同化会干部金钱关系上做文章，而这个不能成为"妨害公安"的把柄。此点恰好说明，总督府无法将他们惧怕的东西拿到台面上来，只好在财务上做文章。

就板垣对解散同化会的反应，目前没有资料对此进行说明。从同化会很快被解散的事实来判断，板垣方面有两种可能。一是其接受了其同乡会的劝告，或是因为同化会的财政问题，而同意解散之；另外就是板垣根本就不愿意解散同化会，但由于接下来台湾一连串的反抗事件，其反思自己的想法，并放弃了自己的主张。而总督府接下来对台湾人反抗

---

① 叶荣钟：《日据下台湾政治社会运动史》（上），第 52 页。

的极端镇压，也反映了其虽解散台湾同化会，但仍担心板垣回东京后会利用原有声望诉诸舆论，从而对总督府造成压力的一种考量。

1915 年 8 月 3 日，"噍吧哖事件"① 爆发，事件由余清芳、江定、罗俊等人策划，袭击了南庄及其附近派出所，杀死吉田警部补以下 18 人。该事件与此前 1911 年的林圯埔事件、1913 年的苗栗事件、1914 年的六甲事件，性质基本相同，总督府却采取了完全不同的手段。总督府小题大做，将其搞成是大阴谋事件，使整个事件被告者达 1957 人之多，被判死刑者高达 866 人，有期徒刑者达 453 人，此外死伤的无辜百姓不知凡几。总督府还利用新闻媒介，在报纸上连日大幅报道，极尽渲染之能事。可以推想在台日本人想利用此事件，来证实台湾的民情与板垣退助所见的不同，"台湾民心现在尚且反叛不定而轻言同化，宁非痴人说梦"。② 总督府以叛乱的方式处理此事件，本意就是借此杀鸡儆猴，想以此来辩称台湾人尚不宜采取同化政策，来解消台湾人民争取与日本人同享平等权利的意愿。同时，也借此告诫台湾人民：你们是被殖民的，没有与内地人（日本人）享受同等权利的可能。

从日本中央政府对总督府在噍吧哖事件上的处理态度，也可反证总督府想利用噍吧哖事件，小题大做、滥杀无辜，以抵制板垣退助的报复。当年 10 月，内阁就发令更选台湾总督府民政长官，内田嘉吉依愿免职，遗缺由下村宏继任。11 月，安东总督借由大正登基颁布大赦令，

---

① "噍吧哖事件"又称"西来庵事件""余清芳事件"，是 1907 年至 1915 年间台湾民众抗日斗争中参加人数最多、范围最广、规模最大、牺牲人数最为惨烈的一次起义。组织这次起义的主要领导人是余清芳、罗俊、江定等人，范围包括台北、台中、台南等地。余清芳，1879 年出生于台湾阿緱。倭国侵台时，年方 17，曾参加反抗倭国占领台湾的斗争。倭国占领台湾后，余清芳更加不满倭国人的殖民统治，以西来庵为中心，暗中多方联络，积蓄抗日力量，准备起义。余清芳与罗俊、江定等人以农民为主要对象，开展宣传工作，唤起他们的民族情感，组织武装力量。1915 年 7 月 6 日，起义军与日军在台南的噍吧哖首次交锋。此后多次交战，由于寡不敌众，起义队伍退入山林，遭到日军的围攻。8 月 22 日，余清芳被捕，起义失败。日军为了消灭抗日力量，诱捕抗日民众，将大批抗日人员秘密杀害，具体人数，不得而知。台湾同胞每谈及此事，无不咬牙切齿。日本殖民当局共逮捕近 2000 人。8 月，在台南设立临时法庭，判处 866 人死刑，453 人有期徒刑。这一判决其残酷程度史无前例，在倭国国内也引起轰动，认为显然失当，惨杀过甚。后由于大赦，被判死刑的 866 人中，有 95 人被杀害，其余减刑为无期徒刑。参见《西来庵事件》，百度百科，http：//b. baidu. com/view/273668. html，最后访问日期：2017 年 6 月 6 日。

② 叶荣钟：《日据下台湾政治社会运动史》（上），第 54 页。

宣告减刑，当时事件中除已经执行死刑的 95 人外，所余的 771 人减刑为惩役，其余亦各得减刑一等。①

总督府对噍吧哖事件的残酷镇压，使台湾知识分子精神深受打击，也开始对武装反抗运动采取袖手旁观的态度，甚至避之唯恐不及。这样，日据时代的武装反抗运动，就开始没落下去。而就整个日据时期台湾的社会来讲，此前个别的、冲动的、地方的、尚未成为近代有组织的武装反抗形式的民族运动，在梁启超的启蒙、同化会的实践后，开始转向以林献堂为中心的台湾人近代民族民主运动。

小　结

综上，台湾同化会的成立，使台湾近代民族民主运动由梁启超的思想启蒙转向了运动实践的开启。它是近代台湾民族运动划一时期的大事件。尽管运动的主体意识是为日本帝国主义向外扩张服务的，但其运动内容所包含的对台湾人民被殖民的同情，以及要求取消差别待遇，主张内台人平等等内容，有着非常正面的社会意义。特别是遍及全岛的分会，使台湾人民亲身参与并感知了运动带给社会思想意识的冲击，鼓舞了其参政议政的意识。其后台湾的议会设置请愿运动、民众党的成立、共产主义运动、无政府主义运动、农民运动、劳工运动等，无不以此为起点。同时，运动也刺激了日本殖民统治政府，开始对台湾的统治方针进行反思与修正。1919 年文官总督田健治郎到任，开始倡导"内地延长主义"。虽然总督府施政的方针仍着重在日本利益方面，但"使台湾民众成为完全之日本臣民"、实施地方自治制、创设总督府评议会、公布日台共学制度及共婚法等措施，较以往政策已有相当进步。尽管其"内地延长主义"的同化观主要着眼点在于教育及经济的同化，与板垣退助站在台湾人立场上大倡的同化政策有所不同，但这种不完全同化政策，使台湾的近代民族民主运动得到了前所未有的蓬勃发展，这也是台湾同化会对历史的贡献的延展。

---

① 井出季和太：《台湾治绩志》，郭辉编译，台北：海峡学术出版社，2003，第 564 页。

蒋百里的抗战救国思想与实践

杜继东[*]

蒋百里，原名蒋方震，字百里，笔名飞生，1882 年 10 月 13 日生于浙江省海宁县硖石镇，早年赴日本学习军事，与蔡锷、张孝准并称"日本士官三杰"。回国后投身军界、政界、文化界，是著名的军事家和教育家。他曾担任保定陆军军官学校校长，桃李满天下。他对日本政治、军事、社会、文化等具有深刻的洞察，对日本侵华野心早有戒备，提出高瞻远瞩的应对策略。七七事变爆发后，他积极投身于抗日活动，多方奔走，劳累过度，1938 年 11 月 4 日不幸病逝于广西宜山，为国家倾尽了最后一份心力。本文拟从蒋百里留学日本、德国和在国内从事政治、军事、教育及社会文化活动的经历着手，对其抗战救国思想和实践再做申论。①

一

蒋百里早岁丧父，家境贫寒，但矢志于学，师倪勤叔潜心攻读四书五经。1898 年 17 岁时考中秀才，获"硖石才子"之名。戊戌变法的失败在蒋百里的思想上造成很大震动，他决心放弃科举仕途，专心研究史

* 杜继东，中国社会科学院研究生院博士，现为中国社会科学院近代史研究所编审。

① 学界相关研究参见金光耀《蒋百里抗战思想述评》，《军事历史研究》1987 年第 2 期；刘一兵《论蒋百里的抗日思想》，《徐州师范学院学报》1994 年第 3 期；吴庆生《蒋百里将军及其持久战战略》，《绍兴文理学院学报（哲学社会科学版）》1999 年第 3 期；张学继《论蒋百里的抗日战略思想》，《浙江学刊》2002 年第 5 期；吴仰湘《蒋百里对中国抗战的理论探索与贡献》，《安徽史学》2006 年第 5 期；等等。

地政治之学。1899 年，蒋百里考入杭州求是书院学习新知识，1901 年赴日本留学。他与同学蒋尊簋、董鸿祎从上海乘船出发，经长崎、神户，抵达东京，开始了为期 6 年的留学生涯。几十年后，蒋百里对《大公报》记者陈纪滢说："当年我们出洋求学，花十四块洋钱从上海坐船到长崎。到了日本以后，整天价在刻苦钻研学术，真和现在一般跑外洋的留学生不同！我们是二毛子冒险到外国去，性质不同。"①

蒋百里等人在东京结识蔡锷，成为莫逆之交。他们与一批同道投笔从戎，决心学习军事，为国效力。在梁启超的帮助下，他们进入成城学校。1902 年冬毕业后，蒋百里被分到日军近卫步兵第一联队为入伍生，又叫士官候补生，蒋尊簋被分配到近卫骑兵联队，蔡锷则被分配到远离东京的仙台骑兵第二联队。士官候补生在军队中的实习期从半年到一年不等，接受下等兵至下士的训练。

1903 年冬，蒋百里、蔡锷、蒋尊簋等人结束了在联队的实习，正式进入日本陆军士官学校，成为中国留学生第三期学员。士官学校创办于 1868 年，初名"兵学寮"，1874 年改名士官学校，专门培养陆军军官。1900 年开始接纳中国留学生。第一期和第二期的中国留学生比较少，且都是各省督抚直接保荐来的武学生，他们当中后来成名的人物有第一期的吴禄贞、张绍曾、铁良、王廷桢、陈其采、蒋雁行、唐在礼、刘道仁和第二期的哈汉章、良弼、蓝天蔚、冯耿光等。第三期的中国留学生人数大增，共 90 余人，既有各省督抚保荐的武学生，也有蒋百里和蔡锷等投笔从戎的文学生。

1904 年 11 月，蒋百里以步兵科第一名的优异成绩毕业于日本陆军士官学校。与蒋百里一同毕业的有蔡锷、蒋尊簋、张孝准、高尔登、许崇智、胡景伊、曲同丰、陈文运、黄赞、傅良佐等数十人。清末和民国初期，他们都成长为中国军队的骨干力量。

按照日本军方的规定，在联队实习过的学生以下士资格进入士官等校学习，毕业后再回联队实习三个月至半年，期满后即可获得少尉资格。蒋百里即是按此规定，返回近卫步兵第一联队实习，将一年来在士官学校学到的知识用于实践，在实践中探索，在实践中提高。

实习期满后，蒋百里又入经理学校（即后勤学校）学习，与他一同

---

① 《蒋百里先生抗战论文集》，大公报西安分馆，1939，第 88 页。

入校的有张孝准等人。近代化军队的一个重大特点就是有一套完善有效的后勤供应体系。大清朝的军队山头林立，派系复杂，根本没有完善的后勤供应体系，军官贪污中饱的现象十分普遍。蒋百里入经理学校学习，目的在于掌握近代化军队各个方面的知识，为回国后军事上的革新做准备。

在蒋百里刻苦钻研的几年中，赴日留学的青年络绎于途，逐年增加，到1905年已有8000人左右，形成了一个高峰。浙江来的同乡很多，有一些是专门来学习军事的，蒋百里认为有责任对他们进行必要的辅导，帮助他们尽快掌握基本知识，顺利考取军事学校。

为此，蒋百里开办了一个士官预备班教他们，上课地点在陆军士官学校对面的小田园老太太家。他们每个星期日都租用她的一间房子上半天课，租费由大家分摊，茶水由房东供应。蒋百里给大家讲解入学须知和日本军事教育及军事体制的基本情况。他既有深厚的理论功底，又有丰富的实践经验，加上他小时候说书练就的好口才，讲起课来抑扬顿挫，妙趣横生，极富吸引力和感染力，很受大家的欢迎。

蒋百里与当时的各派力量保持着一定的距离。他既没有紧紧追随梁启超，为改良派摇旗呐喊，也没有加入同盟会，为革命党振臂高呼，他只是默默地积累着知识和经验，以备归国后有一番大的作为。在这一点上，他和蔡锷完全相同。自从进入士官学校后，他们已不再无所顾忌地大谈革命了。关于此点，章士钊在数十年后的回忆文章中做了确切的描述，他指出："彼等志存颠覆，而迹求隐晦，平日谨言词，慎交游，常恐以意外之疏忽，而招来本事之损害。"[①]

1906年蒋百里返回国内，盛京将军赵尔巽延聘他担任督练公所总参议，负责练军事宜。10月，他作为东北代表赴河南彰德观看北洋新军的军事演习。演习结束后，他奉赵尔巽之派，赴德国学习军事，在这个完全陌生的环境中整整生活了4个年头。他遍访名师，努力吸收最先进的军事理论。他大量阅读欧洲的文学、哲学和史学名著，探求欧洲文化的底蕴。他遍游德国和意大利的名胜古迹，追寻历代诸侯征战杀伐的遗存和仁人志士留下的遗风。在这过程中，他丰富了学识，增长了见闻，开阔了眼界，为他后来在军事、文化和外交等领域取得非凡的成就

---

① 章士钊：《疏〈黄帝魂〉》，中国人民政治协商会议全国委员会文史资料研究委员会编《辛亥革命回忆录》第1集，中华书局，1963，第248页。

奠定了良好的基础。

1910 年秋，蒋百里返回国内，到北京与吴禄贞、李书城等人朝夕相处。吴禄贞 1907 年曾随东三省总督徐世昌赴奉天，充任军事参议。由于日军寻找借口侵占了吉林延吉的间岛，挑起边界纠纷，徐世昌派吴禄贞充任延吉边务帮办，前往调查处理。吴禄贞根据历史文献和实地考察，写成《延吉边务报告书》3 册，证明延吉自古就是中国领土，并据理交涉，迫使日军退出了侵占的地方。有了这次正面交锋，吴禄贞、李书城等士官生对日本亡我中国之心有了深刻的洞察，对日本人的一举一动保持着高度的警惕，都想加强边防力量，御敌于国门之外。这与蒋百里从日本归来后赴奉天整军经武的初衷可谓不谋而合。现在他们几个人聚在一起，朝夕恳谈，讨论应付日本的长远之计。讨论结果，他们决定先给清廷上一道密折，提出几条建议，要清廷洞悉日本人之奸谋，采取有力措施，作未雨绸缪之计。

密折揭露了日本的侵略本质，明确指出："日本图我，已非一日。甲午之战，启外人侮我之端；庚子之役，为各国进兵之导。胜俄以后，野心愈炽。夷朝鲜为版图，视东省为外府。"他们陈述了造成祸端的原因，列举了有关的证据，然后提出了一项治本之策和两项治标之策。

治本之策：改革中枢机构，将军事和行政分开管理，"凡与国防甲兵有关系之交通及外交事宜须受军咨大臣处理，以一事权；军机处改为内阁，以政事委之，不必令其参与军务"。

治标之策：一是制定外交政策，二是制定防御计划，内政外交双管齐下，有效遏制日本人的凶焰，使他们不敢轻举妄动。

他们在密折中还痛切陈述了国内军队腐败落后的情形。他们举第六镇为例加以说明。第六镇共有官长 400 名，而其中受过正规军事教育、符合军官条件者不足 50 人，甚至有年届 60 岁仍担任排长者，"官长如此，兵士可知。是曰新军，实为乌合"。其他如长官克扣军饷、体罚士兵，部队军纪败坏、装备简陋等弊端，不胜枚举。所以他们向清廷呼吁："冀自今始，急筹所以补救之道。否则，一旦有事，虽予以一月之准备，而拔队起程，未可期也；能战与否，未可知也。"①

① 李书城：《我对吴禄贞的片断回忆》，中国人民政治协商会议全国委员会文史资料研究委员会编《辛亥革命回忆录》第 5 集，中华书局，1963，第 453 页。

他们呈上密折后，清廷特赐御馔，以资表扬和鼓励，并表示要采纳他们的建议。但是，由于辛亥革命的激荡风云很快席卷而来，清廷自身尚且不保，更谈不上加强边防抵御外侮了。

尽管如此，蒋百里对日本的狼子野心始终保持着高度的警惕。在以后的岁月里，他不论是在朝还是在野，不论是处在顺境还是逆境，都始终关注着日本人的动向。他常年订阅日本的报纸，广泛接触日本朝野人士，研究日本的政治、经济、军事和外交动态，追踪日本对华政策的演变，为中国的国防建设出谋划策，奔走呼号。

二

辛亥革命爆发后，蒋百里曾短时间担任过浙江都督署名总参议。1912 年赴京，经陈仲恕等人推荐，于 12 月 15 日就任保定陆军军官学校校长。1913 年 6 月 18 日，蒋百里制订的教学计划因受到陆军部军学司的掣肘而不得实行，愤而举枪自杀，未果，轰动一时。其后，他追随梁启超、蔡锷，积极参与反袁的"护国战争"。在军阀混战时期，他奔走于吴佩孚、孙传芳等人门下，力图有所作为。

蒋百里素怀重建国防、抵御外侮、振兴民族的大志。多年来，他仆仆风尘，奔走于各实力派军人之门，所求并非高官厚禄和纸醉金迷，而是国家的统一和军事的重振，因为他知道，在日益迫切的外敌入侵面前，分疆裂土的割据局面和一盘散沙似的人心，将使我们的民族像砧板上的鱼肉一样，任人宰割。

虽然有"不在其位，不谋其政"的训条，但蒋百里抱定"天下兴亡，匹夫有责"和"位卑未敢忘忧国"的宗旨，始终关注着国防问题。在俄国发生革命和欧美列强以经济手段代替原来的军事侵华手段以后，蒋百里就将关注的焦点集中到了富于侵略性的日本方面。他比任何人都了解日本军人的侵略野心。他以军事家和战略家的眼光，早就预见到中日之间必有一场生死血战。他了解日本的军事实力，更了解中国的具体国情，所以他很早就提出中国须以持久战略对付日寇的入侵。1921 年，他应邀到湖南襄助"联省自治"运动，在长沙发表了题为《世界军事大势与中国国情》的演说，即明确提出了持久战略：

至于从环境的现状来看，吾们所最感危险的，就是那近邻富于侵略性的国家。三国志里刘玄德有句话说得好："今与我争天下者，曹操也。彼以诈，我以仁，必事事与之相反，乃始有成。"我们对于敌人制胜的唯一方法，就是事事与之相反，就是他利于速战，我都用持久之方法来使他疲弊。他的武力中心放在第一线，我们都放在第二线，而且在腹地内深深地藏着，使他一时有力，没用处。我断定这个办法一定可以制敌人的死命。①

在各派军阀为权力和地盘杀得昏天黑地、你死我活之时，做出如此高瞻远瞩的战略性预见，诚非常人所能及。

蒋百里还有一个令人拍案叫绝的预言。1923 年他奔母丧后乘火车北归，学生龚浩随行。车过徐州时，蒋百里突然若有所感地说："将来有这么一天，我们对日作战，津浦、京汉两路必被日军占领。我们国防应以三阳为据点，即洛阳、襄阳、衡阳。"② 对老师的宏论，龚浩听来好似天方夜谭，着实不敢苟同。龚浩认为，即使中日开战，中国的半壁河山也绝不会沦于敌手。但作为学生，他不敢与老师争执，只好付之一笑，将此事记在心里。后来抗战爆发，敌人很快攻陷我沿海地区，中国军队在蒋百里所说的"三阳"一线都站不住脚，一直退到了云、贵、川地区。知彼知己、高瞻远瞩如蒋百里者，在当时的中国确实找不出第二人。

蒋百里之所以受到国人的一致推崇，不仅是因为他有丰富的学识和良好的品德修养，而且还因为他有深邃的洞察力和超常的预见力。他那强烈的爱国心在抗击日本侵略的征程中得到了最充分的体现。

1927 年北伐胜利后，蒋百里曾与蒋介石在南京见面，谈及外交问题。蒋百里认为，国民党统一中国只是迟早的事，关键在于外交方面。就列强而言，首先应注意日本。在扫除军阀阶段，对日本宜采取缓兵之计，避免正面冲突，以防日本直接出兵干预，影响北伐大计。待全国统一，国防建设大有进展后，再与日本算账不迟。蒋介石深以

---

① 蒋复璁、薛光前主编《蒋百里全集》第 4 辑，台北：传记文学出版社，1971，第 159 页。
② 陶菊隐：《蒋百里传》，中华书局，1985，第 55 页。

为然，即请蒋百里浮海东渡，与日本朝野人士接洽，进行疏通工作。后因蒋百里为在野之身，不能代表国民政府，又改派戴季陶、黄郛等进行这项工作。

1930 年初，蒋百里因参与唐生智反对蒋介石的军事行动，被蒋介石拘捕，先后关押于杭州西湖和南京三房巷看守所。1931 年 12 月获释。

出狱以后，蒋百里一边读书为文、修身养性，一边研究与国防有关的问题，默筹抗日方策。他虽置身于内战的纷争之外，澹泊处世，多静少动，但对日益临近的外侮的关注没有丝毫放松。"一·二八"事变后，蒋百里在沪上与日本人多有交往。由于他日语流利，知识面广，又极善言辞，前来上海的日本达官贵人、富商巨贾和新闻记者都愿与他一谈。当时全国反日气氛浓厚，侄儿蒋复璁怕叔父受到人们的误会，劝他最好断绝与日本人的来往，他笑而不答，使侄儿颇感纳闷。抗日战争爆发后，他才向侄儿讲明真情：他是受政府密令，与日本人周旋，一则了解日本的军事和政治动态，二则运用自己的影响力，将中日战争爆发的时间尽量往后拖延，以使我国争取更多的时间做军事上的准备。实际上，他在当时已经担负了一定的使命。

1933 年，蒋百里曾以个人名义赴日本访问考察，拜会了日本军政界的一些要人，驳斥了荒木贞夫等人的侵略谬论。看到日本军国主义分子在做着鲸吞中国的美梦，日本的媒介充斥着向外侵略扩张的鼓噪，日本朝野弥漫着穷兵黩武的野蛮气息，他更加坚信中日两个民族之间的大决战为期不远了。

回国后，他以普通公民的身份拟定了钢铁计划、煤炭计划、炼油计划、战时交通计划等，无不以提高我国的国防实力为目标。他从军事战略家的角度观察问题，认为现代战争已不仅仅是军人在战场上厮杀，而是全民的战争，是两个国家综合实力的较量。中国由于连年内战，本就薄弱落后的经济基础更是雪上加霜，如不急起直追，在未来的中日决战中将遭受更大的困难。他预计大战一起，沿海地区将尽陷敌手，所以他的各种计划的着眼点都在内地。

关于炼钢，他认为开始阶段应将小型工厂设于安徽的马鞍山，用大冶的铁和淮南的煤。第二步应将厂址选在湖南株洲和郴州之间，用萍乡的煤和宁乡、醴陵、永兴的铁，因为他估计战争开始后九江以东都会落于日寇之手，马鞍山的钢厂也将不保，宜在湖南设厂，为未雨绸缪之计。他的计划得到了国民政府资源委员会的赞赏，但由于蒋介石与红军激战正酣，这项计划被束之高阁了。

他的炼油计划是从美国大量进口柴油，在庐山、衡山和川湘交界处的武陵山建成三个大型储油池，油池均建在山洞内，以免敌机轰炸。当时中国尚无石油工业，而美国柴油过剩，价格低廉，中国大量储存，进行提炼加工，战时可作汽车和飞机的燃油以应急需。他与美国煤油公司驻上海的代理人商洽，初步谈妥了美方三年内尽量供给柴油、中方分期付款的意向。他还拟定了这项计划涉及的技术、设备、供给等细目，配上相关的统计表，交国民政府有关部门做进一步研讨。他建议政府在实施炼油计划的同时，调集科学技术人员在中国的大西北寻找和开发石油，建设本民族的石油工业，以免在非常时期被外国人卡住脖子。然而，由于政府各部门之间因利益关系而互相掣肘，加上当时国内战事不休，蒋百里的计划成了画饼。他不禁浩然长叹道："在官僚主义之下，什么都行不通的！"[1]

蒋百里从全国的战略布局出发，非常看重湖南的战略地位。他认为中国的战时大本营宜设于芷江和洪江一带，工业布局则以南岳衡山为核心，分布于株洲至郴州一线的山岳地带，以利防空。他认为湖南是中国的乌克兰，将在中日战争中起到关键作用。这样的预言在当时实属罕见，虽然战争爆发后湖南成了前线，而中国的大本营设到了更西的四川、重庆，但国人对他的预见还是惊叹不已。

在拟定各项计划的同时，蒋百里对国防经济学进行了深入研究，于1934年5月写成《从历史上解释国防经济学之基本原则》一文，明确提出了"生活条件与战斗条件一致则强，相离则弱，相反则亡"的至理名言。他通过对中外历史的分析，论述了这项基本原则的重要性。他指出："生活与战斗本是一件东西从两方面看，但依经济及战斗的状态之演进，时时有分离的趋势。希腊罗马虽在欧洲取得文化先进美名，但今日继承希腊罗马文化的却并不是当年的希腊人罗马人。具有伟大的文化而卒至衰亡的总原因，就是生活工具与战斗工具的不一致。"他列举了生活条件和战斗条件一致的成功范例，如乘马横扫欧亚大陆的蒙古人和乘船征服世界的欧洲人，是善于利用天然工具的成功者；而中国古代

---

[1] 许逸云：《蒋百里年谱》，团结出版社，1992，第130页。

的井田制和近代西方的全国总动员方法，是"费尽心血用人为制度而成功者"。蒋百里非常推崇中国古代的井田制在军事上的作用，他认为井田制"不是讲均产"，而是"一种又可种田吃饭又可出兵打仗的国防制度"。① 他所孜孜以求的是唤醒全民族的忧患意识，动员全国的人力物力，与即将入侵的外敌进行一场总体战争。不如此，不足以挽救中国的危亡。他的文章和观点受到了各界人士的推许，也得到了最高当局的关注。在抗击日寇的漫长征程中，蒋百里无疑是一个富有远见卓识的孤独的先行者。

蒋介石乘"一·二八"事变复出后，被选为国民政府军事委员会委员长，全权负责全国军事。他深知日本帝国主义欲壑难填，亡我中华的狼子野心不死，中日之间必有一战，所以在"围剿"红军的同时，也着手进行抗击日寇的准备工作。在国家用人之际，他想到了文韬武略兼备的军事大家蒋百里。在抗日的大目标下，他们两人尽释前嫌，原来疏远的关系变得日益密切起来。1934年秋，蒋百里送蒋昭北上看病，一度南下，与蒋介石见面商洽有关事务。昔日阶下囚，今日座上客，两位校长为筹谋抗日大计走到一起了。

蒋百里吸取以前的经验教训，对关乎内战的事情不置一词。他在内战的漩涡里几经浮沉，历经沧桑，到头来发现自己的所作所为于国无益，于家无用，于己不利。他要置身于内战的是是非非之外，做一些对国家和民族有益的事情。蒋介石尊重他的意向，只让他就与中日关系有关的内政外交问题提出意见和建议，供政府参考。

日军自占领东三省后，不断向关内蚕食渗透，至1935年，华北的不少地区或置于日军的控制之下，或被迫成为中立区，北平和天津也受到了日本驻屯军的威胁，形势相当严峻。1935年5月，驻华北日军借口中国政府援助和容留义勇军孙永勤部而挑起事端，在位于天津的河北省政府门前肆无忌惮地示威，迫使河北省政府主席于学忠将省府迁往保定。6月9日，华北日军司令梅津美治郎与主持北平军分会的何应钦秘密签订《何梅协定》，规定：于学忠的第五十一军自河北调往他处，取消河北各地国民党党部，禁止国民党的一切活动，取消河北省的反日

① 蒋复璁、薛光前主编《蒋百里全集》第2辑，台北：传记文学出版社，1971，第204~205页。

活动。

事件发生后，蒋百里衔密命北上考察日军动向，向南京方面提出应因之策。通过考察，蒋百里致函蒋介石，对外交方针和外交技术提出了自己的看法。他认为国民政府在重视外交方针的严肃性和连贯性的同时，绝不能忽视具体运作过程中的技术问题。他指出："此次北变，敌人口实，似属于方针方面，而就震实际考察，则原因于技术方面者十之八九。"鉴于外交人才匮乏的现状，他建议蒋介石选拔青年才俊，"分配于各使馆及领事馆"，在外交领域做出贡献并积累经验。①

蒋百里由泰安抵达济南的当晚，日本驻济南总领事有野闻讯前来拜访。通过实际观察，通过与有野领事的交谈，蒋百里对日本人在北方的情形做出了三点判断：第一，察哈尔和绥远两省"暂时必无问题，以关东军目前尚无余力，可以出师"；第二，平津问题是国内的一部分财阀与日本驻屯军勾结造成的，可循外交途径"交涉处理"；第三，山东虽暂时无事，但日本参谋本部的少壮派军人对山东"时时怀有野心，思援平津之例，进兵一旅乃至一师"，将山东置于其控制之下。对此，蒋百里建议政府严加防范。蒋百里在这份条陈中还谈到了国际形势，做出了世界大战将在三四年内爆发的判断，建议中国加紧国防建设，以应付大变局的出现："窃维国防情势，日益紧张，时机最长亦不过三四年，我中国国力现尚有限，若欲事事周备，实不可能，今惟集中力量于致胜之一二要点，使两三年内，能完成一固体，则自余枝叶，可临时补救。"②证之史实，全面中日战争在两年后爆发，世界大战在四年后爆发，皆在蒋百里的预料之中。如此人才，实为国之栋梁。

1935 年 7 月 20 日，蒋百里致电蒋介石，提出对日外交必须有三种方案："一为目前应急之策，此事重心在外使人选。二为对外方案万不可先探日人意旨，盖日人方案各有不同，故我方须向彼提一方案，则彼方态度自然明了，然后公（指蒋介石——引者）可依此状况，以定大局方针。三为对外计，则对内方案亦不可不早行立定。"③蒋百里在此条陈中首次提出了早定国内大计的问题。他在内心深处实希望蒋介石能容忍异党异派，早定抗日大计，而各派力量能立息内争，团结在抗日的

① 蒋复璁、薛光前主编《蒋百里全集》第 1 辑，台北：传记文学出版社，1971，第 2 页。
② 蒋复璁、薛光前主编《蒋百里全集》第 1 辑，第 2～3 页。
③ 蒋复璁、薛光前主编《蒋百里全集》第 1 辑，第 4 页。

大旗之下，集中人力物力，共同抵御外侮。

1935 年冬，蒋百里到南京，住在龚浩家中。龚浩时任军事委员会参谋本部第一厅厅长，同时兼任陆军大学教授。师生二人朝夕相处，研讨军事问题，乐而忘倦。蒋百里的侄儿蒋复璁也在南京，常来看望叔父。有一天，蒋百里右脚的大拇指忽然红肿起来，蒋复璁有个姓谭的同学是从德国留学归来的医生，他诊断是患了痛风。蒋复璁不敢大意，亲自陪叔父到上海，找了一位德国医生诊治，也说是痛风。医生说此病不难治，但须戒绝烟和酒，用药半年后可以断根。然而，蒋百里每天烟不离手，酒不离口，要他戒绝，谈何容易，加上不久他即要扬波万里，远赴欧洲，所以痛风就时发时愈，没有根绝。谁也没有料到，这会成为他致命的隐患。

1936 年 3 月 26 日，蒋百里奉蒋介石委派，以军事委员会高等顾问的身份，坐船前赴欧洲考察军事，尤其是考察德、意、英、法等国在战时实行的总动员法。

船到新加坡时，英国总督请顾、刘两大使和蒋百里夫妇参观新落成的防御工事。该工事面海而建，气势宏伟，结构稳固，敌人从海上来袭，实不易突破，但蒋百里发现它有一个致命弱点：只注重海防，未顾及陆防，如敌人不从海上来袭，而是从马来半岛南下袭新加坡之背，则守军必会不战而溃。果不其然，1942 年日本军队从背后发动攻势，英军很快就缴械投降了。

他到意大利后，受到热情接待。意方安排他拜会了总理墨索里尼。意大利军方对蒋百里更是盛情款待，请他参观了许多军事设施，以及在那不勒斯举行的航空演习和罗马举行的军事演习。意方还召集有关人员，与蒋百里研讨战时总动员法，使他获益匪浅。通过参观访问，蒋百里对第一次世界大战以来欧洲军事理论、军事装备和技术的发展有了广泛的了解和深刻的认识。

关于欧洲各国的总动员法，蒋百里在考察途中即不断向国内寄送报告，回国后又写了几篇综合性的报告，并多次以总动员法为题发表演讲，向军政要员们进行全方位的介绍。其中最重要的文章有以下三篇：《总动员纲要》、《总动员之意义及其实施办法纲要之说明》和《与全国总动员关联之作战部队的辎重组织纲要》。蒋百里指出，第一篇的内容是"办理动员事务的人所应知道的"，第二篇是"民众方面即被动员的人所当知道的"，第三篇则是"关于实际做动员工作的程序"。①

《总动员纲要》由两篇报告组成。蒋百里在报告第 1 号中指出，总动员是一项前所未见的复杂工作，必须建立一个统一的领导机构。德国采用的是中央集权制，由德军参谋本部总揽，而法国采用的是地方分权制，由地方上的动员局负责实施。蒋百里根据中国的实际情况，建议吸收德法两国之长，取"参用制"，即"每省择一地区（战略要点之区）归中央军部直接指挥，而其余各区归地方军事及行政长官负责办理，中央居指导监督之地位"。他进而规划了中央和地方机构的部门设置、人员配置以及运作程序和方法等重要项目。

总动员是全国军事和民事一体化的一项浩大工程，蒋百里认为实施总动员有两大要领：一是对现有的一切按总动员的要求进行改造，使所有的生产和生活工具都能适应长期作战的要求；二是对即将建设的铁路、水利、工厂等事业，均按军事目的，在高级军官的指导下有序进行，以备作战时加以利用。

在报告的最后，蒋百里指出了总动员应注意的事项，一忌不经济，二忌空有计划不能实施，三忌各官署之推诿责任。他特别援引了各国动员法的一条共同规定："动员实施时各机关不得向上级请示。"②

蒋百里在报告第 2 号中强调了养成"国民组织力"的重要性。他说："今世界论军备之要素，不外乎三：曰人，曰物，曰组织。吾中国于此三者中，已得其二，所阙者独此最后一项组织力是已。而组织能力之最大表现，即为国民总动员，此其为政府统率之力十之六，而人民之自觉与习惯亦居十之四，信能将民族之组织力发展，则国防之树如反掌耳。"③ 通过考察，他认识到唤醒民众、动员民众、组织民众，是实施总动员法的关键因素。他在报告中还详述了 1934 年和 1935 年欧洲各国实施总动员的有关情况，供国内决策部门做参考。

《总动员之意义及其实施办法纲要之说明》是蒋百里 1937 年夏在庐山军官训练班所做的演讲之一。他在文中阐述了总动员的源起、含义与发展历程，讲了军队动员和全民总动员的区别，以大量的事例说明了总动员的意义，所谓"有备无患"，"凡事豫则立"，都是现代战争的精要

---

① 蒋复璁、薛光前主编《蒋百里全集》第 4 辑，第 224 页。
② 黄萍苏编《蒋百里文选》，新阵地图书社，1940，第 128～132 页。
③ 黄萍苏编《蒋百里文选》，第 133 页。

所在。他认为要想战时少流血，就得平时多流汗，民众与军人同样重要，"汗与血有同等的价值。一个好国民，不一定要拿枪才算好汉，拿一把锄头，一根米突尺，也是一个无名英雄"。他进而明确指出："我们更要知道，国民总动员不是全国人一齐拿枪上战线（这件事归军队动员管），是全国人打仗的拿武器，种田的人拿锄头，织布的织布，做工的做工。现在打仗专靠血还不行，还得靠汗。地上一架战车，打起仗来只要两个人，但是战线后方要四十六个人帮他。天上一架飞机，地上要有六十个人的组织。"①

他还用两张图表说明了总动员的构成体系和建设国防工业的前后顺序。

蒋百里在第三篇文章中主要阐述了中国实施总动员的几个步骤："第一步是军队辎重组织之确定，第二步是后方仓库网之构成，第三步是仓库网到交通网之布置，第四步是各根据地集中物资人员的种种方法。"②

在日寇侵逼日益加剧之际，蒋百里关于总动员法的考察、介绍和宣讲，对高层的决策和全国的抗战无疑具有极为重要的意义。1937年七七事变发生后，蒋介石在演说中慷慨激昂地陈词："如果战端一开，那就是地无分南北，人无分老幼，皆有守土抗战之责任，皆应抱定牺牲一切之决心。"全民总动员的重要性，由此可见一斑。

三

西安事变发生时，蒋百里亦做了张学良和杨虎城的阶下囚。由于有了共同"蒙难"的经历，蒋介石与蒋百里的关系更加密切起来。事变以后，蒋介石被迫放弃了内战的政策，而将主要精力用来准备抗战，素来主张抗日御侮的蒋百里就有了更大的用武之地。

1937年8月初，蒋百里回到上海家中。有一天，少壮派将领孙元良在蒋百里家中吃饭，谈到中日间的生死搏杀，两个人都变得热血沸腾

---

① 蒋复璁、薛光前主编《蒋百里全集》第4辑，第283~284页。
② 蒋复璁、薛光前主编《蒋百里全集》第4辑，第224页。

起来。孙元良突然把酒杯摔在地上，大声说："好，我们决心去打，打至最后之一人！"蒋百里也慷慨激昂地说："你们年轻人要活着看国家翻身的日子，我的老命却要拼在这一次！"① 56 岁的百里先生已做好为国牺牲的心理准备。

8 月 19 日，他在南京为自己的新书《新兵制与新兵法》作序，鼓动人们像马拉松运动员和追赶太阳的夸父一样坚持到最后一刻："马拉松长距离的竞走员，纵然落到了最后，也要竭尽能力，用最大的速度前进。这是将来得锦标的唯一条件，也是运动家对于自己应负的道德责任。今夏在庐山，原想把'未来'全体性战争的若干基础条件做一种研究，谁知道卢沟桥的炮声已经将这'未来'推进到了现在！咳，时间走得比我们快，我们也只好甘心做夸父吧！"②

为了争取国际社会的支持和援助，国民政府决定派胡适赴美国、张静江赴英国、蒋百里赴德国和意大利分别进行外交活动。

1937 年 9 月 18 日，蒋百里由香港乘意大利邮船出发，再赴欧洲，访问了意大利、德国、英国、法国，为中国争取尽可能多的支持。蒋百里此次是以蒋介石特使的身份出国的，行前他曾与薛光前到南京中央大学面见蒋介石请训。蒋介石赠给他们每人一张亲笔签名的半身照片，并把一封致墨索里尼的亲笔信交给蒋百里。

蒋百里的随员有蒋复璁、薛光前、谢贻征和任显群。蒋复璁时任国立中央图书馆馆长，对德国情况比较熟悉，随行赴欧，协助蒋百里开展对德工作。薛光前负责对意大利的工作，任显群负责总务和情报，谢贻征负责文书译电，是蒋百里的私人秘书。

经过 20 余天的航行，他们于 10 月 10 日抵达意大利的那不勒斯港。这天恰逢中华民国国庆日，蒋百里在船上召集同船赴英学习军事的一批学生和其他一些中国人，共同聚会以示庆祝。蒋百里发表简短的演说，对中国抗战的前途表示出了极大的信心，在大家心中引起了强烈的共鸣。

10 月 27 日，意大利东方文化协会举行招待会欢迎蒋百里来访。蒋百里发表演说，比较了中日两国文化的不同。他说："中国的文化，宛如苍松古柏，根深蒂固，经得起风吹雨打。日本的文化，宛如桃李樱

---

① 陶菊隐：《蒋百里传》，第 137 页。
② 蒋复璁、薛光前主编《蒋百里全集》第 4 辑，第 223 页。

花，鲜艳夺目，但经不起微风细雨。今天中国国难重重，但深信雨过天晴，否极泰来，松柏长青，定有参天拔地之一日。日本好象春风得意，可惜美景不长，昙花一现而已。"蒋百里还向意大利友人表述了中国必胜的信念："中国人最大的武器，就是坚强不屈的意志。敌人可侵占我城市，可屈服我政府，但决不能屈服一国的文化，更不能屈服一个民族的意志。日本假口防共，想拿二百万兵来屈服中国人的意志，等于梦想。日本一天不停止侵略中国，中国誓必抵抗到底。最后胜利，必属于中国！"① 蒋百里利用各种机会进行宣讲，希望争取到更多的意大利人同情和支持中国的抗战事业。

由于德国、意大利、日本的关系越来越密切，意大利和德国方面对蒋百里的态度趋于冷淡。12月25～28日，中国驻欧洲各国的使节，如驻法大使顾维钧、驻德大使程天放、驻英大使郭泰祺、驻比公使钱泰，以及蒋百里、李石曾、沈祖同、张彭春等人在巴黎召开7次会议，商讨如何运用外交来支持长期抗战。顾维钧介绍了九国公约签字国会议的情况，郭泰祺和程天放分别介绍了英国和德国的动态，蒋百里讲了日本的政策和国情，断言"日本侵略中国，决不能持久"②。最后，大家一致认为，各使馆应加强对外宣传工作，让各国尽可能多地了解中国的抗战情况，以争取国际舆论的同情和支持。

巴黎会议之后，蒋百里曾赴英国，在伦敦停留一周，以切实了解英国的内政和外交政策。返回柏林后，他在路易皇后街22号租屋而居。遇有闲暇，他就拿起笔来，写文章寄回国内发表，为抗日战争呐喊和鼓劲。1938年1月26日，他写成《速决与持久》一文，由迁至汉口的《大公报》发表。他在文中指出，由于飞机和汽车的广泛应用，世界强国军队的机动性已大大加强，就战斗装备来说，各国都在"速"字上用功夫，即所谓"速决主义"。速决不是速胜，而是军队快速灵活的机动性。他认为中国军队应赶上世界军事的潮流，增强运动性，增强火力。他说："我认为我们固然要求持久战，但其先决问题，便是要使军备增加运动性，因为我们要以持久为目的，须以速决为手段。"③

在蒋百里逗留柏林期间，德国的对华政策发生了重大变化。1938

---

① 薛光前：《蒋百里的晚年与军事思想》，台北：传记文学出版社，1969，第46页。
② 程天放：《使德回忆录》，台北：正中书局，1979，第243页。
③ 《蒋百里先生抗战论文集》，第18～19页。

年 2 月 4 日，希特勒改组了外交部和陆军部，免去亲华的外交部长牛赖特和国防部长布隆堡的职务，由他本人总揽海陆空军的指挥权，由亲日分子里宾特洛甫继任外交部长。2 月 20 日，希特勒发表演说，宣布德国正式承认伪满洲国，这是希特勒给日本送上的一份厚礼，而对浴血抗战的中国人民来说，则是一个严重的打击。中德关系虽未因此而完全决裂，但大势已去，无可挽回。蒋百里认为继续留在德国已无必要，故决定尽快回国，投身于轰轰烈烈的抗日战场。

1938 年 7 月 27 日，蒋百里由香港乘专机抵达武汉。他在武汉接受了中央社记者的采访，简要介绍了此次欧洲之行的情况和他对国际形势以及中国抗战前途的看法：

> 本人于上年八月间奉命出国，迄今将及十月。在此数阅月中，曾赴英法德意等国，作较长时间之朝野访问与军事工业建设之参观，对于国际关系之急遽变化与各国国防工业之勇猛进步，所生感想甚多。目今国际关系之杌陧情势，一反欧战前之状态。自欧战以后，国际外交之纵横捭阖，纯赖国联制度之运用，是以国际关系常现平稳，鲜生重大枝节。旋因利害冲突重重，有数强国宣告退盟，采取单独行动，遂使国联瘫弱无力。既失去控制力量，国际间遂生出不可救治之裂痕。德意两法西斯蒂国家，亲切联合，使英法不能交相携手，以期应付。此两集团之对峙状态，使欧局顿现紧张，同时彼此间为求充实阵线，更分别积极寻求友国，德意联日成功，一所谓反共集团，英法络好美国，三者关系日渐亲近。据余个人观察，在过去一二年内，国际关系有若是惊人之巨大变动，相信今后益有不可思议之重大演化。此两集团此后为推诚相与，联为一体，造成伟大之和平集团，抑仇恨重生，彼此卒不能不以兵戎相见，本人则无法判明。不过，立局外之吾国，宜谨慎注意细心研究之。本人确信英法美之团结将愈形稳固，英法美国结之稳固，则对吾之抗战前途，不无有重大裨益也。①

第二天即受到蒋介石召见。他们进行了较长时间的谈话，话题主要

---

① 《大公报》（汉口）1938 年 7 月 28 日～29 日。

集中在国际形势的演变对中国抗战的影响方面。蒋介石说,现在国际形势很重要,可惜国内研究国际问题的人太少了,他让蒋百里留意这方面的人才,随时向他推荐,以备大用。

7月31日,蒋百里在《大公报》上发表《从国际上观察各国外交之风格》一文,对英、德、意、法四国的外交特点做了精辟的分析和比较。从此以后,蒋百里的大名即频频见诸报端,或发表文章,或参加座谈,或发表演说,成了武汉三镇的一个大忙人。他在德明饭店的住处经常人来人往,高朋满座。在夜深人静之际,他铺纸研墨,奋笔疾书,写出一行行激励人心的文字,每每在武汉三镇引起轰动。

8月21日至26日,《大公报》连载了一篇长文:《日本人——一个外国人的研究》。这是蒋百里多年来研究日本的心血结晶,甫经发表,即引起各界瞩目,《大公报》的销售量陡增一万多份,每日在报纸出版之前,即有许多人在报社发行部前排队等候,以图先睹为快。此文连载时未署作者姓名,更引起读者的好奇。由于文字生动,分析精辟,有人猜测出自郭沫若之手,有人则认为是陈布雷的杰作。《大公报》的编辑也卖起了关子,在23日的编者按语中介绍说:本报最近三天开始登载的《日本人》一文,是一篇约二万字的长文,执笔者是一位"老日本通",值得咀嚼细读。直到8月26日全文连载完毕,文末标出"蒋方震于汉口"的字样,人们方才知道此文的作者是军事家蒋百里先生。

由于《日本人》一文大受欢迎,《大公报》以最快的速度出版单行本以飨读者。从9月15日开始,蒋百里连续几天在《大公报》头版刊登了一则颇具幽默色彩的售书广告:

> 出卖《日本人》,三角钱一个。出售处:汉口《大公报》馆。蒋百里谨启。

单行本前后行销达十几万册,在抗战的前线和后方都产生了广泛的影响。当时担任武汉卫戍副总司令的万耀煌派人将单行本运至重庆发售,也引起了很大的轰动。在前线担任战地记者的曹聚仁则把蒋百里的《日本人》与毛泽东的《论持久战》相提并论,称之为他在抗战初期黑暗日子中"精神上的乐观支柱"。

这篇长文的写作始于德国柏林,经多次修改补充,在武汉定稿发表。文章一开头，蒋百里就以悲天悯人的笔调写道："世界上没有像我那样同情于日本人的！"当时全中国人民都对日本人恨之入骨，主战最力的蒋百里怎么会同情他们呢？因为他认为日本人正在主演比《哈姆雷特》更悲的一幕大悲剧！日本人站在悬崖边上，正在走向自残毁灭而不自知，难道不是一群可怜虫吗？"古代的悲剧，是不可知的运命所注定的。现代的悲剧，是主人翁性格的反映，是自造的，而目前这个大悲剧，却是两者兼而有之。"日本军国主义者疯狂向外侵略扩张，既有历史和现实的原因，也有岛国小民独特的民族个性的因素。

日本人喜欢把鱼活活杀死后生吃，这充分体现了他们的残忍性。日本武士道崇尚的剖腹自杀也与鱼有关，"日本古代拿鲤鱼来比武士，因为只有鲤鱼受了刀伤乃至临死也不会动"。日本人对酒的品评也与他国不同，"世界各国的酒是越陈越好，白兰地一百年，绍兴酒五十年，但日本酒却是要新鲜，越新越好"。日本男人皆以狂喝豪饮为荣。个人醉酒事小，如果整个国家都醉了，其祸不远矣。日本人最钟爱的花是樱花，最尊敬的人是武士，但蒋百里从二者中看到了日本人的悲剧所在："樱花当他最美的时候，正是立刻就要凋谢的象征。好象武士当他最荣誉的时候，就是他效命疆场的一刹那间。"虽然日本人在中国耀武扬威，不可一世，但他们的末日已经不远了。

蒋百里从历史、地理、政治、军事、经济、外交、文化以及风俗习惯等诸多方面深刻剖析了日本的国情，揭示了日本国内存在的种种矛盾。他明确指出，日本的黄金时代已经过去，"从内政上说，明治末年确是日本内政的黄金时代"，但自从第一次世界大战以后，日本军人滥用权力，屡屡擅自采取行动，加剧了内部的分裂，使权力体系产生了混乱，失去了国民和国际社会的信任；"从国际上说，华盛顿会议实为日本独步东亚的时代，因为这时世界公认日本为一等强国，而且是东亚的重心"，但由于日本野心太大，过于咄咄逼人，反而引起了英、美、苏、法等国的戒备，在远东展开军备竞赛。日本在侵略中国之时，也为自己树起了若干强敌，目前的国际环境已对它极为不利了。

在文章的最后，蒋百里以寓言的形式，借一位德国老人之口，道出了自己一以贯之的主张："胜也罢，败也罢，就是不要同他讲和！"① 这

---

① 《蒋百里先生抗战论文集》，第26～50页。

句通俗直白的话道出了全国抗日军民的心声，成为抗战时期流传甚广的一句名言。

1938年8月28日、9月4日和9月25日，《大公报》分三次刊登了蒋百里的《抗战一年之前因与后果》一文。这是他的又一篇力作，也曾传诵一时。文章对悲观论者给予了严厉的抨击，告诫他们不要怨天尤人，对乐观论者也敲了敲警钟，提醒他们不要把抗战看得太轻松。蒋百里把一年来的抗战视为中国历史上的"奇迹与突变"，而其原动力则来自数千年的中华民族文明史："这次的抗战是三千年以前下的种子，经过了种种的培养，到现在才正当的发了芽，开了花。而将来还要结着世界上未曾有的美果。"他把中国历史分成三个时期加以分析：第一个时期自周朝开辟中原到秦汉统一中国，这是"华族完成自己文化的时期，这个时期已经下了两颗种子：一是同化力，一是抵抗力"；第二个时期从汉代张骞出使西域到宋末文天祥杀身成仁，是各民族大冲突、大融合的时期，是"养成我们同化力的时期"；第三个时期从文天祥杀身成仁到孙中山在南京就任大总统职为止，是"锻炼我们抵抗力的时期"，我们的"抵抗力有三千年的培养，五百年的锻炼，根基深厚，无论世界上哪一族多比不过"。敌人的压迫愈强，中华民族的抵抗力就愈能得到充分的发挥，对抗战前途悲观绝望是要不得的。

在抗战大潮中，不少人变节投敌，做了汉奸，蒋百里把这些败类喻为附着在我们民族肌体中的"癌"细胞，他们在抗战烽火中现了原形，对中华民族而言是一件大好事。他说："如今天幸的敌人却送我们一种妙药，替我们分别贤奸，将那种毒细胞尽量的吸收去，使我们民族的血液加一层的干净健康。"更多的人则会在抗战中经受住考验，心灵得到净化，意志更加坚定，所以，他认为，"这一次抗战的最大结果：为社会，是替理想与实际选了一条沟渠；为个人，是在纯朴的心灵与敏活的官能间造了一条桥梁"。① 在隆隆的炮火声中，蒋百里已经看到了中华民族复兴的曙光。

1938年9月7日，蒋百里发表《为国联开会警告英伦人士》一文，对在远东有重大利益且对国联"有一种特别的热心与希望"的英伦人士提出了忠告。他指出，英国是一个世界大国，"现在世界上无论在某

---

① 《蒋百里先生抗战论文集》，第58～76页。

一小地方出一件事故，没有不与英国有关系的"，所以英国不应推卸应负的责任。疯狂侵略中国的日本虽唱着反共反苏的高调，但其真正目的则是"南进"，因为"国际间真正的战斗，不是武力，而是经济，穷乏的日本不寻经济出路，是没有办法的"，所以日本反共政策的指针"都没有向北指着，而一步步的向西南方下来"。蒋百里明确指出："我们这一次抗战是在替英国世界帝国挡着最前线，同时是在替国联的和平政策守着最后的堡垒。"① 此文虽然不长，但句句发人深省，既富于洞察力，又富有远见，引起了国内外人士的普遍关注。

由于蒋百里的文章誉满天下，不少人慕名前来拜访，也有不少人请他去开座谈会，发表演讲。这是他一生最忙碌的时期，也是最受人尊敬的时期。

1938 年 9 月 1 日，蒋百里在汉口举行的记者节集会上发表了题为《欧洲考察军事经过的判断》的演讲，介绍了赴欧考察的有关情况。他在会上首次见到郭沫若先生，晤谈甚欢。之后，他又于 3 日和 12 日与郭沫若两度晤谈，并共进午餐。他们都是日本通，又都是坚决主张抗战的知名人士，有许多共同的话题。9 月 4 日，蒋百里在三青团新闻服务座谈会上发表了题为《从保卫武汉谈到世界军情》的演说。9 月 12 日，他应银行界励志会的邀请，在汉口总商会讲演。他认为国家面临的紧迫问题有三：一是外交，二是军事，三是经济。他分析了三者之间的关系，指出在战争期间，"军事当然是前提，可在这前提的前面，还有一个相当重要的'外交'，也可以说：外交是军事的先锋"，而军事和外交的基础是经济。他画了一棵树，把三者做了形象的比喻："我们看，这树根等于经济，这树身等于军事，这树叶等于外交。"②

万耀煌时任武汉卫戍副总司令（总司令为陈诚）兼十五军团军团长，指挥十几个师的兵力，担任武汉外围防御工事的构筑任务。蒋百里常到万耀煌家，品尝万夫人的拿手好菜。他对武汉的保卫计划非常关心，常向万耀煌提出指导性的建议，并曾几度参观万耀煌主持构筑的工事。他说等敌人来进攻时，他一定亲临第一线阵地，看看敌人的真面目，"以测其战力"。他嘱万耀煌研究湘军志，"从历史中研究太平天国

---

① 《为国联开会警告英伦人士》，《大公报》（汉口）1938 年 9 月 7 日。
② 《在汉口总商会之演说词》，蒋复璁、薛光前主编《蒋百里全集》第 1 辑，第 375 ~ 376 页。

与湘军攻守武昌之战例，以为参考"。万耀煌谨遵师命，详研湘军志后，细绘太平军与湘军双方作战及进出武昌的线路图，送呈蒋百里核阅，又得到了蒋百里的详细指示。万耀煌回忆说："百里师之所见，总有很多突出精到之处。"①

数年来，蒋百里一直担任蒋介石的顾问或私人代表，从未担任过实职。随着战局的演变，蒋介石决定辞去陆军大学校长之职，转而委派蒋百里担任，充分发挥他在军事教育方面的特长，为抗日战争培养更多的军事人才。蒋百里表示愿意出任教育长，做具体工作，不肯担任校长。双方各执己见，都不让步，最后采用折衷办法，在校长前面加上了"代理"二字。9月10日，蒋介石正式委任蒋百里为陆军大学代理校长。9月14日，蒋百里走马上任。当天下午，蒋百里离开武汉，前往陆军大学所在地湖南桃源接任视事。由于武汉的弃守只是时间问题，湖南必将成为抗日前线，所以军事委员会命令陆军大学迁往贵州遵义。为此，陆大的师生已分批从桃源来到长沙，准备绕道桂林前往遵义，蒋百里物色的教育长周亚卫和办公厅主任赵墨龙等僚属也走马上任，中国银行长沙分行的二楼就成了陆大的临时办公地点。10月2日，陆大特三期举行毕业典礼，蒋百里特邀请冯玉祥参加典礼并发表讲话。

蒋百里在短短的十多天时间里给陆大学生做了数次演讲，都成为军中传诵一时的名篇。他初次演讲的题目是《参谋官之品格问题》。他以姜太公、张良、诸葛亮等人为例，阐述了优秀的参谋官所应具备的品格。他指出，品格就是气骨，气要高，骨要硬，不贪名利，不媚俗。参谋官要有姜太公钓鱼的沉稳与自信，要有张良"牺牲自己，以为他人"的胸怀，更要有诸葛亮"鞠躬尽瘁，死而后已"的品格。参谋官的地位由姜太公时的"王者之师"逐渐降为幕宾，民国以后更降为主官的僚属，成了"高等的当差"。蒋百里坚信这种状况不会持续下去，参谋官的地位以后必定会逐步提高，而其中的关键是要大家"靠高尚的人格去争取，如果只是去找人，以弄钱混饭吃为目的，人们怎样能够重你！我们莫怪人家不尊敬我们，首先要自己尊敬自己"。②

蒋百里第二次演讲的题目是《"知"与"能"》。他特别强调理论联

---

① 万耀煌：《关于蒋百里先生逝世前后之补述》，蒋复璁、薛光前主编《蒋百里全集》第6辑，台北：传记文学出版社，1971，第222~223页。
② 黄萍荪编《蒋百里文选》，第362页。

系实际的重要性，强调要协调好"知"与"能"的关系。他说气要高，但"心要虚，要平，要低下"，随时随地向人请教新知识和新学问；骨要硬，但"脑要柔，要软"，就是要随机应变，适应各种不同的环境，脑筋不僵化，不墨守成规。他引用德国名将毛奇的话来加深同学们的印象："不知者不能"，"从知到能尚须一跃"。"知"是"能"的基本条件，而从"知"到"能"的一"跃"，就是要靠自己在实践中坚持不懈地积极探索，不断学习，像孔夫子一样活到老，学到老，"发奋忘食，乐以忘忧，不知老之将至"。

针对国人时间观念不强的通病，蒋百里在演讲结束后做了一个试验。他让有手表的同学把手表交上来，进行对比，然后语重心长地告诫大家："你们看，各种表时间不同，这十个中已经有三十分钟的差异了。你们要认识时间的重要，要知道在这三十分钟里如果德国和捷克作战，他们的空军已经可以毁灭对方了。"①

10月10日"双十节"，蒋百里以代理校长的名义在陆军大学向全校师生做了题为《国庆纪念报告》的演讲。他把孙中山领导的辛亥革命和抗日战争联系起来，阐述了二者之间的辩证关系，重申了抗战必胜的论断。他驳斥了敌人以蒙古人和满洲人入主中原为依据散布的"中国只配被人统治"的谬论，指出由于辛亥革命的成功，中华民族已经觉醒，民族主义思潮已深入人心，中国所处的时代已与宋末和明末截然不同，中华民族的抵抗力已被全面激发出来，胜利一定属于我们。蒋百里以铿锵有力的语调做了如下论断："抗战是革命的继续，在这纪念第一次革命成功的时候，我们精确地看出：第一次革命可以成功，第二次革命一定也可以成功，革命可以成功，抗战也一定成功！"② 抗战必胜是蒋百里始终如一的信念，他走到哪里，都将这一信念传播到哪里，当时凡听过他的演讲和读过他的文章的人，对此都有极为深刻的印象。

10月中旬，陆军大学的师生开始向贵州遵义进发，蒋百里赶赴衡山，让左梅夫人携女儿蒋雍、蒋华、蒋和先行前往桂林，自己带了几个僚属到湖南东安唐生智的老家去看望唐生智。辞别唐生智，蒋百里马不停蹄地赶到桂林，与左梅母女会齐。他在桂林受到了广西省主席黄旭初

① 黄萍荪编《蒋百里文选》，第369页。
② 《国庆纪念报告》，《中央日报》（重庆）1938年12月28日。

先生的热情接待，许多机关请他去演讲，许多朋友和学生前来拜会，他又成了一个大忙人，整天累得精疲力竭，得不到很好的休息。

10月24日上午10时许，蒋百里拜会了在桂林巡视的冯玉祥，就途中所见所闻谈了一些感想。他说："广州武汉虽然沦陷了，并不能阻止我们坚持抗战争取最后的胜利，不过现在对爱惜物力，还作得很不够，譬如在收割稻麦、打稻麦的时候，很多的谷粒留在地上。公路凹凸不平，根据车辆，应该花钱修路，让老百姓得点工资，不应该等轮胎坏了，让外国人赚我们的钱。至于军事方面，不爱惜物力的事情，就更多了，顺便的时候，把这个意见，请你给委员长和各省军政长官多说说。"冯玉祥说："你的意见很好，我一定照着办。"① 冯在当天的日记中写道："蒋先生见解每有独到处，可以多多领教。"②

10月27日，蒋百里应广西省政府的邀请，发表题为《半年计划与十年计划》的演讲。经过李宗仁、白崇禧等人的锐意经营，广西的行政组织和行政能力在当时堪称全国的典范，蒋百里对此给予了极高的评价，但他同时告诫说，定计划要根据本国本地区的实际情况，不要盲目模仿。就目前形势而言，广西应制定一个半年计划，充分利用现有的人力物力，为抗战服务。但从长远看，日本在战场上的胜利是暂时的，最终必然遭受彻底失败，所以我们又要做"十年计划"甚至"二十年计划"，在科学上力争有所创造发明，作为立国的根本。他指出："假若我们研究一种科学，却有独到处，只要那一种科学，比各国好，比世界都好，就可以复兴民族。"他希望广西成立科学研究院，不惜财力物力，进行科学研究，"因为科学上的一点成就，就可以获大利，世界上最经济的莫过于此"。我们要摒弃农业经济时代那种小规模自给自足的生活模式，充分利用别人的研究成果为自己服务，"我们不怕失败，不怕条约，有了专长的科学基础就可以复兴民族了"。③ 蒋百里不但在考虑抗战的前途，而且在考虑中华民族的未来。

蒋百里离开桂林之前，与桂林市政筹备处处长庄仲文做了长谈，就自己的所见所闻和所思所想对国事发表了十点意见：

---

① 冯玉祥：《我与蒋百里先生》，黄萍荪编《蒋百里文选》，第380页。
② 《冯玉祥日记》第5册，江苏古籍出版社，1992，第524页。
③ 蒋复璁、薛光前主编《蒋百里全集》第1辑，第384、385页。

（一）兵力当求集合使用，而训练新兵，可仍袭曾文正公办法，以营为单位为较当。军政部只物色适当之师长人才，由师长认识其师属九营长，每营营长物色其排长九人，班长二十七人，如此则每人所需明了能力与个性者，只数人至三十余人。每营必集中训练，单位不大，隐蔽亦易，有三个月之训练，自能成立强固之个体，易于进退自如。各营训练成功后，集合成师，则全师亦能有坚强之战斗力，孙子所谓治众如治寡也。

（二）目前各省公路，因车辆经过太多，大都崎岖颠簸，致车辆之汽油消耗加增，机件损坏较剧，而汽油机件均为舶来品，应竭力求其经济使用，故各省应增强修路队，即雇佣民工，亦属值得，以民工所费，仍在国内流通也。

（三）军事期中，通信频繁，故电报积压，不易疏通，往往数日方能到达，然某人新任或调任，各方仍例致贺电，不但虚靡物力，亦复阻害正当通信，应予以切实取缔。

（四）一般人因习惯于乘坐汽车，遂视汽车为惟一之公路运输工具，然现在车辆不敷，往往有等候数日或一二月，而未能成行者，殊失其求迅速之作用，故各地应尽量利用公路，留以其他交通工具如马车、骡车、人力车等分站任运输之责，即组织挑夫队，每五十里为一站，以搬运行李疏散人口亦可。

（五）有各种新工具、新武器，然发明者不能随时随处指示其使用者，而全恃使用者虚心研求以得之。现在我国部队，对新式武器尚未能使用尽善，而并非武器完全不如敌之锐利，故使用武器之重要，尤甚于好武器。新工具亦然，此点必要国人彻底明了。

（六）抗战中不必好高骛远，要若干飞机，若干大炮，若干坦克车，方能致胜云云，是则以不能办到之事为言，其言亦为废言，亟应脚踏实地，将现有物力运用到抗战途上。譬如欧战时，比军曾利用酒瓶以阻碍德骑兵之迅速前进，即是一例。

（七）有一种科学之发明或特殊成就，较之各门同时并举，而因陋就简者为佳。故建国而提倡科学，应集中人力物力于一门，虽十年二十年而成，仍是经济而合算，将来可以吾之特长，以交换他人之特长，譬如英国玛丽皇后号大轮船之钢，系捷克之司高达厂所供给，即是很好例子。至于现在英法等国之畏惧意德，亦因意德近年集中精力于空军，故能出奇制胜也。

（八）湘军每营有夫百六十名，故部队行止自如而迅速，不必扰民。其后承平，而有营官吃夫额之弊，王士珍见其弊，而取消夫额，然北方徭役并重，各县有办徭之机构，尚无问题，南方则向来"一条鞭"，有赋无徭，故北洋军队到南方必拉夫，致为民诟，而军无辎重，即使攻地而能克，则士兵们之弹药已尽，必不能再事追击，而收战果。

（九）我国近年建设，因无统盘计划，顾全各方面，故往往因局部之利而成全局之害，譬如石家庄之滹沱河，蜿蜒曲折，本为形势要地，足资防守，然以土豪争水坝阻上游，而形势遂坏。故各项建设之始，必先研究历史与地理，方免恶果。

（十）抗战以来，名都大邑如北平、南京、广州等处，以为必可坚守者，往往不崇朝而失，而台儿庄、广济、德安能不甚著名之地，反获胜仗，故将来之最大胜利，或将于无意中得之。惟所要有"战志"，"战志"既立，再想"办法"。袁世凯练兵，未尝使兵有战志（对外作战），造成二十余年之内战。国民革命军有战志，而时代潮流与环境未能尽适其意，致有今日之吃亏。今后抗战中，固甚求战志之坚定，而异日议和之后，更当确定军队战志，以备未来之国患。①

这是百里先生对抗战所尽的最后一点贡献，11月4日，他就因心脏病突发在广西宜山逝世了。

蒋百里先生学贯中西，于世界最先进的军事理论无不熟悉掌握，对中日两国军事的优劣和特点均了然于胸。对日本侵华野心的深刻洞察，源自他早年留学日本期间的对日本政治、军事、社会和文化的实际观察和切身体验，源自他回国以后对日本动向持续不断的关注和对中日关系走向的深入思考，源自他留学德国、游历欧洲形成的国际视野。持久抗战战略的提出，体现了他对中日两国政治、经济、军事实力的真切了解，体现了他作为军事战略家深邃的洞察力和超常的预见力。他以在野之身，制定钢铁计划、煤炭计划、炼油计划、战时交通计划等，无不以

① 《蒋百里先生抗战论文集》，第112~114页。

加强国防实力、抵抗日本侵略为目标，充分体现了"天下兴亡，匹夫有责""位卑未敢忘忧国"的精神情怀。他关于总动员的意见和建议，对七七事变的全民抗战局面的形成，起到了很大的推动作用。

抗日战争爆发后，蒋百里毁家纾难，拖着病弱之躯积极投身于全民族的抗日战争中，终因劳累过度、积劳成疾而病逝于陆军大学代理校长任上。他为抗日而生，亦为抗日而逝，实现了自己为国家为民族"鞠躬尽瘁，死而后已"的诺言。这一切绝不是偶然的，爱国主义对他来说不是一句空洞的口号，而是高瞻远瞩的思考和实实在在的行动。

宋斐如的对日经济研究述论

赵一顺*

抗日战争时期，为了打败日本帝国主义，少不了敌情研究。当年，研究日本问题的学者不少，有郭沫若、宋斐如、张友渔、李纯青、韩幽桐、张铁生、林焕平、冯乃超、王纪元、刘思慕、苏乡雨、金仲华、羊枣、侯甸、万仲文、夏孟辉、郑森禹、周鲤生等。其中许多人是从日本留学回国的，他们精通日文，对日本的政治、经济、社会、文化都比较了解，为配合抗战，他们写了大量有关研究日本问题的文章。其中，著作最多、贡献最大的就是宋斐如。本文拟在简略介绍宋斐如生平及其对日研究情况的基础上，探讨宋斐如的对日经济研究，以就教于方家。

一　宋斐如生平及对日研究概况

宋斐如，原名文瑞，字斐如，曾用名宋瑞华、宋端华，台湾省台南县仁德乡人。1922 年 3 月毕业于台湾商业学校，1923 年 9 月赴大陆，1930 年 9 月毕业于北京大学经济学系，留校任教。

1931 年九一八事变发生之前，宋斐如体认到日本侵华迫在眉睫，就着手展开日本相关问题的研究。1930 年，他撰写了《日本金解禁与中国》《日本帝国在远东的情势及其前途》《日本无产政党的研究》三篇论文；1931 年，他撰写了《东北事件与帝国主义战争》《日本新内阁

　　* 赵一顺，中国社会科学院研究生院硕士、博士，现为中国社会科学院近代史研究所助理研究员。

之前途的暗淡》《东北事件与日本社会革命》《东北事件的经济解释：日本经济的衰落与东北事件》等四篇论文；1932 年，他写了《东方民族运动与中国西北开发——帝国主义侵略的新转变与东方民族运动的新阶段》《上海事变的检讨》《日本侵占下东省的农业生产》《国联调查报告书的批判》等四篇论文。从此之后，宋斐如走上研究日本问题之路。

1932 年至 1935 年，宋斐如追随抗日爱国将领冯玉祥赴察哈尔，负责抗日宣传工作。在冯玉祥隐居泰山期间，宋斐如担任冯玉祥读书研究室主任，组织进步教授、学者如李达、陈豹隐、赖亚力、吴祖湘等，为冯玉祥将军及其部属讲授唯物辩证法、世界经济、世界反法西斯形势、日本国情、日语等。

1935～1936 年，他赴日本帝国大学深造，潜心研究日本的政治、经济和外交政策。1937 年，全面抗日战争爆发，宋斐如毅然回国，投身抗日救国运动，发动民众，宣传抗战。

1937 年 12 月，南京沦陷后，宋斐如撰写了《新年，新阶段，新觉悟》一文，指出抗战应发挥潜伏的力量，使之变成抗战的补充力量，抗战的积极主动的方针，必须应用在外交上，"我们必须测定各国的外交方针，来决定我们的敌或友，我们要赶快联络苏联"。他又指出，"我们的国际宣传做得太不够"，他以孙中山的遗教"联络世界弱小民族及被压迫民族抵抗帝国主义"，说明中国台湾、朝鲜及日本民众都是中国抗战的主要力量，一向被忽略，应当注意努力做这些工作。[1]

1938 年 7 月在汉口，宋斐如发起组织了"战时日本问题研究会"，并创办了《战时日本》月刊，研究会成员有朝鲜人士金若山、朴青天、韩一来、金奎光、赵业昂等。金若山是朝鲜义勇队队长，朴青天是后来韩国光复军的司令官。这份刊物揭露日本的弱点，打破日本的虚伪宣传，唤醒一般人的恐日病，强化抗战建国的意识。之后宋斐如又与韩国人士发起成立"中韩文化协会"，此会由孙科担任会长，会址设在重庆。[2]

汉口沦陷，他迁往香港，继续编辑出版《战时日本》，社址设在临时租借的九龙弥敦道 242 号。1941 年 2 月，与台胞抗日爱国将领李友

---

① 宋斐如：《新年，新阶段，新觉悟》，《抗到底》第 1 期，1938 年 1 月。
② 宋斐如：《上海事变的检讨》，《新东方》二周年纪念特刊，1932 年 4 月。

邦、谢南光发起组织成立"台湾革命同盟会",任常委兼执委。1941 年 12 月,太平洋战争爆发,香港旋即沦陷,他把《战时日本》迁往重庆,继续发刊。

太平洋战争爆发后,鉴于战争局势变化,宋斐如在重庆联合中、日、韩、台革命团体召开联席会议,会议于 1941 年 12 月 15 日召开,参加者有东方文化协会、日本革命团体协议会、朝鲜义勇队、台湾义勇队、台湾革命同盟会、朝鲜民族革命同盟等,与会的人士有金若山、李友邦、青山和夫、郭春涛、朱楚莘、宋斐如等。会中金若山提议成立"东方各民族反法西斯大同盟",会议由宋斐如和朱楚莘起草宣言,宣称处于日本帝国主义下的中、日乃至东方各民族,绝对拥护英、美两大民主国家,对日本法西斯暴徒抗战到底,战争初期德日或许有小胜利的可能,但是胜负决定于最后一弹。①

1943 年 8 月,他转往广西桂林,任《广西日报》主笔,为该报撰写社论和专论。1945 年 1 月,宋斐如被聘为中央设计局台湾调查委员会专任专门委员。

抗战胜利后,1945 年 10 月随前进指挥所人员返台,从事从日本占领者手中接收台湾的工作,曾任台湾行政长官公署教育处副处长、台湾省行政长官公署设计考核委员会教育文化专门委员会委员。1946 年 1 月,与他人创办《人民导报》,坚持爱国思想教育,针砭时政,为国民党政府所不容。在 1947 年台湾"二二八"事变中,宋斐如被国民党政府以"阴谋叛乱首要""利用报纸抨击政府施政"等罪名秘密绑架杀害。

宋斐如牺牲时年仅 45 岁。在其短暂的一生中,他发表了大量有关日本研究的著作和论文,除发表有关日本问题的专著 16 本、译著 8 本外,他还发表有关抗战和战时日本研究的论文 200 余篇。他在这方面工作的巅峰时期是抗日战争期间。《战时日本》月刊从 1938 年 8 月 1 日创刊,到 1942 年 1 月 15 日发行最后一期止,宋斐如从政治、经济、文化和国际关系的多方面角度,分析侵略战争时期的日本,对中国的抗日战争做出了极大的贡献。除了为《战时日本》撰写专论外,他还为《时事类编》、《民族战线》、《抗战》、《时事月报》、《世界知识》及《中苏文化》等多种刊物写稿,评论日本,剖析抗日战争与世界大战的发展。

---

① 《战时日本》第 6 卷第 2 期,1942 年 1 月。

宋斐如撰写的专书和译著，计有《封建的军事性的日本帝国》、《日本工业的危机》、《太平洋战争论》、《台湾民族运动史论》、《日本帝国主义研究》、《日本战时政治内幕》、《台湾问题与台湾革命》、《日本帝国本质论》、《工业经济危机论》、《日本近世产业史论》、《朝鲜问题的真髓》、《日本的台湾土地政策》及《世界经济会议及其后世界经济的动向》等。

二　宋斐如对日本的经济研究

宋斐如对日本的经济研究，从时间上看，可以分为两个阶段。第一阶段是 1931 年九一八事变爆发前后。这一阶段所写有关日本经济的文章，计有《日本帝国在远东的情势及其前途》、《东北事件的经济解释——日本经济的衰落与东北事件》及《日本战时经济编制中的原料问题及其政策》等。

第二阶段是 1937 年七七事变爆发后，到 1945 年抗战胜利为止。这一阶段所写有关日本经济的文章，计有《日本侵略战争所造成的社会经济危机》、《日寇对我侵略战争中的劳动问题》、《日本侵略战争中工业危机的发展》、《美国新经济恐慌对于日本的影响》、《日本农业经济的特质》、《日本货币政策的新攻势》、《日本帝国本质论——军阀官僚统治的经济基础》、《日寇南进前的财政状况》、《日本半封建的农业经济——解开日本帝国特质之谜的一把钥匙》、《日寇通货膨胀的新发展》、《日寇的物产及动力总剖述》、《日本产业统制的三种制度》、《日本粮食增产政策的批判》、《日寇的"超重点"产业》、《日本战时中小工业的没落》、《美国雄厚生产威胁下日本船运的苦难》及《日寇七年来在东北的经济掠夺》等。

从内容上看，宋斐如的对日经济研究涵盖的内容是非常广泛和全面的。有综合性的研究，也有专门性的研究；有时事性的研究，也有宣传性的研究。下面专门就这些方面的内容进行分类介绍。

（一）综合性的研究

宋斐如对日本经济的综合性研究文章，主要有《日本帝国在远东的情势及其前途》《日本帝国本质论——军阀官僚统治的经济基础》《日本半封建的农业经济——解开日本帝国特质之谜的一把钥匙》等。

1. 《日本帝国在远东的情势及其前途》

发表于 1930 年的《日本帝国在远东的情势及其前途》一文，首先对日本帝国国力迅速强大的原因进行了分析，指出"日本自从海禁开放以来，即受欧洲资本主义的熏染，第一在产业方面，先步欧洲诸先进资本主义国家的后尘，而普遍地起了产业革命"。"明治维新后，日本国权收归天皇掌握，日本君臣锐意于解除束缚产业自由发展的各种因素，以顺应世界资本主义发达的趋势，于是日本的经济势力，就日渐发达，终于达到现代的产业阶段。"同时"日本明治维新后，日本政府顺应时代的要求，先将束缚农业自由发达的各种限制全部解除，例如承认农业的经营自由，完全承认土地的私有权，田赋的改革和税金的减少……皆是。其结果，农业完成了长足的进步"。① 这是日本帝国迅速强大的内因，再加上"内政的修明和外交上、战略上的胜利，于是蕞尔的日本，就一跃而挤于世界五强之列"。而促使"日本帝国勃兴的战略上的胜利，最主要的就是中日战争与日俄战争。促使日本帝国勃兴的外交上的胜利，最主要的就是取消不平等条约的恢复国权"。②

其次，文章对日本走上对外扩张道路的经济原因进行了分析，指出：

> 日本帝国之所以急于向外发展的基本原因，我们可以在强盛日本帝国的最基本的动力，即经济的动力求得之。这种日本帝国之急于向外发展的经济上的原因，大约可以分为下列三种：
>
> 人口的极度膨胀；
>
> 本国资源的缺乏；
>
> 产业发展的停顿。③

① 宋斐如：《日本帝国在远东的情势及其前途》，《新东方》第 1 卷第 5、6、7 期合刊，殖民问题专号，1930 年 7 月。参见《宋斐如文集》卷 4，台北：台海出版社，2005，第 1037 页。

② 宋斐如：《日本帝国在远东的情势及其前途》，《新东方》第 1 卷第 5、6、7 期合刊，殖民问题专号，1930 年 7 月。参见《宋斐如文集》卷 4，第 1039 页。

③ 宋斐如：《日本帝国在远东的情势及其前途》，《新东方》第 1 卷第 5、6、7 期合刊，殖民问题专号，1930 年 7 月。参见《宋斐如文集》卷 4，第 1050 页。

但作者也同时指出，"这三种原因，只是表面上的罢了，至若潜在的基本原因"，"是因为充当日本支配阶级的资本家（包括地主、贷金家、企业资本家）的'营业利润减少'的缘故"。①

文章随后对日本侵占朝鲜、中国台湾、南洋群岛以及中国大陆等地的原因进行了分析，指出这些地方在战略上或者是日本"蚕食亚洲大陆的军事上的根据地"，或者是"充当日本帝国的海军根据地"，②或者是潜在的侵略对象；在经济上，这些地方又成为日本帝国主义资本和产品的输出地，同时又是资源的输入地，解决日本国内资源贫乏的问题，而向这些地方殖民还能解决日本本国人口繁增的问题。

文章最后从日本工农业分析着手，指出"日本帝国在经济上的发展，确已陷入停顿的命运，日本资本主义的生长年龄，虽尚年轻，但实已到早衰夭折的症象了"，而解决的策略，不是依靠向外不断的殖民扩张，而是"社会主义的出路"。"这种意思，即在日人中，也有一部分人提倡过。的确，除此社会主义的出路外，恐怕是没有办法的。什么依靠社会立法的劳工保障啦，什么产业合理化啦，什么资本家型的产业保护政策……自论理上、事实上，结果是不会有效力的。"③

从这个结论不难看出，作者对于当时日本侵华态势是深怀忧虑的，所以基于美好的愿望，希望日本从自身找问题，从内部解决发展的僵局，而不是依靠向外扩张来解决问题。这篇文章发表不久，九一八事变就爆发了，日本随之侵占我国东北领土，建立伪满洲国。

2.《日本帝国本质论——军阀官僚统治的经济基础》

这篇文章发表于1939年1月至9月，连载于《战时日本》的第1卷第5期至第3卷第3期。其时日本军国主义已经在华大肆侵略。为了认清日本残暴的侵略者的本质，宋斐如从经济着手，深入研究日本军国主义所依赖的经济基础，从而得出"日本帝国只是一个'纸老虎'，揭破了外皮，内部就是不调和的丑态，严格地说起来，日本帝国还不能算

---

① 宋斐如：《日本帝国在远东的情势及其前途》，《新东方》第1卷第5、6、7期合刊，殖民问题专号，1930年7月。参见《宋斐如文集》卷4，第1054页。
② 宋斐如：《日本帝国在远东的情势及其前途》，《新东方》第1卷第5、6、7期合刊，殖民问题专号，1930年7月。参见《宋斐如文集》卷4，第1055页。
③ 宋斐如：《日本帝国在远东的情势及其前途》，《新东方》第1卷第5、6、7期合刊，殖民问题专号，1930年7月。参见《宋斐如文集》卷4，第1075~1083页。

是一个'现代国家'，尤其不是一个'民治政治的国家'"。"日本就如同穿上欧式大礼服的乡下绅士，不但形式上有许多不调和的地方，即其行动作为也都充满着'土气'，再加上横冲直撞起来，更活像一个劫掠都市的胡匪，封建的气氛十足，凶残的蛮性更十足。"① 日本是什么东西呢？作者认为：

> 日本军事机构的设备，在半封建的半农奴制的地基上促成日本资本主义乃至帝国主义的发展。带有划时期意义同时又是从上而下的日本明治维新革命，是一种不彻底的布尔乔亚革命，这次的革命只是一方面创造了半农奴的细小农民及半奴隶的工资劳动者，以充当资本原始积蓄的泉源，他方面整备军事机构，发动重工业，以促进工业资本及金融资本的发展。于是日本资本主义带上了军事性及半农奴性。日本资本主义的军事性及半农奴性，并且是自其出发点即已规定好的。
>
> 日本明治维新的改革，并没有改变了德川封建制度的隶役机构，束缚于德川封建制度下的零细耕作的农奴的隶役关系。是双重的剥削关系，一为封建的大土地领有者（当时的诸侯及领主）的苛敛，一为高利贷资本式的寄生地主的诛求。这种双重的隶役关系的内容，就是贡租37%，地主租米24%，农奴应得比率39%的总收获米的分配。明治维新并没有改变这种苛刻的隶役关系，以前的零细耕作的农奴有得到解放，明治维新变革的结果，不过把从来的零细耕作的农奴转化为两种本质上没有变化的东西。第一就是半农奴的零细耕作农。他们对于继承半封建的隶役条件（封建的大土地领有权的妥协解消形态）的高利贷资本的寄生地主，缴纳50%乃至68%的高率佃租。第二就是半奴隶的工资劳动者，他们在强力的原始积蓄过程上正与那由社会生活资料及生产手段转化的资本同样重要。由封建制度下的农奴转变的半农奴的零细耕作农及半奴隶的工资劳动者之间，并且依然保存着互相规定互相依存的关系。
>
> 日本资本主义在上述半农奴的零细耕作农及半奴隶的工资劳动

---

① 宋斐如：《日本帝国本质论——军阀官僚统治的经济基础》，《战时日本》第1卷第5期，1939年1月。参见《宋斐如文集》卷4，第1192～1193页。

者互相依存的土壤上，又受到军事机构整备的推动及促进。明治维新的事业首先注重军事机构的整备，是当时的国际情势，国内经济的特殊性，及农奴解放的不彻底等原因所急切要求的。换言之，军事机构的整备及强化，适应当时日本的特殊情形，在其资本主义的诞生及发展上，具有对内及对外的两重作用。对内的作用就是镇压由德川封建制度下的农奴转化过来的半农奴的零细耕作农及半奴隶的工资劳动者的反抗或骚动，乃至由这反抗及骚动，集成的地方各藩的叛变。对外的作用就是一方面抵御先进资本主义各国的侵略保全自己的安全及发展，他方面侵占中国及其属国的商品市场，攫得近代工业生产的主要原料的煤铁，以补强纤弱的日本资本主义的贫血症。在这种两重作用及逼切要求之下，军事机构的整备及强化，成了日本资本主义诞生及发展过程上的无上的命令。这个无上的命令促成日本资本主义与先进资本主义国家不同的颠倒发展，先由重工业尤其是军事性质的重工业发展起来：军事性工业生产，处于一般工业生产的指导地位。军事性的重工业首先是以制造兵器的军器工厂，海军工厂，制造兵器材料的制铁所，及军事输送机关的铁路种种形态发动的。其次，又促动键钥产业（key industries）如矿山、造船、机械工业的发生及发展。于是，不但提供了产业资本健全发展的条件，并且创造了巨大的金融资本。日本资本主义在极短促的期间由纤弱的产业资本急速转变到金融资本，而且大阔步地登上世界的舞台，根本动力即在于这个军事机构的整备及强化。①

　　作者随后从日本社会的土地所有关系、耕作形态、从事农业生产者仍是半农奴、所受的剥削仍是封建性的地租等几个方面论证了日本帝国主义的本质仍然是"军事的半农奴制的"资本主义国家。② 正是这样的畸形，造成日本帝国主义的侵略本性。

　　3.《日本半封建的农业经济——解开日本帝国特质之谜的一把钥匙》

这篇文章发表于1941年1月至6月，是为进一步说明日本帝国主

---

① 宋斐如：《日本帝国本质论——军阀官僚统治的经济基础》，《战时日本》第1卷第5期，1939年1月。

② 宋斐如：《日本帝国本质论——军阀官僚统治的经济基础》，《战时日本》第1卷第5期，1939年1月。

义的特质从日本社会的农业经济着手而写的。文章从土地的所有形态、耕作形态、佃种制度、佃租制度等几个方面详细论述了日本的农业经济仍然是半封建的。这样的农业经济最终会阻碍资本主义经济的发展，产生畸形的帝国主义形态①。

总之，宋斐如对日本经济的综合性研究，主要着眼于日本的经济发展对日本社会的影响，尤其是日本农业经济的半封建形态对日本帝国主义的侵略性的影响，以此揭露日本侵略者的侵略本质是由其经济基础决定的。这也是日本侵略的根源。

（二）专门性的研究

宋斐如对日本经济的专门性研究文章，主要有《东北事件的经济解释——日本经济的衰落与东北事件》、《日本战时经济编制中的原料问题及其政策》、《日寇对我侵略战争中的劳动问题》、《日本侵略战争中工业危机的发展》、《日寇的物产及动力总剖述》、《日本战时中小工业的没落》及《美国雄厚生产威胁下日本船运的苦难》等。

1. 《东北事件的经济解释——日本经济的衰落与东北事件》

《东北事件的经济解释——日本经济的衰落与东北事件》写作于1931年九一八事变之后，是为思考如何在九一八事变后应对日本的侵略而作的。作者认为东北事件之所以发生，经济方面的原因是最主要的。经济方面的原因又分两方面，一方面是"日本的经济危机日益急迫，现已由工商业蔓延于农业经济，他方面东省具有充分的经济价值，可以充当食料及原料的供给泉源，可以充当资本及商品的销纳场所，并且可以充当所谓'大陆经营'的媒介物"。②

作者在这里提出一个重要的观点，即日本的经济在当时已经开始衰落了。当时的日本，从外部看"日本现在是世界三大强国之一，在现代的世界政治舞台上与英美鼎足称雄。此三雄近年来角逐于太平洋上，英且有后退而由日美直接对峙之势。于此可知日本在现代国际上确是一个不得了的'大巨物'"。但作者通过对日本历年输出工业制品的比较，

---

① 宋斐如：《日本半封建的农业经济——解开日本帝国特质之谜的一把钥匙》，《战时日本》第4卷第3、4期合刊至第5卷第2期，1941年1月~6月。

② 宋斐如：《东北事件的经济解释——日本经济的衰落与东北事件》，《新东方》第2卷，最近远东问题专号，1931年12月。

得出日本已开始衰落的结论，并由此认为日本"虽然在国际政局上好似占很大的优势，头上戴着霸者的头盔，但其内容却非常空虚，基础并不稳固，头上的霸者盔，只是纸质的罢了"。① 这个观点也是作者此后对日研究中的一个基本观点。

文章同时详尽介绍了东北的丰富资源情况，指明日本由于国内经济的衰落而急于夺取东北的丰富资源以作补充的事实。

2. 《日本战时经济编制中的原料问题及其政策》

《日本战时经济编制中的原料问题及其政策》发表于 1937 年 1 月，作者敏锐地察觉到当时世界各国疯狂备战的事实，指出："今日之世界，因为经济的联系与政治的决裂无法调和，遂陷各国野心家于战争的梦境，现实上整个世界已经逼至战争的前夕，各国皆在疯狂似的备战了。"因此，"在这疯狂备战的前夕，一切平时的生产全部战时的生产化，一切的生产都为战时的需要而进行了。然而战时工业生产最大的威胁就是原料资源的断绝。而战时各国又皆以封锁敌国断绝一切经济来源为取胜的重要手段，例如欧洲大战中协约国之于德国。因此，疯狂备战的各国目前的经济斗争，就很自然地集中到原料供给地之获得及占有上"。②而殖民地原本的三种作用，"其一、充当宗主国过剩人口的尾闾；其二、提供工业制品的贩卖市场；其三、充当原料资源的供给地"，在这时的"最大的最根本的作用，就在于原料资源的获得"。③

文章接着分析了原料的世界分布，指出："日本是三个缺乏原料资源的国家之一，原料资源的问题在目前的日本就很自然地成了她最关心而又最重大的问题了。"④ 随后作者又分析了日本短缺的原料、短缺原料的数量和日本的原料进口地等，并为读者详细罗列了数据。这些都为战时研究日本的国情提供了便利。

① 宋斐如：《东北事件的经济解释——日本经济的衰落与东北事件》，《新东方》第 2 卷，最近远东问题专号，1931 年 12 月。
② 宋斐如：《日本战时经济编制中的原料问题及其政策》，《中山文化教育馆季刊》春季号，1937 年 1 月。
③ 宋斐如：《日本战时经济编制中的原料问题及其政策》，《中山文化教育馆季刊》春季号，1937 年 1 月。
④ 宋斐如：《日本战时经济编制中的原料问题及其政策》，《中山文化教育馆季刊》春季号，1937 年 1 月。

3. 《日寇对我侵略战争中的劳动问题》

《日寇对我侵略战争中的劳动问题》主要反映的是日本发动对华全面战争以来，日本国内劳动力短缺、劳动者劳动强度增强、劳动时间的延长、劳动环境恶化、实质工资的降低、劳动者生活质量下降等问题，指明："日本一般大众和代表日本帝国主义的官僚军阀及资本家，是对立的，两者的利益是无法调和的；反之，日本一般大众的利害，倒和被侵略者的我们是一致的，侵略我们的战争愈是进展，日本一般大众的损害也愈增大。"①

4. 《日本侵略战争中工业危机的发展》

《日本侵略战争中工业危机的发展》主要介绍日本发动侵华战争以后，由贸易输出减少、原料短缺、劳动力紧张、物价上涨以及其他一些不利因素引起的工业危机加剧的情况。

文章指出："战争对于日本工业的第一种影响，首推外国市场的全部丧失或大部分丧失。""这个输出激减和输入相对增加的两重原因，在日本国民经济上造成一种严重的事实，就是异常的入超。"同时，"输出的激减，自然直接影响到日本的工业生产"。②

文章还指出，日本军需工业原料随着战争的扩大而对外的依赖性大增，其危机也更加深：

日本帝国主义虽说在战前即有相当数量的储藏，战争爆发后不久又即施行贸易统制及外汇分配制度，来保证军需工业原料的供给。但因战争已经延长了九个月，何时战争始能结束，即令侵略者也都没有把握，所以原料完全用尽是很有可能的。其中最感为难的就是煤油。日本煤油消费量在平时是每年三百五十万吨，对华战争已使煤油的需要额增加到四五百万吨以上。其本国的生产至多不过三十三万吨，页岩提炼及煤炭液体化等人造方法也只能增产十多万吨，所以每年日本本国的产油量只够供战时消费量百分之五至十。日本陆海军方面虽有巨量的屯储，民间煤油商也以前年以来的严令

---

① 宋斐如：《日寇对我侵略战争中的劳动问题》，《世界知识》第 7 卷第 7 期，1938 年 3 月。

② 宋斐如：《日本侵略战争中工业危机的发展》，《中苏文化》抗战特刊第 2 卷第 2 期，1938 年 6 月。

而有相当的储存，但充其量也只够六个月至八个月之用。日本现在已经大感煤油缺乏的威胁；对于汽油的使用已严加统制了。汽油之出售须经特别许可，私人汽车每日用油至多不能超过两加仑，煤油由一城运到一城，须有特别许可证。①

可见，这种危机的加深不仅影响到日本的工业生产，也影响到日本国内人民的生活。作者相信"如果各国停止供给原料与日本则不但日本工业危机完全暴露，即破坏世界和平的对华侵略战争也必立刻停止"。

这些对日本经济危机的介绍，指明日本无力坚持长期战争，为中国军民树立起了抗战必胜的信心。

除上述四篇文章外，《日寇的物产及动力总剖述》详细介绍了日本的物产及动力情况，《日本战时中小工业的没落》和《美国雄厚生产威胁下日本船运的苦难》则分别介绍了日本中小工业、日本船运业在战争的影响下艰难挣扎的情况。

综上，宋斐如对日本经济的专门性研究涉猎的范围还是很广的，其主要目的就是让国人能够了解日本侵略者的基本国情，以便更好地应对日本的侵略。

（三）时事性的研究

宋斐如对日本经济的时事性研究文章，主要有《日本货币政策的新攻势》《日本粮食增产政策的批判》《日本产业统制的三种制度》《日寇的"超重点"产业》等。

1. 《日本货币政策的新攻势》

《日本货币政策的新攻势》主要介绍了抗战时期日本对我国的货币侵略策略，指出："日本最近进攻法币的新方略，约有三种的形态；其一，搜集华北及华中的法币，到国际金融市场上套换外汇，使外汇市场上法币供过于求，用人工外科手术的方法降低法币的汇价。其二，大量发行华兴银行的伪币及军用票，并以军权强制使用，借以扰乱法币的流通，限制法币的交换价值。其三，在特殊的地域内，特别是上海这样容

---

① 宋斐如：《日本侵略战争中工业危机的发展》，《中苏文化》抗战特刊第 2 卷第 2 期，1938 年 6 月。

易受经济封锁的国际金融市场，更加运用'经济外强制'的政治权力，利用物质来源的封锁性，强制伪币的使用，以期达到降低法币的交换价值的目的。"① 三种策略当中，作者认为"现在已经发生多少扰乱作用的日本货币进攻政策，只有搜集法币套换外汇一法"。所以作者提出应对策略：应联合英、美、法等经济利益相关的国家，"和中国设法共同维持法币的经常价值"。同时"我们还可以从保护，奖励本国的生产及贸易上，增进国际收支的好转，而从根本上提高法币的外汇价值"。②

2. 《日本粮食增产政策的批判》

《日本粮食增产政策的批判》发表于 1943 年 9 月，主要是分析日本政府采取的粮食增产政策。当时由于战争的扩大，"粮食的需要增加，外米的供给困难"，因此日本政府急着增加农产，于是推行了一系列农业增产政策。具体的农业增产策略如下：一是改善农业生产技术，如增加种植密度，稀薄播种，扩大秧地面积，确保除草次数，增施自给肥料，实施淡素质肥料的使用，稻热病及浮尘子的驱除；二是"提高兼业低位收获农家的耕作田园的收获量，及放弃耕作解消耕地"。③ 不过作者分析认为：

最近日本各方面提起土地制度的改善问题，但是他们所注意的，仍在于技术方面，即土地交换分合的提倡。在日本现存的经济制度，实行集体耕农，既不可能，则此项土地交换分合政策，自也不能有过大的效果。

再如提倡使用机械耕种，以提高农业生产性，固也不失为增加生产的一种方法，对于农村劳动力的调整，也是一种解决策。但在日本现在的情况下，此种政策仍是此路不通行。战时日本正集中全力于所谓超重点主义的直接军需品的生产，无暇顾及农耕机械，姑不具论，即自农民本身言，也只是一种可望而不可即的镜花。单就经济情形比较优厚的自耕农说，以占生产费总额 0.16% 的土地改良费的农家，如何能够付出巨额农业机械购买费，以从事机械耕

① 宋斐如：《日本货币政策的新攻势》，《战时日本》第 2 卷第 4 期，1939 年 7 月。
② 宋斐如：《日本货币政策的新攻势》，《战时日本》第 2 卷第 4 期，1939 年 7 月。
③ 宋斐如：《日本粮食增产政策的批判》，《大公报》1943 年 9 月。

种呢？①

那么日本当局到底如何解决粮食增产问题呢？日本农林省的粮食补给政策有露骨的指示：第一，增产麦类、番薯、马铃薯等杂谷，以增加米供献量；第二，更彻底实施一般的消费规正办法，此后尽可能实施综合的配给；第三，节约农家的消费，强化米谷的供献。同时规定"业务用米及加工用米，如酿酱用米、酿酒用米及制糖果用米，除十分必要者外，皆极力禁用"，"对于一般日本国民的食品消费，去年阁议决议普及'糙食用及捣精限制'，如七分捣、半捣或三分捣。总而言之，日本政府今日的粮食增产政策的根本目的，在于迫使农村增加米的供献量，羊毛还要出在羊身上"。②

通过这样的分析，读者就很容易发现日本国内的危机，以及日本政府无力继续维持侵略战争的实质。

3.《日本产业统制的三种制度》

《日本产业统制的三种制度》发表于 1944 年 9 月 3 日。其时二战已接近尾声，日本国内物资短缺的问题也越来越严重。为了更好地分配战争物资，日本国内出现了三种产业统制制度，分别是统制会社、营团及统制会制度。《日本产业统制的三种制度》即是分析日本的这三种产业统制制度的。文章分析了这三种制度出现的原因、出现的经过以及三者之间的相同处和不同点，指出面对国内物资短缺的困境，日本政府没有力量"实施国营制度"，只能"退而采取全面的国家管理"。"行政费负担及亏损的赔偿，也非日本政府财力所得办到，不得已而仅能于产业团体本身转念头。故于设立统制会社之后，为矫正其缺陷，也只能设立媒介性的营团，从事于生产者与消费者，乃至生产诸团体之间的介绍工作。期于其中获得统制的效果。至营团制度不能举全面的严格的效果以后，日本政府也只再设一种统制会，并由内阁有关各省委让各自有关的权限。于此，日本产业政策，愈离国营或国家管理愈远。这在充分暴露日本产业政策的现实与理想违背的实情。"③

---

① 宋斐如：《日本粮食增产政策的批判》，《大公报》1943 年 9 月。
② 宋斐如：《日本粮食增产政策的批判》，《大公报》1943 年 9 月。
③ 宋斐如：《日本产业统制的三种制度》，《广西日报》1944 年 9 月 3 日。

4. 《日寇的"超重点"产业》

《日寇的"超重点"产业》发表于1943年9月。其时美英在太平洋上对日发动反攻并得节节胜利，日本朝野开始在盟军总反攻之前筹划最终的决战。为着这个最终的决战，日本决定将钢铁工业、轻金属工业、煤炭工业、造船工业及飞机制造工业五种产业，当成所谓决战阶段的"超重点产业"，"计划自本年起集中生产于此五种产业部门，以期提高最重要战时物资的生产性，增加生产数量，以便充分补充前线至于'无憾'，完成所谓'决战的趋势'"。① 文章介绍了日本在几个所谓"超重点产业"上的进展情况，并总结说："要而言之，日寇自入本年决战年以来，更加集中全力，以'必死'的狂态，从事于超重点主义工业的生产，其超重点中的重点产业，更谋其飞跃的发展。在日寇作战参谋部的估计中，美英本年或明年秋以前，当不至于对日实行总围攻政策，苏联向有与日本维持中立关系的可能，中国只能作局部的反攻，故总决战尚有待，正可以利用这个时期，赶紧军需生产，以备未来。日寇现阶段的政略集中于此点，而贯彻于其本国及占领区。"因此，作者也提醒盟军方面，"应赶快设法破坏它的生产设备，勿坐大了日寇的战争工业生产"。②

宋斐如对日本经济时事性的研究，主要集中在战时日本经济政策的变化，以使国人对日本的经济新动向有清醒的认识，方便及时应对。同时，从这些经济新动向的分析中，也可以看出日本在与盟军对峙中，由攻转守、由强转弱的地位变化。

（四）宣传性的研究

宋斐如对日本经济的宣传性研究文章，主要有《日寇七年来在东北的经济掠夺》《日寇南进前的财政状况》等。

1. 《日寇七年来在东北的经济掠夺》

《日寇七年来在东北的经济掠夺》从三个方面揭露日本帝国主义掠夺的真面目。

一是九一八事变后在东北大肆扩张海陆空交通网。据文章统计，

---

① 宋斐如：《日寇的"超重点"产业》，《广西日报》1943年9月8日。
② 宋斐如：《日寇的"超重点"产业》，《广西日报》1943年9月8日。

"中东路及南满路两线接轨当时是三千七百公里，其后二十年间铁路一年的延长里程平均只有六十公里，再几十年间增至三百公里，而'事变'后五年间新设的铁路即达四千公里，平均一年延长八百公里"。

在海港方面，"'事变'后日本乃积极开辟朝鲜北部的港湾，以期缩短日本与大陆的交通距离，夺取海参崴的地位，另一方面又不放弃葫芦岛的筑港，于是决定'三港三系统主义'，除加强大连的地位外，还兴筑罗津系统的港湾，继续兴筑葫芦岛港"。

在航空方面，"'九一八事变'后增设东京至长春航线，最近且准备再于东京、福岗、青岛、北平间，及福岗、上海、南京间开设定期航空路，以与东京长春线联络，目前（一九三六年）截止，定期航空路程已达九千公里，其飞机场及中间站有一百五处以上。东北航空网是以长春为中心，北通满洲里、黑河、同江、虎林、奉宁等站，南与旅顺、大连以至平津联络，东南经朝鲜、京城而与日本航线衔接。另一方面，日寇又在积极设立中央航空研究机关，设立准备部及飞行人员养成学校，培养所谓空军第二线的飞行员"。①

二是事变后在东北加紧"开发"各种产业。所谓"开发"，其实就是："其一是要东北充当军需工业原料供给地，以便日本国内军需工业生产独立自存；其二是要东北充当轻工业或基础工业区，而使日本内地变成重工业区，以调整从来工业构成的偏重于轻工业；第三是独占东北市场以消纳日本制品，减低日本商品对外的依存性。"② 据统计，"在一九三二年至一九三六年的五年间日本的新投资额竟达到十一亿六千六百万元的巨额"。③

三是贸易的独占与移民的阴谋。据统计，"日本商品之输入东北在一九三二至一九三七年间约略增加了三倍半以上"。此外还在东北进行移民，特别是"以所谓'国防'的目的强行'军事屯垦'式的移民，一九三三年七月日本拓务省，遂有上述二十年移民百万户五百万人的计

---

① 宋斐如：《日寇七年来在东北的经济掠夺》，《战时日本》第 1 卷第 2、3 期合刊，1938 年 10 月。

② 宋斐如：《日寇七年来在东北的经济掠夺》，《战时日本》第 1 卷第 2、3 期合刊，1938 年 10 月。

③ 宋斐如：《日寇七年来在东北的经济掠夺》，《战时日本》第 1 卷第 2、3 期合刊，1938 年 10 月。

划，自一九三七年起定每五年为一期，共分四期，第一期移十万户，第二期二十万户，第三期三十万户，第四期四十万户，预期二十年后移住东北的日本人能占当地总人口十分之一以上"。①

《日寇七年来在东北的经济掠夺》发表于 1938 年 10 月，其时正是抗战进入相持阶段，日本帝国主义对国民党政府展开了"政治上诱降为主、军事上进攻为辅"的策略。作者在此时写作日本在过去七年对东北殖民地的经济掠夺，揭露日本帝国主义掠夺殖民地人民的真面目，当有其深意。

2. 《日寇南进前的财政状况》

《日寇南进前的财政状况》发表于 1941 年 3 月，其时从"日寇的外交手势及军事布置看，日寇军事南进的野心更加暴露"，似乎有南下攻占南洋群岛，以夺取资源，补充其资源短缺之势头。但是作者从日本国内的财政状况出发，分析了日本侵华战费高涨、国家财力薄弱、国民收入减少、债台高筑等情况，认为日本深陷国内的财政危机，在没有必胜把握的情况下，不会南下。② 打破了国内不少人希望英美参战，尽快结束战争的幻想。

宋斐如对日本经济的宣传性研究，主要是针对当时的时事而发的，目的是用事实说话，打破国内一些人不切实际的幻想。虽然，这种研究带有宣传性，但作者依据的是大量的数据事实，因而具有极强的说服力，在宣传阵线上也能起到很大的作用。

三 宋斐如对日经济研究的特点和价值

（一）宋斐如对日经济研究的特点

20 世纪 30 年代前后，由于日本帝国主义加紧对中国的侵略，中华民族第一次真正面临彻底的亡国之灾。人们迫于危急存亡之难，奔走疾呼"抗日救亡"口号之声，响遍四海。以左翼作家联盟为代表的左翼

---

① 宋斐如：《日寇七年来在东北的经济掠夺》，《战时日本》第 1 卷第 2、3 期合刊，1938 年 10 月。

② 宋斐如：《日寇南进前的财政状况》，《战时日本》第 4 卷第 6 期，1941 年 3 月。

文化运动的蓬勃兴起，更加助长了这种声势。于是，这一时期许多有志之士都投身到对日本的研究当中，宋斐如就是其中著名的一员。与同时期研究日本问题的人相比，宋斐如的对日经济研究有自己鲜明的特点。

首先，宋斐如的对日经济研究开始的时间早，坚持研究的时间长，研究成果多。

民国时期的日本研究，严格细分的话，可以分两个阶段：民国成立至 1931 年九一八事变发生为第一阶段，九一八事变爆发至抗日战争结束为第二阶段。① 第一阶段研究的人少，而宋斐如即是第一阶段研究人员中的一员。

自小在日本殖民地台湾长大的宋斐如，1921 年回到中国大陆后，对日本的侵略，感受深刻。九一八事变发生之前，宋斐如就认识到日本侵华迫在眉睫，并着手展开日本相关问题的研究。在 1930 年至 1932 年这三年间，针对日本侵华问题，宋斐如共撰写了 11 篇论文，这些论文都是参考各种中外数据写成，字数极多，有的长达三四万字，论述深入，具有相当高的价值。自从进入对日研究领域之后，宋斐如一直坚持这项工作达 15 年之久。在其短短 45 年的生命中，除去前面的求学和最后两年在台湾工作之外，他其余的时间都花在了研究日本问题上了，可以说他是用一生来做日本问题的研究。正因为他的勤奋和努力不懈的坚持，在 15 年时间里，他出版对日研究著作、译著 24 部，论文 200 余篇。其中对日经济研究的成果亦不在少数。

其次，宋斐如的对日经济研究，内容丰富，涵盖全面。

宋斐如的对日经济研究，涉及日本经济的方方面面，十分丰富和全面，已如前文所述，在此不再赘述。宋斐如对日经济研究的这一特点，与他自己的认识是分不开的。他认为："日本问题在平时即须研究，在战时更须研究，大家都说知己知彼，百战百胜，认识敌人之重要性是无庸赘言的了。"但现实的情况让人深有疑问："我们的学术界的情形怎样？在平时有没有一个比较大规模而且真正从事研究的日本问题研究团体？""政府方面虽说也有研究日本问题的设施，并且深刻注意我们四十多年来的老仇敌，但是抗战爆发后，立刻感觉到日本问题资料的欠缺和研究成绩的贫乏。"他提醒国人："抗战以来无论官方或民间，曾经

① 武安龙、熊达云：《中国人的日本研究史》，东京：六兴出版，1989，第 176～177 页。

有过什么关于揭发敌人真面目的宣传呢？全面抗战已一年，讨论日本问题及揭露敌人危机的书籍也不多见，在量的方面不过是一二十种小册子，在质的方面，即连战前出版的《当日本作战时》之类的著作，都没有见过一种"，"在全民抗战的今日，在必须发动民众，以与敌人拼个你死我活的今日，一般民众对于敌人的真面目，依旧没有深刻的认识，中日两国民众切实携手打倒共同敌人日本帝国主义的真谛，更非一般国民所能了解，经过一年抗战而敌人已经暴露了不少弱点的今日，还有一部分人恐惧日本纸老虎的淫威，或顾虑到日本社会革命对我国的影响，这是当前最急切而须努力消除的错误"。① 正是这样对现实需要的深刻认识和对现实状况的不满意，使他下决心努力要把日本社会的方方面面呈现给大家，让国人对自己的对手有深刻的认识。

最后，宋斐如的对日经济研究是以马克思主义政治经济学作方法论指导的。

宋斐如在研究日本农业经济特质时，就公开用列宁的标准来划定日本的农业经济是封建制还是资本制。他写道：

> 实质上欲决定日本农业经济的性质，正和决定其他一切的问题一样，须从本质方面下手。决定农业经济之为"封建制"，抑为"资本制"的本质，有一个根本原则，就是土地所有者与直接生产者的关系，即直接的剥削样式。从这根本原则，我可以根据《俄国资本主义发展史》的著者列宁的意思列举四点标准：（一）自然经济或货币经济，（二）直接生产者事实上被束缚于土地或已得到解放，（三）受到不自由的经济外的强制，或缔结契约的完全自由，（四）技术的应用程度高级或低级，即应用新技术的大规模经营或旧式的小规模经营。②

而在《日本农业经济的特质》一文中，他也多次运用马克思《资本论》的观点。如讲到地租形态问题时，他说，《资本论》著者说得好："现金地租是指那由现物地租的单纯形态转化而成的地租而言。在

---

① 战时日本研究会：《创刊词》，《战时日报》第1期，1938年8月。
② 宋斐如：《日本农业经济的特质》，《战时日本》第2卷第3期，1939年6月。

这地租形态上，直接的生产者，必须支付生产物的价格而不是生产物于土地所有者（不问其为国家或私人）。""这种地租的基础，与成其起点的现物地租的基点是同一的。换言之，生产者由于继承或其他的传统，依然是土地的占有者（不是所有者，作者按），必须依转化为货币的剩余生产物的形态，支付强制的超过劳动，即不受等价而支出的无偿劳动，于这个最重要生产条件所有者的地主。"（《资本论》第三卷第六篇第四十七章《资本制地租的发生》）①

关于宋斐如运用马克思主义政治经济学原理一事，在《冯玉祥日记》里也可以得到证明。宋斐如在追随冯玉祥的一段时间里，曾给冯上《政治经济学》和《资本论》这两门课。冯玉祥在 1933 年 12 月 15 日是这样记载的："宋先生午后讲经济学，是用政治经济学教程，系李达同某译的，先讲生产力及生产关系。"1934 年 1 月 8 日则是："早读书，宋讲《资本论》。陈定民先生讲李大钊先生的论文。"此后的一些日子也都有上这两门课的记载。②

可见宋斐如确是运用马克思主义政治经济学原理来研究日本经济的。正是因为宋斐如有马克思主义政治经济学理论作为研究武器，因此，他能够抓住事物的本质，关于日本帝国主义的侵略本质决定于日本半封建的农业经济基础的论断，区别于一般人的泛泛之论，特别令人印象深刻。

（二）宋斐如对日经济研究的价值

评价宋斐如对日经济研究的价值，要从几个方面来看。

首先是宋斐如对日经济研究的时代性价值。正如宋斐如在《〈战时日本〉创刊词》中所说的那样："日本问题在平时即须研究，在战时更须研究。"在那个全国人民抗日的大环境中，对日研究已经是时代的强烈要求。而现实情况却是：全面抗战已逾一年，讨论敌人问题及揭露敌人危机的书籍，也不多见，在量的方面不过是一二十种的小册子，在质的方面，即连战前出版的《当日本作战时》之类的著作，都没有见过

---

① 宋斐如：《日本农业经济的特质》，《战时日本》第 2 卷第 3 期，1939 年 6 月。
② 冯玉祥：《冯玉祥日记》，《宋斐如文集》卷 5，台北：台海出版社，2005，第 1544 ~ 1576 页。

一种。① 正是在这种时代的强烈呼求和现实的极度缺乏情况下，宋斐如的对日经济研究出现，因应了时代的呼求，填补了现实的空白，从而具有极高的时代价值。

以上是就时代价值的总体而言的。而就具体来说，宋斐如对日经济研究的时代价值体现在以下几个方面。

第一，揭露了日本对华经济侵略的本质，坚定了中国人民坚持抗日到底的决心。日本的对外侵略，历来都打着神圣的旗号，"共存共荣"，建立"日、满、华""大东亚共荣圈"，"日中亲善"等，给人极大的欺骗性。宋斐如的研究，则从历史唯物主义观点出发，直接指出日本帝国主义由于其经济基础中农业经济是半封建性，因此发展成为军事的半农奴性的帝国主义，其本质就是对外侵略扩张；日本对外侵略的本质就是要掠夺殖民地的经济，使殖民地："其一、充当宗主国过剩人口的尾闾；其二、提供工业制品的贩卖市场；其三、充当原料资源的供给地。"② 这样就廓清了日本侵略者的宣传迷雾，打破了人们对侵略者存在的一些不切实际的幻想，为人们树立起了与侵略者战斗到底的决心。

第二，揭露了日本帝国主义经济脆弱的本质，为人们树立起了抗战必胜的信心。日本帝国主义在 20 世纪三四十年代表面上看起来是世界五大强国之一，实力强大，其发动全面侵华战争时，更曾扬言要三个月灭亡全中国。然而宋斐如从分析日本经济入手，早在 1931 年即断言日本帝国主义已经开始走向衰落："日本资本主义的发达，始于明治初年（约当一八七〇年），盛于中日战后（约当一八九五年后），而渐衰于日俄战后（约当一九〇五年后）。其后，欧战期虽曾以一度不自然的发展而达至'最高点'，然而惟其是'最高点'，所以更高的发展似已不可能，从今而后也就只有一落千丈了。"③ 此后的许多地方，宋斐如都在宣传日本帝国主义经济的脆弱。例如他在 1937 年 9 月发表了《日本侵略战争所造成的社会经济危机》，1938 年 6 月发表了《日本侵略战争中工业危机的发展》，1941 年 7 月发表了《日寇通货膨胀的新发展》等，

---

① 战时日本研究会：《创刊词》，《战时日报》第 1 期，1938 年 8 月。

② 宋斐如：《日本战时经济编制中的原料问题及其政策的动向》，《时事类编》特刊第 1 期，1937 年 9 月。

③ 宋斐如：《东北事件的经济解释——日本经济的衰落与东北事件》，《新东方》第 2 卷，最近远东问题专号，1931 年 12 月。

来阐明日本经济的薄弱。这样就揭穿了日本帝国主义"外强中干"的纸老虎的实质，为人们树立起了抗战必胜的信心。

第三，对日本一些具体侵略政策的研究，为国家的抗战决策提供了帮助。例如在《日本货币政策的新攻势》中介绍了抗战时期日本对我国的货币侵略策略，并提出应对策略：应联合英、美、法等经济利益相关的国家，"和中国设法共同维持法币的经常价值"。同时"我们还可以从保护，奖励本国的生产及贸易上，增进国际收支的好转，而从根本上提高法币的外汇价值"。① 此外，在《日寇的"超重点"产业》一文中，除了介绍日本的"超重点"产业策略外，也提请当局注意，尽力破坏日本的这种产业计划。

其次是宋斐如对日经济研究的学术价值。宋斐如的对日经济研究，诚然如上分析是有时代需要的因素，其中的一些文章也是为时代性的宣传而写的。但是，宋斐如对于日本问题的研究，其本身则是抱着严谨的学术态度来进行的。所以呈现在读者面前的宋斐如对日经济研究文章，有严谨的理论框架作指导，以量化的数字为依据，完全有别于一般的政论性文章。爬梳宋斐如的对日经济研究文章，不难发现如下的理论框架，即：日本资本主义的发展不是因内部资本主义因素充分发展成熟而自由发展起来的，而是在内部资本主义因素半充分发展的情况下，迫于内外的压力而进行的自上而下的革新才发展起来的；这种发展的结果，使得日本资本主义保留着浓厚的封建因素，表现在农业上即是半封建土地所有关系的农业经济，表现在工业上即是以军事工业为主的军事性资本主义经济；这种畸形的军事性半农奴性资本主义，在发展上表现为前期发展迅速，后期则陷于停滞，在内外关系上则表现为对内的残酷镇压和对外的侵略扩张。宋斐如就是在这样的框架下，站在理论的制高点，对日本资本主义社会所有问题，包括内部的经济危机、中小工业的没落、劳动力问题、对外好战成性问题等，进行了自然而然的解说，毫无窒碍。显然，宋斐如这样的对日经济研究，无疑在当时具有极高的学术价值。

事实上，宋斐如对日经济研究的学术价值也不仅及于当时，对于后世学者研究日本问题也具有参考和借鉴作用。首先，他运用马克思主义

---

① 宋斐如：《日本货币政策的新攻势》，《战时日本》第 2 卷第 4 期，1939 年 7 月。

经济学观点，宏观地分析日本社会各种问题，在方法论上值得后世学者借鉴。其次，他通过分析得出的一些具体结论，比如日本社会的封建残留，对于我们今天解释日本社会一些现象，如日本右派重新抬头、擅改侵略战争教科书、坚持参拜靖国神社等，仍然具有启发的意义。最后，由他整理翻译的一些有关日本研究的资料性文章，也为后世学者的研究提供了便利。这些无疑都是宋斐如对日经济研究的后世学术价值。

综上所述，面对日本帝国主义对华侵略的不断加深，从当时日本的殖民地台湾出来的宋斐如，因应时代的呼召，决心走上研究日本的道路，以学术应对日本对华的侵略。在其短短 45 年生命中，他将自己的绝大部分时间贡献给了对日问题研究，并为后世留下了丰硕的日本研究遗产，对后世学者研究日本问题提供了极大的帮助。在其严谨的研究日本问题的学术生涯中，宋斐如运用马克思主义历史唯物史观，客观分析日本社会经济各方面问题，得出的精准结论不光在当时满足了抗日战争的实际需要，具有极高的学术价值，即便是在后世，仍对于学者们研究日本具有启发作用。毫无疑问，宋斐如作为研究日本问题的开路先锋，在我国日本问题研究历史上具有极其重要的学术地位。

原载《台湾历史研究》第 5 辑（2017）

山海重光：崂山道教与近代中国革命

朱修春[*]　　何建华[**]

1945 年 7 月，时任青岛市政府代理市长兼保安总队队长的李先良为纪念抗日战争十四周年，在崂山道教名刹太清宫后的石壁上题刻"山海重光"四字，[①] 表达坚持抗战的决心和对抗战胜利的信心与期待。大字刻成之日，正值日本宣布无条件投降，这四字便多了一些纪念和里程碑的意味。作为"海上第一名山"，崂山"三围大海，背负平川，巨石巍峨，群峰峭拔"，[②] 具有罕见的山海兼具之美。当年李先良题字之时，或许是站在整个国家角度，但是用"山海"这一地域性明显的词语而非传统的"山河"，恰是寄予了对崂山地区革命历史的特殊感情。本文以"山海重光"为题，意在揭示崂山地区和崂山道教在中国革命中的特殊贡献。

崂山以其独特的山海盛景和"道教全真天下第二丛林"的崂山道教闻名遐迩，历代文人名士趋之若鹜，佳话频传。中国传统道教史研究多关注道教发展历程及道教本身的元素，包括发展历程、宫观、庙会、音乐、道产、典籍以及道教思想等，[③] 对崂山道教的研究也是如此，[④] 虽然

---

　* 朱修春，中国社会科学院近代史研究所访问学者，现任职山东大学历史文化学院教授。
　** 何建华，山东大学历史文化学院研究生。
　① 李先良：《抗战回忆录》，乾坤出版社，1948，第 26～27 页。
　② 《道藏》第 25 册，文物出版社、山海书店、天津古籍出版社，1988，第 819 页。
　③ 参见许地山《道教史》、付勤家《中国道教史》、卿希泰《中国道教史》、任继愈《中国道教史》、赵世瑜《狂欢与日常——明清以来的庙会与民间社会》等。
　④ 参见任颖厄《古代崂山道观经济探研》、《民国时期崂山道教的衰微》，苑秀丽《崂山道教与〈崂山志〉研究》，郭德利《崂山文化通览》，刘怀荣《清代崂山道教发展考略》、《崂山道教及其在中国道教史上的地位》，刘玉霞《崂山道教历史地理研究》，胡锐《道教宫观文化研究》，金天明《道教宫观文化及其功能研究》等。

近年对道教与地方社会的关注逐渐多了起来,① 但很少将崂山道教置于大时代背景下加以考察。而对于崂山本身的研究集中在史志撰修与诗词吟咏方面。近代以来,崂山道教急剧衰落,但不论是崂山道教遗产、道教人士还是道教文化,都在中国近代革命时期及中华人民共和国成立初期发挥了重要作用。本文将崂山道教放在近代民主主义革命和社会主义革命时期的时代背景下,考察经过不断层累构建而来的忠贞节义之风演变为民族主义和家国情怀,并以其物质及精神上的力量参与革命的历史。

一 崂山地区的忠贞节义之风

秦汉以来,即墨崂山地区名士辈出,频现史册。他们遥思故园于新朝之野,身先士卒于存亡之秋,或高风亮节寄情山水,忧愤难平潜心著述。这种忠贞节义之风经过历代积累沉淀,变得愈发浑厚,在近代民族危亡之际,迸发出强烈的民族主义情感。

崂山的节义之风,首推秦汉之际的田横。田横是齐国田氏后裔,秦末陈涉起义后,与兄田儋、田荣反秦,田儋为齐王。公元前205年,韩信破齐,继任齐王的田广被杀,田横自立为王,兵败后投奔彭越。后刘邦封彭越为梁王,田横遂率部下五百余人逃入崂山东北一百里之海中小岛上。公元前202年,刘邦遣使招抚,"横来者,大者王,小者乃候耳"。田横赴洛阳途中对门客说:"横始与汉王俱南面称孤,今汉王为天子,横乃为俘虏,北面事之,其愧固已甚矣!"于是自杀。海岛上的五百部属"闻田横死,亦皆自杀"。② 田横之义历来为人称道,汉高祖涕泣称贤,司马迁赞其高节,班固以为雄材,韩愈在《祭田横墓文》中评价:"自古死者非一,夫子至今有耿光。"田横及五百义士宁死不屈的节义精神,激励了历代后人。每逢战乱或民族危亡之时,更激起人们坚决抵抗的决心。1662年郑成功赶走荷兰侵略者收复台湾后,写下"开辟荆榛逐荷夷,十年始克复先基;田横尚有三千客,茹苦间关不忍离"③ 的诗句,以表达自己击退外敌恢复山河的艰辛和决心。1928年,

---

① 参见任颖卮《古代崂山道士的社交生活》等。

② 司马迁:《史记·田儋列传》。

③ 郑成功:《复台》。

徐悲鸿忧愤于蒋介石对日寇入侵的不抵抗，用两年时间创作了大型油画《田横五百士》，歌颂田横宁死不屈的精神，激励广大人民抗击日寇。

田横之后，崂山地区群贤辈出。有汉一代，即有王吉、王骏、王成、童恢等名宦乡贤，与安平君田单、齐王田横及即墨三大夫并称即墨九贤。元至正年间即墨县令董守中慕其高义，建九贤祠加以供奉。汉代北海都昌人逄萌因王莽杀其子而叹道"三纲绝矣"，随即解冠挂东都城门，回了老家。光武帝即位后，他又"之琅琊劳山养志修道"①，这是关于崂山之名最早的记载。朝廷多次征辟不仕。蓝水评价他"当年养志白云端，不事王侯随所安。天子闻名虚设座，野人化德解排难"②。逄萌首开崂山"不事王侯"的隐逸高节之风，后世多有贤者因忧愤于时或仕途失意而隐居崂山。东汉经学大家郑玄因党锢之祸而无意仕途，客耕东莱，潜心著述，聚徒讲学，屡召不就。黄巾之乱后，隐居崂山，筑康成书院讲学，对崂山的学风和道教音乐产生了深远影响。

明清鼎革之际，山左望族通过多种方式表达了对明朝的忠心，这批人在崂山的忠贞节义之风传承中具有承上启下的作用。明代即墨人蓝章官至都察院左佥都御史，为人正直，曾因忤刘瑾而被贬谪。正德十二年（1517），乞休致仕，于崂山建"华阳书院"，教书育子。蓝章对朝廷忠贞不贰，具有很强的出仕愿望，但黑暗的朝政又令其萌生退意。他游崂山时曾叹，"不是将身许明代，便从逄子老幽岑"③。身后，嘉靖皇帝赐御书"慎厥身修"表彰其节。蓝章长子蓝田承父之志，为官刚正敢言，多次弹劾权贵。嘉靖十年（1531），因受陷害遭贬。罢归之后，筑"可止轩"，与同遭贬黜的同乡好友黄作孚、杨盐等借诗抒怀。后与崂山北九水太和观道长毕玄云筑"即墨书院"，传授经书道乐。朝廷曾十一次为蓝氏父子立"父子进士坊"等坊表。崇祯甲申年间（1644），京师沦陷，"事母以孝闻"的王曦如"衣冠入文庙，长号再拜"，赫赫忠明之心，但"以母在不即死"。次年母亲去世，营葬完毕后在墙壁上大书"生为王氏之子，便为大明之臣。义当死时当死，若夫偷生，所学何事？"④然后自缢而死。王曦如以身死明志，忠孝两全。曦如死后，他的即墨同

---

① 班固：《后汉书·逄萌传》。
② 蓝水：《咏逄萌》，《东厓诗集》。
③ 蓝章：《劳山》，《大崂山人集》，蓝氏家印本，1996。
④ 尤淑孝修、李元正纂《即墨县志》卷9《人物·忠节》。

乡黄宗昌认为他"遗行可风"①，他的高洁情操正是崂山正气所化，于是为他作传作为《崂山志》的结尾。黄本《崂山志》是第一部崂山志，黄宗昌以王曦如传记作为结尾，实则表明了黄宗昌本人的节义之风和为山修志的初衷："志其发于中者也，感慨系之矣。"② 修史以明志，全书洋溢着黄宗昌对崂山浓烈的热爱及对世事的感慨。黄宗昌"为人重名义，不苟为依附"③，后来因"直谏触奸"而罢归。据《明史》记载，崇祯十五年（1642），"即墨被兵，宗昌率乡人拒守，城全。仲子基中流矢死，其妻周氏及三妾郭氏二刘氏殉之，谓之'一门五烈'"④。《即墨县志》载，"壬午、甲申间，邑再困于兵，宗昌身先登陴，出家资充饷，为戚友倡"⑤。明亡后，黄宗昌在崂山先贤郑玄康成书院旧址侧筑"玉蕊楼"隐居，潜心修《崂山志》，对崂山后世的学术与风气传承产生了深远影响。清末，崂西南石屋人宫中梱以孝闻于乡。德人据胶澳后，所局划入租界中，梱愤而不食，矢必死。又不欲输租德署，乃倡众愿仍以租税输于县，以作朝中赤子。⑥ 后北上寻助无果，于光绪三十年（1904）二月自缢于家中，留下"邦有道，危言危行；邦无道，危言行孙"的遗言，王锡极赞其为"民族义士"。

从田横和逄萌开始，崂山地区的节义之风和隐逸之风就一直传承下来。随着崂山道教的兴起，这些风气与道教文化逐渐融合，并经过历代仁人志士的诠释与践行日益加强，至近代时期，演变为宁死不屈、抗御外侮的民族主义。

二　世俗化：回归民间与重生之路

道教自古以来崇尚清修，要求离世绝俗进行修炼和祀神，"非宫宇则无以示教，非山水则无以远俗"⑦，因此道教宫观多修建在深山里，

---

① 黄宗昌：《崂山志》，民国 23 年即墨黄敦复堂。
② 黄宗昌：《崂山志》，民国 23 年即墨黄敦复堂。
③ 陈鼎：《东林列传》。
④ 《明史·列传第一百四十六》。
⑤ 尤淑孝修、李元正纂《即墨县志》卷 9《人物·名臣》。
⑥ 周至元：《崂山志》，齐鲁书社，1993。
⑦ 《清虚观记》，见《道藏》洞神部记传类《甘水仙源录》。

很少与民间进行交往。清末以来，由于封建统治的颠覆，崂山道教失去了传统政治保护，德国殖民政府、日本军队、北洋政府和南京国民政府持续数十年的相继统治又不断加诸道教限制和戕害，导致崂山道教遽然衰落，不复往日荣光。但崂山道教的衰落并非趋于消亡，而是走上了一条世俗化、民间化的持续发展道路。道教脱下其堂皇的冠冕，深入民间，通过与民间信仰与世俗生活的融合寻求生存发展之机，并与崂山地区民间传统忠贞节义之风相结合，形成具有民族主义色彩的道教群体和道教文化，并获得了地方认同感。崂山道教的世俗化主要通过以庙产为中心的土地租赁和民道纠纷等经济交往、以庙会为中心的宗教交往和以道士与士林及民众的社会交往等途径实现。

1. 道产的租赁与纠纷

道教虽提倡清修，远离世俗，但出于生存所需，道观不得不拥有一定的财产。道观财产是道教得以存在和发展的基本要素，道观财产包括道观、林木、田地等，其中大部分源于古代王朝统治者对道教的赏赐。这种赏赐行为最早可以追溯到宋代，宋统治者为道士刘若拙敕建道场而兴建太平宫。万历二十八年（1600），明神宗在钦赐太清宫道藏的同时一并赏赐了大片田产，太清宫由此"得地三百八十三处，共计一顷二十七亩九分六厘"。[①] 至明万历三十一年（1603）时，莱州知府龙文明和即墨府署县事海防同知谈诉再次为太清宫的田产定界，相比万历二十八年的四处界石，此时又增添了四处。八处界石建立后，政府要求道众和当地的百姓都必须严格且永远遵守，界石范围内的田地、林木等资源都属于道观所有，百姓不得私自砍伐耕种，对于违越界石侵占田地的行为将依法办理。如此一来，崂山道观不仅拥有了丰厚的道观财产，还拥有了地方政府的庇护。除了朝廷赏赐外，崂山道教还通过购地的方式扩大了自己的地产。如此一来，道观就拥有远超本观耕种能力的地产和林产，而且这些地产多位于远离道观的山外，因此一方面出于经济诉求，另一方面也考虑到实际情况，这些剩余的田地通常被用来租赁给当地村民耕种，道观可以从中获取经济利益。这种租赁雇佣关系是道教与民间社会最直接也是最稳定的经济联系。

崂山道观通过出租土地获得主要的经济收入，而租赁道观土地的当

---

① 黄肇颚：《崂山续志》，山东省地图出版社，2008，第273页。

地百姓就与崂山道观发生了种种经济联系，这种联系主要表现为雇佣关系。当地租种道观土地的百姓要向道观上交实物地租以及租金，有时还要承担道观的某些劳作义务。例如每遇砍伐劈柴树木及松毛，皆由佃户出工。据《太清宫志》载："青山村因与太清宫有佃户关系，要求于河南崖及猎泊圈、山门前、山门顶、桃源口后坡等处本宫山场内，开地九十六亩，每年于麦秋两季，向本宫交纳租粮，当经本宫许可行之。历有年数，而后逐渐增开，竟有数百亩之多。"① 鉴于崂山道观与当地百姓有这样一种经济关系存在，从另一个角度来看，无疑是加深了崂山道教与当地社会的联系。百姓与道士往来不断，道士在当地社会的活动日益频繁。他们利用自己及民间信仰以诵经拜忏、画符施术为业，成了世俗社会上的宗教职业者。②

道观的丰厚地产既带来了可观的经济收益，也招致了复杂的经济纠纷。《崂山续志》言："僧道与民构讼，久矣。"③ 这种纠纷持续时间很长，但主题比较单一，即地方百姓与道士之间关于山林与山田的争执。清政府曾预见到不平等的田产分配可能会引发民道之间的纠纷，因此做了相关规定："嗣后凡有山场，经僧道完纳国课者，该出所有树木，应归本庙管理，官民不得势压擅伐。该僧道亦互相觉察，凡有不肖僧道人民，欲私行烧卖，许即禀官究治。如本庙应加修葺，需用材木，亦共同察明，方准砍伐，如违重处。其庙田一项，寺庙不宜多置，税赋与人民一同办理。至于一应杂役，概与优免。各该僧道等务宜各守清规，不许轻自下山，涉讼干咎。各宜凛遵勿违。"④ 清政府不许道观肆意扩大庙田，道士不可轻易下山，其实就是为了规避日益加深的民道矛盾。然而从日后不断扩大的田产来看，这项规定显然没有多大作用，因道观财产引发的民道冲突还是在不断发生。典型的纠纷事件有从嘉庆六年（1801）一直持续到同治末年的太清宫事件，还有石门庙庙主人之争、常在庵小学校舍之争等事件，不一一详述。

民道纠纷固然是崂山地区的内耗行为，严重的还会破坏道教遗产和自然环境，但从崂山道教入世的角度来看，这些纠纷带来的不全是负面

---

① 高明见编著《道教海上名山——东海崂山》，宗教文化出版社，2007，第279页。
② 胡孚琛：《道学通论》（修订版），社会科学文献出版社，2009，第273页。
③ 黄肇颚：《崂山续志》，第408页。
④ 周至元：《崂山志》，第230页。

的影响，争斗也是加深交往和促进了解的方式。在持续不断的冲突中，崂山道士逐渐走出深山，与地方政府打交道，与底层民众打交道，身上的世俗色彩越来越浓。道产的租赁和纠纷分别从正面和反面促进和迫使了崂山道教与地方社会的融合。

2. 崂山道教的世俗化

近代道教发展的最大特征是日益明显的世俗化，而承载信仰寄托和举行崇祀活动的庙宇之变迁正是这一趋势最直观的体现。庙宇是以神灵崇拜为中心营建起来的宗教场所，宗教活动自然是其最主要的内容，但囿于庙宇所处的地理和社会环境以及背景复杂多样的教众，勾连的就远不止民众的宗教生活，还有相比之下更为丰富多彩的世俗生活。历史经验证明，无论是在蒙昧未开的过去还是在科学昌明的今天，宗教的世俗化都是其保持生命力的重要因素。寺庙在民间文化中扮演着重要角色。[①]

崂山道教大规模的宫观一般建在崂山之上，形成"深山藏古庙"的传统布局，符合道教崇尚僻静修远的传统。但为了方便祭祀活动，山下的村子中也建有许多较小的道教庙宇。晚清时期，崂山区域共有14座宫观，而村庙达39座，这些村庙和宫观大致建立于同一时期，道统上彼此形成丛林与子孙庙的对应关系。虽然宗教地位不如远山之间的宫观，但这些村庙具有地理优势和更亲和的形象，因此更易与民众日常生活相结合。作为村庄公有财产和常用的祭祀场所，村庙成为村民信仰生活的中心，它在村民文化心理和文化价值理念中的地位远在宫观之上。[②] 村庙中的道士多是由村民从大的宫观中聘请来的，他们主要负责村庙举行的祭祀活动，平时参与农事生产，农闲时可以为村民演奏道乐。道士的宗教-世俗双重身份，加深了道士以及道士背后的道教与百姓之间的交往，不仅扩大了道教在普通民众间的影响力，也促进了民间文化和信仰对传统道教的砥砺和修正。此外，由于崂山与山外的地缘关系，大的宫观还在山外设立脚庙，称之"外庙"或"下庙"。远离尘嚣的宫观通过与村庙类似的"外庙"的世俗活动对地域文化产生影响，并借此使艰深的教义在山外的人际社会中显现。太平路的天后宫即为太

---

① 赵世瑜：《狂欢与日常》，三联书店，2002，第51页。

② 青岛市档案馆编《青岛开埠十七年——〈胶澳发展备忘录〉全译》，中国档案出版社，2007，第103页。

清宫最大的脚庙。①

除了深入民间的道教庙宇的教化作用以及民道纠纷所带来的双重影响外，崂山道教对地方社会的影响还通过以宫观和寺庙为基础的庙会、神会等温和且持久的方式来实现。从农历正月开始，就陆续有庙会举行。主要有正月初九的太平宫庙会、玉清宫庙会、熟阳洞庙会、清溪庵（原为玉皇庙）庙会，正月初十的聚仙宫庙会，正月十五的午山庙庙会，② 正月十六的荒草庵庙会，正月十七的龙王庙庙会，正月十八的显化庵庙会，三月初三的凝真观庙会，三月二十三的天后宫庙会，四月初八的石门庵庙会，九月二十五的青云宫庙会等。庙会当天，不仅宫中的道士要举行祭祀活动，附近的百姓也会赶来进香祭拜。

从道教庙会的活动形式、参与群体和活动内容中，可以看出道教庙会不只是关乎道教信仰的活动，还有大量的民间风俗活动。以清溪庵庙会为例，清溪庵庙会又叫萝卜会，这个别称的来源就与庙会上进行的商业活动有关："萝卜会的传说很多，有说在玉皇大帝的圣诞日，萝卜会赶来附近卖萝卜，故名萝卜会。又有说叫锣鼓会的，因烧香去的人多半敲打着锣鼓，庙中老道就说：'正月初九是玉皇的生日所以叫玉皇庙会'，无论叫什么会，反正普遍的叫萝卜会。"③ 还有说崂山居民有咬春的习俗，所以庙会上买卖萝卜的人众多，也就成了人们口中的萝卜会。

庙会是近代道教持续发挥其影响力，提升存在感和寻求世俗化、民间化的重要途径。这些集会一方面满足了道士和普通教众的宗教需求，另一方面也为民众进行商业、社团及文化交流提供了平台。庙会既是展示道教信仰与民间风俗的舞台，也是道教文化与民间文化相互融合的熔炉。

寺庙本是宗教场所，所以庙会的首要功能是举行宗教活动，满足教众的宗教需求。尽管这些活动往往具有浓厚的迷信崇拜色彩，但仍是庙会之所以存在和发展的基础，庙会与一般集会的区别即在于此。来者首

---

① 郭德利：《崂山文化通览》，青岛出版社，2012。

② 根据《胶澳发展备忘录》记载，午山庙是一座大庙，住有两个道人和三个仆人，每年的庙会没有什么收入，所以正月十五的午山庙庙会可以归为道教庙会，详见第 324 ~ 329 页。

③ 《华文北电》第 3 卷第 3 期，1943，第 36 页，F426.6《乡土情调：青岛的"萝卜会"和天后宫》。

先是香客、祈祷者、信众，寺庙所具有的其他文化娱乐与商业功能皆由此而来。[①] 当时的新闻报道："院子正中的桌子上，用黄纸写着'昊天玉皇大帝神位'，旁边放了一个泥制的哈巴狗，就是所谓'天狗'的，人们诚心的向狗儿叩头，保佑自己发财，升官，不生病……正殿是'金阙云宫'，进来的人，必须在大殿上烧香，老道一旁敲磬，收香钱，一旁有'关圣帝''大德帝君''孚佑帝君'，每一位帝君前，香烟缭绕，叩头的一个跟一个，敲一下磬，叩一个头，十足表现中国国粹。"[②] 香客身份不同，祈求的内容也不一样，"庙门前的小贩，马上利市三倍，他们叩头的时候，是祈祷玉皇大帝，一年多过几个生日"。[③] 青岛时报社的一篇名为《天后宫巡礼——男女万千争往会神仙，敬香磕头愚妇祈麟儿，迷信积习何时除？》的报道更是直接讽刺了百姓的迷信崇拜行为，"那位天后圣母，好像专管人间养孩子的闲事似的，没有子嗣的，都虔诚的来给她磕头敬香，跪求麟儿……中国人的心，也惟有在求神拜佛一事上，最为诚恳"。[④] 文中充满了对当时香客愚昧无知的讽刺，这也反映了近代人对宗教庙会态度上的一些转变。道士在庙会进行的祭神活动有时也具有特殊的意义，如清溪庵庙会"特别的是在庙会之后，举行一次祈祷大会，祈祷大东亚战争的必胜，破庙中有如此道场，实是值得庆欣的，由此可知圣战不日可以完成，成功后一年初九日，我们必须多备香烛来还愿了"[⑤]。道士专设道场祈祷战争胜利，是民意所向，也是道教融入世俗社会的体现。

抛去道教庙会的宗教外衣，庙会的文化娱乐功能与商业功能实则色彩鲜明。据麦岛村老人回忆，过去逢正月十六，这里便举行传统的"荒草庵"庙会。每逢庙会，人山人海，行人如织，热闹非凡。周边各村来此表演，有锣鼓队、高跷队，还有舞龙灯、耍狮子、跑旱船等节目。浮

---

① 赵世瑜：《狂欢与日常》，第 190 页。
② 《华文北电》第 3 卷第 3 期，1943，第 36 页，F426.6《乡土情调：青岛的"萝卜会"和天后宫》。
③ 《华文北电》第 3 卷第 3 期，1943，第 36 页，F426.6《乡土情调：青岛的"萝卜会"和天后宫》。
④ 青岛时报社：《天后宫巡礼：男女万千争往会神仙，敬香磕头愚妇祈麟儿，迷信积习何时除？》，《青岛自治周刊》第 205 期，1937 年 8 月 3 日，D000254/00129。
⑤ 《华文北电》第 3 卷第 3 期，1943，第 36 页，F426.6《乡土情调：青岛的"萝卜会"和天后宫》。

山所东北街雅乐组也经常前来助兴，演奏的《苏武牧羊》《游湖》《老俉扫殿》等节目，给荒草庵庙会增添不少色彩。其实总览崂山地区各个庙会，少不了的就是搭台唱大戏，锣鼓高跷齐上阵。唱戏既是为了酬神，也是为了愉悦赶会的百姓。天后宫为此专门搭设了唱戏的戏台。平常百姓的生活较为单调，很难有什么可以纵情娱乐的机会，只有在庙会举行的时候才有机会一饱眼福，而舞龙、游灯、跑旱船这类颇具有乡村民俗特色的热闹曲目，更加深受百姓的推崇。如此热闹的场面也吸引了一些外国人的加入，纷纷拍照留念。

庙会对于道观而言也有较大的经济功用。每年庙会举行得到的香客布施和香火钱，这是庙宇经济收入的重要来源。因为有的道教庙宇平时没有什么经济来源，主要就靠庙会举行之日的香客救济。"青岛这个天后宫，建自明末，在清代补修口两次，距今已快到四百年了。内有道士十余人，他们的生活费用，完全依赖这经年的香火布施。每月初一和十五都是定期捐故的日子。"① 有时候庙宇需要修缮，也需要靠这一天百姓观戏时捐点赏钱。对于集会规模较大的庙宇来说，集市商贩缴纳的摊位费也有部分是作为庙宇的香火钱。如位于红石崖的天后宫，"经该处商业公所会在集市抽收牲畜税补助修庙之用，自民国十年十一月兴工起至十二年六月完工止，共收税钱一千二百七十三千四百二十文"②。这些税钱一方面作为香火钱供养天后宫内的道人生活，一方面用作天后宫的修缮维护资金。

庙会具有以下四种主要功能：举行祭祀活动的宗教场所；为寺庙增加收入；进行卖艺、表演的文化娱乐场所；从事农产品和手工产品买卖的商业贸易场所。其中，举行祭祀活动是庙会的直接目的也是主要功能，为寺庙创收则是宗教活动顺带而来的利好，文化娱乐功能和商业贸易功能则是庙会的衍生功能。这些功能相互交织，共同促进近代道教的世俗化。

最后，崂山道士与士林及民众的日常社会交往也促进了崂山道教的世俗化。道士的生命追求和生活方式对士大夫具有一定的吸引力，明清以来，大批前来崂山游览的官僚和文人与崂山道士交游颇多，交往方式

① 青岛时报社：《天后宫巡礼：男女万千争往会神仙，敬香磕头愚妇祈麟儿，迷信积习何时除？》，《青岛自治周刊》第 205 期，1937 年 8 月 3 日，D000254/00129。

② 《胶澳公报》，1925，第 10 页。

为诗词唱答或谈玄论道。道士与士林的交往是在宗教和文化层面上的相互影响和渗透，[①] 与下层民众的交往则多了一些世俗的意味。崂山道士为当地修桥铺路，为民众行医治病，参与婚丧嫁娶节庆祭祀礼仪，既传播了道教文化，反过来也受到民间文化的影响。

从道教起源来看，其本就是民间的产物，在民间拥有大批信众。随着道教的发展和封建统治的需要，道教逐渐与世俗社会越来越远。封建统治结束以后，回归民间才是道教继续生存甚至焕发新生的唯一途径。崂山道教的世俗化进程与近代中国的革命历程的重合，使崂山道教历史性地担负起了参与革命救亡图存的责任。

三　革命时期的崂山与道教

崂山的自然地理环境、道教建筑及道士和民众为胶东地区的抗日战争做出了很大贡献。1942 年，时任青岛市代理市长兼青岛保安总队长的李先良从鲁东奔赴青岛，率部进入崂山打游击战直到抗战胜利。首先，崂山山区地形复杂，小径回环曲折，可以"把整个的山地化成了我们坚固的防线，把山上的草木化成了我们的奇兵"[②]，易守难攻，是绝佳的游击战阵地。李先良曾回忆自己利用崂山太平宫后面的有利地形与敌人周旋："这道观后面，可由曲折而狭小的山路，引到悬崖石缝中的洞穴。所以躲藏的人，好比狡兔入窟，敌人绝不会冒着蹈身虎穴的危险，来普遍搜索这些洞穴。我每到情况紧急的时候，即率小部卫队从小道走到太平宫，俯瞰敌人的行动。如果看到他们奔向这里而来，我们就转到后面两三里的地方，凭险等候。那里是鸟道巉岩，敌人只有望而兴叹。"[③]

其次，以崂山道教宫观为主的建筑设施为抗日游击队提供了指挥和生产的场所。崂山道教最大的宫观——太清宫，建筑面积很大，门前还有一块七八十亩的空地，是崂山抗日根据地的活动中心。全面抗日战争爆发前，时任渤海舰队总司令的沈鸿烈就将太清宫作为海军训练基地。全面抗战期间，李先良在太清宫举办了三期军事干部训练班，每期三四

---

① 任颖厄：《崂山道教史》，中国编译出版社，2009，第 125 页。
② 李先良：《抗战回忆录》，第 33 页。
③ 李先良：《抗战回忆录》，第 27 页。

百人，这批人成为青保总队的骨干，所以李先良称太清宫为"青保总队出生的摇篮"。崂山名胜白云洞位于山顶之上，隐蔽性强，全面抗战初期游击队曾在此制造军械。1939 年 3 月，敌人扫荡至此，将其焚毁。1944 年 8 月，重修白云洞房屋，作为接洽胶东各地来此的抗战人士，成为事实上的"迎宾馆"。位于崂山东麓的华严寺则是沦陷区的地方政府所在地，平时办公及住宿都是在该寺进行。李先良回崂山之前，流亡政府在鲁东各地转移不定，移驻华严寺之后才稳定下来，成为"发号施令的心脏"。

最后，崂山道士及地方民众都积极配合游击队，参与革命斗争。祖籍山东荣成的邹全阳是近代有名的崂山道士，性格刚毅。民国初，入崂山白云洞入道，继复访道名山。云屐所至，遍于五岳。[①] 虽是得道高人，却关注民间疾苦，曾募资重修即墨武庙。1932 年春，日军袭击王哥庄，炸毁房庐甚多，邹全阳慨然悯之，于是出山入城募化衣物和粮食赈济灾民，并把山中的木材运到村里作重修房屋之用。1939 年，日军扫荡白云洞时，翻出镟床及其他军工工具，逼问道长无果，怒将其并其余道士民众共六人杀害。太清宫有几个军人出身的老道士，其中有的还参加过淞沪会战，具有丰富的作战经验。他们能够从容应对敌人的扫荡，在敌人面前把崂山抗日游击队吹得神乎其技，使敌人不敢轻易进山；帮忙隐藏游击队来不及撤走的伤员和辎重，减少损失；还向游击队反映敌军的情报，"表现了第五纵队的作用"。[②] 此外，和共产党的敌后抗日根据地一样，崂山抗日根据地也很注重发动群众力量。李先良说："我最初组织游击队，是把一部分的民众武装起来对抗敌人；也就是发动一般民众的力量来对抗敌人；所以我们领导的游击队，根本没有离开民众，而是完全把基础建立在民众中间。"[③] 青保总队把崂山地区的民众编为保甲组织训练，还进行抗战理论教育，培养忠爱国家民族的意识。青保总队成员有九成是本地人，都有很强烈的保家卫国观念。崂山抗日游击队起初只有四五千人，加上民众却不下二十万，大大增强了抗日力量。地方保甲组织主要负责搜集情报、运输、领路和防奸等工作，当地民众具有地利之便，对地形很熟悉，跋山涉水本领高强，以逸待

---

① 周至元：《崂山志》，第 168 页。
② 李先良：《抗战回忆录》，第 26 页。
③ 李先良：《抗战回忆录》，第 44 页。

劳，常能在游击作战中出奇制胜。即墨人高芳先八岁习武，为人正直节义，1942 年任青保总队副总队长，在崂山抗日，领导和参加大小战役八十次，功勋卓越，留下很多传奇故事，被誉为"崂山之狮"。

抗日战争时期，崂山上下从道士到民众，不论本地还是外籍，都竭力通过自己的方式参与抗战。宗教力量参与革命斗争，既是宗教世俗化的结果，也是宗教顺应时代发展的历史规律。

结　语

崂山偏居海表，却钟灵毓秀，地灵人杰。秦汉田横以来，崂山地区的忠贞节义之风得到不断发扬和加强，每逢乱世或异族入侵，这种精神都会迸发出强大的力量。晚清以来，中华积弱，崂山地区更是频遭帝国主义列强蹂躏，激起了崂山人民的愤慨。与此同时，崂山道教正面临失去传统政治保护伞后生存还是毁灭的选择。崂山道教通过主动和被动的世俗化维持了自己的生存，而世俗化正是道教文化与地方文化相结合的过程。于是，道教选择以其丰厚的物质力量和丰富的精神力量参与救亡图存的革命活动，与过去不问世事的清高决裂，回归道教本来的样子。崂山道教参与革命活动是全方位的，包括道士、道产和道教文化等，其中有主动选择，也有被迫接受。道教的世俗化也是如此，既有主动与地方社会融合的积极，也有向时代低头的无奈。这正是历史发展的规律。

由于道教文化内核与新时代的抵牾，道教的影响力越来越低。现在的生活中已经很少能见到道教的影子，但是提起那段峥嵘岁月，仍有不少人记得崂山上璀璨的烟霞。

中共参政员与国民参政会（1938～1945）

——以抗日民族统一战线为视角

王凤青[*]

国民参政会是在南京陷落以后，在对日抗战的严峻形势下于 1938 年 7 月成立的。[①] 它容纳了国民党、共产党及其他抗日党派和无党派人士，是以国共第二次合作为基础的抗日民族统一战线的产物，反过来又维护巩固和扩大了抗日民族统一战线。国民参政会成立后，根据《国民参政会组织条例》的规定，共产党方面的毛泽东、陈绍禹、秦邦宪、林伯渠、吴玉章、董必武、邓颖超等七人以文化团体"著有信望"者的名义被聘为参政员[②]。共产党作为抗日民族统一战线的倡导者、维护者、坚持者和领导者，通过在国民参政会中灵活运用抗日民族统一战线的理论、方针和政策，维护了国共合作抗战的大局，团结了大批中间势力，壮大了自身的力量，成为抗战取得胜利的基本保证。目前学术界在这方面的相关研究，大都指出共产党通过国民参政会维护、巩固和扩大

[*] 王凤青，山东大学博士，现为中共山东省委党校文史教研部副教授。

本文为 2014 年度国家社会科学基金重点项目《中华民族伟大复兴的历史进程研究》（14AZS013）和 2016 年度国家社会科学基金一般项目《国民参政会提案研究》（16BZS073）的阶段性成果。

[①] 国民参政会于 1938 年 7 月 6 日召开一届一次大会，1947 年 5 月 20 日召开四届三次大会，也即最后一次大会，到 1948 年 3 月宣布结束，前后共历四届，举行大会 13 次。其中，在抗战时期召开 11 次，抗战胜利后召开 2 次，横跨抗日战争和解放战争。

[②] 周恩来到第四届国民参政会时也被遴选为国民参政员，由于共产党拒绝出席，他没有直接与会，但他也没有拒绝参政员名义。他先是中共长江局负责人，后来又是中共南方局负责人，负有直接指导中共参政员在国民参政会中工作的责任，因此可以把七参政员加上周恩来看成共产党在国民参政会中的代表团成员。

了抗日民族统一战线①，但基本上是宏观性的概括描述，偏重于从文本到文本的简单罗列，缺乏对共产党、国民参政会与抗日民族统一战线三者之间复杂互动关系的深度历史把握。有鉴于此，本文拟通过考察中共参政员在国民参政会中的政治主张和主要活动，揭示其坚持、维护、巩固与扩大抗日民族统一战线，以争取抗战胜利的作用和意义。

一

第一届国民参政会期间，即从 1938 年 7 月到 1940 年 5 月前后，是中国抗战压力最大的时期，也是国际国内形势剧烈变动的时期。从国际上看，日本先是以密集的军事进攻企图迫使国民政府屈服，后又扶持以汪精卫为首的汉奸伪组织，借以打击国民政府的抗战意志；英美等西方国家对中国抗战虽有少量物质帮助，但也通过对外贸易支持了日本的侵略野心。从国内看，不同党派、不同阶层的爱国力量表现出了万众一心、同仇敌忾、共赴国难的决心和信心，但随着日寇由战略进攻转向战略相持，抗战阵营中出现了以汪精卫叛国投敌为标志的动摇抗日民族统一战线的倾向，由抗战路线不同导致的国共矛盾也再次凸显出来。

在这期间，中共参政员是如何表现的呢？我们可以看到：面对复杂的国际国内局势，中共参政员先是通过提议拥护国民政府领导抗战，与汪逆妥协逆流进行斗争，后又通过争取民主权利，围绕抗战胜利建言献

---

① 期刊论文主要有张毛毛的《国民参政会与中国共产党争取民主政治的斗争》（《近代史研究》1986 年第 2 期），陈明钦的《围绕二届一次国民参政会的斗争》（《西南师范学院学报》1985 年第 3 期），李冬春、周保华的《中国共产党人与抗战时期的国民参政会》（《山东社会科学》1992 年第 2 期），梁华栋的《董必武与抗日战争时期的国民参政会》（《中共党史研究》1993 年第 4 期），苟翠屏的《邓颖超与抗日战争时期的国民参政会》（《西南师范大学学报》1997 年第 1 期），王启华的《抗战时期的国民参政会与中共统战策略》（《上海社会主义学院学报》2005 年第 5 期），筱蕾的《毛泽东与访问延安的国民参政会参政员》（《党史博览》2013 年第 12 期），余俊的《董必武在国民参政会的宪政思想与革命实践》（孙琬钟、杨瑞广主编《董必武法学思想研究文集》第 11 辑上册，人民法院出版社，2009）；学位论文主要有杨五星的《中国共产党在国民参政会的工作和斗争》（硕士学位论文，中共中央党校，2005），杨立志的《国民参政会与国共两党关系论析》（硕士学位论文，东北师范大学，2006），牛赛的《中国共产党与国民参政会研究（1938—1945）》（硕士学位论文，郑州大学，2016）等。

策，对国民党既联合又斗争等方式，维护了全面抗战、全民抗战的局面。

第一，拥蒋反汪。抗战全面爆发后，蒋介石虽决定抗战，但由于缺乏国际的支持和援助，又不发动国内民众进行抗战，致使战场上节节失利，并因此表现出了对抗战的动摇。为维护来之不易的全民抗战局面，在 7 月 6 日召开的国民参政会一届一次大会上，陈绍禹呼吁全国军民支持拥护"在蒋委员长领导之下"进行抗战。[①] 该案经 67 位参政员联署，成为此次大会中"联署人数最多、代表性最广的提案"。[②] 为进一步坚定蒋介石的抗战信心，在 10 月 28 日召开的国民参政会一届二次大会上，陈绍禹又进一步提出："蒋委员长为领导抗战建国的民族领袖，国民政府为领导抗战建国的最高行政机关，我全国军民一致信任和拥护。"[③] 该案与另外两案合并讨论，形成了在蒋介石领导下进行抗战的决议："拥护蒋委员长所宣示全面抗战持久抗战争取主动之政府既定方针，今后全国国民应在蒋委员长领导之下坚决抗战，决不屈服，共守弗渝，以完成抗战建国之任务。"[④] 中共参政员的这一立场和主张在当时颇具象征意义。抗战全面爆发后，由于对中日力量缺乏正确的认识，政学精英大都对中国抗战前途持悲观消极甚至绝望的心理，只是由于怕被扣汉奸帽子，不敢公开说出来而已。而在十年内战时期一直被国民党"围剿"的共产党，却在此时表示坚决拥护蒋介石领导抗战，这不仅鼓舞了蒋介石领导抗战的决心和信心，而且有利于全民抗战局面的维护。[⑤]

就在此时，抗战阵营中出现了以国民党副总裁汪精卫为首的妥协投降逆流。汪精卫对抗战前途持悲观论调，暗地与日寇进行妥协和谈。他还利用国民参政会议长的身份，主使亲信陶希圣在国民参政会一届一次大会上提出《对德意外交采取分化方略案》，企图继续让德国调停中日关系。中共参政员敏锐地察觉到了这一点，指出在德意与日本联系日益密切，与中国日渐疏远的情况下，建议政府加强与德意等国的外交，无

---

① 陈绍禹：《拥护国民政府实施〈抗战建国纲领〉案》，国民参政会秘书处编《国民参政会第一次大会纪录》，1938 年 9 月，第 101 页。

② 周勇主编《国民参政会》，重庆出版社，1995，第 64 页。

③ 陈绍禹：《拥护蒋委员长和国民政府加紧民族团结坚持持久战争取最后胜利案》，国民参政会秘书处编《国民参政会第二次大会纪录》，1938 年 12 月，第 49 页。

④ 国民参政会秘书处编《国民参政会第二次大会纪录》，1938 年 12 月，第 21 页。

⑤ 王奇生：《中国何以取得抗战最后胜利》，360doc 个人图书馆网，http://www.360doc.com/content/15/1012/23/21803267_505231995.shtml，最后访问日期：2017 年 6 月 6 日。

疑是表示向日本妥协。为此，双方"争执甚力"，"几闹翻"。① 广州、武汉失守后，中国抗战进入更艰难的阶段，汪精卫的投降言论也更加露骨。他连续对海通社、路透社记者表示中日"和平"是迟早的事，"吾人愿随时和平"。面对汪精卫的无耻行为，周恩来和凯丰联名致电中共中央书记处，说为"避免被亲日派所乘"②，要求中共参政员出席国民参政会一届二次大会。在这次大会上，林祖涵坚决反对汪精卫的对日投降言论，并指出对主张与日言和的"为虎作伥之辈"，要"加以严惩"，"削除其国籍，并公告全国人民，人人得诛之"，③ 体现出与妥协投降分子坚决斗争、毫不留情的愤怒之情。

与此同时，为了分裂中国抗战阵营，日寇加大了对汪精卫的诱降力度。④ 在日寇的引诱下，国民参政会一届二次大会闭会后不久，汪精卫逃离了重庆，并于同年 12 月 28 日在河内公开发表"艳电"响应近卫声明，成为中华民族的头号汉奸。中共参政员对此坚决反对，指斥他是继李完用、郑孝胥之后的东亚第三"杰"，要求国民政府"明令通缉汪精卫等卖国汉奸"。⑤ 在 1939 年 2 月 12 日召开的国民参政会一届三次大会上，虽没有出现驳斥汪精卫投降的言论⑥，但林祖涵领衔提出的《拥护蒋委员长严斥近卫声明并以此作为今后抗战国策之唯一标准案》，却

---

① 《黄炎培日记》（1938 年 7 月 13 日），中国社会科学院近代史研究所整理《黄炎培日记》第 5 卷，华文出版社，2008，第 323 页。

② 中共中央文献研究室编《周恩来年谱（1898—1949）》（上），中央文献出版社，2007，第 430 页。

③ 林祖涵：《严惩汉奸傀儡民族叛徒以打击日寇以华制华之诡计而促进抗战胜利案》，国民参政会秘书处编《国民参政会第二次大会纪录》，1938 年 12 月，第 72 页。

④ 1938 年 11 月 3 日，日本政府发出所谓"建设东亚新秩序"的声明，督促"国民政府抛弃以前的一贯政策，更换人事组织"，暗示让蒋介石下台，由汪精卫取而代之。见《中国近代对外关系史资料选辑（1840—1949）》下卷第 2 分册，上海人民出版社，1977，第 93～94 页。

⑤ 《中央关于第三届参政会提案问题给南方局的指示》（1939 年 1 月 27 日），中央统战部、中央档案馆编《中共中央抗日民族统一战线文件选编》（下），档案出版社，1986，第 205 页。

⑥ 一些学者曾对国民参政会在一届三次大会到一届四次大会召开前近 10 个月的时间里，"对于汪精卫叛国投敌这一重大历史事件，没有任何以国民参政会和国民参政员的名义发表声讨的通电"的原因进行过分析，认为主要是三方面的原因造成了这种现象：一是国民党新闻检查机关的阻挠；二是国民党当局采取了"谨慎"的处置方针；三是民主党派对蒋介石本质缺乏清醒认识。见阎玉田《国民参政会与汪精卫叛国投敌》，《河北大学学报》2009 年第 4 期。

以拥护蒋介石驳斥近卫声明的方式表达了声讨汪精卫的严正立场。该案指出蒋介石驳斥近卫第三次声明的训词，"不仅为全国军民所一致拥护，且亦为国际舆论同情"，提议将其作为"今后我国抗战国策之唯一标准"。① 该案与另外两案一并提交大会讨论，形成了支持蒋介石驳斥近卫第三次声明、"竭诚拥护政府"抗战到底的决议。② 同年 9 月 9 日，国民参政会一届四次大会召开，此时国民党对汪精卫叛国行为态度已非常明朗，大会掀起了声讨汪精卫的高潮。董必武领衔提出的《拥护抗战到底反对妥协投降声讨汪逆肃清汪派活动以巩固团结争取最后胜利案》，在提出揭露汪精卫叛国本质、声讨汪精卫"认贼作父"行为、肃清汪精卫妥协论调等建议的同时，又主张拥护蒋介石在全面抗战二周年纪念日所发《告全国军民书》中提出的"反对中途投降，坚持抗战到底"的主张。③ 由于这时国民党内部已经出现了反共妥协的苗头，采用这种"顺水推舟"式的策略，无疑使其不敢公开与投降汉奸同流合污，有利于维护抗日民族统一战线。

第二，争取民主。抗日与民主不可分割，没有民主，抗日民族统一战线凝聚民心、集聚民力的优势就无从发挥。在共产党看来，"详细地讨论和决议关于保障人民出版言论集会结社之自由"和"保障各抗战党派合法存在"这两大问题，"直接关系着抗日民族统一战线的巩固和发展，直接地关系着全国人民的动员和组织，直接地关系着抗战胜利的争取"。④ 这两个问题之所以重要，是因为前者涉及能否真正动员民众抗战，后者则涉及不同党派的合法性及能否团结抗战。针对前者，中共参政员主要是督促国民党采纳中间势力参政员的建议。如它认为救国会参政员邹韬奋提出将原稿审查办法由出版前审查改为"实行出版后审查"的提案，"表示国民参政会诸君对于民主政治的推进与民权自由的保障，是在尽一切很大的努力"。⑤ 对于救国会参政员沈钧儒的《切实保障人民权利案》，它也呼吁"令各军政机关切实执行，并限期呈报执

---

① 林祖涵：《拥护蒋委员长严斥近卫声明并以此作为今后抗战国策之唯一标准案》，国民参政会秘书处编《国民参政会第三次大会纪录》，1939 年 4 月，第 54 页。

② 国民参政会秘书处编《国民参政会第三次大会纪录》，1939 年 4 月，第 24 页。

③ 董必武：《拥护抗战到底反对妥协投降声讨汪逆肃清汪派活动以巩固团结争取最后胜利案》，国民参政会秘书处编《国民参政会第四次大会纪录》，1939 年 11 月，第 124 页。

④ 《祝国民参政会成功》，《新华日报》1938 年 7 月 6 日。

⑤ 《第二届国民参政会议的总结》，《新华日报》1938 年 11 月 8 日。

行情况"。① 针对后者，鉴于国民党颁布《防止异党活动办法》以来，国共军事摩擦增多，非国民党派爱国青年遭受压迫甚至无端失踪的现象，陈绍禹在国民参政会一届四次大会上要求"明令保障各抗战党派之合法权利"，"明令取消各种所谓防制异党活动办法"，严禁对人民和青年"施行非法压迫之行为"。② 该案不仅代表了共产党的利益诉求，而且说出了广大中间势力的心声，以致于"许多中立的、过去不表态的人都积极表示同意"。③ 该案与有关结束训政、实施宪政的提案一并提交大会讨论，④ 后通过了实施宪政的治标、治本的两种办法，抗战时期的第一次宪政运动由此兴起。这一运动兴起后，中共参政员积极参与其中，经常与张澜、沈钧儒、黄炎培、张申府、罗隆基等中间势力讨论宪法草案，交换对宪政问题的看法。⑤ 共产党还在敌后抗战根据地相继成立了陕甘宁边区新闻界、妇女界、青年界宪政促进会、延安各界促进会，并要求这些团体"必须建立在广泛的统一战线基础上"。⑥ 这对于团结绝大多数拥护抗战的爱国力量，孤立少数汉奸反动派和顽固势力发挥了重要作用。

第三，围绕抗战胜利建言献策。如在国民参政会一届一次大会上，针对征兵过程中区联乡镇保甲长贪污受贿、徇私枉法、强拉硬抓壮丁等流弊，董必武提议在地方自治未完成、征兵流弊甚多及沦陷或邻近沦陷区省区，注重发挥民众的积极性，改义务兵役为志愿兵役。⑦ 又如针对国民党注重阵地战与日寇拼实力导致军力损失过大的现象，在国民参政会一届二次大会上，陈绍禹认为可以借鉴共产党的做法，"采取运动战

---

① 董必武：《加强民权主义的实施发扬民气以利抗战案》，国民参政会秘书处编《国民参政会第三次大会纪录》，1939 年 4 月，第 24 页。

② 陈绍禹：《请政府明令保障各抗日党派合法地位案》，国民参政会秘书处编《国民参政会第四次大会纪录》，1939 年 11 月，第 92 页。

③ 《董必武年谱》编纂组编《董必武年谱》，中央文献出版社，2007，第 150 页。

④ 参见闻黎明《第三种力量与抗战时期的中国政治》，上海书店出版社，2004，第 79～99 页。

⑤ 《董必武传》撰写组：《董必武传（1886—1975）》（上），中央文献出版社，2007，第 359 页。

⑥ 《中共中央关于推进宪政运动的第二次指示》（1939 年 12 月 1 日），中央统战部、中央档案馆编《中共中央抗日民族统一战线文件选编》（下），档案出版社，1986，第 337 页。

⑦ 董必武：《改善兵役法案》，国民参政会秘书处编《国民参政会第一次大会纪录》，1938 年 9 月，第 118 页。

游击战为主而辅之以必要的阵地战略方针,以疲敝敌人打击敌人消耗敌人和歼灭敌人,使敌人不能继续前进深入"。① 在国民参政会一届四次大会上,秦邦宪还就如何加强敌后游击战争提出了具体建议。② 再如对于外交,在国民参政会一届二次大会上,吴玉章建议国民政府摆脱过于注重官方外交的模式,将注意力放在影响普通民众以争取其支持上面,选派农工商学妇女职业民众代表及世界知名人士,搜集日寇暴行及中国英勇抗战的事迹,分赴英法美等国家,"切实联络,实行国民外交",供各友邦民众阅览。③

抗战进入相持阶段后,由抗战路线不同导致的国共矛盾再次凸显。国民党继 1939 年 1 月五届五中全会确定了"溶共、防共、限共、反共"的政策后,同年 11 月的五届六中全会又确定了军事反共为主、政治反共为辅的方针,全面抗战期间的第一次反共高潮由此发端。它还企图操纵利用国民参政会使反共行为合法化。如国民参政会一届四次大会救国会参政员沈钧儒提出组织华北视察团,了解国共冲突真相,找出解决国共冲突办法的提案,就被国民党所利用。在国民党的控制下,根据这一提案成立的华北慰劳视察团,既没有提案人沈钧儒,亦没有政治立场较为公正的张一麟、黄炎培、江恒源、张澜等人,而是由亲日的梁实秋、余家菊及国民党参政员李元鼎、邓飞黄、于明洲等成员组成。这个视察团的组成,显然不符合沈钧儒原意,当然会遭到中共参政员反对。中共参政员虽谨守"明确的团结抗战的原则立场",④ 但基于"对磨擦如逆来顺受,则将来磨擦逆流必更大"的考虑,⑤ 对华北慰劳视察团表明了坚决反对的态度,指出该团目的为赴华北各战场视察,搜集材料,证明

---

① 陈绍禹:《关于克服困难渡过难关持久抗战争取胜利问题案》,国民参政会秘书处编《国民参政会第二次大会纪录》,1938 年 12 月,第 56 页。
② 秦邦宪:《加强敌后游击活动以粉碎敌寇以战养战之阴谋案》,国民参政会秘书处编《国民参政会第四次大会纪录》,1939 年 11 月,第 85 ~ 86 页。
③ 吴玉章:《加强国民外交推动欧美友邦人士敦促各该国政府对日寇侵略者实施经济制裁案》,国民参政会秘书处编《国民参政会第二次大会纪录》,1938 年 12 月,第 58 页。
④ 毛泽东等:《我们对于过去参政会和目前时局的意见》,《新华日报》1939 年 9 月 9 日。
⑤ 《中央关于我党对国民党防共限共对策的指示》(1939 年 1 月 23 日),中央统战部、中央档案馆编《中共中央抗日民族统一战线文件选编》(下),第 194 页。

国共摩擦"其咎均在共产党八路军与陕甘宁边区",[①] 使该团最终"将原定陕北之行作罢"。[②] 不仅如此，1940 年 2 月，中共中央在对国民参政会一届五次大会的对策给博古（即秦邦宪）等参政员的指示中，还曾一度决定中共参政员均不出席，"以示抗议",[③] 但为了证明破坏抗战的责任在顽固派，且为争取各民主党派和中间分子的同情，最后又派秦邦宪、林伯渠、邓颖超、董必武等出席了这次大会，并在会前表达了加强国共两党团结、维护抗日民族统一战线的立场。[④] 在这次大会上，面对亲日派何应钦所作《冬季攻势开始以来晋冀鲁各省发所发生之不幸事件》中指斥八路军进攻国民党，使"抗战力量抵消，而遭亲痛仇快"[⑤]的不实行为，董必武采取了有理、有力、有节的斗争策略。他用具体事例指出报告内容"多与事实不符"，要求公布朱德、彭德怀的电报，建议国民政府"秉公查明办理",[⑥] 以明真相。这种做法澄清了因国民党严格的新闻检查制度导致社会上流行的共产党故意制造摩擦，不愿抗战的错误思想，减少了抗日民族统一战线的不利因素。

二

第二届和第三届国民参政会前两次大会期间，即从 1941 年 3 月到 1943 年 9 月前后，是中国抗战形势比较平稳的时期，却是抗日民族统一战线内部斗争相当激烈的时期。从外部条件来看，随着苏德战争和太平洋战争的相继爆发，中国逐渐成为国际反法西斯阵营中的重要力量，引发了英美苏对中国抗战态度的变化，支持中国抗战成为这些国家的重

---

① 《毛泽东等参政员为华北视察团事致参政会秘书处电》，重庆市政协文史资料研究委员会、中共重庆市委党校、中国第二历史档案馆编《国民参政会纪实》（上），重庆出版集团、重庆出版社，2016，第 422 页。

② 《国民参政会华北慰劳视察团报告书节要》（1940 年 4 月 6 日），国民参政会编纂委员会编《国民参政会史料》，台北，1962，第 181 页。

③ 《中央关于对国民党第五届参政会的对策问题给博古等的指示》（1940 年 2 月 21 日），中央档案馆编《中共中央文件选集》第 11 册，中共中央党校出版社，1986，第 328 页。

④ 《在第五次参政会的前面》，《新华日报》1940 年 4 月 2 日。

⑤ 何应钦：《冬季攻势开始以来晋冀鲁各省所发生之不幸事件》，《国民参政会纪实》（上），第 415 页。

⑥ 《国民参政会纪实》（上），第 419 页。

要战略。从内部条件看，在联共抗日的大原则下，国民党继续实行防共限共乃至溶共的两面政策，并发起了两次反共高潮。为了孤立共产党，它还对中间势力采取了既打击又拉拢的方针。在此阶段，中共参政员通过灵活运用多种策略，既维持了国共"斗而不破"合作抗战的局面，又通过与中间势力参政员遇事协商、积极支持等方式，赢得了他们的同情与拥护，抗日民族统一战线在曲折中得到了巩固和发展。

1940 年 4 月 1 日召开的国民参政会一届五次大会结束后不久，在日寇东方门罗主义思想的影响下，国民党发动了第二次反共高潮，在华中不断发动对共产党的军事摩擦，同时通过谈判企图限制共产党力量的发展。1941 年 1 月 6 日的皖南事变标志着国民党发动的这次反共高潮达到了一个最高点。这次事变将国共关系推向了濒临破裂的边缘，成为"抗日民族统一战线内部空前的严重事变"。① 事变发生后，如何因应国共关系的重大变化，保持国共继续合作抗战，成为共产党必须和亟待解决的问题。基于皖南事变是国民党对共产党从背后捅的"沉重一刀"和民族矛盾依然是国内主要矛盾的考虑，共产党经过反复权衡，决定以"军事守势政治攻势"作为处理事变的基本原则，并将这一基本原则体现在了两个阶段。第一阶段从 1 月 17 日国民党发表关于皖南事变的通令和讲话到 29 日共产党向社会公布皖南事变十二条善后办法。共产党在做好军事防御的同时，通过各种途径对国民党展开了大规模的政治攻势。② 第二阶段从 2 月 14 日中共参政员将皖南事变十二条善后办法提交国民参政会到 3 月 1 日国民参政会二届一次大会召开。围绕皖南事变善后和出席国民参政会问题，中共参政员加强了与中间势力的沟通和协商，同时又坚持了自己的原则和底线。

随着国民参政会二届一次大会召开日期的临近，毛泽东意识到随着国民党军事反共的终结，加上日寇对国民党发动晋南战役造成的巨大压力，"非想个妥协办法"缓和国共关系不可，因此他决定用中共参政员拒绝出席国民参政会的手段给国民党施压。③ 恰在此时，黄炎培、沈钧

---

① 《中共中央关于皖南事变的指示》（1941 年 1 月 18 日），中央档案馆编《皖南事变（资料选辑）》，中共中央党校出版社，1982，第 173 页。

② 参见张海鹏《论皖南事变之善后》，《近代史研究》1995 年第 5 期。

③ 《毛泽东关于蒋介石政治动向的估计给周恩来的通报》（1941 年 2 月 7 日），中央档案馆编《皖南事变（资料选辑）》，第 206 页。

儒、章伯钧、左舜生、张君劢等中间势力参政员在与周恩来商讨出席国民参政会问题时，提出了两条建议：一是以中共参政员的名义将中共"十二条"提交国民参政会讨论，作为中共参政员出席的条件；二是成立各党派委员会，讨论国共关系和民主问题，中共"十二条"在此会上提出。① 共产党认为皖南事变善后"经过参政员来调解是必要的"，因为"如此可以拉住小党派，争取民主，以为难国民党"，② 因此决定接受这一建议。2 月 15 日，中共七参政员致函国民参政会，指出在国民政府对皖南事变十二条善后办法未予采纳前，将拒绝出席国民参政会。18 日，周恩来将此函送交国民参政会秘书处王世杰，同时向国共两党以外的 20 多位党派参政员送去了内容相同的抄件。

于共产党而言，将采纳皖南事变十二条善后办法与出席国民参政会联系起来，目的"不在于蒋承认十二条或十二条之一部分，他是不会承认的"，③ 而在于以这种方式使国民党退到防御地位，使它不能再进攻共产党，以求国共关系的缓和。于国民党而言，采纳共产党的"十二条"无疑是"自打耳光"，承认发动皖南事变是错误的，对此它不可能接受，但迫于当时国际国内希望国共合作抗战的舆论压力，它又特别希望中共参政员能够出席国民参政会。于中间势力而言，中共参政员出席国民参政会既可以保持国共合作抗战的最高民族利益，又可以成立蒋介石此前承诺的党派委员会以实现其政治抱负，因此，它虽同情共产党的遭遇，但也希望其能够出席大会。由此，在围绕出席国民参政会这一问题上，共产党、国民党和中间势力展开了纵横捭阖式的复杂互动。④ 后来的事态是国民党没有采纳共产党提出的"十二条"，中共参政员坚持了原则，没有出席这次大会，但为了争取中间势力，中共中央又提出了解决皖南事变的临时办法"十二条"。

---

① 中共中央文献研究室编《周恩来年谱（1898—1949）》（下），第 503 页。
② 《周恩来关于提出十二条和张冲交涉情况给中共中央的报告》（1941 年 2 月 20 日），中央档案馆编《皖南事变（资料选辑）》，第 213 页。
③ 《毛泽东关于在国共关系僵局中对国民党的策略致周恩来》（1941 年 2 月 14 日），中央档案馆编《皖南事变（资料选辑）》，第 208 页。
④ 学术界对此已有较多研究，如陈明钦的《围绕二届一次国民参政会的斗争》（《西南师范学院学报》1985 年第 3 期），闻黎明的《皖南事变时期的中间党派——关于中间势力的研究》（《抗日战争研究》2002 年第 2 期），王凤青的《抗战前期黄炎培在国民参政会调解国共争端的努力》（《抗日战争研究》2008 年第 2 期）等。

有学者研究，中共参政员拒绝出席这次大会，"令中间党派不免感到悲观"，并在"客观上给中共带来了不利影响"，[①] 理由是国民参政会通过了一些不利于共产党的决议和提案。这当然是问题的一个方面。但实际上，中共参政员虽未出席这次大会，作用却得到了空前的发挥，不参会虽有一些损失，收获却远高出参会。这主要是因为共产党维护抗日民族统一战线的决心，不仅在会内得到了体现，而且把国民参政会内的小舆论场扩大成为全国的大舆论场，使全国人民认识到，破坏抗日民族统一战线的是国民党，而不是共产党，意味着共产党"更加成为了中国团结抗战的重要因素"，"象征着抗日民族统一战线内部阶级力量对比的变动"。[②] 国民党为了摆脱政治困境，在中共参政员没有出席的情况下，继续选举董必武为驻会委员。参政会二届一次大会闭会后不久，蒋介石又主动约见周恩来，表示国共问题可以提前解决，并不再提中共军队北移问题。此后国民党再也没有发动像"皖南事变"那样大规模歼灭共产党军队的反共高潮，即使在敌后抗日根据地遭遇严重困难、共产国际解散之际，国民党的军队也只是包围了陕甘宁边区，而没有采取实质性的军事进攻。可见，无论是在对皖南事变的善后处理上，还是在对国民参政会是否出席问题上，中共都收获了政治上的成功。这个成功主要表现在，抗日民族统一战线没有因国民党的反共而破裂，中间势力反而更靠近中共了。

在调解国共争端的过程中，鉴于国民党军事灭共引起的对自身命运的担忧，以及同中共有共同的利益诉求，且只有通过反对国民党高压政治才能实现这种利益诉求等多种因素的考虑，中间势力在一些重大问题上加强了与共产党的沟通和交流。[③] 共产党也认识到"争取中间势力是我们在抗日统一战线时期的极严重的任务"，"中间势力有很大的力量，往往可以成为我们同顽固派斗争时的决定因素"，[④] 因此，积极支持中间势力争取民主政治的行为。如 7 月 24 日，针对在香港的各党派参政

---

① 闻黎明：《皖南事变时期的中间党派——关于中间势力的研究》，《抗日战争研究》2002 年第 2 期。

② 《中央一九四一年三月政治情报》（1941 年 3 月 22 日），《中共中央文件选集》第 11 册，中共中央党校出版社，1986，第 626 页。

③ 中共中央文献研究室编《周恩来年谱（1898—1949）》（下），第 509 页。

④ 中共中央文献研究室编《毛泽东年谱（1893—1949）》中卷，人民出版社、中央文献出版社，1993，第 177 页。

员酝酿拒绝出席国民参政会二届二次大会，以向国民政府施加压力，要求政治民主化的想法，周恩来建议廖承志"对此可给予帮助"①。9 月，周恩来再次电告廖承志，"对下届参政会（国民参政会二届二次大会），国方以外各党派参政员（除在重庆的）都不出席，对此应予支持"，并要求向各党派转告共产党出席参政会的条件。② 在 10 月 17 日召开的国民参政会二届二次大会上，中共参政员还以连署提案的方式表示对中间势力的支持。在这次大会上，中间势力提出了两件较有分量的提案。其中，张澜领衔提出的《实现民主以加强抗战力量树立建国基础案》，是中国民主政团同盟成立后首次在国民参政会中实践自己政治主张的宣言，但由于蒋介石的坚决反对，"经会议主席团决定，本提案予以保留"③，可谓"胎死腹中"。另一件是黄炎培领衔提出的《如何减除民众痛苦加强抗建心力案》。该案从减除民众痛苦的角度提出了救济公务员、教育人员及采取有效措施制止物价上涨的建议。④ 董必武参与了该案的连署，⑤ 这也是中共参政员参与连署的为数不多的提案之一。共产党对中间势力的声援与支持，既引发了中间势力对国共两党政治态度的转变，也引起了国共影响力的转换，后果就是中间势力与共产党日趋接近，与国民党日渐疏远。

国民参政会二届二次大会闭会后不久，12 月 8 日，太平洋战争爆发。在苏美英三国联合作战态势的影响下，中国抗战前景日趋明朗。共产党着眼于战后中国前途的考虑，认为"中国各抗日党派不但在抗战中应是团结的，而且抗战后也应是团结的"。⑥ 为此，它在敌后根据地积极建设以"三三制"为主要表现形式的抗日民族统一战线政权，强调"除了汉奸及决心破坏团结者外，一切阶层的抗日人民，不论是有党有派、或者无党无派，不论是同情我党的，或者只在一部分纲领上愿与我党合作的，也不论是已经与我党共事的，或者尚未与我党共事的，共产

---

① 中共中央文献研究室编《周恩来年谱（1898—1949）》（下），第 523 页。

② 中共中央文献研究室编《周恩来年谱（1898—1949）》（下），第 528 页。

③ 李勇、张仲田编著《抗日民族统一战线大事记》，中国经济出版社，1988，第 323 页。

④ 黄炎培：《如何减除民众痛苦加强抗建心力案》，国民参政会秘书处编《国民参政会第二届第二次大会纪录》，1942 年 9 月，第 100 页。

⑤ 《国民参政会第二届第二次大会建议如何减除民众痛苦加强抗建心力案（1942 年 2 月）》，中国第二历史档案馆藏，全宗号：4（经济部），案卷号：24589。

⑥ 中共中央文献研究室编《毛泽东年谱（1893—1949）》中卷，第 392 页。

党都必须和他们一致合作"①。本着这种理念，为争取国共关系进一步
缓和，1942年7月，董必武在与国民参政会秘书长王世杰见面时，指
出国民参政会应成为国内团结的标志，国共两党问题应从政治方面解
决，并与邓颖超参加了10月22日召开的国民参政会三届一次大会。在
这次大会期间，中共参政员主要做了两方面的工作。一是面对何应钦污
蔑八路军"各自为政"及CC分子、国民党一些参政员要求"加强军事
统一"的反共言论，董必武据理力争。他首先指出八路军在华北敌后英
勇顽强、艰苦卓绝坚持抗战的显著成绩，接着指出十八集团军在全面抗
战五年多的时间中没有得到国民政府一支步枪的补充，三年多没有得到
一粒子弹和一点药品的补充，两年多没有领到一文军饷。他说，十八集
团军不是天神，它的兵要吃饭，要穿衣，要作战，在这种情况下，怎能
怪八路军"各自为政"呢？②部分国民党参政员虽然进行了狡辩，但在
铁的事实面前，孰是孰非，一目了然。二是对时人颇为关注的物价上涨
问题，本着"经济第一"的原则，从统一行政机构、扶助工矿各业、
注意囤积居奇、简练管制手续、慎选廉洁人员、争取民众支持等方面提
出了具体建议。③

　　抗日战争进入到1943年，国际国内形势进入了一个新的时期。除
国际反法西斯战争进入决胜阶段和中国抗战前景更为明朗之外，有两件
大事对中国抗战产生了重大影响。一是鉴于各国共产党面临的情况非常
复杂且变化迅速，需要各国共产党根据本国情况独立解决面临的问题，
共产国际决定解散。二是近代以来国人废除不平等条约的呼吁终于变成
了现实，国民党的执政权威空前提高，并利用这一时机发动了第三次反
共高潮。面对国民党新的军事围攻，共产党"决定发动宣传反击，同时
准备军事力量粉碎其可能的进攻"④，除进行积极的军事准备外，通过
各种途径进行政治宣传，并将宣传声势传播到了西安、重庆以及英美苏
等国，以动员国内外舆论打击蒋介石的反共阴谋。9月18日的国民参

---

① 毛泽东：《关于共产党员与党外人员的关系》（1942年3月），《毛泽东文集》第2
　　卷，人民出版社，1993，第394页。
② 《董必武年谱》编纂组编《董必武年谱》，第176～177页。
③ 《措理物价问题的一些条件》，《新华日报》1942年10月31日。
④ 《中央决定发动宣传反击》（1943年7月8日），中央档案馆编《中共中央文件选集》
　　第12册，中共中央党校出版社，1986，第263页。

政会三届二次大会就是在这样的背景下召开的。

在这次大会召开前后，为了遏制国民党的反共政策，中共参政员从三个方面做了努力。第一，借国民党五届十一中全会决议于抗战结束后一年召集国民大会，制颁宪法之机，中共参政员建议国民参政会"对于如何充实政治上的民主生活这个问题能有一些具体的决定"，以为战后宪政实施做必要的准备。① 但同时，它又提醒"小党派不要过于乐观，要静观国民党事实表现"，"不要上当"，② 因为国民党每遇一次危机，即来一次宪政欺骗，毫无诚意。第二，与国民党的反共言行进行坚决的斗争。在大会召开之前，由于得知国民党利用国民党参政员占多数的优势，企图通过反共决议，发动反共运动，董必武本不打算出席这次大会。后经王世杰劝说并声明并无利用国民参政会反共之意后，才于开会当日报到出席。然而，国民党自食其言。9月21日下午，何应钦在做军事报告时，指责八路军、新四军"煽动叛变，分化军力，实行割据，擅立政权，反抗政府，破坏政令，残杀人民，残害官吏"。对此，董必武针锋相对，当场予以"驳斥和回击"，以致"整个会场鸦雀无声"。CC分子趁机起哄攻击董必武的质询。董必武对这种违反议事规则的行为提出抗议后，"毅然退席"。③ 第三，在大会闭会后继续抨击国民党的反共行径。10月5日，毛泽东为《解放日报》撰写了题为《评国民党十一中全会和三届二次国民参政会》的社论，指出国民党"把一个表示团结抗日的国民参政会，变成了制造反共舆论准备国内战争的国民党御用机关"④，并呼吁一切爱国的国民党人，一切爱国的抗日党派和抗日人民团结起来，推动国民党走放弃法西斯独裁内战走民主合作的道路。

中共参政员在这次大会前后的诸多努力使国民党在政治上陷于被动。董必武就他退席后各方面反映给中共中央的电文中指出，国统区一些爱国人士认为中共参政员的"宣传大为成功，乘机把要说的话都说了"，"国民党人士也认为我们胜利，他们失败。几个老头都认为很好，

① 《对于三届二次国民参政会的期望》，《新华日报》1943年9月19日。
② 中共中央文献研究室编《周恩来年谱（1898—1949）》（下），第579页。
③ 周勇主编《国民参政会》，重庆出版社，1995，第183页。
④ 毛泽东：《评国民党十一中全会和三届二次国民参政会》（1943年10月5日），《毛泽东选集》第3卷，人民出版社，1991，第923页。

向来没听到的话都听到了"。王世杰甚至发牢骚说,对共产党既不能武力解决,又不愿政治解决,"这是自告党的政策破产"。① 在此情形下,尽管董必武在参政会召开期间即已宣布不再出席,但为了平抑舆论的压力,国民党仍将其选为驻会委员。大会闭会后,王世杰、邵力子又衔蒋介石之命主动找董必武谈话,表示无意进攻陕甘宁边区,愿停止国共争论重开国共谈判。以国民参政会宪政实施协进会成立为标志的第二次宪政运动兴起后,周恩来和董必武又被指定为该会会员。由于国民党的强力控制,在这次宪政运动中,人们只能在一定条件下讨论民主宪政问题,但共产党认为,只要允许人民讨论,就有可能冲破国民党的限制,"吸引一切可能的民主分子于自己周围,达到战胜日寇与建立民主国家之目的"。② 为此,他们进一步加强了与张君劢、黄炎培、左舜生等中间势力参政员的合作和沟通,就宪政实施、国民大会代表、言论开放及政治结社自由等问题进行广泛的协商与交流,双方的关系由此更为密切,中间势力的政治立场也更为倾向共产党。如在中间势力中颇具影响力的黄炎培,就"到处宣传新四军在华中实行民主与经济建设的成绩",一些教授、学生、工业家也"都不满现状,要求民主",③ 抗日民族统一战线范围进一步扩大。

<h1 style="text-align:center">三</h1>

国民参政会三届三次大会到四届一次大会期间,即从 1944 年 9 月到 1945 年 7 月抗战胜利前夕,是国际反法西斯战争进行战略反攻的时期,也是中国抗日民族统一战线内部斗争更为激烈的时期。豫湘桂战役的大溃败,引起了美国的极大不满,要求国民党进行政治改革以容纳各党派,并开始关注共产党。为了应对军事和政治的双重危机,国民党再次以召开国民大会作为许诺。中共参政员先是提出取消国民党一党专政成立联合政府,后又拒绝出席国民参政会四届一次大会,抵制国民党召

① 《董必武年谱》编纂组编《董必武年谱》,第 185 页。
② 毛泽东:《关于宪政问题》(1944 年 3 月 1 日),《毛泽东文集》第 3 卷,人民出版社,1996,第 90 页。
③ 《董必武年谱》编纂组编《董必武年谱》,第 203 页。

开不具民意性的国民大会，它还欢迎中间势力参政员访问延安，并与其在重要问题上达成了一致意见，抗日民族统一战线力量进一步壮大，保证了抗战胜利的最终到来。

1944 年，国际反法西斯战争进入占绝对优势的反攻阶段。在欧洲战场上，苏联红军接连反攻，到 1944 年夏已将德军逐出国境。英美两国军队在诺曼底登陆，开辟了欧洲第二战场。在太平洋战场上，盟军跳岛战役亦节节取胜。而在中国，日本发动的"一号作战"却使中国战场陷入了极度恶化的形势。从 4 月中旬开始到 12 月初结束的这场战役，中国损失兵力五六十万，洛阳、长沙、福州、桂林等 4 个省会城市和郑州、许昌、柳州等 146 个中小城市 20 多万平方公里的土地相继陷落，成为抗战全面爆发以来中国损失最为惨重的一场战役。尽管学术界对这场战役失利的原因有不同的认识，[①] 但它引发了大后方民众对国民党当局领导抗战能力的怀疑及由此造成国民党统治的空前危机则是毋庸置疑的。对共产党来说，如何扭转国民党这种"腐化达于极点"走向崩溃的趋势以继续抗战，[②] 成为它不得不面对的重要问题。联合政府的口号正是在这样一个背景下提出的。

从目前掌握的资料看，为了争取中间势力的支持，共产党提出联合政府这一口号经过了仔细斟酌。8 月 17 日，毛泽东在董必武、林伯渠

---

① 学术界对这一问题已有较多探讨，如有的指出战役溃败是国民党当局政治、经济、军事各方面严重缺陷的集中大暴露（金冲及：《抗日战争后期中国政局的重要动向——论 1944 年人心的剧变和"联合政府"主张的提出》，载《转折年代——中国的 1947 年》，生活·读书·新知三联书店，2002，第 499 页）；有的认为战役失利在本质上完全可以说是国民党政治统治的恶果（闻黎明：《1944 年：中国社会的历史性转换——兼论民族工商业者"问政"的原因》，《近代史研究》1995 年第 4 期）；有的指出国民党实施一党专政、排除异己、压迫人民、横征暴敛的法西斯主义政策及由此造成的国民党军队战役指挥失误，军队战斗力、战斗意志下降，以及军民不和等导致了大溃败局面的出现（刘贵福：《论豫湘桂战役国民党军队失利的原因》，《辽宁师范大学学报》1993 年第 5 期）；有的认为日本投入了空前规模的军力兵器，国民党军队装备低劣战斗力低下，国民党军队大部新锐军队投入缅甸战场导致国内兵力不足，空军动员不足制空优势没有发挥等造成了中国的"军队溃败、国土沦丧"（唐军、蒲元：《豫湘桂会战失败原因论》，《宁夏社会科学》2014 年第 7 期）；有的则从国际反法西斯战略的视角认为盟军"先欧后亚"牺牲中国的战略造成了中国在豫湘桂战役中的大溃败（孟浩：《豫湘桂大溃败原因探析——以盟军"先欧后亚"战略为视角》，《求知导刊》2014 年第 8 期）。

② 毛泽东：《关于时局近况的通知》（1944 年 7 月 15 日），《毛泽东文集》第 3 卷，第 196 页。

请示如何对待增补参政员的电文上做出批示，要求"与张（澜）、左（舜生）商各党派联合政府"。① 根据这一指示，18 日，周恩来致电董必武、林伯渠，请他们考虑与各民主党派商谈组织各党派联合政府，向国民党提出提前召集各党派及各界团体代表会议，改组政府，并由此政府召开真正民选的国民大会，讨论反攻实行民主，"能否引起大后方（尤其是各党派）的响应和各地方实力派的同情？"② 9 月 4 日，中共中央就成立联合政府问题给林伯渠、董必武、王若飞的指示中指出，向国民政府要求召集各党各派各军、各地方政府、各民众团体代表，开国事会议讨论改组国民政府废除一党统治的时机已经成熟，"如取得小党派及进步人士同意可将是项主张作成提案"③，言外之意是中间势力不同意即不做成提案。这主要是考虑到将联合政府的主张做成提案提出，可能行不通，因为"没有人敢连署"④。15 日，毛泽东复电正在参加国民参政会的林伯渠、董必武，指出"小党派既不赞成我党单独向参政会提出改组政府，即请作罢"，但要求斟酌在做关于国共谈判经过的报告时是否"顺便提到此点"。⑤ 根据这一指示，林伯渠当日在国民参政会所做的《关于国共谈判的报告》中提出了"希望国民党立即结束一党统治的局面，由国民政府召开各党各派，各抗日部队，各地方政府、各人民团体的代表，开国事会议，组织各抗日党派联合政府"。⑥

联合政府口号的提出，犹如巨石投入水中，引发了大后方社会舆论的巨大波澜，因为它反映了豫湘桂战役失利、国民党陷入统治危机后绝大多数爱国力量的共同心声。有人甚至说该主张的提出，"好比参政会画龙，中共点睛"⑦。它的提出深得包括中间势力在内的广大爱国力量的拥护和支持。9 月 19 日，中国民主政团同盟改组为中国民主同盟，

---

① 中共中央文献研究室编《毛泽东年谱（1893—1949）》中卷，第 536 页。
② 中共中央文献研究室编《周恩来年谱（1898—1949）》（下），第 593 页。
③ 《中央关于提出改组国民政府的主张及其实施方案给林伯渠、董必武、王若飞的指示》（1944 年 9 月 4 日），中央档案馆编《中共中央文件选集》第 12 册，中共中央党校出版社，1986，第 580 页。
④ 《董必武关于国民参政会的报告》（1944 年 9 月 24 日），中央统战部、中央档案馆编《中共中央抗日民族统一战线文件选编》（下），第 761 页。
⑤ 中共中央文献研究室编《毛泽东年谱（1893—1949）》中卷，第 545 页。
⑥ 林祖涵：《关于国共谈判的报告》，《国民参政会纪实》（下），第 803 页。
⑦ 《董必武关于国民参政会的报告》（1944 年 9 月 24 日），中央统战部、中央档案馆编《中共中央抗日民族统一战线文件选编》（下），第 767 页。

积极响应这一主张，呼吁立即结束国民党一党专政，建立各党派联合政府，实行民主政治。24 日，黄炎培、张澜、章伯钧、李璜、左舜生、董必武、张申府等 500 多人在迁川大厦礼堂召开宪政座谈会，讨论实行民主政治，结束国民党一党专政，并通过了召开国民会议制定改组国民政府的具体办法。10 月 10 日，中国民主同盟改组后发表的《中国民主同盟对抗战最后阶段的政治主张》将"召集各党派会议，产生战时举国一致之政府"作为其政治主张的第一条。其余各条包括保障人民各项自由，开放党禁，承认各党派公开合法地位，召开全国制宪法会议，制颁宪法等主张。① 民族资本家和工商业者也提出了要求实施宪政，厉行法治，扫除政治上之贪污腐化等主张。②

对共产党来说，联合政府主张的提出，意味着"国共力量对比，已由过去多年的国强共弱，达到现在的国共几乎平衡，并正在走向共强国弱的地位"，③ 国共第二次合作的基础、形式、内容和性质都发生了根本性变化；④ 同时也标志着它对"抗日民族统一战线在政权上的最高形式"这一问题思考的成熟，⑤ 成为抗战后期凝聚民心，争取抗战胜利的重要口号；但是，就共产党的本意而言，提出这一口号并非要取代国民党的统治，而是为了推动国民党进行政治改革，并争取抗战胜利后的有利形势。对此，毛泽东指出，"联合政府仍然是蒋介石的政府，不过我们入了股，造成了一种条件"，⑥ 这句话其实很好地解释了共产党这时的想法。它一再强调由国民政府召集讨论成立联合政府事宜也明显体现了这一思想。但是，这时的国共力量对比和人心向背，与抗战全面爆发初期相比，毕竟已经发生了根本性变化。因此，面对国民党以召集国民大会为由断然拒绝成立联合政府的态度，共产党采取了更为坚决，也更为激烈的措施。一是酝酿成立解放区联合委员会和解放区人民代表会

① 《中国民主同盟对抗战最后阶段的政治主张》（1944 年 10 月 10 日），中国民主同盟中央文史资料委员会编《中国民主同盟历史文献》（1941—1949），文史资料出版社，1983，第 32 页。
② 《陪都六工业团体，发表对时局主张》，《新华日报》1944 年 12 月 26 日。
③ 中共中央文献研究室《毛泽东年谱（1893—1949）》中卷，第 568~569 页。
④ 邓野：《联合政府与一党训政：1944—1946 年间国共政争》，社会科学文献出版社，2003，第 30 页。
⑤ 周恩来：《论统一战线》（1945 年 4 月 30 日），《周恩来选集》上卷，人民出版社，1980，第 190 页。
⑥ 中共中央文献研究室编《毛泽东年谱（1893—1949）》中卷，第 576 页。

议，以引起社会舆论注意和督促国民党改变政治态度①。二是公开声明拒绝出席国民参政会四届一次大会。1945 年 6 月 16 日，《中共中央负责人关于不参加本届国民参政会的声明》发表，该声明从三个方面列举了不参加国民参政会四届一次大会的理由。其中第一点就指出，"从去年九月以来，中共与中国民主同盟及其他广大民主人士，一致要求国民党政府，迅即取消一党专政，召开各党派及无党派代表人物的会议，成立民主的临时的联合政府"，这"实为中国大多数人民公意之反映，但在本党代表与国民党政府代表几次谈判之后，已被国民党政府所拒绝"。

然而，中共参政员拒绝出席国民参政会并不意味着要关闭国共合作的大门。毛泽东就曾指出，国共商谈的大门并没有关闭，"只为了门外有一块绊脚石。是什么，就是国民大会问题"，② 就是想通过拒绝出席的方式抵制国民党召开不具民意性的国民大会。因为，只要中共参政员不出席，国民党在六全大会上通过的由国民参政会讨论召开国民大会具体办法的行为，就失去了政治合法性。而国民党如果一意孤行，非要这样做，共产党就会获得道义的支持，因为这意味着国民党而非共产党要负国共彻底决裂的责任，"反民族反人民反民主的大规模内战就会爆发"。③ 而"不出席参政会，跟着也就不参加国民大会，不参加好处很多"，可以借此揭露国民党以民主为招牌，借召开国民大会，玩弄民主、伪装民主、继续独裁的两面手法。另外，共产党还指出，"如果不召开国民大会我们还可参加参政会"，④ 言外之意就是以中共参政员拒绝出席国民参政会的方式抵制国民党召开国民大会，而非与国民党彻底决裂。

共产党在拒绝出席国民参政会四届一次大会的声明发表后，为了争取中间势力，对褚辅成、黄炎培、冷遹、王云五、傅斯年、左舜生、章伯钧等七参政员访问延安，以便了解情况，恢复国共和谈，奠定"建国

① 占善钦：《试析七大酝酿召开的解放区人民代表会议》，《中共党史研究》2005 年第 4 期。
② 黄炎培：《不堪回忆的国民参政会》，重庆市政协文史资料研究委员会、中共重庆市委党校、中国第二历史档案馆编《国民参政会纪实》（续编），重庆出版集团、重庆出版社，2016，第 353 页。
③ 《中共中央负责人关于不参加本届国民参政会的声明》（1945 年 6 月 16 日），中央档案馆编《中共中央文件选集》第 13 册，中共中央党校出版社，1986，第 93～94 页。
④ 中共中央文献研究室编《毛泽东年谱（1893—1949）》中卷，第 605 页。

新基石"的要求予以了积极回应。6 月 18 日，毛泽东、周恩来在致褚辅成等参政员的电文中，批判了国民党拒绝党派会议、联合政府、民主改革，准备召开一党包办的国民大会制造分裂、准备内战的阴谋，指出"倘因人民渴望团结，诸公热心呼吁，放弃一党专政，召开党派会议，商组联合政府，并立即实行最迫切的民主改革，则鄙党无不乐于商谈"。① 这就有了后来的六参政员（王云五因病未去）延安之行。如同皖南事变的善后一样，在国民党不做根本改变的情况下，参政员的一次延安之行不可能说服共产党出席国民参政会。② 但是，这次延安之行使他们了解了延安的实际情况，了解了共产党的政治主张和精神风貌，部分参政员由此改变了对共产党的看法。以温和持中著称的黄炎培，后来就承认延安之行改变了他对共产党的认识，增加了他对共产党的信仰，认为共产党的前途希望无限。③

另外，就是共产党和六参政员经过协商讨论形成的《延安会谈录》，在停止召开国民大会和从速召开政治会议这两点上达成了一致意见，④ 这对国民党意欲在国民参政会四届一次大会上讨论通过召开国民大会的决议，绝非一个利好消息。7 月 14 日，按照既定程序，国民参政会四届一次大会的议题是讨论国民党六全大会通过的关于召开国民大会的决议。由于此前已与共产党达成了一致意见，黄炎培指出国民大会的职责在制定宪法，树立中华民国百年大计，"若各方主张，尤其是有组织者之意见尚未融通，而遽欲仓促召集，仓促制定，则其后患将不堪设想"，⑤ 声明不参加大会的讨论。章伯钧希望国民党"顺适世界民主趋势，容受人民的要求，以壮士断腕之决心，作悬崖勒马之毅行，实施民主改革，放弃原定举行国民大会之决定，迅速召开政治会议"。⑥ 由左舜生领衔的提案则指出："必须先实行民主措施，协调全国意见，始

---

① 《毛泽东、周恩来复电褚辅成等七参政员》，《国民参政会纪实》（下），第 855～856 页。
② 参见闻黎明《六参政员访问延安再研究》，《抗日战争研究》1999 年第 2 期。该文认为六参政员没有完成促进国共团结，敦促中共参政员出席国民参政会第四届第一次大会的初衷。
③ 黄炎培：《八十年来》，文史资料出版社，1982，第 102 页。
④ 金城：《六参政员延安去来》，《国民参政会纪实》（续编），第 307 页。
⑤ 黄炎培、冷遹、江恒源：《关于不参加国民大会问题讨论的书面声明》，《国民参政会纪实》（下），第 875 页。
⑥ 《章伯钧发表谈话主张停开国民大会，立即召开政治会议》，《国民参政会纪实》（下），第 876 页。

可再行定期召集国民大会。"①

从后来的事态发展来看，国民党借助人数多的绝对优势控制了国民参政会，但中共参政员的拒绝出席和中间势力参政员的努力也取得了一定的效果。大会讨论通过的《国民大会问题审查委员会审查报告》在一定程度上体现了他们的主张，这就是"继续采取可能之政治步骤，及协调之精神，求取全国之统一团结"。国民政府在召集国民大会前，先承认各党派合法地位，保障人民的身体、言论、出版、集会、结社等基本权利，限期完成后方各省各级民意机关的设置，以树立地方自治的基础。② 在此情形下，原定于 11 月 12 日召开的国民大会并未如期举行，由国民大会造成的国共内战的危机暂时得以避免，国共合作抗战的局面也因此延续到了抗战最终胜利之时。

综上所述，中共参政员站在维护中华民族最根本利益的历史制高点，将国民参政会视为维护巩固抗日民族统一战线的重要场所，围绕国共合作抗战、争取中间势力与壮大自身力量等关系抗日民族统一战线巩固扩大的关键性问题，根据国际国内形势不同时期、不同阶段的不同特点和自身力量的变化，通过多种方式和途径，运用多种策略和斗争艺术，将抗日民族统一战线的理论、方针和政策体现在了国民参政会的工作中。在此过程中，中共参政员注重对国民党坚持既联合又斗争，维护国共合作抗战的方针，注重争取发展与中间势力的合作关系，注重以有利于抗战的政治主张和实际行动赢得除少数顽固反动势力之外的绝大多数爱国政治力量的认同、支持与拥护，从而巩固扩大了抗日民族统一战线，为抗战胜利提供了最基本的保证。

---

① 左舜生：《请先实现民主措施从缓召集国民大会以保团结统一而利抗战建国案》，国民参政会秘书处编《国民参政会第四届第一次大会纪录》，1946 年 1 月，第 132～133 页。

② 《国民大会问题审查委员会审查报告》，国民参政会秘书处编《国民参政会第四届第一次大会纪录》，1946 年 1 月，第 72 页。

抗战胜利后国民政府黄河堵口中的工赈

鲍梦隐[*]

关于花园口决堤与黄泛区问题，学术界已经有了不同程度的关注。有的从黄河决堤的军事意义给予研究，[①] 有的从黄泛区的生态环境角度进行研究，[②] 有的从黄泛区的社会救助角度进行论述，[③] 但关于抗战胜利后，国民政府黄河堵口中的工赈问题学术界关注不多，还需要进一步研究和深化。

黄河堵口工程由黄河堵口复堤工程局（下文简称"堵复局"）主持，由国民政府行政院善后救济总署（下文简称"行总"）协助进行黄泛区善后救济工作。1947 年 2 月，行总署长霍宝树指出："以工代赈是善后性的救济工作。凡有难民之处都应展开工赈，一方面难民得免饥饿，同时可为社会完成建设，推行的方式有修路、筑堤、堵口、浚河……各分署办理工赈大半都组有工赈工作队，协助工赈业务的推行。"[④] 而黄河堵口工程就是以工赈的方式在行总河南分署的配合下得以完成的。本文主

---

[*] 鲍梦隐，山东大学博士，现为陕西理工大学经法学院讲师。

① 马仲廉：《花园口决堤的军事意义》，《抗日战争研究》1999 年第 4 期；田照林：《正面战场作战史料的选用——兼论花园口决堤对抗日战争的影响》，《军事历史研究》1998 年第 1 期；渠长根：《功罪千秋——花园口事件研究》，兰州大学出版社，2003。

② 徐有礼、朱兰兰：《略论花园口决堤与泛区生态环境的恶化》，《抗日战争研究》2005 年第 2 期；李艳红：《1938—1947 年间的豫东黄泛区生态环境初探》，硕士学位论文，河南师范大学，2007。

③ 李文海等：《中国近代十大灾荒》，上海人民出版社，1994；渠长根：《功罪千秋——花园口事件研究》，兰州大学出版社，2003；肖铭：《论 1938—1945 年豫东黄泛区的社会救助》，硕士学位论文，郑州大学，2004。

④ 霍宝树：《善救工作之过去与未来——工赈会议开幕词》，《善后救济总署台湾分署月报》第 14 期，1947 年 2 月 28 日，第 7 页。

要对黄河堵口中的工赈问题进行论述。

一 工赈机构的建立及民工招募

抗战胜利后的黄河堵口工程采取"以工代赈"招募民工的方式进行施工。"以工代赈"是中国传统社会兴建公共设施与救济灾难民相结合比较成熟的救灾方法。在黄河堵口过程中，一方面，抗战时期花园口决堤造成了黄泛区有大量的灾民嗷嗷待哺，需要救济。而河南是黄河决堤后受灾最严重的省份，"自花园口徂东流经豫皖苏三省，以豫境面积最广，灾情最惨"。① 黄河工程区域地处黄泛区中心，"以沿河及泛区人民贫苦者居多，本署遂以工代赈，协助兴复"。② 另一方面，黄河堵复需要大量的劳动力，"豫境堵复，估计需工人十一万"。堵复局为招集堵口工程所需的劳动力，经各方商讨后决定采用以下三种办法解决劳力：首先是招工，"委托地方政府代雇民工"；其次是包工，即"随时招包商承揽"；最后是招募，即招募附近"难民或工段附近居民"到堵口工地工作。③ 正是上述两方面的原因，在黄河堵复工程开展过程中，"以工代赈"成为上至中央政府下达地方政府的共识。国民政府决定"以工振方式来救济八九年来在水深火热当中的河南人民"。④ 河南灾区地方政府也希望在黄河堵复过程中，采取"以工代赈"的方式，以救济河南难民和灾民，河南省政府决定以"泛区难民中之壮丁已与黄委会商定以工振方式参加堵口复堤工作"。⑤ 陈留县县长张家骏于 1946 年 3 月 29 日向行总河南分署署长马杰代电，"准将本县难民尽先遣作黄河工程以工代振"。⑥ 从中央到地方政府对在河南泛区实行"以工代赈"做

---

① 《行政院善后救济总署总报告》，1948 年 4 月编印，第 222 页。

② 《黄河工赈办理经过》，《河南善救分署周报》第 63 期，1947 年 3 月 24 日，第 4 页。

③ 《本署配合黄河堵口工振实况》，《河南善救分署周报》（堵口工振纪念专刊）第 71 期，1947 年 5 月 19 日，第 4 页。

④ 《工料招购委员会常务委员会议记录》（1946 年 8 月 6 日），《黄河堵口复堤工程局月刊》第 2 期，1946 年 8 月 15 日，第 38 页。

⑤ 《河南省政府代电》，《河南省临时参议会第三届第四次大会汇编》，河南大学图书馆藏，第 410 页。

⑥ 《河南陈留县办竣小型工赈拟遣送难民参加黄河防泛工程》（1946 年 3 月），中国第二历史档案馆藏，二一/17527（全宗号/案卷号，下文同）。

出了一致的决定。基于中央与地方政府的要求，行总决定在黄河堵复工程中，除技术工人外，"其他运输及普通小工，均可利用受灾难民充任"，[①] 并在制定工赈计划时强调兼顾工程建设和救济灾民，"一切工赈计划为应社会与难民之需要及达到难民'获得工作'之目的起见，先择要施行"。[②] 河南黄泛区复兴建设指导委员会曾致函行总河南分署，"黄河堵口复堤业经开始，泛区难民还乡心切，但以泛区村庄多被冲毁，疆界大都泯灭，善后重建需赖政府协助，为免贻误时机，拟请贵署即向联总接洽建房各项材料及新式农具，并订定以工代赈办法俾孑遗之民，得有复苏之望，想亦为贵署所乐为者"。[③] 可见，工赈既是黄河堵口中解决劳动力的主要途径，也是复兴黄泛区的既定政策，"以建筑代救济，移振款为工资，难民除受振之外，并可因此恢复旧业、重整家园对于农村安全之重要性自不待言"。[④]

黄河堵口期间没有设立专门的工赈机关，而是由黄河堵口复堤工程河南省工料招购委员会（下文简称"工料招购委员会"）组织实施工赈。1946 年 4 月 16 日，由黄委会、河南省政府、省参议会、省党部暨行总河南分署合组成立工料招购委员会，[⑤] 指挥调度堵口工程的招工购料工作。该委员会负责办理招工购料事项的同时，针对参加堵口工程的民工，除由黄委会发放工资外，还会同行总河南分署配合发放面粉，"一本中枢振恤劫后灾黎之德意，对工作工伕除工资之外，会同善后救济总署，配发面粉，力求以工代振"。[⑥] 工料招购委员会是黄河堵口工赈的领导机构，设委员 17 人，分别由黄委会委员长、黄委会河防处长、黄委会顾问 1 人、堵复局副局长 1 人、堵复局材料处处长、堵复局运输处处长、河南省政府委员 1 人、省政府建设厅厅长、省政府财政厅厅长、省参议会参议员 1 人、省党部委员 1 人、河南省善后救济分署高级职员 1 人、

① 《河南分署办理黄河堵口工振等》（1946 年），中国第二历史档案馆藏，二一/17531。
② 《办理工赈原则》（善后救济总署赈恤厅通告第 7 号），《善后救济总署台湾分署月报》第 12 期，1946 年 12 月 31 日，第 12 页。
③ 《河南分署与黄河水利委员会等会商办理黄河堵口复堤工赈及黄泛区救济事项等》（1946 年），中国第二历史档案馆藏，二一/17532（1）。
④ 《河南分署办理黄河堵口工振等》（1946 年），中国第二历史档案馆藏，二一/17531。
⑤ 《本局电黄河水利委员会叙述办理招工购料拨款各经过情形》，《黄河堵口复堤工程局月刊》第 2 期，1946 年 8 月 15 日，第 10 页。
⑥ 赵守钰：《黄河堵口复堤工程述概》，《黄河堵口复堤工程局月刊》第 2 期，1946 年 8 月 15 日，第 5 页。

河南省第一、二、五、十、十二区各行政督察专员组成；同时发布了工料招购委员会组织规程。①因黄河堵口工程巨大，需用大量民工和材料，且工期急迫，为使堵口工程进展顺利，须借助政治力量方能满足劳力及工料需求，故而地方政府的党、政、民意机关等部门均有人员加入工料招购委员会。尤其是省政府委员、省建设厅及财政厅厅长的加入，凸显了作为工赈领导机构的工料招购委员会位高权重；黄委会委员长作为相关黄河的国家水利机构的最高长官，参加招工购料委员会的组织工作，反映了黄河堵口作为战后最大的水利工程所受到的高度重视；行总河南分署是黄河堵口工赈及其运输水利器材等的具体办理者，也是选派了高级职员加入这个委员会。根据工料招购委员会的组织规程，该委员会还设立了常务委员五人，由黄委会委员长、省政府委员、省参议员、省党部委员及行总河南分署高级职员担任。由此看出，地方党政民意等政治力量及善后救济与黄河水利技术一样，是影响堵口工程进展的重要因素。

关于工赈中民工招募的原则，行总规定"凡身体健全与能操作之难民，皆应使之工作，不应给予无代价之补助……工人之待遇除发给食粮外，得补以现款及（或）衣物等，工赈与其他赈济工作配合办理"。②行总在制定的《工赈计划实施纲要》中强调："核定工振程序时，务使救济工作，适合难民能力，一切当为难民设想。……凡有难民之处，本署应即展开工赈工作。凡能予以工作机会而使其得温饱，同时为社会完成有用之建设目的者，事无巨细、工无大小，皆属本署工赈之对象与范围。"③

7月，堵复局发出布告，开始招募民工，制定出具体的招募和组织办法。（1）关于民工的编组，规定"民工除尽量自雇外，经河南省工料招购委员会议决，由第一、二、四、五、十、十二，六行政区所属各县分配代招，共十一万人，各赴指定地点工作。其编组办法，每三十五人为一小队，以资便利领发面粉。（每人每日二市斤半，每小队计八十七斤半，约合面粉二袋。）每小队，由民工推举公正干练者一人为小队

① 《黄河堵口复堤工程河南省工料招购委员会组织规程》，《黄河堵口复堤工程局月刊》第2期，1946年8月15日，第22~23页。
② 《办理工赈原则》（善后救济总署赈恤厅通告第7号），《善后救济总署台湾分署月报》第12期，1946年12月31日，第12页。
③ 转引自《小型工赈》，《河南善救分署周报》第63期，第11页。

长，各县政府所派领工人员为大队长，负率领到工及对外接洽暨指挥工作之责"。（2）关于民工的旅费，根据距离工地的远近给予旅费补助。"民工到工旅费，凡距离工地在四十里以内者，到工后每人领面粉三市斤，不再另发路费。超过四十里以上者，除去四十里，每里发给路费十元，到工后仍领面粉三市斤。惟以按分配佚额一次为限，中途换班更替之民工，不予发给。"（3）民工的工资和津贴。工资按照工程量计算，规定"工资按做成土方数量计算，土方单价，按取土距离远近规定之。民工每人每日领面粉二市斤半，作为配发工资之一部分，由应得工资内抵价三百元。凡搬运石料或其他不能按方计算之工作，由卯工担任。该工待遇，除每日发面粉二市斤半外，另加发工资七百元"。在特殊情况下，给民工发放津贴，"民工因阴雨或患病，竟日不能工作者，照发面粉二市斤半，以资津贴"。（4）民工的食宿及医疗。规定"民工住址距工地在五公里以内者，其食宿事项均仍回家办理。其距离在五公里以外者，由该管工段，就附近工地村庄尽量借用，或租赁公共房舍，或民间闲房居住。如不敷用，每小队（三十五人）得领芦席三十五张，柳杆三十五根，麻一斤，自行搭盖窝铺，炊食器具，均自行携带"。"工地卫生及医药事项，由河南善后救济分署及河南省卫生处，派员办理。药品等由分署配发。"（5）民工的劳动工具和公用经费。"民工工具自带，每小队至少应备土车十二辆，或抬筐十二付，铁锨十五把，如有损坏，由各队随时自行补充更换。"公用经费"按分配民工数额计算，每千人每月四万元"。[①] 除堵复局张贴布告招募民工外，行总河南分署也积极准备，"本署开封郑县两义民站收容之义民除老幼残废不能工作等外计有壮年义民五百余名拟遣往参加花园口堵口工程"。[②] 工料招购委员会还委托地方政府代雇民工，"难民或工段附近居民，可自愿到工工作"的均可参加黄河堵口工程。[③]

堵复局的布告发布后，河南各地灾难民或主动或在地方政府的组织

① 《黄河堵口复堤工程局布告》，《黄河堵口复堤工程局月刊》第 2 期，1946 年 8 月 15 日，第 45～46 页。

② 《河南分署与黄河水利委员会等会商办理黄河堵口复堤工赈及黄泛区救济事项等》（1946 年），中国第二历史档案馆藏，二一/17532（1）。

③ 《本署配合黄河堵口工振实况》，《河南善救分署周报》（堵口工振纪念专刊）第 71 期，第 4 页。

下来到堵口工程工地。当年曾参加黄河堵口工程的吴书款回忆说：1946年8月"听说要堵黄河口子，我回到本村，伙同吴风礼组织了廿多个人，九月十六出发去参加了堵［口］工程"。① 有些逃荒到外省的泛区民众在堵口期间返乡参加了堵口工程，如工程卯工队工人"来自泛区及山东、河北之所谓'解放区。自陕西还乡之义民亦不少，其中绝对多数为农民"。② 黄泛区失去家园的农民，是堵口工程劳动力的主力，"他们虽然窘到不能再窘的地步，而对于这次伟大的黄河堵口复堤工程所用的材料人力，仍然协助政府，努力从事。'有钱出钱，有力出力'的美名，加到他们身上，真算是当之无愧色了。在工作地带天天有整千整万的劳工"。③ 据有关资料记载，河南泛区先后动员20余县组成民工队，④专任参加堵口工程的工人最多达49358人，其中24人因公牺牲，17人在工病故，殉职年龄最大的是62岁，最小的仅有19岁。⑤ 尽管没有完整的关于征集到民工数量的资料，但我们从上述零星的资料中可以看出，来到堵口工地的主要以泛区的民众和返回泛区的难民为主。

二 工赈实施办法

参与黄河堵口工程建设的劳动力主要是难民和泛区的灾民，"此辈工人均为无衣无食之难民"，⑥ 他们面临的最严重的问题是吃饭问题，因此，为了达到通过工赈的方式解决灾难民面临的问题，黄河堵口工赈的主要方式是发放面粉。早在黄委会于1945年12月成立花园口堵口工程处⑦之后，1946年2月14日，行总河南分署就与黄委会召集党政有

① 吴书款：《逃荒纪实》，《扶沟县文史资料》总第7辑，中国人民政治协商会议、河南省扶沟县委员会文史资料室编辑出版，2004年5月，第174页。
② 《黄河花园口口合龙纪念册》（1947年4月），黄委会档案馆藏，MG3.3-14，第26页。
③ 许泰岩：《由堵口工程想到泛区的难胞》，《黄河堵口复堤工程局月刊》第2期，1946年8月15日，第11~12页。
④ 《本署三十六年度第一次招待新闻记者 报告署务近况协助堵口成功及重建泛区计划》，《河南善救分署周报》第64期，1947年3月31日，第3页。
⑤ 《黄河花园口口合龙纪念册》（1947年4月），黄委会档案馆藏，MG3.3-14，第26、80~84页。
⑥ 《行政院善后救济总署业务总报告》，1948年4月编印，第208页。
⑦ 《民国黄河大事记》，黄河水利出版社，2004，第194页。

关机关与各区专员举行会议,① 商讨工赈问题, 随后出台了《黄河水利委员会花园口堵口工程处工夫组织及管理办法》(下文简称 "《工夫组织及管理办法》")②(23 条), 从制度上对堵口工程有关工人的招募条件、食宿、编组管理、工作要求及工赈面粉的发放等做出规定, 并为以后的黄河水利工程招募劳力起到了规范作用, 但该项制度没有涉及旅费和工人医疗卫生问题。关于工人招募条件,《工夫组织及管理办法》第4 条规定: "工夫年龄以十五岁以上五十五岁以下为合格"。该条规定杜绝了童工的出现, 规定了参加堵口工程的劳力必须是青壮年, 体现了人性基本的人文关怀, 童工在堵口工地是没有出现, 但是超龄的工人实际上是存在的, 如担任卯工的河南扶沟人杨妞就是 62 岁。③ 关于工人的食宿问题,《工夫组织及管理办法》有第 5、第 6 两条规定。其中第 5 条是关于工人住址远近的, "工夫以住址距工地之远近分为两种: (一) 近处工夫住址距工地在五公里以内不须搭盖窝铺者 (二) 远处工夫住址距工地在五公里以外必须搭盖窝铺者其住址远者须经乡保长证明之"; 第 6 条是关于工人住址较远的解决办法, "远处工夫经证实后每工人一名得借用本处席片一领柳杆一根在指定地点搭盖窝铺此项席片与柳杆俟工竣缴回如有遗失或损坏须照原价偿还以重公物"。实际上堵口工地的工人大多数是住在施工现场的, 住址在 5 公里以内的工人, 基本上是泛区中心区域的灾难民, 他们的房屋大部分是被泛滥的河流冲毁的, 没被冲垮的房屋也被湮没在黄沙之下。工人们是每人 "发席一条, 木棍一根, 聚集相当人数, 共搭席棚一所, 或发给布质帐蓬替代, 以资住宿"。④ 还有的工人住在 10 里以外由黄委会代租的房屋里, "须很早爬起来往河边跑",⑤ 去参加堵口工程建设。在编组管理方面,《工夫组织及管理办法》第 2、3 条明确规定了编组办法, 如第 2 条规定 "便利救济分署配发面粉起见均以三十五人为一队", 第 3 条规定为 "每队推举公正队长一人带领工作其余三十四人分为二排各设排长一人以该排工夫中工作能力较优者充任

---

① 《本署配合黄河堵口工振实况》,《河南善救分署周报》(堵口工振纪念专刊) 第 71 期, 第 5 页。

② 《河南分署与黄河水利委员会等会商办理黄河堵口复堤工赈及黄泛区救济事项等》(1946 年), 中国第二历史档案馆藏, 二一/17532 (1)。

③ 《黄河花园口合龙纪念册》(1947 年 4 月), 黄委会档案馆藏, MG3.3-14, 第 82 页。

④ 《河南分署办理黄河堵口工振等》(1946 年), 中国第二历史档案馆藏, 二一/17531。

⑤ 晓歌:《花园口堵口工程记》,《华商报》1946 年 5 月 29 日, 第 3 版。

之"。关于堵口工赈的面粉发放,《工夫组织及管理办法》中的第 2 条做出如下规定:"为便利救济分署配发面粉起见均以三十五人为一队即每工领面粉 2.5 市斤每队每日共领八七、五市斤约合粉二袋"。这一规定成为黄河堵口工赈面粉发放的最基本的办法。如何发放工赈粮食(面粉),行总在公布的《善后工作工赈原则》中又规定:"(一)发粮每天每工应以两市斤面粉或稻米为限,如发什粮时可酌加。(二)粮食为直接发给工人,不得假手包工。"① 将工赈粮食直接发给工人,避免了人为环节的稽延和克扣,体现了救济难民的紧迫性,保障了工赈实施的效果。另外,黄河堵口工赈粮食是每人每天 2 斤半,高出行总规定的每工每天 2 斤,这也从另一方面说明,黄河堵口工程的工程量大、工期短,多发粮食多干活。

行总河南分署于 1946 年 3 月 1 日成立第一工作队,专司黄河堵口工赈事宜。② 第一工作队根据《工夫组织及管理办法》及相关会议精神,制定了更为详细的《黄河工赈面粉发放办法》③,该办法包括 5 个方面的内容。首先是领取工赈面粉的对象、数量以及特殊情况办理的基本原则。关于领取面粉的对象和数量,该办法规定:"凡参加黄河堵复工程工人,不分〔地〕域,不论其为难民工志愿工或各县代雇民工,均得领食工振面粉,每人每日按二市斤半发给。"该规定在 1946 年 11 月 1 日至 1947 年 2 月 25 日减为 2 市斤。有资格领取面粉的工人"只限无职级待遇及不在任何公私法团编制者",因特殊情况如下雨等自然因素影响不能施工或者工人因病不能工作的,工赈面粉"照常发给"工人。以上规定明晰了黄河工赈的内涵,即以工作的形式救济无其他工作收入的人们,尤其是对生病工人的关照和阴雨天停工仍发放粮食,无形中鼓舞了工人劳动的士气;工赈面粉的发放扩展至非难民工范畴,也使得工赈粮食具有了一般建设工粮的性质,这也说明堵口工程工期紧迫,"工程浩大事实上非难民所可完成"。④

其次是领取赈粉手续的规定:"1. 工人到工后,先到工程机关报到

---

① 《行总消息·行总公布善后工作工赈原则》,《行政院善后救济总署广东分署周报》第 1 卷第 41 期,1947 年 1 月 28 日,第 11 页。

② 《河南分署办理黄河堵口工振等》(1946 年),中国第二历史档案馆藏,二一/17531。

③ 《黄河工振面粉发放办法》,《河南善救分署周报》(堵口工振纪念专刊)第 71 期,第 10~11 页。

④ 《河南分署与黄河水利委员会等会商办理黄河堵口复堤工赈及黄泛区救济事项等》(1946 年),中国第二历史档案馆藏,二一/17532(5)。

编队，再自选队长后，通知本队起发面粉。2. 每日发放一次，由工程师开给前一日工粉之借条，盖章后交工人队长来本队借领，但以不超过应领数为原则。3. 借条分上下两部，上半部裁给工人，下半部留队存查，以免错误。4. 工人将借条送队，即换给面牌，凭牌即可至仓库领面。5. 每五日工人队长持清册来队清算，不得延误，清算后发给下期清册。6. 清册上须将全队工人姓名及做工日期造齐，工人各自在名下逐日捺指印，队长加盖名章后，再由工程师及监工盖章，来队清算。三十六年元月一日，奉令名册上不捺指印，另具领据一纸。7. 清算后即将工人五日应得一次发清，其不足一袋者，发给面票，积足一袋，即可换领面粉。8. 各县民工队由各县代表出具保证书。如该县工队有未办清算手续，或空袋未缴即行离去者，由该县代表负责清理。9. 志愿工队及承揽工队应觅铺保或人保，出具保证书，如该队手续不清离去，即由保证人负责。（以上 8、9 两条由 1946 年 9 月 15 日起实行）10. 如空袋遗失，须由工程师出具证明，按规定数额缴纳押金。"领取面粉的手续仍旧是以具体救济为原则的。比如每日领面粉一次，免得工人挨饿；每五天清算领取的赈粮，也反映了工赈管理的有序性；工人文化水平较低，故而只能每天在清册上自己的名下捺指印了，这也说明工赈执行部门考虑到工人的具体情况。

再次是发放旅费面粉办法的规定。对于参加堵口工程建设的工人，其往返旅费是工赈执行部门解决的，即以赈粉形式冲抵往返劳顿。旅费面粉是如下规定的："1. 旅费面粉，每人一次发给三市斤。2. 旅费面粉，来回程均可发给，应于取得工程机关证明后发给清册造报点发。3. 点发旅费面粉，必要时得收回工人符号，函送工程机关，以免冒领而便查放。4. 根据某县原分配民工数发放，不得超过配额。"当时参加堵口工程的工人绝大多数是徒步往返工地的，仅有的三斤面粉补充不了消耗的体力，但对于经历过各种灾祸的人们来说，粮食还是很珍贵的。

又次是发放抢险面粉办法的规定。对于参加工程抢险的民工，"每人每日发面一市斤，由领队人具领工程负责人盖章证明"，夜间抢险民工"亦准比照办理"。因为黄河堵口工程属于各种条件非常复杂的水利工程，经常有冲毁堤坝、暴雨骤至等情况发生，因而工程抢险就非常必然，发放抢险面粉只是对工人劳动风险性的一种补偿。

最后是关于装订清册填制表报程序的规定。详细说明了发放工赈面粉的管理程序，"1. 工人食粮发放清册，一队二页，以五十队装订一册，必须装订整齐，加装册皮。2. 册头统计栏应妥为填写，以便合计面粉及工数。3. 册面统计表内印有说明本册页数队数工数面粉数及日期，以便查核。4. 随册统计表，为求便于核算，另制随册统计表，即将册内所有工队工数面粉数抄录表内，以便核算。5. 工人食粮发放报告表列清每日作工人数发出面粉数，五日一期，有合计数目，以便审核总计数字"。黄河堵口工赈涉及工人多达五六万人，每日发放赈粉几达二十余万斤，[①] 如此庞大的工作量、繁杂的数据，确实需要精细管理。《黄河工赈面粉发放办法》的出台，使得堵口工赈面粉的发放具有了极强的操作性，关于工赈的管理也提供了有效的模式，对于黄河堵口工赈的实施有了必要的依据。

黄河堵口工赈在发放面粉以外，还发放工资。黄委会制定的《工夫组织及管理办法》[②] 的第 13 ~ 17 条就是关于工人工资的相关规定。其中第 13 条"工夫如因雨竟日停工者照发面粉停发工资"和第 14 条"工夫工资均依照本处规定之价格或按工作数量与工队议妥之价格发给之"，是关于发放工人工资的基本原则的规定；第 15 条"各工队编制后每五日发放工资一次其领发手续照第十六条办理"，第 16 条"各队在领取工资前均须填具本处印成队长排长具名之收据经监工员工程师核定盖章后即由出纳员到工当众发放以示公开"和第 17 条"队长领到工资后应于休息时间内立即分发各工人如有延误克扣或其他不实情事一经查出或告发查实者立即撤销队长资格其经议价者不在此限"，是关于工人工资发放的频率、具体操作步骤以及出现舞弊现象的惩戒。每五天发放一次工资，还是体现了工赈的救济意义。

三　工赈的实施

根据各种工赈实施办法的规定，行总河南分署第一工作队（下文简

---

① 吴惠人：《第一工作队经办振务概述》，《河南善救分署周报》（堵口工振纪念专刊）第 71 期，第 9 页。

② 《河南分署与黄河水利委员会等会商办理黄河堵口复堤工赈及黄泛区救济事项等》（1946 年），中国第二历史档案馆藏，二一/17532（1）。

称"豫分署一工队")承办黄河堵口工赈,工赈实施的主要方式就是发放面粉。关于面粉的发放,行总制定了三项救济原则:"(1)必须惠及灾黎,面粉直接发给工人,决不假第三者之手;(2)每日发放一次,不得超领或积欠;(3)手续尽量简单,惟必须取得主管工程师盖章证明,方予照发。"① 这三项救济原则是为了确保工人每天不挨饿的生存需求,也兼顾到工程建设的重要性。

为严格遵守工赈的各项规章制度,按时按量把工赈面粉发到工人手中,豫分署一工队下设总务、赈务、供应及卫生四股,"有十三分队,共三十五人,分别办理堵口复堤采石及泛区复堤工赈"。② 豫分署一工队在工赈粮食发放过程中基本上执行了有关政策。由于工人中文盲居多,因此在发放过程中,"领发手续力求简化,工人随到随时核算,登薄发粉,决不使有片刻稽延,而致贻误工食。虽在严寒酷暑,狂风飞沙之日,工作亦从无间断"。为了按时发放和保证发放到工人手中,防止冒领,一方面发放时"决不假手第三者",另一方面"不时派员实地调查工人生活状况,抽点工队名额,以防冒领中饱",从而更好地发挥"救济效能"。③

最初为了确保工赈面粉真正地发放到工人手中,在发放时让工人在"清册上个人名下逐日捺一指印"。1947年元月,废止捺指印,改由工人队长"每五日出具领据一张纸。为便利工人起见,每日准借面一次,五日为一期,届时工人队长造具名册来队结算。每日工人随到随时发面,决不片刻稽延"。④ 关于全部工程中工赈面粉发放的细节目前还没有详细的资料,但我们从1947年2月堵口工程南引河工赈到工旅费面粉发放情况能够得到一些信息,详见表1。

从表1可知,加挖南引河工程代雇民工2万人,分配的土方量为536883公方,往返旅费合计1.994亿元(法币),每人发放到工旅费面粉3斤,共计发放到工旅费面粉6万斤。由此可见,旅费工赈面粉的发

---

① 《本署配合黄河堵口工振实况》,《河南善救分署周报》(堵口工振纪念专刊)第71期,第5页。

② 《本署配合黄河堵口工振实况》,《河南善救分署周报》(堵口工振纪念专刊)第71期,第6页。

③ 《黄河花园口合龙纪念册》(1947年4月),黄委会档案馆藏,MG3.3-14,第33页。

④ 吴惠人:《第一工作队经办振务概述》,《河南善救分署周报》(堵口工振纪念专刊)第71期,第9页。

表1 南引河工程各县代雇民工旅费面粉发放情况统计

县别	代雇人数（人）	土方量（公方）	到工行程天数（天）	到工旅费单价（元 法币）及每人发旅费面粉3市斤	返程旅费单价（元 法币）不发旅费面粉	往返旅费合计（万元 法币）	到工旅费面粉合计（斤）
郑县	1500	42706	1	2000	2000	600	4500
广武	600	14477	1	2000	2000	240	1800
中牟	700	21224	2	5000	5000	700	2100
荥阳	800	24465	1	2000	2000	320	2400
汜水	600	12757	2	5000	5000	600	1800
新郑	1500	37460	2	5000	5000	1500	4500
密县	1500	44824	2	5000	5000	1500	4500
禹县	3000	79017	3	8000	8000	4800	9000
长葛	1000	25582	3	8000	8000	1600	3000
洧川	800	22084	3	8000	8000	1280	2400
原武	800	21061	1	2000	2000	320	2400
阳武	1200	28747	1	2000	2000	480	3600
获嘉	1500	38721	2	5000	5000	1500	4500
延津	1500	40396	2	5000	5000	1500	4500
封丘	1000	26707	2	5000	5000	1000	3000
新乡	2000	56655	2	5000	5000	2000	6000
总计	20000	536883	—	—	—	19940	60000

资料来源：《本局委托各县代购料物代募民工会议纪录（二）》,《黄河堵口复堤工程局月刊》第8、9、10期合刊，1947年5月15日，第27页。其中往返旅费合计与到工旅费面粉合计为笔者根据相关数据计算所得。

放基本上执行了行总政策。黄河堵口是战后国民政府最大的一项水利工程，堵复局为早日合龙花园口决口，不计工本，只为堵口，反映了国民政府对黄河堵口的迫切。时任联总中国分署署长福兰克雷及农业股主任格林，均认为黄河堵口工程不是一个单纯的工程问题，"并为一救济河南及下游数百万农民问题，更为世界整个之粮食增产问题"。[①] 黄河堵

---

① 张季春：《黄河堵口复堤工程纪实》,《黄河堵口复堤工程局月刊》第2期，1946年8月15日，第8页。

口不仅关系到中国的国计民生，更关系到世界粮食安全问题，颇受各方关注。因此，严格执行工赈的各项政策是保证工程顺利进展的前提，参与工赈的相关机构，态度都是比较积极的。

据统计，从1946年3月24日开始直接发放赈粮，最初有1700队民工，有三四千人，赈粮流动仓库设在核桃园村。当时工人人数，东坝由2000人增加到3000人，西坝由3000人增加到10000人。面粉由豫分署一工队办理发放，工赈工作队还兼顾办理工人福利。据统计，黄河堵口工赈1946年度发放面粉256439袋，1947年度发放面粉112488袋，共计368927袋；大米共500包；豆粉1541袋。[①] 另外，1947年元月5日堵口新计划实施后，加挖引河工程，增加工人4万余人，每天发放面粉15万斤，连同工人到工旅费面粉，每日发20万斤以上。[②] 在整个堵口工程中，共计发放工赈面粉达662.5万斤，所用人工总数为317万个工，[③] 平均每工发放面粉2.1市斤，基本上符合行总原定的发放标准。从发放过程和发放面粉数量来看，凡是参加堵口的工人都得到了应有的救济。

工赈工资由堵复局发放。该局工资发放办法包括："（一）按工作数量给与者，土工按所做土方数量计算，土方单价按取土距离远近而定（按方坑收方）。每工每日由救济分署工作队发面二市斤，作为配发工资之一部分，由应得方价内扣抵，每市斤按一百二十元计算；（二）按日给与者，卯工每工一四四〇元，面粉二市斤扣抵二四〇元，实发一二〇〇元。碳工每工一八四〇元，面粉二市斤扣抵二四〇元，实发一六〇〇元。其他技工如打桩工，机器工，铁工，木工，泥工，视工作及生活情形，随时会同审计议定发给。（三）阴雨及病工竟日不能工作者，不论何种工伕均每人每日发面粉二市斤，不另扣抵。"[④] 从上述内容来看，工资发放办法与面粉发放办法有所不同。面粉发放纯属救济性质，无论工作与否，凡在堵口工地劳动的工人均发面粉；而工资的发放则以

---

① 《本署三十六年度第一次招待新闻记者 报告署务近况协助堵口成功及重建泛区计划》，《河南善救分署周报》第64期，第1页。

② 《本署三十六年度第一次招待新闻记者 报告署务近况协助堵口成功及重建泛区计划》，《河南善救分署周报》第64期，第4页。

③ 《工料统计》，行政院新闻局：《黄河堵口工程》（1947年7月），黄委会档案馆藏，MG3.3-17。

④ 朱光彩：《黄河堵口复堤工程计划报告》，黄委会档案馆藏，MG3.3-9。

工作量为标准，即按工人完成的土（沙）方量、运送土（沙）方的距离远近以及工种的不同，来决定发给民工工资的数额，如果阴雨天气或因疾病不能工作，则停发工资。堵复局所发工资主要来源于国民政府水利委员会和黄委会，从 1946 年 4 月至 1947 年 3 月 23 日，水利委员会拨付工程款 466 亿元（法币，下同），黄委会拨付 155 亿元，共计 621 亿元。在堵口工程中共支出 592 亿元。[①] 在各种支出中，发放工赈工资 72.56 亿元，[②] 占全部工程总支出约 18%。

然而，在工赈面粉和工资的发放中，也出现了一些问题。在面粉发放过程中，有克扣工人面粉或偷梁换柱的情形发生。如"发现工人队长有克扣工人面粉等情事发生，当送交司法或警察机关法办几次，惟情节尚轻，均随地解决"。[③] 第 615 队队长"曾经将领到之面粉于换馍给工人吃时，用偷梁换柱的法子，克扣不少"。[④] 有的以次充好，如从 8 月起发四等粉，"现在发的乃是'通粉'，就是不分一二三等的面粉，好坏都在一起的"。[⑤] 劣等面粉既影响了工人身体健康，也影响了工程进展，如"救济分署第一工作队所发劣粉，民工食后，影响健康，致碍工程进行，而各民工亦因之发生潜逃情事"。[⑥] 这些均说明在工赈面粉发放过程中存在一些腐败现象，尽管这只是个别现象，但说明工赈的实践与初衷仍有一定的距离。

综合上述，抗战胜利后不久，国民政府开始了黄河堵口工程，以工赈的方式救济黄泛区难民。黄河堵口工赈是战后行总所推行的最大工赈业务中的首要部分，河南省 20 多个县的大约 5 万人，计 317 万个工，在黄河堵口工赈中受惠，解决了吃饭问题。"彼等原系灾黎，而以其劳力，换取振济工粮，且所食者，均为洋面，远较其在家吃树叶杂粮野菜

---

① 《黄河花园口合龙纪念册》（1947 年 4 月），黄委会档案馆藏，MG3.3 – 14，第 21 – 22 页。
② 《工料统计》，行政院新闻局：《黄河堵口工程》（1947 年 7 月），黄委会档案馆藏，MG3.3 – 17。
③ 《本署三十六年度第一次招待新闻记者　报告署务近况协助堵口成功及重建泛区计划》，《河南善救分署周报》第 64 期，第 4 页。
④ 《驻工各单位座谈会第八次会议纪录》（1946 年 8 月 24 日），《黄河堵口复堤工程局月刊》第 3 期，1947 年 9 月 15 日，第 32 页。
⑤ 《驻工各单位座谈会第五次会议纪录》（1946 年 7 月 6 日），《黄河堵口复堤工程局月刊》第 2 期，1946 年 8 月 15 日，第 31 ~ 32 页。
⑥ 《工料招购委员会常务委员会会议纪录》（1946 年 8 月 6 日），《黄河堵口复堤工程局月刊》第 2 期，1946 年 8 月 15 日，第 39 页。

为优。"① 黄河堵口工赈不仅解决了部分灾民、难民的生计问题，而且在堵口工程中"完成堤坝土工 880000 公方，开挖引河土工 1560000 公方"，② 并于 1947 年 4 月 20 日完成了堵口的各项工程。这些都显示出了工赈在黄河堵口中所发挥的作用。

黄河堵口中以工赈来救济黄泛难民，寓救济于善后之中，在工赈实施中虽然有舞弊现象发生，与工赈初衷有一定距离，但整体效果是良好的。正如时人所说："工区周围数里，乞丐绝迹，从可知工振之已收宏效。工地一带，男工女织，各食其力，村无闲逸。"③ 说明以工代赈不仅是中国传统的积极救灾方式，而且在现代社会，工赈依然在应对灾后救济方面有很强的借鉴意义。

原载《民国档案》2011 年第 3 期

---

① 《百忙闲话花园口》，《河南善救分署周报》（堵口工振纪念专刊）第 71 期，第 13 页。
② 《工料统计》，行政院新闻局：《黄河堵口工程》（1947 年 4 月），黄委会档案馆藏，MG3.3 - 17。
③ 《百忙闲话花园口》，《河南善救分署周报》（堵口工振纪念专刊）第 71 期，第 13 页。

光复初期台湾的女性

——1945～1949 年大陆期刊所做的观察

许毓良[*]

一　前言

　　1950 年以后台湾学术界对于台湾史的研究，以 20 世纪 80 年代末期为一分水岭。之前以清代台湾史研究为主，之后以日据与战后台湾史为主。先前台湾妇女史并非主流研究议题，直到 1991 年前后才有些许的论文。当时关于台湾妇女的著作，主要是描述清代台湾妇女服饰、妇女社会地位，以及旌表节烈制度对台湾的影响，进而讨论日据时代生育与养女习俗、妇女与皇民化、妇女运动、女子教育与职业妇女。[①] 为何"台湾妇女史"研究的起步会如此的晚？或许与当时台湾处于戒严时期，公立研究机构与图书馆对于台湾史料开放受限有关。复加上少数的台湾史研究偏好的主题多是政治史与经济史，即便社会史的讨论亦集中在移民、拓垦、族群、教育等议题，这使得妇女研究趋向冷门。

　　值得注意的是 20 世纪 70 年代发源于美国的世界性妇女运动，激发了传统学术新的思考方向，妇女研究或女性主义观点成为新的研究领域。特别是这样的潮流在 20 世纪 80 年代进入台湾，又与社会科学——人类学、法律学、新闻学研究互相结合，促使 1993 年后开始出现大量

---

　　* 　许毓良，中国社会科学院近代史研究所博士后，现任职台湾辅仁大学历史系副教授。

　　①　李贞德：《超越父系家族的藩篱——台湾地区"中国妇女史研究"（1945～1995）》，《新史学》1996 年第 2 期。

的学术论文。① 当时讨论焦点涵盖六大领域：妇女运动、职业妇女、妇女教育与知识建构、妇女生活、妇女与国家政策、妇女生育与医疗。② 如果再从台湾各公私立大学历史所博硕士论文的研究来看，2000 年以后战后台湾妇女史成果累积一枝独秀，总共计有 30 篇之多。比起清代 4 篇、日据时期 11 篇、跨时代 12 篇总和还要多。③ 作者认为会有此现象，应该是到了 2000 年台湾光复超过半个世纪，比起日据 50 年（1895～1945）历史还久。若阶段的长短能彰显一个时代的重要性，那么 1945 年以后被称为战后台湾史的妇女研究，理当就要有最多的成果。与此同时，讨论议题包含八大领域——女性群体、女性书写与论述、妇女与政治和社会参与、女子教育和知识建构、女性角色和形象塑造、妇女生活和宗教婚俗、妇女生育与医疗、妇女与法律。④ 总结 20 世纪 90 年代迄今，20 余年来台湾妇女史引人兴趣的三大议题——政治、教育、医疗。

而此三大议题又以政治最为重要，因为它可以透过"妇女解放与人权"扣紧时事。重要者如杨翠使用日据时期《台湾民报》，研究殖民地妇女追求婚姻、教育、经济、参政的解放。⑤ 又有王雅各的成果认为，1949 年至 1971 年，台湾的妇女活动仅狭隘地局限在妇女会、妇工会、妇联会，皆与官方保持密切互动。其最大的目的在于维系政党治理与政情，因此从劳军、模范母亲选拔、鼓吹家庭和谐到相夫教子来看，它们是否被视为妇女运动颇具争议。⑥ 当然针对此观点也可以找到相异的看法，胡蔼若认为 1949～1970 年的妇女运动，即是官方主导时期，1971～

---

① 根据研究，1950 年以后台湾第一波妇运与妇女研究是在 1972～1981 年，第二波是在 1982～1992 年，第三波是在 1993 年以后。参阅顾燕翎《从移植到生根：妇女研究在台湾（1985－1995）》，《近代中国妇女史研究》1996 年第 4 期。

② 张淑卿：《近年来台湾地区的"台湾妇女史"学位论文研究回顾（1991～1998）》，《近代中国妇女史研究》1999 年第 7 期。

③ 张秀卿：《战后台湾妇女史研究回顾——以国内各大学历史系所学位论文为中心（1987～2011）》，《历史教育》2012 年第 19 期。

④ 吴雅琪：《近十年台湾妇女史研究评述——以台湾地区历史研究所学位论文为中心（2000～2009）》，《近代中国妇女史研究》2010 年第 18 期。

⑤ 杨翠：《日据时期台湾妇女解放运动——以"台湾民报"为分析场域（1920～1932）》，台北：时报文化出版企业有限公司，1993。

⑥ 王雅各的研究在台湾社会科学界中颇具分量，甚至有一期期刊收录三篇书评探讨。参阅王雅各《台湾妇女解放运动史》，台北：巨流图书公司，2001，第 20～21 页；郑毓瑜主编《女学学志：妇女与性别研究》2004 年第 18 期。

2000 年为民间自发时期。① 有意思的是从时间断限视之，上述对于台湾妇女史的研究，大多都忽略了 1945～1949 年的历史。然而这样的盲点，业已有学者指出。②

事实上针对此段时期首次做出研究，是为历史学者游鉴明。大约从 2000 年开始，她尝试从清末、日治、战后三阶段，跨时代探讨妇运"通史"。特别是 1945～1949 年阶段，着墨于两项议题。一为谢娥与台北市妇女会、台湾省妇女会，以及蒋宋美龄与台湾省妇女工作委员会的关系。二为省外论者接触台湾女性时，多半认为台湾女性过于顺从，缺乏独立自主的地位，引发的女权争论。③ 尔后，她又以同时期在台发行的 13 种报纸、11 种期刊为史料，探讨台湾女子的外表与装扮、性格与工作态度、娼妓问题、女佣问题。④ 游氏的成果可谓抛砖引玉，光复初期台湾省妇女团体与妇女工作研究，旋有两篇文章相继深入讨论。⑤ 再者，利用单一史料的期刊，进行光复初期台湾妇女讨论，重要成果亦有二者。一是 1947 年 8 月创刊的《台湾妇女周刊》，此为妇女工作委员会的机关刊物。⑥ 二是 1946 年 9 月由台湾省妇女会创刊，直到 1991 年 5 月才停刊的《台湾妇女月刊》（后更名为《台湾妇女通讯与台湾妇女》），用来讨论妇运、参政、教育、就业等问题。⑦ 直到近年又有佳作探讨光复初期女性从政对于日后台湾政坛的影响，特别是嘉义地方政治势力许世贤与云林地方政治势力苏洪月娇的比较研究。⑧

① 胡蔼若：《论台湾妇女人权运动特质的蜕变（1949～2000）》，《政治学学报》2004 年第 3 期。
② 游鉴明：《是补充历史抑或改写历史？近廿五来台湾地区的近代中国与台湾妇女史研究》，《近代中国妇女史研究》2005 年第 13 期。
③ 游鉴明等：《近代中国妇女运动史》，近代中国出版社，2000，第 433～468 页。
④ 游鉴明：《当外省人遇到台湾女性：战后台湾报刊中的女性论述（1945～1949）》，《中央研究院近代史研究所集刊》2005 年第 47 期。
⑤ 许芳庭：《战后初期台湾妇女团体与妇运议题》，《台湾史料研究》2000 年第 15 号；林秋敏：《台湾省新运妇女工作委员会与战后初期台湾妇女工作》，《国史馆学术集刊》2003 年第 3 期。
⑥ 走向近代编辑小组编《走向近代——国史发展与区域动向》，台北：东华书局股份有限公司，2004，第 487～525 页。
⑦ 吴雅琪：《战后台湾妇女杂志的长青树——台湾妇女月刊》，《近代中国妇女史研究》2008 年第 16 期。
⑧ 卢文婷：《解严前台湾妇女参政及其转变（1945～1947）》，《台湾文献》第 62 卷第 1 期，2011 年；卢文婷：《战后台湾妇女参政比较研究——以许世贤与苏洪月娇为例》，《嘉义研究》2011 年第 4 期。

本文的研究也是在此学术脉络下完成，不过所使用的史料却很特别，并非 1945～1949 年台湾出版的书刊，而是同一时期大陆的期刊。主要原因有二。其一，1947 年二二八事件后，台湾各报纸、杂志社自动停刊者比比皆是，仅存者不过事前十之一二。[①] 重要的是当时有外省记者表示，由于台湾新闻检查严密，住在台湾的人想要知道台湾的真相，有时需要从省外报刊得知。[②] 其二，期刊发行针对的读者是谁，也是耐人寻味的问题。当然在台湾出版的书刊，可以利用邮寄让大陆读者知晓；但受限于交通条件与运费考虑，理应以台湾读者为主。同样的道理，在大陆发行的期刊也是如此。因此可以说外省投稿人在台湾投稿的文章，只是把旅台心得与台湾读者分享，或者"以文会友"。然而外省投稿人在大陆投稿的文章，其实就是从来没到过宝岛的读者，介绍当地见闻与评论舆情。故运用这些史料，可以了解大陆人士如何"观察"台湾。

2009～2011 年，作者利用寒暑假前往中国国家图书馆，以及北京大学图书馆，查阅、抄录、拍摄、复制 1945～1949 年的大陆期刊。这两个图书馆在民国时期具有强烈的代表性，一是全中国最重要的图书馆，另一是全中国一流大学的图书馆。整理之后中国国图典藏 1945～1949 年的杂志有 582 种，但有关台湾资料仅有 88 种；北大图书馆典藏同时期的杂志有 911 种，但有台湾资料为 190 种。从比例上看二者都不高。但是细看两个图书馆的馆藏，发觉中国国图相关台湾数据的杂志，1945 年之前到 1947 年比较多。北大图书馆相关台湾数据的杂志，为 1948～1949 年比较多，二者刚好形成数据互补。故本文使用这段时期在大陆出刊的期刊，希望对于中国近代史台湾妇女研究累积再做一贡献。

二 外省人士对台湾女性四大印象

光复之初若在大陆提起台湾，就会使人想起女人，好像台湾同女人分不开似的。上海或其他地方的太太、小姐们，如果她们的丈夫、爱人

---

① 本社：《台湾造纸工业》，《工人周刊》第 21 期，1948 年。
② 本刊特约记者：《纸包着火的台湾》，《大学评论》第 2 卷 7 期，1946 年。

在台湾工作，必定担心被热带蛇般的台湾姑娘夺去。会有这种情况，主要是当局禁止公务人员携眷来台。其次是新闻报纸对台湾女人不太准确的报道，使得大陆的太太、小姐们慌了。但反观来台的公务员，对待台湾女子不免轻举妄动，也造成许多社会新闻。① 1945 年至 1949 年，大陆人士眼中的台湾有"三多"，有时称为树木多、自行车多、女人多，②有时又谓木屐多、自行车多、下女多。当时常可以看到台湾街道，一对青年男女坐在自行车上，女的倚偎在男的怀中疾驶而过，令人羡煞忌妒。③ 在海水浴场中，红红绿绿的男女也是一海春色。许多年轻父母都带着子女，直接进入淋浴间冲澡，丝毫没有难为情的样子，十足让外省人士大开眼界。④

台湾女子常赤脚，这是杂志记者第二个深刻印象。为何会如此？一半是气候的关系，一半是房屋的关系。虽然到了冬天，她们都穿着袜子，但寒冷的天气不长，大多还是赤脚。台湾女子外出时为了礼仪，也穿着袜子，可是在家还是尽量赤脚。虽然赤脚很普遍，但出门一定穿鞋。她们特别喜欢穿木屐，而且是日本式的木屐。老太太有裹小脚，她们的小脚甚至比大陆老妪更小。有的台湾老妪裹上小脚，还穿着木屐四处走动，比起满族妇女穿的"旗鞋"还难走。⑤ 剧作家田汉的红粉知己——安娥⑥，在 1947 年来到台湾小住。裹着小脚的台湾老妪令她感到惊艳。或许是礼失求诸野的心态，没想到在日本统治五十年的台湾，还能看到就算是在大陆也快消失的古风。⑦ 总结台湾女子多穿西式长服，当然也有人穿起旗袍。女子多赤足、不穿鞋袜，屡见于杂志报道。不过台湾农村生活贫苦，女人在夏天也有半裸。⑧

台湾女子普遍受过教育，这是杂志记者第三个深刻印象。日本统治台湾时期女性教育已经很普及。根据估计台湾女性约有 60% 受过教育，不论女店员、女招待都能看懂日文报纸与书籍。这种现象常让大陆各省

① 新闻天地：《台湾的女人》，《读者》第 2 卷第 5 期，1946 年。
② 瑀：《台湾来鸿（通讯）》，《上海邮工月刊》第 13 期，1947 年。
③ KH：《台省来鸿——我到了台北》，《茶话月刊》第 10 期，1947 年。
④ 刘冬阳：《淡水看海》，《工商新闻》第 51 期，1947 年。
⑤ 秋星：《台湾之起居服食（二）》，《茶话月刊》第 33 期，1949 年。
⑥ 本社：《艺文坛》，《纪事报（每周增刊）》第 22 期，1946 年。
⑦ 安娥：《第一次接触台湾青年》，《妇女月刊》第 3 卷第 4 期，1948 年。
⑧ 贾岳生：《初访台湾》，《草书月刊》新 5、6 期合刊，1948 年。

来台者感到十分新奇。日据台湾女子的教育，与同时期中国女子教育大不相同。台湾女子就读小学与男子一样，属于义务教育的一环。读完小学的女子若要升学，大多进入高等女子学校。这些学校相当于中国的初级中学，她们在学校接受的课程，全是训练礼节与家事。坦白地说，就是训练她们成为一个标准的家庭主妇。因此，台湾妇女做事都很勤快。她们对待客人有礼有节，整理家事井井有条，对丈夫温顺体贴、无微不至。台湾的家庭主妇差不多 5 点起床，忙碌一整天要到晚上 11 点才能休息。未婚女性生活比较自由，婚前可以外出旅行，但结婚后都深居不出。①

台湾女子过去在日本五十年的教育下，养成贤妻良母的作风。有人认为她们若与大陆来台青年通婚，真是珠联璧合，绝对可以促进台湾与内地之间的团结。② 不过也有看法直指五十年的殖民教育，几乎把台湾女子倔强性格磨灭了。她们成为柔而怯、娇而媚、低声下气好像一只待宰的羔羊。或许被教育得过于礼貌，有杂志投稿人亲身经历，在台湾被人介绍与一名台湾女子相识，初次见面双方准备握手时，台湾女子却马上跪地叩首（在榻榻米上），让男方不知所措。日本统治时期的教育，已经让台湾女子可以说得上一口流利的日语。但有爱国热忱的父老也在暗地里教授一些女子汉语。不过乡间女子大多没有受过教育，封建意识很重，"女子无才便是德"的观念，尚存在一般人的脑海。闽南系的妇女多半在外接受日文教育，在家接受汉文教育，她们多半不事劳务，只操家务而已。广东系的妇女仍以耕种田地为业，不过最近数年受到潮流影响，到城市就业者不乏其人。③

台湾受到日本"重男轻女"陋习的影响，妇女仅能当小学老师与医院看护。然而好学精神却是沿袭旧时代教育的结果，这里指的是大部分妇女白天忙碌，晚上还去补习学校学习国语。④ 值得注意的是，台湾女子在学校担任教职都以小学居多，但是她们在国民学校（小学）服务的精神，真是叫人敬佩。她们不像部分大陆学校的教师，不肯负担学校清洁工作。特别是台湾的女教师们，都带领学生动手拖地板、揩玻璃

---

① 寒柏：《漫谈台湾妇女》，《妇女月刊》第 5 卷第 1 期，1946 年复刊号。
② 詹志雄：《漫谈台湾的教育》，《建国月刊》第 1 卷第 4 期，1948 年。
③ 茵露：《漫谈台湾女人——台湾通讯》，《家月刊》第 11 期，1946 年。
④ 志青：《台湾妇女》，《妇女导报月刊》第 201 号，1948 年。

窗，让来台参访的大陆学校访问团惊讶不已。①

可是台湾的女子如同男子一样，对祖国的认识都很模糊。曾有杂志记者访问台湾妇女，问到她们对祖国的认识，大部分人都摇头说不知道。于是大陆记者省思，政府对于台湾人的教育还是不够。台湾女人除了六七十岁的老太婆，以及一小部分的中、小学女生还有点认识外，绝大部分对祖国都很漠然。妙的是有六七十岁的台湾老妪，竟然知道康熙、乾隆、朱元璋与洪秀全。至于孙中山与蒋介石，也可以如数家珍讲清楚。可是当谈到大陆与台湾的事情，老妪满脸皱纹闪出的光辉，顿时如昙花一现消失了。②

台湾女子的多情，这是杂志记者对她们的第四个刻板印象。台湾女性都很大方热情，但也因为太热情而被误解。当时有人说过一句话：只要你真心爱一个女人，你在台湾不愁找到一个爱人。这句话中肯说出台湾女子的性格。③ 山东青岛海军官校学生毕业前远航实习，也见识到台湾女子的热情。撰文者提到前往上海、福建海坛、厦门、海南岛、西沙群岛时，都没讲述当地女子的事情。唯独军舰离开高雄码头的时候，一位多情的台湾女郎，她挥巾为"峨嵋"号上的水兵送行。④ 再用一句话来描述台湾女子：她们像一朵早开的玫瑰，又像一株半谢的蔷薇。乍看娇艳欲滴、芬芳四溢，细望衣衫褴褛、菜容满面。她们有着太多的灾难和忧郁，有着无穷的辛酸与血泪。⑤

事实上初到台湾的外省人，除了注意各城市街道整齐、宽广，还会留意台湾女多男少的现象。茶房、酒馆的侍者全是十六七岁的少女，商店的店员十分之九也是浓妆艳抹的少女。很奇怪这里的男子都跑到哪去了。最简单的答复就是第二次世界大战时被日本征兵，民间非正式估计，台湾女子比男子人数约多三分之二。因此当时台湾女子婚配对象，不一定是台湾男子。时值政府机关来台接收，其中很多公务员都是男性。他们发现台湾有一大群女子，性情温柔、天真活泼又容易接近，处理日常家务又勤俭简朴，服侍起居更殷切周到。所以未婚男子就在台湾

---

① 朱君惕：《台湾的国民教育》，《正论周刊》第 2 期，1947 年。
② 秋田：《关于台湾女人》，《中国新闻半月刊》第 1 卷第 3 期，1947 年。
③ 寒柏：《漫谈台湾妇女》，《妇女月刊》第 5 卷第 1 期，1946 年复刊号。
④ 李明璐：《南行散计（续）——海、海军与海疆》，《中国海军》第 3 期，1947 年。
⑤ 秋田：《关于台湾女人》，《中国新闻半月刊》第 1 卷第 3 期，1947 年。

物色对象，已婚男子只要妻子没有来台，不少也逢场作戏。台湾人与大陆人结婚机会增多，有人称这种现象为婚姻对象之外流。台湾婚姻对象外流若处在正常、稳定的社会中，不会造成什么重大问题，但中国当时正处于内战的动荡中，来台的公务员很多都会被调返。这些外省男性是否有意愿带着台湾妻子返乡就很有疑问。因此常发生许多个案，都是台湾妻子与外省丈夫回到大陆，旋被遗弃的悲惨事件。

大陆的杂志常报道，光复以后去台工作多数为单身男子。可是这些单身汉非真正的单身汉，在大陆早有妻室，他们与台女认识只得一时安慰。例如，《大公报》驻台记者杨宝琳，结识台北市新光餐厅台籍女侍陈柳。二人相识即告同居，每月杨某给陈柳台币 5000 元（约法币 25 万）生活费，二人决定厮守终生。不料杨宝琳的发妻追随来台，陈柳得知大受刺激。因不能白首偕老，陈柳竟自缢于《大公报》办事处楼下。此事闹到北平，由《纪事报》刊出可见一斑。①

1946 年底，知名化工实业家陈调甫来台旅游，返回天津后曾在塘沽发表演说谈论来台心得。陈氏对台湾女子有相当的恶感。他云在台湾所发生的一切坏事，台湾人都推给大陆人。而且"历史告诉我们"台湾女子的习惯，未婚前每行随便。从前（清末）更有一个大陆去的旅客，将台湾的风俗习惯刻在石碑上，作为来者的旅行指南，其中一条就是"戒女色"。台湾的酒楼女侍，远比上海、香港轻佻。陈氏气愤指出台湾人将男女感情憾事，全都归咎于大陆人身上。② 奇怪的是，除了外省男子对台湾女子不够尊重外，台湾男子对本省女子也是如此。上海《茶话月刊》报道新任新竹县长邹清之的妙文，说他对女职员下一手令，轻薄之心跃然纸上。文称："人分男女，生理各异。女赋经润，经有常序。潮滋临堤，须用物具。合乎卫生，需以棉絮。兹据查本府各局、科、室女职员，每际经期，辄以文稿纸代替棉花。既不卫生，又属浪费。公帑有限不能负此重大消耗，为此相应通告。"被人批评为此类公文，实属罕见。③

---

① 本社：《白首偕老无望、一女侍自缢》，《纪事报（每周增刊）》第 57 期，1947 年。
② 陈调甫：《重入慈母怀抱的小弟弟：台湾（一）——三十七年二月二十日在塘沽的演辞》，《海王》旬刊第 20 年第 26 期，1948 年。
③ 本社：《风雨集——妙文共赏》，《茶话月刊》第 15 期，1947 年。

三　从"美女"审美到婚俗与妇运

对于台湾女子的描述，很显然是当时杂志报道的重点。更有谓台湾女人确实多于男子，给人的感觉是喜敷厚粉、着艳装，机关雇员以下多属此辈。她们相貌多额短而圆，虽少嫫母（《史记》典故，指丑女），亦难得佳丽，而赤足拖屣，行动尤欠雅味，使得有些鳏夫，亦不想在台湾求偶。① 这就凸显杂志的投稿人"审美"标准的不同。大抵来说，大陆人士来台对于台湾女子的注意，不论美丑总是深刻描述。这成为光复初期不同杂志大篇幅报道的有趣现象。②

针对于此，可以先从台湾女子的打扮谈起。1948 年，知名漫画艺术家丰子恺来台湾游玩，返回上海后投稿于儿童杂志，向小朋友们介绍台北的女子。他云日本统治台湾五十年，台湾女子的服装仍照中国式。可是中日战争爆发日本人推行"皇民化"，强迫台湾女子穿着日本服装。台湾女子不敢完全违背，就想出一个办法改穿西洋服装。于是年轻女郎上身穿衬衫，下面束长裙，好像跳舞的衣服，很好看。光复以后穿这种跳舞式衣服的女郎还是很多，可是开始有人效仿上海、杭州的女郎，改穿旗袍。旗袍在来台外省人眼中算是老式，但在台湾女子看来是新式。台北开设许多裁缝店，专做旗袍，特别是招牌上还写着"最新流行江浙旗袍公司"。③

透过上文可知，台湾女子对于衣着的变通，以及追随流行的敏锐，并且"热带感"十足。外传台湾人多与马来人混血，女子的脸庞有时看来像是西洋美女。台湾农村妇女也身着西装（洋装），同时也流行烫发，这样的打扮连南京的大小姐也不过如此。④ 或许在外省人士的眼中，清代汉人移民都与世居民众通婚，而世居民众被误认是马来人后裔，故才有"混血"之说。这样的错觉还不少，台湾女子喜欢浓妆艳

① 本社：《各地通讯——台湾女人多》，《湖南青年》第 7 卷第 10 期，1947 年。
② 台湾妇女是报道的焦点，就连"男扮女装"的人，也是国内简讯的新闻。参阅本社《国内简讯》，《华文国际》第 2 卷第 9 号，1948 年。
③ 丰子恺：《南国女郎》，《儿童故事月刊》第 3 卷第 1 期，1948 年。
④ 刘光炎：《台湾归来（一）》，《中央周刊》第 8 卷第 43 期，1946 年。

抹，也不一定受到欢迎。有谓台湾女人的服装与马来人差不多，上面是小短衫，下面是小布裙。穿鞋子的女子很少，都是光着脚或穿木屐。如女工光脚在尖石子上，看来都若无其事的样子。下女都是十五六岁的小姑娘，外表都老得可怕，看起来像是二十五六岁。她们的手脚尤其粗大，应该从小做惯粗活。餐厅、旅馆的女招待，她们的脸画上浓妆，让人惊讶。故其装扮与上海大世界、大新公司门口站的妓女，已经没有太大差别。有许多上海男子去往台湾，没有定力的人，肯定与台湾女子厮混。独身在糖厂宿舍的男人，也常有深夜抱着下女胡乱亲吻的传闻。①

台湾人审美观念是以"鱼逮鱼（鲤鱼）嘴、柳叶眉、鹅蛋脸"为理想美型。《红楼梦》中对探春的描写，"削肩细腰、长佻身材、鹅蛋脸面、俊眼修眉、顾盼神飞"，就是台湾知识妇女心中崇拜的典型。至于女子的表情，随着年龄的增长也相当丰富。大抵少女时代多爱撒娇、羞人答答、含情脉脉。乡村少女则以憨态无邪见称、崇尚朴实。城市妇女则趋于奢华，服装五花八门。上身穿着花样繁复，下半身多半为裙，也爱在颈上围着珠串或珊瑚。10 岁以上 50 岁以下的女子，都喜欢烫头发。台湾女子的面貌多半美丽，喜欢在脸颊与嘴唇涂上浓厚的脂粉。然而美中不足的是台湾女子的脚不好看，自膝至脚掌，蚊虫叮咬的小圆黑点，成为不雅观的图案式花腿。光复以后台湾女人的穿着样式有很大的改变。日本式的和服只有在老太太身上才能看到，年轻女子穿的是巴黎风的衣裙、革履。② 台北的一切流行元素极力模仿上海，台湾姑娘都想变成"上海小姐"。不过上海女人是中国流行的尖端，她们模仿纽约、巴黎，而全国各地都在模仿上海，也不是只有台北。③

对于没有来过台湾的各省人士来说，除了听闻台湾女性的逸事外，最让他们有直接感受的应是 1948 年 5 月在上海举行的第七届全国运动会上台湾代表队女子选手的表现。台湾女运动员的时髦是一大焦点，她们虽有烫头发，但没有涂脂粉，表露出脸上原有健康的颜色。④ 得到奖项的台湾女子选手，包括标枪冠军张妍瑞、八磅铅球亚军张妍瑞、铁饼

① 陈炜：《台湾通讯（第一信）：台湾的饮食男女》，《小上海人半月刊》第 1 卷第 2 期，1946 年。
② 茵露：《漫谈台湾女人——台湾通讯》，《家月刊》第 11 期，1946 年。
③ 郑孝舜：《台湾纪行》，《华文国际》第 2 卷第 9 号，1948 年。
④ 沛人：《誉满全国的台湾队》，《中央日报周刊》第 4 卷第 7 期，1948 年。

亚军张妍瑞、跳远殿军张甘妹、铁饼殿军颜绣珏、400 米女子接力殿军、60 米短跑第五名郭美丽、跳高第六名邱月娇、女子排球亚军、女子乒乓球季军、50 米自由式游泳第五名顾绣钰、100 米自由式游泳殿军顾绣钰、100 米仰泳亚军张云英、100 米仰泳第五名李佳惠、100 米仰泳第六名顾绣钰。最后女子田径比赛成绩排名第四，女子游泳比赛成绩排名第二，女子组比赛总成绩是 31 分排名第三。[①]

撇开感情之事不谈，台湾传统婚俗也使记者们感到好奇。特别从婚俗来看台湾与大陆的关系，杂志特别强调台民虽受日本统治，但仍维持民族意识，未曾忘记祖国。而且台湾婚俗保存的古风，还比大陆各省多。时论台湾男子适婚年龄 25 岁，台湾女子适婚年龄 21 岁。嫁娶大多遵守父母之命、媒妁之言，可是受到西风的影响，自由恋爱而结婚者也不少。订婚俗称"送定"，大部分都用聘金。战前金额换算成台币是 300~3000 元，1946 年行情变成台币 10000~20000 元。此外男方还需准备"龙凤饼"给女方，由女方分送给亲朋好友，表示婚事已经确定。从这一日起，男女双方的亲朋好友都会送上贺礼，称之为"添庄"。[②]再者，男方送到女方家的订婚礼物，除了聘金与龙凤饼外，还有猪肉、罐头、食品、香烛等。同时男方要准备二枚戒指，第一枚是金、银，或是镶钻皆可。但第二枚一定要铜戒，取其谐音"同心"之意。有钱人家在送定后，还会有"送日头"，通知亲朋好友结婚日期，即是"完聘"的意思。有趣的是，近年来男女双方常自己举行订婚仪式，不拘古礼的要求。当男女把戒指互换给对方时，订婚仪式就完成了。[③]

台湾妇女运动方面，大陆记者很早就注意这项重点。当时台湾女性的专门杂志，主要有《妇女界》《妇女俱乐部》《少女俱乐部》三种。前两种杂志是以家庭主妇为对象，后一种是以女学生为对象。不过三种杂志的内容，大部分都是小说、缝纫、烹饪、家庭医药卫生等。[④] 1946 年 10 月 25 日蒋介石伉俪首次来台湾视察，蒋宋美龄以茶会招待台湾妇

---

① 中央社、世界社等：《第七届全国运动大会》，《寰球月刊》第 31 期，1948 年。
② 编者：《台湾的男婚女嫁、仍然保留着我国古风》，《时代生活三日刊》第 4 卷第 7 号，1946 年。
③ 编者：《台湾的男婚女嫁、仍然保留着我国古风（续）》，《时代生活三日刊》第 4 卷第 8 号，1946 年。
④ 林汶：《台湾妇女生活》，《辅导通讯》第 1 卷第 2 期，1945 年。

女，并决定成立新运妇女指导委员会、台湾省妇女工作委员会。同年12 月 5 日指派新运妇女总会委员刘我英女士，来台协助陈仪的夫人古月芳（本名古月好子，亦称陈月芳），推行台湾省妇女工作。12 月 28 日，台湾省妇女工作委员会就在台北市中山堂举行成立大会。按照道理这是国府接收后，台湾妇女运动的里程碑。可是当时台湾发生一起轰动社会的杀妻案，让人感觉新台湾妇运只是纸上谈兵。原来台湾省警备司令部总务科长李祝三①，强占房屋数栋、小汽车二辆，小老婆不知其数。1946 年 12 月 5 日晚上，李祝三要把最喜欢的小老婆带回家时，不料与妻发生口角，李氏掏出手枪旋即把妻子击毙。当时舆论不满同年底的沈崇案，美军奸淫女大学生，民主与左派人士发动全国性的示威，然而台湾官员杀妻，反倒没有人理睬。② 这被认为官办妇女团体，在台湾姐妹们面前首次的严格考验。③

1948 年，台湾省妇女工作委员会把一年来的成果做出总结。她们创立《台湾妇女周刊》作为喉舌，妇女国语补习班 2 个班、英语补习班 1 个班，3 个班人数总共 96 人。④ 既然政府大力推行新妇女工作运动，台湾社会也必须有所表示。其中最要改变的是日本人的教育，把台湾妇女都锁在家里。为了家庭，台湾妇女耗尽一生，对社会却不闻不问。中华民国宪法公布以后，对女子权利的保障更加完整。需要把日据时期残留的"男尊女卑"观念洗刷干净，多参加社会活动，多接受祖国的教育。⑤ 或许如此，台湾公家单位也纷纷成立妇女组织。例如，邮务工会全国联合会早有规定，全国邮务工会的理事名额中，应按人数比例产生女理事，或者至少有一名女理事。1946 年 8 月台湾省邮务工会成立后，对此奉行不渝。1948 年的报告指出，台湾女邮工成立次级团体直属于理事会。她们常与各省女邮工团体联络，举行集会与倡导活

---

① 李祝三，字友福，又名新庆，黄埔军校第六期毕业。1939 年在浙江金华担任台湾义勇队副队长，队长即是同出于台湾芦洲李氏族亲的李友邦将军。李氏家族成员可参阅新北市芦洲李宅古迹之李祝三悬挂照片，以及 1945 年 12 月 21 日 "祝三、友邦荣归祭祖记（纪）念照"。

② 白茜：《台湾通讯——现在科长杀妻案》，《现代妇女》第 8 卷第 5 期，1947 年。

③ 编者：《国内外妇女动态》，《现代妇女》第 8 卷第 5 期，1947 年。

④ 朱敬仪：《台、粤、沪、湘四妇女工委会工作概况表》，《妇女新运月刊》第 8 卷第 2 期，1948 年。

⑤ 萍心：《台湾妇女应有的努力》，《民教月刊》第 3 期，1948 年。

动。① 不过台湾女子对于外省人士，有着相当大的吸引力。针对不同身份的女子，亦有不同的报道。

四　普通职业妇女的描述

当时台湾女子有三大职业圈，殖民时代谓女给事（也称女给仕）②、女中与女给。台北的女孩子在各种部门工作，不管是机关与商店都有她们的足迹。③ 女给事在机关会社里负责半工役的差事，在"三女职"中身份最高。她们若不是公学校（小学）毕业，就是女子高校（女子中学）毕业，体态丰腴貌美，打扮非常时髦。她们工时与普通职员一样，皆准时上班、下班。工作内容为搽桌扫地、来客倒茶、传递档案、抄缮文书等。而且每位女给事都有办公座位，闲暇时她们就伏案用功。晚上她们更会去补习学校学习国语，希望由女给事晋升为正式职员。可惜许多外省官员把她们当作女勤务或女工友看待，伤了她们的自尊心。④ 不过台湾省行政长官公署的女给事，可不是身份低下的角色。有杂志记者形容台北宾馆席间伺候女子，妙龄三五，宛宛婴婴，体贴周至。她们多为公学校毕业生，家中小康、竞相自立，非大陆各省小女子之娇懒可比。⑤

至于女公务员的勤奋，也让外省人感受到明显的不同。台湾社会不管是街上、酒馆、办公室，到处挤满了女人。⑥ 通常在大陆各省，女子是被摒弃在办公室之外的。就算是大陆各机关办公室的女职员，普遍有迟到早退的现象。但是台湾女公务员做事很勤快，她们一大清早就来办公室将室内打扫干净，然后再给随后抵达的男职员倒茶。一些不太识相的外省男公务员，更常对她们颐指气使，台湾女子总不以为意。然而职

---

① 王启震：《邮工运动在台湾》，《中华邮工》第 3 期，1948 年。

② 市：《不幸的台湾女性》，《纪事报（每周增刊）》第 32 期，1947 年。

③ 胡尔：《台湾通讯》，《世界半月刊》第 1 卷第 2 期，1946 年。

④ 刘冬阳：《台湾——女人的世界》，《生活文摘半月刊》第 1 卷第 1 期，1947 年。

⑤ 刘光炎：《台湾归来（一）》，《中央周刊》第 8 卷第 43 期，1946 年。

⑥ 不止台湾如此，澎湖女子也是充分就业，如银行、邮电局与其他机关，女性约占三分之二。在市场上做生意的人，更有四分之三是女性。而理发店、酒楼、食堂的招待全是女性。参阅袁允中《南航纪行》，《海校校刊》第 1 卷第 10 期，1948 年。

场上女子们待遇极低，相同职级的公务员，男性如果月俸台币 1000 元，她们只有台币 400～500 元。① 台湾人认为没有一个职业是耻辱，台湾的女子几乎每人都有职业。说也奇怪，她们的表现比男性还好，如当时的乘车秩序比日据时期差很多，但 20 岁左右的女子对验票、卖票的工作应付得宜，全省侍应生据说达 30000 人。②

当时台湾女职员的待遇，机关女办事员台币 8000～10000 元，女店员台币 6000～10000 元，女侍台币 6000～8000 元，下女台币 2000～4000 元，公共汽车女职员台币 8000～10000 元，当时台币与法币的兑换是 1∶150。③ 如果从女权运动来看，虽然台湾妇女没有真正达到解放理想，但有些进步的地方值得注意。最重要的是她们有着不同的职业去谋取生活上的独立。台湾女人与大陆女人迥异，她们参加社会上的各种职业，如医生、工厂职工、茶房、女招待、会计、银行员、新闻记者、邮务员、教员、商店老板、店员、汽车上的售票员、电影院售票员、理发师、按摩女。④ 即便是从事微不足道的工作，如侍用生、女工友等，也是要负起家庭的经济重任。台湾女子的职业到底是一个什么样的情况？根据统计，女公务员已经达到 9553 人，占全省公务员人数的 14.37%。女公务员的职务有秘书、公牍、会计、簿计、书记、办事员，尤其是小学教员差不多都是女子。台湾妇女在职场工作者，不论从事何种职业，她们大多受过 8 年教育，很少有文盲。⑤ 特别是台湾妇女有无穷的上进心，你会发现许多女工友闲暇时，都捧着日文小说或中文课本在研读。只要一讲到台湾妇女，回头看看大陆的妇女，30 多年来妇权运动大声疾呼，到底解放了什么？⑥

其实日据时期因男尊女卑的观念，女子参政的机会很少。1947 年 11 月因应行宪，各省市均选出国民大会代表，台湾亦不例外。1948 年

① 寒柏：《漫谈台湾妇女》，《妇女月刊》第 5 卷第 1 期，1946 年复刊号。
② 志青：《台湾妇女》，《妇女导报月刊》第 201 号，1948 年。
③ 之芬：《基隆通讯——台湾所见》，《群众周刊》第 2 卷第 14 期，1948 年。
④ 茵露：《漫谈台湾女人——台湾通讯》，《家月刊》第 11 期，1946 年。
⑤ 以当时大陆最进步的城市上海来说，当地绸厂男工 3889 人、女工 2659 人。可是绸厂女工识字率不高，平均 100 人还不到 20 人认识字，最多也只读过二三年书，小学毕业 100 人中只有二三人。参阅阿英《绸厂中的女工》，《生活知识周刊》1946 年休刊号。
⑥ 为春：《各地通讯——你憧憬台湾吗》，《妇女月刊》第 2 卷第 11 期，1948 年。

3月29日第一届国民大会在南京召开,台湾的国民大会代表,以女性最受杂志的青睐。当时有4位女性最受瞩目,雾峰林家就占了两位。

第一位是郑玉丽,她是台湾新竹人,当时才28岁,长的小巧可爱。谈话时眼睛喜欢看着地板,羞答答地笑着。谁会相信她是台湾省妇女会的理事、台湾省妇女运动委员会委员、台北市妇女会的常务理事,而且日据时期还是台湾总督府的书记官。第二位是林珠如,台中雾峰人,当时34岁。早年从彰化高等女学校毕业后,即留学日本东京音乐专科学校。她的丈夫林攀龙先生,为留学英国牛津大学的学者,当时在台湾创办学校(今明台中学)。林珠如有着厚厚的嘴唇、大大的脸庞,洋溢出她内心一股奔腾澎湃的热情。第三位是杨郭杏,她是台南人,已经40岁。日据台北第三高等女子学校毕业,曾经到过日本。也许是年龄限制了她,活泼天真的劲儿已经没有了。她忠厚、沉默,只有在偶尔微笑时,才会流露出一颗赤子之心。第四位是林吴素真,她也是台中雾峰人,当时49岁,给人第一印象是和蔼可亲。她研究汉文长达19年,国学基础很好。日据时期历任雾峰一新株式会社会部委员,彰化妇女共励会委员。发展社会新生活运动,推动社会文化事业不遗余力。她的闺女林双媛小姐也随她来首都观光,她女儿觉得南京非常好玩,只是不太卫生。[1]

值得注意的是台湾省妇女的职业虽很普遍,但均散于劳动阶层当中,踏入高级社会者凤毛麟角。例如,邮差大多是女子,旅馆和办公室的侍役也都是女子,甚至煤矿厂也有女工,公共汽车的司机也不少是女子。[2] 这是因为日本统治多年,强压妇女不让其受高深教育,亦不让其迈入高级社会。可是也因为如此,台湾女性进入职场,都可以用自己的劳力换得饭吃。如小贩,台湾妇女从事此行业者,人数很多而且经营容易。也有在大街小巷卖香烟、卖小吃、卖菜的妇女。又如清道夫,台湾的清道夫都由女性担任。她们不但要清扫街道,如果街道有所损坏也要负责修理。台湾女性服务于学校者,只限于小学教师。[3] 下层社会妇女也有做草席、草帽的,因为这是台湾闻名全球的特产。[4] 不过大陆的杂

---

① 天行:《国大之花访问记》,《中国新闻半月刊》第2卷第1期,1948年。
② 任美锷:《台湾印象》,《京沪周刊》第1卷第49期,1947年。
③ 陶陶:《各地通讯——台湾省的职业妇女》,《妇声半月刊》第2卷第1期,1947年。
④ 林汶:《台湾妇女生活》,《辅导通讯》第1卷第2期,1945年。

志对其描述不多，反而对女工有更多的着墨。有云台湾的女人都喜欢打扮，但并不"豪华"。她们的脸上搽胭脂粉，身上只穿一袭花布衣。这样实在很美也很经济，好像任何人都打扮得起。大陆的女工一般都不涂胭脂，仅穿素净的蓝布裤，台湾女工的打扮，真是美丽很多。台湾真的需要女人工作，餐馆、旅社的侍者，商店的店员，都是女人的专业。台湾的女人在工作上，实在是特别能干。台湾少有失业的人，因为连女人都有工作保障。例如台湾工矿股份有限公司汐止橡胶厂，现有工人 700 余人，绝大多数是女工。[1]

台湾女人还有一特殊的本领，她们可以挑担子与骑脚踏车满街跑。台湾的饭馆外送的都是蛋包饭，就是由这些女子负责送去。女工的打扮是头戴大草帽，四肢缠上布仅露出手与脚，身上的衣服窄又小，把身体裹的跟条柴一样。[2] 台湾的职业妇女，以竞赛的方式报道她们的专业，又是杂志取材的另一番景象。这里指的是 1948 年台北县文山区举行第一届女子采茶比赛。其实当地的小粗坑（位于新北市新店区）是台湾茶叶的圣地，最好的乌龙茶与包种茶都产于此，最好的茶叶技师也在这里。比赛评分标准是采收茶叶的重量占总成绩 35%，茶叶老嫩、长短、有无虫蛀占 30%，茶叶母株采收后是否干净占 25%，茶园采收后是否清洁美观、不能折断茶枝及散落茶叶占 10%。[3] 参加单位共有 16 个，每个单位选出 3 名采茶女，所以总共有 48 名选手参赛。最后个人冠军由小粗坑茶叶公司的林秋珠小姐获得，团体冠军也是由小粗坑茶叶公司获得。由于台湾的"乌龙"与"包种"茶早已驰名中外，故举行女子采茶技术竞赛是为了表示女子可以为国家与社会提供能力与技术。[4]

台湾女性何人最为亮眼？这值得大陆的杂志记者进行专题报道。答案仅有三人。一是知名舞蹈家蔡瑞月，二是（制宪）国民大会代表谢娥，三是台湾共产党创始人谢雪红。蔡瑞月为台南人，中学毕业后赴日深造，先学于舞蹈元老石井漠，后投入名女踊家石井绿门下。前后经过八年的苦练，追随其师到各地表演千余场次。台湾光复以后，蔡瑞月从

---

[1] 陈泫文：《台湾杂写》，《海王》旬刊第 20 年第 35 期，1948 年。

[2] 陈炜：《台湾通讯（第一信）：台湾的饮食男女》，《小上海人半月刊》第 1 卷第 2 期，1946 年。

[3] 山达：《台北县提倡生产——采茶女技术比赛》，《妇女月刊》第 3 卷第 6 期，1948 年。

[4] 本社：《提高妇女工作效率、台北举行采茶竞赛》，《妇女导报月刊》第 209 号，1948 年。

日本返台，前后在台南、台北开设舞蹈研究所，轰动一时。最有名的表演曲目是《牧童》、《再建设》、《印度之歌》、《耶稣赞歌》与《白鸟》。① 知道蔡氏声名的大陆人士，来到台北必会到舞蹈教室访问。特别是教室里可以看到学舞的孩子，有小娃娃、少女，都是在大陆难得一见的景象。②

谢娥为台北人，日本东京女子医专毕业，曾在前台北帝国大学附属医院担任医师。③ 左派杂志称她的政治属性，倾向国民党的 CC 派，并在支持下胜选为国大代表。二二八事件爆发时，谢娥立刻跑到广播电台，代替陈仪说话，要求人民不可轻举妄动。然而 3 月 1 日愤怒的群众前往谢娥家中抗议并焚烧物品。事件结束后陈仪慰劳她，并以损失赔偿台币 200 万元。

谢雪红为彰化人，日据时期因加入共产党被逮捕，入狱数次。光复后被誉为台湾妇女运动的领袖。国民党在台湾组织妇女工作，没有谢雪红相助不行，遂由她出任台湾妇女工作委员会常务理事。二二八事件发生后，谢雪红在台中领导市民举行游行示威。同时在埔里组织一支军队，跟国民党部队 1000 余人激战。④ 最后谢雪红还是逃出台湾。1947 年 8 月 25 日，她在新加坡的《南侨日报》发表一篇 3700 多字的《告同胞书》。不过台湾人多不知道此事，反而是南洋的华侨，根据这篇文章来认识台湾的二二八事件。⑤

不过仔细分析，台湾女人并不多。之所以会让人感觉到台湾女人多，其实是因为她们到处活跃，跟男人平均分担生活责任。台湾全岛的女性，不分老幼都高踞在自行车上，风驰电掣掠过马路。上身是五颜六色的短衣，下身是一条短裙活泼自在。她们不是在表演技术，因为自行车上往往有一大堆东西。车上不是放着竹筐，就是放着家庭手工、浆洗的衣服。另外在街上买东西，女店员含笑以对，绝不会像上海等地的流氓店员，马上质问"你买的起吗"。女性在台湾交通机构，所扮演的角

① 佚名：《台湾舞蹈家蔡瑞月女士》，《寰球月刊》第 36 期，1948 年。
② 编者：《内贯线来去记——台湾人对内地人、最初好感、其次恶感、现在反感》，《时代生活三日刊》第 5 卷第 5 号，1947 年。
③ 志青：《台湾妇女》，《妇女导报月刊》第 201 号，1948 年。
④ 王地瓜：《两个妇女在民变中的活动》，《新台湾》第 1 辑，1947 年。
⑤ 编者：《台湾消息》，《新台湾》第 1 辑，1947 年。

色相当重要。受日据时期以来尊重公共秩序的影响，南京、上海混乱的交通秩序没传染到台湾来。所以各个车站仅有几位女性着手收票、检票，乘客都听命于女管理员的指挥。[1] 因此女给事、女公务员、女国大代表、女店员、女工，外省人士对她们的印象或评价都不错。

五　社会底层面

——下女与色情业女

　　下女，也称女中，但外省人习惯称为下女。她们的地位仅次于女给事，可是"下女"轻蔑的称呼，伤害了她们的自尊心。事实上从事这行的女子，都属于小康人家；入行是为了生活独立，也为出嫁准备嫁妆。雇请她们的人，都是接收大员。这些人接收日本官舍，由于房屋规模太大，需要帮手整理家务与打扫，更需要专人洗衣、煮饭、看家。下女的工作并不下贱，她们也烫发、抹腮红、有朱唇，有时竟比她们的女雇主还体面。[2] 其实中国对于雇佣女子也有称呼，如北方对于年轻者有"小老妈"之称，南方则称呼"姨娘"，婢女则称呼"大姊"，乳佣称为"奶婶婶"。[3] 只不过台湾的下女，都是从国民学校，或者女子高等学校毕业的。下女招待保持日本传统妇道作风，非常注重礼貌，对于男子尤其是外宾，更是格外体贴恭敬。这是当时每位去台湾的旅客，都最清楚的事情。[4] 后来下女一词衍生出去，只要是寻常人家的女佣全称下女。所以当时外省人才会称台北市有三件头痛之事，一是等公交车，二是找旅馆，三是找下女。因为下女今天来报到，明天就不辞而别。[5]

　　不过对下女还有另一种解释，称为"げじょ"，是日本名词。日本低阶妇女来别人家工作，被称为下女。台湾受日本统治50年，教养风俗受日本影响，故台湾也有下女。日据时代台湾的下女，还区分台湾下

---

① 秋凡：《一幅绮思的画面——活跃在生活战线上的台湾女性》，《工商新闻》第70期，1948年。
② 刘冬阳：《台湾——女人的世界》，《生活文摘半月刊》第1卷第1期，1947年。
③ 秋星：《台湾下女的分析——台湾小记之一》，《茶话月刊》第31期，1948年。
④ 冰独：《台湾行（三）》，《寰球月刊》第25期，1947年。
⑤ 大弓：《台北小束》，《新闻天地周刊》第76期，1949年。

女与日本下女，台湾下女工资比日本下女低。日本战败后，所有日本人被尽数遣返日本，只剩下台湾下女而已。[①] 下女不仅用于家庭，举凡机关、衙署、公司、旅馆、食堂，为了供给之事奔走的女人，都可以称为下女。下女以年龄区分，有年老与年轻的下女。年老下女年纪在 30 ~ 50 岁，年轻下女年纪在 18 ~ 20 岁。年老下女仅占总数的 1/10，年轻者有 9/10 之多。日据时代台湾社会对下女较有礼貌，若主人家是知识阶层，对下女从不疾言厉色，下女对主人也极为顺从。1945 ~ 1946 年时，台湾下女受过旧时代的训练，因此训练有素。如洗衣打扫不需吩咐，可以漂亮完成；访客来家，主人不在亦能周旋。可是 1948 年之后，杂志报道人称下女能力全变质。此等皆从农村应征，毫无训练就投入职场，主人家也骂声连连。往昔训练有素的下女，转换工作场合变成机关的女给事。所以当时上海等地迁徙至台者难寻下女，"下女荒"很严重，下女供不应求。有趣的是下女与主人家太太，偶尔竟有紧张关系。原来下女外出一定化妆，此为太太们不能忍受之事。有些太太虽为"夫人"，但教育程度不高，被读了 8 年书的下女所轻视。[②]

因为"下女"声名远播，所以有些记者未来台湾，就已听闻下女的故事。[③] 抵达台湾才发现，下女跟台湾大部分妇女一样都喜欢赤脚。她们终年赤脚，冬天也不怕冷。[④] 台湾妇女好艳妆，下女虽微，也一定搽脂滴粉、烫头发。[⑤] 也有外省旅人对台湾下女进行细致的观察，据云大部分外省来台前，都听过下女的传闻。可是真正在台湾看到下女，第一印象不一定是好的。例如有的下女还是日式打扮，脸上搽的又白又红，头发电烫起来，这在大陆前所未见。可是当报道人直接与下女们接触后，就了解浓妆艳抹背后有无穷的心酸。下女们的待遇，以旅馆下女的待遇最好。不过旅馆老板不提供薪水，只提供住宿与伙食，所谓薪水只能靠旅客的小费。当时的台湾，中等伙食费用每月台币 3000 ~ 4000

---

① 1946 年中国东北来台人士，看到台湾充斥下女并不感到奇怪。因为在伪满时期，东北受日本的影响，也有下女的存在。只是 1945 年 10 月日本投降以后，还留在东北充任下女的，全都是日本人，而台湾都是本地人担任，才觉得惊讶。参阅杨森《东北·台湾之行——市政建设和一般观感》，《贵州建设月刊》第 1 卷第 5、6 期合刊，1947 年。

② 秋星：《台湾下女的分析——台湾小记之一》，《茶话月刊》第 31 期，1948 年。

③ 梦君：《台湾纪行——由南京到高雄》，《时事评论周刊》第 1 卷第 10 期，1948 年。

④ 秋星：《台湾之起居服食（一）》，《茶话月刊》第 32 期，1949 年。

⑤ 秋星：《台湾之起居服食（二）》，《茶话月刊》第 33 期，1949 年。

元，差一点 700~800 元也可以度日。所以旅馆下女的小费收入，扣除自用还可以养活四五个人。① 曾任南京《中央周刊》主编的刘光炎于1946 年 10 月参加京沪记者访问团来到台湾，也记录台湾下女多风骚，甚至于日月潭涵碧楼女招待与客人打情骂俏，都让同行单身男子为之心动。②

若在餐馆帮佣，这种下女亦称女招待，远在澎湖也是如此。光复初期澎湖酒楼的下女，还穿着和服并唱着日本歌。③ 曾任上海《铁报》总编辑的作家文宗山，也在 1947 年底来台一游。他惊讶台北市的建筑物很多是日本式，即便是旅馆也是日式榻榻米。只要一下榻旅馆，下女就送上日本式的茶叶与茶具。在文宗山的笔下，台北市的夜生活纸醉金迷。走近任何一家酒楼，女招待也就是所谓的下女，在楼梯口恭迎。她们抹着厚厚的脂粉，穿着新颖的旗袍，装出笑靥，两只金牙微露唇边。她们把食客带进木板隔间，许多下女轮流陪客人喝酒。于是肉香换得钞票，青春的代价在此交易。这些出卖色情与廉耻的女人，都有一段凄凉的身世。有人透露自己是台北高等女子师范毕业（今台北市立大学）的学生，二战期间在三井商社担任会计，光复后她失业，挨不过物价上涨，才会不顾自己是读过书的人，在酒楼里陪酒。这就是当时台北市几座有名酒楼——"上林花""万里红""蓬莱阁""新中华"的写照。④ 有的杂志对酒楼下女描写更入骨，声称台北有"三花一红"酒家——上林花、姊妹花、白菊花、万里红，即便是台中、台南、高雄的酒家，也有态度高贵、装束入时的下女来应酬。她们脸涂脂粉，烫发垂环，身穿白旗袍，腰系蓝围巾，腿着丝袜，脚登皮鞋，手持酒瓶，殷勤劝酒。⑤

其他如舞场与咖啡座，也是女招待常常工作的地方。当时一杯红茶台币 1 元（法币 25 元），一杯咖啡与冰淇淋需要台币 2 元（法币 50元）。在这种地方工作的女招待，每月薪水仅台币 150 元。而台湾舞场的费用与上海大异其趣，在上海一进门就要泡茶，一壶茶法币 1000 元以上。另外再买舞票，若要坐枱，费用更高。台湾的舞场没有泡茶的规

① 冷清：《下女》，《妇女月刊》第 1 卷第 12 期，1947 年。
② 刘光炎：《台湾归来（二）》，《中央周刊》第 8 卷第 44 期，1946 年。
③ 许成功：《港湾指南——斗室孤灯话澎湖》，《中国海军月刊》第 4、5 期合刊，1947 年。
④ 文宗山：《台湾行》，《生活月刊》第 5 期，1948 年。
⑤ 林佛士：《台湾的女子职业》，《十月风月刊》新 6 期，1948 年。

矩，舞票每"一跳"台币 18 ~ 20 元，加上税也不过台币 30 元，比上海便宜太多。特别是台湾的舞女没有上海老舞女的习气，每位都富有热带美的健康。[①]

所以总括下女，即是不愿抛头露面的女性。如果她身边没有小孩累赘，那就给人家当佣工。也有年轻的女性，只为赚取三餐有限的工资，也当人家的佣工。尤其是外省人在台湾，十之八九都雇有下女，这是家庭中的下女。另外在饭馆、咖啡馆、旅馆工作的下女，称为侍应生或女招待。操此种职业者多为年轻女子，而且学历都是国民学校以上。她们很多是为家境所迫才入行的，除了照料客人外，有的还兼操暗娼。特别是台北的北投温泉，旅馆中的下女即是如此。[②] 看样子被称为女招待、侍应生的下女，生活还不是最痛苦，至少不必卖淫赚取皮肉钱。

色情业女，有很多种行业，如果只是专门陪客人喝茶吃酒者，则称为女给。她的地位比女给事、女中地位还低。按照 1947 年底的行情，陪伴每位客人费用至少 100 元台币起跳。陪客的规矩是轮番安排，一人来一番出，五人来五番出。这种专门陪酒、陪茶的女给，可以任客人抚弄，并伺候猜拳喝酒。[③] 大陆的杂志记者普遍会报道在台湾亲眼看到的春色无边的新闻。其中最多的是前往茶室，跟着大批女招待、女给喝酒。此时这些女子都会告诉客人"有房间"，一个晚上费用台币 500 元（折合法币约 20000 元）。可是店老板抽成一半，女子实际所得只有台币 250 元。[④] 所以有谓台湾有三件事一定要管，一是"尿屎"，二是死尸，三是"女儿"。女儿要管是怕她流于下贱，沦落成跟尿屎与死尸一样。[⑤]

台湾的温泉区，分布在台北近郊的是草山、北投、乌来、（宜兰）礁溪，新竹井上温泉，中南部是关仔岭，东部是苏澳冷泉与（台东）知本温泉。[⑥] 温泉区女侍如云，如果男子是纵情恣欲之徒，那么台湾女性出卖肉体，正是迎接不肖者之流。台湾女子若是甘心卖淫，就被称为

① 华子：《丽岛风光》，《大中国月刊》第 3 期，1947 年。
② 陶陶：《各地通讯——台湾省的职业妇女》，《妇声半月刊》第 2 卷第 1 期，1947 年。
③ 刘冬阳：《台湾——女人的世界》，《生活文摘半月刊》第 1 卷第 1 期，1947 年。
④ 市：《不幸的台湾女性》，《纪事报（每周增刊）》第 32 期，1947 年。
⑤ 本社：《台湾的三件事》，《纪事报（每周增刊）》第 26 期，1947 年。
⑥ 北投温泉所有旅馆的营收，保守估计平均一天合计 100 万台币。参阅丁贝彦《台北山水间》，《工商新闻》第 30 期，1947 年。

热带蛇。① 特别是台北的温泉，它几乎与色情分不开。温泉池若是大池则是男人使用，中池为男女共浴，小池是一男一女玩鸳鸯游水的勾当。当时行情价一位女性夜渡资是台币 5000~6000 元，食米一石就要 11000~12000 元，使得女性投入色情行业禁不胜禁。② 由于大陆游客从没体验过这种服务，故日据以来沿袭的"温泉文化"，在他们看来也大惊小怪。③ 这里指的是温泉旅馆女侍替客人搓背，也被视为有伤风化，显得不伦不类。④ 台北的几处大酒家，彻夜灯红酒绿。妙龄的女招待打扮得花枝招展，漂亮的小姐一天的收入就有一二万元台币。北投、草山的温泉旅馆，更是盟军阔佬散心寻乐的场所。⑤ 在这些地方，酒、女人、大菜、麻将成了享乐的最高目标。⑥ 这种在温泉旅馆卖淫者，也称为野妓，让在台的游客流连忘返。⑦

另外，台北市也有所谓"神秘浴室"。杂志报道它暗藏在巷弄中，必须要熟门熟路的人引领才能进入。行规是洗澡费用台币 100 元，若女郎与客共浴费用台币 500 元。大陆来台者听闻此事，都很有兴趣。⑧ 值得注意的是，不仅大都市已经被色情行业给污染，即便在纯朴的东部也有粉味。1948 年初花莲市已有人口 28000 多人，它的夜晚被形容比白昼还美。市内南京街也是灯红酒绿的地方，酒家门口也坐着身穿白衣的女侍应生，此时是城市罪恶的时候。⑨

至于台湾的按摩女，没有固定的住所，没有相当的技艺。她们既不能像女伶一样，可以靠自己的歌喉博取客人的欢心，也不能像卖符的巫婆一样，仗着满口谎言欺骗世人。所以只能像卖淫的妓女一样，以自己的青春与皮肉，满足男人的欲望来赚钱。在上海、天津、厦门

---

① 江云：《世界通讯——温泉与热带蛇》，《春秋》第 5 年第 5 期，1948 年。
② 姚钧：《新来晚到记台湾》，《春秋》第 5 年第 4 期，1948 年。
③ 男女共浴温泉的色情噱头，的确大陆很少见，但若是旅馆应招随叫随到，也如同上海旅馆的妓女一样。参阅林佛士《台湾的女子职业》，《十月风月刊》新 6 期，1948 年。
④ 编者：《世外桃源——台北》，《时代生活三日刊》第 3 卷第 19 号，1946 年。
⑤ 大陆的杂志提及台湾温泉的色情，最严重地方是北投温泉，而近在咫尺的草山温泉数家旅馆，看似是"正派经营"。参阅刘冬阳《珊瑚网——上草山》，《工商新闻》第 49 期，1947 年。
⑥ 高超：《「阿山」台湾人之间》，《中建半月刊》第 1 卷第 4 期，1948 年。
⑦ 何陋室主：《旅台杂记》，《民治月刊》第 2 卷第 11、12 期合刊，1948 年。
⑧ 本社：《台北——秘密浴室》，《纪事报（每周增刊）》第 76 期，1947 年。
⑨ 李尔康：《静静的花莲》，《周末观察周刊》第 3 卷第 5 期，1948 年。

等地，按摩是一种秘密组织，必须偷偷摸摸地开设，在台湾却是一种普通又公开的职业。她们之中有不少是半老的徐娘，也有老妪，或者是正当花开的妙龄女郎。她们晚上执业，都是吹着竹制尖锐的口笛，声音既凄厉又哀婉，听了让人感到心酸。根据统计，台湾的按摩女粗估有13000余人。[1]

台湾女人是否就是外传的缺少贞操观念，或许是台湾色情业没有不景气而衰落。她们懂得日文、英文，所有的旅馆、家庭、要人公馆、妓院、舞厅都是下女们包办。没想到1946年7月政府下令禁舞，8月禁娼，再公布管理女招待的办法。她们只能去包围妇女会长谢娥，要求找工作糊口。[2] 在外省人眼中，日本统治时期台湾女性沦为娼妓不少。光复后当局为整顿市容，以及重视女权起见下令禁娼。虽然公娼已经禁止，但暗娼还是很多，每年罹患花柳病者更多。[3] 1946年根据医院统计，全年罹患花柳病者达5000人之多。[4] 同样高雄的私娼也相当多，女侍应生可说全都在卖淫。这又有什么办法呢？因为她们要负担家计。[5] 所以台湾娼妓之多，跟男女性别比例失调无关，主要是经济因素。[6]

左派杂志抓住这一点，同情台湾女性被逼良为娼。其中提到日据时期受过中学教育的女子，时任公共汽车的车掌。光复以后因抗议同事被旅客殴打，参加集体交涉遂被公司免职。不料父亲过世，迫于经济困境只能把自己卖给一家旅社，从此过着卖皮肉的生活。[7] 或云男人失业，女人一批批挤到繁荣的城市，使得台湾私娼泛滥。可是人肉市场的行情，有的一次才值一包香烟的价钱。[8] 在台湾所有妇女中，站在生活最前线仅求温饱的人，不是别人而是妓女、酒家妇。[9] 台湾知识分子也深

---

① 秋田：《台湾的按摩女（一）》，《中国新闻半月刊》第2卷第3期，1948年。
② 江慕云：《台湾的女人》，《新闻天地月刊》第14期，1946年。
③ 1946年7月，台湾省行政长官公署禁舞，同年8月禁娼，又公布管理女招待的办法，然全是徒具形式。参阅新闻天地《台湾的女人》，《读者》第2卷第5期，1946年。
④ 陶陶：《各地通讯——台湾省的职业妇女》，《妇声半月刊》第2卷第1期，1947年。
⑤ 编者：《内贯线来杂记——台湾人对内地人、最初好感、其次恶感、现在反感》，《时代生活三日刊》第5卷第5号，1947年。
⑥ 朱荷生：《性比例与婚姻——台湾采风录之一》，《中央周刊》第9卷第2期，1947年。
⑦ 之芬：《基隆通讯——台湾所见》，《群众周刊》第2卷第14期，1948年。
⑧ 其善：《异地书简——台湾来鸿》，《光明报》新9号，1946年。
⑨ 秋凡：《一幅绮思的画面——活跃在生活战线上的台湾女性》，《工商新闻》第70期，1948年。

知此等情况，当大陆人士询问娼妓问题时，为了台湾的尊严，总是很严肃地回答，本人"没去过、不知道"。这就是安娥在台湾看到的写实描述。[1]

六　结语

十年前游鉴明教授在其研究成果中表示，从 1945～1949 年在台湾发行的报刊来看，外省人对台湾女子的论述不外乎几个重点。如外表与装扮、性格与工作态度。对于前者，正面的看法是台湾女子体格普遍健美，性格像日本妇女——温柔、和善、天真、活泼。可是像日本妇女这点，又有訾议认为是日本奴化的表现。而且台湾女性喜欢烫头发、镶金牙、浓妆艳抹，身材矮、黑、粗，小腿常被蚊子叮成"图案腿"的样子，又常让人不敢恭维。对于后者，一般看法是认为台湾女性工作是为了家庭，外省女性工作是为了自己的享受。然而最重要的是游氏从报刊资料中，爬梳整理提到台湾女子的三个"问题"——娼妓、女佣、婚姻。为何台湾报刊会强调"问题"，或许是内容中有读者信箱一类的专栏，故投稿人可以在此园地以文会友，当然也时常因进行笔战，而激出火花形成所谓的"问题"。[2]

可是大陆期刊的报道不是如此，其内容多半是来台记者发出的文稿，或者是旅台者分享在台湾的见闻心得，其主旨并非要讨论台湾女人的"问题"。故这类文章大多是观察后的描述居多，主要介绍台湾女人的多种面相，以飨读者而已。因此在此动机下，什么是台湾女子给人的最直接印象——男女亲密、女子赤脚、普遍受过教育、女子多情，则是来台者共同的看法。有意思的是从审美标准来看，大陆期刊提到台湾女子的观念要以"鲤鱼嘴、柳叶眉、鹅蛋脸"为佳，最好是像《红楼梦》里的探春"削肩细腰、长佻身材、鹅蛋脸面、俊眼修眉、顾盼神飞"。但从未有因打扮之故，指责台湾女子有奴化的倾向。最值得注意的是妇

---

[1]　安娥：《第一次接触台湾青年》，《妇女月刊》第 3 卷第 4 期，1948 年。
[2]　游鉴明：《当外省人遇到台湾女性：战后台湾报刊中的女性论述（1945－1949）》，《中央研究院近代史研究所集刊》第 47 期，2005 年。

运的报道,此点是台湾期刊大书特书之处,大陆期刊的内容虽轻描淡写,但写出台湾期刊不敢评论的"李祝三案"。让人知道同时期大陆因沈崇案如火如荼,台湾却因高官杀妻未有人理睬。

至于众多台湾女子中,何者最具特色而受到大陆期刊青睐?从特地为她专文报道来看,只有三个人——舞蹈家蔡瑞月、制宪国民大会代表谢娥、台湾共产党创始人谢雪红。后两位是政治人物,即便是台湾的期刊也常看到她们,但是蔡瑞月就相当罕见。可谓大陆期刊独具慧眼,关注台湾政治之余,对于艺文也有兴趣。其余就是"国大之花"的访问,因为1948年3月29日行宪国民大会在南京召开,大陆期刊曾专访几位才智美貌兼备的女性国代。其中台湾竟占了四位——郑玉丽、林珠如、杨郭杏、林吴素真。或许这四位女性,就是当时大陆期刊眼中最具特色而能吸引他们注意的台湾女性。

最后是职业妇女的描述,当时大陆期刊对于日据到光复以来的三大女性职业——女给事、女中(下女)、女给(色情业女)更感兴趣。事实上娼妓与女佣都是大陆、台湾期刊报道的题材。但是针对色情,大陆期刊并没有把它当作社会问题处理,反而是呈现两极化的内容。一是报道大陆没有或少有的色情玩法,如温泉旅馆的男女共浴、鸳鸯戏水,又如上海、天津、厦门等地按摩是见不得光的行业,但是在台湾是普通又公开的职业。二是左派杂志深入报道台湾娼妓背后的血泪,发现有些是受过良好教育者,因为时局困窘不得已才走上这一途。针对女佣,大陆期刊亦没有把它当作社会问题处理,反而从"供需"的角度来讨论。这肇因于1948年大陆各省人士纷纷来台,特别是来自上海稍有财力者,都会选择在台湾雇请下女,因此当时"下女荒"很严重。而不同于台湾期刊较少报道女给事,这一部分大陆期刊的撰文很多。可能是她们都毕业于公学校或女子高校,又打扮时髦、体态貌美,然而却愿意屈就各机关搋桌扫地、来客倒茶、传递文件等工作。对照大陆同样条件的年轻女性,这是很难看到的现象。

历史发展最耐人寻味之处,即是有所谓"循环说"的看法。1949年后两岸因政治情势而分隔,其间虽自20世纪90年代开始有大陆人士以探亲、商务、学术之名来到台湾,但真正开放旅游实为2008年的"首发团"。之后大陆出版业以宝岛旅游为名的著作所在多有,然对照两个不同时期的观察，"台湾女性"的素材仍为人所注意。① 当然如此的观察不会止息，但会呈现什么样的视角与结论，这又是以后的事了。

原载《近代史学刊》第 15 辑（2016）

---

① 李峰：《看台湾，说台湾——李峰台湾行》，南京出版社，2007；方刚：《你不知道的台湾地・事・人》，南海出版公司，2009；贾云峰：《台湾现在进行时：你从未体验过的台湾人文地理》，中国旅游出版社，2009；陈雅萍：《台湾旅游 Top 体验》，电子工业出版社，2011。

"出而不战": 中国出兵朝鲜决策的再探讨

〔韩〕金东吉*

一 绪论

1950 年 6 月 25 日爆发的朝鲜战争，不仅埋下了南北朝鲜持续分裂的种子，而且还将美苏之间的冷战扩大到全世界范围。该战争引发美国与中华人民共和国之间持续两年零九个月的未宣战的全面的军事冲突，并导致两国长期处于敌对状态。1951 年 2 月，联合国认定中华人民共和国为侵略者，由此中国长期被孤立于国际社会之外。与此相反，毛泽东出兵朝鲜并与美国作战，极大地消除了斯大林对毛泽东的疑虑，进而奠定了中苏蜜月关系的基石。从这一意义上说，20 世纪 50 ~ 60 年代的国际秩序是被朝鲜战争所打造的。因此，中国出兵朝鲜的原因，一直是学者研究的一个重要课题。

20 世纪 80 年代以前有关中国出兵朝鲜的研究，是随着西方，特别是美国的政治、思想环境的变化及相关档案文献的公开而一起发展起来的。20 世纪 50 年代，受朝鲜战争的爆发而极大上升的冷战的影响，西方学者主张中国是在斯大林的指示下以扩大共产主义为目的而决定出兵朝鲜的。这一观点被称为"传统主义（Traditionalism）"。①

---

* 金东吉，中国社会科学院研究生院博士，现为北京大学历史系教授。

① Philip E. Mosley, "Soviet Policy and the War," *Journal of International Affairs* vol. 6 (Spring 1952): 107 – 114; Alexander L. George, "American Policy Making and the North Korean Aggression," *World Politics* vol. 7 no. 2 (January 1955): 209 – 232.

1960 年，艾伦·怀廷（Allen S. Whiting）利用西方情报、中国报刊以及北京电台广播资料，对中国出兵朝鲜问题做出了新的解释。他认为，中国出兵朝鲜只不过是对外部迫在眉睫安全威胁的被迫并且不情愿的应对而已。他强调，中国只是到 8 月底，才开始采取必要的军事准备工作。因此，他认为，正是美军对中国边境安全的威胁，迫使中国出兵朝鲜。[1] 在 20 世纪 60～80 年代，西方学者普遍接受并进一步发展了怀廷的观点，主张美国跨过三八线导致了中国出兵朝鲜。如果美国没有越过三八线，中国就不会出兵朝鲜，朝鲜战争在 1950 年秋天就会结束。[2]

自 20 世纪 80 年代初以来，随着中国档案及相关当事人回忆录的逐步公开，中国和留美华裔学者开始主张，早在朝鲜战争爆发初期，毛泽东在出兵援朝问题上持有积极性。中国学者姚旭主张，杜鲁门随即下令派遣海陆空军大举侵入朝鲜，同时公开地出兵台湾海峡，使毛泽东确信"我们和美国较量是不可避免的，问题就看是选择什么地方"。[3]

1994 年，华裔学者陈兼断定前人的研究落入了"冲击—回应"模式和"美国中心观"之窠臼。他主张"中共的革命民族主义，亚洲或世界范围内革命的责任感以及保持中国革命的内在动力"是决定中国外交政策和安全战略的三个基本依据。陈兼注意到，尽管斯大林 10 月 11 日拒绝立即向中国人民志愿军（以下简称"志愿军"）提供空中掩护，毛泽东仍然坚持出兵的态度，甚至说服自请卸任志愿军司令员职务的彭德怀，不让其辞职。毛泽东这样做，是因为他相信"朝鲜的命运关系到中

---

[1] Allen S. Whiting, *China Crosses the Yalu*: *The Decision to Enter the Korean War*, New York: Macmillan, 1960, pp. 114 - 115, 126.

[2] J. H. Kalicki, *The Pattern of Sino-American Crises*: *Political-Military Interactions in the 1950s*, New York: Cambridge University Press, 1975, Part 1; Melvin Gurtov and Byong-Moo Hwang, *China Under Threat*: *The Politics of Strategy and Diplomacy*, Baltimore: Johns Hopkins University, 1980, pp. 16 - 19; Gerald Segal, *Defending China*, New York: Oxford University Press, 1985, pp. 92 - 99; Warren I. Cohen, "Conversation with Chinese Friends: Zhou Enlai's Associates Reflect on Chinese-American Relations in the 1940s and the Korean War," *Diplomatic History* vol. 11 issue. 3 (Summer 1987): 283 - 289; Rosemary Foot, "Making Known the Unknown War: Policy Analysis of the Korean Conflict in the Last Decade," *Diplomatic History* vol. 15 issue. 3 (Summer 1991): 412; Simei Qing, "The U. S. -China Confrontation in Korea: Assessment of Intentions in Time of Crisis," in *Northeast Asia and the Legacy of Harry S. Truman*: *Japan*, *China*, *and the Two Koreas*, edited by James I. Matray, Kirksville, Truman State University Press, 2012, pp. 93 - 118.

[3] 姚旭：《从鸭绿江到板门店：伟大的抗美援朝战争》，人民出版社，1985，第 21～22 页。

国至关重要的安全利益和东方乃至世界革命的命运"。①

最近，沈志华提出，"美国宣布台湾地位未定，并派第七舰队进驻台湾海峡"，激发了毛泽东的"革命热情和好斗精神"。从此，"在毛泽东心目中，与美国之间的战争已经开始"。② 沈志华还认为，在1950年10月14日斯大林向中国通知苏联空军不准备进入朝鲜境内作战的情况下，毛泽东仍然强调"就算打不过美国也要打"，坚持出兵朝鲜，是为了获得苏联对中国未来安全的保障和经济援助。③

然而，最近这些强调毛泽东出兵积极性和主动性的研究，不能合理地解释以下事实。第一，1950年10月3日，毛泽东通知苏联和朝鲜，中国将不出兵朝鲜。第二，10月8日，周恩来带着与苏联援助挂钩的出兵和不出兵两套方案向黑海出发。第三，10月11日，周恩来在与斯大林的会谈中，当场决定中国不出兵朝鲜。次日，毛泽东也两次向斯大林通报了中国将不会出兵的决定。

基于新解密的中俄两国文献、档案材料以及笔者的访谈资料，本文重新审查了以下问题：（1）朝鲜战争爆发对中国国内政治、经济方面的影响；（2）毛泽东早在1950年7月、8月希望出兵朝鲜的原因；（3）1950年10月13日，毛泽东推翻前一天做出的不出兵决定，并最终决定在没有苏联空军掩护和武器援助的情况下出兵朝鲜的原因。本文对这些问题提出了新的解释，认为：第一，美国越过三八线，并不是中国出兵朝鲜的充分条件；第二，中国最后决定出兵的关键原因在于，如果中国出兵朝鲜，美伪军可能就地停止前进，中国将在不与美国打仗的情况下确保北朝鲜北部，进而将国防线由鸭绿江推进到北朝鲜北部。

① Chen Jian, *China's Road to the Korean War: The Making of the Sino-American Confrontation*, New York: Columbia University Press, 1994, pp. 4, 201 – 209, 213 – 214.

② 沈志华：《毛泽东、斯大林与朝鲜战争》，广东人民出版社，2013，第 321~322 页。

③ Shen Zhihua, "China and the Dispatch of the Soviet Air Force: The Formation of the Chinese-Soviet-Korean Alliance in the Early Stage of the Korean War," *The Journal of Strategic Studies*, vol. 33 no. 2 (April 2010): 211 – 230；冈察洛夫（Goncharov）等认为，在没有苏联空军掩护的情况下，毛泽东决定出兵朝鲜并决定与美国作战是为了保护中国自身的安全，即担心不出兵可能给斯大林提供借口，苏联在中共与美国发生战争的情况下将不会帮助中国，参见 Sergei N. Goncharov, John W. Lewis, Xue Litai, *Uncertain Partners: Stalin, Mao, and the Korean War*, Stanford: Stanford University Press, 1993, pp. 216 – 217。

二 战争初期毛泽东希望出兵而斯大林 保持沉默：1950 年 7 月和 8 月

朝鲜战争爆发之前，金日成认为美国不会干预。① 但是，战争爆发之后，美国却迅速介入。② 战争爆发后的第三天，在美国主导之下，联合国安理会通过一项决议，建议"联合国成员国向大韩民国提供必要的援助，击退武装进攻，恢复该地区的国际和平与安全"。同时，美国政府批准美国海空军在三八线以南地区采取军事行动。③ 同一天，杜鲁门总统发表声明，宣布派遣"第七舰队开进台湾海峡"，并称"台湾未来地位的决定，必须等待太平洋安全的恢复，对日本的和平解决或联合国的审议"。④

中国谴责美国的行动为"美国帝国主义侵略中国"。⑤ 由此，中国与美国之间迅速形成紧张局势。6 月 30 日，美国政府将其海空军作战范围扩大到整个朝鲜。7 月 1 日，美国第一支地面武装部队"史密斯大

---

① 在 1950 年 4 月与斯大林的会谈中，金日成认为"因为美国人知道苏联与中国站在朝鲜背后，会帮助朝鲜，美国人不会冒险进行大规模战争"，见联共（布）中央委员会国际部《金日成访问苏联报告（1950 年 3 月 30 日－1950 年 4 月 25 日）》，转引自 Anatoly Torkunov, *The War in Korea* 1950－1953: *Its Origin, Bloodshed and Conclusion*, Tokyo: ICF Publishers, 2000, pp. 50－51。

② 美国国务院将朝鲜的进攻视为"由苏联策划并实施的一次行动"，美国总统哈里·杜鲁门认为"如果允许南韩陷落，那么受到鼓舞的共产主义者将会继续蹂躏其他自由国家"，他主张自由世界应当以强硬反对立场迎战朝鲜的进攻。见 U. S. Department of State, "Intelligence Estimate Prepared by the Estimates Group, Office of Intelligence Research, Department of State, 25 June 1950," *Foreign Relations of the United States* (*FRUS*), Korea, vol. 7 (Washington, DC: Government Printing Office, 1950): 149－154; Harry S. Truman, *Memoirs of Harry S, Truman: Years of Trial and Hope*, New York: Doubleday, 1956, vol. 2, pp. 333－339。

③ U. S. Department of State, "Resolution Adopted by the United Nations Security Council, 27 June 1950," *FRUS*, Korea, vol. 7 (1950): 211; U. S. Department of State, "Memorandum of conversation, by the ambassador at large (Jessup), 26 June1950," *FRUS*, Korea, vol. 7 (1950): 179.

④ U. S. Department of State, "Statement Issued by the President," 27 June 1950, *FRUS*, Korea, vol. 7 (1950): 202－203.

⑤ 中共中央文献研究室、中央档案馆编《建国以来周恩来文稿》第 2 册，中央文献出版社，2008，第 524~525 页。

队"到达釜山港，并于 7 月 5 日在乌山与朝鲜人民军进行了首次战斗。① 7 月 7 日，以美军为主的联合国军正式组建，并由麦克阿瑟将军担任总司令。自此，美国开始了对朝鲜战争的全面干预。

在美军地面部队抵达釜山时，中国就明确提出了出兵朝鲜的条件。7 月 2 日，中国外交部长周恩来向斯大林通报，"如果美军越过三八线，中国将组成穿着朝鲜人民军制服的志愿军对抗美军"，并希望"苏联能够提供空军掩护"。② 7 月 5 日，即美军与朝鲜人民军之间进行首次地面战斗的同一天，斯大林回电同意了中国的要求，并承诺"我们将尽力为这些部队提供空中掩护"。③ 换言之，中苏就中国出兵朝鲜达成共识，即如果美军越过三八线，中国就会出兵朝鲜，而苏联则负责提供空中掩护。

在斯大林答应提供空中掩护之后，中国就开始为出兵朝鲜做准备。7 月 7 日，中共中央军事委员会决定由四个军和三个炮兵师组成东北边防军，并命令该军限 8 月 5 日前到达中朝边境地区集结。④ 同时，周恩来派遣中国驻朝鲜代办柴成文向金日成通报，"中国政府已准备好提供任何朝鲜需要的战争物资"，并要求金日成提供"朝鲜地图和朝鲜人民军军服的样品"。⑤

7 月 12 日，毛泽东接见了朝鲜人民军副总参谋长李相朝，表示"如果朝鲜向中国政府呼吁请求，中国可以派军队入朝。中国为此准备了四个军，共三十二万人。如果我们派军队的话，第三次世界大战不会

---

① James F. Schnabel and Robert J. Watson, *History of the Joint Chiefs of Staff : the Joint Chiefs of Staff and national policy Volume III 1950 – 1951, The Korean War*, Washington, D. C. : Historical Division, Joint Chiefs of Staff, 1998, pp. 47; William Stueck, *The Korean War : An International History*, New Jersey: Princeton University Press, 1997, pp. 47 – 48.

② 周恩来表示，"为此，中国领导人在沈阳已集中了 3 个军 12 万人的兵力"。见《罗申致斯大林电》，1950 年 7 月 2 日，АПРФ（Архив Президента Российской Федерации（俄罗斯联邦总统档案馆，以下简称 АПРФ）），ф. 45, оп. 1, д. 331, лл. 75 – 77。

③ 《斯大林致罗申电》，1950 年 7 月 5 日，РГАСПИ（Российский Государственный Архив Социально-политическои Истории（俄罗斯国家社会政治史档案馆，以下简称 РГАСПИ）），ф. 558, оп. 11, д. 334, л. 79。

④ 中共中央文献研究室、中国人民解放军军事科学院编《建国以来毛泽东军事文稿》上卷，军事科学出版社、中央文献出版社，2010，第 158 ~ 159 页。

⑤ 柴成文、赵勇田：《板门店谈判》，人民解放军出版社，1992，第 36 页；《人民日报》1950 年 7 月 14 日，第 1 版；《什特科夫致斯大林电》，1950 年 7 月 15 日，ЦАМОРФ（Центральный Архив Министерства Обороны Российской Федерации，俄罗斯联邦国防部中央档案馆，以下简称 ЦАМОРФ），ф. 5, оп. 918795, д. 122, лл. 303 – 305。

爆发，希望金日成于 8 月 10 日以前通报自己对于中国出兵的意见"。①
这无疑显示了中国在朝鲜战争初期派遣军队入朝的愿望。对此时的毛泽
东而言，美军越过三八线，已不再是中国出兵朝鲜的前提条件。

到了 1950 年 8 月初，除朝鲜半岛东南部以外，朝鲜人民军已占领
了整个朝鲜半岛。然而，随着来自美军本土的大量部队与武器陆续到达
釜山，处于洛东江战线的美韩军队，在兵力与武器数量上，开始超过朝
鲜人民军。美韩军队借机遏制朝鲜的攻势，并巩固了釜山防御阵地。②
对此，中国领导人十分担忧，认为中国有必要立即出兵朝鲜。8 月 4
日，毛泽东在中共中央政治局会议上指出："如果美帝得胜，就会得意，
就会威胁我们，甚至挑衅。因此，对朝鲜不能不帮，必须帮助，用志愿
军的形式，时机当然还须选择，我们不能不有所准备。"③ 8 月 13 日～
14 日，高岗在东北边防军高级干部会议上也强调了迅速出兵的必要性。
他指出："如果美国侵略者占领了朝鲜，毫无疑问一定会准备力量，来
进攻我们的东北与华北，进攻我们的祖国。那么我们究竟是让它打下朝
鲜，让它准备力量，增长气焰，等它打到中国来的时候再去消灭它好
呢？还是现在争取主动，配合朝鲜人民军，在国土以外，消灭敌人，保
卫自己好呢？显然地，在国土以外消灭敌人，是有利于我们，有利于我
们的朋友，有利于世界人民反对帝国主义争取和平民主的事业的。"④
毛泽东同意了高岗的意见。⑤

与此同时，毛泽东将中国认为有必要尽快出兵朝鲜的意见向莫斯科
做了通报。8 月 19 日，毛泽东接见了苏联科学院院士尤金，表示："如
美国人决心要在朝鲜不惜一切代价取得胜利，那么他们需要 30～40 个
师。在这种情况下，朝鲜人就无法独自对付，需要中国的援助。如果进
行这种援助，就可以消灭美国的这 30～40 个师。而这个方案如能实现，

---

① 《什特科夫致斯大林电》，1950 年 7 月 20 日，ЦАМОРФ，ф. 5，оп. 918795，д. 122，
лл. 352 – 355。

② James F. Schnabel and Robert J. Watson, *History of the Joint Chiefs of Staff: the Joint Chiefs
of Staff and national policy Volume III 1950 – 1951, The Korean War*, pp. 73 – 79；William
Stueck, *The Korean War: An International History*, p. 48.

③ 军事科学院军事历史研究所：《抗美援朝战争史》上卷，军事科学出版社，2014，第
97 页。

④ 《高岗在沈阳军事会议上的讲话》，1950 年 8 月 13 日，转引自军事科学院军事历史研
究所《抗美援朝战争史》上卷，第 98～100 页。

⑤ 中共中央文献研究室编《建国以来毛泽东文稿》第 1 册，第 469 页。

将会推迟第三次世界大战的爆发。当然，这对苏联和中国都有利。"第二天，苏联驻中国大使就将毛泽东的这一观点汇报给了斯大林。[1]

朝鲜战争在洛东江战线陷入僵局，朝鲜独自取得胜利的可能性越来越渺茫。为此，中国加快了出兵朝鲜的准备。8月20日，毛泽东决定配备第二线兵力。[2] 8月26日，周恩来在东北边防军准备工作会议上非常遗憾地说，最初组建边防军是为了"赶李承晚下海，一鼓而下，很快地解放全朝鲜，使得战争很快结束"，但"备而不用"。他接着说道，现在朝鲜战争趋向长期化，中国出兵援朝"即将成为现实"。[3]

简而言之，在朝鲜人民军占优势的战争初期，中国领导人就已经达成"尽快出兵帮助朝鲜取得迅速胜利"的共识。那么，为什么此时中国希望尽早出兵呢？

第一，中国领导人怀揣着传统的"唇亡齿寒"的安全观念。他们认为如美国占领朝鲜，中国将会直接面临美国进攻的威胁。因此，中国希望借朝鲜军事占优势的绝佳机会出兵朝鲜，尽早地解决朝鲜问题和尽可能地减少战争损失。换言之，在朝鲜战争初期，中国对战争采取了更为主动的姿态，而非艾伦·怀廷所主张的被迫并且不情愿地应对。

第二，朝鲜战争爆发和美国宣布派遣第七舰队进驻台湾海峡，严重威胁了新中国政权的政治、经济基础。许多中国人视这两件事为中美之间爆发第三次世界大战的前兆。在北京、上海和天津等大城市，银行挤兑现金现象大量增加，股票市场崩溃，居民开始抢购日用必需品（如大米、布匹、盘尼西林等）。[4] 此外，大量不利于新政权的谣言在全国范围内扩散，如"今年9月就要开始第三次世界大战""麦克阿瑟将军与台湾

---

[1] Anatoly Torkunov, *The War in Korea 1950 – 1953: Its Origin, Bloodshed and Conclusion*, pp. 94 – 95.

[2] 中共中央文献研究室、中国人民解放军军事科学院编《建国以来毛泽东军事文稿》上卷，第185页。

[3] 中共中央文献研究室、中国人民解放军军事科学院编《建国以来周恩来军事文选》第4册，人民出版社，1997，第43～50页。

[4] 新华社编《内部参考》1950年7月1日，第171期，第1～2页；《内部参考》1950年7月4日，第172期，第1～2页；《内部参考》1950年7月5日，第173期，第1～2页。美国和中国香港已经禁止向中国内地出口十一种战略物资，包括石油、钢铁和橡胶等。因此，中国经济陷入混乱状态。见《内部参考》1950年7月7日，第174期，第17～19页；《内部参考》1950年7月13日，第178期，第40页；《内部参考》1950年7月28日，第188期，第97～98页。

国民党当局已就蒋介石重返大陆一问题获致协议""日本军队将进攻满洲,国民党军队将进攻华南,美国军队将进攻华中""台湾国民党当局正在采取措施,以引诱前投向北京方面的中国人回到国民党方面"等。① 甚至,意味着中共政权崩溃的"变天思想"的谣言和放弃对台军事行动以避免与美国军事冲突的主张还相当普遍。在这种情况下,人们普遍不相信朝鲜人民军取得胜利的报道,一些中共的地方干部也担心美国即将会轰炸中国,认为中国绝不是美国的对手。② 可见,朝鲜战争在很大程度上动摇了中共政权的政治和思想基础。全国各地的这些反应,很快就报告给了毛泽东。

中国政府认为这些情况严重威胁中共政权的安全,因此,7 月 23日,经毛泽东的批准发布了《政务院、最高人民法院关于镇压反革命活动的指示》。该《指示》宣布全面镇压"一切反革命活动",并强调"积极领导人民坚决地肃清一切公开的与暗藏的反革命分子,迅速地建立与巩固革命秩序,以保障人民民主权利并顺利地进行生产建设及各项必要的社会改革,成为各级人民政府当前重要任务之一"。③

第三,以美国为首的 16 个资本主义阵营国家的参战,为中国早期出兵提供了口实。联合国军全面参战之后的 7 月 12 日,毛泽东说:"如果朝鲜向中国政府呼吁请求,中国可以派军队入朝。"④ 7 月 13 日,金日成也向苏联大使表示:"由于美国等国家已站在李承晚一边参加了战争,因此捷克斯洛伐克、中国等人民民主主义国家也就可以用自己的军队来帮助朝鲜。"⑤ 毛泽东和金日成的这些情绪,清晰地反映出联合国

---

① 新华社编《内部参考》1950 年 7 月 1 日,第 171 期,第 3 页;新华社编《内部参考》1950 年 7 月 4 日,第 172 期,第 12 页。

② 新华社编《内部参考》1950 年 7 月 10 日,第 175 期,第 24 ~ 25 页;《内部参考》1950 年 7 月 11 日,第 176 期,第 31 ~ 32 页。当时关于"美国试图逮捕毛泽东,海南岛已经落入美国和蒋介石手中,林彪已经牺牲"的传言散布很广。见《内部参考》1950 年 7 月 13 日,第 178 期,第 39 ~ 40 页;《内部参考》1950 年 7 月 22 日,第 184期,第 79 ~ 80 页。

③ 中共中央文献研究室编《建国以来重要文献选编》第 1 册,中央文献出版社,1992,第 358 ~ 360 页。

④《什特科夫大使致斯大林电》,1950 年 7 月 20 日,ЦАМОРФ,ф.5,оп.918795,д.122,лл.352 - 355。

⑤《什特科夫大使致斯大林电》,1950 年 7 月 15 日,ЦАМОРФ ф.5,оп.918795,д.122,лл.303 - 305。

军全面介入朝鲜战争以后，在社会主义阵营里所形成的共识。

为了巩固中国共产党政权、尽早实现两岸统一、解决经济问题，中国渴望朝鲜速胜。帮助朝鲜尽快取得胜利，就是帮助中国自己。[①] 当朝鲜处于军事上风时，出兵朝鲜助其取得胜利就意味着"以最低成本取得最大收益"。除此之外，如果中国出兵朝鲜并取得速胜，中国可借机扩大其对朝鲜半岛的影响力。因此，尽早出兵帮助朝鲜取得速胜，对中国而言，是"一石三鸟"之妙计。麦克阿瑟也承认，中国出兵的最佳时期为 1950 年 7 月和 8 月。[②] 如果中国在那时出兵朝鲜，战争形势可能就不同了。

自战争爆发起，金日成曾多次表示希望中国派遣地面部队帮助朝鲜。7 月 13 日，金日成向苏联大使提出中国出兵援朝的必要性。他说："由于美国等国家已站在李承晚一边参加了战争，因此捷克斯洛伐克、中国等人民民主主义国家也就可以用自己的军队来帮助朝鲜。"[③] 7 月 19 日，金日成向苏联驻朝鲜大使什特科夫说："因美国空军的轰炸，朝鲜人民军的军事行动实际上被停止。"同时，金日成还通报了毛泽东尽快出兵的意愿，并催请斯大林同意。[④] 但是，斯大林对此一直保持沉默。因此，金日成于 8 月 26 日派自己的秘书文日向什特科夫表示，"由于朝鲜人民军目前的前线状况非常困难"，因此朝鲜劳动党政治局将会讨论"提出中国同志派军队援助朝鲜"的问题，并打算向中国政府直接提出出兵援助。[⑤]

---

① 陈兼认为，毛泽东试图在 8 月底 9 月初出兵朝鲜以便加速朝鲜取得胜利，或至少阻止反动势力的增长并加速更大规模的中国声称拥有领导权的亚洲革命的转变，见 Chen Jian, *China's Road to the Korean War: The Making of the Sino-American Confrontation*, pp. 154, 158 – 159。

② U. S. Department of State, "Substance of Statements Made at Wake Island Conference on October 15, 1950," *FRUS*, Korea, vol. 7 (1950): 953.

③ 《什特科夫大使致斯大林电》，1950 年 7 月 15 日，ЦАМОРФ, ф. 5, оп. 918795, д. 122, лл. 303 – 305。

④ 《什特科夫大使致葛罗米柯电》（时间不详），АВПРФ, ф. 0102, оп. 6, п. 21, д. 48, лл. 109 – 169；《什特科夫大使致斯大林电》，1950 年 7 月 20 日，ЦАМОРФ, ф. 5, оп. 918795, д. 122, лл. 352 – 355。

⑤ 什特科夫在报告中也叙述自己的判断："金日成对凭借自身力量赢得战争胜利完全失去了信心，因而多次试图征得苏联使馆的同意，以便请求中国军队来帮助朝鲜。"《什特科夫致维辛斯基电》，1950 年 8 月 28 日，ЦАМОРФ, ф. 5, оп. 918795, д. 127, лл. 666 – 669。

至此，斯大林再也无法置之不理了。8 月 28 日，斯大林回电金日成，指出："不要因为在与外国干涉者的斗争中没有取得连续的胜利而不安，胜利有时也会伴随着一些挫折，甚至局部的失利。"他安慰金日成道："现在朝鲜并不是孤立的，她拥有现在和将来都将援助她的盟友。"斯大林还说，"俄国人在 1919 年英、法、美武装干涉时期的处境，比现在朝鲜同志的处境要困难得多"，并承诺"如果需要，我们可以再向朝鲜空军提供强击机和歼击机"。同时，斯大林还鼓励金日成说："联共（布）中央毫不怀疑，外国干涉者将很快地被赶出朝鲜。"然而，斯大林却没有提到中国或苏联出兵援朝的问题，仅仅是建议金日成依靠自身的力量克服目前的困难。① 这表示，斯大林并不赞成金日成的请求。金日成在获悉斯大林的态度之后，直到 9 月底联合国军准备越过三八线，再也没有提过中国出兵的问题。

斯大林非常满意朝鲜战争所造成的国际环境，美军节节败退，使其威信一落千丈，美国手足被缚于亚洲，西欧国家陷入了恐惧的漩涡。② 1950 年 8 月 27 日，在给捷克斯洛伐克总统哥特瓦尔德（Klement Gottwald）的口头信中，斯大林强调，"美国的注意力从欧洲被引向了远东"，而"美国在这里［远东］被缠住后就不能在短时间内着手进行第三次世界大战。那么，第三次世界大战就会不定期拖延，这就为巩固欧洲的社会主义争取了时间"。③ 毫无疑问，当时斯大林对朝鲜战争所造成的国际局势非常满意，并将朝鲜战争的目标从"迅速胜利"改为"将美国的手脚尽可能长久缠住在亚洲"。如果中国这时出兵，会很快

---

① 《斯大林致金日成电》，1950 年 8 月 28 日，АПРФ，ф. 45，оп. 1，д. 347，лл. 5 – 6；金日成在受到斯大林鼓舞之后非常高兴，称"让朝鲜劳动党政治局成员了解这封信的内容是有用的"，见《什特科夫致斯大林电》，1950 年 8 月 29 日，АПРФ，ф. 45，оп. 1，д. 347，лл. 12 – 13。

② 到 7 月中旬为止，美军的重复性失败以及成千上万美军投入亚洲战场已经使西欧万般惊恐。当时有六万名德国军警以及苏联二十七个师部署在东德。但是，只有十二个装备老旧且协调很糟糕的师部署在西欧，并且没有空军。见 Dean Acheson, *Present at the Creation: My Years in the State Department*, New York: Doubleday & Company, 1969, pp. 435 – 440; William Stueck, *The Korean War: An International History*, p. 54。

③ 《斯大林致哥特瓦尔德的电》，1950 年 8 月 27 日，РГАСПИ，ф. 11，оп. 11，д. 62，лл. 71 – 72。英译本请参见 Kim Donggil and William Steuck, "Did Stalin Lure the United States into the Korean War? New Evidence on the Origins of the Korean War," *Cold War International History Project*, e-dossier no. 1 (2008): 1 – 4。

结束战争，而这将会阻碍斯大林实现其战略利益。因此，向哥特瓦尔德总统致电的第二天，即 8 月 28 日，斯大林对金日成关于中国尽快出兵朝鲜的建议表示否定的态度，是理所当然的。形势的发展几乎完全符合斯大林的世界大战略。①

1950 年 9 月 15 日，联合国军成功登陆仁川，战局迅速逆转，中国领导人对出兵朝鲜的积极态度也开始发生动摇。第一，9 月 18 日，中国驻朝鲜大使倪志亮向毛泽东呈交金日成关于准备长期作战的书信，毛泽东在回信中评价道："我们认为你的长期作战思想是正确的。"并劝其考虑"在坚持自力更生、长期奋斗的总方针下如何保存主力便于各个歼灭敌人的问题"。此时，毛泽东特别强调了朝鲜要"自力更生"，而关于中国出兵朝鲜的问题，则一字不提。② 同日，毛泽东向周恩来与高岗做出特别指示："不要向任何方面表示我军有出国的意图。"③ 第二，9 月 18 日，周恩来召见了罗申大使，表示"由于没有做长时间、大规模战争的准备，现在西方国家非常担心苏联和中国会参加朝鲜的军事冲突"。他指出，"中国军队由南方向东北调动，足以使英美政府感到不安"。同时，他还强调，"由于苏联和中国拥护朝鲜问题的和平解决，中国希望加入联合国"。如果美国态度发生变化，"中国代表团会准备参加联合国会议"。④ 四天后，9 月 22 日，毛泽东在与尤金的谈话中也主张，"不能排除美帝国主义者会试图在不遭受严重打击的范围内妥协

① Donggil Kim, "Stalin's Korean U-Turn: The USSR's Evolving Security Strategy and the Origins of the Korean War," *Seoul Journal of Korean Studies* vol. 24 no. 1 (2011): 89 – 114; 金东吉：《朝鲜战争初期围绕中国军早期派兵的斯大林、毛泽东、金日成的同床异梦》，《韩国与国际政治》2014 年第 30 卷第 2 号，第 45 ~ 77 页。

② 中共中央文献研究室编《毛泽东年谱（1949 –1976）》第 1 卷，第 194 ~ 195 页；金冲及：《毛泽东传（1949 –1976）》上册，第 111 页。

③ 9 月 18 日，高岗致驻平壤中国大使倪志亮并中央军委电，电报说，"我军进入朝鲜境内以后，鸭绿江桥可能被炸，部队庞大的供应将依靠公路汽车为主。我们对朝鲜公路、铁路情况了解甚差，请向朝方要一详细的公路路线图并注明各地桥梁宽度、水深，以便准备和筹划器材"。对此毛泽东提出，"这种电报打的很不好，去一电制止"。中共中央文献研究室编《毛泽东年谱（1949 –1976）》第 1 卷，第 195 页。

④ 《罗申致斯大林电》，1950 年 9 月 18 日，АПРФ，ф.45，оп. 1，д. 331，лл. 123 – 126；关于周恩来就和平解决朝鲜问题的可能性，9 月 20 日，斯大林发电报表示，"最近由于［美国］空降兵在仁川地区登陆，朝鲜的军事形势复杂化，和平解决朝鲜问题变得更加困难了"。但同时承诺苏联代表将会在联合国大会坚决捍卫苏联政府和中国政府的关于和平解决朝鲜问题的建议。《葛罗米柯致罗申电》，1950 年 9 月 20 日，沈志华编《朝鲜战争俄档复印件》第 6 卷，手稿，第 841 ~ 847 页。

而摆脱当前不利情况的可能性"，再次表达了中国希望以与美国达成妥协方式解决朝鲜问题的意愿。① 由此可见，联合国军登陆仁川后，中国在出兵朝鲜问题上的态度和目标与 7 月、8 月相比发生了重大变化。中国的目标不再是歼灭和驱逐美军，而是通过在联合国的谈判或"虚张声势"来阻止美军突破三八线同时保护朝鲜。

三 中国的动摇：10 月 2 日毛泽东通报斯大林中国"押后出兵"的决定

1950 年 9 月 28 日，联合国军占领汉城。同日，美国总统杜鲁门允许联合国军越过三八线。次日，周恩来报告毛泽东，"美帝国主义已在公开表示将进军三八线以北"。② 10 月 1 日，麦克阿瑟向金日成发出了最后通牒，要求北朝鲜无条件投降。在此情形之下，斯大林与金日成一同向毛泽东发出了要求中国军队出兵的电报。至此，毛泽东站在了抉择是否出兵的十字路口。③

10 月 2 日上午，毛泽东起草了一份给斯大林的长电报，称"我们决定用志愿军名义派一部分军队至朝鲜境内和美国及其走狗李承晚的军队作战，援助朝鲜同志"。在草稿中，毛泽东明确指出出兵的目标为"就要能解决问题，即要准备在朝鲜境内歼灭和驱逐美国及其他国家的侵略军"。关于出兵的理由，他解释道，如"朝鲜革命力量受到根本的失败，则美国侵略者将更为猖獗，于整个东方都是不利的"。④ 他明确指出，中国出兵不仅仅为保护朝鲜，而更是为东方的革命。

然而，在当天下午召开的中共中央书记处会议上，与会者的多数人

---

① Anatoly Torkunov, *The War in Korea* 1950 – 1953：*Its Origin*, *Bloodshed and Conclusion*, pp. 101 – 102.

② The Acting Secretary of State to the United States Mission at the United Nations, 26 September 1950, *FRUS*, Korea, vol. 7 (1950)：781 – 782；《9 月 29 日，周恩来对朝鲜战况的报告》，转引自金冲及《毛泽东传（1949 – 1976）》上册，中央文献出版社，2003，第 111 页。

③ 《斯大林发给毛泽东的电文》1950 年 10 月 1 日，РГАСПИ，ф. 558，оп. 11，д. 334，лл. 97 – 98；中共中央文献研究室编《毛泽东年谱（1949 – 1976）》第 1 卷，第 200 页。

④ 中共中央文献研究室编《建国以来毛泽东文稿》第 1 册，第 539 页。

并不赞成出兵。毛泽东只好搁置这份电报草稿。[①] 当晚，毛泽东通过罗申大使通报了斯大林，称"中共中央的许多同志认为，在这个出兵问题上必须谨慎行事"。次日，即 10 月 3 日，罗申大使将毛泽东的意见报告给了斯大林。显然，毛泽东 10 月 2 日晚间向苏联通报的意见与其当日上午所拟而没发出的草稿内容完全不同。毛泽东拒绝了斯大林关于中国出兵的要求，原因如下：第一，中国军队不够强大；第二，中美之间的冲突会打破中国和平建设的计划并且可能将苏联拖入与美国的战争；第三，中共党内存在强烈的反对意见。[②]

一些中国学者和中国官方资料都声称，毛泽东的通报意见，并不表示中国不出兵，而只是向斯大林通报中国"暂不出兵"，毛泽东出兵的决心从来没有动摇过。[③] 沈志华认为，毛泽东故意向斯大林通报含糊不清的意见，是为了争取时间说服中共党内反对出兵朝鲜的意见，并对苏联争取更有力的出兵条件。[④] 相反，苏联学者认为毛泽东的通报意见拒绝了斯大林关于中国出兵朝鲜的要求，认为斯大林"感到震惊"并且"非常失望"。[⑤]

斯大林与罗申都认为，毛泽东的口头通报显示了中国拒绝出兵的

---

① 中共中央文献研究室编《毛泽东年谱（1949 – 1976）》第 1 册，第 203 页。但是，陈兼和冈察洛夫等断定毛泽东 10 月 2 日起草的电报发给了斯大林，而且陈兼认为毛泽东决定出兵朝鲜是为了完成"中国革命"并在亚洲扩大共产主义运动。见 Chen Jian, *China's Road to the Korean War : The Making of the Sino-American Confrontation*, pp. 179 – 180 ; Sergei N. Goncharov, John W. Lewis, Xue Litai, *Uncertain partners : Stalin, Mao, and the Korean War*, pp. 176 – 179。

② 《毛泽东致斯大林口信（通过罗申）》，1950 年 10 月 3 日，РГАСПИ，ф. 558，оп. 11，д. 334，лл. 105 – 106。

③ 《毛泽东年谱》及沈志华将电报中的俄文原句"войска невыдви гатьа ктивно, готовитьсилы"翻译为"暂不出兵，同时准备力量"。见中共中央文献研究室编《毛泽东年谱（1949 – 1976）》第 1 册，第 201 页；沈志华：《毛泽东、斯大林与朝鲜战争》，第 283 ~ 285 页。

④ Shen Zhihua and Li Danhui, *After Leaning to One Side : China and Its Allies in the Cold War*, Washington, D. C. : Woodrow Wilson Center Press ; Stanford : Stanford University Press, 2011. pp. 39 – 40.

⑤ Anatoly Torkunov, *the War in Korea 1950 – 1953 : Its Origin, Bloodshed and Conclusion*, pp. 103 – 104 ; Evgeni Bajanov, "Assessing the politics of the Korean War, 1949 – 51," *Cold War History International Project Bulletin* vol. 6/7（Winter1995）: 89 ; Alexander Y. Mansourov, "Stalin, Mao, Kim, and China's Decision to Enter the Korean War, September 16-October 15, 1950 : New Evidence from the Russian Archives," *Cold War History International Project Bulletin*, vol. 6/ 7（Winter1995）: 100.

立场。罗申认为，由于"当前的国际形势和朝鲜局势恶化、英美集团阴谋通过尼赫鲁（Jawaharlal Nehru）呼吁中国人采取克制的态度，以免陷入灾难"，中国才改变了原来的立场。[①] 10 月 8 日，斯大林在给金日成的电报中也写道，"10 月 1 日我致电毛泽东，问他能否立刻派出哪怕是五六个中国师去朝鲜"，但"毛泽东拒绝了"。[②] 毛泽东 10 月 3 日与金日成特使朴一禹的谈话，也证实了中国不愿意出兵的立场。在谈话中，毛泽东表示，"中国可以尽全力向朝鲜提供任何帮助，但是不能派军队去"。[③] 由此可见，毛泽东 10 月 2 日晚间的通报意见，应该是拒绝出兵。

10 月 3 日凌晨 1 点，周恩来紧急约见印度驻华大使潘尼迦（V. M. Panikkar），向美国发出警告，"美国军队正企图越过三八线，扩大战争，美国军队果真如此做的话，我们不能坐视不顾，我们要管"。"朝鲜事件应该和平解决"，而且"有关国家必须在联合国内会商和平解决的办法"。[④] 周恩来的警告，是为阻止联合国军越过三八线，从而避免中国出兵朝鲜。[⑤] 因为此时中国的目标已经调整为以"虚张声势"或"在联合国谈判"来阻止联合国军越国三八线。换言之，毛泽东之前强烈的出兵意愿和"高涨的革命精神"已褪色很多。

[①] 《毛泽东致斯大林口信（通过罗申）》，1950 年 10 月 3 日，РГАСПИ，ф. 558，оп. 11，д. 334，л. 106。

[②] 《斯大林致金日成的信（通过什特科夫）》，1950 年 10 月 8 日，АПРФ，ф. 45，оп. 1，д. 347，лл. 65 – 66。

[③] 《苏军驻平壤代表致斯大林电》，ЦАМОРФ，ф. 5，оп. 918795，д. 121，лл. 705 – 706；中共中央文献研究室编《周恩来年谱：1898 – 1949》上册，中央文献出版社，1997，第 84 页；军事科学院军事历史研究所：《抗美援朝战争史》上卷，第 167 页。

[④] 中共中央文献研究室、中国人民解放军军事科学院编《建国以来周恩来军事文选》，第 4 册，第 66 ~ 69 页；印度政府向英国政府转达了中国政府的立场，即"如果只是南朝鲜人越过三八线，中国干预不会发生"，但是在中文文献中并未发现该纪录，见 U. S. Department of State，"The Charge in the United Kingdom（Holmes）to the Secretary of State, October 3, 1950," FRUS, Korea, vol. 7 (1950)：839。

[⑤] Hao Yufan and Zhai Zhihai，"China's Decision to Enter the Korean War: History Revisited," China Quarterly no. 121 (March 1990)：94 – 115；但是陈兼与威廉·斯图克（William W. Stueck）认为周的警告是用来争取宝贵时间以完成最后的军事准备，并为中国出兵朝鲜在国内外为自己做辩护，见 Chen Jian, China's Road to the Korean War: The Making of the Sino-American Confrontation, pp. 180 – 181；William W. Stueck, The Korean War: an International History, p. 99。

四 1950 年 10 月 5 日：第一次正式决定 出兵朝鲜及其背景

10 月 4 日，中共中央召开政治局扩大会议，继续讨论出兵朝鲜问题，多数人仍然不赞成出兵或对出兵存有种种疑虑。他们陈述的理由主要是，"我们打了这么多年仗，迫切需要医治战争创伤；建国才一年，经济十分困难；新解放区的土改和城市民主改革还没有进行；国民党留下的众多土匪、特务、反革命分子没有肃清，人民政权还没有完全巩固；人民解放军武器装备差和无制空、制海权等等"。他们认为，"不到万不得已，最好不打这一仗"。[①]

毛泽东依然在权衡是否出兵朝鲜。10 月 2 日晚，毛泽东让周恩来派专机到西安接彭德怀到北京参加 4 日的政治局扩大会议。[②] 除了要说服党内占大多数的反对意见，毛泽东还在苦苦思考，如中国出兵，由谁担任司令员的问题。因当时彭德怀是唯一的候选人，他的意见非常重要。[③] 10 月 5 日上午，在与毛泽东的第一次谈话中，彭德怀先是反对中国出兵，但在毛泽东的说服下，彭德怀最后同意中国出兵朝鲜。[④] 毛泽东让彭德怀出任中国入朝军队的司令员，并在下午继续召开的政治局扩大会议上摆摆自己的看法。[⑤]

[①] 中共中央文献研究室编《毛泽东年谱（1949 – 1976）》第 1 册，第 204 页；金冲及：《毛泽东传（1949 – 1976）》，上册，第 118 页。

[②] 中共中央文献研究室编《毛泽东年谱（1949 – 1976）》第 1 册，第 203 页；事实上，彭德怀对北京召开的会议一无所知，他原以为这次会议将会讨论西北地区的发展，因此他开会前带上了有关的经济发展图标，见王焰等《彭德怀传》，当代中国出版社，1997，第 401 ~ 403 页。

[③] 根据时任中国人民解放军总参谋部顾问王亚志的回忆，解放军内只有六位将军可以指挥多军种联合作战，即彭德怀、林彪、刘伯承、徐向前、粟裕与陈赓。在他们之中，林彪、粟裕和徐向前因为疾病卧床不起，刘伯承被指派组织建立军事科学院，陈赓被派往越南协助胡志明的军事行动。因此，唯一可用的人为彭德怀。见沈志华《毛泽东、斯大林与朝鲜战争》，第 291 页。

[④] 起初，彭德怀也反对出兵朝鲜，他认为"苏联不出面而让中国打头阵，中国军队同朝鲜南方军队交手有获胜把握，但同美军较量则困难很大"。见章百家《"抗美援朝"与"援越抗美"：中国如何应对朝鲜战争和越南战争》，《世界经济与政治》2005 年第 3 期，第 10 页。

[⑤] 1995 年 7 月 20 日，前国家主席杨尚昆在接受彭德怀传记组访问时，曾提到这一事实。见金冲及《毛泽东传（1949 – 1976）》上册，第 119 页。

　　10月5日下午，政治局扩大会议上仍然有出兵与不出兵两种意见。彭德怀主张出兵，他说："如让美军摆在鸭绿江岸和台湾，它要发动侵略战争，随时都可以找到借口。如让美国占领了朝鲜半岛，将来的问题更复杂，所以迟打不如早打。"① 彭德怀发言之后，毛泽东将中、苏、朝三国比喻为三驾马车，说"这辆车是三匹马拉的，那两匹马执意向前跑，你又有什么办法呢？"强调了中国出兵的不可避免性。当日列席政治局会议的杨尚昆回忆指出，时任联共（布）中央委员会代表的柯瓦廖夫（I. V. Kovalev），在师哲的陪同下曾到过政治局会议会场。随后，毛泽东离开会场到丰泽园与柯瓦廖夫谈了约二十分钟。毛泽东回到会场之后说："你们看，果不其然，那两匹马一定要拉，我们不拉怎么得了！"无疑，毛泽东是在暗示斯大林希望中国出兵。政治局随即做出出兵朝鲜的决定，并由彭德怀挂帅。②

　　时任苏联驻沈阳总领事的列多夫斯基（A. Ledovsky）称："在1950年10月5日下午召开的政治局会议上，毛泽东向与会者展示了斯大林的电报并说'老头子（中国领导人有时称斯大林为老头子）认为我们应该出兵'。因此，没有人敢提出反对意见，然后政治局做出了出兵的决定"。③ 至少，杨尚昆的回忆和列多夫斯基的解释可以证明，毛泽东利用斯大林的出兵压力说服了党内不同意见。

　　事实上，10月5日，斯大林确实给毛泽东发过一封电报，要求中国出兵朝鲜。斯大林称：首先，"美国目前还没有为发动一场大规模战争做好准备"；其次，"日本没有能力给美国以军事援助"；第三，"美国将被迫在朝鲜问题上向有苏联盟国为其后盾的中国做出让步"；第四，如果中国参加朝鲜战争，"美国最后将不仅被迫放弃台湾，而且还将拒绝与日本反动派单独缔结和约，放弃复活日本军国主义的活动及使日本

---

① 王焰等：《彭德怀传》，第402~403页。
② 杨尚昆确认科瓦廖夫确实在10月5日召开的中共中央政治局会议期间出现过，见苏伟民《杨尚昆谈抗美援朝》，《百年潮》2009年第4期，第12页。
③ 在与笔者的谈话过程中，列多夫斯基说高岗通知他和科瓦廖夫去参加10月5日的中央政治局会议。参见笔者对列多夫斯基的访谈，2004年10月19日；A. M. 列多夫斯基：《苏联、美国、中国与朝鲜问题：谁发动了朝鲜战争？莫斯科视角下的神话与真相》，未刊稿，第183页（А. М. Ледовский, *СССР, США, Китай и Корейский Вопрос Кто Развязалк Корейскую Войну? Мифы и Факты Взгляд из Москвы*, Unpublished Manuscript, p. 183）。

成为他们在远东的跳板的企图"。一方面，斯大林威胁毛泽东"如果中国只是消极地等待，而不是进行一场认真的较量，再一次使人信服地显示出自己的力量，那么中国就得不到这些让步"，甚至中国"连台湾也得不到"。他还说，"如果战争不可避免，那么让它现在就打，而不要过几年以后，到那时日本军国主义将复活起来并成为美国的盟国"。另一方面，斯大林又鼓励毛泽东道，"如果中国将被拖入战争，苏联也将同时被拖入战争，因为它同中国签有互助条约。对此应该害怕吗？我认为不应该，因为我们联合起来将比美国和英国更有力量"。[①]

列多夫斯基主张，10 月 5 日毛泽东向政治局会议与会者展示的电报就是上文所提 10 月 5 日的电报。[②] 但是，另一份俄国文献却显示，上文所提斯大林致毛泽东的电报，直到 10 月 6 日晚上 10 点 3 分才被毛泽东收到。[③] 为了明确斯大林在 10 月 5 日中国出兵决策中的角色，搞清楚苏联什么时候或者怎样给毛泽东发出电报就显得格外重要了。

在现有解密文献和对列多夫斯基访谈的基础上，笔者做了如下推理。当时中国是否出兵是斯大林主要关注的问题。10 月 3 日，在收到毛泽东对出兵持负面态度的电报之后，斯大林立刻开始起草要求中国出兵的电报，并在 10 月 5 日发给北京。由于 10 月 4 日和 5 日中共中央政治局正在讨论出兵朝鲜问题，斯大林的电报必须在中共与毛泽东做出最后决定之前送达中共。因此，斯大林如此重要的电报不大可能在一天后（即 10 月 6 日）才被毛泽东收到，因为当时分别代表苏联政府与联共（布）中央的罗申和科瓦廖夫都在北京。更有可能的是，科瓦廖夫作为兄弟党的代表匆匆赶到政治局会议会场，向中共递交了斯大林的电报，而这一点已被杨尚昆与列多夫斯基的回忆所证实。

① 《斯大林致毛泽东电》，1950 年 10 月 5 日，沈志华主编《朝鲜俄国档案复印件》第 7 卷，未刊，第 909～913 页；A. M. 列多夫斯基：《斯大林，毛泽东与朝鲜战争，1950－1953 年》，《近现代史》，2005 年第 5 期，第 105～106 页（А. М. Ледовский，'Сталин，Мао Цзэдун и Корейская война，1950－1953 годов,' *Новая и Новейшая История*，2005，No.5，cc.105－106）。

② A. M. 列多夫斯基：《苏联、美国、中国与朝鲜问题：谁发动了朝鲜战争？莫斯科视角下的神话与真相》，未刊稿，第 183 页（А. М. Ледовский，*СССР，США，Китай и Корейский Вопрос Кто Развязалк Корейскую Войну? Мифы и Факты Взгляд из Москвы*，Unpublished Manuscript，p.183）。

③ 《罗申致斯大林》，1950 年 10 月 7 日，РГАСПИ，ф.558，оп.11，д.334，лл.126－128。

那么，为什么毛泽东决定帮助北朝鲜呢？首先，美国和联合国决定越过三八线已经成为事实。10 月 4 日，联合国大会第一委员会批准八国决议草案，允许联合国军队越过三八线。① 10 月 5 日，毛泽东告知彭德怀"现在美军已分路向三八线冒险，我们要尽快出兵，争取主动"，强调了出兵朝鲜的紧迫性。②

其次，美国完全不理会周恩来 10 月 3 日的警告。在 10 月 4 日召开的英美联席会议上，国务卿艾奇逊（Dean G. Acheson）指出，"显示迟疑与软弱会招致很大风险"，并解释道"部队已经行动，计划业已制定，经过一段时间的重组后，统一指挥司令部将会前进到朝鲜，现在停下来已经太晚了"。他同时强调，"我们不应该被中共的虚张声势吓到"。③

再次，斯大林向毛泽东施加压力。如果中国继续拒绝苏联关于中国出兵的要求，那么中苏关系的恶化将不可避免。由于在经济建设和国家安全方面几乎完全依靠苏联，新建立的中共政权很难抵抗苏联的压力。④

最后，斯大林承诺根据《中苏友好同盟互助条约》，苏联将会与中国一起作战。斯大林关于共同作战的承诺，或多或少减缓了毛泽东对苏联不提供空军掩护和武器援助的担忧。

但中国 10 月 5 日的出兵决定是有条件的，是与苏联援助联系在一起的。10 月 6 日晚，毛泽东接见罗申表示，"中国至少派 9 个师比较合适，而不是五六个师"，并"关于军队的技术装备，要完全指靠苏联的帮助"。此外，毛泽东还要求苏联空军不仅"掩护上海、天津、北京、

---

① 关于八国 9 月 28 日提交的关于朝鲜问题联合草案，见 U. S. Department of State，"The United States Representative at the United Nations（Austin）to the Secretary of State，September 29，1950，" *FRUS*，Korea，vol. 7（1950）：826－828；10 月 4 日，联合国第一委员会所通过的决议案与 10 月 7 日联合国大会所通过的决议文本实际上完全相同，见 U. S. Department of State，"Editorial Note，" *FRUS*，Korea，vol. 7（1950）：873－874。

② 中共中央文献研究室编《毛泽东年谱（1949－1976）》第 1 册，第 205 页。

③ U. S. Department of State，"Memorandum of Conversation，by Mr. John M. Allison of the United States Delegation to the United Nations General Assembly，October 4，1950，" *FRUS*，Korea，Vol. 7（1950）：868－869.

④ A. M. 列多夫斯基：《苏联、美国、中国与朝鲜问题：谁发动了朝鲜战争？莫斯科视角下的神话与真相》，未刊稿，第 183 页（А. М. Ледовский，*СССР，США，КитайиКорейскийВопросКтоРазвязалкКорейскуюВойну？ Мифы и Факты Взгляд из Москвы*，Unpublished Manuscript，p. 183）。

奉天（鞍山、抚顺）等几个最大的工业中心"，而且与中国军队共同"参加前线的战斗"。这实际上相当于要求苏联与中国共同出兵作战。①

10月8日，周恩来带着与苏联援助挂钩的两个备选方案前往黑海会见斯大林。② 与此同时，毛泽东指示组成中国人民志愿军，并向斯大林和金日成通报了中国出兵的决定。③ 10月7日，联合国正式批准联合国军可以越过三八线。第二天，联合国军队开始向北朝鲜进发。④ 但在斯大林与周恩来10月11日的谈话过程中，中国出兵问题再一次经历了波折。

五 斯大林 – 周恩来10月11日会谈 与中国放弃出兵

1950年10月11日，周恩来与林彪在布尔加宁的陪同下，途经莫斯科到达斯大林在黑海的别墅，开始与斯大林会谈。会谈从晚上七点持续到次日凌晨五点。

首先，周恩来详细"介绍了中共中央政治局会议讨论朝鲜局势和要否出兵援朝问题的情况，说明中国的实际困难"。周恩来特别强调"只要苏联同意出动空军给予空中掩护，中国就可以出兵援朝"。其次，周恩来"要求苏联援助中国参加抗美援朝所需的军事装备，并向中国提供各种类型的武器与弹药"。⑤对此，斯大林答复道，"苏联空军尚未准备好，须待两个月或两个半月才能出动空军支援志愿军的作战"，而且"用于装备和培训上述军队的时间至少需要六个月"。斯大林还拒绝了苏联空军与中国地面部队联合作战的要求。斯大林与周恩来达成一致，

---

① 《罗申致斯大林电》，1950年10月7日，РГАСПИ，ф.558，оп.11，д.334，лл.126 – 128。

② 中共中央文献研究室、中国人民解放军军事科学院编《建国以来毛泽东军事文稿》中卷，军事科学出版社、中央文献出版社，2010，第372～374页；金冲及：《毛泽东传（1949 – 1976）》上册，第121页。

③ 中共中央文献研究室编《建国以来毛泽东文稿》第1册，第543～545页；《毛泽东致斯大林电》，1950年10月8日，ф.558，оп.11，д.334，л.132。

④ U. S. Department of State， "Resolution 376（V），Adopted by the United Nations General Assembly，October 7，1950," *FRUS*，Korea，Vol. 7（1950）：904 – 906；UN document A/C. 1/SR. 353.

⑤ 中共中央文献研究室编《周恩来年谱：1898 – 1949》上册，第85页。

"如在一个月内不用相当数量的、装备精良的部队提供直接援助，那么由于三八线以北的朝鲜军队无力支撑，朝鲜将被美国人侵占。因此，为朝鲜人提供的像样的援军只能在半年后，即朝鲜被美国人占领，朝鲜已不再需要援军的时候才能到位"。①

10 月 11 日晚，在考虑上述因素以及"周恩来罗列的因中国参战而给中国国内带来的负面影响"之后，斯大林与周恩来联名致电毛泽东：

> 我们一致决定：
>
> 1. 尽管国际形势有利，但中国军队因目前尚未做好准备，就不要越过朝鲜边境，以免陷于不利局面；
>
> 2. 如果部队已经越过边境，也不应深入靠近中国边境一带的山区；
>
> 3. 一部分朝鲜军队应在平壤和元山以北的山区组织防御，另一部分军队要转入敌后打游击；
>
> 4. 把战时应征入伍的朝鲜人中的优秀分子及指挥员分批悄悄调入满洲，在那里把他们整编成朝鲜师团；
>
> 5. 要尽快对平壤和北朝鲜山区以南的其他重要据点进行疏散。②

在这封联名电报的末尾，斯大林答应"中国同志所需的用于重新装备中国军队的坦克、大炮和飞机，苏联将予以充分满足"，并说"等待您的决定"。因此，斯大林又将最后做决定的责任交给了毛泽东。值得注意的是，周恩来是在没有获得毛泽东指示的情况下，当场与斯大林就不出兵朝鲜达成了一致意见。这显示，当时中共领导人已经形成共识，即如果苏联不能马上提供空中掩护和战争物资，中国就不会出兵。

根据参加过此次会谈的中方翻译师哲的回忆，中国与苏联在朝鲜人民军撤退到中国东北地区问题上发生了分歧。斯大林坚持"如果朝鲜同志支持不下去，眼看着他们白白牺牲，那就不如马上告诉他们作有组织、有计划地撤退，并答应他们把主要力量、武器、物资和部分工作人

---

① 《周恩来年谱：1898-1949》上册，第 85 页；《斯大林-周恩来联名致毛泽东电》，1950 年 10 月 11 日，РГАСПИ，ф.558，оп.11，д.334，лл.134-135；金冲及：《周恩来传》下册，中央文献出版社，2008，第 921 页。

② 《斯大林-周恩来联名致毛泽东电》，1950 年 10 月 11 日，РГАСПИ，ф.558，оп.11，д.334，л.135。

员、干部撤到中国东北，而把老弱病残废、伤病员大部分撤到苏联境内。之所以要把有生力量撤到东北，是为了以后便于重新进入朝鲜。从中国东北要比从苏联进入朝鲜容易得多"。但是，林彪对斯大林提出了疑问，并说"不必撤走有生力量，而应让他们留在朝鲜境内。那里多山、有森林，他们可以进入山沟森林，进行长期游击战争，而且可以转战于朝鲜南北各地，以待时机"。斯大林不太高兴地拒绝了林彪的意见，说"恐怕敌人不会允许游击队存在下去，而会很快把它们消灭掉的。既然不打算出兵，我们就得具体地筹划，如何安置朝鲜同志和他们的武装人员，保存实力和有生力量，以待时机"。① 林彪担心，如果朝鲜人民军撤到中国东北，东北以后将变成与美国作战的主战场。

1950 年 10 月 12 日下午 3 点半，苏联大使罗申将斯大林－周恩来联名电报转交给毛泽东，毛泽东毫不犹豫地当场答复道"同意你们的决定"。② 七个小时后，毛泽东再一次表示同意联名电报的意见，他说，"我方军队还没有出发，我已命令中国军队停止执行进入朝鲜的计划"。③ 毛泽东第二次通知罗申，应该是与在京领导人商讨及决定后的结果。随后，毛泽东指示彭德怀与高岗"暂时停止实施出兵命令"，让他们"马上回北京参加政治局会议，重新讨论出兵朝鲜决定"。④

10 月 12 日，在收到毛泽东答复之后，斯大林很快通知金日成"中国同志再次拒绝出兵，因此，你们必须撤离朝鲜，在尽可能短的时间内向北撤退"。斯大林还指示金日成说，"为组建新的后备师而应征入伍的朝鲜人要分批经中国边境进入满洲，在那里组建师团（中国同志对此表示同意）"，并且"朝鲜军队尚未使用的苏联武器来装备在满洲组建的朝鲜师团"。斯大林还授权金日成，决定"对于所有苏联顾问，要么派他们回苏联，要么利用他们在满洲组建新的朝鲜师团"，并且承诺"派所有在苏联学习过飞行的朝鲜人去执行飞行任务并在满洲把他们整

① 师哲：《在历史巨人身边：师哲回忆录》，中央文献出版社，1995，第 497 页。
② 《罗申致斯大林电》，1950 年 10 月 12 日，РГАСПИ，ф. 558，оп. 11，д. 334，л. 135。
③ 《毛泽东致斯大林电》，1950 年 10 月 12 日，РГАСПИ，ф. 558，оп. 11，д. 334，л. 141；中文文献，包括最近出版的《毛泽东年谱（1949－1976）》从来未提及毛泽东曾经两次同意斯大林－周恩来联名电报。
④ 中共中央文献研究室编《建国以来毛泽东文稿》第 1 册，第 552 页。在 10 月 12 日晚上，代理总参谋长聂荣臻给彭德怀打了一个长途电话，通知他"原定方案有变化！主席命你和高岗明日回京面商"，见王焰《彭德怀年谱》，人民出版社，1998，第 442 页。

编成航空兵部队，所用飞机由苏联提供"。① 由此可见，斯大林一直在策划利用驻中国东北的朝鲜师跨过鸭绿江发起一场以东北为基地的反对美国的战争。在这种情况下，不管中国是否出兵朝鲜，中国东北都势必成为主要的战场。金日成向斯大林表示，"我们将会执行这一计划"。② 最后，斯大林、毛泽东和金日成同意中国不派兵参战。

毛泽东认为，对中国"最不利的情况"是"如果我们出动几个师，随后又被敌军赶回来，并由此引起美国与中国的公开冲突，那么我们和平建设的整个计划将被全部打乱，国内许多人会表示不满"。③ 中国领导人认识到如果中国出兵朝鲜而苏联又没能提供空中掩护和武器，那么"最不利的情况"将不可避免。

毛泽东与周恩来在放弃出兵朝鲜之后，希望避免最不利情况，将保卫中国革命成果置于首要地位。对他们而言，巩固中共政权远比其他任何事情都重要。因此，可以得出结论，毛泽东10月12日两次通知斯大林中国不出兵这一事实，在很大程度上削弱了长期以来被认为是中国出兵朝鲜原因的"安全威胁论"、"亚洲和世界革命论"以及"亚洲革命义务论"的基础。

六 最终决定及其背景（1950 年 10 月 13 日）

10月13日下午，中共中央政治局在中南海颐年堂召开紧急会议，高岗和彭德怀出席了该会议。会议改变了毛泽东前一天不出兵的决定，最终决定出兵朝鲜。因此，阐明这一决定的原因和当天的决策过程将会说明中国出兵的最终动机。因此，细致并系统地分析决策过程非常关键。

---

① 苏联驻朝鲜大使什特科夫第二天将该电报转交给了金日成，见《斯大林致瓦西里耶夫斯基与什特科夫电》，1950 年 10 月 12 日，РГАСПИ，ф. 558，оп. 11，д. 334，лл. 142 – 144。10 月 9 日，金日成请求斯大林同意从朝鲜在苏学习的学生中培训 200 ~ 300 名飞行员，并从苏籍朝鲜人中培训 1000 名坦克车司机，2000 名飞行员，500 名无线电操作员以及 500 名工程师，见《金日成致斯大林电（通过什特科夫）》，АПРФ，ф. 45，оп. 11，д. 347，лл. 72 – 73。
② 《斯大林致什特科夫电》，1950 年 10 月 14 日，АПРФ，ф. 45，оп. 1，д. 335，л. 3。
③ 《毛泽东致斯大林口信（通过罗申）》，1950 年 10 月 3 日，РГАСПИ，ф. 558，оп. 11，д. 334，лл. 105 – 106。

在政治局紧急会议刚结束后的 13 日晚上 9 点，毛泽东通知苏联大使罗申，"中共中央再次讨论菲利波夫同志的最近一封电报和我的决定"之后，"我们的领导同志认为，我们应当帮助朝鲜人"。① 晚上 10 点，毛泽东致电周恩来回复斯大林 – 周恩来 10 月 11 日联名电报：

周恩来同志：

（一）与高岗、彭德怀二同志及其他政治局同志商量结果，一致认为我军还是出动到朝鲜为有利。在第一时期可以专打伪军，我军对付伪军是有把握的，可以在元山、平壤线以北大块山区打开朝鲜的根据地，可以振奋朝鲜人民重组人民军。两个月后，苏联志愿空军就可以到达。六个月后可以收到苏联给我们的炮火及坦克装备，训练完毕即可攻击美军。在第一时期，只要能歼灭几个伪军的师团，朝鲜局势即可起一个对我们有利的变化。

（二）我们采取上述积极政策，对中国、对朝鲜、对东方、对世界都极为有利；而我们不出兵让敌人压至鸭绿江边，国内国际反动气焰增高，则对各方都不利，首先是对东北更不利，整个东北边防军将被吸住，南满电力将被控制。

…………

（五）总之，我们认为应当参战，必须参战。参战利益极大，不参战损害极大。……

毛泽东②

毛泽东通知周恩来中国已经决定派遣部队去朝鲜，参加战争对中国特别有利。他还解释了第一阶段中国军事行动的任务为仅与韩国军队作战。五个小时后，毛泽东又发了一封电报给周恩来，详细解释了行动战略。从这封电报我们可以推理出为什么毛泽东改变其 10 月 12 日的决定，以及为什么政治局所有成员一致同意出兵朝鲜。毛泽东的电文如下：

恩来同志：

① 《罗申致斯大林电》，1950 年 10 月 13 日，РГАСПИ，ф. 558，оп. 11，д. 334，л. 145。
② 中共中央文献研究室编《毛泽东文集》第 6 卷，人民出版社，2009，第 103～104 页。

……

彭德怀同志在安东研究情况后，认为如果我军能以一个军进至平壤东北方面约二百公里之德川县山岳地区，而以其余三个军及三个炮兵师位于德川以北之熙川、前川、江界地区，则第一，可能使美伪军有所顾虑而停止继续前进，保持平壤、元山线以北地区至少是山岳地区不被敌占。如此，则我军可以不打仗，而争取时间装备训练。

第二，如元山、平壤两敌向北进攻德川等处山岳地带，则我军可以必要兵力钳制平壤之敌而集中主力歼灭由元山方向来攻之伪军，只要歼灭一二个或二三个完整的伪军师，局势就大为松动了。彭及高岗同志均认为打伪军有把握，他们和我一样，都认为参战为必需和有利。①

这封电报包含了一份更为详尽的行动蓝图。综合考虑毛泽东的几封电报，我们可以得出以下结论。10月13日，中共中央政治局激烈地讨论了没有苏联的立即空中掩护和武器支持条件下出兵朝鲜的利弊，与会者最终达成共识，"我军还是出动到朝鲜为有利"。政治局做出这一决定的理由在于，如果中国出兵朝鲜并"在平壤、元山铁路线以北……构筑两道至三道防御阵线"，那么"可能使美伪军有所顾虑而停止继续前进，保持平壤、元山线以北地区至少是山岳地区不被敌占"，"如此，则我军可以不打仗，而争取时间准备训练，等候苏联空军到来，然后再打"，"这样做，即是将国防线由鸭绿江推进到德川、宁远及其以南的线，而这是有把握的和很有利益的"，"他们［彭德怀及高岗］和我一样，都认为参战为必需和有利"。② 这是中国10月13日决定出兵朝鲜的决定性因素。

更为重要的是，中国领导人并没有任何先发制人的计划或意图，他

---

① 中共中央文献研究室编《建国以来毛泽东文稿》第1册，第558～559页。10月11日，彭德怀从沈阳抵达丹东。10月12日晚上，聂荣臻给彭德怀打电话，通知他"苏联空军暂时无法出动配合中国志愿军入朝作战"。因此，在离开丹东赴北京前，彭德怀已经知道苏联空军不会采取行动。见王焰等《彭德怀年谱》，第442页。

② 中共中央文献研究室编《周恩来年谱：1898－1949》上册，第86～87页。10月14日，毛泽东给周恩来发了封电报，强调"在六个月内，如敌人固守平壤，元山不出，则我军亦不去打平壤、元山"，见中共中央文献研究室编《毛泽东年谱（1949－1976）》第1册，第213页。如果美军和韩军同时发动进攻，毛泽东计划避开美军，集中志愿军主力与韩军作战。《关于中国人民志愿军出动朝鲜作战的一组文电（1950年10月8日至19日）》，《党的文献》2000年第5期，第8页。

们只准备了一份针对可能来自美军和韩国军队进攻的防御性计划。1950年10月14日晚上9点，毛泽东致电周恩来，称"在我军装备训练完毕，空中和地上均对敌军具有压倒的优势条件之后……在六个月以后再谈攻击问题"。① 如果毛泽东的设想能够实现，中国将不仅能够保持军事优越性，包括苏联提供空中掩护和武器，而且可以掌握战争主动权——中国将拥有随时重新发动战役的自由。只要中国出兵朝鲜，美军与韩军就会在平壤—元山一线停止向北前进——由彭德怀提出的这一论断，获得了所有政治局委员包括毛泽东的赞成。

有关不打仗即可防御平壤—元山线以北区域的计划被称为"原定先组织防御的计划"。这一以防御为中心的作战计划，中国人民志愿军出兵朝鲜两天后，即10月21日才做出更改。当日，毛泽东"决定放弃原定先组织防御的计划，改取在运动中歼灭敌人的方针"，并命令彭德怀，"歼灭伪军三几个师，争取出国第一个胜仗"。②

因为如果中国出兵朝鲜，美伪军可能就地停止前进是10月13日决策的关键性因素，所以苏联是否派遣空军入朝不再是核心考虑因素。中国军队已经在抗日战争和国共内战中积累了山地作战的经验，因此他们对必要情况下在多山地的北朝鲜北部地区击败南韩军队十分有自信。10月14日，斯大林通知周恩来"苏联将只派空军到中国境内驻防，两个月或两个半月后，也不准备进入朝鲜境内作战"。③ 但是，斯大林的这一通知并不影响中国出兵的决定。④

彭德怀提出的主张，即如果中国出兵朝鲜，美伪军停止继续前进，并非没有根据，而是有充分理由支持的。1950年9月11日，美国参谋长联席会议向麦克阿瑟发布了一个命令，只有南韩军队可以"在与苏联接壤的朝鲜东北地区或者毗邻满洲的地区作战"。9月28日，杜鲁门再度确认这一原则。⑤ 次日，麦克阿瑟命令除南韩军队以外的联合国军不

① 中共中央文献研究室编《毛泽东年谱（1949－1976）》第1册，第213～214页。

② 《毛泽东年谱（1949－1976）》第1册，第217～218页。

③ 中共中央文献研究室编《周恩来年谱（1898－1949）》上册，第87页。

④ 中共中央文献研究室编《建国以来毛泽东文稿》第1册，第567页。

⑤ U. S. Department of State, "Report by the National Security Council to the President," 9 September 1950, *FRUS*, Korea, vol. 7 (1950): 712-21; U. S. Department of State, "The Acting Secretary of State to the United States Mission at the United Nations, September 26, 1950," *FRUS*, Korea, vol. 7 (1950): 781-782.

允许在麦克阿瑟线（自定州以西延伸，穿过军隅里和宁远，至咸兴）以北采取军事行动。① 在联合国军越过三八线之后，曾有广泛传言"这次战争的最终目的就是占领平壤，占领平壤之后，美军就会离开朝鲜半岛"。②

此外，1950 年 9 月 27 日，英国驻印度高级专员阿奇柏德·奈伊（Archibald Nye）向印度总理贾瓦哈拉尔·尼赫鲁通报了美国的立场。他指出，"美国并不希望将自己的部队部署在与中国、与苏联接壤的地区"，"联合国军队目前不打算越过北纬四十度线"，"到目前为止，北朝鲜的占领部队主要由南韩军队组成"。③ 10 月 6 日，英国外交大臣欧内斯特·贝文（Ernest Bevin）向尼赫鲁传达了一个口信，告知他"联合统帅部方面并无意图采取任何行动，足以被解释成为对中国安全的威胁"，并且"除朝鲜［南韩］军队外，不拟将其他军队配置于邻近中国边境的地方"。④ 10 月 10 日，贝文的口信全文通过印度驻华大使潘尼迦转述给了中国外交部。⑤

10 月 17 日，麦克阿瑟将军取消了这一限制。两天后，他制定了新的一条非朝鲜人部队前进的界线，即自西海岸的宣川起，向西北方向呈弧形弯曲，通过古仁洞、平原、丰山到达东海岸的城津（现在为金策）。这条界线大部分在中朝边界以南三十至四十英里。但是，10 月 24 日，麦克阿瑟取消了所有对联合国军前进的限制。⑥

① Appleman and Roy Edgar, *South to the Naktong*, *North to the Yalu*; *June-November* 1950, Washington, D. C. , Office of the Chief of Military History, Dept. of the Army, 1992, p. 670.

② Appleman, *South to the Naktong*, p. 647；首尔新闻社编《驻韩美军 30 年（1945 - 1978 年）》，首尔：杏林出版社，1979，第 197 ~ 198 页。

③ U. S. Department of State, "The Ambassador in India (Henderson) to the Assistant Secretary of State, September 28, 1950," *FRUS*, Korea, vol. 7（1950）：808 - 810.

④ U. S. Department of State, "Memorandum of Conversation by the Assistant Secretary of State for Far Eastern Affairs (Rusk), October 6, 1950"［Annex 3］Tab C, *FRUS*, Korea, vol. 7（1950）：896.

⑤《印度大使馆转来英国外交部长贝文致周总理电文》（1950 年 10 月 10 日），《中国外交部档案馆》，105 - 00009 - 01，第 24 ~ 25 页；中共中央文献研究室、中国人民解放军军事科学院编《建国以来周恩来军事文选》第 4 册，第 74 页。

⑥ James F. Schnabel and Robert J. Watson, *History of the Joint Chiefs of Staff: The Joint Chiefs of Staff and national policy Volume III 1950 - 1951*, *The Korean War*, pp. 105, 117 - 118；Appleman, Roy Edgar, *South to the Naktong*, *North to the Yalu*; *June-November 1950*, p. 670.

北朝鲜迅速将联合国军的动向，包括非南韩人部队前进界线的情报向中国做了通报。1950 年 10 月 12 日，就在彭德怀前往北京参加政治局紧急会议之前，朴一禹自北朝鲜抵达丹东，详细地向彭德怀报告了朝鲜最新战况，包括敌人的攻势和北朝鲜的防御准备情况。① 很可能，彭德怀是在与朴一禹谈话的基础上，做出了美军和韩军将会在平壤—元山一线停止向北前进的论断。10 月 19 日，朴一禹匆忙赶到丹东通知彭德怀，"最近两天，战局变得对我们更加不利了。前天（即 17 日），麦克阿瑟下达命令，改变了原定美第 8 集团军和第 10 军在平壤—元山蜂腰部会合的计划，命令这两支部队分东西两线继续向鸭绿江边推进"。因此，"你们要是再不出兵，问题就严重了"。② 上述事实证实了联合国军前进的界线在中国战略中发挥了非常关键的作用，北朝鲜与中国几乎实时地获得了该界限的相关情报。具有讽刺意味的是，联合国方面为阻止中国出兵朝鲜而采取的措施，却促使中国决定出兵朝鲜。

通过派兵入朝，中国可以获得几个附加好处。第一，10 月 11 日，斯大林要求周恩来将中国东北地区作为朝鲜人民军重组和休整的地方，并获得了周恩来和毛泽东的同意。这势必将战争带到中国，并有可能进一步动摇中共的政治基础，从而威胁中共政权的存在。③ 因此，毛泽东在给周恩来的电报中强调，"（如果）我们不出兵让敌人压至鸭绿江边，国内国际反动气焰增高，则对各方都不利"。在 10 月 13 日的政治局紧急会议上，彭德怀与高岗主张，"美国人会武装国民党并且最终会进攻中国，到那时中国人民革命的胜利又有什么用呢，中国不应该消极等待美帝国主义进攻中国"，强调至少应该保证朝鲜北部作为中国和美国的缓冲地带。④ 第二，中国能够保障鸭绿江上发电站的安全，从而确保经

---

① 朴一禹给彭德怀的关于联合国军最新行动的报告通过毛泽东的电报转报给了周恩来。见洪学智《洪学智回忆录》，人民解放军出版社，2002，第 430 页；中共中央文献研究室编《建国以来毛泽东文稿》第 1 册，第 558 ~ 559 页。

② 洪学智：《洪学智回忆录》，第 436 页。

③ 关于朝鲜战争早期阶段对中共政权经济和政治基础的影响，参见金东吉《朝鲜战争初期围绕中国军早期派兵的斯大林、毛泽东、金日成的同床异梦》，《韩国与国际政治》，第 45 ~ 77 页。

④ 中共中央文献研究室编《毛泽东文集》第 6 卷，第 103 页；Anatoly Torkunov, "Consul General Ledovsky Cable to Moscow (October 25, 1950)," *The War in Korea 1950 - 1953: Its Origin, Bloodshed and Conclusion*, pp. 108 - 109；笔者对列多夫斯基的访谈，2004 年 10 月 19 日。

济建设急需的稳定电力供应。第三，中国可以履行对亚洲革命的义务，从而加强中苏关系。[①] 但是，所有这些好处，都仅仅是中国出兵朝鲜的必然结果而已，而不能被看作出兵朝鲜的主要原因。

总而言之，因为出兵朝鲜对中国极其有利，因而，10 月 13 日中共中央政治局紧急会议能够达成一致：中国"应当参战，必须参战。参战利益极大，不参战损害极大"。正如毛泽东所主张的那样。

七　余论

朝鲜半岛上的军事冲突可能破坏新建立的中共政权的经济恢复计划，而且有可能将美军带回朝鲜半岛。因此，毛泽东对金日成通过军事手段统一朝鲜半岛持消极态度。[②]

特别地，朝鲜战争的爆发和美国宣布派遣第七舰队到台湾海峡严重动摇了中共政权的政治和经济基础。在这种情况下，中国领导人希望利用北朝鲜早期取得军事胜利的机会向朝鲜出兵，帮助北朝鲜取得速胜，即使这样会破坏 7 月 5 日对斯大林做出的承诺，即"如果美国人跨过三八线"，中国会出兵朝鲜。但是，由于斯大林满足于朝鲜战争所造成的国际环境，对中国出兵帮助朝鲜取得速胜的计划持消极态度，中国的愿望并没有实现。一般而言，在朝鲜战争早期阶段，中国表现得比艾伦·怀廷所主张的更为积极一些。

联合国军 1950 年 9 月 15 日登陆仁川，极大地改变了战局，中国领导人出兵朝鲜的决心也开始变弱，毛泽东甚至通知斯大林和金日成，中国不会出兵朝鲜。

面临安全威胁和斯大林的压力，1950 年 10 月 5 日，毛泽东决定出兵朝鲜，但是该决定是有条件的，是与苏联援助联系在一起的。10 月 11 日，当斯大林拒绝立即向中国提供空中掩护和武器援助时，中国领导人毫不迟疑地决定不出兵朝鲜，这显示了中国将保卫中国革命本身置

---

① 沈志华坚持认为履行亚洲革命义务是中国出兵朝鲜的一个原因，见沈志华《毛泽东、斯大林与朝鲜战争》，第 319 页。

② Donggil Kim, "Stalin's Korean U-Turn: The USSR's Evolving Security Strategy and the Origins of the Korean War," *Seoul Journal of Korean Studies*, vol. 24, no. 1 (2011): 89 – 114.

于最重要的地位。中国领导人预期如果没有苏联提供空中掩护和武器，中国人民志愿军将无法赢得战争，进而会出现对中国最不利的情况，即中国的安全和中共政权的稳定受到威胁。这一点极大地削弱了长期被东西方学界作为中国介入朝鲜战争原因的"安全威胁论"、"亚洲和世界革命论"及"亚洲革命义务论"的基础。

但是，彭德怀在 10 月 13 日中共中央政治局紧急会议上主张，如果中国出兵朝鲜，美军和南韩军就会在平壤—元山一线停止向北前进。因此，中国不打仗就可以确保平壤—元山一线以北地区，并且赢得时间装备与训练使用苏联武器。所有政治局成员包括毛泽东最终同意了彭德怀提出的这一建议。可以肯定地说，这就是中国 10 月 13 日做出出兵决定的主要原因。事实上，美国政府制定了非南韩部队前进的临近平壤与元山的界线，并且采取外交行动阻止中国出兵朝鲜。具有讽刺意味的是，用来阻止中国出兵的措施却最终加快了中国的出兵。

在毛泽东权衡出兵的过程中，保证具有至少不被打败的条件是最重要的考虑因素。虽然毛泽东在出兵朝鲜的过程中曾多次称赞革命扩张到亚洲和世界，但是一旦实际国家利益与意识形态相冲突，毛泽东选择前者而非后者。中国出兵援朝，就是出于实际的考虑，以最低的成本赢得最大的利益。

英文原载美国 *Diplomatic History*，Vol. 40，2016（5）

试论吴国桢案与孙立人案
前后蒋介石之心路

冯　琳*

关于吴国桢事件与孙立人事件，论者不少。如茅家琦主编《台湾三十年（1949—1979）》（河南人民出版社 1988 年版）认为，两事件是新形势下国民党内权力再分配斗争的结果，蒋介石在克服危机后，要过河拆桥，专意扶植蒋经国；同时也是国民党内受西方思想影响较深者对蒋介石独裁专制不满的反映。大陆学界一般认同这一观点。曾任孙立人随从秘书的沈克勤在台湾出版了《孙立人传》（学生书局 1998 年初版），对孙案有相应记述，并将孙案相关文件及其他有关孙立人的资料送斯坦福大学胡佛档案馆收藏。台北中研院朱浤源曾对孙案深入论证并进行访谈，发表过不少成果。[①] 他认为孙立人并未谋叛，其部属郭廷亮亦非"匪谍"。对于两事件过程，学界有过许多描述，特别是关于孙案，已有论著呈现纷繁迷离之态，但对蒋介石处理两案过程中的具体考量尚无研究。

一　吴案与孙案

20 世纪 40 年代末，国民党败退台湾。美国欲弃蒋保台，看好孙立

---

*　冯琳，中国社会科学院研究生院博士，现任职中国社会科学院近代史研究所副研究员。

① 其有关论著如《官方档案与历史真相——孙立人叛乱档研析》，《中华民国史专题第四届讨论会——民国以来的史料与史学》，台北："国史馆"，1998；《孙立人与高雄"郭廷亮匪谍案"真相》（与沈克勤合著），黄俊杰主编《高雄历史与文化论集》第 4辑，高雄：财团法人陈中和翁慈善基金会，1997；《再论孙立人与郭廷亮"匪谍"案》，《戒严时期政治案件之法律与历史探讨》，台北：财团法人补偿基金会，2001。

人、吴国桢。吴与孙原本也曾为蒋看重①，为获美国支持与援助，蒋介石投其所好，将二人委以台湾关键要位，任命孙为"台湾防卫总司令部总司令"，随后升任"陆军总司令"，吴为"台湾省政府主席兼保安司令"。1953—1955 年，吴案与孙案先后发生。

由于任职不愉快且受到无形胁迫，1953 年 3 月，吴国桢提出病辞。蒋介石面慰，准养病一月后再定。② 4 月，蒋批准辞呈。5 月 24 日，吴携妻赴美③，父亲和幼子被迫滞台。1954 年 1 月，报界盛传王世杰去职与吴有关，要求吴尽速返台。吴拒绝回台，并要求辟谣。因得不到答复，吴欲在台湾登报澄清，未能如愿，于是开始通过美国媒体向国民党发难。

1954 年 3 月，台湾"行政院"呈文称：吴国桢"借病请假赴美，托故不归，自本年二月以来，竟连续散播荒诞谣诼，多方诋毁政府，企图淆乱国际视听，破坏反攻复国大计，拟请予撤职处分"。并言，"据各方报告，该员前在台湾省政府主席任内，多有违法与渎职之处，自应一并依法查明究办"。3 月 17 日，蒋介石在国民党中常会检讨"用人不当"，指示中央"彻底检讨，研究改进"。中常会认为吴在美发表荒谬言论，肆意诋毁党与"政府"，触犯党章第七十一条第一、五两款，决议："吴国桢开除党籍，并交从政主管同志依法查办。"同日，蒋发布"总统令"，称吴国桢"背叛国家，诬蔑政府，妄图分化国军，离间人民与政府及侨胞与祖国之关系，居心叵测，罪迹显著"，"应即将所任行政院政务委员一职，予以撤免，以振纲纪。至所报该吴国桢在台湾省政府主席任内违法与渎职情事，并应依法彻查究办"。④ 台湾当局要求美国引渡吴回台，遭拒绝。

1955 年 6 月初，蒋准备在台南屏东阅兵。5 月 28 日，蒋获情报说孙立人欲借阅兵发动兵变。⑤ 6 月 6 日，"总统府"卫队在阅兵前抵达校

---

① 吴曾为蒋私人秘书，为蒋信任，几度出任重要省市长官。孙立人曾在抗战时立下赫赫战功，并为蒋介石在台湾训练军队，蒋对孙有一定的信任基础，对其才能有一定认可。

② 《蒋介石日记》（手稿），1953 年 3 月 4 日，斯坦福大学胡佛研究所档案馆藏，下同。

③ K. C. Wu For U. S., *South China Morning Post*（*Hong Kong*），May 25, 1953, p. 16.

④ 中国国民党第七届中央委员会常务委员会第九〇、九三次会议纪录，RuanYicheng，Box No. 5，Accession No. 2007C49—141. 03/04，Hoover Institution Archives。

⑤ 《蒋介石日记》（手稿），1955 年 5 月 28 日。

阅广场警戒，并检查现场。原定参加检阅部队被重新整编，阅兵时间被推迟，两栖作战演习亦被取消。当局称孙的老部下郭廷亮、江云锦等预谋在屏东阅兵时配发实弹，发动"兵谏"，因预谋不慎而被告发。台湾保安机构逮捕了郭廷亮等一百多名官兵，孙随后被监管侦讯。

8月3日，台湾报刊登出孙立人的"辞职书"，说郭廷亮"利用职之关系肆行阴谋。陷职入罪，职竟未警觉，实为异常疏忽，大亏职责"。对"兵谏"问题，孙称："两年前鉴于部队下级干部与士兵中，因反攻有待，表示抑郁者，为要好心切，曾指示督训组江云锦等于工作之便，从侧面联络疏导，运用彼等多属同学友好关系，互相策勉，加强团结，以期领导为国效忠。原属积极之动机。不意诲导无方，竟至变质。该江云锦等不但有形成小组织之嫌，且甚至演成不法之举动。推源究根，实由职愚昧糊涂，知人不明，几至贻误国家，百身莫赎。"孙立人自请"赐予免职。听候查处"。① 20日，蒋介石以"纵容"部属武装叛乱、"窝藏共谍"、"密谋犯上"的罪名，革除孙"总统府参军长"职务。又指定陈诚、吴忠信、许世英、俞鸿钧、何应钦、黄少谷、俞大维、王云五、王宠惠等九人组成孙立人案调查委员会，进行审查。10月，调查委员会提交报告，认为主犯是"共谍"郭廷亮，孙对"共谍"失察，客观上被敌利用。20日，"中央社"电台播放全文。同日，蒋介石出具手令，说孙立人"久历戎行，抗战有功，且于该案发觉之后，即能一再肫切陈述，自认咎责，深切痛悔，兹特准于自新。毋庸另行议处，由国防部随时察考，以观后效"。蒋随即软禁孙立人，将其部属亲信调离军职或查办，受牵连者达336人。②

二 案前种种之因

20世纪50年代，吴案与孙案引起不小震动，拨开历史迷雾，我们发现它们的发生并非突如其来。

① 汪泗淇、戴健、钱铭：《孙立人传》，安徽人民出版社，1998，第267页。
② 刘育嘉：《五○年代白色恐怖政治案件审判结果之研究》，南投《台湾文献》第56卷第2期，2005年6月，第344页。

（一）福兮祸兮：吴、孙之美国背景

吴案与孙案之所以备受关注，不只是因为二人为台湾当局高官，他们的美国背景亦使两事件具有别样的意味。

孙立人与吴国桢是当时美国寄予期望的两个人。1949 年 11 月，美方建议：吴国桢接任省主席，孙立人统率台湾军事，蒋介石清除累赘的"政府"组织，并除去旧式军人与政客干扰。① 在某种程度上，"托美国之福"，吴国桢成为退台后第一任"台湾省主席"，孙立人成为"陆军总司令"。

1949 年 9 月，美国国家安全会议曾有附条件提供美援之议。在此前后，美国抛出"台湾地位未定论"和由联合国"托管"台湾之说，还曾多次研究直接出兵占领台湾的可行性。但以艾奇逊（Dean Gooderham Acheson）为首的国务院认为，此举"政治上代价太大，不值得"。② 在中国大变动的时代，应以观望态度"等待尘埃落定"，与蒋介石政权拉开距离以确保行动自由。这样，尽管 12 月吴国桢被委以要职，因美国国防部与杜鲁门（Harry S. Truman）的援台计划为国务院反对，美援并未到来。

1950 年初，美国官方态度欲将台湾排除在远东防御体系之外③，但蒋介石在感到压力的同时，深信美国不会真正放手，自记："艾其逊之政策在最近期内如不改变，则其政治必失败无疑。"④ 不久，美国的摇摆政策在朝鲜战争的炮火中宣告终结。蒋与杜鲁门仍需继续打交道，但二人之间存有芥蒂。在杜鲁门任上，蒋始终有份提防美国对台疏远的小心。⑤ 对于美国欣赏的吴与孙，蒋只得继续施以包容。

这种忍耐与小心在杜鲁门卸任时，终于获得释放。1952 年 11 月共

---

① 吴昆财：《1949 年的台湾：以〈美国外交文件〉（Foreign Relations of the United States）为论述主轴》，台湾《中华人文社会学报》第 2 期，2005 年，第 33 页。

② 资中筠：《历史的考验——新中国诞生前后美国的对台政策》，中美关系史丛书编辑委员会主编《中美关系史论文集》第 1 辑，重庆出版社，1985，第 359 页。

③ The President's News Conference of January 5, 1950, *Public Papers of The Presidents of the United States*, United States Government Printing Office, Washington, 1965, p. 11.

④ 秦孝仪总编纂《总统蒋公大事长编初稿》第 9 卷，1950 年 1 月 5 日，台北：财团法人中正文教基金会，2002，第 10 页。

⑤ "杜鲁门并无一定之主张，难免他日不为彼艾（艾奇逊）所动摇，故危险仍在也。"《蒋介石日记》（手稿），1950 年 6 月反省录。

和党艾森豪威尔（Dwight David Eisenhower）当选下届美国总统，蒋介石顿有扬眉吐气之感。虽然此后在具体问题上蒋对共和党也有不满之处，但至少在1953年前后艾森豪威尔取代杜鲁门之初，蒋心情大悦，认为共和党政策坚定①，将会积极支持台湾。在此心境之下，长期以来蒋碍于美国而压抑着的对吴、孙的不满情绪也开始释放。

1953年2月，艾森豪威尔任命蓝钦（Karl L. Rankin）为首位驻台"大使"，4月，蓝钦呈递"国书"。蒋松了口气，感叹"四年之苦斗与忍辱"终有结果，认为"从此国际地位亦将逐渐恢复"。亦在同日，他决心撤换吴国桢，改组"省政府"。② 其日记中透出这样的讯息：蒋撤换吴国桢与改组"政府"的想法由来已久，只是此前碍于美国态度尚未明确而不得不忍耐，美国的"尘埃落定"让他终于可以不必容忍。

美国对吴的支持，其实早就引起蒋之不满。1950年，因为蒋提出的"财政部长"人选不能与"省政府"合作，吴要求自兼"部长"。美使馆亦间接表示支持吴。蒋介石认为吴多半受美国在台"使馆"人员的影响。蒋告诉吴，名单已定，且已提常会，不能改动。最终虽仍依蒋意通过原定名单，但蒋介石"心滋不快"。到1954年4月，令蒋更加恼怒的是，蓝钦刚走马上任，就关注到吴国桢之事，曾与王世杰、叶公超就此事进行沟通，认为应妥善处理，以免"美友之不良推测"。4月7日，蒋在日记中流露出对此之不满，决定展期约见蓝钦，免其"干预人事之嫌"。8日，报界传出蒋介石接受吴国桢辞呈，拟以俞鸿钧代之。9日，蓝钦与陈诚交谈，其意与王、叶所谈相同，望与吴国桢留一余地，以免美对其友好者误解。虽蓝钦说不以"大使"地位说话，陈诚等人也说他出于善意，但蒋仍认为其"启干预人事之端"，决定批准吴国桢辞呈，以免夜长梦多。③ 美国人的出面求情，反加速蒋下定决心。

关于吴案的研究，一般认为吴国桢去美之初，碍于儿子滞留台湾成

---

① 《蒋介石日记》（手稿），1952年11月8日。蒋在1953年1月31日上星期反省录中称："（爱克就职宣言深得其心）加之月杪杜勒斯所发表之外交宣言，直称俄国为美国之敌人，毫不顾忌，更可知美国共和党新政府之政策积极而坚决，不能再有退缩之余地。"

② 《蒋介石日记》（手稿），1953年4月4日上星期反省录。

③ 《蒋介石日记》（手稿），1950年3月11日、1953年4月7日、9日。另参 K. C. Wu Resigns, *South China Morning Post*（Hong Kong），Apr. 9, 1953, p. 1。

为人质,并未有任何对台湾不利的言论。① 依照这样的说法,似有一疑点,既然吴已去美,且并未有对台湾不利的评价,那么 1953 年 11 月,因何传出吴国桢涉嫌非法套取巨额外汇的流言?1954 年 1 月,受国民党资助的《民气日报》又因何有《劝吴国桢从速回台湾》的社论?蒋介石为何对已去职而对自己并无异议的下属还要穷追不舍?其实,1954 年 2 月之前,吴虽未借媒体大张旗鼓攻击台湾政治,但在其与美国友人的接触中,"台湾不民主"的看法早有流露,在蒋看来,吴国桢对台湾当局的不认同在美国人士中间产生了一定影响。1953 年 11 月 6 日,蒋介石晚宴美参议员史密斯(Howard Alexander Smith),席间史密斯谈到对台湾政治的意见,以为台湾当局不民主。蒋以为"彼受吴国桢影响已深",感叹"美国之士之先入为主,认吴为天下之第一等人才,而不知其欺骗美国人多少事也"。② 随后王世杰案发生。王原是跟随蒋多年之人,履任要职,时任"总统府秘书长",11 月间突遭免职,并未言具体原因。学界认为王世杰被免职与吴国桢有关,并认为系蒋介石打击政学系之举。③ 王案在当时引起诸多猜测,以致国民党中央特地强调:"本案是单纯整饬纪纲调免人事而已,并无其他政治因素在内,希党内同志不要迷惑于外电的误传和社会的谣言。"至于他免职的原因,能不能公布,或在怎样的时机才能公布,须慎重考虑,不能感情用事。④ 蒋在日记中,既未写明王世杰案与吴国桢的关联,亦未详细写出对王世杰做如此严重处理的理由,开始时仅称自己对王的"不尽职守蒙混舞弊"如何痛愤,后来,曾偶然提到,"此次免职为余政策上有冲突,彼乃反对余反美之政策也"。⑤ 确实,从"反美"之意看,两者是有关联的。处理吴是"反美",处理王也是"反美"。蒋对下属"痛愤"之意的表达

① 如李松林《晚年蒋介石》,九州出版社,2008,第 166 页。
② 《蒋介石日记》(手稿),1953 年 11 月 7 日。
③ 如何明主编《国民党四十三位战犯的最后结局》上册,中共党史出版社,2008,第 408 页。另外,黄嘉树认为政学系对国民党退台后的各类改造不满,因而遭到排斥。在吴国桢事件前后,政学系其他主要成员如王世杰等也遭免职等处分,政学系虽仍有张群等个别元老未倒,但离决策中心越来越远,长期活跃于国民党政坛的政学系"无形无感"地消失了。黄嘉树:《国民党在台湾(1945—1988)》,南海出版社,1991,第 205~218 页。
④ 《中国国民党中央委员会工作会议第六七次会议纪录》,斯坦福大学胡佛研究所档案馆藏,Zhong Guo Guo Ming Dang,7.4,Reel 5。
⑤ 《蒋介石日记》(手稿),1953 年 11 月 17 日、21 日上星期反省录。

是常有之事，但不是每次都会给予免职处分，何况是追随自己多年的心腹之人。蒋介石离不开美国支持，但蒋与美之间在为共同利益所绑定的同时，也暗中进行着博弈。即便在美台最亲密的时期，蒋也会在日记中时而流露对美国某些做法的不满。1953年，是上台的美国共和党对台政策更为坚定之时，却也是蒋介石开始释放"反美"情绪的时候。虽然蒋对美的不满更多来自阻止其反攻之类的"大事"，但不可否认，吴国桢在美友面前对台湾民主的微词也是触发蒋抵触情绪的具体方面。

据陈诚回忆，王世杰去职后，吴听到一些小道消息，说他苛取巨额外汇，并与王去职有关。为洗刷清白，吴函请中央党部秘书长张其昀转呈总裁彻查，复又迫不及待地要在台北各报刊登澄清之启事，因未得及时登载，而开始大发"叛国谬论"。①

同样，孙立人与美国的亲密关系也令蒋介石感觉如芒刺在背。退台后，蒋在军中恢复政治部，而孙立人暗中较劲，且有"告洋状"之嫌。美国反对军中政工，希望蒋撤销政治部，让孙掌握全部军权。这是蒋孙矛盾的最大节点。

抗战结束后，国民党曾撤销政工，但几年后又把将领变节、士兵离心和大失败归为取消政工所致。退台后，蒋介石在台湾军中重建政治部，并让蒋经国负责此事。孙立人在此问题上，不是很配合，且曾将不满流露于美友之前。蒋要抵制住美国的干涉推行带有秘密色彩的政治工作，很忌讳孙"泄露机密"，时有愤懑之感。1950年6月26日，蒋自记："严戒孙立人阳奉阴违及招奸泄机各种不法行动，如其不改则不用他之意，明告之姑视其果，否悔改耳。"② 对于退台后的改革，一些人认为是大陆时期做法的翻版。蒋介石很介意别人这么讲，为图新生，他要在台湾从头做起。在听闻对军中恢复党部与政工的消极言论后，蒋一面对孙心生怨气，一面为政治部辩护，说军中重建政治部的改革与以往大陆作风不同，否则"等于侮辱领袖与全体将领"，要求孙停止"告洋状"之言行。蒋介石认为孙"几无东方军人之品格"，"不惟希冀挟外自重，而且密告内部之事，原定心迹乃为讨好外国而其影响则无异诋毁政府诬陷上官，其害所至将致卖国亡身而有余"。表示要防制"孙（立

① 陈诚：《陈诚回忆录——建设台湾》，东方出版社，2011，第269页。
② 《蒋介石日记》（手稿），1950年6月26日。

人）毛（邦初）等勾结外力要胁上官"。① 蒋似乎在脑中形成孙立人爱
"告洋状"的惯性思维，一旦有军中机密泄露于美方，他很容易认为是
孙所为。② 孙立人甚至成为将领中的反面典型。美国顾问来后，蒋准备
再次告诫孙"毋依赖，毋骄矜，勿作挟外自重"，并通告各主官"不作
越分亲外自贱以能交接外人自豪，应要自力更生"。③

美国对于在军中建立政治部之"苏派"做法亦不认同，在与台湾
当局的交往中，不时有这样的意向表达：希望撤销政治部，将军权交孙
立人。对于此点，蒋很警惕。美国非但未能帮孙拿到军队统帅权，反增
添了蒋介石的戒心。1951年1月，孙立人表示辞职之意。25日，蒋认
为孙"行态似有愤愤不平之心"，想以辞职相胁，其意是要获得国民党
全部军队的指挥权，感叹孙"太不自量"，"仅借美国之感情保护而不
知其本人之才德如何"。29日，蒋打算向孙表明他的才品声望皆不能做
"反攻总司令"。④ 9月，台湾六十七师整编完成，开始美式训练。随着
美国军事顾问团对台湾军队事务的更深介入，美对台的控制"日紧一
日"。蒋对美做出让步，允许其参与军事预算，而美并不知足，仍提出
撤销政治部、军权全交孙立人的要求。蒋介石很是气愤，表示别的都可
协商，唯独撤销政工与孙统掌军权这一关涉"存亡"之事不能商量。⑤

孙立人与美人交好，交友范围不局限于军方，这一点亦让蒋感到恼
怒。1953年7月，蒋听说孙立人宴请外国教授与不相干之军人，斥孙
为"荒荡狂妄"，"非严教切戒不可"，并为此"心绪又不能安定"。⑥

艾森豪威尔就任后，表现出对台湾更多的亲近。1954年他在新年
国情咨文远东部分中，除韩越二战区以外，独提"中华民国"之军事、
经济援助，蒋对美援信心倍增，以为美国之民意与舆论有利于对台援
助。在此情况下，虽然蒋介石为防孙的恼羞成怒而对其"傲慢无视"

---

① 《蒋介石日记》（手稿），1951年1月29日、2月3日、3月9日、3月10日上星期反
　　省录。
② 如1953年1月18日日记："据至柔报称，蔡斯面质其石牌高级班由日本教官秘密训
　　练，认为对其日员不再作训练工作之诺言背信，并言我陆军方面亦甚表不满云。此
　　当为立人方面对美军顾问供给消息，其借外自重乃如此乎。"
③ 《蒋介石日记》（手稿），1951年4月29日。
④ 《蒋介石日记》（手稿），1951年1月21日、25日、29日。
⑤ 《蒋介石日记》（手稿），1951年9月30日上月反省录。
⑥ 《蒋介石日记》（手稿），1953年7月8日。

耐而不较，仍"期其自反自改"，但耐心是越来越不够了。他决定在警告孙的同时，亦警告美顾问"勿鼓励中国军官违法玩命者，以为助患于美国，须知其不忠于本国者必不能忠于友邦者，结果徒为其自累而已"。①

此时，蒋介石对孙立人的任用问题做出判断，认为若如美国所愿，任用孙为"参谋总长"，则美方会心情愉快，但美援决不会因此增加；孙本来就"对上阳奉阴违，有恃无恐"，若再重用，则其气势更盛，对内影响恶劣，且会弄权自用，派系更大，"必形成尾大不掉之势"。这样，不但"复国"前途无望，而且"政府重心亦将动摇"。若将其架空，用为参军长，使其"无权可弄，无势可恃"，则可敷衍美国，惩戒孙本人，让其明白"决不能恃外势以维持其地位"。蒋决定调孙任有名无权之职位，"使之彻悟以转移其心理，一面再令其在左右学习训练或可有成全之望"。蒋以为"与其养痈遗患，将有不可收拾之一日，则不如毅然断臂，早为自立之计"。即使美援受此影响，亦不能顾及。"与其受外援而动摇国本，则此外援无非饮鸩止渴，何足为虑"。况且，以目前美国内外情势，"决不以孙之关系而减少其援华之方针"。因此1954年6月，蒋不顾美方意见，任用桂永清为"参谋总长"。在美援大局稳定后，蒋决定在"陆军孙立人军阀形成之初期，乃决操刀一割，以绝后患"。②

为获美援，蒋介石重用亲美派，表面实行民主，但骨子里，蒋并不十分认同民主自由。③ 在美国对台政策尘埃落定，美援纷至沓来，"大使级外交"亦开始实施的过程中，蒋介石逐渐失去对吴国桢、孙立人的忍耐力。加重吴、孙身价的砝码——美国背景，亦日渐变为促使其被排斥的负累。1954年前后，蒋介石逐渐做出判断，美援大局已定，美国不会因为一两个官员的用与舍而增加或中止对台湾的援助，不必再对吴与孙继续容忍。

---

① 《蒋介石日记》（手稿），1954年1月9日、9日上星期反省录、11日。
② 《蒋介石日记》（手稿），1954年6月31日杂录、1954年7月3日。
③ 蒋介石曾有这样一段话："胡适之来谈，先谈台湾政治与议会感想，彼对民主自由高调，又言我国必须与民主国家制度一致，方能并肩作战，感情融洽，以国家生命全在于自由阵线之中。余特斥之，彼不想第二次大战，民主战线胜利而我在民主阵线中牺牲最大，但最后仍要被卖亡国也，此等书生之思想言行要得不为共匪所侮辱残杀，彼之今日犹得在台高唱意识之自由，不自知其最难得之幸运而竟忘其所以然也。"《蒋介石日记》（手稿），1952年12月13日。

（二）人际与个人

20 世纪 50 年代，台湾实行的是"法治"形式下的威权专制。在这样的社会，官场中的人际关系是个微妙而重要的问题。吴与孙处理这方面问题都不老练，他们在官场，尤其是在蒋身边不能如鱼得水。

吴国桢与蒋经国的矛盾由来已久。不但有吴任上海市市长时的"打虎"风波，还有 1950 年逮捕王哲甫事件等，这些在已有成果中有过较多介绍。① 退台后的几年中，吴国桢因不赞同蒋经国、彭孟缉在执行情治与保安工作时的做法，多次提出抗议或辞职意向。

吴与"行政院长"陈诚的矛盾也很深。吴国桢称，在总理纪念周，陈诚指责吴国桢用欺诈手段获得"省主席"职位，即在美国掀起个人宣传，以自己能带来美援欺骗"政府"。这令吴国桢怒不可遏，从此不论制定什么计划都不同陈诚商量。② 而据陈诚所述，当时对于吴，自己是仁至义尽。吴接任省主席时，曾引起社会上种种疑虑，大有"群疑满腹，众难塞胸"之势。"参议会"为厅长与省委人选，竟曾罢会。陈诚从中调解，但不知为何反引起吴的误会。③

1950 年 3 月，蒋介石"复职"，首先要解决的是"行政院"改组问题。阎锡山去意已决，继任人选在局势艰危情况下很费周折，蒋选中了对自己忠诚又任劳任怨的陈诚。拟任用陈诚出任"行政院院长"时，吴国桢坚求辞职。蒋素知二人矛盾，认为是"意中事"，但当时美国对台仍只是尽量隔离的态度，台湾混乱动荡，蒋需要吴争取美援，亦需要陈披荆斩棘，这时唯有尽力使二人合作。因此蒋"恳慰"吴，设法使之安心，并邀吴国桢夫妇聚餐，"劝告其强勉忍耐，与陈合作"。④ 陈诚也认为"国家到了今日的地步"，唯有"不惜任何代价"使吴留任并兼任"政务委员"。于是吴陈勉强共事，但终未能相处愉快。据陈诚回忆，吴国桢主台，有恃无恐，为所欲为，而自己恐被指为小气，对他尤

---

① 如孙宅巍《对台湾吴国桢事件的思考》，《学海》1991 年第 2 期，第 84~85 页。
② 裴斐（Nathaniel Peffer）、韦慕庭（Martin Wilbur）访问整理：《从上海市长到"台湾省主席"（1946—1953 年）——吴国桢口述回忆》，吴修垣译，上海人民出版社，1999，第 131 页。
③ 陈诚：《陈诚回忆录——建设台湾》，第 73~74 页。
④ 《蒋介石日记》（手稿），1950 年 2 月 27 日、3 月 6 日。

为容忍，不料却助长了吴的骄横之气。① 有研究者指出，吴国桢在实力、权位、资望等方面都逊于陈诚，虽然在外有美国人撑腰，在内却相对弱势，但吴做得非常强势和张扬，蒋吴决裂是迟早的事。②

在人际关系方面，孙立人也不圆通。

政工问题是孙与蒋氏父子产生矛盾的一个症结。1950 年 5 月 1 日，蒋经国任"国防部总政治部"主任，在军队推行政治工作。军队中设政治军官原是师俄的产物，1945 年，军队国家化的呼声越来越高，国民党乃取消军队党部。大陆失败之时，国民党将部分原因归咎于军队政治工作的放弃。"复职"后的次月，在蒋介石支持下，"国防部"4 月 1 日公布《国军政治工作纲领》，恢复军中政工。③ 但政治部人员在军队落脚之初，就遭到孙的拒绝。蒋氏父子为此事曾有讨论。④

另一个节点是"匪谍"问题。蒋经国主掌情治，抓捕"匪谍"，曾被孙立人干涉。1950 年 3 月 22 日，蒋经国告诉蒋介石，说孙包庇"共匪女谍"王氏姊妹，不肯遵令解缴。蒋介石闻之，"心怀不平，颇愤激"。4 月 17 日，蒋认为王氏姊妹实有重大嫌疑，而她们与孙关系深切，"可骇"。6、7 月间，情治部门又在孙部发现"匪谍重案"，认为李鸿、彭克立等人受共产党指使来包围孙立人，以便响应攻台，蒋感叹孙"野（夜）郎自大粗浅糊涂，不知如何结果矣"。1954 年蒋介石决定架空孙立人时，曾对其有一综合评价，认为"其性拖拉呆滞，好听细言，私植派系，用人复杂，心无主旨，受人愚弄，间接已受共产包围，环境险恶，对上阳奉阴违，有恃无恐，若再重用其掌握兵权，则后患难除"。⑤

孙立人与"国防部参谋总长"周至柔也有矛盾。1953 年 11 月底，在"国防部"军务会报中二人发生冲突。事后，孙被蒋介石训诫，理由为"恃外凌上"，说这是"最卑劣之人格"，并举二事为证，证明孙

---

① 陈诚：《陈诚回忆录——建设台湾》，第 74、269 页。

② 左双文：《退台初期国民党高层人事纠纷几桩个案的再解读——侧重陈诚的角度》，《社会科学研究》2011 年第 2 期，第 152 页。

③ 唐振楚编《总裁办公室工作纪要》，中国国民党中央委员会党史委员会：《中国国民党党务发展史料——非常委员会及总裁办公室资料汇编》，台北：近代中国出版社，1999，第 286~288 页。

④ 《蒋介石日记》（手稿），1950 年 5 月 12 日。

⑤ 《蒋介石日记》（手稿），1950 年 3 月 22 日、4 月 17 日、7 月 7 日、7 月 28 日、1954 年 6 月 31 日杂录。

之"目中无人",令孙向周至柔认错解释。① 孙之行为似乎时常被蒋与"恃外"二字相关联,不管孙是否真是出于"有恃无恐"的动机。

由于人际关系不佳,"美国人撑腰"在某种程度上成了吴与孙在国民党集团的"立身之本",而这个"立身之本"其实并不牢靠。

在蒋看来,傲慢、固执是吴与孙的共同点。有美国支持本不是坏事,若他们能表现出对"领袖"的顺服和忠心。台湾需要美国,而吴与孙其实也都有其过人之处。② 因此,蒋介石其实是给过吴与孙"反省改过"的机会,但他们并未变成蒋所希望的样子。

据吴称,蒋介石曾欲使吴国桢与蒋经国修好,让黄伯度带话给吴的岳父,若吴愿与蒋经国合作,便能取代陈诚执掌"行政院",同时兼管"省政府"。蒋介石并以1万美金资助吴国桢大儿子赴美留学。但吴并未因此改变态度,依然将蒋经国手下非法抓到的人释放。③

组阁之时,吴国桢不接受蒋介石提出的"部长"人选,在蒋表示无法变更时,他仍坚持己见,令蒋十分不悦。1953、1954年,情况更甚。1953年蒋介石认为吴国桢骄矜,"无革命与领袖之信心在其脑中"。4月,蒋准备更换吴时,吴未有妥协服软之意。11日,蒋介石决定批准吴国桢辞职,理由是吴国桢借美声援,有恃无恐,骄矜孤僻,"对余亦不在心目"。可见,吴对蒋的态度是蒋决计撤换吴的重要原因。蒋希望下属对自己诚服,而吴没有做到。加上蓝钦对处理吴国桢之事的干涉,蒋认定吴是依恃美国、自抬身价。蒋希望他能悔悟,若能"痛改前非","则其才仍可用也"。直到1954年2月,蒋介石还有疏导、劝慰之言,自记"国桢言行渐近于威胁与越轨,态度仍应导之以理,使之觉悟复常,由晓峰(张其昀)代为劝慰之"。④

蒋介石对于自由主义并非完全缺乏容忍。出于政治人物的精明与迎合舆论的需要,蒋在一些方面也表现出了"领袖的大度",譬如对胡适

---

① 《蒋介石日记》(手稿),1953年12月2日。
② 陈诚对吴国桢虽有成见,亦承认吴"并非庸才",在"行政院"会议中,其意见常受到重视。见《陈诚回忆录——建设台湾》,第276页。
③ 裴斐、韦慕庭访问整理《从上海市长到"台湾省主席"(1946—1953年)——吴国桢口述回忆》,第154~158页。
④ 《蒋介石日记》(手稿),1950年3月11日,1953年4月11日,1954年2月6日。早在1950年2月15日,蒋介石便记曰,吴国桢"对余信所言虽勉强顺从,但并非诚悦,人才最重要者为顺理识体而不倚外自重也"。

的态度。20 世纪 50 年代，蒋介石在日记中痛骂胡适与在公开场合下对胡的礼遇对比鲜明。有文章曾分析"强者"与"智者"如何怀揣不满携手共进的微妙关系。① 如果说蒋掩饰内心真实想法对胡适施以克制与忍让，体现了他对学者的某种包容，那么似乎不能简单地说因为蒋介石的"心胸狭窄，不能见谅于吴国桢，使吴成了蒋氏父子权力重新组合下的牺牲品"。② 吴国桢本人不能做到胡适的"圆通"，也是造成蒋"小器"的原因之一。

同样，孙立人的失势也与性格有关。孙生性简单，蓝钦对他的评价是忠诚，但有些"欠谨慎与幼稚"。顾维钧也有一致看法。关于孙案，顾维钧认为孙并非出于"不忠"，而多半是不小心或"可能有几分不自觉的放纵"。顾曾与孙谈话，劝他说话时应稍加谨慎和注意，因为不是每个人都能理解和重视他的观点和态度。但孙没有改变，仍保持坦率。③

孙立人不太会曲意迎合或掩饰观点。在军训班讲课时他公开主张"军队国家化"，这与蒋的想法是不一致的。在高级军事会议上，孙公开指出上级遥控是军事失败的关键，听者自然想到是指蒋越级指挥。④ 在威权时代，孙立人是少有的敢于说真话的高官。而这些真言无疑是逆耳的。

孙立人西方式的率直与敢言，成就了他在美国友人心目中的良好形象，却开罪了蒋氏亲信。有研究者指出，蒋氏父子通过制造"郭廷亮匪谍案""屏东兵变案"，消除异己，同时也平息了自己的亲信长期对孙的不满情绪。⑤

三 蒋介石在两案期间的心态与应对

蒋介石在日记中多次提到对吴国桢与孙立人两案的想法，有时自己

① 参见陈红民、段智峰《差异何其大——台湾时代蒋介石与胡适对彼此间交往的记录》，《近代史研究》2011 年第 2 期。
② 李松林著《晚年蒋介石》，第 168 页。
③ 《顾维钧回忆录》，中国社会科学院近代史研究所译，中华书局，1993，第 574 ~ 575 页。
④ 陈存恭访问、万丽鹃等纪录：《孙立人案相关人物访问纪录》，台北："中研院"近代史研究所，2007，第 42 页。
⑤ 汪泗淇、戴健、钱铭：《孙立人传》，第 274 页。

需要陈列理由，反复考量，足见两案关涉重大。

（一）应对吴国桢案

1953 年 3 月，吴国桢提出病辞，蒋虽也有慰留，但随后在日记中发泄情绪，写道："吴国桢之不能诚矣，其玩弄手段至此，殊所不料。余以精诚待彼，而彼反以虚伪手段对余。"蒋认为吴骄矜虚诈，只图个人利益，无视领袖，① 明确表达了对吴的绝望之意。

4 月 4 日，蒋在日记中写下美国新"大使"呈递"国书"与决心撤换吴国桢、改组省政府之事。5 日，蒋开始追究吴此前抛售粮食之过。② 抛售粮食事无疑为"省主席"吴国桢所首肯，在决心撤换吴的次日，蒋将此事所致恶果上升到与 1947 年宋子文私自动用改革币制基金致使法币崩溃一事等同的程度，并在 16 日的中常会上指出，吴应对粮政失败负其责任。4 月中旬新旧"省主席"交接，并未影响美国对台态度，蒋介石对此很满意，以为这一情况"或国桢所不料及也"。事实上，美国对台援助非但未因吴国桢卸任而减少，反而还有增加。3 个月后，美国两院对台军援经费增加 20%，并另拨总计排水量达 5 万吨之舰艇，"此属难能可贵特殊之举动"。③

1953 年 11 月 6 日，美国国家安全委员会提出 NSC146/2 号文件，指出保证台湾安全并免于被共产主义渗透是美国远东防御的基本要素，建议继续向台湾提供援助。④ 据 11 月 2 日蒋介石日记，在此前后，副总统尼克松访台，而一些原本反蒋的美国报纸也忽然登载对蒋推崇之文章。这些无疑确定了蒋的判断：去除身边亲美要员，不足以影响美国对台政策。

面对吴在美舆论攻势，蒋认为"吴国桢公开反动必欲损毁政府之险

① 《蒋介石日记》（手稿），1953 年 3 月 7 日上星期反省录、11 日。

② 吴国桢卸任前，批准抛售台湾存粮五万吨，造成粮荒。蒋介石认为"今日之存粮无异大陆法币之基金"，没有事先请示，是为大错。《蒋介石日记》（手稿），1953 年 4 月 5 日。

③ 《蒋介石日记》（手稿），1953 年 4 月 16 日、4 月 18 日上星期反省录、8 月 1 日上星期反省录。

④ "Statement of Policy by the National Security Council," Nov. 6, 1953, Glennon, John P., *Foreign relations of the United States* (*FRUS*), 1952 – 1954, China and Japan, Vol. 14, Part 1, Washington: U. S. Government Printing Office, 1985, pp. 307 – 310.

恶言行已经暴露",应"设法防止",指出吴"辞职诟病之真因"是其在任期间抛空公粮,无法维持军民之食等因,并不是因为"政府"不民主而辞。①

此时,"第一届国民大会第二次代表会议"正在召开,吴国桢2月27日致大会函,痛陈台湾之弊:一党专政,军队之内有党组织与政治部,特务横行,人权无保障,言论不自由,思想控制,并提出六点措施。② 在蒋介石看来,吴以蒋氏父子为指责对象,认蒋为操纵"国大"之独裁集权者。"国民大会"主席团决定对该函"一面严词痛斥,一面不予受理"。③

3月初,蒋介石认为若不从速惩治吴国桢,将来第二第三之吴国桢必相继续出。应立即以违法乱纪罪撤职查办或准予辞职,至于任职期内之所有渎职事实,应交付行政人员惩戒委员会依法处理,包括上海任内及交卸情况、操纵贸易有否浑水摸鱼等,一并彻查。④

为更有力还击,蒋介石一面令"保密局"调查吴国桢抛售黄金弊案,一面令"立法院"从民间搜罗吴国桢贪污渎职证据。吴以前任职所为有疑点处被置于放大镜之下,不但"保密局""立法院"等政府机构进行对吴的调查,党部内也进行着对吴的社会调查。⑤ 3月17日,蒋发布"总统令",要对吴在省政府任内"违法与渎职情事","依法彻查究办"。实际上,在此之前,对吴的调查已经开始,且被调查的不只是吴在"台湾省政府主席"任内之事。任显群曾为吴国桢任内的"财政厅厅长"。1953年吴国桢赴美后,任显群也卸下公职。但因吴国桢事件牵连,遭情治单位跟监。"保密局局长"毛人凤与任显群谈话,任表示愿"制造"(蒋介石日记所用之词)吴国桢贪污案,将功赎罪。3月11日,毛人凤汇报谈话结果,蒋认为不可,令三日内,任显群与外汇部门将抛售黄金有关情事,从实呈报。同时,"立法院院长"张道藩将台民对吴贪污证据交蒋介石呈阅。13日,蒋介石召见吴任上海市市长时的

① 《蒋介石日记》(手稿),1954年2月19日。
② 吴国桢手稿、黄卓群口述:《吴国桢传》(下),台北:自由时报,1995,第551~553页。
③ 《蒋介石日记》(手稿),1954年3月8日,11日。
④ 《蒋介石日记》(手稿),1954年3月2日。
⑤ 《党员社会调查报告对吴国桢案综合反映》(1954年3月),斯坦福大学胡佛研究所档案馆藏,Zhong Guo Guo Ming Dang, 7.4 reel 5。

警察局长俞叔平查问吴在沪谎报三十万口户口配米之事。蒋断定果有其事。15 日，蒋介石分别约见李寿雍、周宏涛、彭孟缉、毛人凤等，询问是否有重要证据发现，结果令蒋失望。17 日，中常会通过开除吴国桢党籍案，蒋介石"以用人不当，知人不明，深自引咎"。①

在发布查办吴国桢的"总统令"之后，蒋介石召见"行政院秘书长"黄少谷与"国防部副参谋总长"彭孟缉，指示应将吴案作为重中之重，以此工作为"第一之第一"。宋美龄的外甥孔令杰当时在美国协助蒋家搞外交，他认为对吴国桢应忍耐，以免影响对美外交。他劝蒋不必太依赖吴的罪证，"外人对政府处治失意政客总认为政府依势欺人，虽其有贪污不法之确证，亦多不注意也"。而同时，蒋对吴罪证的掌握也并不充分，虽经多方努力，吴在任时违法渎职之事人证虽有，而物证甚少。②

吴国桢在美国的言论引起多方关注，美国舆论对吴多持同情。原本对台湾当局言论亲善的《霍华德京报》以吴之谈话为据，刊出《警告蒋总统》一文。由于吴国桢与美国朝野关系密切，此次以"前台湾省主席"身份揭发蒋氏专制作为，抨击台湾不民主，其反宣传影响颇大，蒋介石甚为惶恐，认为这是 1944 年以来共产党反宣传后"最猛烈之一次"，"如美政府对我政策不能坚定，则必重蹈过去失败之覆辙"。③ 在台湾依赖美国援助谋得稳定发展与军事安全的情势下，吴国桢所为令蒋不安。

吴案发生后，美国政府出于战略考虑，态度比较温和，并未附和与指责。而周以德（Walter Judd）等历来支持国民党的亲华派仍然站在台湾当局一边。这些令蒋介石在担忧愤懑之余感到些许欣慰。④

1954 年 4 月 5 日，蒋考虑了两条方案："犯而不校、示以宽大"；"依法起诉"吴之"违法渎职"罪状，使其宣传无效。6 日，经进一步考虑，蒋更倾向于"暂置不理"。因吴之宣传已"渐失效用"，若此时起诉，反重新引起注意。而美国议会尚未通过本年对台援助预算，此时行动恐影响议会决议；若待 7 月议会之后再行起诉，美友会有更多

① 《蒋介石日记》（手稿），1954 年 3 月 11 日、13 日、15 日、17 日。
② 《蒋介石日记》（手稿），1954 年 3 月 19 日、20 日上星期反省录。
③ 《蒋介石日记》（手稿），1954 年 2 月 18 日、3 月 25 日。
④ 《蒋介石日记》（手稿），1954 年 3 月 31 日。

谅解。①

而这时，吴已连续发表多封致蒋信函②，蒋以为其"更陷于蜗角穷境"，"不如任其狂吠使美国迷信叛逆者自动悔悟"。9日，在召见谢冠生、林彬、黄少谷之后，蒋了解到吴案准备仍未充分，有力证据不足，决定暂不起诉。③

看到美国政府并未受到舆论过多影响而改变对台政策，经过一段时间的喧嚣舆论亦渐趋平静，而吴开始表现出对自己不利的偏执，蒋决定对吴暂置不理，以免弄巧成拙。而搜集到的关于吴国桢违法渎职情事可作为反击手段，减弱其宣传效应。但要待美援问题在美国议会决定之后，观其变而再做回应。

（二）应对孙立人案

相较于对吴国桢高调舆论战而言，蒋介石对孙立人的处理似乎比较宽容和低调，但用心颇为辛苦。

孙为军事将领，蒋对他虽早有不满，但不得不施以一定怀柔。1954年初，蒋介石自记："孙立人之傲慢无视态度于今为烈，因防其恼羞成怒，不顾一切之行动可虑，当慰勉之。"蒋认为孙与美国顾问过于亲密，他们对蒋经国在军中活动的抵制令蒋认为孙对自己不忠。孙立人不但握有军权，还关涉美援问题，蒋不得不投鼠忌器。直到6月，蒋介石对孙立人及各主要人事之方针甚费心力，决定"再不能重外轻内，危害国家前途，故宁无军援亦所不顾也"。④ 蒋决心架空孙立人，宁可以损失军援为代价，孙立人被调任无实权的"总统府参军长"。

1954年12月，美台共同防御条约签字。美国将协防的范围划定在台澎地区，不准备协防金门、马祖，这与蒋意相悖。

1955年1、2月间，美国曾为使国民党撤防大陈，而许诺以协防金门为条件。但后来背弃前约，蒋介石曾与之力争，不得已妥协，撤退大陈。4月，当美国政府要派太平洋舰队司令雷德福（Arthur William Rad-

① 《蒋介石日记》（手稿），1954年4月5日、6日。
② 4月3日，吴国桢再上"总统"书，希望蒋经国离台来美，在大陆未"恢复"前，不必返台，以表明蒋介石无传子之心。见陈诚《陈诚回忆录——建设台湾》，第275页。
③ 《蒋介石日记》（手稿），1954年4月7日、9日。
④ 《蒋介石日记》（手稿），1954年1月9日、11日、6月19日上星期反省录。

ford）与国务院负责远东事务的助理国务卿劳勃生（Walter S. Robertson）到台湾时，蒋介石认为会要求撤退金马，于是决定直告，金马是"中国之灵魂"，台湾海峡是"中国一线之命脉"，美国不能强求台湾"出卖灵魂与命脉"。蒋为此与雷、劳的交涉令其痛苦不堪。①

不可否认，对于不少美国人来说，蒋介石并不是理想的盟友。1955年5月，美国内部有人提议以吴国桢、孙立人或胡适取代蒋。蒋获知，美国务院令其情报人员密查孙立人在军队中势力如何，能否掌握陆军；吴国桢在除台湾人以外的中国人中有无拥护者。5月28日，孙立人欲借阅兵发动兵谏的情报被送至蒋手中，蒋自记："今以此案之发生究竟有否关系，并无证据，但国际环境之险恶已至相当程度，能不戒惧乎？"6月3日，俞国华报告其在美国所悉美中央情报局准备大肆利用台湾与国内外中立派及反动派对蒋个人作诬蔑宣传，以为其重建傀儡政府之张本。蒋认为，此与最近孙立人军训班之阴谋显然有关，当然亦为劳氏以蒋不顺从其放弃金马建议之第一步行动。几天后，孔令杰又报告说，美当局或将因台湾不民主之指责，期以推翻蒋政权。接着，蒋获悉，美国务卿杜勒斯（John Foster Dulles）致电蓝钦，欲保荐孙为参谋总长。②可以推断，孙案与此间种种传闻不无关系。蒋获得美国方面对自己的不利消息，认为孙立人军训班与美国欲在台湾改朝换代的想法有关，对自己造成了威胁。6月6日对阅兵现场的搜查、"兵谏"风声的放出以及随后的一系列行动，皆与蒋在此时的戒备惊恐心理有关。

6月19日，蒋介石拟见蓝钦，询问华府所盛传的美对台政策改变之意，并提到孙部谋叛败露时，欲逃往美使馆，请求政治庇护之说。孙欲逃往美使馆的消息增加了蒋的不安。历代君王对于"叛逆者"皆具宁可信其有的倾向，何况此时华府又有种种颠覆自己的传闻。这种情况下，蒋对孙有了一份主观的判定，认为孙并不清白。同时，蒋认为，即便孙不是在美国的指使之下发动此事，至少是"受美国之暗示久矣"。③

① 《蒋介石日记》（手稿），1955年2月5日上星期反省录、4月20日。4月30日上月反省录记道："本周与劳勃生等谈话的斗争实自卅五年与'马下儿'（马歇尔）激战以来最大一次之决斗。"
② 《蒋介石日记》（手稿），1955年5月30日上星期反省录、5月28日、6月3日、8日、10日。
③ 《蒋介石日记》（手稿），1955年6月19日、30日，5月30日上月反省录。

　　同时，蒋又认为孙被共产党"渗透"利用。6 月 28 日，蒋审阅郭廷亮等人供词，断定这一事件背后有共产党因素。经一个月的调查，虽然所谓"共产党渗透"的证据并不充分，郭廷亮也未明确承认与共产党的关系，但蒋仍认定"此为一老共党员潜伏在孙之左右无疑"。从李鸿、陈鸣人等"匪谍"口供中，蒋介石推断孙立人早已蓄意"通匪"，有心庇护"匪谍"。①

　　关于对孙处置方式与尺度，蒋介石曾征询蒋经国、张群、俞大维等人意见。"国防部长"俞大维主张不加处分，仅以调职佯作信任。俞认为美国人不会相信台湾当局对孙案的说法，若此案公开，徒贻共产党与反对派以口实，使之以为国民党军队内部为政工与派系之争而动摇已呈不能控制之象。蒋介石认为俞"消极已极"，"此次叛变阴谋能事前扑灭而并未发生，乃是确能控制一切阴谋之表示，何损威之有耶"？但俞的看法"亦有其见地"，此案处置应重加考虑，"终以不暴露公布为宜"，在尚未反攻大陆以前，"无论对内对外对敌对友不能不极端慎重免乱大谋，尤不可授美国政府以口实耳"。这是蒋介石对待吴国桢案与孙立人案不同之处。吴国桢在海外以言论攻击蒋氏专制，因而蒋须高调反驳；而孙立人本人没有对台湾当局和蒋氏父子进行舆论攻击，相反，为免"美国及其反蒋派引以为独裁之口实"，蒋介石需要对处理办法"慎重研究"，低调进行。②

　　7 月 5 日，蒋认为应明告孙此案之经过供词、内中反党政口号之制造、郭廷亮"匪谍"与郑子东父子之关系。准备"以不信孙会主谋此案之态度"，免予追究，但孙应告假反省悔过，不得再与"匪谍"来往。孙可言行自由，不予拘束，但"对此案无论对任何人必须照此实情明告，不得另有托词假言，否则自将公审"。9 日，蒋又有这样的考虑：令孙告假离职，待罪悔过，但不开除其参军长原缺，派员代理；使其与战略顾问委员会副主任委员顾祝同对调，使其与叛将（白崇禧）并列；仍令其闭门思过，不得任意说话，"待其悔过自新以后另候任用"；江云锦自白书非至不得已时再令其参阅，暂不说破为宜，保留余地。15日，蒋再次写道，应让孙告假，专心读书修养。在此之前，蒋对孙的处

① 《蒋介石日记》（手稿），1955 年 6 月 28 日、7 月 9 日上星期反省录、8 月 3 日。
② 《蒋介石日记》（手稿），1955 年 6 月 28 日、30 日上月反省录，7 月 30 日上星期反省录。

置问题考虑得相对宽大，主要的惩戒措施是让其告假反省，但还保留有一定职位。但 16 日，蒋的想法发生了变化，认为"应以公正事实为据，不能全以外人关系而置军心与纪律于不顾"，于法于理，对孙至少应停职候查或候审，或免职查办，"以息公愤，而维军纪"。原因是：

> 甲、此案为共匪早在国际上扬言台湾之渗透程度比所传者为更佳，是乃美政府在事前所获得之情报，乙、此案人证与确据皆有事实，不得已时皆可公开，丙、此案主动乃为共匪渗透颠覆而为我破获彻底，并未为共匪所算，孙不过是一被动盲从，故于政府之威信并无所损，丁、孙之美友以事实俱在，不能为其抱不平洗冤，或以此反对我政府，戊、此在美人心目中以有证据之事，而且为共匪所主动，不能认我为法息斯得也，己、现在美国不能放弃台湾，不能因此停止援助。

虽然"对于利害与美国心理亦不能完全抹煞"，但蒋介石分析后认为，美国现在不能放弃台湾，不能因此停止援助，而此事不致招致非议，且可平息孙之美友的反对之声。故决定施以惩戒，而不是佯装不信，仅使之告假反省。至此，蒋介石确定了"停职候查"的处置办法，但决定不公开案情。21 日，蒋介石以为对孙应仍以宽大之方针处之，可明告孙本人对本案内容并非出于本意。但此案重大，若未提前制止，"则国家一线之命脉完全被其斩绝"，故应"自请处分，负责引咎，乃予以停职反省以观后效处之"，如其不服则即照原拟方案，应即以"停职听候彻查"处之。①

经几番思考，蒋虽碍于美国关系，始终以较为宽大的原则考虑对孙的处置办法，但也明确对孙应有惩戒措施，以安定内部，且这个宽大的尺度是有限的，并在几番考虑后又有紧缩和有限调整。当时，美国对中共和苏联有一定妥协之意，中美也在酝酿大使级会谈。6 月间，蒋分析国际局势，认为在苏共和平攻势之下，美英必欲使蒋放弃金门以达彼等"苟安求和之期望"。"惟有在我者，才是可靠"。在处理孙案期间，蒋

---

① 《蒋介石日记》（手稿），1955 年 7 月 5 日、9 日、15 日、16 日、16 日上星期反省录、21 日。

几度有"惟有在我"的类似表述。9月8日，蒋介石考虑"如何转移国人无外援不能反攻之心理"，认为应该特别宣传西班牙与土耳其之经历，使民众不过分依赖美援。11日，与"外交部部长"叶公超谈话，劝诫其对美援不必过于奢望，"美国外交如儿戏冷暖无常，不足为奇，能否反攻，全在于自我也"。同时，"对联合国会员藉（籍）问题亦不必过于重视，当于其如侮辱过甚，则随时可以自动退出也，并可明示英美以此意"。虽然在共和党刚刚获得大选胜利和上台之初，蒋介石曾如释重负，以为几年来所受屈辱终于可以卸下，但随着形势发展，蒋看到"美国对华政策其内容与前无异，而且其培植第三势力与对朱毛为狄托之幻梦至今更烈矣"，随而产生"若不自强，何以复国"之念。① 两案期间，蒋介石不但有对"美国不会放弃台湾"这一判断更清楚的认识，也有"惟有在我"这一心理的日益明确，这是蒋敢于拿掉吴与孙的心理基础。

为使孙立人伏罪，国民党高官轮番上阵。在陈诚与之谈话未果之后，叶公超、张群相继明告其不可强辩，应自请处分之意。7月28日，蒋接到孙立人报告，请求辞职候查，以求保全，但并不承认自己"包藏匪谍，图谋不轨"。蒋认为他"既无丈夫气，亦无军人气"，"实为张学良之不如"。②

由于孙不肯承认包庇"通共"之人，8月2日，蒋介石准备监视孙，并将其侍从陈良壎逮捕归案。3日，陈良壎亲笔写下自白书，证明王善从所供孙在去秋派其二人到蒋之草庐住所侦察地形、设计包围之企图是实。蒋决定将此原件交孙审阅后再定最后处置办法。在黄伯度与孙立人谈话后，孙承认郭廷亮及其军训班致成今日恶果之过，但仍不承认其主动谋乱之大罪。只是并不如过去之强辩，只求保全赦免。蒋认为至此可告一段落，即照原定方针以停职（候处）彻查为第一步。③

5日，孙立人呈递自认罪嫌重大，请求保全与辞职候处、闭门思过之辞呈。美顾问因此事为台湾当局内政，表示不愿过问。蒋本人仍顾虑重重：

> 甲、吴逆国桢对孙案免职查办时必在美作激烈反宣传，英国亦必助其宣传以引起美国舆论对我不利之新潮，乙、孙之美友如麦唐

---

① 《蒋介石日记》（手稿），1955年6月12日，9月8、11日，1953年4月18日上星期反省录。

② 《蒋介石日记》（手稿），1955年7月26日、30日上星期反省录。

③ 《蒋介石日记》（手稿），1955年8月2日、4日。

纳及若干议员记者亦必怀疑对我攻讦，丙、政府亦必乘机大事宣传，丁、对内部不致有何影响，戊、今孙既自呈其悔罪书，对此事发表不妨从缓……己、应令孙自动宣布之办法，庚、此案应在八月内公布，不可在联合国大会时或在美国会明年召集时发表也。①

20 日，"驻美大使"顾维钧与雷德福谈话，试探美方态度。雷说他十分敬重孙，丝毫不怀疑他的忠诚，建议调查委员会不要将调查局限于孙对于屏东事件可能的动机，而是调查该事件深层的原因以及对军队的影响。② 23 日，美国驻台北"大使"给美国国务院的电文指出，孙立人一直以来被美国认可，如果在此事件上放弃孙，会被许多人视为对朋友不忠。孙始终与美合作，为军援项目出力，在美国人看来，对他的指控几乎是难以置信的。③ 虽然美国高官亨德森（Loy W. Henderson）表示美国在此事件上面不持官方立场④，但不难看出，美国官员大多信任、尊敬孙立人，不相信台湾当局对他的指控。这也是蒋在孙案问题上颇费思量的一个原因。

吴国桢趁势进行反宣传和英国可能给予的奥援以及由此可能造成的美国舆论的不利倾向是蒋尤为担心之点。吴国桢隔海高调对抗是蒋无力回转的，而在孙案方面蒋的态度决定事态发展，因而蒋慎之又慎，"准备最为周到"。不仅谨慎考虑处理方法，且几次亲自修正孙案新闻稿，以求稳妥。⑤

顾维钧、蒋廷黻等在美国从事外交的官员提议组织孙案调查委员会，8 月 15 日，张群、黄少谷、叶公超等人与蒋介石交谈，认为不可。因无此先例，且破坏军法系统。而蒋以为"总统府参军长"涉嫌此案，责任关系重大，可特别组织调查会，由王宠惠等法律权威参加，可减少

---

① 《蒋介石日记》（手稿），1955 年 8 月 6 日。

② "Telegram from the Acting Secretary of State to the Embassy in the Republic of China," Aug. 27, 1955, Glennon, John P., *FRUS*, 1955 – 1957, China, Vol. 3, Washington: U. S. Government Printing Office, 1986, p. 70.

③ "Notes of Telegram from the Acting Secretary of State to the Embassy in the Republic of China," Aug. 27, 1955, Glennon, John P., *FRUS*, 1955 – 1957, China, Vol. 3, p. 69.

④ "Telegram from the Acting Secretary of State to the Embassy in the Republic of China," Aug. 27, 1955, Glennon, John P., *FRUS*, 1955 – 1957, China, Vol. 3, p. 70.

⑤ 《蒋介石日记》（手稿），1955 年 8 月 20 日上星期反省录、17 日、19 日。

国际误解，故准予设立调查会。①

孙案调查委员会成立后，意见分歧，工作不得要领。蒋对其加以指示，要求报告应求简明迅速，不必过求深入，但应做精详之另一准备，以备不得已时公布其重要罪证之一部分。②

孙立人免职令发布后，台湾当局通知所有新闻媒体暂不发表任何有关报道，③ 并随即派人赴美国解释和寻求谅解。沈昌焕带着郭廷亮和孙的其他五名部下的供词，还有一组在宪兵队秘密受审时的供词，以及孙立人亲笔辞呈的复印件前往美国。孙在呈文中承认两点：他未能察觉郭的共党间谍活动；他未能有效监督部下的动向和活动。顾维钧、沈昌焕等人积极活动，尽最大努力将事件的影响减少到最低限度。④

经一番努力，免职令未引起美国舆论激烈反应，这让蒋介石放松了一些审慎思虑的神经。在调查会审问得不到满意结果时，蒋开始露出不耐烦情绪。9月18日，蒋认为孙不会承认自己对此案负有知情不报之责任，并将其归因于依恃美国、有恃无恐心理。这样的推断无形中激怒了蒋，为使孙有"悔悟"表示，决定指示调查会审问的方式与态度应有改正，不可再照原定以友谊关系为主的办法进行。当晚12时醒后，蒋为孙立人"狡愚无知之言行""辗转苦思"，决定调查会传审时，只令宪兵正式护送。看各犯供词时，亦应改派军法局长正式监视，而不再派人以非正式之私人关系陪送，使其感觉情势严重。如其再不悔改认罪，即将转入军法途径，不留余地。又于深夜电张群照此进行。9月21日，蒋约见张群、陈诚与黄少谷，详询审问孙立人情形。得知孙虽未狡赖强辩，亦未否认六犯口供，但自辩其用心与作为皆出于忠贞而不承认有意叛变。调查委员会以为孙知情不报之罪已可成立，无须再加追问。但蒋以为其供词答非所问，不能澄清真相。如果发表，则大众必以为其真出于忠贞，会使舆论对其同情，而对自己不利。因此令调查继续进行，对孙每一答词应须有事实之证明。彻底澄清无疑会在宣传中掌握主

① 《蒋介石日记》（手稿），1955年8月15日。调查委员会由陈诚、王宠惠、许世英、张群、何应钦、王云五、黄少谷、俞大维、吴忠信九人组成，陈诚任主任。
② 《蒋介石日记》（手稿），1955年9月5日。
③ 《中央宣传指导小组第二十六次会议纪录》，斯坦福大学胡佛研究所档案馆藏，Zhong Guo Guo Ming Dang，7.3，Reel 7。
④ 《顾维钧回忆录》，第573页。

动，"至处治宽严则另一问题"。但事实上，调查并不能做到每一答词都有事实证明。10 月初，调查委员会提交报告书，蒋认为对孙主谋叛乱部分未能彻底查明，有避重就轻、为孙脱罪之意，但又认为此案唯有如此，无法继续深究。对于具体处置和发布命令的办法，蒋介石又费了一番斟酌：如其处置太轻，一般将领未能心服；如依法惩治，则应免官判刑，国际舆论又会掀起轩然大波。思量之下，蒋决定转告孙应将其报效诚意详述无遗，彻底反省往日毁谤"政府"与"领袖"之言论，以及关于政工党务对美国顾问"自失体统之言行"，并检举平时对其策划鼓惑之可疑"匪谍"，以便减免其罪。①

接着，孙案调查报告书与处理办法同时发表。蒋介石将此事设计为：孙立人因郭廷亮事件而自请查处，"总统"念在孙立人"久历戎行，于抗战有功准予自新，不再追究，交由国防部察考，以观后效"。②此处理办法之重点在最后二语，目的是限制孙出国。蒋自认对孙立人已算"犯而不校"，中外舆论会认为宽大，无所异议；且其对此事已煞费苦心，再无其他办法。③

学界一般认为由于孙立人屡立战功，帮助蒋渡过难关，蒋才对孙"犯而不校"，仅施以软禁。但笔者认为，蒋介石之"念旧"并不是对孙宽大的主要原因，蒋在整个事件的处理过程中，并未提及孙昔日战功。他所顾虑的主要是美国舆论及其可能影响到的美国对台政策，而非处理"有功之臣"可能引发的后果。而且，蒋介石亦认为"对孙个人之精神上处治比之较军法从事更为难堪"，此种处理办法，貌似宽大，实则并不宽大。

四　余论

吴国桢与孙立人在国民党退台之际，因美国看好而居要位。但他们

---

① 《蒋介石日记》（手稿），1955 年 9 月 18 日、19 日、21 日、24 日上星期反省录，10 月 4 日、7 日、12 日、20 日。

② 《宣传通报》第 144 号，斯坦福大学胡佛研究所档案馆藏，Zhong Guo Guo Ming Dang，7.3，Reel 7。

③ 《蒋介石日记》（手稿），1955 年 10 月 22 日上星期反省录。

的某些理念与当政者不同，反与美国一致。这令蒋介石不安，不但将许多事情冠以"恃外自重"之名，更猜疑美国对他们的"不忠"有所暗示。吴与孙有美国教育背景，其言行表现出与旁人的不同之处。但"骄矜"、"恃外"、"心目无领袖"及"不知悔改"，其实在一定程度上是蒋的臆断。蒋似有一思维定式，对吴与孙的某些推测带有成见。即便他们有"悔悟"表现，也不被认可。① 从案前种种表现看，二人被排除在权力核心之外，并非偶然，亦不意外。

在具体表现和处理方式上，两案有所不同。对于远在海外、鞭长莫及的吴国桢，多是舆论战，因而重在对有利证据的建立，亦即吴违法乱纪罪证的搜集方面。蒋本欲指控吴国桢乃因违法渎职而辞职，以反击吴对蒋氏不民主的宣传，但因证据不足，且经过一段时间后舆论渐息，决定不起诉。对于在自己控制之下的孙立人，蒋则显得更为小心，恐处置不当引起国际舆论的关注和美国的不利反应，因而反复考虑，在不断的思量中处理尺度和具体方式也几经调整。为求稳妥，在军法系统中虽无先例却也特设调查会，并在削其职权后又为其开脱，以貌似宽大的方式施以软禁。

退台后，蒋介石要建立的是威权体制。若林正丈认为，孙立人、吴国桢的失势，宣示了蒋介石强人威权体制在台湾逐步建立。② 其实此种威权在 20 世纪 50 年代初国民党的改造中即已出现③，而吴与孙的去职意味着时机成熟之际威权的强化。1952 年共和党入主白宫，艾森豪威尔改变了杜鲁门时期对台湾保持"一臂之遥"的政策，拉近与台关系，有意以条约形式加固盟友关系；并改变对蒋的不信任态度，"放蒋出笼"。这就意味着吴、孙不再是争取美援的必要条件。即便没有他们，共和党也会持续，甚而扩展美援。随着美国对台态度日益明朗，美援大局稳定，吴与孙的自由民主理念终不能为当政者继续包容。

1953～1955 年，虽然台美关系更为巩固，但蒋与美之间某些矛盾在暗中激化，焦点之一即在共同防御的范围是否包括金门、马祖。美国

---

① 蒋曾记："晚接国桢手书表示悔悟，但其本质乃为一个官僚与政客之模型，不能望其改为革命党徒也。"《蒋介石日记》（手稿），1953 年 4 月 12 日。
② 若林正丈：《台湾——分裂国家与民主化》，洪金珠、许佩贤译，台北：月旦出版社，1994，第 106 页。
③ 参看冯琳《中国国民党在台改造研究 1950—1952》，凤凰出版社，2013。

不主张协防金马，而蒋介石决心坚守。此外，美国阻止蒋反攻大陆，虽解除台湾中立化禁令，实则限制更严；美国与中共开始官方会谈，并曾为朝战停火而在联合国代表权问题上有动摇表现……如此种种，使蒋介石对美不满之意频频流露。吴与孙两案，不但是蒋介石清除异己的行动，也是美蒋矛盾的体现，是蒋介石对美国底线的试探。之所以敢于试探，乃因台湾政经已有一定基础，"不致如过去随时可任人宰割"。① 这是蒋敢于有限度忤逆美国意愿的根本原因。

另一方面，拿掉美国最为看好的两位高官毕竟关涉重大，蒋介石在此期间每行一步都要小心观察媒体反应，仔细思量下一步如何进行才能尽可能减少舆论攻击，尽可能使自己看似更为有理。之所以步步为营，是要避免掀起舆论风波，进而影响美国对台政策。自国民党败于中共，"中华民国"在国际上的地位已失去法理基础。蒋不但需要美国协防台湾，需要美援发展军事和经济，更需要美国帮忙维持"中华民国"在联合国的地位。因此从打算免职开始，追究任职过失，搜集"罪证"，准备足够材料以备需要时公布，这些都是蒋介石有意关注的细节；而处置尺度和程序步骤如何方显妥当，也是令蒋煞费心思之事。蒋对吴、孙两人及两案记述之多，在其几十年日记中并不多见，足见蒋对此的重视程度。

原载《近代史研究》2014 年第 6 期

---

① 《蒋介石日记》（手稿），1955 年 9 月 30 日上月反省录。

专业史家与"四史"运动

赵庆云[*]

　　1963 年 5 月 10 日，毛泽东就中共东北局与河南省关于农村社会主义教育运动的报告做出批示："用村史、家史、社史、厂史的方法教育青年群众这件事，是普遍可行的。"[①] "最高指示"的倡导之下，"四史"运动[②]热潮迅即席卷全国，被视为"社会主义革命基本大业之一"[③]、"历史科学中的一项革命"。[④] 经各级党委的组织发动，亿万人或主动或被动参与其中。1964 年 7 月 5 日，毛泽东与毛远新谈话时说："研究近代史不去搞村史、家史等于放屁。"[⑤] 如此激烈的言辞，对史学界之冲击力可想而知。邵循正、吴晗、张岂之、胡华、彭明、戴逸等学人纷纷撰文阐发这一史学研究的新路向，各地历史学会开会讨论编写"四史"之方法；各省社科院历史研究所、各高校历史系亦积极响应。不少青年学子以写"四史"为"时尚"而奔趋。[⑥] 与 1958 年旋起旋灭的"新民歌运动"相较，"四史"运动内蕴更为丰富、复杂，且持续时

　　*　赵庆云，中国社会科学院研究生院博士，现为中国社会科学院近代史研究所副研究员。
　　①　《建国以来毛泽东文稿》第 10 册，中央文献出版社，1996，第 297 页。
　　②　"四史"运动实则肇始于 1958 年"大跃进"氛围中兴起的编写工厂史、公社史运动；亦有"三史"（家史、村史、社史）、"五史"（厂史、街史、社史、村史、家史；或指村史、社史、厂史、老工人和老贫下中农家史）之谓。因毛泽东之批示，"四史"之名影响最广。
　　③　赵有福、黎凯：《试论编写和研究"四史"的重大意义》，《历史研究》1965 年第 1 期。
　　④　《重视编写"四史"的工作》，《人民日报》1965 年 10 月 26 日，第 5 版。
　　⑤　《毛泽东思想万岁》，1967 年 2 月，第 316 页。
　　⑥　张磊：《难忘的记忆》，《孙孺纪念文集》，中国文史出版社，2005，第 49 页。

间相当长，在"文革"中也并未完全中辍，至20世纪80年代初仍可见其流风余响。

时过境迁之后，曾经极一时之盛的"四史"运动已被遗忘，国内各类史学史著述对此甚少关注。适成对照的是，国外学者予"四史"运动以相当高的评价。如利萨·皮蒂认为："毛泽东领导下的伟大的'四史'运动，在这场运动中，成千上万的普通群众诉说他们的生活史。"① 高家龙指出："'四史'运动中，中国历史学家精心编纂出版了数量众多的中文档案汇编，其中不乏可谓迄今最具有启示性的内部材料。"② 阿里夫·德里克和劳伦斯·施奈德在总结中国自新中国成立至"文革"的史学时，将"四史"运动视作为数不多的亮色而着力阐发："在60年代的'四史'运动收集了大量人民经历的资料。如果历史学没有'革命'，历史学家将可能永远丧失这些资料，他们总有一天会明智地利用这些数据资料的。"③

经过数十年的历史沉淀，"四史"运动已然成为历史研究的对象。笔者无意对"四史"运动做出整体定性或评价，而试图将关注焦点回归到当时的语境，去考察置身其中的专业史家④如何看待、如何因应，并曾做出哪些努力，以期从专业学人的角度对这一史学发展的独特形态做出初步探讨。

一

"四史"运动虽然得名于1963年毛泽东的批示，实则渊源于1958年"大跃进"语境中由文学界首倡的编写工厂史、公社史，史学界亦

① 利萨·皮蒂（Lisa Peattie）：《人类学的应用》，载北京大学社会学人类学研究所编《东亚社会研究》，北京大学出版社，1993，第158~159页。
② 高家龙（Sherman Cochran）：《中国的大企业：烟草工业中的中外竞争（1890—1930）》，樊书华、程麟荪译，商务印书馆，2001，第12页。
③ G. 伊格尔斯（G. G. Iggers）主编《历史研究国际手册》，陈海宏等译，华夏出版社，1989，第461页。
④ 学术的专业化、职业化是现代学术研究机构兴起的产物。新中国成立后隶属中国科学院的各国家级史学研究机构、各省建立的史学研究机构、各高校设置的历史系，从学术建制上推进学术专业化、职业化。此处"专业史家"即指供职于此三类史学研究机构、以历史研究与教学为职业的人。

迅速应和，厂史、社史编纂一时蔚成热潮。在"史学革命"中充当主角的高校历史系年轻学生，纷纷投笔而起，走向工厂、矿山、农村进行历史调查，成为写史运动的生力军。1958 年 9 月，近代史所在听取北大、北师大关于写厂史、社史的报告后，受到很大触动，决定"下厂下乡写劳动人民史"①。

"大跃进"的狂热在严酷现实面前不得不趋于降温，厂矿史、公社史编写运动亦随之情绪低落。1965 年山东大学历史系讨论时对此深为不满："前几年，大家曾联系实际做了一些工作，编写了一些公社史、厂矿史、铁路史，眼界开阔了，道路也宽广了。后来由于没有认真地坚持这个方向，他们重又回到书本、古人的老路上去，虽也辛辛苦苦，却冷冷清清，天地也越来越小了。"②

1963 年 5 月毛泽东批示，在厂史、社史基础上加上村史、家史，作为推动"四清"运动、进行阶级教育与革命传统教育的工具，全民写史运动在领袖的强力推动下东山再起。在全民写史运动如火如荼展开之时，"史学工作者更是责无旁贷，必须以满腔的热情投入这个运动，做人民的'史官'"；③ 更有甚者，将对待"四史"运动的态度上升到是为社会主义服务还是为资本主义服务的高度。④"四史"运动由最高领袖倡导、各级党委自上而下层层组织发动，被当时强势单一的意识形态内容所左右。然而，落实到专业史家的理解与实践层面，情况则较为复杂。总体说来，虽有著名史家撰文阐发"四史"运动之意义，也有相当数量受过史学专业训练者，尤其是年轻学人在时风影响之下编写"四史"，但与 1958 年文艺界对"新民歌运动"狂热拥抱、虔诚参与的情况相比，史学界对"四史"运动的反应则多了几分理性与冷静。当时有人甚至认为：不少史家对"四史""所持的态度是暧昧的，甚至是抵触的"。⑤ 总体说来，专业史家公开表态和者不少，却大多从促进

① 李瑚：《本所十年大事简记》（手稿）。

② 山东大学历史系通讯组：《山东大学讨论历史科学面向农村问题》，《人民日报》1965年 11 月 12 日，第 5 版。

③ 鲁志：《山东史学界座谈编写"四史"的体会》，《人民日报》1965 年 10 月 11 日，第 5 版。

④ 赵有福、黎凯：《要为"四史"的编写和研究鸣锣开道》，《人民日报》1964 年 12 月 8 日，第 5 版。

⑤ 唐镕：《新四史的教学与研究大有可为》，《合肥师范学院学报》1964 年第 4 期。

史学研究角度着眼，取向未必与"四史"运动之初衷合辙；身体力行者亦力图探索新的体例形式，以体现"史"的特点，与非专业者编写的文艺性"四史"有别。

翦伯赞最早做出表态。1958 北大学生完成《北京清河制呢厂五十年》书稿，时在青岛养病的翦伯赞热心审阅，并为之作序，盛赞学生此举"标志着历史学的新方向、新道路。它们替历史学开辟了无限广阔的新天地，粉碎了资产阶级史学家散布的'历史无用论'"。① 翦氏此前在北大"双反"运动中受批判并做思想检查；"史学革命"中又被当作"白旗"受攻击。作此序亦有对学生的"革命"积极性善加引导之意。② 郭沫若的态度则更为谨慎。"工矿史、公社史，由什么人来写比较合适呢？我看可由各个单位自己来搞。工农群众的文化水平日益提高，他们完全有力量来搞。但也无妨由从事历史研究的专业干部选择几个重点单位，下去帮助他们搞。历史专业干部下去，用较多的时间，比方三年左右，帮助工农群众写各该单位的发展史，这是值得提倡的。"③

由于"四史"运动本身具有模糊、丰富的内涵，专业史家在为之提供理论支持时，有意无意间将毛泽东"四史"运动之进行"阶级教育"、"革命传统教育"的直接政治功利目的置于一边，而着力挖掘、阐发编写"四史"对于史学研究的正面因素。其一，从史料搜集整理方面着眼。邵循正着重指出："由于编写村史的需要，就必须要把解放以来党领导的历次运动的资料，如土地革命、抗美援朝、镇压反革命、合作化、公社化各个时期的文字资料加以搜集和整理。这些资料对农村工作本身有着重要意义，对近代现代中国历史的研究也提供了大量可靠的历史资料。"④ 吴晗亦着眼于史料搜集，指出："劳动人民自己直接留下的文字史料是很少，甚至没有。但是他们破过产、卖过田地房屋、借

---

① 翦伯赞：《历史学的新方向新道路——介绍〈清河制呢厂五十年〉》，《人民日报》1958 年 12 月 4 日，第 7 版。

② 详参张传玺《翦伯赞传》，北京大学出版社，2006，第 190～197 页。1963 年 "四史"蔚成风潮后，翦氏未再置一词。自其在史学界着力"纠左"的表现看，翦对于全民写史的态度应有所保留。

③ 郭沫若：《关于目前历史研究中的几个问题》，《人民日报》1959 年 4 月 8 日，第 7 版。此文以答《新建设》编辑问的形式载于同日出版的《新建设》杂志。

④ 邵循正、苏述：《关于编写村史的几个问题——读〈北京四史丛书〉后所想到的》，《历史教学》1965 年第 5 期。

过债、租佃过地主富农的田地、卖过妻室儿女以至自身、送过儿子当雇佣或学徒，这些卖、借、租佃、被雇佣，都可能立下契约或字据，交给地主、富农、债主、雇主、业主。……这类文书，应当成为劳动人民的村史和家史中的好史料。"① 也有史家强调“四史”编写与社会历史调查、口述访谈之关联，“四史”本身缺少文字资料，大量资料深藏在群众的记忆和口碑中，因而“更主要的材料来源是通过访问来的”。②

其二，强调“四史”与编纂地方志、地方史的联系。吴晗明确指出，“四史”从形式上看，“是属于地方志范畴的”。③ 彭明着重强调，“四史”是编纂全面、系统的新县志、省志之基础。④ 黎澍十分赞成毛泽东同志关于撰写“四史”的指示，在他看来，“四史”主要着眼于基层农村，因而实质等同于地方史志。黎澍于 1965 年在甘肃参加“四清”时，主持编写张掖史。“张掖史的编撰，古代部分因当地图书资料有限，写得比较简单。当代部分从土改到人民公社大跃进，有许多原始的档案材料，在三年困难时期的档案中，保存了许许多多关于饥饿、抢劫、社会动乱等令人非常悲痛的记录。"⑤ 其关注点自然与“四史”倡导者“忆苦思甜”之初衷大相径庭。白寿彝在 1965 年面对变幻不定的形势，曾一度打算带领其学生到山西运城调查和编写池盐史，希望找到一条既搞了历史科学，又不违背当时形势要求的途径，可谓用心良苦。⑥ 而来新夏亦由“四史”运动而走上编写地方志之路，20 世纪 60 年代初，他在“四史”热潮中参与河北省《丰润县志》（霸州市）、《东台山志》（盐山）和《南阡志》等志书的编写工作。其间还应倡导修志工作的梁寒冰嘱托，拟定编志草案，准备在全国范围内发起编写社会主义新志书的工作。但由于志书包罗社会各个方面，“当然被视为应加批判的对

---

① 吴南星：《从一篇稀有的史料想起》，《前线》1964 年第 4 期。
② 苏双碧：《北京历史学会座谈村史讨论了编写村史的意义、方法、内容、体例等问题》，《北京日报》1964 年 1 月 18 日，第 3 版。
③ 吴南星：《谈写村史》，《前线》1963 年第 22 期。
④ 彭明：《对编写“四史”的几点意见》，《光明日报》1966 年 1 月 26 日。
⑤ 喻松青：《黎门师从记》，《黎澍十年祭》，中国社会科学出版社，1998，第 251 页。1974 年 8 月 30 日，国务院科教组下发（74）科教办 220 号文件《关于出版〈历史研究〉杂志的通知》，其中有“以近现代史为重点，重视家史、村史、厂史、连队史的研究”，黎澍批注曰“是对的，但是没有实行”。可见在其心目中，家史、村史、厂史等仍有价值。详参李妍《〈历史研究〉的片断历史》，《炎黄春秋》2007 年第 1 期。
⑥ 白至德：《彰往知来：父亲白寿彝的九十一年》，中国工人出版社，2008，第 147 页。

象"，人为干扰使尚处萌芽状态的修志工作遂告搁浅。①

其三，将编纂"四史"作为中国近现代史研究、中华人民共和国史研究的史料基础工作和必要前提。在他们的认知中，一方面，"四史"着眼于中国社会的基层，与中国近现代史、国史在时间界限上接近甚至重合，理应作为中国近现代史研究的微观单位，按照结构学原理，没有局部就没有整体，"四史"、地方史、中国近现代史遂构成微观—中观—宏观层层递进的逻辑关系。如此一来，编写"四史"就可以"为中国现代史、革命史、党史以及经济史、文化史等，提供极为丰富而确凿的史料纪录"；②"为今后的中华人民共和国史打下了良好的基础"。③ 另一方面，"四史"的研究对象，"麻雀虽小，五脏俱全"，一部村史即可以说是中国农村社会的一个缩影。胡绳撰文指出：研究一个工厂，"详细地占有资料，认真地进行科学分析"，即可"由解剖一个'麻雀'而说明许多'麻雀'"。④ 陈匡时亦论证道："一户贫农、一个村落和一个大队，大至一个公社和工厂的社会历史调查，了解其发展过程和阶级斗争面貌，虽然只能是旧中国一个点的苦难和斗争史，或是反映了解放后一个方面的建设情况，但我们从这些部分里都可以窥见新、旧社会斗争的缩影。历史科学工作者通过这样解剖麻雀式的社会历史调查，对于历史上和当前阶级斗争的基本问题和特征都能有一个比较切实的了解。"⑤ 总而言之，"四史"能够"提供大量的近百年史特别是现代革命斗争史方面的各种专题的最有价值、最为翔实的包括活人活事的第一手资料，这就为我们近百年史研究工作进行分析综合打下基础"。⑥

其四，倡导专业史家编写通俗历史读物，向农民普及历史知识。此一提议始于戴逸，1965 年戴逸撰写的《写群众的历史，为群众写历史》

---

① 来新夏口述、焦静宜整理，《立足于勤，持之以韧》，载张艳国主编《史学家自述——我的史学观》，武汉出版社，1994，第 186 页。20 世纪 60 年代编写方志情况另参见诸葛计《中国方志五十年史事录》，方志出版社，2002，第 31~48 页。

② 胡华：《面向现实编写"五史"》，《光明日报》1964 年 3 月 12 日。

③ 吴南星：《谈写村史》，《前线》1963 年第 22 期。

④ 施东向：《两本工厂史》，《红旗》1959 年第 5 期。

⑤ 陈匡时：《编写"四史"为历史科学研究开拓了广阔的道路》，《文汇报》1965 年 9 月 23 日。

⑥ 高烈文：《更多更好地编写和研究"四史"》，《学术月刊》1965 年第 5 期。

一文,几乎同时以"夏芰"为笔名分别发表于《人民日报》(1965 年
11 月 12 日)、《历史研究》(1965 年第 5 期)、《史学月刊》(1965 年第
9 期)。此文针对专业史学工作者,虽也论述"四史",但意在强调:农
民历史知识贫乏,且充满谬误与不健康的东西,专业史家必须深入农村
基层,编写通俗历史读物,通过历史教育,清除农民思想中不健康的因
素,以占领农村思想阵地。① 张岂之亦强调,应以生动活泼的形式,编
写一套有关中国历史的基本通俗读物,以满足农民对于历史知识的需
求。② 戴、张之提议与此前"四史"运动之意涵有微妙出入:此前呼吁
专业学者去农村编写"四史",强调的是得到思想上的改造,接受革命
教育,③ "向广大群众创作的大量丰富的史稿求教","向广大人民群众
在历史科学中的实践成果讨教";④ 戴、张二人侧重的却是史家通过通
俗历史教育以启农民之蒙昧。

二

"四史"作为一项"革命性的创造",究竟归属于"文"还是
"史",换言之,"文学"与"历史"二者如何摆放,以何者为本位,提
倡者对此莫衷一是,并形成"四史"编纂中"文艺笔法"与"史学笔
法"两种不同的路向。应该承认,"史"与"文"的区分并非壁垒分
明,在不损害历史真实、不损害"历史"的主导性质前提下,让"史"
与"文"适度联姻,是古代史学的传统。刘勰在《文心雕龙》中,将
《史记》纳入广义的文学范围,以"史传"作为一种文体辟专章论述。
鲁迅"史家之绝唱,无韵之离骚"之语,指明了《史记》文史结合的
特质。参与工厂史编写的作家韦君宜即援《史记》之例,为偏重文学
性的"四史"作品辩护。⑤ 现代意义上的"历史"作为一个"独立的

① 戴逸本人对此文似较看重,晚年收入《皓首学术随笔·戴逸卷》,中华书局,2006。
② 张岂之:《农村社会主义教育运动与历史研究工作》,《光明日报》1965 年 11 月 17
日,第 4 版。
③ 陈真:《评介〈北京清河制呢厂五十年〉》,《读书》1959 年第 7 期。
④ 赵有福、黎凯:《试论编写和研究"四史"的重大意义》,《历史研究》1965 年第 1 期。
⑤ 韦君宜:《谈工厂史》,《人民文学》1960 年第 2 期。

学科", 是在 19 世纪和 20 世纪之交才诞生的。① 19 世纪后半叶科学主义占据主导, 文学与历史的学科界限就在这种文化历史语境中逐步形成。由"文史不分"到"文史分辙", 自有其历史合理性, 正如范文澜所指出: "近代文史分家是应该的, 因为文史各有广泛的领域, 二者不可得兼, 只好舍一而取一。"②

在文艺工作者看来, "四史""并非历史科学范畴的著作, 而是文艺性的作品",③ 因而使用文学笔法无可非议。受"文史分辙"观念的影响, 史家强调"四史"须以"史"为本位, "顾名思义, '四史'是'史', 基本上是属于科学范畴, 应该严格要求它的真实性"。④ 也有人取折中的方法, 文艺形式与史学体裁应"共存共荣, 不必去强求一致", 而"对史学工作者说来, 自然以写史学体裁为宜"。⑤ "四史"运动中, 农村中粗识文墨者、作家、记者、编辑等非史学专业者领一时风骚, 受过史学专业训练者反而在某种程度充当了配角。究其原因有二: 一则非史学专业者多以文学笔法写"四史", 夸张失真之处在所难免, 但更能契合当时"左"的社会政治氛围, 更易满足政治宣传之需要, 自然也就更受出版社的青睐;⑥ 史学工作者心中却终归保有"史"的戒律, 欲反映历史真实则不免与意识形态的要求相扞格。⑦ 二则偏于文学

---

① 〔英〕杰弗里·巴勒克拉夫:《当代史学主要趋势》, 杨豫译, 上海译文出版社, 1987, 第 7 页。

② 范文澜:《历史研究中的几个问题》,《范文澜全集》第 10 卷, 河北教育出版社, 2002, 第 395 页。

③ 康濯:《初话徐水公社史》,《文艺报》1959 年第 5 期。

④ 关邑、叶子:《取材过去放眼明天——谈"四史"编写中的几个问题》,《文汇报》1965 年 10 月 7 日。

⑤ 秋石:《谈工厂史编写中的几个问题》,《学术月刊》1959 年第 2 期。

⑥ 出版社出版"四史", 以"增加阶级压迫和阶级斗争的感性知识, 培养阶级情感, 激发革命意志"为宗旨, 判断"四史"质量高低的标准, 第一是"是否反映了阶级斗争的主线", 第二是"有无充沛的劳动人民感情", 第三才是"内容是否真实"。并着重"从做实际工作的干部、社会主义教育工作队员和有一定写作能力的农村知识分子中, 物色一些人来参加写作"。见中国青年出版社《编辑出版"四史"的一些体会》,《人民日报》1965 年 10 月 26 日, 第 5 版。

⑦ 李新回忆即反映了史家的困惑茫然:"在张掖, 虽然接触到不少贫下中农的家史以及村史和公社史的材料, 但这些材料怎样写进书里去呢? 历史要为无产阶级政治服务, 就只能说好, 不能说坏, 可是现在看到的都是贫穷、落后,'四清'中查出的种种材料能如实地写出来吗?"参见李新《流逝的岁月: 李新回忆录》, 山西人民出版社, 2008, 第 389 页。

性的"四史",读来生动形象,有相当强烈的感染力,为知识水平普遍不高的工农大众所喜闻乐见;史学笔法的"四史",则被目为太过平实难以符合工农的欣赏口味。韦君宜参与编写长辛店机车车辆工厂厂史《北方的红星》,初稿资料丰富翔实,"有些象写得详细的历史书",结果一些老工人"说它'抓不住人'","党委的同志读了也说:'恐怕群众不爱读'"。只得重写,以增强文学性。① 陈华中在1964年中国近代史讨论会上的发言揭示了史家在"四史"编写中的困境:北京市委从高校历史系调人搞工厂史,一些人不情愿参与,"历史学家认为厂史不是历史,是文学虚构。这是应由史学家负责的,因为史学家不愿去干,文学家去写当然角度不同,出版界的要求又是一个方面:故事性如何,读者能有多少"。②

史学自有史学的标准,外行的涂鸦之作自然难入专业学人的法眼。在专业史家看来,当时公开出版的大量"四史"著述中的相当部分,因其文学笔法而难登大雅之堂。他们批评苏联工厂史"搞得成了广告性的东西,让几个人编一编,写一写,没什么大价值",③ 中国的厂史、社史也"有些是文艺性的,对于历史研究来说,有些'玄'"。④ 1965年7月《历史研究》编辑部派人调查中国科学院历史所及各高校专业史学工作者对"四史"等问题的看法。史家大多皆抽象肯定"四史"之重要,但对其具体实践中的做法表示怀疑、不满。如贺昌群表示,搞"四史"诚然重要,"但报纸上所发表的报告文学式的写法我认为不能作为一种有价值的著作流传下去。因为这样没有通过什么研究,如果说用历史材料也只是浮在表面的一些,并没有经过澄清和锤炼","要想从历史角度来研究和编写出好的四史,就要把它搞得不但对广大群众有阶级教育的作用,而且对研究工作者来说也要使他们感到有用处";⑤

---

① 详见韦君宜《谈工厂史》,《人民文学》1960年第2期。

② 近代史所档案:《1964年中国近代史讨论会记录·陈华中发言》;近代史所档案:《近代史学术讨论会会议简报》第4期。

③ 左建发言,见近代史所档案《1964年中国近代史学术讨论会会议记录(5月22日下午)》。

④ 张承民发言,见近代史所档案《1964年中国近代史学术讨论会会议记录(5月22日下午)》。

⑤ 近代史所档案:《史学界情况反映(1965年7月2日)》。因仅作内部参考,受访学人所谈相对较少拘束,亦较能袒露心声。

汪篯尖锐指出：目前的"四史"仍停留在"小人书"和"群众文艺"阶段，史学界参与"四史"运动，"还需悬个高标准作为努力方向"。①其他如白寿彝、夏康农、张传玺等人对既有"四史"的做法均持保留态度。

专业史家试图对"四史"的编纂体例提出规范性意见，并将其引入真正意义的"历史"编纂之轨道。时为北京市副市长的吴晗对"四史"倾注了相当多心力，连续在《前线》发表3篇相关文章，②并召集北京历史学会举行村史座谈会。他一再强调："必须以严格的科学态度、实事求是地处理叙述的人和事，绝对不许浮夸，也不许可掩饰。""用写文艺作品的方法来写历史，是不可以的。""要实事求是地写真人真事，而不要有所虚构、夸张，搞得人也不真，事也不真，取消了历史。"③此后"文革"风暴骤起，吴晗成为祭品，他在这几篇文章中对"四史"运动发表的意见成为一大罪状，被攻击为"'三家村'黑帮"对编写"四史"散布"迷尘毒雾"、"射向编写'四史'的两支毒箭"。④

胡华对体例的设计更为具体："除家史外，凡是写一个单位（厂、社、村、街）历史的，应该包括以下几部分：第一部分是该单位的概况，包括沿革、发展的大事记、生产和人文的现状等。在村、社、街史中，还应该有自然环境、经济条件、民情风俗的特点等的记载。第二部分是主体部分，着重写阶级斗争的历史，也要写生产斗争和科学实验的历史。""第三部分，可以列上本单位一些有代表性的劳动人民的家史和人物传记，也可以附上少数有代表性的反动剥削者的罪恶史或传记，使正面反面形成鲜明对照。还需要尽可能地附上一些本单位有价值的历史档案材料和文物材料（或附一个目录），以便印证。""所写的必须是信史，要做到事必有据、言皆有征，不可虚构、捏合，不能凭作家的想象。因为这是写真人真事的历史，必须真实、准确，在这一点上和文艺

---

① 近代史所档案：《史学界情况反映（7月8日）》。
② 分别为：《谈写村史》，《前线》1963年第22期；《再谈编写村史》，《前线》1964年第2期；《从一篇稀有的史料想起》，《前线》1964年3月4期。
③ 吴南星：《再谈编写村史》，《前线》1964年第2期。
④ 章之一、潘照坤、王常珠：《休想篡改编写"四史"以阶级斗争为纲的红线——彻底肃清"三家村"黑帮对编写"四史"散布的迷尘毒雾》，《辽宁日报》1966年5月27日；原有方：《打掉邓拓射向编写"四史"的两支毒箭》，《山西日报》1966年5月22日。

创作是有所不同的。"① 曾积极参与"四史"的调查与编写的北大青年教师杨立文亦强调,"四史"既然是"史","对于所有调查访问的材料,都必须加以严格的审核,认真下一番'去粗取精、去伪存真'的功夫"。②

编写"四史"成为全民运动一发而不可遏,由于缺乏规范而乱象滋生,专业史家的理性呼吁亦引起一些人的反思。因主持编写《北京四史丛书》而出名的北京市委宣传部干部李世凯,1965 年 10 月 6 日在《光明日报》发表长文对既有"四史"进行纠偏。他批评不少已有的"四史"著述,"满篇是血泪的控诉,是讨饭、扛活、逃荒的细节描写",显得公式化。"'四史'和'报告文学'的不同之处,不仅在于二者对美学的要求各异,更重要的是一个属于历史的范畴,一个属于文学的范畴"。"'四史'既然是'史',那么,除了必须强调史实的真实,不容任意夸张虚构以外,还必须十分注意使它具有尽可能充实的史料性,以便更好地发挥它的教育作用,提高它在近代史、现代史研究中的史料价值。这后一点,目前似乎还没有得到'四史'编写者应有的重视",因而"目前是到了强调'四史'的史料性的时候了","否则便会失去其存在的特点"。③

三

对于以近乎报告文学的方式编写"四史"的流行做法,专业史家大多难以认同;但真正从历史科学角度来研究、编写"四史",无既有范例可循,更无典范性的著作可资参考,提倡"四史"甚力者如戴逸亦承认:如何写"四史","目前还没摸索出门径"。④ 因而探索新路至为不易。《历史研究》作为权威史学刊物,有意在引领"四史"编写方向上有所作为。1965 年第 3 期刊载由刊物编辑张允侯撰写的家史《苦

① 胡华:《面向现实编写"五史"》,《光明日报》1964 年 3 月 12 日。
② 杨立文:《关于编写村史的几个问题的初步探讨》,《新建设》1965 第 3 期。
③ 黎凯:《谈当前"四史"编写的一个问题》,《光明日报》1965 年 10 月 6 日,第 4 版。
④ 近代史所档案:《史学界情况反映(1965 年 7 月 2 日)》、《史学界情况反映(7 月 8 日)》、《史学界情况反映(8 月 5 日)》。

难的岁月——一个妇女对旧社会的血泪控诉》，此文就是《历史研究》编辑部所树立的一个"四史"范本。它与此前大量文学性"四史"作品迥然不同，运用"史"的笔法，体现历史的风格，还希望有可读性。此文注释规范，与严谨的学术论文并无二致；虽然是写家史，却较多述及大的历史背景，试图从个人回忆中反映时代面貌。虽然整体上仍体现了忆苦思甜的宗旨和逻辑，但在撰写体例与风格上确实做了新的探索。此后，何重仁让编辑曾业英以张允侯之文为样板，再写一篇"四史"论文。据曾业英先生回忆："我写的那个主人翁叫郝振国。是门头沟矿务局一个老矿工。接受任务后我就到矿区搜集素材，……初稿已经写成，如果"文革"不发生，应该半年后就会在历史研究发表。……我还找了当时关于煤矿的历史记载，力图反映当时的历史面目，增加学术性，避免写成回忆录。"①

中科院近代史研究所作为国家级史学研究机构，1958 年编写《嵖岈山人民公社史》颇有热情，②并曾于是年 10 月向全国各地基层单位去函，要求提供"有关人民公社和建国以来的历史资料"；③在 1965 年之后的"四史"热潮中却有心而无力，并无多少实际作为，深具典型意义。大约 1966 年春，近代史所成立"四史"研究组，任命研究工人运动、党龄长、资格老的曲跻武为组长，将原来现代史组的成员，加上 1964 年进所的大部分青年都编入"四史组"。在"四史"运动中，近代史所自然众皆瞩目，近代史所成立"四史组"有为全国示范之意味。但据曲跻武先生回忆，"四史"研究组有名无实，并未组织进行过任何活动，他之任"四史组"组长亦徒具空名，是 1965 年他去河南信阳搞

---

① 2010 年 11 月 15 日曾业英先生访谈记录。

② 河南省遂平县嵖岈山人民公社 1958 年 4 月建立，是建社最早的卫星公社，颇具典型意义。出于史家的谨慎，当时强调写人民公社史是为了宣传，仅叙述过程，不做结论。近代史所于 1958 年 11 月开始编写《嵖岈山人民公社史》，并查阅档案材料，1959 年 2 月《嵖岈山人民公社史》写出。据李瑚《本所十年大事简记（1951—1960）》，未刊稿。但郑州会议后，在所内商讨《嵖岈山人民公社史》一书的出版问题时，近史所副所长张维汉曾表示质疑，认为"人民公社史的草稿中，所写的若干条优越性要重新研究"，且因此而被批为"严重右倾"。此书最终未以近代史所名义出版。据近代史所档案《关于张维汉同志严重右倾错误的处理意见》。

③ 转引自近代史所档案《江苏省丹阳县委会来函》。档案中还保存有地方单位寄来的《丹阳十年史》、《侨乡公社史》等数份公社史油印稿。

"四清"期间范老背后给予他的一个名义,"是一种挽留人的办法"。①
而据张振鹍、曾业英先生回忆,范文澜对毛泽东的指示相当重视,并在
近代史所全所会议上传达。但因范 1957 年后专心通史撰著,行政事务
完全交由刘大年负责,因而无法更多顾及。而刘大年心目中压倒一切的
任务是编写多卷本《中国近代史》,一切工作安排为此让路。因此虽成
立"四史组",且组员众多,却未做任何硬性规定与具体布置,"原来
搞业务的,都未触动"。② 此外,在高层看来,让这些专业史学工作者
参加"四清"这一实际的阶级斗争,比让他们编写"四史"来参与阶
级斗争可能更为重要,因而"滚泥巴"等体力劳动占据了大部分时间
与精力,亦难以具体部署真正潜心进行"四史"调查与研究。且 1964
年组织力量以反对"苏联修正主义"成为极迫切的政治任务,亦淡化
了"四史"运动在学人心目中的重要性。③

不可否认的是,"四史"运动已然在整个社会形成热潮,加之权威
史家撰文阐发其对于学术研究之意义,不少青年学人受此"时尚"的
影响,亦欲投入其中一展身手。如张磊当时欲与同事选择协同和机器厂
为对象写工厂史,却被老成持重的史家孙毓含蓄点拨:"这是一间老厂,
你们可从经济史角度研究一下。……要关注康有为、梁启超和孙中山的
研究。"当编写厂史遇到困境时,对孙之点拨逐渐领会。④ 1965 年近代
史所张振鹍、沈元在山东黄县下丁家大队劳动。⑤ 两人完全出于自发,

---

① 2010 年 12 月 1 日曲跻武先生访谈记录。但应看到,曲先生也因此尤为注重基层史料,
  他将参加"四清"的所有资料保存好,编成《四清工作笔记》;且于 1974 年整理山
  东曲阜孔府档案,1982 年出版孔氏家史《孔氏地主庄园》一书(中国社会科学出版
  社、重庆出版社,1982)。
② 2010 年 12 月 3 日张振鹍先生访谈记录、2010 年 12 月 15 日曾业英先生访谈记录。另
  据材料,刘大年在 1959 年整风补课中被批为"对新事物缺乏热情,对大跃进以来史
  学界的新气象表示冷漠。例如对于各地大搞公社史、工厂史、乡土史等很少发表意
  见"(见近代史所档案《关于刘大年同志在学术路线方面的初步材料》);"《嵯峨山
  人民公社史》是直接研究当前政治问题,直接为当前政治服务的一本书,是组织本
  所大批人力编写的,可是大年同志对这本书一直是淡漠的"(见近代史研究所档案
  《刘大年材料》)。
③ 1964 年 5 月 20 日召开中国近代史讨论会,着重研究历史反修问题,其次为近代史规
  划问题。此外才讨论现代史和"四史"问题。据近代史所档案《1964 年近代史讨论
  会记录》。
④ 张磊:《难忘的记忆》,《孙毓纪念文集》,中国文史出版社,2005,第 49 ~ 50 页。
⑤ 下丁家大队被视为山东的"大寨",在全国亦著声名。《艰苦创业的下丁家人》1965
  年 11 月由山东人民出版社出版。

决定以口子村为目标写一部村史。口子村共 48 户，267 人。他们自 1965 年 4 月 15 日开始进行调查，并查阅大队档案，制成"口子村牲畜情况调查"、"国星生产合作社各户占有土地及评定产量表"等各类详细表格 126 份；并查阅抄录民国方志及地方文献。自 8 月 11 日始对所有村民逐个进行村史调查，留下 8 本调查访谈记录，并拟定了编写提纲。从其所收集资料来看，更侧重于经济状况的调查，如各户历年经济收入与支出、历年农产品产量、历年牲畜情况的一些具体数据，并未能突出"阶级斗争"的内容。村民访谈记录也以风土人情、"生产斗争"为主。沈、张二人花费工夫颇大，但后来发觉编写成书则颇有窒碍：一则"忆苦"缺少典型史料；二则对于新中国成立后的情况若照调查资料如实写出，难免与意识形态要求有不谐之处。最后只得放弃。①

四

毛泽东作为一个对历史有特殊偏爱的政治领袖，其发起"四史"运动，虽然最终归之于政治意识形态建设的策略，但"四史"运动能够在相当一段时间内让不少专业学人衷心服膺，很难说完全是政治强制的结果，而更多应归因于"四史"运动本身所具有的丰富内涵。

其一，眼光向下倡修"民史"。如众所知，梁启超早在 20 世纪初就痛斥君史湮没民史之弊，斥"君史"、倡"民史"成为新史学最为关键的观念变革。但真正在实践层面扭转精英本位局面者还是唯物史观史学。② 唯物史观强调历史首先是物质资料生产者的历史，从事物质资料生产的工农大众被视为"历史的创造者"、"历史的主人"，这一观念在新中国成立后得到普及和强化。"四史"着眼于社会底层的工农草根，让千百年来在历史中失语的他们发出自己的声音。这一理念得到大多史家的认同，"写劳动人民的历史"成为"四史"运动中最为鼓动人心的口号。如时人所云："我所读过的一切旧史书，莫不是帝王将相的记功簿和才子佳人的生活史。作为创造世界、创造历史的劳动人民，反而无

---

① 张振鹍、沈元二先生当年的村史调查资料至今保存完好，由张振鹍先生赠予笔者。有关背景据 2010 年 12 月 3 日张振鹍先生访谈记录。

② 王学典：《近五十年的中国历史学》，《历史研究》2004 年第 1 期。

影无踪。即使偶而有之，也只是被歪曲为'犯上作乱'的'贼盗小人'的形象出现。……今天人民的史学刊物，刊登劳动人民的斗争史和翻身史，也让工人农民自己写自己的历史，乃是自古未有的奇迹，是史学还家的创举。"①

其二，注重社会调查的务实特点。毛泽东历来重视调查，其名言为"没有调查就没有发言权"。1941 年 8 月 1 日颁布《中共中央关于调查研究的决定》，明确提出"调查一乡一区一县一城一镇一军一师一工厂一商店一学校一问题的典型"，"收集县志、府志、省志、家谱，加以研究"。② 新中国成立后开展了一系列大规模的社会调查，且成绩卓著。所谓"四史"，面向基层、注重调查是其中应有之义，"四史"运动实质"是一次大规模的群众性的社会调查"③。这一点得到史学界的积极呼应。山东大学历史系把对义和团的调查与"四史"运动结合起来，发动历史系师生深入鲁冀苏皖四省区，分别在 1960 年、1965 年至 1966年初进行了两次大规模的社会调查，取得了近 100 万字的口述资料。④时为北大青年教师的张寄谦曾积极参与"四史"运动，通过调查访谈编写村史与工厂史。北大教师杨立文 1959 年同一些年轻的学生到农村采访，编写公社史。数十年后张、杨二人仍肯定当年所做调查与口述的积极意义，为新中国口述史之早期实践。⑤

1963 年 10 月间，胡乔木找时任政协文史资料委员会主任的杨东莼及刘大年商量如何加强近代社会历史调查。1964 年 2 月 7 日，以杨东莼、刘大年名义致信中科院哲学社会科学部分党组、全国政协党组并转中央宣传部、中央统战部，提议由学术界和政协合作开展近代中国社会历史调查工作，成立"近代中国社会历史调查工作委员会"。此委员会很快得到批准，是年 4 月 3 日成立，杨东莼为主任，刘大年、黎澍为副

① 嘎拉增：《读者来信》，《史学月刊》1965 年第 9 期。
② 《毛泽东文集》第 2 卷，人民出版社，2004，第 361~362 页。
③ 赵有福、黎凯：《试论编写和研究"四史"的重大意义》，《历史研究》1965 年第 1 期。
④ 路遥主编《山东大学义和团调查资料汇编》（上），山东大学出版社，2000，前言第 1~4 页；何书彬：《"被评价"的义和团——对话中国义和团研究会常务副会长苏位智》，《看历史》2010 年第 5 期。
⑤ 〔美〕布鲁斯·斯蒂文：《中国口述史学的调查》，江丽、谢荫明译，《当代中国史研究》1998 年第 1 期。

主任，以中华书局为办公地点，并制订了一个包罗甚广且相当详细的调查计划。① 1964 年 6 月 1 日召开的全国中国近代史规划会议上，杨东莼就社会历史调查专门做报告，并给天津历史所、上海经济所等地方研究机构布置了具体调查任务。② 近代史所王来棣、周天度、王公度以及由华中师大调来的章开沅、刘望龄负责具体工作，踌躇满志开展活动，并进行类似哥伦比亚大学口述历史工作。③ 杨东莼带领王来棣等人去天津调查黑社会、会道门等。惜乎"文革"骤起，杨东莼受批判，社会历史调查委员会无奈宣告解散。④

其三，由分析到综合、由微观到宏观的治史方法。毛泽东重视地方史志，"每到一处，首先要了解当地的历史情况、地理沿革、文物掌故及风土人情等，这已成为习惯"。⑤ 这无疑有传统上重视方志、谱牒等修撰的文化影响。中国编撰地方史志，滥觞于先秦，发端于汉魏，大盛于明清。章学诚极重视方志，其著作研究正史与研究方志者各得其半。谓"有天下之史，有一国之史，有一人之史。传状志述，一人之史也；家乘谱牒，一家之史也；部府县志，一国之史也；综记一朝，天下之史也"。"惟分者极其详，然后合者能择善而无憾也。"⑥ 对于地方史与中国史之关系，梁启超说得更为明白，"治中国史，分地研究极为重要。因为版图太大，各地的发展，前后相差悬殊"。"如欲彻底了解全国，非一地一地分开来研究不可"，"破下功夫，仔细研究。各人把乡土的历史、风俗、事故、人情考察明白，用力甚小而成效极大"。⑦ "四史"运动，以"一家之史""一村之史""一厂之史""一社之史"等微观单位为研究对象，作为进一步研究整个宏观社会历史的基础。这种取向自有其合理性。⑧

"四史"运动包含与西方新的史学思潮暗合轨辙的一些因素，这是

---

① 近代史所档案：《关于开展近代社会调查的资料》。
② 近代史所档案：《1964 年中国近代史讨论会记录》。
③ 章开沅：《辛亥前后史论丛》，华中师范大学出版社，1990，第 448 页。
④ 2010 年 9 月 29 日采访王来棣先生记录。
⑤ 张贻玖：《毛泽东读史》，中国友谊出版公司，1991，第 38～39 页。
⑥ 章学诚：《文史通义》卷 6《外篇一·州县请立志科议》，上海书店，1988，第 8 页。
⑦ 梁启超：《中国历史研究法补编》，上海古籍出版社，1998，第 178～179 页。
⑧ 无独有偶，日本在 20 世纪 50 年代开始提出编写"四史"（家史、村史、厂史、连史），"以最基础的人民劳动的历史为主体"，撰写"民众史"和"地域社会史"。详参林天蔚《地方文献研究与分论》，北京图书馆出版社，2006，第 120 页。

西方学者对之予以关注和肯定的根本原因。首先，就西方史学思潮而论，社会学、人类学的民间取向逐渐获得史家的普遍认同，关注基层社会、普通民众乃至个体的生存状态，以"从底层向上看"的视角和价值立场来重新审视历史，成为"二战"以来欧美史学新的研究取向。"四史"运动将史学研究的目光引向社会底层的工农民众，并且站在这些草根弱势者的立场来写历史，所谓"对待'四史'的态度，是一个阶级立场和阶级感情的问题，没有鲜明的立场、观点，没有眼睛向下、深入群众的作风，是不能写出'四史'的"[1]。这一取向得到西方学人的肯定自在情理之中。

其次，在专业史家之外，出现了群众性史学运动。以20世纪70年代中期兴起于西德的日常生活史研究为显例。日常生活史大大超出学术界的范围，并被认为是一项主要由非专业人员参与的专业活动。大量以普通读者为对象的各类作品，如回忆录、口头史、目击记、地方史等纷纷出版，体现了史学大众化发展趋势。[2] 而"四史"运动发动数量众多的非专业者参与，着眼于微观，通过实际调查获得史料，为宏观史的编纂打基础。单从学理而论，二者亦不无相通之处。

最后，海外学者对我国地方史的研究相当重视，对农村的研究尤为关注，认为"革命在那里扎根和发展的"，"只有通过了解基本的社会结构和社会性质，才能对早期共产党人引导农民群众投入民族革命的企图开始有所理解"。[3] 应该说这是有见地的，几千年来中国社会是一个乡村主导的社会，中共领导的民族民主革命也是以"农村包围城市"而成功，新中国成立后毛泽东的实验也是以农村为基地。"四史"主要着眼于广大农村，采集了数量巨大、随时可能湮灭的资料，在海外学人看来，无疑颇为可贵。

同时也应看到，就具体史学实践观之，"四史"运动与西方新史学有相当的差异，不可等量齐观。二者的根本区别在于：前者从属于政治，后者则以摆脱政治控制为鹄的。"四史"运动出现于新中国特殊的

---

[1] 《历史科学为农民服务问题座谈辑要》，《史学月刊》1965年第9期。

[2] 参见〔美〕杰·埃利：《西德社会史发展的新方向》，王丽芝摘译，《史学理论丛书》编辑部编《八十年代的西方史学》，中国社会科学出版社，1990，第138页。

[3] 《亚洲研究杂志》1972年8月号，韦慕廷文。转引自张注洪编著《中国现代革命史料学》，中共党史资料出版社，1987，第20页。

政治背景之下，现实政治的需要是这一全民写史运动的直接动因，可谓自始即偏离了历史科学发展的规律与轨道，而一定程度成为政治运动的衍生之物，并进而为"文革"的发动做了意识形态的准备。当时的"四史"编著，大多难以摆脱"为革命而研究历史"的窠臼，在"以阶级斗争为纲"的主导下，基本上未能脱离"今昔对比"的叙述框架和"忆苦思甜"的叙事逻辑，成为所谓"对旧社会的控诉书，对新社会的赞美诗"。① 虽然一度提出"四史"撰写应"紧紧抓住阶级斗争和生产斗争这一基本线索"②，但在具体操作中，"生产斗争"这一线索往往让位于"阶级斗争"。在这种认知背景下形成的"四史"，其本身蕴涵的正面因素难以得到充分发挥，对于历史科学的价值自然也就打了折扣。尤其在歌颂"人民公社"、"大跃进"的伟大成就时，豪言壮语、主观浮夸掩盖了历史的真实。③ 将之作为历史资料必须有谨慎的甄别与辨析。

因而，海外学人对"四史"运动的肯定，也不无因语境隔膜而产生的偏蔽，有时难免有想当然的意味。例如，高家龙肯定"四史"运动，主要是看到中国科学院上海经济研究所、上海社会科学院经济研究所编著的《南洋兄弟烟草公司史料》等工厂史或企业史。这些著作均由专业学者耗费大量心血编纂而成，使用了大量原始档案、往来函件、会议记录、历年账册、老职工访问和座谈记录，以及资本家回忆录，具有较高史料价值。以这些著作而得的印象来评价"四史"运动，不免以偏概全。

西方学者着眼于他们自身史学思潮的流变，对"四史"运动中与之相契合的因素易生共鸣，而相对忽视东西方时代背景和语境的差异。

---

① 姜智：《编辑"四史"读物的初步体会》，《文史哲》1965 年第 4 期。

② 金景芳：《蛟河煤矿八十年·前记》，吉林人民出版社，1959。

③ 但从笔者所看到的沈元、张振鹍先生调查搜集的口子村村史资料看，包罗内容相当丰富，更多的是风土人情、经济状况等方面的资料。窃以为，公开出版的"四史"作品，已经过撰写者、编辑者、审定者层层加工删改，很难保持原貌。因此，如果将这些"四史"的原始调查记录等资料发掘出来，可能会更多地反映"日常生活"的历史真实。而据时人统计，北京地区的"四史"已出版与未出版者之比约为 1∶230（黎凯：《谈当前"四史"编写的一个问题》，《光明日报》1965 年 10 月 6 日，第 4 版）。目前已有学术研究者致力于此，如南开大学社会史研究中心曾赴昌黎县侯家营村收获大量珍贵的村史、家史资料，并据此进行研究。参见 http:∥economy.guoxue.com/article.php/20661；http:∥ccsh.nankai.edu.cn/noscript/ccsh/news1.htm。

如利萨·皮蒂、阿里夫·德里克和劳伦斯·施奈德对"四史"运动的赞誉也有理想化的成分。他们强调，在"四史"运动中"成千上万的普通群众诉说他们的生活史"，但对这种"诉说"受到政治规约的程度未免估计不足。从当时公开出版的"四史"作品看，真正讲述社会生活内容的并不太多，同西方的"日常生活史"虽形式相似，实质上却有相当的距离。这种全民参与的盛况很大程度并非出于自发，而大多是在各级党委层层发动引导之下被动参与；而西方的"史学大众化"，乃出于全民素质提高后民众自觉。

作为一场由政治领袖推动的全民写史运动，曾经轰轰烈烈，喧闹一时，落幕之后检视其实际成果，不免遗憾于投入与产出之不经济。但如果简单地将"四史"运动视为"一场荒诞剧"，则未免失之偏颇。实际上，整个"文革"前"十七年"史学，又何尝不是在"阶级斗争"的主导之下。时过境迁后，"中国封建社会停滞性"之类曾经在史学界热烈讨论的宏大问题已被目为"假问题"①，反观"四史"运动，其眼光向下的基本理念与取向则并未过时。

专业史家在"四史"运动中并未能扮演主角，他们从学术角度着眼的理性发声在当时也未能得到广泛应和。总体而论，专业史家虽大多衷心服膺"写人民群众的历史"这一取向，也曾付出真诚的努力，却无力影响"四史"运动的方向，也难有更大作为。本文主要从专业史家的角度考察"四史"运动，难免存在视角的局限。若从"四史"运动中数以万计的非专业参与者着眼，当能展现此史学发展的独特形态的另一面相，限于篇幅，只能俟诸另文探讨了。

原载《史学理论研究》2012 年第 3 期

---

① 何兆武：《历史研究中的一个假问题——从所谓中国封建社会的长期停滞论说起》，《百科知识》1989 年第 5 期。

新中国成立初期维护海洋主权的探索

兰　波[*]

兰　波[*]

中国是一个海陆兼备的国家，历代王朝却有着重陆轻海的传统，甚至一度实施了"海禁"政策。直到近代帝国主义国家漂洋过海将坚船利炮摆到中国大门口的时候，封建统治者才从"天朝上国"的迷梦中醒悟过来，然而为时已晚，中国的海权在帝国主义的炮声中丧失殆尽。新中国成立初期，有鉴于近代历史上中国因有海无防而遭受的种种来自海上的威胁与欺辱，同时面对现实中西方国家对新中国的海上挑衅和封锁禁运，中国政府高度重视国家的海权问题并对此进行了一系列的探索。

一　宣示岛屿主权，发布领海声明

（一）为解放台湾、实现国家统一做大量准备工作

台湾是我国的第一大岛，战略地位异常重要。解放战争后期，国民党残余势力败退台湾并将其作为反共的基地。美国对台湾觊觎已久，视其为"永不沉没的航空母舰"，试图将台湾作为侵略中国的踏板，因而千方百计地支持蒋介石集团以达到"划峡而治"的目的。新中国成立初期，中国共产党为了解放台湾，维护祖国统一，与蒋介石集团及其后台美帝国主义做了一系列的斗争。1950 年 6 月朝鲜战争爆发后，美国总统杜鲁门公开声明美国参战，同时派遣第七舰队进入台湾海峡，以武力阻止中国人民解放台湾。美国侵朝的行动直接威胁到了中国东北地区

---

* 兰波，山东大学博士。

的安全，而这一地区是中国的重工业基地，经济和战略地位都非常重要，中国共产党在权衡利弊之后做出了暂缓解放台湾的决策。朝鲜停战之后，党和政府继续为解决台湾问题而不懈努力。1954 年 7 月 23 日，《人民日报》发表社论指出："中国人民一定要解放台湾，不达目的，绝不休止。"10 月 10 日，周恩来致电第九届联合国大会，要求制止美国政府的侵略行动并从中国的岛屿撤兵。在做政治宣传及外交努力的同时，中国人民解放军对东南沿海岛屿也采取了一系列军事行动，打退了盘踞在那里的国民党残余部队。1955 年初，基于当时的国际国内形势，中国共产党提出"和平解放台湾"的主张，至此，台湾问题进入了以和平方式解决的时期。

（二）坚持中国对南海诸岛的主权

南海诸岛自古以来就是中国的领土。1951 年 7 月 12 日，美国和英国同时公布了《对日本和平条约》草案并发出召开旧金山会议的通知，其中涉及我国的南海诸岛问题。8 月 15 日，周恩来总理代表中国政府发表了《关于英美对日和约草案及旧金山会议的声明》①，明确表达了中国的立场。9 月 4 日至 8 日，美国召集部分"二战"的战胜国与日本在旧金山召开会议，签订了《旧金山和约》，然而对日作战最主要的国家中国却被拒之门外，并未参加该会议。和约的第二条中声明日本放弃台湾、澎湖列岛、南沙群岛、西沙群岛等岛屿的权利，然而对这些岛屿的归属并未做出说明，这样就给一些国家试图侵占南海诸岛提供了借口。菲律宾根据和约内容声称西沙和南沙群岛属于盟国托管，没有盟国的批准和同意，任何国家不得占领。当时的南越政权则在会议上对南海诸岛发表了所谓的"主权声明"。旧金山会议及其和约极大地损害了中国的国家利益，中国政府多次发表声明，认为该和约是"非法的，无效的"，不予承认。

（三）通过了关于领海的声明

新中国建立初期，基于我国沿海及各岛屿的复杂形势，政府对于领海主权的宣示是非常必要的。当时，美英等海洋强国坚持 3 海里领海宽度

---

① 《中华人民共和国对外关系文件集》第 2 集，世界知识出版社，1958，第 32 页。

的主张，并妄图使其他国家共同遵守，这种不公平的做法遭到了我国的强烈反对。1957 年 12 月，《人民日报》刊文《领海主权与公海自由》，对美英的主张进行了反驳，指出"按照国际法，各国的领海范围由各国自行规定"，"妨害公海自由的恰恰是美国、英国等西方帝国主义国家，它们不顾各国的合理抗议，任意在太平洋上划定广阔的水域作为所谓'禁区'，进行核武器爆炸，威胁各国和平安全，损害各国人民的利益"。① 1958 年 2 月至 4 月，联合国第一次海洋会议在日内瓦举行，会议通过了《领海与毗连区公约》，虽然未能就领海宽度问题做出统一规定，但赋予了各国建立领海制度的权力。9 月 4 日，我国第一届全国人大常委会第 100 次会议批准通过了《中华人民共和国政府关于领海的声明》。

领海声明的内容主要有四点：第一，规定了我国的领海宽度为 12 海里，这一点适用于我国的一切领土，包括大陆及沿海岛屿、台湾及其周围各岛、澎湖列岛、东沙、西沙、中沙、南沙群岛以及其他属于中国的岛屿。第二，规定对领海基线的计算采取直线基线法，从基线向外延伸 12 海里的水域是中国的领海，而基线以内的水域则是中国的内海与内海岛屿。第三，规定一切外国飞机和军用船舶在未经我国政府许可的情况下，不得进入中国的领海及其上空，任何外国船舶在中国的领海航行，必须遵循我国的有关法令。第四，上述第二和第三两项规定的原则同样适用于台湾及其他任何属于中国的岛屿。② 尽管这项声明有一定的局限性，比如虽然确定了领海宽度及其划分方法，但并未对基点做出定论，遗留了一些问题，然而这毕竟是我国首次正式确立并对外公布的领海制度，对于维护国家的利益和安全特别是海权具有重大意义。

二 收回丧失的海权，建立管理制度

（一）收回沿海与内河航运权和引航权

沿海与内河航运权以及引航权，属于一个国家最基本的海权，是国家主权的组成部分。早在 1949 年 1 月，中共中央就明确提出："于国家

---

① 《领海主权与公海自由》，《人民日报》1957 年 12 月 28 日，第 5 版。
② 北京大学国际法教研室编《海洋法资料汇编》，人民出版社，1974，第 84~85 页。

主权侵害最大者，例如内河航行等，发出立即禁止的命令。"① 这是为新中国收回沿海沿江主权预作准备。同年 2 月 16 日《中共中央关于对外贸易的决定》第七条指出："为了进行对外贸易，必须宣布中外船只进口，沿海沿江中外船只停舶及其卸货装货的办法，码头租借使用的办法，海关报关纳税及检查的办法。"② 新中国成立后，中央政府颁布了一系列针对进出我国港口的外籍船舶及船员旅客的办法和通则，主要包括 1950 年 4 月颁布的《关于外籍轮船进出口管理暂行办法》和《进出口船的船员旅客行李检查暂行通则》、1952 年交通部颁布的《外籍轮船进出口管理暂行办法》、1957 年通过的《对外国籍船舶进出港口管理办法》等，由此收回了被帝国主义国家侵占百余年的沿海与内河航运权。

引航权是一个主权国家为维护主权，保守港口航道机密，对进出港口或在港内及指定的区域航行的外国籍船舶执行强制引航的权力。为了收回引航权，我国政府又颁布了一系列包含引航业务管理的办法。这些办法对于当时中国政府收回引航权起到了积极的作用，同时也促进了我国引航业务有条不紊地发展。

（二）收回海关管理权

海关是行使进出口监督管理职权的国家行政机关。自鸦片战争之后，中国便丧失了海关自主权，不仅失去关税自主，且海关总税务司和各地海关官员要职一直由洋人担任，直到 1949 年中华人民共和国成立，中国政府对旧有海关进行了接收和改造，同时建立了新型的人民海关，从而结束了长达 95 年的洋人统治中国海关的局面。从 1948 年底到 1950 年，中共陆续接管了新解放区的海关，并宣布收回总税务司署对海关的管理权。1949 年 10 月 25 日，海关总署在北京成立。1950 年 1 月 27 日，政务院通过《关于关税政策和海关工作的决定》，规定将所有和海关无直接关系的职权移交给其他有关机关，改变了旧海关不合理的大海关主义。10 月 6 日，周恩来总理在第五十三次政务会议上发表了《改造旧海关，建设人民的新海关》的讲话，肯定了海关总署成立一年以来的成绩，提出要独立自主地为国家经济需要而合理设立海关机构。1951

---

① 中央档案馆编《中共中央文件选集》第 18 册，中共中央党校出版社，1992，第 45 页。
② 中共中央党史研究室编《中共党史资料》第 47 辑，中共党史出版社，1993，第 3 页。

年 3 月 23 日，政务院第七十七次政务会议通过了《中华人民共和国暂行海关法》，于 5 月 1 日起施行。这是新中国成立后中国政府颁布的第一部海关法律，其中对海关组织、任务与职权、进出国境货运的监管等方面做了详细的规定，为我国的海关事务运行提供了法律依据。同年 5 月 4 日，政务院通过了《中华人民共和国海关进出口税则》，从而统一了全国的关税制度，稳定了国家的财政收入，为当时社会主义建设提供了一定的经济保障。

（三）收回旅大地区

旅大地区位于辽东半岛南端，是旅顺口和大连湾的统称。1897 年，沙俄逼迫清政府签订《旅大租地条约》，强行租借了该地区。1905 年日俄战争后日本接手并占领该地区直至"二战"结束。1945 年 2 月，为了使苏联能够在结束欧洲战争之后参加对日作战，美、英、苏三国首脑签署了违背中国意愿的《雅尔塔协定》，将旅大地区的租借权转给苏联。同年 8 月 14 日，苏联与国民党政府签订了《中苏友好同盟条约》，进一步确定苏联租借旅大地区。新中国成立后，为了确定中苏关系的基本原则，毛泽东率团访问苏联，与斯大林会谈。如何从苏联手中收回旅大地区的实际管理权，是一个棘手的问题。毛泽东一行在 1949 年 12 月 16 日抵达莫斯科后，与苏联方面商讨关于《中苏友好同盟条约》的修订问题。经过反复磋商之后双方最终达成共识，重新签订了《中苏友好同盟互助条约》及附件，不仅确定了中苏同盟友好关系的基本原则，也结束了苏联在旅大地区的军事管制。这样，中国最终收回了旅大地区的实际管理权，从而捍卫了我国的领土、领海主权。

三　建设人民海军，提高国家海防能力

（一）筹建人民海军

强大的海军力量是维护国家海权的核心因素，近代中国有海无防的历史深深地刺痛着中国民众的心，因此，尽快建立一支人民海军便成了新中国成立后的当务之急。

1949 年 2 月至 12 月，国民党海军相继发生了数起起义事件，包括

"黄安号"起义、"重庆号"起义、国民党海防第二舰队起义、"长治号"起义等，这些起义人员及舰艇毅然选择投入解放区的怀抱，在客观上为人民海军的成立及发展准备了力量。4月23日，就在解放军占领南京这一天，华东军区海军在江苏泰州白马庙宣告成立，张爱萍担任司令员兼政委。由此，第一支人民海军部队诞生了。

随着海军组建工作的逐步开展，成立统一的海军领导机关便成了大势所趋。1949年12月，身在苏联的毛泽东致电聂荣臻，明确指出：海军应该是一个战略决策机构，是一个军种，应单独成立司令部，机关设在北京。1950年1月12日中央任命萧劲光为海军司令员，4月14日正式成立了海军领导机关，这标志着中国共产党领导下的中华人民共和国军事力量中一个新军种的诞生。

从1949年到1960年，人民海军的三大舰队逐步组建完成。东海舰队改编自1949年4月23日成立的华东军区海军，1955年10月1日正式更名为"中国人民解放军海军东海舰队"，机关设在上海，后迁往浙江宁波；南海舰队改编自1950年12月3日成立的中南军区海军，1955年8月6日更名为"中国人民解放军南海舰队"，机关设在广东湛江；北海舰队成立于1960年8月1日，机关设在青岛。至此，人民海军先后组建起五大兵种部队和各种专业勤务部队，主要包含23个舰艇大队、6个航空师、2个航空独立团、19个海岸炮兵团、8个防空兵团。[1]

（二）创办海军学校

海军是一个知识和技术密集的军种，人民海军建立初期，专业人才奇缺。当时，海军人员主要由两部分组成，大部分来自陆军，对海军专业知识基本上一无所知，还有一部分则是原国民党海军投诚人员，这些人大多具有系统专业的海军知识，有些还在国外正规的海军院校留过学，实战经验亦很丰富。如何能够使这一部分人更好地发挥专长，为人民海军贡献力量？经过讨论，中央认为首先应该解决其思想方面的问题。1949年5月，中央军委决定在安东（今丹东）成立中国人民解放军安东海军学校，主要任务是对原国民党海军人员进行思想政治教育，

---

① 房功利、杨学军、相伟：《解放军史鉴·中国人民解放军海军史》，青岛出版社，2013，第79页。

学员主要包括"重庆"号和"灵甫"号起义官兵共 629 人。学习完毕后，该学校于 1950 年 1 月撤销。1949 年 8 月，华东军区海军在南京成立华东军区海军学校，主要任务是对该军区的海军人员进行短期培训，教育方针是原国民党海军人员以接受政治教育为主，从陆军抽调的指战员则以学习海军技术为主。上述两所学校虽然不是真正意义上的正规的海军学校，但为后来正规海军院校的创办奠定了基础。

新中国第一所正规的海军学校是大连海军学校。1949 年 5 月，中央军委副主席周恩来授权张学思创办新中国第一所海军学校，任命海军司令员萧劲光为校长兼政委，张学思任副校长兼副政委，同时提出建校方针为"学习苏联经验，办正规海军学校"。1950 年 2 月，学校正式开学。学员主要来自四个方面：一是从清华大学、北京大学、南京大学和湖南大学等高校招收的在读本科二年级以上大学生，编入两年制速成班，培养未来的海军干部；二是从全国高中毕业生中选拔优秀人员，编入四年制普通班；三是从陆军部队招收学员，根据文化程度分别编入速成班和普通班；四是从安东海校选拔优秀学员。[①] 1954 年 4 月，大连海军学校撤销，分建了大连海军指挥学校和大连海军机械学校两所独立院校。大连海军指挥学校后更名为今天的海军大连舰艇学院，大连海军机械学校迁往武汉，后更名为今天的海军工程大学。

到 1957 年 8 月，海军已经拥有指挥学校、机械学校、潜艇学校、快艇学校、炮兵学校、第一航空学校、第二航空学校、联合学校、政治干部学校和后勤学校 10 所学校以及 6 所预备学校，此外还有军事学院海军系和军事工程学院海军工程系。这些海军学校的创办为新中国海军的发展储备了大量的专业人才及后备干部，学员学成之后，积极发挥自身才干，为人民海军的发展壮大提供了必备的人才保障。

四 应对外强挑衅，捍卫中国海权

（一）冲破西方国家的封锁禁运

第二次世界大战结束之后，以美国为首的西方资本主义国家为了遏

---

① 刘永路、张春明：《新中国第一所海军学校的组建》，《现代舰船》2006 年第 8 期，第 52 页。

制社会主义的发展，对苏联、中国等社会主义国家采取了"封锁""禁运"的政策，对中国最直接的挑衅主要是在航运及海上军事包围方面。从 1949 年 6 月开始，美国支持国民党对大陆主要沿海港口和城市如天津、青岛、上海等进行封锁，禁止一切商船通过。1949 年 11 月，成立了以美国为首的"巴黎统筹委员会"，其宗旨是实施对社会主义国家的禁运政策。此外，美国还对中国周边国家如印度尼西亚、菲律宾、泰国等施加压力，使这些国家不得不宣布对中国禁运。在美国的操控下，1951 年 5 月 18 日第五届联合国大会通过了对中国实施禁运的决议。10 月，美国国会通过了"巴特尔法案"，以国家援助为手段要挟其盟国对中国实施战略物资禁运。

针对来自帝国主义国家的海上封锁与禁运，中国政府采取了对内与对外的一系列措施予以回击。对内主要是动用一切可能的力量对我国急需进口的工业原料、设备和技术等加以研究和创造，对本应出口而积压的物资转向国内销售，在扩大内销的同时进行相应的减产、停产。对外主要是清理了帝国主义国家在我国的经济势力，以灵活的方式开展与一些资本主义国家的对外贸易，重点是大力发展与苏联和东欧等民主国家互通有无的外贸活动。通过这一系列的措施，到 20 世纪 50 年代末，中国基本上冲破了美帝国主义的海上封锁和禁运，为国家的经济发展提供了良好的国内与国际环境，同时为航运业务的发展扫除了障碍，维护了我国的海上经济利益。

（二）拒绝苏联的无理要求

1958 年 4 月 18 日，苏联方面为了解决即将试航的核动力舰艇在远洋航行时的通信问题，向中国政府提出用 4 年的时间在中国的华南地区建立由两国共同使用的长波电台。当时预计投资为 1.1 亿卢布，苏联提出将投资 7000 万卢布，中国承担剩下的 4000 万卢布。对此提议，毛泽东并不完全赞同。他认为建立两国共用的长波电台是可以的，然而如果由苏联提供技术支持的同时再出资大部分，那么电台建成后主权的归属便将成为一个问题。最后在毛泽东的指示下，中国政府很明确地表示所有的投资都由中国来承担，苏联只需提供技术支持，建成后双方共同使用，但所有权归中国，同时还提出就此事双方签订一项协议。由于苏联坚持要承担费用的一半，协议最终未能达成一致。

同年 6 月 28 日，周恩来致信赫鲁晓夫，希望苏联能够帮助中国在建设海军方面提供一些必要的技术援助，最好是能提供新型战斗舰艇的设计图和相关资料。苏联方面借此事提出希望能和中国共同建立一支潜艇舰队。7 月 21 日，苏联派尤金向毛泽东当面转达了建立联合舰队的建议。毛泽东认为苏联这一提议侵犯到了中国的主权，当场表示反对。22 日，毛泽东召集中共中央政治局在京的委员再次与尤金进行谈话，重申了中国不会与苏联建联合舰队的立场并表示收回请苏联提供技术援助的请求。毛泽东言辞激烈地对苏联表现出来的大国沙文主义表示了不满。① 由于中国强烈反对，最终苏联并未达到在中国建立长波电台与联合舰队的目的。在这场政治博弈中，中国政府从维护国家利益的角度出发，坚持不以牺牲主权为代价换取苏联的援助，同时也捍卫了中国的海权。

综上所述，新中国成立初期，国力较弱，经济欠发达，海军力量薄弱，海岛主权问题棘手，国人的海权意识还相对淡薄，因此，当时的中国依然是一个陆权重于海权的国家。然而，不可否认的是，中国政府在重重困境中为了维护中国海权做出了巨大的努力，为后来我国海权事业的发展奠定了良好的基础。如今，我国拥有着 1.8 万公里的海岸线、300 万平方公里的管辖海域，海洋经济发展日盛，海上军事力量日益强大，面对周边国家的海上挑衅，也可以从容面对并强力回击，国人的海权意识得到了改观。当然，我国在海权方面取得的这些成就与新中国成立初期党和政府所做的努力是难以分开的。

---

① 《毛泽东文集》第 7 卷，人民出版社，1999，第 385～386 页。

20世纪90年代台湾当局南海政策研究

——以"南海小组"为中心的考察

翟金懿*

南海问题作为全球关注的一个热点，国内外曾出版大量相关研究成果。大陆地区相关研究成果有李金明教授所著《南海争端与国际海洋法》以及撰写的多篇文章，① 既有从历史疆域角度的研究，也有从国际法、南海合作开发等视角的考察。李国强、唐茂林、冯梁等人还有专文论述两岸南海合作开发，② 王晓鹏、刘中民等撰写了学术综述。③ 台湾地区相关研究成果主要有《中国与南中国海问题》④ 一书收录的多篇文章。此外，中研院主办的《亚太研究论坛》（2003 年第 19 期）开设"南海问题专辑"，收录四篇文章，分别从实际行动、安全战略、司法

---

* 翟金懿，中国社会科学院研究生院博士，现为中国人民公安大学马克思主义学院讲师。

① 参见李金明《南海争端与国际海洋法》，海洋出版社，2003。相关论文有《我国史籍中有关南海疆域的记载》，《中国边疆史地研究》1996 年第 3 期；《抗战前后中国政府维护西沙、南沙群岛主权的斗争》，《中国边疆史地研究》1998 年第 3 期；《南海"9条断续线"及相关问题研究》，《中国边疆史地研究》2001 年第 2 期；《南沙海域的石油开发及争端的处理前景》，《厦门大学学报》（哲学社会科学版）2002 年第 4 期；《南海断续线：产生背景及其法律地位》，《现代国际关系》2012 年第 9 期；等等。

② 参见李国强《中国南海诸岛主权的形成及南海问题的由来》，《求是》2011 年第 15 期；唐茂林《南海共同开发原则及其实施》，《广东行政学院学报》2013 年第 6 期；冯梁、王维、周亦民《两岸南海政策：历史分析与合作基础》，《世界经济与政治论坛》2010 年第 4 期；等等。

③ 参见王晓鹏《国内学术界南海问题研究：回顾与思考》，《云南师范大学学报》（哲学社会科学版）2003 年第 1 期；刘中民、滕桂青《20 世纪 90 年代以来国内南海问题研究综述》，《中国海洋大学学报》（社会科学版）2006 年第 3 期。

④ 参见傅崐成、水秉和主编《中国与南中国海问题》，台北：问津堂书局，2007。

程序、区域合作等方面论述南海地区复杂现状与解决机制；陈千田援引"国际习惯法"与"中华世界秩序原理"等概念，提出南海国际冲突与资源争夺存在对"古中华帝国与中华世界秩序"之隐性反动抗辩。① 刘复国提出应以海事安全主导南海政策发展，只有"动态的"南海政策才最符合台湾利益。②

综观学术界以往的研究成果，关于 20 世纪 90 年代台湾当局南海政策的研究并不多见。这一时期，台湾当局曾就南海对策展开内部研究，大致围绕两个着力点：一是成立"南海小组"，制定《南海政策纲领》，有步骤地开发南海部分岛屿；二是积极参加南海会议等国际性会议，希望发出来自台湾地区的声音。有关南海会议的具体情况，宋燕辉梳理了台湾参加第二届至第六届南海会议的相关情况，并提出"加强南海小组功能"③ 等 14 项相关建议；龚洪烈从"保七南巡""南海换防"等事件中揭示了台湾当局南海政策的困境。④ 但对"南海小组"的微观研究较少有专文论述，本文拟在梳理台湾当局 20 世纪 90 年代南海政策的基础上，就"南海小组"成立及其开展工作情况进行专题研究。

一　台湾当局决定成立"南海小组"

伴随全球经济一体化与海洋资源开发的加快发展，海洋日益成为世界各国关注和争夺的焦点。南海重要的地理位置，决定了它非同一般的战略地位，其蕴藏的丰富油气资源，更是注定了这个地方不会平静。19 世纪中叶以来，围绕南中国海展开的军事较量、利益争夺始终没有停息，进入 20 世纪 90 年代，随着探勘技术的进步和南海周边各国对海洋资源开发与利用日益重视，围绕南海岛礁展开的争夺日渐白热化，并有逐渐升级的趋势。

---

① 参见陈千田《南中国海之海权争议》，《问题与研究》（台湾）1996 年第 5 期。
② 参见刘复国《"国家安全"定位、海事安全与台湾南海政策方案之研究》，《问题与研究》（台湾）2000 年第 4 期。
③ 参见宋燕辉《"南海会议"与"中华民国"之参与：回顾与展望》，《问题与研究》（台湾）1996 年第 2 期。
④ 参见龚洪烈《"南海小组"与台湾当局南海政策（1992~2000）》，《台湾研究集刊》2015 年第 2 期。

　　大量的历史事实足以证明，南海诸岛自古以来就是中国的领土。[①] 1947 年 10 月，国民政府内政部核准中国疆界四至地点及经纬度时，确定中国最南疆界为北纬 4°之南沙群岛曾母暗沙南界并公之于世，至今不变。[②] 中华人民共和国成立以来，更是彰显了维护南海主权的决心，开展了一系列维护南海主权的政治经济军事外交等行动。

　　台湾当局对南海东沙岛和太平岛的管辖有特殊的历史因素和政治因素。1946 年，国民政府接收西沙和南沙群岛后，太平岛便由国民党军队驻守。1949 年国民党战败退居台湾，东沙岛和太平岛便一直在台湾当局管辖之下并进行了基础设施建设。东沙岛东西长约 2800 米，南北宽约 700 米，面积约 1.8 平方公里，是东沙群岛中最大的岛屿。1990 年 1 月，台湾当局领导人李登辉曾视察东沙岛，提出东沙岛是"扼守台海南方的战略要点，东控巴士海峡，西扼南海，军事价值极为重要"。[③] 太平岛是南沙群岛主岛，位居南海西侧航道的东边，东西长约 1360 米，南北宽约 350 米，距离高雄港约 1600 公里，距离海南岛约 1000 公里，距离越南金兰湾约 580 公里，战略位置十分重要。1989 年 6 月，台湾"内政部部长"许水德率领相关人员在东沙群岛竖立主权石碑。

　　进入 20 世纪 90 年代以来，南海周边邻国如越南、菲律宾、马来西亚、印度尼西亚、文莱等加紧侵占中国南海部分岛礁，除宣示主权外，还制订相关军事战略、侵占计划，更有一些国家直接开展行动。1995 年越南方面指出，太平岛守军于 3 月 25 日发射炮弹，落点靠近一艘行经太平岛附近的越南运输船。为此，越南外交部发表声明，认为是"极其严重的行为"，已经"侵犯越南在南沙群岛的领海主权，引起紧张，并威胁这个水域的和平安定"，还要求台湾"保证不会再有类似行为发生"。台湾"外交部"回应称："'中华民国'对包括南沙群岛在内的 U

① 参见韩振华主编《我国南海诸岛史料汇编》，东方出版社，1988。资料汇编从图书、方志、地图、档案、抄件、影件、剪报以及调查资料等方面，全方位、多角度证明历史以来南海诸岛就是中国的领土，毋庸置疑；李国强则从国际法角度对中国南海主权进行阐释，包含最早发现、最早命名、最早开发、最早并且进行了连续不断的行政管辖等四个要素。

② 参见李国强《南中国海研究：历史与现状》，黑龙江教育出版社，2003，第 170 页。

③ 李登辉言论集编辑委员会编《李登辉先生言论集》（九），台北：正中书局，1992，第 6 页。

型线历史疆域拥有主权，不容置疑。"① 在 1988 年 3 月中国与越南之间发生海军冲突事件后，马来西亚政府将南沙群岛在国防计划中的地位从"第二位上升到了至关重要的优先地位"。② 1992 年 1 月，越南外长访问马来西亚，两国外长就南沙问题进行了会谈，并同意联合开发南沙群岛。东盟各国在南海问题上有"一致针对中国"的默契，因为在东盟国家看来，"只有联合起来，才能增强自身在南海的实力，才能在与中国的争夺中协调行动，才有可能瓜分南海岛屿，将中国的主权范围限制在南海北部的局部海域"。③

东盟国家在南海问题上对中国台湾地区也是时刻保持警惕。正因此，1990 年 1 月台湾"内政部"赴太平岛竖立界碑后，意识到台湾在与大陆、东南亚诸国处理南海争端上地位尴尬，进退两难，需要成立一个专门的办事机构，除坚决申明拥有对南海"主权"的立场外，还要"因应由于南海群岛资源开发引起之军事、经济及外交之相关问题"，④这个专门的办事机构就是计划成立的"南海小组"。

1992 年 6 月，台"内政部"讨论通过《南海小组设置要点》草案，确立"南海小组"的成立宗旨是"维护南海诸岛、南海水域之权益，以及和平开发与管理南海"，中长期目标及规划是"研议两岸共同开发南海海域资源的可行性，同时也将考虑规划有关台闽地区居民移民南海诸岛的可行性"。草案还特别指出，"南海小组"成立之初本名为"南沙小组"，后更名为"南海小组"，是因为"小组组成委员，除高雄市长外，均为各部会副首长，层次提高"。⑤ "南海小组"由"内政部部长"吴伯雄担任召集人，委员共 10 人，分别是高雄市长吴敦义、"外交部"次长章孝严、"国防部"副部长汪多志、"经济部"次长杨世缄、"交通部"次长董孝谊、"农委会"副主委林享能、"国科会"副主委王松茂、"陆委会"副主委马英九、"卫生署"副署长叶金川、"环保署"

---

① 《越南控我侵犯领海主权》，《中国时报》（台湾）1995 年 4 月 5 日，第 1 版。

② 曹云华、鞠海龙主编《南海地区形势报告（2011～2012）》，时事出版社，2012，第 222～223 页。

③ 李国强：《南中国海研究：历史与现状》，黑龙江教育出版社，2003，第 382 页。

④ 刘永嘉：《南海小组 81 年 12 月 3 日成立 功能未充分发挥》，《中国时报》（台湾）1995 年 4 月 4 日，第 3 版。

⑤ 康添财：《研议两岸共同开发南海资源》，《中国时报》（台湾）1992 年 6 月 4 日，第 4 版。

副署长李庆中。计划每半年召开一次会议，讨论范围除"有关主权的宣示等内政项目"外，还包括"国际关系，安全维护、交通设施、卫生、环保、两岸事务及学术研究、资源开发等"。① 时任"陆委会"副主任的马英九建议每三个月召开一次小组会议，得到小组成员一致同意，并上报"行政院"核准。

1992 年 12 月 3 日，"南海小组"正式成立并召开第一次成员会议，通过《南海政策纲领》，确立了"南海小组"成立后的五大目标："坚定维护南海主权、加强南海开发管理、积极促进南海合作、和平处理南海争端，以及维护南海生态环境。"②

"南海小组"的成立引起台湾社会广泛关注。有媒体在报道中肯定了"南海小组"成立对台湾参与南海事务的积极意义："无论就领土的完整维护、南海资源的开采，或区域秩序的建立的角度视之，"南海小组"的成立都具有实质和象征的双重意义……因为它至少可以向周边国家展示我维护领土完整的决心。"同时也表示，"不希望南海政策仅止于呈现象征的意义……希望看到这个政策实际效用，能够把整个区域秩序带到我们所期待的方向"。③

从最初目的来看，台湾当局出台南海政策是与其"国统纲领"④ 相配合实施，基本原则还是与大陆争南海主权，但是"不约而同"地承认在"中国"这个共同体下对南海的主权有历史和法律依据。而且，在周边国家甚嚣尘上的宣示中，更是提出"一致对外""中国人优先"等口号。

二 "南海小组"成立后开展的工作

"南海小组"成立后开展了一系列工作，大致包含四方面内容。

---

① 林庆祥：《"南海小组"委员选聘完成》，《中央日报》（台湾）1992 年 9 月 9 日，第 4 版。
② 康添财：《我成立南海小组　确定政策纲领》，《中国时报》（台湾）1992 年 12 月 4 日，第 1 版。
③ 社论《"我国"南海政策必须作全方位思考》，《中国时报》（台湾）1992 年 12 月 7 日，第 3 版。
④ 1991 年 3 月台正式公布"国统纲领"，包含"一国""两区""三阶段""四原则"，强调"大陆与台湾均是中国的领土，促成国家的统一是中国人共同的责任"。

（一）参与修订《南海政策纲领》，通过《南海政策纲领实施纲要分工表》，确立"借由国际合作手段促进南海区域合作，消弭并排除南海潜在冲突危机"的原则

1993 年 3 月 10 日，台湾当局"行政院"政务委员审查会在由丘宏达主持，相关部会副首长或首长率官员出席的情况下，通过了"内政部"研拟的《南海政策纲领》草案，草案声称台湾拥有对"南沙、西沙、中沙、东沙群岛"的"主权"。同时还指出，针对南海地区冲突，台湾地区将"秉持和平处理原则，并积极促进南海开发与合作"。① 《南海政策纲领实施纲要分工表》是《南海政策纲领》的具体行动计划，涉及内政、开发、研讨、对外合作等 9 大方面，具体内容如下：

> 内政方面——办理土地测量登记，筹建海域巡逻警力、渔民服务、筹开国际研讨会或两岸及港澳多边会议；国际合作方面——对相关国家对南海之立场及主张研拟对策、透过途径研究解决及防止争端、促进南海区域合作；安全维护——研析潜在冲突问题、加强护渔护航及海上开发作业安全、强化战略整备加强巡弋捍卫南海诸岛；交通方面——建立卫星通讯设施、加强气象台设施及功能、设立导航及助航设施、兴建机场及码头、开放南海观光可行性研究；卫生方面——强化卫生医疗设施；环保事项——建立环境数据库及环保设施、加强公害防治及生态保育；两岸关系方面——配合"国统纲领"研拟相关对策及计划、研究两岸涉及南海问题事项；学术研究方面——研究有关南海之战略、政治及法律问题、海洋科学及自然资源调查研究、搜集编译南海史料；资源开发方面——探勘及开发可利用资源、探讨合作开发之可能性。②

（二）寻求与大陆合作、共同开发南海资源

两岸关系是台湾当局制定与执行南海政策不可回避的话题，如何与

---

① 康添财：《政院通过"南海政策纲领"草案》，《中国时报》（台湾）1993 年 4 月 9 日，第 4 版。

② 林庆祥：《南海小组通过"政策纲领实施纲要分工表"》，《中央日报》（台湾）1992 年 12 月 31 日，第 4 版。

大陆开展合作，合作的原则和具体形式等，都是重要议题。其中，"中国人优先"的表述值得关注。

台湾"内政部"有关人士曾指出，台湾在南海地区"将确立中国人利益优于外国人的前提考量下，配合大陆政策及国统纲领，优先考虑与中共合作开发南海海域资源"。同时，还将"召开国际性南海会议，邀请中共及南海周边国家共同开发南海资源"。他指出两岸合作的必然性，"基本上两岸都认定南海海域及岛屿，不论就历史、地理、国防、经济等各种角度而言，均应归属中国人所有……两岸的合作开发南海，将是迟早的事"。① 鉴于此，"南海小组"确立了与大陆合作的三项原则，分别是"以主动代替被动，以联手代替对峙，以具体代替形式"。"内政部"有关官员还指出台湾当局远程规划目标之一是"借由将来两岸的联手开发南海资源，有效吓阻企图侵犯或侵占的外力"。②

1992 年 10 月，海协会、海基会在香港达成各自以口头方式表述"海峡两岸均坚持一个中国的原则"共识，也就是"九二共识"。③ 不过，两岸事务性谈判尚处于起步阶段，许多实质性内容正在展开，但受"台独"分子和分裂势力干涉，两岸在南海事务上并未进一步接触。台方官员也表示，即使将来两岸在南海事务上合作，也"不包括两岸军队共同驻守南海诸岛"且"要看后续的发展而定"。④

1994 年 10 月，"行政院"通过《南海问题讨论会议结论分办表》，依照"分办表"，将加强与大陆有关南海调查与资料交换及实质的科技合作研究，但是，仅限定在科技和资料交换领域，政治、军事领域的谈判与合作，没有开展的可能性，也没有具体的时间表。台"陆委会"官员还重申了"中华民国的主权立场"，虽有提到两岸正就共同开发东海石油资源进行商谈，但对南海合作则顾虑很多。他认为，由于"南海因涉及主权问题，周边又有许多国家，它的情况远较东海复杂得多，除非两岸都有默契，承认南海是中华民国固有领域，但现行政策是不可能

---

① 康添财：《开发南海优先考虑两岸合作》，《中国时报》（台湾）1992 年 8 月 30 日，第 1 版。

② 康添财：《南海小组改采积极三原则因应两岸发展》，《中国时报》（台湾）1992 年 6 月 22 日，第 4 版。

③ 张春英主编《海峡两岸关系史》第 4 卷，福建人民出版社，2004，第 1006 页。

④ 康添财：《南海小组改采积极三原则因应两岸发展》，《中国时报》（台湾）1992 年 6 月 22 日，第 4 版。

的"。针对有学者建议"透过学术研讨会探讨南海问题，划分主权范围，再由大陆学者向大陆反映，让双方的范围愈来愈趋于一致"的话题，该官员表示"即使范围一致，在这领域内从事政治、军事合作也还太早"。①

1995 年初，菲律宾政府以"中国在美济礁上建设军事设施"为借口发动军事袭击，非法扣押中国渔船上的 62 名渔民并酝酿事件升级，组织多名记者到美济礁"采访"，企图引起国际关注。② 事件发生后，美国主张和平方式解决主权争议，并发表声明，"强烈反对使用武力和武力威胁解决领土争议，并且要求各方克制，避免采取导致动荡的行动"。③ 这实际上是对中国的维权行动进行警告。而台湾"外交部"发言人冷若水表示："在讨论亚太情势时，中美双方就南海主权问题各自说明立场，台湾对美国的立场有充分的了解。"④ 这说明两个问题：一是美国的南海政策从"中立和不介入"开始转为"军事"和"外交"干预手段，并与"重返亚洲"的策略相结合。二是台湾当局作为美国在亚太地区的"盟友"，深受美国立场的影响，其南海政策也做出调整，两岸南海合作议题因此停滞不前。

（三）推动召开"南海问题研讨会"

1993 年 5 月 26 日，第二次"南海小组"会议确定两项重要任务，分别是举行首次南海问题研讨会以及"南海小组"成员前往南海诸岛实地探勘。

按最初计划，"南海问题"讨论会首先要解决会议的规模问题，是办成国际性学术研讨会，或是邀请大陆及港澳地区学者参加的多边会议，还是仅仅在台湾地区内部召开研讨会。

按最初计划，南海问题研讨会拟办成国际性会议，并邀请南海周边各国共同参与研讨，后来改为只有中国人参加的研讨会。"内政部地政司"司长王杏泉认为："对南海主权的主张，两岸三地中国人应无二

① 黄慧敏：《政院通过"南海问题讨论会议结论分办表"》，《中央日报》（台湾）1994 年 10 月 28 日，第 4 版。
② 李金明：《美济礁事件的前前后后》，《南洋问题研究》2000 年第 1 期。
③ 吴士存：《南沙争端的起源与发展》，中国经济出版社，2010，第 166 页。
④ 《美济礁问题 中共与菲暂不处理》，《中国时报》（台湾）1995 年 4 月 6 日，第 3 版。

致，宜从整合建立彼此共识做起，再进而讨论对南海的开发。"① 不过台湾当局最终决定仅举办内部讨论会。9 月，南海问题讨论会召开，邀请的对象有行政机关工作人员、专家学者、民意代表、有关南海的民间团体及海外华裔专家学者等，研讨会主题为"落实执行南海政策纲领"，下设五个次题，分别为"如何坚定维护南海主权；如何加强南海开发管理；如何积极促进南海合作；如何和平处理南海争端；如何维护南海生态环境等"。②

1993 年 9 月 7 日，南海问题讨论会闭幕，达成多项共识，分为四大部分，分别是"维护南海主权、加强南海开发管理、促进南海合作、和平处理南海争端"。其中"维护南海主权"部分既有《"中华民国领海及邻接区法"》、《"中华民国专属经济海域及大陆礁层法"》的立法建议也有"奖助民间团体或学术界办理海峡两岸三边南海问题研讨会，以取得共识"的建议。在"促进南海合作"部分中提到台湾应"积极参与"，但需要顾及大陆在南海地区"具有影响力的事实"。而"和平处理南海争端"的部分，则建议台湾当局"对于近年底印尼与越南即将签订关于《划界协定》表示关切与反对的立场"。③

（四）组织成员赴太平岛实地考察、研究南海开发计划

"南海小组"决议赴南海岛屿考察之前，东沙岛和太平岛已经布置相关建设设施，例如，"东沙岛已完成通讯系统的建立，可以直拨国际越洋长途电话"，而太平岛将"积极租用七号卫星，在下个年度即可完成通讯设施"④，两个岛的测量工作和其他项目也在陆续开展。"南海小组"赴太平岛实地考察消息传开后，台湾相关部会和科研单位表现出极大兴趣，如"警政署"计划"派遣保七舰队随行，为建立南海巡防保警计划暖身，必要时还可试航"。⑤

---

① 林庆祥：《南海小组明召开二次会议》，《中央日报》（台湾）1993 年 5 月 25 日，第 3 版。
② 康添财：《南海问题研讨会 预定八九月间召开》，《中国时报》（台湾）1993 年 5 月 27 日，第 6 版。
③ 康添财：《我暂不处理现有南海主权纷争》，《中国时报》（台湾）1993 年 9 月 8 日，第 6 版。
④ 康添财：《南海驻防部队仍不增加》，《中国时报》1993 年 5 月 27 日，第 6 版。
⑤ 陈素玲：《南沙太平岛 不少部会想"探路"》，《联合报》（台湾）1993 年 10 月 11 日，第 2 版。

"南海小组"此次考察，任务艰巨，不仅要"搜集有关信息，再利用将来国际性或区域性南海会议时机，适度争取合作开发的机会"①，还将研究南海观光开放方案等。"南海小组"幕僚表示，希望通过此次考察，使"南海事务提升到'行动'层级"。②

1993 年 12 月 5 日，"南海小组"抵达太平岛展开两天的探勘作业，参加考察人员来自"'财政部关税总司'、'交通部'电信局、观光局、民航局、气象局、'清华大学'、工研院、高雄市政府"等单位，针对"设立沿岸导航设施，开放南海观光、南海卫星通信、兴建机场及加强气象设施"等问题，进行全方位探勘。③

三 "南海小组"成立后遭受批评质疑

"南海小组"在成立之初就有批评声，以"保七巡航"折返为导火索，"南海小组"受到的质疑逐渐增加，主要表现在以下几个方面：

一是对"南海小组"参与研拟的《南海政策纲领》的批评。《南海政策纲领》受到的批评主要集中在三个方面：首先是制定政策的机构位阶太低与南海问题的复杂性、重要性不对等。有学者认为，"纲领"制定的"整个作业过程都是由'内政部地政司'方域科包办，层次非常低。……以南海政策这种高难度、复杂性也高的议题，至少应是由上而下的决策先定，再由幕僚单位就政策原则拟订细则方案"。当前的政策制定方式过于草率。其次是没有充分听取并吸收专家学者意见。"出席预备会，开会之前'内政部'一律以内容机密为由拒绝提供会议资料；会场上学者提出的意见，也往往因为行政部门已有预设立场而无法被采纳。"此外，"'内政部'与其他部会一样，对南海问题也是生手，尤其是涉及各部会的权责部分，'内政部'更只能从文献资料中拟订可行方

---

① 康添财：《南海小组下月上旬探勘南沙石油资源》，《中国时报》（台湾）1993 年 10 月 31 日，第 1 版。

② 陈素玲：《南沙太平岛 不少部会想"探路"》，《联合报》（台湾）1993 年 10 月 11 日，第 2 版。

③ 《跨部会南海小组 完成太平岛首次探勘》，《中央日报》（台湾）1994 年 1 月 6 日，第 5 版。

案，学者专家的意见反而摆一旁"。最后是政策纲领不够全面和兼容，只重视主权宣示。"南海问题牵涉甚广，南海政策纲领必须兼顾政策面及实务面，其中除了主权宣示应明确外，还必须顾及他国对台湾主张尊重与承认的原则，借着政府各部门采行一致、有效的作为，促进全民对南海及整体国家海权的认识。"①

二是对"南海小组"成立后实质运作的批评。"南海小组"计划每三个月召开一次会议，但实际运作中，仅召开了六次会议且间隔时间较长。"保七巡航"折返后，"南海小组"的运行效率招致广泛批评。连战针对此次事件表示，"依据南海政策实施纲要，包括对外合作、安全维护、交通联系、内政和卫生环保等五大方面，各部会都有明确的分工，没做事才是失职，做了事就不算失职"。连战的表态，其实是想说明"南海小组""组织架构完整，权责分明，需要检讨的是如何落实责任"。② 有新闻报道也指出，"南海小组"应立即召开检讨会议，却"一再拖延，迄今未办理，显示"南海小组"功能不彰，更遑论危机处理能力"。③ 建议台湾当局通盘检视"南海小组"的功能及定位、权责划分尤其是责任归属问题，以及"南海小组"相关部门应付了事的弊病。

三是对"南海小组"位阶较低的质疑。"南海小组"成立之初，部门归属问题一直是争论焦点。小组筹备阶段所有事务均在"内政部"督促下进行，不过"内政部"却坚称"南海小组"应隶属"行政院"管辖，20 世纪 90 年代台湾报纸报道也经常冠以"行政院南海小组"字样，但"'行政院'核定的《南海小组设置要点》版本，则特别冠上'于内政部设置南海小组'文字，标明'南海小组'层级"，似有互相矛盾和推诿之嫌。虽然"内政部"下设有地政司、方域科等涉及南海相关事项，但"南海小组"是由各个部会参加的办事机构，涉及各"部会"协商解决问题、执行方案时，因互为平行单位，"内政部"如何处理"与各部会平行的地位，整合不同意见，顺利推动各项方案"

① 陈素玲：《南海政策纲领科级单位草约内容学者批评草率》，《联合报》（台湾）1992年 8 月 31 日，第 4 版。
② 刘永嘉：《我将成立跨部会功能小组》，《中国时报》（台湾）1995 年 5 月 23 日，第4 版。
③ 刘永嘉：《处理南海问题不能应付了事》，《中国时报》（台湾）1995 年 5 月 13 日，第 2 版。

是一个关键问题。例如，在"内政部"的二次预备会议中，出现相关单位以对南海问题不熟而婉拒参与的场面。①

针对"南海小组"层级较低的问题，民进党籍"立委"姚嘉文建议提升层级，由"国家安全会议"主导"南海小组"事务。吴伯雄不赞同姚嘉文的提议，他指出："南海小组改由国家安全会议主导，并不见得会比现行的架构好。而且以南海海域蕴藏大量的石油以及战略地位价值的重要性，也不宜交由警察人员负责巡海任务。""国安会"副秘书长吴东明从"国安会"的定位出发，指出"'国安会'的定位是'总统'的幕僚咨询机构，不是政策的执行机构"②，其意是否定"国安会"主导"南海小组"的倡议。但是，1994年，"南海小组""专责南海政策"的职能被台湾"国安会"的"周边海域情势汇报"所取代。③

四 结语

20世纪90年代台湾当局为应对复杂的国际形势，积极寻求自身定位，无论是在内部事务还是对外联系上，都希求从"大势中找到可以争取利益的方向"。④ 检视这一时期台湾当局的南海政策，有三方面值得总结思考。

其一，"南海小组"召开会议的次数虽有限，但每次会议都讨论了具体策略和实施计划，强调南海维权以及两岸合作等，有一定的积极意义，其地位被"南海问题机动小组"所取代，体现了台湾当局在南海问题上的政策转变。

"南海小组"作为台湾当局南海政策的咨询和执行机构，成立后共召开了六次会议，第一次会议讨论了《南海政策纲领》及实施要点，

---

① 陈素玲：《南海政策纲领科级单位草约内容学者批评草率》，《联合报》（台湾）1992年8月31日，第4版。

② 林纯德：《南海小组层级无必要提升》，《中央日报》（台湾）1995年12月24日，第4版。

③ 李志德、郑任汶：《美军潜舰活动？军方不证实》，《联合报》（台湾）2008年2月3日，第4版。

④ 社论：《"我国"应及早筹谋因应世界变局》，《中国时报》（台湾）1991年1月2日，第3版。

第二次会议确定了召开学术研讨会和考察太平岛的计划，以后历次会议均讨论年度计划。其中，第五次会议，针对"行政院" 1994 年 10 月通过的《南海问题讨论会议结论分办表》进行详细讨论，达成五点共识。

1995 年 5 月 22 日，面对南海的复杂形势，因"南海小组"无法满足实际需要，台湾当局"内政部"部长黄昆辉遂邀集"国防部"部长蒋仲苓、"外交部"政务次长房金炎等相关部门决策官员，针对南海相关问题进行研议。这次会议达成一致共识，即"南海情势复杂多变，相关部门确有随时集会，研议处理紧急问题必要，不能受'南海小组'定期会议制约，为免贻误处理时机，应成立功能性小组，机动处理相关问题"。关于新成立小组的位阶问题，"内政部"政务次长杨宝发则表示"将不下于南海小组"，但"两组织各有所司，功能性小组处理突发性、动态重大问题，'南海小组'则负责南海政策纲领和例行性、静态事务处理，两者不会出现重叠情形"。① 这个功能小组就是"南海问题机动小组"。其人员构成，台"内政部"地政司原本规划由"'内政部'、'外交部'、'国防部'和'陆委会'四部会首长，和'行政院'秘书长，作为核心成员"②，不过最终成员包括"内政部"、"外交部"、"国防部"、"农委会"四个部会的首长，以及原先并非"南海小组"成员的"国安局长"及"行政院"第一组组长。"南海问题机动小组"的成立，预示着"南海小组"大部分功能被取代，同时也表明"南海小组没有理由再开会"，即使发生紧急情况开会，"决策是大家一起决定的，'内政部'不必一肩挑"。③

"南海小组"的功能弱化反映出台湾当局在南海问题上的矛盾心态，虽想通过"南海小组"运作、规划、指导南海政策和开发计划，但"南海小组"的位阶、效率、部门配合等问题一直没有解决。而"南海问题机动小组"的成立，也同样招致社会质疑声。有评论认为："南海问题核心决策部门又在未邀集相关部门会商下，决定另立门户，

---

① 刘永嘉：《我将成立跨部会功能小组》，《中国时报》（台湾）1995 年 5 月 23 日，第 4 版。

② 刘永嘉：《"南海突发事件处理小组"架构形成》，《中国时报》（台湾）1995 年 6 月 11 日，第 4 版。

③ 林美玲：《南海主权　不必定期开会"宣示"了》，《联合报》（台湾）1995 年 6 月 3 日，第 6 版。

成立组织中的组织，令人不免疑虑，未来处理南海问题，将产生多头马车、叠床架屋的情形。"此外，"冀望借着成立功能小组，争取所谓决策时效，就能掌握处理南海问题先机，无异缘木求鱼"。①

其二，"南海小组"功能弱化，与20世纪90年代台湾当局推行的政治、经济政策密切关联，尤其是90年代中期，随着台湾当局领导人"台独"观念膨胀及"台独"势力增强带来的阻碍，有积极意义的南海政策被束之高阁，取而代之的是敌视大陆、最终放弃与大陆合作的相关政策。

20世纪90年代前期，台湾当局一方面声称拥有南海"主权"，同时建议"筹设国际开发公司开发此一区域内的资源"，并反对"任何引发争端的挑衅行为"，② 还积极探寻与大陆合作开发维权的可能性。

1995年6月，李登辉以"私人身份"访美，在康奈尔大学发表演讲中提到"中华民国在台湾"或"在台湾的中华民国"，就是为"两个中国"或"一中一台"制造舆论。③ 其分裂国土的行径受到海内外广泛批评，引起1996年"台海危机"。随后，台湾当局在"戒急用忍，行稳致远"方针指导下，通过加强与东南亚国家的贸易、投资，推行"南进"策略，台湾当局南海政策逐渐发生转变，"南海小组"提出的两岸合作开发计划无法得到有力支持，而台湾当局对菲律宾、越南的非法侵占南海岛礁事件也仅是口头表达抗议。

其三，南海的战略地位和丰富资源对大陆和台湾的重要性不言而喻，两岸本为一家，面对越南、菲律宾等国日益激烈的海域争夺，及"台独"势力分裂阴谋和某些大国因素的干扰，全体中国人更应携手，搁置争议，放弃前嫌，增强互信，共同维权，达到双赢。

"保七巡航"折返后，李登辉曾说"护渔不必跑那么远嘛"，反映出台湾当局在南海维权问题上的进退不前，摇摆不定，甚至有"不作为"之考量。有报道指出李登辉的表态还成为"内政部"的"护身

① 刘永嘉:《组织增设能提高南海处理能力?》,《中国时报》(台湾)1995年5月23日,第4版。
② 曾建华:《设国际公司　开发南海资源》,《中国时报》(台湾)1995年4月13日,第1版。
③ 国务院台湾事务办公室新闻局编《鼓吹分裂的自供状——李登辉在康奈尔大学演讲评论文章汇编》,九洲图书出版社,1995,第2页。

符"，凸显南海情势风云诡谲下，"内政部"不愿再去碰触这个棘手问题。报道还对李登辉的言论进行批评，指出南海问题"不会因为'内政部'不愿碰触就不存在，如何协调南海问题，或是共同开发南海资源，都需要政府部门明确而可行的规划。当东南亚诸国环伺南海诸岛之际，我们缺席太久等于自我断绝我在南海的发言权"。① 实际上，台湾社会从"南海小组"成立起就对当局南海政策有所批评，更有一些政界学界人士提出积极建议，其中就有两岸中国人应合作维权。

20 世纪 90 年代以来，两岸虽未建立长效的政治互信机制，但在"九二共识"的框架下，在南海问题上有共通之处。如两岸都主张以和平方式处理争端，对他国的主权声明均表示抗议等，而在国际上"形成相互促进的正面积极关系，更是两岸面对南海问题必须有的认知"。② 有媒体建议："在'一个中国'的前提下，两岸应共同强化对南海的主权主张，并暂时放下中国内部的主权之争，而在对外的主权主张上亦应立场一致，并以充分的默契代替主权的对抗。"③ 有媒体还呼吁两岸共同开发海域资源，勿因政治分歧影响共赢格局。"无论是海底石油合作探勘、开发或者渔业的合作，都是两岸共同利益之所在，但能否体现这种共同利益，加强互补互利的经济关系，其关键就在于能否真正搁置主权争议，不以政治分歧影响双方经济的合作。"④ 1996 年，有学者指出："基于南中海为中国领土之立场，两岸可在国际间就南海问题进行联手合作。"同时，他还建议在两岸参加南海会议前夕，"先行交换意见，沟通协调，与会时使两岸较有默契，不至于产生摩擦，互相掣肘，抵消实力，而应共同维护中国在南海之领土完整与合法权益，勿使其他国家乘虚而入，坐收渔利"。⑤ 国际法专家、前"立法委员"傅崐成基本认同"搁置争议、共同开发"的原则，他认为，两岸在"理性自制与智

---

① 林美玲：《南海主权　不必定期开会"宣示"了》，《联合报》（台湾）1995 年 6 月 3 日，第 6 版。

② 李英明：《南海合作　两岸共同面向国际》，《联合报》（台湾）2012 年 4 月 26 日，第 15 版。

③ 社论：《两岸应共同维护南海主权促进南海合作》，《中国时报》（台湾）1993 年 6 月 2 日，第 3 版。

④ 社论：《排除两岸政治障碍　共同开发海域资源》，《中国时报》（台湾）1995 年 8 月 31 日，第 3 版。

⑤ 赵国材：《论南中国海政策及南沙群岛问题》，《海峡评论》（台湾）1996 年第 71 期。

慧的安排之下，已经暂时成功地建立了各自有效管领地区内的领海基点、基线，为中国人民海洋权利的主张，奠定了良好的基础"。① 展望未来，他提出两岸双方应进一步深化合作，例如可以先建立一个"包含整个中国内地的'两岸四地自由贸易区'"，傅崐成还提出两岸的中国人，应"加紧对于南海岛礁与水域的法律地位的研究，以有效维护中国人对此一广大水域及众多岛礁的主权主张"。②

就两岸南海合作维权来看，台湾当局仍有较多顾虑，担忧"一旦台湾与大陆走的太近，此将为台美关系带来负面影响"，③ 有报道直接指出："南海问题实质上是美中关系问题。美国自然要台湾追随其南海策略，不会容忍两岸就此联手。"④ 鉴于此，马英九执政时期台湾当局对"两岸共同开发南海资源"的建议"仍然采取相当保守的态度"。⑤

进入 21 世纪以来，随着南海形势不断升温，美国也在"重返亚洲"战略下，与日本巩固同盟关系，插手南海事务，对中国南海维权指手画脚，而现实是："中国南海传统海疆线内的海域有 80 万平方公里被他国非法划入其版图。其中菲律宾分割中国海域面积达 41 万平方公里；马来西亚分割中国海域面积达 27 万平方公里；越南分割 7 万平方公里；印尼分割 5 万平方公里；文莱也分割我部分海域。"⑥ 因此笔者赞同："两岸联手开发南海资源，对于解决当前南海海域和领土主权争议问题，具有正面积极的功能。"⑦ 南海形势复杂化、严峻化的今天，两岸本为一家，维护南海主权是中华民族的整体利益，是全体中国人义不容辞的责任。台湾与大陆在南海问题上，是牵一发动全身、一荣俱荣一损俱损

---

① 傅崐成：《中国人民海洋权利之主张——谈两岸基线之划定公布》，《海峡评论》（台湾）1999 年 3 月号第 99 期。

② 傅崐成：《南海国际合作的法律依据与区隔》，傅崐成、水秉和主编《中国与南中国海问题》，第 341～342 页。

③ 宋燕辉：《台湾如何参与南海事务》，《中国时报》（台湾）2011 年 1 月 23 日，第 13 版。

④ 赖锦宏：《夹在美国、大陆间 台湾难为小》，《联合报》（台湾）2011 年 8 月 5 日，第 3 版。

⑤ 宋燕辉：《台湾如何参与南海事务》，《中国时报》（台湾）2011 年 1 月 23 日，第 13 版。

⑥ 吴纯光编著《太平洋上的较量：当代中国的海洋战略问题》，今日中国出版社，1998，第 386 页。

⑦ 康添财：《开发南海优先考虑两岸合作》，《中国时报》（台湾）1992 年 8 月 30 日，第 1 版。

的关系。台湾当局割裂与大陆的联系或者在南海维权问题上的消极被动，只会给台湾自身发展带来桎梏。无论是钓鱼岛问题还是南海问题，唯有全体中国人携起手来，搁置争议，增强互信，共同维权，方是良策、上策。

原载《中国边疆史地研究》2015 年第 4 期

天使与魔鬼，历史与现实：新世纪以来网络义和团运动论帖评述

袁　博[*]

　　一百多年前中国北方爆发的义和团运动，作为中国近代史上具有深远影响的重大历史事件，在新中国成立之后特别是改革开放以来的学术史上曾长期受到重视。不仅有诸多论著出版发行，还多次召开学术讨论会，涌现出了大量研究成果，分别就义和团运动的起因、组织源流及评价、义和团与清政府、义和团与基督教来华传教士、义和团与八国联军侵华、义和团与近代中国社会变迁等问题，从事件、经历和神话的角度做了论述与研究，就一些问题达成一致，也存在个别争议，但基本上反映了当时国内的政治气候和学术观念。

　　二十一世纪以来，中国迅速进入网络普及化阶段。各类论坛、博客、微博、微信等如雨后春笋般涌现，成为人们交流观点、发表言论、表明态度的重要平台。其中发表的历史文章占很高比例，多数为历史爱好者所写，也有专业史学工作者投入，普通民众也参与其中。它们多与改革开放时代中国特定的社会政治思想背景、重要事件或重要历史纪念日密切相关，因此这些讨论既有一定的历史学术性，也不乏社会现实的影射性。二十一世纪以来，中华民族伟大复兴正处于实现关键时刻，中国与外国特别是与美、日、韩的新旧矛盾日益凸显，许多所谓的"爱国人士"组织或发起一些"爱国活动"，使网友联想到百年前的义和团。所以十几年来网络上关于义和团的文章层出不穷，一度使"义和团"成为新时代的流行语。引发广泛争论的一些文章是对新中国成立以来关

＊　袁博，山东大学历史文化学院博士研究生。

于"义和团是伟大反帝爱国运动"的传统主流观点的质疑和否定。这些网络文章所体现的学术性和现实性非常值得近代史学界特别是中国义和团研究者高度关注。兹择其要者，加以简略评述。

一　误国与爱国：关于义和团的评价问题

关于义和团运动的评价问题，自其发生之日起就各不相同，包括同一时期并存的不同评价和同一评论者在不同时期的不同评价，以致有人认为义和团被捧或被骂，"无非都是被曲解为政治符号罢了"[①]。

十九世纪末二十世纪初，对于正在学习西方、自觉追求"文明"的中国知识界来说，义和团的发生无疑是个关键事件。在二十世纪二十年代之前，一些知识分子如邹容、鲁迅、蔡元培、李大钊、陈独秀等人认为义和团是迷信排外、非理性、野蛮、反时代潮流的革命，他们都用模仿西方的言行举止与义和团的"野蛮"划清界限。新中国成立后，学术界全面肯定农民战争，对义和团的反帝爱国性质也是大力颂扬的。特别是到极左思潮泛滥的"文革"时期，由于特殊的政治需要，义和团被美化甚至神话化，被赞誉为"人民运动"，对义和团的态度几乎成了衡量近代史学界学者阶级立场和政治态度的风向标和试金石。当今学术界主流观点认为义和团运动是一场反帝爱国运动。随着近年来政治思想界环境的进一步宽松和学术界思想观念的进一步解放，关于义和团的评价出现了一些与主流观点不同甚至相反的声音，如袁伟时、侯宜杰、袁腾飞、傅国涌等人对其爱国性质、反帝反封建性质的否定与批判，这些观点在网民中也产生了回响，并争论不休。

（一）否定义和团：误国、暴力、反文明

近些年，随着"实现中华民族伟大复兴"口号的提出，并逐渐成为全中国第一主流思想命题与新时代爱国主义的主旋律，网络上在对义和团进行讨论时，难免对其反帝爱国主义性质和历史价值进行重新定

---

① 关不羽：《突然想到义和团》，发表于天涯论坛，http://bbs.tianya.cn/post-no01-383889-1.shtml，2008 年 4 月 12 日。

位、评估。加之当代社会不时出现一些极端排外行为，引发了人们对义和团的广泛关注，尤其在如何看待和评价义和团运动的问题上。此外，改革开放后中国与世界联系、交流频繁，导致许多人对近代史上具有强烈排外色彩的义和团产生反感。因此，伴随着互联网时代的到来，民众或直接署名，或匿名潜水趁机在网上大谈鄙视、否定义和团的观点，对于主流学术界和各种相关中国近代史教科书上一贯秉持的"义和团是一场伟大的反帝爱国运动"观点，提出了带有特定时代背景色彩的种种质疑。

否定义和团的反帝爱国性质成为很多网友的共同观点。他们认为后世对义和团诸如"打击了帝国主义列强"、"民族精神的觉醒"之类的褒扬，或出于对义和团的同情，或出于政治意识形态宣传的需要，而不是出于对事实的理性客观判断。因此认为义和团与"反对帝国主义"风马牛不相及，与其说义和团是反帝爱国，不如说是反洋教、仇外、仇西洋文明。"这个'反帝'的头衔实在是太过牵强，因为他们分明就是不分青红皂白的'反洋'，而且是反对一切与洋有关的东西，包括铁路、轮船、电线杆等等。至于'爱国'更是何以见得，光是被他们杀死的国人数量远远在洋人之上，最后还害的中国人又受一次耻辱，说'害国'恐怕更为确切。"①《为什么中国的"爱国者"还是义和团的水平》干脆将义和团运动说成是一次彻头彻尾的愚昧迷信的运动，而愚民的行为得到了专制独裁者的支持，使其"爱国"变成了"误国"和"害国"，义和团被美化完全是出于政治需要，曲解了义和团反文明的历史本质，因此它只是一次被少数愚民发动，又被少数独裁者和顽固派利用，致使中国差点被瓜分，给中华民族带来巨大危害的封建迷信盲目排外的局部性暴乱。②《再看义和团：是"爱国主义"还是一场闹剧》一文则用更尖锐的语言批判了义和团运动，将其总结为一场疯狂、荒唐、可悲的运动，是一场"没有理性与原则的抗暴斗争，没有思想与智慧的群体性运动"，正因为失去良知和准绳的无原则杀戮，使它演化成

① 《义和团的真相：笼罩中国 100 年阴影》，发表于铁血历史论坛，http://bbs. tiexue. net/post_2757521_1. html#2651949-qzone-1-10275-5f1155817d59c2b6cddbc953c4aa0f872004 年 7 月 3 日。

② 周舆：《为什么中国的"爱国者"还是义和团的水平》，发表于新浪博客，http://blog. sina. com. cn/s/blog_6242e62b0100go3k. html，2009 年 11 月 18 日。

了一场民族悲剧。因此，义和团终究只是一场闹剧。① 也有网友指出"义和团只是利益集团争权夺利的工具，根本不是什么反帝爱国运动"②，他们在面对外国侵略者时畏缩不前，更没消灭多少洋兵。③ 有的网友则将义和团的爱国说成是一把双刃剑，是狭隘的、暴民的爱国主义，《义和团血腥的爱国主义》极力说明义和团是"血腥爱国"，作者虽不否认义和团的爱国性，但认为他们的热情用错了方向，产生了巨大的破坏力。④

　　从这些网络文章来看，他们完全否定和批判义和团的理由大多从义和团的野蛮暴力、愚昧无知与盲目排外入手。如列举义和团的残酷暴行，包括抢教民财物、烧教堂、杀洋人、拆铁路、拔电杆，毁坏火轮船、攻占使馆等，肆意妄为，对在"反帝"时杀戮同胞毫不手软，对"大毛子"、"二毛子"直至"十毛子"的严厉打击。关于义和团的滥杀问题，有网友专门指出："义和团运动造成的死亡人数中，绝大多数是中国人。外国人与中国人的死亡人数完全不成比例。"⑤ "在整个义和团运动中，一共有两万三千多中国教民被杀害，许多人是老人、妇女和孩子，还有教会收养的孤儿。"⑥ 用实例说明这种不分青红皂白的滥杀是不折不扣的暴行。因此，这些网友认为义和团拳民是"排外暴民"⑦，将义和团运动定性为一场"疯狂的宗教迫害和种族灭绝"运动⑧，一场

---

① 张嵚：《再看义和团：是爱国主义还是一场闹剧》，发表于凤凰历史，http://news.ifeng.com/history/minjianshuoshi/zhangqin/201002/0202_8576_1533970.shtml，2010年2月2日。

② 真相帝001：《义和团真相》，发表于脚爆爆，http://www.wcjbb.com/thread-259486-1-1.html，2012年10月6日。

③ 《真实的义和团》，发表于铁血历史论坛，http://bbs.tiexue.net/post_9970713_1.html，2015年11月12日。

④ 《义和团血腥的爱国主义》，发表于新浪博客，http://blog.sina.com.cn/s/blog_48b0011f0102e67o.html，2012年8月21日。

⑤ 《对义和团运动以及八国联军侵华事件的5个中性评价》，发表于搜狐，http://mt.sohu.com/20160424/n445898440.shtml##2，2016年4月24日。

⑥ 《要爱国，义和团不是榜样》，发表于搜狐文化，http://cul.sohu.com/s2012/yihetuan/，2012年9月19日。

⑦ 《义和团究竟是可恨之人，还是可怜之人?》，发表于腾讯历史，http://view.news.qq.com/a/20160722/003169.htm，2016年7月22日。

⑧ 《义和团运动，其实就是一场疯狂的宗教迫害和种族灭绝》，发表于天涯论坛，http://bbs.tianya.cn/post-worldlook-489664-1.shtml。

以"扶清灭洋"、"反清灭洋"为口号的大规模群众暴力运动①,"一种非常落后的,用封建迷信、反动的会道门式组织形式的运动"②,"一场借铲除外国列强横行中国之名,行满足个人私欲之实的暴乱"③,还有的甚至将义和团说成是"一场大规模的群众性抓内贼、杀汉奸运动"④。

此外,义和团"降神附体"、"刀枪不入"等仪式被一些网友认定为是义和团愚昧迷信的集中体现,其秘密除了来源于对侵略者的仇视、对封建迷信的顽固外,还有更羞为人道的秘密——"让领导先走"⑤,即斗争中让义和团小将牺牲,老师、师兄先走。故他们认为义和团是"邪教"⑥,是"迷信色彩很重的民间帮会组织"⑦,是对中国现代器物的反动,是"群魔乱舞"、"愚昧文盲的闹剧"⑧,不仅"把自己给忽悠了"⑨,而且于国家、民族百害而无一利。还有一些网友将八国联军侵华、瓜分中国的事实归为义和团运动带来的严重后果,认为义和团"并没有对当时的中国产生有利的影响,反倒是帮了帝国主义的忙"⑩,为列强提供了借口,实际促成了列强的武装入侵,使中国遭受严重损失。

除上述引文外,在一些网文的评论或留言中,"暴行"、"暴乱"、"愚昧"、"落后"等词频繁出现,丑化、辱骂义和团的字眼也不时出

---

① 《关于义和团与文革运动中民族暴行的讨论》,发表于天涯论坛,http://bbs. tianya. cn/post-no05-212907-1. shtml,2011 年 10 月 12 日。

② 西洋楼主人:《感天动地的义和团运动》,发表于中华网论坛,http://club. china. com/data/thread/1011/121/32/20/9_1. html,2007 年 12 月 18 日。

③ 万言输一默:《关于义和团与文革运动中民族暴行的讨论》,发表于天涯论坛,http://bbs. tianya. cn/post-no05-212907-1. shtml,2011 年 10 月 12 日。

④ 小顽熊大义:《爱国不能拿义和团做榜样》,发表于新浪博客,http://blog. sina. com. cn/s/blog_64892f210101b6ux. html,2012 年 10 月 10 日,。

⑤ 《义和团真的是"爱国"的英雄》,2011 年 9 月 7 日发表于凤凰网历史《真相》第 4 期,http://news. ifeng. com/history/zhongguojindaishi/special/jiaokeshuzhenxiang4/,2011 年 9 月 7 日。

⑥ 无甚名:《重评义和团》,发布于凯迪社区猫眼看人,http://club. kdnet. net/dispbbs. asp?boardid=1&id=316082,2005 年 2 月 14 日。

⑦ 如易 99:《祸国三大怪胎:义和团、红卫兵、爱国贼》,发表于天涯论坛,http://bbs. tianya. cn/post-free-2772337-1. shtml,2012 年 9 月 17 日。

⑧ 卢东奥:《义和团的真面目》,发表于天涯论坛,http://bbs. tianya. cn/post-free-3692004-1. shtml,2013 年 9 月 27 日。

⑨ 《义和团最后是怎么把自己忽悠了的》,发表于猎奇吧历史趣闻,http://www. lieqiba. com/lishiquwen/17053. html,2015 年 4 月 11 日。

⑩ 《对义和团运动以及八国联军侵华事件的 5 个中性评价》,发表于搜狐社区,http://mt. sohu. com/20160424/n445898440. shtml##2,2016 年 4 月 24 日。

现，这就很明确地说明了这些网友对义和团的态度和评价。这些非历史学研究出身的网民们凭借着自己对历史碎片的了解便全盘否定了义和团，完全忽视了义和团运动爆发的背景及深刻原因，更没有把义和团放置到特定的晚清时期中外民族矛盾急剧冲突的历史大背景下做学术性考量，而从改革开放时代的眼光和标准来苛求性地贬抑义和团，从而形成对义和团不正确、不客观的认识。

（二）肯定义和团：正义、反帝

针对上述消极言论，许多网友也持不同意见，从不同角度撰文给予了辩驳。如有的网友认为用爱国运动中出现的暴力来否定爱国运动是毫无说服力的，因为"帝国主义侵略从来不是文质彬彬的，都是极端暴力的，对付这种侵略，不暴力是不可能的"。① 《从皇太后和普通民众的描述看义和团的纪律》一文利用大量民间调查资料和历史文献，说明义和团运动初期其纪律严明，并不伤害良民百姓。② 《感天动地的义和团运动》认为教会不是一种单纯的宗教组织，而是有着相当强烈的政治色彩，传教士充当了帝国主义侵华的急先锋，洋教成为帝国主义侵华的工具，因此义和团的"反洋教"并非是愚昧、反文明的举动，而是正义的。③ 《我看义和团的真面目》比较客观地评价了义和团运动，认为肯定义和团运动具有反帝性质，并不是完全否认义和团运动存在诸多的落后面和消极面，揭露这些消极面，有助于认识历史的本相，从中吸取教训，但不应抹杀中国人民正义的反帝斗争。④ 《义和团不是"非理性暴民"的代名词》虽不否认义和团的主要攻击对象主要是本国教民，但论证了教民成为义和拳主要攻击目标的原因，是他们已蜕变成凌驾于普通乡民之上的特权阶层，并不断欺压百姓，才迫使普通农民加入义和团，因此其反抗是理性、正义的。⑤

---

① 《义和团有什么不对吗？》，发表于知乎，https：//www.zhihu.com/question/25000010，2014年4月30日。

② 子乔：《从皇太后和普通民众的描述看义和团的纪律》，发表于天涯论坛，http：//bbs.tianya.cn/post-no01-179901-1.shtml，2005年9月10日。

③ 西洋楼主人：《感天动地的义和团运动》，发表于中华网论坛，http：//club.china.com/data/thread/1011/121/32/20/9_1.html，2007年12月18日。

④ 周育民：《我看义和团的真面目》，发表于共识网，http：//www.21ccom.net/articles/lsjd/lccz/article_2012092468263.html，2012年9月24日。

⑤ 《义和团不是"非理性暴民"的代名词》，发表于腾讯评论，http：//www.ddj.com.cn/forum.php?mod=viewthread&tid=9382，2012年9月30日。

《还原真相：伟大的义和团反帝爱国运动》针对有人将 2012 年 9 月的
"抵日爱国运动"类比义和团，批驳、诽谤义和团，分析了义和团的战
斗口号和檄文，认为在尖锐的民族斗争和阶级斗争中，抗击列强的军
事、政治、经济、文化侵略和压迫，镇压汉奸、卖国贼、贪官污吏，维
护祖国的主权独立、领土完整、民族尊严，推翻封建统治，才是义和团
的战斗目标。①《国人对义和团的评价为何如此自虐》通过回顾百年来
中国对义和团的评价，引述今人对义和团的全面否定言论，主张"还原
历史现场，厘清前因后果"，质疑其所引述关于义和团暴行材料的来源
和真实性，认为平民组织义和团反洋教，并非盲目排外，而是为了对抗
教民对自身利益的侵害；拳民拆毁铁路、电线杆，并非敌视西方文明，
而是出于自保的现实需要；围攻使馆区的也不是义和团，而是清军。②

2006 年初，中山大学袁伟时教授发文对义和团运动的"反帝反封
建"性质进行了强烈的批判性解读，这不仅激起了学术界的讨论（《冰
点》事件），更引发了网友的热议。虽然他的观点得到了一些网友的支
持，但也遭到了许多网友的反对。《就义和团运动的一些史实与袁伟时
先生商榷》③ 和《再论义和团拆毁铁路电杆的主要原因——兼回袁伟时
先生》④ 是两篇影响较大的文章，有百余位网友留言。名为"子乔"的
网友认为义和团摧毁其他外来事物以及滥杀洋人、教民的行为，与抵抗
侵略没有直接关系，这主要发生在联军入侵之后的三个月内，明显以发
泄仇恨为主，将其定性为单纯的"敌视现代文明"是不准确的。他们
拆毁铁路、电杆的原因不是单一的，"首先应是作战需要，其次是发泄
仇恨（形成仇恨的具体原因也很多），再次才是观念落后。摧毁与军事
无关的洋物主要因为后两者"。他还利用大量文字和口述史料，说明义
和团虽为极端的反洋教组织，但"大部分义和团在大部分时期并不主动
侵害非教民"。《矫枉过正：义和团运动真相》一文与上述观点类似，

---

① 苦竹：《还原真相：伟大的义和团反帝爱国运动》，发表于红歌会网，http://www.szhgh.
com/html/01/n-16101.html，2012 年 11 月 25 日。
② 《国人对义和团的评价为何如此自虐》，发表于腾讯评论，http://view.news.qq.com/
a/20131023/002435.htm，2013 年 10 月 23 日。
③ 子乔：《就义和团运动的一些史实与袁伟时先生商榷》，发表于天涯论坛，http://
bbs.tianya.cn/post-no05-32355-1.shtml，2006 年 1 月 22 日。
④ 子乔：《再论义和团拆毁铁路电杆的主要原因——兼回袁伟时先生》，发表于天涯论
坛，http://bbs.tianya.cn/post-worldlook-99973-1.shtml，2006 年 3 月 15 日。

认为"其行为虽然过激，但与'敌视现代文明'毫无关系"。因为拆毁铁路等行为是防止清军调兵和打击报复洋人，而且清军正规军也受令拆毁铁路以阻挡敌军。作者在不否认义和团具有强烈的报复洋人的情绪基础上，认为"义和团敌视的主要不是现代文明本身，而是被敌人用作侵略工具、镇压工具或具有侵略背景的具体事物"。①《论袁伟时"13 点"及义和团运动》针锋相对地对袁的观点进行了反驳，认为义和团并非蓄意破坏财产，也不应为中国灾难负责。②

　　除此，一些网络文章还从其他视角对义和团运动给予了正面评价。如《妖魔化义和团运动的背后》③ 指出义和团的所有罪恶丑行全是清王朝和中国文人"精英"通过言传身教强加于人弄出来的，而非义和团自己的发明创造，所有对义和团的批判与指责都是文人为了一己私利而故意妖魔化的结果。我们抛开其观点正确与否，作者的全球发展战略和精英文化视角却不乏新意。《如果没有义和团，中国早已分崩离析》④借助当时国际正义之士如列宁、倍倍尔、马克·吐温等人的言论，力证义和团运动的正义性以及他们对中国人反帝爱国运动的同情与支持。《1840—1960：义和团的世纪魔咒》⑤ 从中西关系史角度分析了义和团运动的深远影响，它"决定了 20 世纪或者更长时间内中国的命运、中西关系与世界格局"。自义和团运动之后的中国对抗西方扩张势力由官方发展为民间即社会底层大众，产生了激进的民族主义精神，并酿成不断的革命，改变了中国的命运。这些论述均有助于促进义和团研究的多样化发展，从更多方面评价、审视义和团运动。

　　总之，近些年网络上关于义和团的文帖层出不穷。它们对义和团或否定批判，或赞誉有加，亦或客观看待，从不同视角对义和团运动进行了评价与分析。在言论自由的网络空间里，大家针锋相对、各执一词，

---

① 子乔：《矫枉过正：义和团运动真相》，发表于天涯论坛，http://bbs.tianya.cn/post-no01-139691-1.shtml，2005 年 3 月 14 日。
② 冰冷的眼神：《论袁伟时"13 点"及义和团运动》，发表于天涯论坛，http://bbs.tianya.cn/post-no05-171647-1.shtml，2010 年 9 月 8 日。
③ 蜀上青天：《妖魔化义和团运动的背后》，发表于天涯论坛，http://bbs.tianya.cn/post-worldlook-595088-1.shtml，2012 年 10 月 14 日。
④ 《如果没有义和团，中国早已分崩离析》，发表于天涯论坛，http://bbs.tianya.cn/post-worldlook-606047-1.shtml，2012 年 10 月 29 日。
⑤ 《1840—1960：义和团的世纪魔咒》，发表于网易历史，http://history.book.163.com/10/0219/09/5VSHGJ66009244K2.html，2010 年 2 月 19 日。

叙述着自己心中的义和团。

二 网评义和团的意义与流弊

虽然义和团运动过去了一个多世纪，有时看来已经从人们的视线中消退，但只要条件适宜，它总会再次进入大众的视野，成为讨论的话题。网络上评议义和团运动的文章远不止上述这些，各大主流网络平台如腾讯、新浪、网易、天涯、搜狐、凤凰网都有相关文章刊登。因此这些文章得到了较多关注，对广大网友产生了不小影响。

总体来看，这些网络文章有一定的积极意义。如在相对宽松自由的环境下，它们多采用通俗语言，添加网络时髦用词，增强了情节性，为严谨规范、枯燥乏味的专业研究注入了新鲜血液，弥补了学术研究的不足，丰富了学术研究的内容。它们敢于向传统历史观点提出挑战，对现实也有影射意义，推动了历史研究向更多元、更独立的方向发展，对未来学术界关于义和团运动史研究的进一步深化也将产生不可忽视的学术影响。如《国人对义和团的评价为何如此自虐》一文所提出的，史学工作者应抛弃"浇现实之块垒"①的心态，心平气和评价义和团。这就启发史学工作者不应受到现实因素的影响，必须研究历史真相，以一种更加尊重历史现实的态度面对和进入历史。另外，这些文章对于警醒国人坚持正义、理性爱国也有积极作用。

同时，我们更应该看到这些网络文章大多表述随意，个人情感占上风，史料运用不丰富，以偏概全，论述也难免有些随心所欲、牵强附会，甚至不乏一些过分偏激之论和不符合史实之说。如否定义和团的反帝爱国性质；夸大义和团运动对中国局势造成的严重后果；认不清教会、传教士的本质等。这其中还存在一些丑化、辱骂义和团的文章、评论。这就提醒我们必须时刻警惕其中蕴含的历史虚无主义倾向。近些年，历史虚无主义打着"学术反思"的旗号，借"还原历史"、"重写历史"之名，否定党史、歪曲国史，常以否定中国近代革命为切入点，

---

① 《国人对义和团的评价为何如此自虐》，发表于腾讯评论，http://view.news.qq.com/a/20131023/002435.htm，2013年10月23日。

否定中国人民的反侵略斗争，否定太平天国、义和团、辛亥革命等。这种历史观无视历史现象的内在联系和因果关系，无视历史规律，不仅对历史学研究造成危害，而且通过大众传媒对广大民众思想造成干扰。虽然学术界乃至政府都对这一现象进行了批判，但民间仍有相关言论流行。意识形态领域的斗争是看不见硝烟的，网络意识形态的斗争更是残酷无情的，面对不正确的言论我们必须敢于斗争、敢于亮剑。

义和团运动是清末乃至整个中国近代史中重要的篇章，它的反帝爱国性质是毋庸置疑的。尽管义和团的行动中存有大量迷信、落后的成分，拳民也并不知道何谓帝国主义，但他们的斗争方向是符合反帝的大方向的，是革命的、正义的。马克思曾说："英国发动鸦片战争以及资本－帝国主义列强侵略中国是非正义的。"因此义和团作为殖民地半殖民地民族反抗西方列强和侵略的斗争，是近代中国爱国主义的一种，是具有历史合理性的。义和团拆毁铁路、电线杆的行为更不是反文明、反现代化的表现，而是出于作战需要，出于对其生存带来危机的西方事物的仇视。对于义和团的这些排外行为，我们不能简单地从反文明、反人类、反现代化的角度看，而应着眼帝国主义侵略的大局，因为帝国主义积极对华侵略导致了义和团灭洋排外的态度。作为以农民为主体的松散组织，义和团的认知能力是有时代和阶级局限的，这决定了他们反抗帝国主义侵略所采取手段的局限性与不成熟，"义和团的排外主义实质上是农民阶级有历史局限性的民族革命思想，也是中国人民反抗帝国主义侵略的原始形式"。[①] 这可以说是近代中国人民反帝斗争初期的共同特点，也是反帝斗争过程的必然阶段。至于义和团导致八国联军的说法更是无稽之谈。诸多研究和史料已充分证明 1900 年 5 月 31 日各国军队入京之前，义和团并未有杀传教士、焚毁教堂、破坏铁路和电线杆等行为。洋兵入京才是义和团向深处发展的根源，并且八国联军在出兵前帝国主义就有瓜分中国之说，侵略才是列强的本质。恰恰相反，义和团在阻止列强瓜分中国方面发挥了重要作用，其背后隐藏了民族主义的觉醒，展示了国民的英勇，振奋了国民的精神。

虽然上述观点已得到学术界认可，但广大的普通民众却并不了解学

---

① 朱东安、张海鹏、刘建一：《应当如何看待义和团的排外主义》，《近代史研究》1981 年第 2 期。

术界关于义和团运动的研究，他们只是通过教材、书籍或网络了解相关内容，站在现代文明的角度去评判历史、苛求古人，易对义和团的性质、影响等问题形成错解，发出错误的甚至带有煽动性的言论，产生不良的社会影响。因此，民众对义和团运动妖魔化的评价需要专业的史学研究时刻给予关注和纠正。这也说明精英文化与大众文化之间存在着张力。学术界不断追求真实的历史，民众则顽固地存在着一些偏见。所以史学工作者不仅在梳理史实、还原历史、客观评价历史事件上有重要责任，把研究成果介绍给民众，与大众读者对话，让史学研究通俗化、普及化，也是其重要任务。当然，这一切都是建立在坚决反对历史虚无主义、坚持唯物史观的前提下的。让研究成果走入大众视野，使民众形成正确的历史观是历史研究价值和意义的重要体现。

历史研究的另一个使命是为现实提供经验和教训。习近平指出："观察历史的中国是观察当代中国的一个重要角度。不了解中国历史和文化，尤其是不了解近代以来的中国历史和文化，就很难全面把握当代中国的社会状况，很难全面把握当代中国人民的抱负和梦想，很难全面把握中国人民选择的发展道路。"① 历史与现实有着复杂而密切的联系。就义和团问题来说，因历史上义和团的某些排外表现，网友给现实中的一些行为贴上了"义和团"的标签，赋予其全新、复杂的内涵。如将"文化大革命"中的红卫兵比作义和团，将渴盼中国外交强硬和激烈排外的"愤青"比作义和团，将当代社会反党反政府分子比作义和团，将现存的排外、盲目、激进、暴戾之气类比"义和团心态"。2012 年因钓鱼岛争端发生的抵日事件、2016 年夏抵制围堵肯德基事件和同年末的邓相超事件等都使"义和团"成为网络热词，引起了人们的关注与议论。尽管这些对比十分不恰当，漠视了义和团的正面意义，却说明历史上的义和团在现实中的影射。

另外，义和团对待西物的态度也引起了当今国人对如何看待西方、向西方学习，以及面对西方的两面性如何爱国等问题的思考。中国是在西方坚船利炮下步入近代的，所以欧美列强在近代中国扮演了"魔鬼"与"天使"的双重角色。对待西方的态度也成为近代中国能否实现民

---

① 《习近平致信祝贺第二十二届国际历史科学大会开幕》，《人民日报》2015 年 8 月 24 日，第 1 版。

族独立和国家富强及走向现代化国家的关键。近代中国的大门被打开后，国内出现了对待西方的不同思路：学习西方或抱残守缺。在经历了近代中国百年的发展后，许多人仍坚持后一种看法，认为"爱国"必须说中国一切都好，不赞成向西方学习。因而，网络上的一些文章对这一看法进行了批评，认为只有向西方学习，才能与之竞争。有些民众则走得更远，盲目崇拜西方，鼓吹西方文明。经过几十年的改革开放，我们应看到中国在向西方敞开大门，学习西方的先进文化、技术、思想等内容的同时，资本主义腐朽的内容也随之而来，使中国的现代化始终处于一种两难的困境中。这也是有人反对中国开放的原因。即使在当今社会，面对西方资本主义中的腐朽内容，我们应如何面对，应如何从历史中吸取经验教训来面对西方，仍是值得深思的问题。中国人对待西方爱憎交加的矛盾情结或许也是为何至今民众对义和团评价仍有争议的原因之一。

总之，因为现实的反照，义和团的研究才会常研常新。史学家李侃先生曾说："义和团运动有它不容抹杀的历史功绩，也有它不可讳言的严重弱点和缺陷；有它的时代光辉，也有它自身的污垢。"① 义和团不是妖魔，也不是天使，而是活生生的"人"。因此，只有将其放到特定时期和历史语境中，才能客观审视、展现中国曾经走过的那段真实的历史；只有密切联系现实，才能赋予义和团全新的意义。

---

① 李侃：《关于义和团运动评价问题》，载路遥编《义和团运动》，巴蜀书社，1985，第176页。

论史学研究的"实"与"虚"

武吉庆[*]

历史学作为一门相当古老且历久弥新的学科，它的本质、对象、功能、规范和方法，曾被包括历史职业研究人员在内的不同层次群体的人们，在不同的时代，从不同的角度，不止千百次地思考和研究过。然而，在对其内在理论、实践和外在社会、人生之间关系的认识上，人们依然存在着诸多严重的分歧，由此引出的关乎史学研究的"实"与"虚"问题的见解，亦是见仁见智。笔者认为，从不同角度厘清"虚""实"关系，把握"虚""实"之度，必将有利于澄清人们的某些模糊认识，促使其更为深入地思考诸如史学本质、史学功能、史学撰著、史学现实性与历时性等根本性问题。

一

从史家在学术追求与现实取向之间所持的态度不同这一角度而言，专意于学术本真者，可谓之为"虚"，热衷于史学经世者，可谓之为"实"。不同的历史时期内，史家在这一意义上的"虚""实"态度，必然要打上时代和社会的烙印。其所表现出的具体变化和差异，概由以下四端决定。

（一）社会政治环境的制约作用

在史学发展史上，现实对学术发挥制约作用的一般规律是：当内忧

---

* 武吉庆，中国社会科学院近代史研究所访问学者，现任河北师范大学历史文化学院教授。

外患交相煎迫、政治压力相对减轻时，史学每每倡言经世致用，关心国计民生（晚清史学尤为典型）；当社会环境相对安定、思想控制相对加强时，史学则每每规避现实政治，标榜纯然学术（乾嘉学派当属此列）。对此，梁启超在分析乾嘉学派的成因时曾评论道："凡当主权者喜欢干涉人民思想的时代，学者的聪明才力只有全部用去注释古典。"①然而，梁氏此言也有例外，"文革"时期的史学取经当为梁氏此言之典型反证。那时，虽然举手投足皆可犯禁，但政治与历史之间的关系却如胶似漆、难解难分。史学为此付出的惨痛代价是：客观科学原则经受了严峻考验，史家自主人格遭到了严重扭曲。尤其值得注意的是，近二十余年来，学术自由之程度日益提高，但史学干预社会政治的热情似在锐减。这一方面可能是因为史家的主体意识在日益觉醒，另一方面则可能潜藏着陷入另类新潮误区的危险。

（二）研究主体的认识局限

强调史学的功用性是中国传统史学的主要特征之一。这一特征在使史学成为显学的同时，也大大制约了它的正常发展，所以，其负面影响遭到了20世纪初以来包括梁启超在内的诸多进步史家的强烈批评。而随着社会史研究的兴起，史学研究的范围被大大拓展，史学的社会功能亦被重新认识，除了继续肯定其以适当方式干预社会政治之外，启迪智慧、注重教化、培育理性、认知国情等功用新说被相继提出。与此相应的是，大而泛之的选题被代之以充满睿智的具体研究，对史学与现实之间距离的把握也更为准确或更加适度。然而，关于史学是什么、史学的现实性与历时性等根本问题的思考，虽已比较深入，但具有划时代意义或非凡建树性的理论学说，迄今仍不多见。在世间万象变幻神奇、学术文化飞速发展的今天，史学研究主体似乎江郎才尽、无以应对，难以找到亲和与切入社会现实的理想之"点"，从而使史学黯然失去了时代的光彩，甚至在有些人看来，似乎成了可有可无的文化饰品。要使史学对应于时代，见重于世人，史家必须有厚德载物、民胞物与的博大胸怀，有淡泊名利、肩担道义的绝俗品性，有不避强御、探求真理的殉道精神，有直面社会、关怀民生的人文情怀，有穿透时空、洞烛先机的非凡

---

① 梁启超：《中国近三百年学术史》，中国书店，1985，第21页。

智慧，有精研百氏、兼采众长的学术积淀，有沙里淘金、卓尔不群的治史才华，有见微知著、高屋建瓴的不俗史识。只有如此，史家才能具有作为研究主体所应具足的对应于学科和时代的磅礴气势，突破种种束缚手脚的思维定式，提高认识水平，强化研究能力，提升自身价值。也只有如此，史学才不致退守边缘、备受冷落，放弃责任，避实蹈虚。

（三）研究主体的生存境遇

一般而言，当史家群体生逢衰颓乱世，饱经内忧外患，衣食无着落，横遭世人冷遇，职业失却尊严时，史学与现实的关系就可能呈现僵持或紧张的态势。处此环境之中，史家群体中虽然也不乏蒿目时艰、发奋著史、志存高远、拯世救人的卓拔之士，但就总体而言，历史之学很难按其内在的科学演进逻辑健康发展。而当史家群体生逢盛世，物质生活和精神生活相对宽松优越，并且受到全社会的普遍尊重之时，史学与现实的关系或可表现得自然和谐。一般而言，此种境遇之下，史家关心学术求真甚于现实功利，关心社会人生甚于现实政治。其学术活动的总体特征表现为：偏重理论探索，喜作专深研究，强化精品意识，力求传世之作，视学术研究为名山事业，重学术质量甚于成果数量。在研究对象的选择上，力求使社会需求、人类良知、个人志趣、研究能力紧密结合，短期诉求与长远效应两相兼顾，社会功用与学术规律并行不悖。果能如此，我们就大致可以说，史学研究已然臻于"虚""实"兼济、适得其中的理想境界。

（四）文化产品消费群体的欣赏品位与审美取向

时代的进步，价值的变迁，社会总体消费水平的提高，决定了历史文化消费群体欣赏品位的提高和审美取向的变化。积极主动地适应活动于其中的时代和社会变化，客观平和地研究其学术产品的目标消费群体的现实需求、审美情趣和心理趋向，适时适度调整自己的理论范式、视域方法、研究内容和话语策略者，可谓之为"实"，如此或可使史学历久弥新、与时俱进，终能找到自己的存在价值和在不同时代、不同社会、不同语境下作用于社会和人生的最佳方式；反之，抱残守缺、孤芳自赏、作茧自缚、拒斥变革者，则可谓之为"虚"，如此将会使史学日趋僵化和边缘化，在无谓困守和孑然落寞中渐被边缘乃至忘却。在此还需强调，“相适应”与“相一致”是两个本质不同的概念，史家在研究其文化产品目标市场的基础上所做的一切调整，都只是为了与变动不居的时代和环境“相适应”，绝不是违心而谀佞地去迎合政治或社会的一时偏嗜，绝不是以消解理想、放弃责任和牺牲史学的独立品格为代价，毫无原则地去与浮躁多变的流俗趋赴“相一致”。

在史学研究所需处理的诸多关系中，最为重要且最难措置的当数学术诉求与现实关切。它们既相矛盾，又相统一；既超凡敏感，又难控其度。对于这对关系的所谓梳理澄清或从容驾驭，是不少史家的理想追求，所谓虽不能至，心向往之。诚然，在很大程度上，社会环境的客观制约决定着这对关系的存在模式，然而毫无疑问，史家群体的学术素养、人格修为、人文情怀、入世意识和人生经验等主观因素，始终发挥着不可或缺的能动作用。唯其如此，作为个体存在的史学成果才能不失其卓然个性和独特魅力，而作为学科存在的史学才能焕发其生生不息的发展动力。为此，史家应该厚积其理论学养，锤炼其研究能力，丰富其社会阅历，强化其问题意识，充分利用社会环境所能赋予的认知灵感，努力克服现实压力可能造成的学术阻力，主动适应史学产品消费群体的欣赏品位和审美情趣，以较高水准的学术成果，较为得体的参与方式，卓有成效地服务社会和福惠民生。

二

从不同史家的治学偏好这一角度而言，偏重理论建树和历史阐释者，可谓之为“虚”；注重史料搜集和史实考订者，可谓之为“实”。

个体研究者的兴趣偏好因人而异，学术群体之内的自然分工亦有不同。因此，史学中人偏嗜意义阐释者有之，醉心史料考订者亦有人在，就史学发展的常态而言，无论前者后者，皆为史学研究所必需。然而，关于“阐释”与“考证”的价值高下问题，学界始终存有认识分歧。在这方面，最具代表性的是所谓考据学派和义理学派，他们对于二者的态度几至论甘忌辛、是丹非素。前者主张，史家应该致力于考订史事，专意求真，从而批评理学家空言义理、游谈无根。其优点是：学风朴实，实事求是，摒弃主观，力求公正。这使他们在古籍整理方面成绩不菲，在历史之学的学科化和规范化方面功不可没。其缺点是：拒斥理论，鲜谈史意，止于现象描述，讳言是非得失；既无意究天人之际，也不屑通古今之变。所以，其著述每每只见树木，不见森林，支离破碎，不成体系。后者认为，史家应该着意考究深蕴于史事之中的微言大义，察古以知今，鉴往以知来，以意御史，乃至以史干政。其优点是：肯定理论和思想对治史实践的指导作用，关心社会现实，注重以史为鉴，究心兴亡更替之故，探求成败得失之因。其缺点是：居于末流者，往往失之以史就论，强史就我，牵强附会在所难免，任情褒贬时或有之；甚至为了某种目的，当其客观科学原则与社会效用原则发生龃龉时，往往以牺牲前者为代价，舍前取后，急功近利。事实上，考证和阐释两者无分孰优孰劣，当求相得益彰。如果没有广泛、细致的史料搜集和严格、缜密的史料考订工作，历史理论的构建和史事意义的阐释就如沙上之塔或空中楼阁，必定是华而不实的无根游谈；反之，如果没有博大精深，并有一定普适意义的相关理论做指导，没有人文目的的执着秉持和史事意义的创新阐释，甚而巨细不择，漫然选题，沉迷于故纸之中，怡然于细枝末节，难免就会疏远社会人生，淡化史家担当，碎化研究对象，而其学术成果亦将流于有形无神。从 20 世纪初迄于今日，百余年的史学实践表明，历史是一门介于考证与阐释之间的人文学科①，无论是迫于社会政治环境的挤压，抑或是基于某种学术导向的考虑，对于其中任何一方的片面执着或过分强调，都将不同程度地影响史学的健康发展。

学术规范也是与此相关的重要问题。从学术规范角度而言，罔顾事实、主观臆造、空发议论、游谈无根者可谓之"虚"；言必有据、论从史出、文风朴实、持论得当者可谓之"实"。

在中国悠长而独特的史著撰述历史过程中，渐次形成了一套行之有效的学术规范，如不避强御、秉笔直书、无征不信、阙如原则、文不掩意、言简意赅等。时至今日，这些规范仍不失其垂范意义。然而，在众所周知的某些历史时期内，这些规范却被为数颇多的"前卫"学者当成了学术进步和思想自由的桎梏，从而对其进行猛烈的冲击或肆意的践踏。于是，放言高论、标新立异，甚至信口雌黄反被当成了思想解放和

---

① 王学典、孙延杰：《实证追求与阐释取向之间的百年史学——兼论历史学的性质问题》，《文史哲》1997 年第 6 期。

独立创新；而尊重史实、严守规范、客观平实，进而推陈出新，却被视为观念保守和因循迟滞。20世纪90年代以来，学术界就学术规范问题展开了广泛而深入的讨论，并在材料征引、引文注释、行文方式、学术用语、问题追溯等诸多方面达成了一些建设性的共识。

在"重建学术规范"的进程中，也曾出现过"回到乾嘉去"的振臂呼声，但这无疑又是一种不足为法的学术偏执。的确，乾嘉学派的求实精神、治学方法和朴拙学风与文风，于今仍有借鉴意义，但它所存在的一些重大缺陷是无法讳饰的，如逃避现实、烦琐考证、视野狭窄、思辨乏力、理论阙如等。在他们看来，学术与政治、学术与理论、学术与意识形态之间的关系是合则两伤、分则两利，政治、理论尤其是意识形态的任何介入，都是对学术独立自主价值的损害或削弱。这种非此即彼的两极思维方式，常常使学术在真理与谬误之间摇摆不定，动辄引起无休无止的无谓争端，从而造成学术资源的极大浪费，严重阻滞了史学的正常发展。事实上，即使像王国维、陈寅恪、陈垣等深受乾嘉先贤影响的学术大师，似亦未曾表现出对乾嘉学派的如此痴迷。在他们的治史实践中，虽然心仪乾嘉学术，并娴熟运用了乾嘉考据方法，① 但他们之所以取得了学界公认的学术成就，概因其不但批判继承了乾嘉遗风，而且更多得益于对近世理论的取法和运用。上述诸师给我们的启示是：只有将扎"实"的实证研究与似"虚"的抽象理论融通结合，才能创制出足以经得起时空考验的传世佳作。

还需指出的是，在所谓学术规范重建的努力中，或隐或显地存在着厌弃历史唯物主义理论指导和拒斥现代西方林林总总的思潮介入的倾向，认为无论是前者的指导，还是后者的介入，都将不同程度地损害历史研究的客观真实原则，将史学研究导入虚空幽玄之境。当然，这些学术主张并非空穴来风，而是意有所指。长期以来，撷拾马克思主义的个别结论或只言片语，随意拼凑史实或任情褒贬史事借以印证某种预设观点者有之；盲目借用、生吞活剥某些现代西方理论模式，似懂非懂、生搬硬套、故弄玄虚、以论害史者有之。关于前者之弊，列宁早有尖锐的批评："如果从事实的整体上、从它们的联系中去掌握事实，那么，事实不仅是'顽强的东西'，而且是绝对确凿的证据。如果不是从整体

---

① 武吉庆：《论乾嘉学风对近代史家的影响》，《南开学报》1997年第3期。

上、不是从联系中去掌握事实，如果事实是零碎的和随意挑出来的，那么它们就只能是一种儿戏，或者连儿戏也不如。"① 关于后者之失，各种论著多有论及，在此不做更多讨论。笔者以为，从矫治虚玄学风、提倡平实研究的角度而言，厌弃理论思潮之论似有其合理依据，但如前所言，没有正确而先进的理论做指导，史学难以治愈其支离破碎、灵性缺失的痼疾，无法把握全局性和规律性的重大问题，只能在渐趋边缘化的道路上，无可逆转地走上不归之路。

三

从史学研究成果发生作用的方式看，通过对一些重大学术问题的研究，撰写经典学术名著，提高人们的人文素质和道德教化水平，间接作用于现实政治社会，从而需要在较长时期甚或若干时代后方可见其功效者，可谓之为"虚"；可以直接作用于现实社会政治，因而能够在短期内产生立竿见影之显效者，可谓之为"实"。平心而论，这两种形式的成果，皆为学界和社会所必需。胡乔木曾经的一番议论可谓深中肯綮："历史学家为人民服务，可以是提出与迫切的现实问题直接有关的科学见解或建议，也可以是写出高质量的著作，开拓人们的历史视野，提高人们的科学水平，推动学术进步，争得祖国荣誉……我们对历史科学的这两种工作都需要、都重视。"② 相信每一个不存偏见的人，都能基本认同于这一观点。大体而言，王国维、陈寅恪、顾颉刚和陈垣的大部分论著皆可归诸本文所谓"虚"者之列。其特点是：疏离社会政治、醉心学问本真、立论必凭证据、崇尚乾嘉遗风，反对徒托空言和妄腾口说。正是由于这些大师执着以求的学术努力，才使中国学术近代化的基石得以初步奠定。至于其学理偏失和学术实践中存在的问题，相关讨论已有很多，在此无须再做赘述。而陈垣在抗日战争期间的史著《明季滇黔佛教考》、《清初僧诤记》、《南宋初河北新道教考》和《通鉴胡著表微》，郭沫若史学论著中包括《中国古代社会研究》和《甲申三百年

---

① 列宁：《民族运动的历史环境》，《列宁全集》第 28 卷，人民出版社，1990，第 364 页。
② 林永匡：《中国史学会代表大会在北京举行》，《历史教学》1980 年第 6 期。

祭》等在内的大部分论著,都可归诸本文所谓"实"者之列。在此类论著中,研究者大都怀有较为明确的治史旨趣:或为激发中华民族的民族自尊心和自信心,唤醒中华儿女同仇敌忾、团结御侮的民族情感;或为证明马克思主义的普遍真理性、中国共产党领导的新民民主主义革命的合理性;或为提醒即将执政的中国共产党自警自励、免蹈旧辙。事实上,这些历史著作也基本达到了撰著者的预期目的,都曾对当时如火如荼的民族斗争和政治斗争发挥了巨大作用。对于这类论著,首先必须予以应有的肯定。在重新审视此种学术旨趣和治史取径的价值时,同样也可以参考一下胡乔木的有关认识:"历史科学满足政治需要的正确理解应该是:历史向社会也向政治提供新的科学研究的成果,而社会和政治,则利用这种成果作为自己活动的向导。这样,不但丝毫没有伤害历史作为一门科学应有的尊严,相反,它既增加了科学的荣誉,也增加了社会主义政治的荣誉。"①

不过也应看到,由于过分胶着于现实政治,某些此类著述虚化了学术与政治之间所应保持的必要距离,以致史家的客观立场难以持守,出现了不同程度的强史就我和主观臆断弊端,圣洁的学术蒙上了一层灰尘。对此,虽然我们不能过于苛求,但也必须引以为戒。起码从新中国建立至20世纪80年代末这段历史时期内,史学界并未始终正确处理学术研究中的"虚""实"关系,没能确当把握学术诉求与现实关切之间的最佳距离,以致在某些特定时期,史学失去了其客观真实性和相对的独立自主性,"文革"时期自不待言,其时史学甚至全然沦为了现实政治的附庸,所谓学术尊严和史学的独立自主性无从谈起。

解决这些问题的主观努力,是20世纪90年代以来学术精神反思和学术规范重建的直接动力。那么历史与现实之间的"距离",史家又当如何把握?提出这一问题,用意当然不在使史学远离或脱离现实,而是希望史家用心体会和找寻两者之间的契合之点或理想之度,完全重叠自不可取,远避远离不应提倡。笔者以为,两者之间的契合点应该如此把握:史家在意识层面上应有强烈的关心社会、关怀民生的人文情怀,而在操作层面上应该尊重学术规范,厚积专业素养,善用史学技术,彰显史学的客观真实魅力,从而实现其干预社会人生的使命。史学与现实关

---

① 林永匡:《中国史学会代表大会在北京举行》,《历史教学》1980年第6期。

系的理想状态应该是：既可化入，又可化出；既能入世，又能出世。所谓化入，是指史家能够沉潜于史学研究实践之中，乐此不疲而多有创获；所谓化出，是指史家能够"出乎史，入乎道"，[1] 高瞻远瞩，高屋建瓴，以直接或间接方式，贡献史学智慧于社会人生。"入世可以紧切时代脉搏，既可充当社会实践的积极参与者，又可永葆史学经久不衰的发展活力，从而将我国史学经世致用传统中的精华部分发扬光大；出世则可以一种客观超然的平和态度，以局外旁观者的清醒姿态，保持理智，不逐时流，以事实为依据，以科学为准绳，纵论古今，斟酌得失，永远充当社会的良知，以史学独有的方式，服务于社会，服务于政治。"[2]

"虚""实"各自的内涵并非静止不变的，而是随着客观情势、学术风尚、观察角度和价值标准的变化而变化的。清代考据学又称"实学"，此中之"实"，系指其文风之朴实、扎实，系指其实事求是的治学态度。其倡导初心乃在于矫治游谈无根、于世无补的陆王心学末流学风。然而演进至乾嘉以降，在多重原因，尤其是政治挤压的强力作用下，所谓"实学"，实际再度蹈入了虚空之境。就其学术生态而言，渐次走向了支离破碎的饾饤文字；而就其社会价值观之，则因其回避现实问题、痴迷故纸旧籍、放弃价值关怀、远离了中国史学悠久的经世致用传统。中国的马克思主义史学在扬弃传统史学的基础上，力求史学之客观科学性与现实功用性、历史事实与历史理论的有机统一，究心于社会历史规律的探讨，热衷于对社会实践活动的干预，一定程度上做到了史论结合、虚实兼济。然而它一度与现实社会政治的那种毫无距离、如胶似漆的非正常关系，也严重地影响了它作为一门独立学科的客观中立性，学科尊严受到侵害，发展之路崎岖不平。结果，求实的努力发生了异化，史学研究又不可避免地跌进了学术上的另一形式的虚玄蹈空泥淖。

本能的职业良知和强烈的时代使命感，促使史学界执着而深沉地思考着史学的现实问题和未来走向。当今史学依然处于发展过程中的蜕变之期，然而笔者坚信，史学在历劫涅槃之后，一定能够重获新生并再度

---

① 龚自珍：《尊史》，夏田蓝编《龚定庵全集类编》，中国书店，1991，第 93 页。
② 武吉庆：《经世致用与史学研究的误区》，《河北学刊》1995 年第 1 期。

崛起。而"虚""实"关系的正确处理和艺术把握,当可为这种新生和崛起起到正向的推动作用。

原载《河北学刊》2003 年第 4 期;

《新华文摘》2003 年第 10 期转载;

《光明日报》2003 年 7 月 15 日理论版摘编。

历史虚无主义研究

龚　云[*]

历史虚无主义思潮，特指的是一种主要借否定和歪曲中国共产党的历史和中华人民共和国史而否定中国共产党的领导、马克思主义指导、社会主义道路和人民民主专政四项基本原则的政治思潮。这种思潮严重威胁到中国共产党的执政安全和中华人民共和国的国家政权安全。反对历史虚无主义思潮，具有重大而紧迫的现实意义，是我国当前意识形态领域的一场严肃的政治斗争，是坚持四项基本原则立国之本的现实需要。

一　历史虚无主义的演变和实质

历史虚无主义是虚无主义在历史领域的具体表现，一般指的是对历史采取完全否定的一种错误态度和系统观点。

"虚无主义"作为外来词语，传入中国已久。1979年《教学参考》将虚无主义解释为："'虚无主义'这个词，首先出现于俄国著名作家屠格涅夫的小说《父与子》里。小说的主人公巴扎罗夫，体现了19世纪50年代至60年代俄国社会上出现的新人物——革命的平民知识分子的某些典型特征：正直、热情、鄙视反动统治阶级、否定一切旧事物。屠格涅夫赞美这样的性格，但他还不完全理解当时的新人物，因此描写中带有片面性。他把巴扎罗夫叫作'虚无主义者'，这个名字对于当时

* 龚云，中国社会科学院研究生院博士，现为中国社会科学院中国特色社会主义理论体系研究中心研究员。

的革命知识分子是不恰当的。""现在所说的虚无主义，是指绝对否定一切，彻底否定社会上已有的各种理论、制度、传统的具有极大破坏性的思想而言。虚无主义者态度，则是指盲目地、绝对地否定一切的错误态度。"①

历史虚无主义思潮在我国经历了一个长期的演变过程。进入 20 世纪后，面对西方列强的侵略，如何对待中国传统文化，出现了一种对中国历史采取虚无态度的思想，特别是在 20 世纪 30 年代关于中国文化争论中，出现了否定中国传统文化、全盘西化的思想。这种思想就是历史虚无主义在我国的最初表现。

新中国成立后，除了"文革"初期短暂的"破四旧"极端错误行为外，这种全盘否定传统文化的历史虚无主义基本销声匿迹。

"文革"结束后，在对"文革"的反思中，尤其是在理论务虚会和第二个历史决议起草过程中，在如何评价党和国家历史特别是毛泽东的历史地位等问题上，出现了以全盘否定毛泽东的历史地位和毛泽东思想的指导所谓"非毛化"为特征的历史虚无主义倾向。②

20 世纪 80 年代中期以后，在掀起的"文化热"中，我国再次出现了全盘否定中华优秀传统文化和鼓吹全盘西化的文化虚无主义和民族虚无主义错误思潮，以 1988 年播放的《河殇》为代表。

1989 年是国际共产主义运动"大气候"和中国国内"小气候"发生巨大变化的不寻常的一年。特别是 1991 年苏联解体、苏共瓦解，使国际共产主义运动遭受巨大挫折，国际国内借机掀起一股反社会主义、共产主义运动的逆流，国际上掀起告别"激进主义"狂潮。福山的"历史终结论"喧嚣一时。与东欧巨变相呼应，方励之、刘宾雁等人叫嚣要"清算毛泽东主义"，"清算毛泽东主义的影响"，声称"中国的改革只有彻底否定毛泽东后才能获得成功"。③

20 世纪 90 年代中期以后，以 1995 年李泽厚和刘再复的"告别革命"论为标志的历史虚无主义思潮在我国内地开始蔓延。从世纪之交到现在，在西方"和平演变"、国内思想多元化、我国改革开放深入推进

---

① 参见《教学参考》1979 年第 1 期。

② 《历史是最好的教科书——学习习近平同志关于党的历史的重要论述》，中共党史出版社，2014，第 8 页。

③ 转引自邓力群等编著《王震全传》，中国工人出版社，2005。

的背景下，以学术面貌为外衣，以全面否定中国近现代革命史、中共党史和中华人民共和国历史为主要表现的历史虚无主义思潮在我国泛滥成灾，借助于互联网，流毒甚广。

习近平总书记指出："中国共产党是马克思主义者，坚持马克思主义的科学学说，坚持和发展中国特色社会主义，但中国共产党人不是历史虚无主义者，也不是文化虚无主义者。""在带领中国人民进行革命、建设、改革的长期实践中，中国共产党人始终是中国优秀传统文化的忠实继承者和弘扬者"①，始终坚定地反对历史虚无主义。

党和国家领导人第一次提出完整的历史虚无主义概念是 1979 年陈云在给吴宗锡的信中。陈云在阐述说新书和说传统书的辩证关系时，指出："闭目不理有几百年历史的传统书，是一种历史虚无主义。②"

2010 年，习近平同志在全国党史工作会议上要求"坚决反对任何歪曲和丑化党的历史的错误倾向"③。党的十八大以后，习近平总书记站在前所未有的高度，重视反对历史虚无主义思潮，揭示了历史虚无主义的本质和危害。2013 年 6 月 25 日，他在主持中共中央政治局第七次集体学习时一针见血地指出："历史虚无主义的要害，是从根本上否定马克思主义指导地位和中国走向社会主义的历史必然性，否定中国共产党的领导。"他呼吁全党"要警惕和抵制历史虚无主义的影响，坚决抵制、反对党史问题上存在的错误观点和错误倾向"。

当前所说的历史虚无主义，特指改革开放以来我国出现的一种主要通过否定和歪曲中国共产党历史、中华人民共和国史、中国近代革命史否定中国共产党的领导和社会主义制度的反动政治思潮。

毛泽东同志曾经指出："凡是要推翻一个政权，总要先造成舆论，总要先搞意识形态方面的工作。无论革命也好，反革命也好。"④ 历史虚无主义思潮的实质，就是否定中国共产党的领导和社会主义制度，是境内外敌对势力的心理舆论战，是西方西化和分化中国的文化途径，是

---

① 习近平：《在纪念孔子诞辰 2565 年国际学术讨论会暨国际儒学联合会第五届会员大会开幕会上的讲话》，《人民日报》2014 年 9 月 25 日，第 2 版。

② 《在〈曲艺〉杂志复刊第一期上发表陈云同志对评弹工作的意见》，《人民日报》1979 年 1 月 15 日。

③ 习近平：《在全国党史工作会议上的讲话（摘要）》（2010 年 7 月 21 日），《中共党史研究》2010 年第 8 期。

④ 《毛泽东年谱（1949～1976）》第 5 卷，中央文献出版社，2013，第 153 页。

资产阶级自由化在历史领域的具体表现。

反对历史虚无主义的斗争，是当前意识领域的一场严肃的政治斗争，是一场反思想战和反宣传战。

二 历史虚无主义的主要表现和特点

历史虚无主义以所谓"重新评价"为名，歪曲近现代中国革命历史、党的历史和中华人民共和国历史。作为一种政治思潮，主要表现为：

第一，否定革命，着重点在于否定人民革命的历史，认为革命是一种破坏性力量，只起破坏作用，五四运动以后救亡压倒了启蒙，只有资产阶级"启蒙"才有建设性意义，主张告别"革命"。通过否定革命，否定中国革命的成果：中华人民共和国政权、中国共产党的领导、社会主义基本制度。

第二，把五四运动以来中国选择马克思主义指导和社会主义发展方向视为离开"以英美为师"的所谓"近代文明的主流"而"误入了歧路"，认为马克思主义已经过时，中国现在搞的不是马克思主义；马克思主义只是一种意识形态说教，没有学术上的学理性和系统性；马克思主义是历史虚无主义的根源，本身就是历史虚无主义，马克思主义指导下的历史认识体系是教条主义虚无主义，"教条主义的历史虚无主义是迄今为止最大的历史虚无主义"。[①]

第三，宣称经济文化落后的中国没有资格搞社会主义，新中国成立以后搞的不过是资产阶级的空想社会主义、"农业社会主义"、"封建社会主义"。

第四，把党的历史说成是一系列错误的延续和堆积，集中攻击中国共产党执政后的历史，把新中国说成一团漆黑，否定中国共产党执政的历史根基。

第五，抹黑、丑化党的领袖和英雄人物，特别是肆意攻击毛泽东，否定中国近代史上的一切进步事物和正面人物，替中国近代统治阶级翻案。诬蔑毛泽东是"独裁者"、"暴君"、"斗人为乐的变态狂"，说黄继

---

① 尹保云：《要警惕什么样的历史虚无主义》，《炎黄春秋》2014 年第 5 期。

光堵枪眼"不合理",邱少云火中捐躯"不真实",刘胡兰"精神有问题",雷锋日记"全是造假",狼牙山五壮士是"土匪",虎门销烟的林则徐更是"把中国踹入万劫不复的深渊"。把近代历史上人民群众的斗争视为"暴乱",对统治阶级的行为给予"同情式理解",把统治阶级对人民的镇压视为维护社会秩序之举。

第六,否定中华民族优秀传统文化,认为中国传统文化一无是处,是一个大染缸,主张全盘西化。

历史虚无主义的表现形态不一样,内容实质都一样,在于否定中国共产党的领导和社会主义制度。其名在历史,要旨却指向现实,通过史学著述、文学作品和影视作品,借助新媒体,在中国社会广泛散布,流毒很大。

历史虚无主义有以下几个鲜明特点:

第一,有着明确政治诉求,政治指向很清楚,形成一股政治势力,掌握了一部分阵地,在某些领域有一定主导权,俘获了相当部分群众。

历史虚无主义打着学术自由和言论自由的幌子,以借助新发现的"材料"、"日记"、"档案"等来"重写历史"、"重构历史"和"还原历史真相"为名号,歪曲历史,裁剪事实,推翻很多以前的定论,表达"学术研究"旗号下的政治诉求。他们的政治诉求就是反对四项基本原则这一立国之本,力图扭转现代化建设和改革开放的发展方向,把中国纳入西方资本主义体系中去。历史虚无主义归根结底,就在于站错了立场,背离了马克思主义的指导,站在了替历史上的统治阶级说话的立场。他们的观点,实际上成为现实中国的一些人走资本主义道路的舆论前奏。

第二,与境外反动势力相策应,与国际政治斗争形势和错误思潮紧密联系在一起,是国际共产主义运动低潮时的必然现象,是西方错误思潮的呼应,成为西方敌对势力"和平演变"我国的"第五纵队"。

历史虚无主义的泛起有着深刻的国际背景,与近代以来中国向何处去这一历史主题有着密切关系,与国际政治斗争形势相起伏。历史虚无主义是西方思潮在中国的反映,历史虚无主义思潮的代表人物是西方在境内反华反共的代言人。

2015 年,美国之音曾发布题为"狼牙山五壮士案终审北京法院判骂粗话者胜"的文章,力挺《炎黄春秋》前副主编洪振快,将其描写为一个急公好义、路见不平、勇于挖掘真相的文坛斗士,而把"北京法院"描写为一个罔顾法律、唯上是从的肉喇叭。《星岛日报》、《中国观察》两家外媒纷纷予以转载，污蔑"郭松民的胜利"是"极左思潮的胜利"。《纽约中文时报》也对洪振快发出声援，指责当局打压历史真相，必将不得人心。外媒新唐人网发表题为"狼牙山五壮士案终审求真相者被骂，骂人者无罪"，极力为洪振快开脱，并继续沿用洪振快在《炎黄春秋》杂志上的说法，造谣狼牙山五壮士是因为走投无路才被逼到绝境，而且是"滑下去"，并非"跳下去"之后又无耻地搬出"国军英勇抗日"的笑谈，指责当局一贯精于改造历史，蒙骗大众，并声称"真相终将大白于天下"。"大纪元"等六家外媒也纷纷对洪振快表示支持，对于北京法院的判决结果则认为是"政治干预司法"的结果，必将沦为"国际笑柄"。

历史虚无主义凭借的理论武器主要是来自西方的后现代主义思潮。这种思潮鼓吹非理性主义和虚无主义，宣称一切都没有确定性，是对19世纪后期出现的反理性主义哲学思潮的继承，是一种破坏性的思潮。后现代史学在历史认识上否定历史事实和历史客观真理性，在价值论上倡导多元价值标准，否定历史进步性和历史真理，虚无历史的意义和价值，极力鼓吹真实的历史不存在，历史不可能只有一种，历史认识是相对的，有多少人、有多少种理论阐释，就会有多少种历史，追求真理不过是"一大幻想"。

2006年6月27日，美国汉学家、芝加哥大学历史系教授艾恺在中国社会科学院世界历史所演讲时指出：后现代主义与18世纪以来的反启蒙运动一脉相承，其实质在于否定传统，否定18世纪启蒙运动以来的理性主义。后现代主义者主观武断，否认客观存在，用"解构"和"颠覆"的方法，把猜测性的理论冒充为有根据的科学。用后现代主义的概念或理论进行历史研究，使这种研究没有实在的历史内容，而且对一些陈旧、往往不言自明的观点，用十分抽象、艰深与晦涩的概念进行表述，让人永远无法理解其实质，对历史研究没有任何科学价值而言，中国学者要能够认清后现代思潮的种种弊端，免受其害，而且还要像中国的"钟馗打鬼"一样，在批判后现代思潮这个"鬼"时做出自己的贡献。

历史虚无主义仰承后现代主义思潮的鼻息，"重写历史"实际上在歪曲、篡改历史。

第三，在手法上，以唯心史观和主观主义为手段，以"还原历史真相"和"重写历史"的名义，否定党史和国史的主流和本质。

历史虚无主义遵循的是唯心主义的历史观，运用的是主观主义的方法。以非理性、人性史观和后现代主义等唯心史观为指导，对史料抓住一点便歪曲发挥而不及其余，或是无中生有、肆意编造，只看支流不看主流、只看现象不抓本质、只看偶然不看必然，以片面否定整体，以断裂性否定历史连续性，将历史中的某些失误抽象化，并加以孤立地、片面地放大和渲染，从而达到歪曲历史的目的。对这种方法，列宁当年曾尖锐地批评说："在社会现象领域，没有哪种方法比胡乱抽出一些个别事实和玩弄实例更普遍、更站不住脚的了。挑选任何例子是毫不费劲的，但这没有任何意义，或者有消极的意义，因为问题完全在于，每一个别情况都有具体的历史环境。……如果不是从整体上、从联系中去掌握事实，如果事实是零碎的和随意挑出来的，那么它们就只能是一种儿戏，或者连儿戏都不如。"[1]

历史虚无主义所宣扬的观点，不是在全面地、系统地掌握有关材料的基础上经过科学的分析得出来的；在很大的程度上，他们提出这些观点主要是在表达自己的某种倾向、某种情绪，带有极大的主观随意性。

三　历史虚无主义的危害

习近平总书记指出："古人说：'灭人之国，必先去其史。'国内外敌对势力往往就是拿中国革命史、新中国历史来做文章，竭尽攻击、丑化、诬蔑之能事，根本目的就是要搞乱人心，煽动推翻中国共产党的领导和我国社会主义制度。"[2]

历史虚无主义思潮假借客观公正、还原历史真相之名，对普通民众具有较大迷惑性和欺骗性，在社会上具有较大的影响。历史虚无主义思潮不但颠倒了历史，而且也搞乱了人们的思想。它混淆历史是非，引起人们历史观的混乱，丧失对历史的鉴别力。事实证明，这种是非判断标准的颠倒，必然会在社会上造成极大的思想混乱，消解对马克思主义的

---

[1]　《列宁全集》第 28 卷，人民出版社，1990，第 364 页。

[2]　习近平：《关于坚持和发展中国特色社会主义的几个问题》（2013 年 1 月 5 日），《十八大以来重要文献选编》（上），中央文献出版社，2014，第 113 页。

信仰，丧失对共产党的信任，降低对社会主义的信心，弱化对人民民主专政的认同。这将导致社会主义根基和共产党基础的坍塌。苏联解体前民众的冷漠态度，就是历史虚无主义的恶果。

1. 否定党执政的历史依据，严重损害党的公信力，动摇党的群众基础和执政基础。

历史经验表明，政治上出问题，往往是先从思想混乱开始的，而思想混乱，又常常是由错误理论产生的。思想理论一乱，党内就乱了，就会分裂；党一分裂，政权就会瓦解，敌对实力就会得逞。

历史虚无主义颠覆对中共的历史记忆，严重损害党的公信力，摧毁党的精神防线和心理防线，从初心上击溃中国共产党，把党内的思想搞乱，组织搞涣散，导致不少党员思想麻痹，解除自己的思想武装，导致全社会蔓延对党的不信任和怀疑否定情绪，自觉或不自觉地成为敌对势力"和平演变"的俘虏。诚如习近平总书记所指出的："苏联为什么解体？苏共为什么垮台？一个重要原因就是意识形态领域的斗争十分激烈，全面否定苏联历史、苏共历史，否定列宁，否定斯大林，搞历史虚无主义，思想搞乱了，各级党组织几乎没有任何作用了，军队都不在党的领导之下了。最后，苏联共产党偌大一个党就作鸟兽散了，苏联偌大一个社会主义国家就分崩离析了。这是前车之鉴啊！"①

由于历史虚无主义借助新媒体传播面大和迅速，广泛传播，其不客观的甚至荒谬的历史结论导致公众的误传误信，危及民众对党的认同。李泽厚、刘再复1995年出版的《告别革命》，到2015年，在20年时间里修订出版了八版，由此可见历史虚无主义之肆虐和思想界的混乱状况。

历史虚无主义思潮与其他错误思潮相配合，严重损害党的群众基础。历史虚无主义以润物细无声地方式潜移默化地渗透到人们思想中，导致民众思想混乱，思想理论战线是非混淆和黑白颠倒，从人心上俘获不少民众，严重危害到党的群众基础和执政基础。习近平总书记指出："历史和现实反复证明，能否做好意识形态工作，事关党的前途命运，事关国家长治久安，事关民族凝聚力和向心力。巩固党的群众基础和执政基础，不能说只要群众物质生活好就可以了，这个认识是不全面的。

---

① 习近平：《关于坚持和发展中国特色社会主义的几个问题》（2013年1月5日），《十八大以来重要文献选编》（上），第113页。

党的群众基础和执政基础包括物质和精神两个方面。精神上丧失群众基础，最后也要出问题。只有物质文明和精神文明建设都搞好，国家物质力量和精神力量都增强，全国各族人民物质生活和精神生活都改善，中国特色社会主义事业才能顺利前进。"

2. 动摇民族自尊心、自信心、自豪感和凝聚力，松动马克思主义在意识形态领域的指导地位，破坏中华民族团结奋斗的共同思想基础。

历史虚无主义公开否定马克思主义，造成马克思主义一些领域被严重边缘化；丑化中共历史及共和国历史上的正面人物，美化反面人物，形成对中国社会历史认同及整个价值体系潜移默化的冲击，对社会公共价值观、人生观造成严重危害；消解人生的方向、意义，使人生遁入虚无，涣散人的意志，导致非理性思潮蔓延，思想的混乱、精神的虚无、信仰的坍塌，毒害青年一代的心理，严重影响到社会主义核心价值观的构建，消解我国主流意识形态，威胁到马克思主义的指导地位。

历史虚无主义否定中华民族共同的历史记忆、否定民族的心理积淀，冲击和颠覆中华民族的民族记忆和历史记忆，严重伤害民族自尊心和自信心，让中华民族的精神家园"血污游魂归不得"。历史虚无主义思潮否定、歪曲和丑化中国共产党和中国人民的奋斗史，美化西方和精神殖民，造成自我矮化和精神依附，加剧党"挨骂"问题。习近平总书记指出："如果没有自己的精神独立性，那政治、思想、文化、制度等方面的独立性就会被釜底抽薪。"

3. 颠覆基本共识，影响政治稳定，制造社会分裂。

新中国一路走来，形成了固有的根基和血脉。历史虚无主义要做的，就是啃掉它的根基，咬断它的血脉。历史虚无主义的蔓延，使国家成为无根的浮萍，社会成为精神上的一盘散沙，多元化堕落成无底线的撕裂和内斗。失去了基本认同感、归属感和凝聚力的社会将会重新变成"丛林"。历史虚无主义所鼓吹的观点在社会上影响广泛，在我国已经形成一定的社会土壤，成为西方通过互联网"扳倒中国"的有效工具，颠覆基本共识，制造了社会的分裂和对立，威胁到我国的政治稳定。

4. 改变我国哲学社会科学发展正确方向，搞乱哲学社会科学，影响到中国特色哲学社会科学构建。

习近平总书记在致第二十二届国际历史科学大会的贺信中指出："历史研究是一切社会科学的基础，承担着'究天人之际，通古今之变’的使命。重视历史、研究历史、借鉴历史，可以给人类带来很多了解昨天、把握今天、开创明天的智慧。历史是人类最好的老师。”历史虚无主义已经渗透到教科书、学术著作、讲坛、论坛等方面，严重毒化我国哲学社会科学界，导致哲学社会科学一些领域混淆是非，分不清界限，影响到我国哲学社会科学界的正确方向。2007年上海版中学历史教科书就是例证。

总体来看，历史虚无主义的目的不在于总结历史教训，而在于消解中国共产党执政的历史依据，减弱民众对中国共产党的认同，丧失对马克思主义、社会主义的信心。这些观点实际上是把新中国恢复的历史再颠倒过去，为把中国拉回资本主义做舆论准备。如果任其这样发展下去，将会严重影响到中国共产党的执政安全，影响到中国人民选择的社会主义道路，影响到中华人民共和国政权安全。

四 反对历史虚无主义的对策

反对历史虚无主义是意识形态领域一场没有硝烟、特殊而长期的斗争，要聚合全党全社会之力，持之以恒，打好反对历史虚无主义的主动仗、持久战。

1. 要从政治高度充分认识历史虚无主义思潮的反动性和危害性与反对历史虚无主义思潮的重要性和紧迫性，把反对历史虚无主义作为思想理论领域一项长期政治任务，有领导、有系统地进行。

列宁指出：“一个阶级如果不从政治上正确地看问题，就不能维持它的统治，因而也就不能完成它的生产任务问题。”[1]

习近平总书记指出：“在这方面，我们有过深刻教训。一个政权的瓦解往往是从思想领域开始的，政治动荡、政权更迭可能在一夜之间发生，但思想演化是个长期过程。思想防线被攻破了，其他防线就很难守住。我们必须把意识形态工作的领导权、管理权、话语权牢牢掌握在手中，任何时候都不能旁落，否则就要犯无可挽回的历史性错误。”[2]

---

[1] 《列宁选集》第4卷，人民出版社，1995，第408页。
[2] 中共中央文献研究室编《习近平关于社会主义文化建设论述摘编》，中央文献出版社，2017，第21页。

东欧巨变的惨痛教训，一再警示我们，一定要从巩固党的执政安全和国家政权安全高度，充分认识历史虚无主义思潮的严重危害。如果听任历史虚无主义继续大行其道，指鹿为马，三人成虎，势必搞乱党心民心，危及党的领导和社会主义国家政权安全。各级党委在事关坚持还是否定四项基本原则的大是大非和政治原则问题上，要见微知著，把反对历史虚无主义列入案头，增强主动性、掌握主动权、打好主动仗。中宣部要在党中央领导下发挥意识形态指挥部作用，动员全党力量，打赢一场反对历史虚无主义的硬仗。

为了给全党全社会提供反对历史虚无主义的思想武器，为各级党委和宣传思想领文化领域提供基本遵循，建议组织编写《习近平关于历史问题论述摘编》和《历史虚无主义思潮评析纲要》。

2. 深刻总结反对历史虚无主义思潮的经验教训，采取适当有效措施，区分两类矛盾，掌握政策界限，分清理论是非，区别对待，提高反历史虚无主义的成效。

改革开放以来，党在反对历史虚无主义问题上，积累了丰富的经验，也有过惨痛教训。这些年来，面对历史虚无主义的甚嚣尘上，不少同志不敢开展舆论斗争，导致历史虚无主义泛滥，特别是在互联网上，成为不可小觑的黑色地带，毒害了相当部分群众。

在反对历史虚无主义方面，要敢抓敢管，敢于亮剑，不能当开明绅士，不能爱惜羽毛，要着眼于团结和争取绝大多数，有理有利有节地开展舆论斗争，帮助干部群众划清是非界限、澄清模糊认识。对历史虚无主义观点，一切报刊图书、讲台论坛、会议会场、电影电视、广播电台、舞台剧场等都不能为之提供空间，一切数字报刊、移动电视、手机媒体、手机短信、微信、博客、播客、微博客、论坛等新兴媒体都不能为之提供方便。对极个别长期系统地和公开地质疑党的领导和社会主义制度的鼓吹者，严格依法依纪进行处理，严肃查处长期为传播历史虚无主义观点提供阵地的个别媒体。20 世纪 90 年代查处《东方》杂志、改组《百年潮》，最近调整《炎黄春秋》杂志社领导班子，充分说明只要我们既坚持原则，又严格依照法律和政策，是能够有所作为的。

3. 高举唯物史观大旗，坚持人民立场和阶级分析法，抓住党史和国史的主题、主线、主流、本质。

唯物史观是反对历史虚无主义的利器。2016 年 5 月 17 日，习近平总书记在哲学社会科学工作座谈会上的讲话中指出：“人们必须有了正确的世界观和方法论，才能更好观察和解释自然界、人类社会、人类思维各种现象，揭示蕴含在其中的规律。马克思主义关于世界的物质性及其发展规律、人类社会及其发展规律、认识的本质及其发展规律等原理，为我们研究把握哲学社会科学各个学科各个领域提供了基本的世界观、方法论。只有真正弄懂了马克思主义，才能在揭示共产党执政规律、社会主义建设规律、人类社会发展规律上不断有所发现、有所创造，才能更好识别各种唯心主义观点、更好抵御各种历史虚无主义谬论。”①

坚持历史唯物主义，核心是立场和世界观问题。立场问题，归根到底是代表谁的利益问题。立场不同，判别是非的标准就不一样。立场站错了，就会黑白颠倒、是非混淆，研究和解决问题的共同基础就没有了。研究历史问题，一定要站在工人阶级和人民大众的立场，站在党性和党的政策立场上。坚定的无产阶级立场不是与生俱来的，而是建立在对社会发展规律的正确认识基础之上，这就要学习和掌握马克思主义基本理论。政治上的坚定，来源于理论上的清醒。越是在困难时期，越能显示马克思主义科学理论和建立在科学理论基础上的政治信念的力量。对马克思主义的基本观点弄不清楚，就会在复杂的情况下分不清是非，只会人云亦云，跟着错误的观点走。

坚持历史唯物主义研究历史问题，在方法上关键要坚持阶级分析法。习近平总书记2014年2月17日指出，观察问题“必须坚持马克思主义政治立场，进行阶级分析。有人说这已经落后于时代了，这种观点是不对的。我们说阶级斗争已经不再是我国社会主要矛盾，并不是说阶级斗争在一定范围内不存在了，在国际大范围中也不存在了。改革开放以来，我们党在这个问题上的认识一直是明确的”。对阶级斗争情况，应当实事求是地进行分析。一方面，看不到社会主义建设时期阶级关系的变化，仍然坚持过去“以阶级斗争为纲”的一套“左”的观点和做法是错误的；另一方面，只要阶级、阶级斗争还存在，马克思主义关于阶级斗争的观点和阶级分析的方法就不会过时。西方社会科学中有些合理的东西和科学的方法我们可以借鉴，但它代替不了马克思主义关于阶级分析的方法，否则，有些历史问题就难以抓住本质，做出科学解释。

---

① 习近平：《在哲学社会科学座谈会上的讲话》，《人民日报》2016年5月19日。

坚持历史唯物主义，就要抓住党史、国史的主题、主线、主流、本质，实事求是地分析问题，总结成功的经验，记取失误的教训，正确看待我们党的历史和新中国的历史，坚定信心，更好地前进。不能一味夸大失误，否定历史。苏联、东欧就有过这种教训。先把共产党的历史说得一无是处，全盘否定，然后全部推倒，把党和社会主义的根基先从舆论上毁掉，整个"大厦"也就垮了。这个沉痛的教训从反面告诉我们，中国共产党人必须坚持历史唯物主义的科学态度。

4. 打响"国家历史保卫战"，制定统一的国民历史教育标准，切实加强对全社会的历史教育，提高历史教育的实效。

晚清思想家龚自珍说过："欲知大道，必先为史。"① 俄罗斯总统普京认为："历史教学需要的是历史连续性和事件发展关联性，俄罗斯历史教育是确立国家民族、文化和历史认同的基础，历史教育的任务应还原历史重大事实和英雄人物事迹，不能像以往历史教科书中贬低历史英雄人物和曲解历史事实。"② 2013 年 10 月，俄罗斯联邦政府文化部部长弗拉基米尔·拉斯基斯拉沃维奇·梅津斯基在俄罗斯历史学会扩大会议上说："历史教育的最重要任务是使青少年形成良好的道德准则和爱国主义精神，新版历史教科书应该呈现鲜明的公民意识、服务于祖国、奉献于祖国的历史事实。"③ 鉴于历史虚无主义泛滥及其严重危害，应该打响一场国家历史保卫战，重建关于党史和国史的历史记忆，制定统一的国家历史教学标准，将历史课作为全国学生必修课。

要有针对性地对全民特别是青少年和领导干部加强党史、国史研究宣传，增强党史研究和国史研究的科学性，针对一些重大和群众关心的热点问题有组织地进行研究，增强说服力，掌握党史和国史研究的话语权，让正确的观点占领群众的头脑。

针对历史虚无主义鼓吹的代表性观点，要摆事实、讲道理，旗帜鲜明地予以批驳。同时，对照马克思主义观点和历史虚无主义观点，从历史观和方法论上进行分析，从源头上进行反驳，让群众树立正确的世界

---

① 龚自珍：《尊史》，《龚自珍全集》，上海人民出版社，1975，第 81 页。

② 转引自李琳《俄罗斯新版历史教科书重塑"苏联记忆"研究》，《当代世界与社会主义》2016 年第 4 期。

③ 转引自李琳《俄罗斯新版历史教科书重塑"苏联记忆"研究》，《当代世界与社会主义》2016 年第 4 期。

观、价值观和历史观。

5. 运用法律武器保护英雄的名誉，制定《英雄荣誉维护法》，以司法方式捍卫英雄，把英雄荣誉维护纳入公益诉讼范畴，由政府指定专门机构担负起相关维权事宜。

运用法律手段保持历史叙事的严肃性和完整性，呵护民族身份统一的记忆符号，是现代国家通行的做法。德国对民族的英雄和罪人坚持清晰的界限，篡改历史将面临社会谴责和法律严惩。德国刑法第 130 条第 3 款规定，否认纳粹言行属于民众煽动罪，最高可判处 5 年监禁，并处罚金。1994 年 3 月 13 日，联邦宪法法院判决书说明认为，否认对犹太人大屠杀的言论不属于言论自由范畴，因为否认屠杀犹太人这样广为认同的历史将直接激起仇恨和暴力。2011 年 11 月，联邦宪法法院再次明确，刑法煽动罪的规定是对基本法有关"言论自由"条款的限制，任何否定犹太大屠杀和德国独自承担战争罪的言行都可以煽动罪论处，国家检察机构对此提起公诉，公民均有控告的权力，直至上诉到宪法法院。德国的实践表明，对历史虚无主义不能光靠呼吁、教育和宣传，法律的严肃追惩才具有更为刚性的约束力。

作为中华人民共和国公民，要遵守宪法法律规定的义务，法律面前人人平等；作为中国共产党的党员，要严格遵守党章党纪，党内没有特殊党员。对违背法律的人，要严格依照法律进行处理，对严重违背党纪的人要按照党纪进行严肃处理，决不姑息。

毛泽东同志 1959 年就说过："历史上不管中国与外国，凡是不应该否定一切的而否定一切，凡是这么做了的，结果统统毁灭了他们自己。"[①] 历史虚无主义作为一种反动的政治思潮，是违背历史发展规律的，也是违背人民的意愿的，注定要破产，我们对此要充满信心。

原载《马克思主义研究》2017 年第 6 期

---

① 《毛泽东在省、市、自治区党委书记会议上的讲话（1959 年 2 月 2 日）》，《党的文献》2007 年第 5 期。

民进党"新南向政策"与台日合作

王 键[*]

2016 年 5 月 20 日，蔡英文在台湾地区领导人就职演说中两度提及"新南向政策"。她强调，要"提升对外经济的格局及多元性"，"告别以往过于依赖单一市场的现象"。[①] 这标志着民进党再度上台后，过去李登辉、陈水扁所推行的"南进政策"将以"旧瓶装新酒"的形式再次主导台湾社会。

一 蔡英文推进"新南向政策"疏远祖国大陆

2016 年 6 月 15 日，蔡英文下令设置"新南向政策办公室"，民进党国际事务部主任黄志芳兼任该办公室主任。8 月 16 日，蔡英文召集"对外经贸战略会谈"并通过"新南向政策纲领"。蔡英文表示，"新南向"是现阶段台湾整体对外经贸政策的重要一环，总体与远程目标为：促进台湾与东盟、南亚及新西兰和澳大利亚等地区和国家的经贸、科技、文化各层面的联系，共享资源、人才与市场，建立广泛的对话与协商机制。[②] 随后，她提出四点，即"一、加强新南向国家的互动，特别是部分已有合作基础的国家，要推动更密切的高层官员互访。二、过去

* 王键，中国社会科学院近代史研究所博士后，现为中国社会科学院近代史研究所研究员。

① 《蔡英文 5·20 就职演说（全文）》，古汉台网，http：//news.guhantai.com/2016/0520/3947E1D02DAF848A.shtml，2016 年 5 月 20 日。

② 《蔡英文抛"新南向政策纲领"提及两岸善意互动及合作》，凤凰网，http：//news.ifeng.com/a/20160817/49789869_0.shtml，2016 年 8 月 17 日。

台湾对于新南向各国的国情和产业研究尚有不足，应该加速强化政府与民间智库资讯掌握及与国外智库的合作。三、针对相关国家的双边投资保障或租税协定的签订与更新，要积极推动，让台商投资更有保障。四、短期内可见成效的重要工作，必须集中资源、全力推动"。① 11月15日，蔡英文在"2016年台湾—东盟对话研讨会"致辞时表示，台湾"新南向政策"已经开始启动，希望在与东盟、南亚国家，以及澳大利亚与新西兰的关系上实现三个目标：一是增进相互理解；二是稳步拓展双向交流；三是强化全面伙伴关系。

外界普遍质疑蔡英文当局推动"新南向政策"的实质，认为是为了降低台湾对大陆的经济依赖度，由此更折射出民进党对大陆的敌视心理。长期研究台湾经济动态的日本瑞穗银行综合研究部长伊藤信悟指出，"新南向政策"的目标就是力图降低对大陆的经济依赖度。② 台湾学者林建山直言，蔡英文"新南向政策"明确传达了"亲美日、远中国"的"核心策略"，企图通过"新南向"挤进美国的"亚洲伙伴行列"，拉拢东南亚国家构筑"排中的价值同盟"，协力对抗大陆。③ 台湾政治大学副教授杨昊指出，蔡英文的"新南向政策"在本质上早已超越对外经济政策的内涵，是顺着"南向前行"来实践"自我改造"的台湾发展战略。④ 有大陆学者指出，蔡英文"新南向政策"的出发点不是建立在单纯的区域经济发展布局基础上的，而是以"告别以往过度依赖单一（大陆）市场现象"为目标的，旨在推动"远中脱中"，是"经济台独"的集中表现。⑤

"新南向政策"其实并不新，早在李登辉时期和陈水扁时期，台湾当局已先后推动过三波以"疏远大陆"等政治考虑为优先的"南向政

---

① 《新南向元年蔡英文：加强高层官员互访》，今日新闻网站，http://www.nownews.com/n/2016/11/07/2297497，2016年11月7日。

② 〔日〕伊藤信悟「日台ビジネスアライアンスの新たな地平線」『第三国市場における日台ビジネスセミナー』東京記者倶樂部、2016年11月10日。

③ 林建山：《台湾经济没有"远中"本钱》，《观察》（台湾）2016年第7期。

④ 杨昊：《台湾新南向政策的格局与路向》，《全球政治评论》（台湾）2016年7月第55期。

⑤ 《蔡英文"新南向政策"的主要目标与前景展望》，中评网，http://www.crntt.com/doc/1045/2/4/9/104524915.html? coluid = 0&docid = 104524915&kindid = 0&mdate = 1229115522，2016年12月29日。

策"。① 虽然近年来部分台商从大陆撤资转向东南亚国家,但大陆仍是台湾最大的出口市场,台湾对外投资超过半数仍集中在大陆。可见,民进党"新南向政策"的取向严重违反市场规律,而市场经济规律和文化因素的吸引力绝非政策主张所能改变的。更重要的是,大陆在东南亚地区的政治与经济影响力之巨大,绝非台湾一岛所能相比。

二 蔡英文重视与日本开展"新南向"合作

民进党最初就将日本定位为"新南向政策"最有力的合作伙伴。2016 年 9 月 5 日,台湾"行政院"提出的"新南向政策推动计划"强调,强化台日官方及非官方合作平台功能,利用日本技术及基础建设优势,进军东盟、南亚及新西兰和澳大利亚市场。②

2016 年 9 月 20 日,蔡英文在与日本民进党众议员长岛昭久晤谈时称,台湾正积极推动"新南向政策",希望运用台湾本身优势,强化与东南亚及南亚地区国家交流,并深化与这些国家的经贸往来。日本在这方面经验颇深,她希望可以与日本交换意见,并在适当时机与日本合作,共同执行"新南向政策"的部分计划。蔡英文认为,台湾的农渔业也可以到东南亚地区投资,为该区域提供需要的商品,甚至营销至全球,希望未来可以与日本企业界共同努力开发市场。

早在 2012 年,日本经济产业省的日本贸易振兴机构就提出面向全球的"日台经济协力"倡议,即日台合作向东南亚以及欧美等地投资或技术开发等。③ 日本资讯工业推进会顾问海老原信义在(日本交流协会刊行的)《交流》2013 年第 4 期刊文称,"日台协力策划面向发展中国家的营销与商品设计,通过日台的共同研发,委托台湾企业生产并利

---

① 参考秦华《台湾当局再度推动"南向政策"别有用心》,《瞭望新闻周刊》1998 年第 10 期;林嘉玲:《"南向政策"平衡"西向发展"的成效评估》,《台湾经济研究月刊》1999 年第 2 期;陈文:《台湾借东南亚金融危机重启南向政策》,《东南亚纵横》1998 年第 3 期等。

② 《"新南向政策推动计划"正式启动》,台湾"行政院"网站,http://www.ey.gov.tw/News_Content2.aspx? n = F8BAEBE9491FC830&s = 82400B39366A678A,2016 年 9 月 5 日。

③ 「台湾と組む —グローバル市場への『架け橋』」『ジェトロセンサー』2012 年 2 月号。

用台湾企业的 SCM（销售网络）外销”。① 2014 年 7 月，日本自民党众议员山本幸三在台湾称，日本希望与台湾加快 EPA（经济伙伴关系协定）谈判进程，也将积极协助台湾加入 TPP（跨太平洋伙伴关系协定），以全面加强日台经济关系。② 2015 年 10 月 8 日，以民进党大选候选人身份访日的蔡英文表示，盼日本助台加入 TPP。③ 2016 年日本外务省亚洲大洋洲局参事官四方敬之曾表示，台湾对 TPP 表示高度兴趣，日本政府非常欢迎台湾如此表态，“我们认为日本与台湾的企业具有产业链关联，未来可以一起在东南亚地区合作开展商业活动”。④ 因此，日本很关心蔡英文提出的“新南向政策”，但前提是日本期待民进党当局“在领土问题上软化”。

2016 年 12 月 31 日，蔡英文在“年终谈话”中强调，将积极推动“新南向政策”，2017 年是“新南向政策”的行动年。蔡英文表示，将持续同主要贸易国家和区域，包括美国、日本和欧盟保持对话，深化双边及多边经济合作，以互利共赢来拓展对外经贸关系，打开台湾经济的活路。⑤ 2017 年 1 月 13 日，台湾地区副领导人陈建仁在“台湾日本人会”与“台北市日本工商会”共同举办的新年庆祝酒会致辞时表示，在新的一年，希望双方能加强经贸往来，尤其是欢迎日本企业参与台湾创新产业计划及“新南向政策”，开创更多产业交流合作的机会。1 月 17 日，陈建仁在与访台的日本维新会众议员马场伸幸、河野正美、吉田丰史及参议员石井章等晤谈时提出，“新南向政策”进入行动年，期盼持续与日本深化产业合作，携手拓展海外市场，共创互利双赢。陈建仁还强调，台湾地处亚太地区战略枢纽，期盼能在区域安全及经贸事务上扮演更积极的角色，强化台日、台美联系与互动，并继续争取参与国际民航组织（ICAO）及世界卫生组织（WHO）等国际组织及区域经济

① 〔日〕海老原信义「日台ビジネス・アライアンス現状と課題相互補完性と日本経済活性化」『交流』865 号、2013 年 4 月。
② 〔日〕山本幸三「ミャンマー・カンボジア・台湾出張報告」，山本幸三网站，http：//www.yamamotokozo.com/2014/09/201408report/，2014 年 8 月。
③ 《蔡英文访问日本：欲开展安全合作 望日本帮助台湾入 TPP》，观察者网站，http：//www.guancha.cn/local/2015_10_07_336666.shtml，2015 年 10 月 7 日。
④ 《台日可在东南亚连手开创商机》，《自由时报》（台湾）2016 年 12 月 13 日。
⑤ 《年终谈话宣告！政院 3 月提完整基建计画 蔡英文：拼经济是 2017 首要任务》，台湾《中时电子报》网站，http：//www.chinatimes.com/cn/newspapers/20170101000202 - 260202，2017 年 1 月 1 日。

整合。陈建仁在接见"日本李登辉之友会"会长渡边利夫访问团一行时也提到，将会持续关注美国新任总统对亚太地区的政策走向。他希望"李友会"能呼吁日本政府支持台日签署经济伙伴关系协定（EPA），及协助台湾参与国际组织，使台日关系更上层楼。

当下台日关系"热烙化"趋势极为显著，显然是为日本协力"新南向政策"创造政治氛围。2017 年 3 月 20 日，蔡英文、陈建仁在与日本自民党青年局长铃木馨佑等会谈时称，欢迎日本企业参与台湾创新产业计划及"新南向政策"。蔡英文随后用日语发推特称，"期待台湾与日本的年轻政治家携手，进一步加深交流"。3 月 23 日，台湾"驻日代表"谢长廷在东京出席"山口县魅力"活动时，安倍首相特意与其握手叙谈。3 月 25 日，日本总务省副大臣赤间二郎赴台参加宣传日本观光业的"日本魅力"活动开幕式。这是自 1972 年日台"断交"以来，日本副大臣级高官首次以"公职身份"访问台湾，[①] 同时也是日本对台窗口——"日本台湾交流协会"更名以来举行的第一场重要活动。3 月 29 日，安倍首相明确表示，"台湾是与日本共享价值观和利害关系的重要伙伴"。[②] 3 月 31 日晚，在"台北驻日经济文化代表处"举办的以"台湾情、日本心"为主题的台日交流沙龙音乐会上，日本内阁官房副长官萩生田光一致辞时称，台湾是重要且不可取代的友人。日本维新会参议员中山恭子则称，台日关系是不需任何理由的。[③]

三　日本利用与台湾"新南向"
合作满足自身利益需求

随着"新南向政策"进入行动年，2017 年 1 月 18 日，台湾"经济部"选定印度、印度尼西亚、泰国、马来西亚、菲律宾与越南六国作

---

① 「赤間二郎総務副大臣が訪台、公務では断交後初」，日本産経新聞ホームページ，http：//www. sankei. com/world/news/170325/wor1703250025-n1. html，2017 年 3 月 25 日。
② 《安倍：台湾是日本的重要伙伴》，日经中文网，https：//cn. nikkei. com/politicsaeconomy/politicsasociety/24435-2017-03-30-01-21-49. html，2017 年 3 月 30 日。
③ 《台日关系/日相安倍心腹：台湾是不可取代的友人》，台湾"中央网路报"网站，http：//www. cdnews. biz/cdnews_ site/touch/detail. jsp？ coluid = 107&docid = 104105364&kindid = 0，2017 年 4 月 1 日。

为第一阶段交流对象。① 台湾“经济部次长”王美花指出，日本看重台湾在越南、印度尼西亚与马来西亚的人脉，最想合作拓展这三个市场。至于印度，王美花坦言，日本人不愿与台湾合作拓展印度市场的原因是，日本人自认在印度深耕，没有必要与台湾合作。② 但台湾当局并没有放弃对印度的经济拉拢。2017 年 5 月 5 日，蔡英文在接受印度《印度人报》等 6 家东南亚国家媒体联合专访时称，作为“新南向政策”的主要倡导人，她个人对东南亚和印度有极大的兴趣。

　　日本协力台湾“新南向政策”首先要满足本国的国家利益，就是要求台湾增加对日投资。2016 年 4 月，日本经济产业省的日本贸易振兴机构设立促进台商对日投资项目小组。8 月 2 日，日本贸易振兴机构与“日本交流协会”在台中举办“对日投资商务论坛”。③ 2017 年 1 月 18 日，日本贸易振兴机构再与（更名后的）“日本台湾交流协会”在台北举办以物联网为主题的对日投资商务论坛。据高雄大学助理教授陈俊升透露，日本推出冲绳台湾产业园区的对台招商计划，让台湾的产品在冲绳的特区，以“日本制造”挂牌进行转口贸易。陈俊升就此指出，安倍政府的盘算是，要求台湾先投资冲绳，以此纾解冲绳人对日本“中央政府”的不满。陈俊升提醒蔡英文当局，安倍政府将台湾需要日本作为战略筹码，积极向台湾招商，鼓励台商对日投资。当台湾资金流向日本，就是进一步拉大台湾对日本的贸易逆差，却还看不到“新南向政策”有任何眉目。在政治、经济、安全上，当台湾愈靠近以大陆为假想敌的美日安保体系时，等于进一步恶化两岸关系。④ 日本提出冲绳台湾产业园区是振兴冲绳经济特区的重要一环。日本期盼台湾投资冲绳的策略由来已久。2012 年 11 月 15 ~ 16 日，日本分别在台北与高雄举行冲绳经济特区说明会。⑤

① 第二阶段是缅甸、柬埔寨、孟加拉国、巴基斯坦、斯里兰卡、老挝、尼泊尔、不丹。第三阶段是澳大利亚、新加坡、新西兰、文莱。

② 《新南向行动年　首波锁定 6 国》，台湾联合新闻网，https：//udn. com/news/story/7238/2238737？from = udn-relatednews_ ch2，2017 年 1 月 19 日。

③ 《日本在台中办对日投资商务论坛　吸引台资》，中评网，http：//hk. crntt. com/doc/1043/3/5/9/104335915. html？coluid = 217&docid = 104335915&kindid = 0&mdate = 0803002923，2016 年 8 月 3 日。

④ 《台湾新南向要靠日本　安倍政府拿来当战略筹码》，台湾《中时电子报》网站，http：//www. chinatimes. com/realtimenews/20170208004378-260408，2017 年 2 月 8 日。

⑤ 《2012 年冲绳经济特区说明会》，冲绳经济特区网站，http：//sez. okinawa. org. tw/post2，2012 年。

2015 年 1 月 20～21 日，由日本冲绳县政府主办、台湾资讯工业策进会台日产业推动中心协办的冲绳经济特区研讨会暨商谈会分别在台北、台中举办。① 当下，日本谋求台商对冲绳投资愈加急迫，既有拉近日台经济关系的现实需求，也有促使台湾脱离大陆经济的战略谋划。

目前，日台之间仍然存在冲之鸟礁海域捕捞权益、福岛五县食品对台出口解禁及日台 EPA 交涉等难以调和的结构性矛盾。② 日本对台湾民进党当局的首要要求就是解禁福岛五县食品对台出口，此事成为现在日台政治角力的焦点。日本总务省副大臣赤间二郎此前来台参加"日本魅力"开幕式的主要目的，就是督促民进党当局尽快落实日本的这一期盼。对此，《联合报》曾刊文指出，"赤间访台期间却不谈日本魅力，反而大谈福岛食品议题，盼台湾早日解禁。可见，赤间访台目的不在营销日本观光，而在宣扬福岛食品的安全性"。③ 日本为达成目的，不仅对民进党施压，同时也向反对解禁福岛食品的国民党释出"善意"。例如：日方特别邀请台湾前"立法院院长"王金平，以及反对福岛食品解禁的黄昭顺、廖国栋及林德福等国民党籍"立委"访日。王金平一行在日期间先后与日本前首相森喜朗、副首相麻生太郎、外务省副大臣岸信夫以及多位国会议员会晤。④ 针对福岛食品解禁问题，王金平等人希望日方不要过于急促，用时间换取空间，争取台湾民众的信任。在2017 年 3 月 23 日"日华议员恳谈会"举办的晚宴上，王金平表示，洽签台日 EPA 能促进台日更广、更深入地经济发展，他希望 EPA 早日签署。"日华议员恳谈会"副会长卫藤征士郎则提到，台湾是日本第四大贸易伙伴，若双方能签署 EPA，相信台湾能成为日本的前三大贸易伙伴，这是双方20 多年的愿望，期盼早日实现。⑤ 为配合日方的这一外交攻势，台湾"驻日代表"谢长廷在接受台湾"中央通讯社"专访时称，

---

① 《经济特区冲绳研讨会台日经验交流》，台湾《中时电子报》网站，http：//www.chinatimes.com/newspapers/20150121000364-260208，2015 年 1 月 21 日。

② 王键：《21 世纪以来台日关系演变——兼及台日结构性矛盾与未来走势因素》，《日本学刊》2017 年第 2 期。

③ 《台媒：蔡政府要如何应付日本的娇嗔》，新加坡《联合早报》网站，http：//www.zaobao.com/wencui/politic/story20170404-744627，2017 年 4 月 4 日。

④ 《核灾区食品开放暂缓　王金平：日本期待但理解》，《联合报》（台湾）2017 年 3 月24 日。

⑤ 《与日方简短谈食品开放　王金平：是否开放是政府责任》，《联合报》（台湾）2017年 3 月 23 日。

禁止进口福岛食品成为台日之间的敏感问题，若不解决会影响台湾与日本商谈自由贸易以及台湾的公信力。① 如此看来，蔡英文当局一旦解禁福岛食品对台出口，包括“新南向政策”在内的日台经贸合作将有一个“突破性”的进展。

另外，日台在钓鱼岛海域的争端亦持续发酵。2017 年 4 月 2 日，日本《产经新闻》再次在头版报道，在未获日本同意的情况下，2016 年度台湾海洋调查船曾 8 次“闯入”钓鱼岛及与那国岛周边的“日本专属经济海域”。② 台湾“外交部”对此反驳称，“台日专属经济海域重叠情形严重，双方对划界立场不同。政府一贯坚持我调查船有权在我主张的专属经济海域内从事海洋科学调查活动”。由此可见，日本对经济海域主张更趋强势，日台关系看似增温，却未能解决实质利害问题。③

四　海洋合作将成为台日“新南向”合作的重点

当前，台日关系虽处于“徘徊”境地，但未来台日合作，尤其是在海洋领域深度合作的可能性仍然是存在的。近年来，日本反复强调海洋国家必然与大陆国家对抗的所谓“海陆对抗论”，并把台湾定位为日本海洋国家战略的重要一环。日本学者白石隆进一步引申到“海洋亚洲”与“大陆亚洲”的对立，而日本与中国分别被认为是两种亚洲的代表。④ 日本提升台湾的地位是基于多重战略考虑。从经济方面看，日本对进口能源依存度的提高使台湾在日本海洋战略中的地位愈加重要。安倍内阁对海洋资源的高度重视也提升了台湾在日本海洋战略中的地位。从地缘政治方面看，日本在新海洋战略中提升台湾地位既是配合美国“亚太再平衡”战略的需要，也有利用台湾的地缘战

① 《谢长廷：不进口日本核灾食品会影响公信力怕遭报复》，凤凰网，http://news.ifeng.com/a/20170324/50831010_0.shtml，2017 年 3 月 24 日。
② 「台湾、同意得ず日本のEEZ内調査昨年最多の8件」、日本産経新聞ホームページ、http://www.sankei.com/world/news/170402/wor1704020006-n1.html、2017 年 4 月 2 日。
③ 《日媒：台海研船闯钓岛　台日外交升温　利害问题未解》，台湾《中时电子报》网站，http://www.chinatimes.com/newspapers/20170403000238-260118，2017 年 4 月 3 日。
④ 〔日〕白石隆『海の帝国——アジアをどう考えるか』中央公論新社、2000、178～198 頁。

略位置围堵中国大陆的企图，还试图通过拉拢台湾构建日本主导的"海洋联盟"。① 日本海洋政策研究人员提出，"台湾不应被置于多边海上安全机制之外"，"应活用多边海上安全机制，使之成为日美军事同盟的补充"。② 可见，把台湾纳入围堵中国大陆向海洋发展的行列已是日本海洋战略的重要一环，也是助力民进党当局"新南向政策"的重要因素。

民进党时期，台日合作在很大程度上就是海洋合作。台日相互需求必将促使他们在海洋领域的合作进一步深入，从而给台海地区乃至东亚地区带来严峻挑战。蔡英文当局极力呼吁日本参与其推行的"新南向政策"，也预示着未来台日海洋合作将成为重要内容。台湾政治大学教授李世晖指出，蔡英文"新南向政策"的提出，与海洋国家思想形成与发展具有密切的关联。1960年代之后的海洋国家日本，以东南亚为开端，快速与南亚国家以及新西兰、澳大利亚等建立起密切的经贸关系，进而发展成足以影响国际经贸体制发展的重要国家。而台湾也试图以日本为师，面向东南亚，进而朝向南亚与新西兰、澳大利亚发展。台湾"新南向政策办公室主任"黄志芳曾呼吁："透过'新南向政策'为台湾经济开创新格局。"③ 未来，台日彼此以海洋"国家"身份，在"新南向政策"上加强合作具有极大的可能性。

五　结语

在安倍内阁与蔡英文当局主持的日台政治环境下，"以台制华"战略与"脱陆靠日"策略高度融合，协力"新南向政策"为日台相互借力的契机，但前提是台湾要先付出大代价。就近期而言，日台在"新南向政策"等经济合作方面存在进一步拉近的动力，尤其是在 TPP 停滞后，民进党当局积极争取参与 RCEP，推动台日达成 EPA。但日本始终

---

① 朱晓琦、朱中博：《对日本新海洋战略的解读——涉台问题的视角》，《太平洋学报》2015 年第 6 期。

② 龚迎春：《日本与多边海上安全机制的构建》，《当代亚太》2006 年第 7 期。

③ 《小英新南向政策　政策办公室与智库并进》，台湾《国际日报》网站，http：//www.chinesetoday.com/zh/article/1099164，2016 年 4 月 14 日。

没有放弃对重组 TPP 的推动。① 2017 年 6 月 26 日, 日本官房长官菅义
伟称, 欢迎台湾加入 (不包含美国的) TPP11 行列, 并将提供必要的相
关信息。② 蔡英文随后在推特中用日语发文回应称, 日本官房长官菅义
伟正面发言支持台湾加入 TPP, 让台湾更加有信心。日本执意推动 11
国组成的 TPP 并拉拢台湾加入, 势必在一定程度上强化日台在 "新南
向政策" 中的合作。日本台湾交流协会邀请台湾 "劳动部政务次长"
郭国文访日并做演讲③, 显然是对 2017 年 3 月日本总务省副大臣赤间二
郎访台做的回访。未来, 日台副部长级政治互动可能会定期化、制
度化。

　　蔡英文当局推行的 "新南向政策" 在某种程度上与日本长期推行
的 "南进战略"、美国的 "亚太再平衡" 战略 (包括强势介入南海, 大
力拓展与东南亚、南亚国家关系) 是密切相关的, 企图让台湾充当协助
美日在东南亚与南亚地区抗衡中国大陆的 "战略棋子", 共同对抗中国
大陆。④ "新南向政策" 是蔡英文对抗祖国大陆 "一带一路" 倡议的对
应布局, 其中包含台日在政经及安全等领域全方位合作的内容, 符合日
本的利益, 严重威胁两岸关系和台海稳定, 祖国大陆需要加以关注, 未
雨绸缪, 随时予以有效战略遏制。

　　　　　　　　　　　　　原载《东北亚学刊》2017 年第 5 期

---

① 《日本为何要推进排除美国的 "TPP11"?》, 日经中文网, http://cn.nikkei.com/poli-
　ticsaeconomy/investtrade/24713-2017-04-17-10-42-06.html, 2017 年 4 月 17 日。
② 「官房長官、台湾のTPP11参加『歓迎』」, 日本经济新闻网, http://www.nikkei.com/
　article/DGXLASFS26H2H_W7A620C1PP8000/, 2017 年 6 月 26 日
③ 「台湾情勢に関する講演会のご案内 (平成 29 年 7 月 4 日東京)」、日本台湾交流协
　会网站、https://www.koryu.or.jp/ez3_contents.nsf/Top/EFBAF8E1014749184925813D
　002BEE8C? OpenDocument、2017 年 6 月 12 日。
④ 《蔡英文 "新南向政策" 的主要目标与前景展望》, 中评网, http://www.crntt.com/
　doc/1045/2/4/9/104524915.html? coluid = 0&docid = 104524915&kindid = 0&mdate =
　1229115522, 2016 年 12 月 29 日。

永远的精神家园*

——张海鹏先生访谈录

李细珠　张志勇　赵庆云　访谈整理

　　题记：一位年逾古稀的学者，已把自己生命中最宝贵的 45 年献给了一个研究所。曾经沧海难为水，除却巫山不是云。他爱所如家，历尽风雨见彩虹，宠辱不惊，无怨无悔，仍在不断地探索与追求。这就是张海鹏先生与近代史研究所的不解之缘。

——2009 年访谈记

一　进所前后

　　李细珠（以下简称李）：张老师，我们非常高兴有机会再次采访您。这一次采访的主题是"我与近代史研究所"，主要谈谈您与近代史所的关系。您来近代史所之前对近代史所有哪些了解？

　　张海鹏（以下简称张）：来近代史所之前，我对近代史所基本上没什么了解，只是知道几个人的名字，如范文澜、刘大年。在学校里上课时老师提到过他们，可能也看过他们的一些文章，但基本上谈不上很多

---

*　本文主要由两次采访录音记录整理而成。第一次是 2007 年 3 月 24、25 日下午，本院青年中心组织采访学部委员，李细珠、张志勇受命采访了张海鹏先生，张志勇做了录音文字整理。第二次是 2009 年 9 月 26 日上午，本所 60 周年所庆筹备会组织"我与近代史所"的口述历史工作，李细珠、赵庆云再次受命采访了张海鹏先生，赵庆云做了录音文字整理。另外，关于海鹏先生与大年先生的关系部分，还参考了海鹏先生为湖南学者周秋光、黄仁国合著《刘大年传》所写的长篇跋语。全文最终由李细珠统稿，并经海鹏先生审阅定稿。

了解。

李：我们知道，您是 1964 年来所，当时近代史所副所长黎澍到全国各高校搜集人才，有这样一个大计划，您能否谈谈这个计划的背景性的东西？

张：这个我没有向黎澍、刘大年请教过，只是听当时所里年长的同志讲过。据我所知，大概是 1963 年 10 月，在北京召开了中国科学院哲学社会科学部委员会第四次扩大会议，这次会议有全国党内外哲学社会科学工作者、党委宣传部负责同志约 500 人参加，刘少奇主持会议，并且有讲话，中共中央宣传部副部长周扬在大会上做主题报告，报告全文当年 12 月在《人民日报》上发表，题名为《哲学社会科学工作者的战斗任务》。这是学术界一次反对修正主义的学习和动员大会。报告除了论述马克思主义理论、批判修正主义理论外，还讲到哲学社会科学人才培养问题、哲学社会科学的未来发展前景，我们刚进研究所的年轻人，觉得很是激动人心。如他说："哲学社会科学工作者必须通晓马克思列宁主义的经典著作，精通自己本行的业务，广泛地猎取各种知识，成为博览群书的人"，"党和非党的马克思列宁主义者，应当成为整个哲学社会科学队伍的坚强骨干和核心"，"伟大的社会主义的时代，是人民的英雄辈出的时代，在学术上也应当是群星灿烂的时代"。这些话令我印象深刻。当时还有一个背景，就是中苏两党论战已经展开。中央部署在哲学社会科学各个领域开展反对修正主义的理论斗争，这是其基本用意。这一点在周扬公开发表的报告中来看，似乎并不是很清楚，但在传达时这个意思是清楚的，要建立一支年轻的反修正主义理论队伍。当时所长是范文澜，大年是常务副所长，黎澍是副所长。黎澍参加了会议，表示要在近代史研究所建立、培养新的理论战线上的反修队伍。那时黎澍同志在所里管人才，他说近代史所应该建立一支反修的队伍，怎么建立呢，不应该再让上了年纪的人从事反修的工作，应该从 1964 年的大学毕业生中挑选。黎澍的提议是经过学部和所里讨论通过的。据我所知，1963 年有教育部和高教部，此前哲学社会科学部各所是直接到高校去挑选人才。但 1963 年高教部发出通知，各个用人单位不能随便到高校去招人，由高校统一进行分配，各单位去要人可能会造成一些矛盾、混乱。但 1964 年初近代史研究所还是直接到高校去要人，用的不是学部的介绍信，是中宣部的介绍信，各高校不敢阻拦。所里当时派出了五支人马：中南一支，东北一支，华东一支，西南一支，西北一支，到各个地方的大学里去招人，不一定是历史系，文科各系都有。我记得到中南去招人，是何重仁，到西南招人是刘桂五。

李：您在武汉是谁去挑选？

张：何重仁。他是 1947 年武汉大学毕业，抗战时期在乐山，对于武汉大学很熟悉。他是从中南这一线，从北京出发，到郑州、武汉、长沙、广州。刘桂五是去云南，他原来在西南联大工作过。其他的记不太清楚了。张友坤与我等到所里来，都是何重仁招来的。他们去联系要人的过程我个人毫无所知。后来听张友坤说，何重仁在郑州大学找他谈过话。但我在武汉大学，何重仁没有找我谈过话，系里也没有告诉我。我知道这件事，是进所很久以后何重仁同志当面告诉我的。80 年代初，李宗一告诉我，他实际上是随着何重仁一块儿去武大的，但他是去武大查资料。

那时武汉大学是五年制，和现在的四年制还不一样。武汉大学本身是很悠久的大学，武汉大学历史系教师力量也是非常之强。据我了解，解放以前武汉大学在全国高校中的地位，好像比解放后还要强一些。1959 年那个时候，校长是李达，党委书记是刘仰桥。武汉大学历史系最著名的教授，中国史有李剑农、谭戒甫、唐长孺，我上学的时候，李剑农先生眼盲已经不上课了。中国近代史是姚薇元、汪诒荪，世界史是吴于廑、张继平，吴于廑后来当过武大副校长，那是 80 年代初期，我上学那个时候他是历史系主任。唐长孺先生是没有任何行政职务的，就是教授。唐教授在学术界地位是很高的，当时还兼着我们这边历史所的研究员，兼职研究员。

我原来没有想过来近代史所，也没想过从事近代史研究。我四年级做的学年论文，是从《史记》《汉书》挑选了一个题目，写成《试论秦汉之际的游侠》。五年级时做毕业论文，当时系里指定指导老师是唐长孺。唐先生在系里开了隋唐史的专门课，我选了他的课，而且考试分数最高。可能唐先生对我有所看重，系里让他做我的导师。1963 年 10 月，唐先生给我出的题目是《北齐政权的评价》，还把我叫到家里去，与我谈话，怎么做论文。领到了题目后，我的想法又有变化，想考历史研究所侯外庐的思想史专业研究生。侯先生的《中国思想通史》不好读，后来听说黎澍先生曾经在 1953 年《人民日报》发表文章批评侯外庐的文字风格。那时学校有很多活动，要看《中国思想通史》，需要利用时间，有不少时候，我利用晚上时间——房间里熄灯后，我跑到澡堂里开很暗的灯看书，花了几个月的时间把《中国思想通史》看了一遍。以我当时的学术素养，看《中国思想通史》有一定的困难，但我还是把《中国思想通史》读了一遍。读完之后，离交毕业论文的时间不多了，我也没有信心来做好《北齐政权评价》这篇文章了。我直接去跟系主任吴于廑先生提出，能否不做这篇论文，要求翻译一篇外国人写的论文作为毕业论文的替代。系里居然同意了。我学过俄文和英文，觉得还是俄文基础好一些，他们就从苏联的一个刊物上找了一篇文章让我翻译。1963年正是苏美建交30周年，苏联的《近现代史》发表了一篇《论苏美建交三十周年》的论文。我们世界史教研室里对这篇文章感兴趣，就叫我翻译这篇文章。我花了一个礼拜把这篇论文翻译成中文，交给世界史教研室，他们给我打了五分，也就是满分。我本以为这样就完事了，但是我们当时的系党总书记李植楠，与我是同乡，看了我的译文，批了一句话：张海鹏光翻译这篇修正主义文章还不够，得写一篇文章来消毒。于是我回头来又写了一篇《试论苏美建交三十周年》的文章，写了大概三四万字，利用了当时图书馆的一些资料，特别是一些英文、俄文资料，世界史教研室的老师给评了四分。这样我就算提交毕业论文了。

这时，我把《中国思想通史》都看了，准考证也拿到了，可以应付历史所思想史专业的研究生入学考试了。临考试前个把月，我们系里党总支告诉我不要考思想史研究生了。他们说北京有个外交学院，陈毅同志以外交部部长兼外交学院院长。陈毅提出来要在外交学院办两个外交研究班，为我国培养未来的外交干部与外交理论人才。它招生不是像考研究生，不是自由报考，而是将通知发到各个学校的党总支，由党总支掌握、推荐，那时学生都是完全服从组织的。武汉大学党总支推荐我去考，我就放下了思想史。说起那个外交研究生班，我是很愿意的。我在高中和大学这几年，学过俄语和英语，也注意看一些外交方面的书，后来写苏美建交这篇文章，也看一些外交方面的资料。苏联出的《外交大辞典》，我也大略翻了一遍，知道外交方面最基本的概念和常识。而且我从高中毕业考大学，报的志愿首先是外文系，可惜没有被录取，只得进了历史系。这次能进入外交研究班，我就有机会深造外文。考过了外交学院研究班之后，系里有人就给我透露，下学期我就上外交学院。放假后就回家干活。8月16日学校统一宣布分配方案，我到中国科学院近代史研究所，当时感到莫名其妙，完全莫名其妙，不知道怎么回事！那年武汉大学有四五百毕业生分配到北京，学校里包了一列火车把我们送到北京。8月19日我就到北京了，没有机会到系里问一下这变化是怎么发生的。我到近代史所之前，对所里几乎没有什么了解。

李：那你以后是怎么了解这种变化的？

张：我是到所里报到以后才知道的。来所一段时间后，人事科长陈述对我说，把你弄过来多么不容易。我说怎么回事呀？她说外交学院录取你了，我们这儿也看中你了，我们光给武汉大学打长途电话就打了不少，我们这儿挑人在先，而且是中宣部的介绍信。当时中宣部的介绍信很硬，各个单位是不能不接待的。何重仁挑人时，武大历史系就把我推荐给他。但是我不知道，系里也没有告诉我。正是这样一种情况，外交学院录取我了，近代史所也挑中了。经过多次与外交学院交涉，最后外交学院放弃了，所里就把我挑过来了。所以我到近代史所来，完全不是按照我自己的愿望进来的。

李：来所之后有哪些活动安排？

张：我是8月19日来所，与郭永才同时来报到。再隔两天，所里就通知我和郭永才，还有历史所的傅崇兰，到当时在北京的西颐宾馆，现在叫友谊宾馆，是当时很高级的宾馆去报到。国家在西颐宾馆举办1964年北京科学讨论会，这是新中国建立后最大的一次国际科学讨论会，亚非拉共44个国家367位学者和政界人士出席，包括自然科学、社会科学各个学科都有。当时让我们去会上做服务工作。我们几个人到了西颐宾馆哲学社会科学组办公室报到，办公室主任是董谦，他给我们分配工作，郭永才分到历史组，我分到政法组，傅崇兰分到校对组，校对组最为辛苦，得跑通县科学院印刷厂去校对会议文件。郭永才分到历史组，同当时郭沫若、范文澜、侯外庐、刘大年等人都见面了。我当时在政法组，负责人是张友渔，当时是我们学部的副主任，也是北京市的副市长。还有后来当世界历史研究所所长的刘思慕，和商务印书馆的总编辑陈彦伯，近代史所学术秘书刘桂五也在这一组。领导这次会议的是陈毅副总理兼外交部部长。这是我第一次接触到如此大规模的国际会议，分配在政法组做秘书、做会议记录，还兼接办公室电话。参加政法组会议的外国学者有来自日本、越南、欧洲和非洲的人士。我记得越南南方代表团团长阮文孝是出席会议非常重要的人物。日本出席这次大会的代表团团长是物理学家坂田昌一。毛主席在会议期间还会见了他。早稻田大学教授安藤彦太郎，参加政法方面的会议。有一次陪安藤彦太郎到人民大会堂出席宴会，在车上与他聊了天。认识安藤彦太郎先生和后来成为他妻子的岸阳子小姐，就是在这次会议上。岸阳子当时是日本代表团的翻译，后来是早稻田大学文学部教授，以研究中国文学知名。我当时在政法组作记录，并整理纪要，领导纪要工作的是钱佳楣，据说她是来自延安解放区的老干部。驻会的新华社记者要报道政法组会议，我把我起草的政法组会议纪要给他，他以新华社记者的名义发表了。这个时间大概十天左右，使我对国际学术会议有了初步的了解。在武汉大学时，有一次校领导会见外宾，要找一个学生代表，把我找去了。这次国际会议对自己眼界的提高有很大帮助。

我刚才讲了我在武大写的那篇文章，关于苏美建交，当时有三四万字，我心里有点动，便压缩了一下，大约两万字左右，在毕业前寄给了《历史研究》编辑部。我从1964年北京科学讨论会上回来后，黎澍同志接见新进所里的年轻人，大约有四十人。在大会议室，年轻人站成一个圆圈，黎澍站在中间，当时叫接见会，一个一个握手。他问："你叫什么名字？"我自报家门后，他大声说，"你的文章我看过了"，哈哈一笑，声音很大，满场都听见了，大家都投来很惊异的眼光。当时刚大学毕业，还没有人敢给《历史研究》投稿，黎澍大声一说，证明文章他们收到了。后来王学庄说，我的文章转给他和余绳武看了，但没有发表。我投稿前并不知道《历史研究》编辑部设在近代史所。我感到很满意，一篇大学生的习作，会送到黎澍先生和余绳武先生手里，是完全没有想到的。

二 "四清"与"文革"

李：后面紧接着是"四清"，请您谈谈这方面的情况。

张："四清"是俗称，正式称呼是农村社会主义教育运动。去甘肃"四清"，是中央统一部署的。近代史所与拉美所一起，去甘肃河西走廊的张掖。我从科学讨论会回来后便准备"四清",开始学文件,学了一个多月,学"前十条""后十条",学刘少奇讲话,学王光美的"桃园经验"。我进所以后,到这时才与所里的同事逐步熟悉起来。那时人人都要上班,与所里的老同志也熟悉起来了。我所在的学习组,负责人是姜克夫,他是老干部,每天听他发言,他常常讲延安时期的故事。那时所里食堂一天三餐,食堂大师傅是现在食堂负责人王利军的父亲,是一个老同志,八路军时期给贺龙做饭的,人非常好。贺龙进城以后,大概找到了更好的厨师,就把他送给了范老,就进了近代史所。这个老师傅是1938年参加八路军,文化程度不高。王师傅在食堂从来是最后一个吃饭,剩什么菜就吃什么菜,没有就什么都不吃,顶多给自己炒一个鸡蛋。我们是单身汉,住在所里,周末王师傅还替我们做饭,有时候我们睡懒觉,王师傅便来敲门,叫我们起来吃早餐。学了一个月的文件,就到甘肃"四清"。

我记得,临行前,范老在大会议室举办全所宴会,为参加张掖"四清"的同志们送行,他还特别把张闻天同志的夫人刘英同志介绍给大家。1959年反右倾以后,张闻天被安排在学部经济所,刘英被安排在近代史所。去甘肃前,所内团支部改选,原书记杨余练仍旧,增加了一名副书记张友坤(所党支部青年委员),增加我为支部委员。10月24日上午全所大会,刘大年副所长总结了一个月的学习,张崇山副所长做了临别赠言,我代表团支部念了决心书,下午从北京站登车启行,范文澜所长到车站送行。经过两天两夜抵达兰州。在兰州停留休整两日,在兰州从总后设在兰州的被服仓库领取御寒衣物。我抽空在那里参观了甘肃省博物馆,游了皋兰山。从兰州乘火车到张掖,还走了一天一夜。10月30日抵达张掖县城,住进张掖饭店。11月1日开始十天学习。主要是了解张掖地区情况,学习西北局、甘肃省委关于"四清"文件,传达甘肃省委"四清"工作团的纪律要求等。

在张掖地委参加"四清"工作培训班后,分配到张掖县乌江公社贾家寨大队二队(包括任家庄、周家庄、褚家庄),住在周家庄一个周姓农民家里。我们那时大学刚毕业,还不能做正式工作队员,叫临时工作队员。

我们所在的乌江公社工作组的组长是甘肃永靖县的县委书记,刘大年是副组长。贾家寨大队工作组的副组长是蔡美彪。和我在一个小队的是通史组的王忠，还有一个是兰州供电局的干部张学智。蔡美彪同志那年 36 岁，虚岁号称 38，副研究员，已经协助范老工作，是通史组负责人，在学术界和所里都有较高的地位。王忠同志是搞西藏史的，副研究员，50 年代初去西藏考察，骑马摔坏了腿。蔡美彪特别交代，王忠同志是靠近党的非党人士，对王忠同志生活上要照顾。王忠那年 45 岁，已经是权威了。他告诉我，国家规定 45 岁的专家就可以不参加劳动，坐火车可以睡软卧。我和他在一个生产队里头，睡在周姓农民专门为我们腾出来的一个大炕上。我那时年轻，每天早上要 7 点才起床，王忠每天凌晨 4 点就起来，点起灯来学毛选。有一次走在路上，他跟我说：你这个人哪，你将来适合做刘桂五那样的工作。刘桂五是所里的学术秘书，相当于现在的科研处长，但是权力更大，所里很多事情都是找他处理。我当时理解起来，他是觉得我做研究工作不是很合适，适合做学术行政工作。

赵庆云（以下简称赵）：张老师，我想问一下，刘桂五先生作为所里的学术秘书，与院里学术秘书处是什么关系？

张：性质是一样的。每个所都有一个学术秘书。中国科学院学术秘书的设置，是苏联体制。中国科学院学术秘书处有五个秘书，有一段时间，刘大年是秘书之一。

我们在张掖待了八个月。我们的工作，按照"桃园经验"是访贫问苦，发动群众揭发生产队干部的"四不清"问题，逐一落实。这是我第一次见到西部的农村，非常艰苦，路上都没有树，很凄凉的景象。1997 年我坐火车经过张掖，特别在车站上看了看，发现车站两边都是树，工厂烟囱都很高，望不到边的玉米、高粱，真是变化很大。我们那时住在农民的炕上，大人小孩没有衣服穿，农民特别穷，工作队当时在那里给农民发棉衣、棉裤、棉被。经过调查，我们发现当地情况，不像"桃园经验"说得那么严重，生产队干部"四不清"现象说不上严重，也就是稍微多吃几斤粮。"四清"工作本身并不重。我们那时很多时候是帮助农民劳动。有时发动社员斗争干部一下，也说不出多大的问题，工作队员和社员劲头都不足。1965 年 1 月，中央有新的文件叫"二十三条"发下来，我们一学习，就觉得很高兴了。现在对"二十三条"批判很多，但当时我们学了"二十三条"后很高兴。"二十三条"提出了"党内走资派"，这个概念一出来，我们觉得生产队没有"党内走资派"，所有干部一律解放。1965 年 5 月，我们结束"四清"工作，离开村子时，当地干部群众都来欢送我们，似乎有点难舍难分。因而我的实际感受是，"二十三条"是纠正了"桃园经验"的一些偏差。但因为"二十三条"提了"党内走资派"，与后来"文革"中的"党内走资派"联系起来，所以批判较多。

在张掖农村生活的确很苦，八个月没有吃过蔬菜，只吃醋泼辣子（稍好些的家庭是油泼辣子），更谈不上鸡鸭鱼肉。长期在城市里生活的领导同志有些受不了，如黎澍开始在村里待了一阵，后来被甘肃省委书记、省"四清"工作总团团长李友久请到地委招待所，主持编修张掖地方志。大年在那儿待的时间也不多，1965 年初他回京出席全国人民代表大会。李新在队里待的时间可能多一点。

我插一个小故事：我们队离张掖城大约三十多里，我和王学庄，还有几个人，星期天没事去张掖城里去玩。有人告诉我们，城里有个张掖饭店，有道名菜叫西北大菜。我们去吃西北大菜，一大盆，一层一层叠上去，鸡、肉、蛋各种东西都有，四五个人吃不完，我买了个大洋瓷缸带回来给杨余练等同志饱餐一顿。回来碰到黎澍，告诉他西北大菜，他听说后，他也想去吃。后来听说，他真去了，但没有吃到。因为大师傅看到我们没吃完，以为我们认为不好吃，黎澍去时就不给做了。我们那次回来，走回来的，在贾家寨乌江河滩上，王学庄抽烟，把地上的枯草点着了，一时间，草滩上火光冲天。我当时是所里团支部委员，怕出事，我把生产队社员全部动员起来灭火。回来后，我还专门写了一个长篇的检讨，送给蔡美彪同志。

当时国家规定，大学毕业后应在农村劳动锻炼一年。我们在张掖八个月，还不到一年，学部领导觉得太苦，要给我们换一个地方，完成劳动锻炼。后来就转到山东黄县（今龙口市），住进于口大队下孟家生产队一户孟姓农民家里，我与张友坤、陶文钊、吕景琳同睡在一个大炕上。这里生活条件很好，蔬菜很多，各种海产都能吃到，海鱼、海虾、海蟹，我都是生平第一次吃到。生活上感到从地上到了天上。这个生产队主要经营梨树。我们在山上同农民劳动了七个月。我在这个过程中，更多地认识了中国的农村。黄县属于胶东的老革命根据地。与老百姓聊天，了解到他们当时（1947 年）老区土改中的一些过左现象，包括对富农、中农扫地出门等，很伤了一些人的感情。1948 年淮海战役，黄县各村里的农民，男子人人都推着小车支援前线，为淮海战役的胜利贡献了自己的力量。后来陈毅元帅说过淮海战役的胜利是山东农民用小车推出来的，我们有了比较切身的感受。对社会现实增加了了解，对我们的人生有好处。结束农村劳动，到黄县县城学习总结十多天。在此期间，我前往黄县一中联系，与他们打了一场篮球友谊赛。我自己不会打球，我负责联系。在黄县县城总结了十天左右，就回北京了。

赵：我看到《李新回忆录》也有不少关于"四清"的记述，张老师您怎么看？

张：李新同志的回忆录我没有细看。据他说，"四清"末期，刘大年回京前，曾找李新谈话，要他负责近代史所在张掖的人员。后来又交代，新进所的大学生继续留在张掖完成劳动锻炼，其他人员带回北京。李新征求姜克夫意见，两人都认为张掖太苦，反对新进所的大学生继续留在张掖，决定让他们到山东黄县完成劳动锻炼。这些情况，我本人当时不知道，只记得听传达说，是学部副主任张友渔批准我们到黄县。近日有机会与韩信夫同志谈到这一情节，韩信夫对"四清"末期李新负责近代史所在张掖的人员一事表示存疑。他说，他当时在张掖城里给黎澍同志当助手，整天陪同黎澍左右，没有听到黎澍谈到此事。因为黎澍是在职的副所长，近代史所在张掖的人员，理所当然归他负责。韩信夫说，大学生劳动锻炼时，当时留在北京的副所长张崇山常来电话。李新当时不负领导责任，较轻松。那个时候，党内和党外区别很严格。党内的活动，对党外并不都传达。我对"四清"期间工作队内部情况以及党内活动，所知甚少。回所后，也听说过一星半点。祁式潜当时是临时党支部副书记，还有个女同志，苏联留学的，"四清"时也去了。听到传闻，祁与那位有故事，李新、姜克夫要求批判祁式潜作风不正。听说刘大年替祁式潜说了几句好话，李新他们抓住祁式潜攻击刘大年。具体情况，我不清楚。那个时候我们党外知道的很少。

赵：祁式潜后来在"文革"中好像自杀了。

张：是的。"四清"回来后，所里适应社会需要成立了"四史组"，相当于后来的现代史组，祁式潜为组长。"文革"初，我是"文革"小组负责人。祁式潜仍是组长，当时是支持"文革"小组的。1966年7月底8月初，社会上传言抓叛徒。7月中下旬，我们在所里组织批判工作组。所里有人认为，工作组是支持所"文革"小组的，对"文革"

小组有非议，据说祁式潜在其列。8 月 3 日，有人在所里贴大字报，题目是《我们怕什么？》，文中有这样的话：我们不是走资派，我们不是叛徒，我们怕什么？这样的话，有影射祁式潜的含意，接着有十几张大字报跟进。8 月 4 日下午，我们还召开了组长会议，祁早早走了，傍晚时西城公安局打来电话，说你们所祁式潜自杀，我和几位同志赶紧赶到西城区公安局，我们当时很紧张。公安局同志说不要紧张，这几天老有自杀的。我要求去看尸体，公安局不让，只让我在死亡证明单上签了个字。隔天，我接受姜克夫建议，请李宗一将大字报照相了。后来我又去找学部潘梓年汇报。潘当时是学部主持工作的副主任。他也说不要紧张，要整理一个材料，往上送。我这才有机会把祁的人事档案调出来，看了他的档案。祁的人事档案很厚，我看了一遍，现在还有点印象。祁的妻子叫居瀛棣，她是居正的女儿。祁本人 1937 年加入中共，资格很老，受党的派遣，在江苏、安徽一带活动，任路东区党委委员，又担任某中心县委书记兼游击大队大队长，党内职位很高。1940 年左右，刘少奇在这一带视察工作，听取工作汇报后，刘少奇顺便问起汇报人是哪一年入党，祁见另一人汇报说是一二·九运动中入党，怕自己入党晚了脸上不好看，便谎称自己是一二·九时期入党的。1940 年延安整风，华中局党校也在盐城开办，华中局通知祁去盐城上党校。他看过中央的有关文件，说是敌特打进了我党的高级领导机关，他一下紧张了，以为自己出了问题，以为他对刘少奇撒谎，刘已记住并查了。他心里焦急，做了十分错误的决定。正好此时他夫人怀孕，他将夫人送到上海待产，此时上海在汪伪统治下。上海公安局长叫张鸣，也是居正女婿，他接待了祁的妻子。不久后，祁带着勤务员和一部分钱，以到上海采购武器名义跑到上海，以后没有回来。当时中共华中局发了通报，开除祁的党籍。张鸣将祁夫妇送到重庆居正那里。居正知道祁是共产党，把他安排在重庆中央银行当专员。拿干薪，不做事。他毕竟出身共产党，对国民党的腐败在专员室不免有所议论，经人告密，国民党抓了他。居正出面保他，出资送他去美国上学，他没有去。1943 年苏德战场形势明朗，他已经判断出第二次世界大战的结局。此时他又想回到中共队伍。他在重庆给周恩来写信表示悔改，希望回到中共队伍。周派吴克坚找祁谈话，吴跟周汇报，同意他回到党内，派他做党的地下秘密工作。后来他回到江苏、上海一带做秘密工作，领导了一批地下电台。这些电台直接同党中央联系，做了贡献。问题出在上海解放时，陈毅在上海举办了一个大型招待会，过后，上海报纸报道，将祁列在陈毅以下第三名，原来在华东局工作的人立即跟陈毅反映祁式潜曾经叛党，陈毅命令对他进行立案审查，被软禁。他交代了自己的经历，审查到1953年，此时审查结论基本清楚，他交代周总理派吴克坚跟他谈话，恢复他的党籍。但吴克坚当时也因事系狱，祁的交代无法证实。到1953年，祁被调到北京化工部，任化工部学习委员会主任，在化工部工作了几年。又重新办理入党手续。1959年，化工部又派他去中央党校，学习了五年之久，1964年，他给范老写信，希望进近代史研究所。后来从张掖回来又到江西"四清"，仍任临时党支部书记。8月4日傍晚，他回到三里河化工宿舍他的家里，在《人民日报》报头上留了一句话，大意是今晚不回来了，就在附近人定湖湖心岛上喝了敌敌畏，被游人发现，报告了公安局。潘梓年听了汇报后讲共产党员自杀是叛变，应该开除党籍。近代史所党支部开会宣布开除祁式潜党籍。我后来把他一生经历及在近代史所的表现和自杀前后情况写成报告，交给了学部副主任潘梓年，上报中央有关部门。这也是我在"文革"初期经历的一件大事情。

李：请您谈谈"文革"初期近代史研究所的情况，以及您是如何卷入"文革"运动并作为当时近代史所的主持者所经历的事情。

张：当初我们对党中央毛主席，有无限崇敬的心情。到了近代史所以后，我在当时被认为比较活跃、比较被人看重的人。加上黎澍同志的接见，在新进所的人中间形成了这么一个认识。我在大学期间要求入党，写过多次申请书。当时中组部在大学生中发展党员的方针是谨慎发展。我虽然积极要求入党，学习是最拔尖的学生之一，一直担任班干部。当时三个班将近一百人，1959年入学的班中有很多调干生，有些资历很老，职位较高，但文化水平低。这些调干生，知识程度较低，他们基本上都是党员。那时年级的级长，是湖北当阳县的一个干部。名义上，我相当于级长的秘书，每个学期都要写报告，都由我来写，送到系里去。那个级长后来没有毕业，三年级时回家去了。我那时年纪小，调干生经常问我学习中的问题，抄我的笔记本，我就有些不耐烦，他们认为我骄傲，我就背上了骄傲自大的包袱。五年级时，支部书记找我谈话，让克服骄傲自满，说在大学没能入党，但会把档案转到近代史所，让我不要泄气。后来到所里，我每次都要检查骄傲自满。我进所后，所里对我很重视。不久，组织团支部，我是团支部委员。从乡下回来以后，我就到了西颐宾馆，参加了中国近代史讨论会（西郊组）。

我们单位的造反和别的单位的造反也不完全一样，主要是因为我们是根据《人民日报》的社论起来造反的。1966 年的 6 月 1 日，《人民日报》发表了社论《横扫一切牛鬼蛇神》，这标志着"文革"的开始，同时发表了聂元梓等七个人的大字报。我们现在讲"文革"史，通常讲1966 年 5 月 16 日中央发了通知，但是这个通知，当时报上没有公布过，我们不知道，一般人知道的就是 6 月 1 日《人民日报》的社论。隔了一天，6 月 3 日《人民日报》又发了一篇社论，叫《夺回资产阶级霸占的史学阵地》，同日，《人民日报》还配发了史绍宾的长篇文章，点了《历史研究》和近代史所的名，指出这些资产阶级"权威"老爷们，是史学界的"东霸天""西霸天"，他们像奸商一样垄断史料，包庇吴晗，直接针对近代史所。

话还得往回说。我们在黄县就看到了姚文元的文章《评新编历史剧〈海瑞罢官〉》。那个时候每个人都看了报纸。回到北京以后，黎澍同志找我谈话，大概还是对我 1964 年的那篇文章有印象，就叫我写批判吴晗的文章。那个时候批判吴晗，从黎澍的心里来讲，也是一种学术批判。他出题目，他谈思想，由我来写。我到他家里去，当时是沙滩的工字楼。我第一次到他家里时大为惊讶，他的房子那个大啊。总之是大得不得了，书房至少一百多平方米，似乎比我们现在的学术报告厅还大。四周墙壁放满了书架，书架上排满了书。他过去做过中宣部出版处处长，相当于现在的出版局局长。那个时候全国出版社出版的书都给他送一本。他给我布置一篇评《海瑞罢官》的文章。我花了一个月写文章，写好了给他看，他对我的文章可能不满意，他对我说还是去读书吧，多读点书。实际上，那时对吴晗的批判已转向政治批判，学术批判做不下去了。黎澍主编的《历史研究》受到的压力非常大，他也很着急。

此后，黎澍把我安排到西郊组，西郊组全体被安排在西颐宾馆的中馆。西郊组是黎澍同志领导的，1963 年建立，对外名称叫"中国近代史讨论会"，有公章对外。实际上是一个独立的机构，经费是财政部单拨。西郊组的活动对外是保密的。住在这个宾馆里头，就是为外交部的中苏谈判准备资料，当时中苏谈判中正涉及中俄边界问题。这个组就是在搜集有关中俄时期的边界资料。这也就是黎澍 1963 年提出来的建立一支反修队伍的一个设想，这个组总的是黎澍直接管，外交部专员余湛代表外交部参与意见。黎澍从全国各地调了很多人来充实这个组，其中有中山大学历史系主任金应熙、复旦大学新闻系主任李龙牧、吉林大学刘存宽、北师大张文淳以及云南大学郑绍钦等，还有近代史所的多位研究和翻译人员如王其渠、吕一燃、张左糸、韩信夫、张友坤、陈春华、王超进、李金秋等。西郊组的负责人是金应熙、李龙牧和余绳武。这些人有一定理论水平，外文水平很高，英文、俄文都很好。张友坤任西郊组秘书。金应熙先生专门给我个人上过中俄边界历史的课，余绳武、刘存宽让我翻译过几件俄文资料。组里希望我在这方面做出成绩。不久，余绳武同志找我谈话，要我把西郊组所存数万本图书管起来。这些藏书绝大部分是不同历史时期出版的英文和俄文图书，大多涉及中俄关系，是 1963～1964 年组里奉命到全国各地搜集的，大概东北各地如哈尔滨、大连等地所藏为多，上海、武汉所藏也不少。1965 年底就安排我进了这个组，我是 1964 年进所的人中最早进入这个组的。我在这里待了半年，这一待就待到 1966 年 6 月 3 日。

在这期间除了批判吴晗，还批判"三家村""青春漫语"。"青春漫语"是在《北京日报》开辟的一个杂文专栏，执笔者是学部副主任兼政治部主任杨述。那时候，各大报纸大张旗鼓批判"三家村"，在学部也在组织批判"青春漫语"。批判的材料都印出来发给我们，各所都开批判会。西郊组在 5 月份开始关注"文化大革命"的发展，成立了参加"文化大革命"的小组，我是成员之一，组内酝酿参加批判活动。5 月下旬，学部大院贴满了大字报，都是《哲学研究》编辑部署名的，矛头直指杨述及其《青春漫语》。《新建设》编辑部在近代史所张贴大字报，揭发副所长黎澍。5 月 30 日，近代史所召开全所（部分人员在江西"四清"）大会，批判《青春漫语》。我被安排为第一个发言。发言稿是与刘存宽、韩信夫、张友坤商量后，由我和韩信夫共同起草的。接着，西郊组党分支部决定大家可以写大字报，参加"文化大革命"。于是一批批判黎澍的干部路线的大字报贴了出来。之后学部 1966 年 6 月 4 日要在首都剧场开一次全学部大会，我们所挑选了我和沈庆生到学部大会上发言。正好在 6 月 3 日《人民日报》上发表了社论《夺回资产阶级霸占的史学阵地》。一清早广播里就广播了，我们听到这个社论后心里不好受哇。就是我们的近代史所——那时《人民日报》的社论就是中央的最高指示，被中央点名哇。第二天我就要代表近代史所在学部大会上发言，我就想，前一天有社论，我第二天代表近代史所发言，我应不应该回应一下社论。我就在我发言的最后写了几句话。当时我把这个话给余绳武同志看，他是我们西郊组的负责人。我说我最后加的这几句话合适不合适，他没有反对，说可以。但是西郊组内有不同意见。后来我还是讲了，因为余绳武是组里的负责人，他同意了。6月4日，学部批判杨述大会在首都剧场举行。学部分党组成员（包括潘梓年、关山复、刘导生等以及刘大年等领导同志）坐在主席台上。按照大会安排，我是第四个发言。我在批判了杨述《青春漫语》后，在结语里结合"6·3"社论对刘大年提出了质询，我说，我们一定团结在党中央和毛主席周围，高举毛泽东思想伟大红旗，向一切牛鬼蛇神开火，彻底打倒盘踞史学界的资产阶级的"东霸天""西霸天"，夺取资产阶级霸占的史学阵地。台下的一些人高呼刘大年下台。哲学所、《哲学研究》、《新建设》等认为学部党委特别是关山复包庇杨述，把矛头对准学部党委，刘亚克等人上台争夺麦克风。我想，这次大会应该是我们学部"文革"的正式开始。从这以后，所里的"文革"也就开始了。其实呢，我发言后就回西郊组了。

接着中央就向学部派了工作组，工作组的组长是张际春，湖南人，当时中宣部的常务副部长，很庞大的一个工作组。也给近代史所派了工作组，组长是中央组织部的办公厅主任王瑞琪。还有一个负责人，是中央联络部的调查处处长（相当于今日的局长）时代。还有一个是中央组织部的李惟一。三个人组成近代史所工作组的成员。所里当时有一个党支部，支部书记是连燎原，他是转业军人。他通知在6月15日开会，布置在所内开展"文化大革命"。那时我在西郊组，脱离了所里，也没有电话联系，不知道所内在酝酿什么。所里有一帮年轻人，他们实际上就在底下酝酿，要搞一番名堂。6月15日，近代史所党支部召开全所大会布置所内开展"文化大革命"。上午部分党支委、团支委和部分青年党员商讨今天大会召开问题，主要是由谁来主持大会。工作组组长王瑞琪、副组长时代以及成员李惟一到所。大家要求工作组主持会议，工作组表示刚到所，不了解情况，不能主持会议。后来决定民主选举大会主持人。在讨论中多数人反对连燎原选入主席团。通过民主选举，产生了张德信、郭永才、余绳武、蒋大椿和我组成主席团，主席团推举我为大会主席。我就主持了 6 月 15 日的全所大会。我们根据《人民日报》的社论讲了一些看法，大家鼓掌通过，这就算本所"文化大革命"开始了。这次是全所会议第一次公开批判刘大年、黎澍。这就是近代史所的所谓夺权大会。参加会议的除了工作组外，还有其他各所人员。

随后，根据中央文件精神，所里通过民主选举产生了一个"文化革命领导小组"，成员开始是四人，后来增加到七人，组长是张德信，他是党员，他还被推选为学部"文革"小组成员。我、蒋大椿是副组长，还有尹仕德。我管常务，当时就决定这么一个体系。在工作组支持下成立的这个机构就是一个合法的机构。这以后就开始批判"走资派"呀，当时称为"三反分子"。所里当时主要是按照中央，按照《人民日报》的社论来抓"走资派"，我们就确定刘大年、黎澍是"走资派"、"三反分子"。李新当时在所里没有行政职务，党内职务也没有，所以他不是主要斗争对象。从 1966 年 6 月下旬以后，一段时间里多次召开批判刘大年与黎澍的会，好多次是由我主持的。我之所以要把这一个事情说一下，是因为 6 月 15 日那个会以后，大年同志回到家里去，跟家里人讲，说：哎呀，我们这些人在近代史所工作这么多年，我们都是官僚主义，近代史所有一批年轻人，很能干呀，很有本事啊，所里党支部布置的这些东西，他们一下子就把我们打得稀里哗啦。他就点名说了，姓张的这个人还不错。今天说到这里，的确很感慨，因为，他没有因为我们把他批了而对我们仇恨，反而觉得这些人还不错。尽管后来我们经常开大会批判他们，要他们低头认罪，但是刘大年后来始终对我没有这种仇恨的心理。7 月中，中央"文革"小组成员关锋、戚本禹到所里来，与部分人谈话，揭发黎澍、刘大年、丁守和。7 月下旬，张德信和我还到学部"文革"小组和工作组汇报工作，张际春、林聿时、王瑞琪、吴传启、刘亚克等对所里"文革"有过不少"指示"，特别是林聿时、吴传启对近代史所如何揭发、斗争黎澍、刘大年出了一些"主意"。8 月以后，由于在批判工作组问题上产生分歧，学部逐渐产生不同派别的群众组织。中宣部部长陶铸宣布撤销学部工作组，撤销学部"文革"领导小组，让群众自己起来闹革命。学部从此分成两大派。我们近代史所内尽管也有不同意见，但在组织上没有分成派别，近代史所也组织了红卫兵，参加了学部红卫兵联队，称作"红卫兵联队近代史所支队"，我是支队长。因为撤销了学部"文革"小组，红卫兵联队一派组织了学部联络委员会，作为领导机构。近代史所"文革"小组组长张德信当选为学部联络委员会常委。我们在所里的运动也逐渐转向学部和社会。打派仗多了，所谓斗争"走资派""三反分子"就少了。此后，斗争本所的、学部的，以及社会上知名的公认的"三反分子"大会，时不时会召开，都带有派性斗争的性质，都是在所谓抓旗帜、抓斗争大方向的名义下进行。1967年春，按照戚本禹要求，历史所和近代史所联合，收集整理刘少奇所谓"反革命修正主义"言论资料。傅崇兰主持，我担任办公室主任。3月，该资料出版，新华书店发行。4~5月，接受戚本禹交给的任务，撰写《中国向何处去?》文章，与文化部研究室组成写作班子。文化部研究室出面的是金冲及、宋木文等，学部是王戎笙、栾成显、吕景琳和我，学部方面以我领队。地点在文化部大楼里。时间大概花了两三周，我们提交的稿子未通过。后来金冲及撰写的文章通过了，8月以《走资本主义道路还是走社会主义道路》在《人民日报》发表。7月，学部联络委员会、红卫兵联队发生分裂，以历史所和近代史所为核心，反对林聿时、吴传启，另行拉出，组织了"揪潘联络站"（揪出潘梓年、吴传启、林聿时、王恩宇等的简称），后发展为学部大批判指挥部。这时候，所里也发生分裂，蒋大椿等少数人不同意反对潘、吴、林，自己也拉出了一个小组织，继续站在红卫兵联队阵营。

到1968年2月，我所在的群众组织垮台。这个组织垮台因为它的后台戚本禹垮台。这个组织背后的支持者就是戚本禹。我们这个群众组织的头头是历史所的傅崇兰，他和戚本禹关系很密切，傅崇兰为此付出了代价，后来坐了八年牢。20世纪90年代，傅崇兰曾出任中国社会科学院城市发展与规划中心主任。

回顾起来，"文革"当中在我主持期间，还没多得罪人。当时就是抓所谓斗争大方向，始终抓的是党内"走资派"，始终抓的是刘大年和黎澍，批判他们，别人我都没有多触动。所以我们所里有的老知识分子，像邹念之先生，在我挨整的时候，老替我说好话。我感觉到后来给我说好话的人还很多，其中之一就是荣维木的父亲荣孟源同志，他是我们所里老一辈，是前辈，早在延安时期就是很有名的人物，后来因为划成右派，很坎坷。他划右派是康生亲自点名的。"文革"初期红卫兵一下子就冲到他家里去了，他家就在美术馆的后面黄米胡同，他们家住的是很大的房子，街道的红卫兵一下子就冲到他家里去了，那很厉害。我知道以后，就派红卫兵到他家里去了，我们就用近代史所红卫兵这样的名义，把他的书架全部贴了封条。到 80 年代荣孟源同志在世的时候，他说没有近代史所红卫兵那个封条，他家不知要被外面抄多少次，就是因为我们这封条一贴，外面的人一看人家的单位已经做了处理，就不再来了。而且我们贴了封条以后就再也没有管它，他说：就是近代史所保护了我，不仅书的安全，而且还有人身安全。所以他们后来也给我说了好话。红卫兵运动期间，我们对金宗英、丁原英等同志也及时提供了保护。

李：请您谈谈作为"五一六分子"经受审查的前前后后的事情，以及近代史研究所恢复业务活动初期您所从事的工作。

张：我在 1968 年 3 月后，大体上是赋闲，下半年与何重仁、李瑚两位同志参加过"文革"中查抄文物的清理工作。1968 年 12 月，中央向学部和所属各所派来了工宣队和军宣队。1969 年上半年，工军宣队在所内做团结工作，消除派性，下半年就开展"清查五一六反革命阴谋集团运动"。从此，我被作为"五一六反革命阴谋集团"的骨干，作为清查运动中的重点审查对象，经历了长达五年的艰难岁月，经历了严酷的政治审查和心理考验。我那时候在现在商务印书馆那座楼上——当时是全国文联的办公大楼，在那个楼上关了好几个月，那时的名称叫"隔离审查"。那和坐牢一样，就不是在正式监狱里，完全没有自由的。专案组采用车轮战、逼供信，残酷斗争、无情打击，逼供、诱供，什么手段都采用了。所谓车轮战，专案组审查被认定的"五一六反革命分子"，尤其是"骨干"，多人轮番轰炸，反复宣读《敦促杜聿明投降书》，喝令交代问题，日夜不休，连续数日夜，有的被审人三天三夜不能眨眼，甚至有的被审人七天七夜不能睡眠，而专案组人员轮班休息。这样的刑讯逼供，让被审人精神和肉体彻底垮掉，终于逼打成招。那些我都经历过了。我在那儿待过几个月，我还关在美术馆几个月。1970 年 5 月 30 日，我在工宣队押解下被送到河南息县东岳公社塘坡学部"五七"干校。1972 年 7 月，我随学部五七干校一起回到北京。回到所里后，依军宣队规定，我依然处在被监督下，扫马路，扫厕所，与瓦匠师傅一起到屋顶补漏。当然，我也利用晚上和早晨听北京人民广播电台的英语和日语广播，试着翻译美国出版不久的包华德主编《中华民国人物传记辞典》，我翻译了大约一百多个人物词条，送给刚参加民国人物传写作的同辈朋友参考。就是说，这时候开始，自己学习起来。

1974年12月工宣队和军宣队正式宣布我在"无产阶级文化大革命中犯有一般性路线错误"，解除对我的审查。1975年初军宣队通知我说我可以选择一个研究组。我选择了翻译组，当时还想提高一下外文水平。以为到翻译组后，因为大家都懂各种文字，翻译组英文、俄文、日文好多种文字，我可以学习。但是后来在翻译组待了几个月，那时候运动还在进行中，没有多少时间工作，很难说提高外文水平。近代史组何重仁与龙盛运两位同志在1975年上半年，多次找我谈话，让我到近代史组来，后来他们在谈话中流露出是刘大年同志要我去。这样我在1975年9月就去了近代史组。近代史组当时的负责人是刘桂五、钱宏、何重仁三位同志。当时近代史组正在学习和讨论毛泽东的"评水浒"，实际上是批投降主义，组里提出怎样结合近代史研究，把毛主席的这个指示贯彻到近代史研究中来。当时讨论的结果是，要结合太平天国，结合李秀成，李秀成当时是投降主义，用这个事例来说明毛主席"评水浒"的一些道理。组里把写文章的任务交给我。当时何重仁同志给了我两个月的时间。我从接受任务的当天，就全心全意地进入太平天国史研究，这是1964年8月到所里以后，我第一次接受研究工作任务。

李：你做太平天国研究开始就是做的李秀成，后面就没有再做太平天国研究？

张：也做过，后来就变了。这个太平天国研究得亏我在大学期间，当时做过太平天国的作业，基本的书都翻过。这个时候给了我两个月的时间，实际上是三个月，花了两个月时间来看书，一个月写作，把太平天国的基本史料，别人写的文章大略看了一遍。我文章针对的主要对象是上海的罗思鼎和北京的梁效。他们当时发表的政论文都涉及太平天国，主要是从观点上针对。我花了一个月把这个文章写完，给何重仁和钱宏看，他们都感到很满意。最后我还给刘大年看，这是我第一次给大年同志看文章，看过之后他只是从结构上对文章做了调整。这是我第一次知道大年是怎么样考虑写论文。文章写完后就是1975年年底。当时学部领导小组经中央同意，决定要把《历史研究》从国务院科教组拿回来，还是请黎澍来做主编。开始，黎澍不愿做这个主编，因为做主编，在"文化大革命"期间被冲得一塌糊涂。但经过说服后还是同意来做主编。1975年年底，他在正式上任前开过几次座谈会，开座谈会请北京及外地的一些学者来，讨论重新接办《历史研究》如何做好。几次座谈会都是由我做的记录，然后整理座谈纪要。开第二次座谈会的时候，我已经将我的文章写完，就亲自交给黎澍同志。他说我们正要文章啊，顺手交给了宁可同志，我的这篇文章就在《历史研究》1976年第1期发表了。那篇文章，我现在的集子里都没有收，将来是可能以某种形式收进去的。那篇文章我认为在学术本身还是站得住脚的。关于太平天国的土地制度，太平天国在苏南地区的一些土地政策等研究，还是我的研究心得。但是那时还在"文革"中，写文章，因为按照毛主席"评水浒"的意思，我心里又针对罗思鼎与梁效的那些观点，所以不免带有"文革"时期写文章的风格，而且结尾还联系到苏联修正主义进行批判，但是文章的主体部分还是一种纯粹的历史研究。而且有些提法，很快就被李侃、龚书铎主编的大学教材《中国近代史》（第三版）吸收了，我的文章是1976年发表的，他们在1977年的修订版中把我的文章结论基本吸收进去了，但是"文革"后批极左思潮，又把吸收我文章的那部分删去了。其实，在我看来，那是学术研究，不是极左。这篇文章发表以后，大约在1978年当时有一位苏州师范学院的教师公开发表文章提出商榷。我曾和王学庄说起有人批评我的文章，王学庄说不理他。以后因为任务的转变，我就没有继续再在这方面写过什么东西。

李：还有写安庆的那篇文章《湘军在安庆战役中取胜原因探析》。

张：对，实际上我看过的资料中好多没有用上，本来还想写些东西，后来放下就放下了。安庆那篇文章是我做历史地图做出来的，做历史地图时我考虑，安庆战役在军事上很典型，便选了一幅安庆战役图，为此看了一些资料。做完地图后，感到书不尽意，就写了一篇文章。这篇文章1988年发表在《近代史研究》，主要是通过安庆战役探讨湘军和太平军胜败之由。以前研究革命史，对立方只是作为陪衬。这篇文章，是一种补偏，就是主要研究对立方，研究曾国藩、胡林翼及其湘军的战略战术，并与太平军相比较，可能得出比较冷静的结论。

李：您能谈谈"文革"对您的影响吗？

张：在"文革"的十年中，我观察了各种各样的人，各种各样的人在"文革"中各种各样的态度，整人的，打小报告的，弄各种名堂的，我观察了很多。对我的态度一会儿这样，一会儿那样。所以我后来在担任行政领导时就表示一点，我决不整人。在我担任所领导的十六年期间，我没有有意地整过人，没有给人在政治上和心理上带来伤害。这也是我过去长期本着的一个信念。我在政治原则上，在理论原则上，非常鲜明，但是在具体人事的处理上，会尽可能地使大家都过得去。"文革"的影响，对我来讲，我差不多有十几年的时间，前前后后哇，有时候心情非常郁闷，但是总起来讲呢，没有改变我这个信念。不管我在"文革"期间多么困难，始终都没有动摇我的这个信念。这是第一。

第二呢，过去我们理想主义很多，"文革"中我们的实际经历，使我们认识到理想和现实之间的差距。我觉得在我的人生当中也是很重要的，通过"文革"这样一个挫折和锻炼，引起了一些思考。我们过去的理想主义，包括共产主义很快就要到来，"大跃进"，这些我都是经历过的。那个时候我们意气风发，"大跃进"时我正好是十八九岁，互助组、合作化、人民公社化都是经历过的。"文革"以及"文革"过去以后，我们经历过了，才认识到，理想和理想的实现中间是差距很大的。这样一来，如果联系到历史研究，我们可以看出来，历史上的很多档案资料，和实际上做了多少，它中间一定是有差距的，所以我觉得从现实的观察联系到历史的观察，是有一定意义的。这样我在做历史研究时，有现实的经验来加以比照，当然在论文写作中不可能写现实的比照，但是这种比照的心情是存在的。这可以说是"文革"十年的一个最基本的影响。

经过"文革"后，到1975年，所里正式恢复了党总支。在军工宣队安排下，刘大年担任了党总支书记，郭永才是常务副书记，黎澍、李新是副书记。此后，我不仅协助大年做些《中国近代史稿》的工作，还协助刘桂五先生做了一些属于学术秘书范围的事情。也许当时的党总支对我寄予某种期望，可是没有人告诉过我。当时党总支决定"开门办所"，要我做一点具体工作。我负责联系到北京郊区南韩继收割麦子（"学农"），到北京内燃机总厂联系参加劳动（"学工"）。那年我还陪同郭永才几次到大连造船厂，向那里的工人理论队伍取经。1976年，我推动与北京二十多家印刷厂职工联合办"七二一大学"，给学员讲授中国近代史，并且编写、印发了教材。陪同刘桂五先生到北大历史系、天津历史所调查了解他们开门办学、开门办所的经验。党总支研究某个问题的会议，有时候也通知我去参加，听取我的意见，尽管我还不是党员。"四人帮"被粉碎后，《光明日报》举办座谈会，揭露和批判"四人帮"在史学界的罪行，所里党总支也推荐我去出席，我在座谈会上的发言刊登在报纸上。所有这些，给 1977 年院里的"清理帮派体系"运动埋下了伏笔。"清理四人帮的帮派体系"是当时中央的精神。如何清理，如何正确处理"文革"结束后各种复杂的关系，就看各单位负责人的做法与因应。社科院领导小组指定李新同志为近代史所"清理帮派体系"领导小组组长。一时间，刘大年、郭永才、张友坤和我成为"四人帮的帮派体系"，刘大年、郭永才、张友坤靠边站。全所大会批判"四人帮的帮派体系"，给我戴的帽子是三顶："五一六"一风吹、突击入党、突击提干。我找李新论理：我不是"五一六"，而且"五一六"不是我吹的，是军工宣队吹的，怎么是我的罪名呢？我没有入党，也没有提干，我怎么是突击入党、突击提干呢？李新告诉我，那是群众发言，哪有那么准确。其实我知道，这些群众发言，都是李新事先审定过的。"清理帮派体系"把我和刘大年先生连在一起，在全所掀起风潮。但是，我那时的了解，大多数人不支持这样的做法，许多人对我表示了支持，我一点也不感到孤立，无道之事行不远。近代史所的这种乌烟瘴气，到年底就烟消云散了。1978 年，社科院院长胡乔木、副院长邓力群到近代史所召开座谈会，听取意见。事后我听出席过座谈会的丁名楠先生说，邓力群在会上说，对人还是要厚道一些。我协助刘桂五工作有两年，后来有的人向所里反映，现在所里需要好的研究人才，你们把张海鹏安排到那里恐怕是不合适的。所以后来所里就又把我从学术秘书那里抽出来了，没让我在那里干。1978 年，社科院进行了改革，各所组建了研究室，组建了科研处（大体上等同过去的学术秘书），在近代史所也成立了科研处，任命了处长、副处长，我就不与闻其事了。1978 年开始，我进入了真正的学者生活，努力抢救失去的时间，一心一意展开自己的学术研究。在这样的条件下，度过了我的十年黄金时间。

三　治学心得

李：您在《东厂论史录》的后记里讲，在进所的 13 年里，几乎完全没有接触学问，真正接触学问是 1978 年。那个《武昌起义档案资料选编》是什么时候编的？

张：1980 年。应该说是 1978 年开始正式坐下来做学问，所以我说有 13 年没有做学问。1977 年那一年还受到不少折腾，弄得我很难受。1978 年初以后我才有机会把全部精力集中起来。你说的辛亥革命这个资料选编是 1980 年。我在 1979 年从武汉方面知道，湖北省博物馆藏有关于辛亥革命时期革命实录馆资料。武昌首义以后湖北军政府成立革命实录馆，在 1912 年、1913 年，最晚到 1914 年，有那个时候他们许多亲身经历了武昌首义的人写的回忆，有几百万字。1980 年夏天，经过钱宏同志批准，我去武汉待了两个月，把他们馆藏的革命实录馆的东西全看了。第二年我又去了几个月，第二次去的时候我把杨天石给拉上了。那个时候我们刚刚开始学术工作，资历很浅，我自己感觉到在学术界的资历很不够，我就拉了杨天石去，他在我们同辈人中已经比较有名气。还拉了王学庄。我制定了编资料的一套计划和编例，标点怎么处理，错别字怎么处理，这一些规章制度，发给参加工作的人。但是每一个参加工作的人交给我的稿子都没有按照我的要求来。1981 年、1982 年，我自己把它全部重编了，按照我自己的设计来重编了。做完后，湖北人民出版社要出版。我和钱宏同志来谈，用什么名义，我们当时用了所里的名义。我个人用什么名义，因为按照现在用主编，我是名副其实的主编，全部过程都是我做的，但那时我只是助理研究员，我不敢这样提。钱宏同志就提到统编，书稿里头我用的是统编，前言是我写的。单位是用的湖北省政协、近代史所、湖北省博物馆、武汉市档案馆。当时的排名，本来我和武汉商量的，第一个是湖北省政协，把近代史所排在最后，不要排在第二。我当时是想排在最后，可以看出工作是我们做的，而第二就淹没在里边了，但是书出版时还是排在第二。这是我做的辛亥革命的资料，这是第一个。

还有一个就是，也是从刚才讲的写太平天国的文章开始，我进到近代史组以后，就协助大年做他的《中国近代史稿》，协助大年做一些编务工作。一个是，大年处理初稿，全部重写，改到连原来稿子的模样都没有，改了后就交给我，我就抄一遍，整理打印。再就是要我核对史料，大年从来不核对史料。我就从图书馆借来书，一条一条地核对史料。另外就是《中国近代史稿》中有一些考证性的注释，就是我在核对史料时的心得。从 1976 年，一直到 1984 年，这几年我就是协助他做

《中国近代史稿》的工作，第一册是 1978 年出版，第二、三册在 1984 年出版，跑出版社也是我的工作。

我在做《中国近代史稿》的同时，还做过一件事情，没成功的。这是我和王学庄一起做的。大年那个时候他要到东京大学去讲学，他后来出版有一本《赤门谈史录》，就是这次讲学的结果，这本书主要是讲辛亥革命，讲资产阶级革命。起先，他要我去帮他查资料，查同盟会的这些人的阶级出身。我也查过，也给他做过一些分析。他告诉我，50 年代末，近代史所曾经想调查这些同盟会员以及同盟会员的后人，已经做过一些调查工作，形成了一些资料。他把这些给我，他说能不能再调查。我觉得自己的能力不够，我就和王学庄合作，从 1979 年、1980 年差不多两年的时间，我们做了差不多两年多的同盟会的调查。大概发了差不多两三千封信，也收到了大概两三千封回信。80 年代初同盟会员少数还活着，大量的是同盟会员的家属，分布在海内外，我们都陆续取得了联系。我们主要是想让他们提供一下当年的同盟会员——1905 年、1906 年最早的同盟会员，我们有一个名册，主要是根据这个名册来做调查，主要是想了解，这些同盟会员他们的家庭生活、家庭经历、个人经历，他们手头还有没有关于辛亥革命以及辛亥革命以后的电报、信札、日记、文件等。但是没有成功。尽管我们收到几千封回信，新华社也报道过，但是很难整理出成型的东西。几千封回信给我们留下实在资料的东西不多。值得一提的是，在这个过程当中，我也帮助同盟会员的后人做了一些事情，有些事情他们现在还在感谢我。有些同盟会员的后人在解放后的政治运动中遇到了各种困难。我给他们写过信，给他们的地方政府写过信，有的信起了作用。我完全是以个人的名义，地方一看这是一个中央的研究机构的研究人员写来的信，还是很重视的。

还有一件事情，就是编绘《中国近代史稿地图集》。地图集本来历史所在编，他们所里专门成立了一个历史地理研究室，他们有一拨人。原来《中国史稿》准备附一个地图集，本来近代史部分也归历史所。后来大年提出古代史与近代史分开，郭老同意了，历史所他们就不愿意编近代史部分的历史地图了。这个时候我刚参加中国近代史部分，就把这个任务交给我了。那时是初生牛犊不怕虎，就把它接下来了。1978 ~ 1983 年这几年我主要是在做这件事情。做了几年之后——地图集这件事技术性很强，我有几年经常去地图出版社上班，有一年每个礼拜有三天在地图出版社，和他们合作，及时与绘制人员交流等。在做地图集以前，首先是做了一个关于中国近代疆界变迁的文件，因为地图集的出版，没有外交部的同意是不可能出版的。文件的要领是和地图出版社一起商量的，文件的内容只有由我来做，我花了差不多一年的时间，把中国近代疆界的形成过程摸了一遍，形成了一个在《中国近代史稿地图集》中如何处理疆界问题的报告。然后根据这个报告，地图出版社又做了一些地图的样本，写成了一个正式报告以后，用中国社会科学院近代史研究所和地图出版社的名义送给外交部。外交部条法司等部门审查了几个月，给了一个回复，盖了外交部带国徽的大红章，基本同意我们提出的处理意见。这样，这本书就可以出版了。这本地图集有关近代边界的处理，到现在为止，还是处理 1919 年以前的近代中国边界问题的一个典范。地图出版社现在涉及 1919 年以前的中国近代边界，都是以我的这本地图集为蓝本的。这一点，我在任何地方都没有说过，也没有写过。当初花的功夫很多，就是写了一个不到一万字的报告。我花了大约一年的时间摸中国近代边界的形成过程。

李：这个文件还能找到吗？

张：应该还能找到。这个文件原本存在地图出版社，我手里有一份，院里应该还有一份。我的一点近代史基础知识就是做这些东西做出来的。从图集上看很简单，就是那些东西，我为了做它看了很多书，看了很多资料，没有写什么东西，但是我的知识基础就是这样打起来的。基本是这样一个情况。同时还有一本照片集（《简明中国近代史图集》）。照片集也是跟《中国近代史稿》有关系，《中国近代史稿》第一册 1978 年出版前，刘大年提出来应该有一些插图，插图也要我来做。我想是 1977 年，我先到革博去查。但是革博收集的近代照片很多，却没有文字说明，不知道出处，对不对也不知道。革博的照片，我就放弃了。那怎么办，就利用我们的图书馆，我大体上把 19 世纪中叶到 20 世纪初出版的西文书都查了一遍。这些西文书上的图片都是铜版纸，插页装订，非常清晰。我把这些西文书一本一本地翻了，并把这些图片照了相，《近代史稿》的图片都是从这些西文书上复制下来的。

李：报刊上的不行吗？

张：报刊上的不行，因为辗转使用，像素错乱，再次印刷效果很不好。我所查的西文书都是第一次使用照片（或图片）。而且我发现 19

世纪末和20世纪初西文书上的照片比现在书中的都好，那都是铜版纸精印，印得很漂亮很好。20世纪中叶以后的书所附照片质量就差得多了。

1981年辛亥革命七十周年，《解放军报》约我写一篇纪念性文章，1981年10月发表了。也就是因为《解放军报》文章的发表，《解放军画报》社约我给他们画报开一个近代史讲座，开了很长时间，1980年、1981年、1982年，开了16期吧。就是在《解放军画报》上，每个月四大页，配上图片，加上一段文字说明，每个月出一期。为这事花了不少时间。我就继续利用我们的图书馆，主要是利用西文书，把每一本西文书都翻遍了。然后请解放军画报社摄影师和文物出版社的摄影专家拍下来。尽管这些过程技术性很多，但是对于我增加近代史的基础性知识很有帮助。在《解放军画报》已刊出的16期基础上，加以修订，在1984年由长城出版社出版了《简明中国近代史图集》。

李：那些基本都是资料性的工作。

张：对，开始做这个时是接受任务，别人都不干，就由我来干，我在那个组是最年轻的。地图也是一样，别人都不干，即由我来干。实际上做这些工作的过程，也是一个积累近代史知识的过程。

李：80年代有关近代史线索的讨论，现在从学术史看来很重要，跟50年代近代史的分期应该有很大关系。

张：是。基本线索的讨论，我是参与了。这就跟《历史研究》下面的话题有关系了。因为在80年代初，拨乱反正，批判"四人帮"，批判极左思潮。学术界、近代史学界都在批，报纸上、刊物上都发表很多文章。黎澍同志关于中国历史学、关于中国近代史有很多重要的文章发表，他当时被称为思想解放派。李时岳1980、1981年在《历史研究》连续发表关于中国近代史基本线索的论文以后，在近代史学界影响极大，大家都认为这是在批判极左思潮，拨乱反正。所内也有一些议论。当时《历史研究》还有一个内部简报，不公开的，就是关于中国近代史学术动态的。有一期我们是看到了，我们对他们动态上所反映的关于近代史的基本线索的一些意见是不同意的，所以实际上我从1983年开始就在思考这个问题，到1984年我写出了文章以后，我就给何重仁、钱宏、龙盛运看，最后送给刘大年看，刘大年看过后改了几个字。写完后所里专门安排了一个全所大会，我在这个会上做了一个关于中国近代史的基本线索的报告。我做了这个报告后,《历史研究》就知道了,打电话过来,要用我这篇文章。我也跟研究室主任以及《近代史研究》编辑部他们都讲了,要不要给他们,他们说你愿意给就给吧。那么我就给他们《历史研究》编辑部寄过去了。我的文章不仅仅是针对李时岳、胡滨,实际上是针对了《历史研究》编辑部当时的基本指导思想,算是参与争鸣吧。后来他们又传出来,我这篇文章是刘大年修改的,把刘大年抬出来,正好和黎澍相对,他们说你的文章我们要发。我的文章是两万字多一点,他们要拿掉一部分,我不同意,我说你们把这一部分拿掉的话,我就在我们《近代史研究》或别的刊物上发表。后来就以《中国近代史的"两个过程"及有关问题》在《历史研究》1984 年第 4 期上发表了。《历史研究》发表以后,为了表明他们不同意我的观点,接着第 5 期上发表了郑州大学一个老师驳我的文章。动作非常快。这代表了编辑部的一种态度。文章归文章,背景就是这样一个背景。所里也有人不赞成我的文章,也有人直接跟我说过。但是较多的人,特别是近代史组的人,都赞成我的文章。尽管这篇文章不是布置给我的,但是多数人都表示赞成。这实际上是 80 年代中期那样一个思想背景下的产物。

我在写这篇文章的时候有一个思考,我应该和过去的极左思潮,过去所谓的简单的说法有一个区别。比如说教育救国、实业救国等,过去都是批判的,我在文章中说那些主张实业建设、科学活动、教育事业的先贤们,都曾经为振兴祖国尽到了中华儿女的一份责任。但是也指出,在半殖民地半封建的中国,光靠工业、科学、教育事业是救不了中国的。这一说法和以前的说法是相区别的,当然不止这一点区别。还有一点,1983 年上海开过一个关于资产阶级的讨论会,跟这个也有关系,我这篇文章有一个思想与这个讨论会有点关系。这个会我没有参加,但我看过报道,也看过发表的文章,所以这篇文章里头一部分是从这里来的,一部分是从李时岳 1981、1982 年的文章来的。我觉得后来有一些人写的对于基本线索的综述或概括,都不是很准确。我也没有再说什么话。我自己在 80 年代末应有的书刊要求用笔名写过关于基本线索的总结。我觉得我写的要比他们写的更客观一些。山东社科院的戚其章同志在我那篇文章以后也写过一篇文章,对我的文章有所批评。我和戚其章是很好的朋友,我们在 80 年代初就很熟了。后来我没有回应,因为他比我年长,我觉得我不好意思去说,他没有看懂我的文章。他说我引用那句话是掐头去尾、断章取义等，实际上我的文章分两次都引到了。我与他见面时从来没有说过这个事，免得不愉快。

李：有些背景外人肯定都不知道，其实都是社科院内部的事情，您不说的话，我们也不知道。基本线索和分期有关，一般主流的意见都是讲胡绳的三次革命高潮，您讲七次革命高潮，您是怎样想的？

张：84 年讲两个过程的文章完全没有提到革命高潮问题，当时所里就有朋友评论过。我当时不是不知道这个问题，当然知道这个问题。但是当时一个是文章已经长了，再就是报纸上已经有关于三次革命高潮的不同的看法，我那个时候关于这个问题还没有想出一个好的主意来，所以我就把它撇开了，回避了，没有谈这个问题。后来又过了十多年，重新再来考虑近代史的基本线索，这有几个原因：一个是《近代史研究》发行一百期的时候，编辑部主要是曾业英同志，他希望胡绳同志能有一个题词，如果不能写文章的话，那个时候——1997 年胡绳同志的身体已经不好了，根本不可能为《近代史研究》写一篇论文。我就给胡绳同志写了一封信，请他为《近代史研究》题个词，没有要他写文章。胡绳同志很快就把这个题词寄来了——胡绳是很讲究效率和时间的，我在信里讲哪一天寄来就不会耽误《近代史研究》一百期的出版。后来他的秘书白小麦告诉我，胡绳当时在苏北盐城休息，一天，还在昏迷状态下，醒了，他就跟秘书说，给我拿张纸，随便就找了一张纸，说张海鹏要我做的这个事我还没有做完。就拿笔写了几句话，就是在他身体非常不好的情况下写出来了，白小麦把胡绳的题词寄来了。胡绳同志在这个题词当中，实际上就是一句话：建议今后应该把中国近代史和中国现代史分开来说，应该把 1840 ~ 1949 年 110 年的历史看成是中国近代史，而把 1949 年以后的历史看成是中国现代史，不要像以往那样再说到中国近代史时笼统地说成中国近现代史。这可以说是他生前关于中国近代史的重要主张之一。实际上他 1982 年出版的《从鸦片战争到五四运动》的序言中已经讲过这个观点，他说：我现在写的是半殖民地半封建社会中国近代史前一段，鸦片战争至五四运动，后一段我没写。实际上他已经讲的是近代史应该到 1949 年新中国建立。

关于这个问题，我过去就查过一些材料，范老的意见，刘大年的意见，荣孟源的意见，李新的意见，实际上他们都主张近代史应该到 1949 年。范老在延安写的《中国近代史》上编第一分册，他的总目上有一个标题"半殖民地半封建社会的前期",应该还有半殖民地半封建社会的后期。他当时写的《中国近代史》只是半殖民地半封建社会的前期的第一分册,所以叫上编第一分册。那么半殖民地半封建社会的后期截止到哪里,那时还没有办法判断。在延安那个时候还没有办法判断到1949年。1948年初华北大学历史研究室在河北正定,中宣部要求为中学编写中国近代史教科书,那个时候他们已经预计到整个中国的解放为期不远。当时中宣部预计到北京解放在即,那么新开办的中学需要教科书,需要一套近代史的教科书。华北大学历史研究室参加编辑的人员有荣孟源、刘桂五、王南等四位。根据他们编写的前言,他们就是依据范文澜的《中国近代史》,把中国近代史分成前期和后期,那么这个后期截止到哪里,那本书没有说清楚,但是它已经写到1947年了。关于近代史的分期,刘大年写的文章,荣孟源写的文章,我发现他们的意见都是一样的,应该到1949年。有意思的是,范文澜的《中国近代史》上编第一分册,1955年人民出版社经过修订出版了新的本子,这个本子定名为《中国近代史》上册,没有把它定名为《中国近代史》上编第一分册。这是一个重大的变化,范老在他的《中国近代史》上册前言里头,也有一句话,他说:既然大家都认为中国近代史是从1840到1919年,我这本书再叫上编第一分册就不合适了,现在就叫《中国近代史》上册。这就是说至少在范老这本书在1955年出版时已经有很多人赞成中国近代史应该到1919年。这时候,正是胡绳1954年在《历史研究》创刊号上发表《中国近代历史的分期问题》并展开广泛讨论的时候。参加讨论的学者大多赞同中国近代史到1919年。

长期以来,既然刘大年、荣孟源、李新他们过去都在近代史所工作,都讲过应该到1949年,那为什么近代史所《中国近代史》的编写是到1919年呢?我过去也想过,80年代初也想过,得出一个想法就是:理论上他们认为中国近代史应该到1949年,但是实际上编写的时候他们暂时先编到1919年,原因就是1919年到1949年只有30年,到1959年不过40年,五四运动跟往后的历史人物,那时基本上都在。在60年代基本上都在,在中国大陆、台湾和海外,这些人基本上都在。这是第一。第二呢,五四运动及五四运动以后的历史资料很少,档案资料完全没有公布,各地报纸上发表的一些回忆录实际上也不是很多。所以说那时候来写1919年以后的历史有困难。50年代中国史学会出的那一套《中国近代史资料丛刊》，50 年代初就确定了编《北洋军阀》，到 1990 年才出版。实际上那时编都编不下去，资料不多。所以我感觉到所里这些人在实际操作《中国近代史》的编写时，还是按照 1919 年在写的。

到了 80 年代以后，大家就陆续在议论近代史的下限问题。胡绳同志的题词发表的时候，我就感觉到有必要就这个问题讲一点看法，讲一点看法也是因为对李时岳教授在过去 1980 年、1981 年提到的"沉沦"与"上升"有一点新的想法了。实际上我在李时岳发表文章之后就一直在关注，但一直没有想出一个很好的主意。大约是 1997 年初，天津有一张报纸叫《今晚报》，有一个副主编给我写了一封信，他们在《今晚报》上开了一个栏目，叫"博导晚谈"，是一种比较类似随笔的栏目，字数也不多。我推却不过，就写了一篇东西，就是对于近代中国"沉沦"和"上升"的想法，顶多一千字，但是把这个想法的核心部分写出来了，而且我感觉到对这个问题想清楚了。在这以后就是胡绳在《近代史研究》一百期的题词。我感觉到有必要就这个问题正式发表一点意见，这就是《关于中国近代史的分期及其"沉沦"与"上升"诸问题》那篇论文。写好以后呢，1997 年年终，正好北师大副校长郑师渠给我打来电话，说北师大要庆祝 95 周年的校庆，举办文史哲学术报告会，邀请一些人去做报告，当时请了三个人，包括我一个。那是文科各系的一个讲坛。我借这个机会在那个讲坛上把这个文章的要点说了。回来后又继续对这个文章充实完善。写完后我本来希望在《历史研究》发表，我托人带给《历史研究》的主编张亦工。我非常意外的是，比如说今天托人带过去的，到后天就把这篇文章带回来退给我。张亦工批了简短的一句话：该文章本刊不宜发表。我感到这跟 1984 年那篇文章的发表有某种程度的关系，这可能是"以小人之心，度君子之腹"吧。《近代史研究》的传统是务实的，很少发表宏观论述的文章。《历史研究》的传统是经常发表宏观论述的文章，我的文章是一篇宏观论述的文章，我觉得在他那儿发表比较好，结果他翻了一眼就退回来了，显然文章不符合张亦工的想法。这时我还没有想到在《近代史研究》上发表，我就送给了《光明日报》，他们接受了，但是只发表了一个四五千字的摘要。我还是不满意，我就送给曾业英了，就在《近代史研究》1998 年第 2 期发表了。

在这篇文章里头，我讲到了"沉沦"，讲到了"上升"，讲到了中国近代史的上限和下限，主要是讲到了下限，也讲到了刚才你提到的三次革命高潮。我在 1984 年那个时候对这个问题还没有考虑清楚，就撇开了。但这个时候我感觉到有必要讲一下，因为这时候学术界很多人对革命的三次高潮基本持否定态度，很多人的观点对此不屑一顾，我感觉到需要再次提出这个问题，我是借用了陈旭麓的看法，因为陈旭麓在当时学术界影响很大，他在他的文章里是肯定三次革命高潮的，而很多人的文章都是否定三次革命高潮的。所以我借用陈旭麓的话把这个话题提出来，我也表示赞同应该肯定三次革命高潮。陈旭麓也是从 1840 年到 1949 年 110 年的历史来观察，他是从革命的本来意义、革命的原始意义来定义三次革命高潮，如果按照革命的本来意义、原始意义来定义的话，胡绳所说三次革命高潮，他认为太平天国、义和团不能构成革命高潮，只有辛亥革命可以构成革命高潮。所以他坚持三次革命高潮，认为第一次是辛亥革命，第二次是抗日战争，第三次是解放战争。他认为这是三次革命高潮。我在讨论中是这样讲的，我说我们要回溯到胡绳 1954 年发表近代史分期提出三次革命高潮时的原始概念上去，胡绳当时在论述时讲的不是革命高潮，他讲的是"三次革命的高涨"，后来人把它概括成革命的高潮，所以胡绳不是从革命的本来意义这个角度来论述革命的高潮，而是从近代史发展的基本线索的角度，从这些事件在近代史发展上的重要性角度，来谈三次革命的高涨，从这个角度来说的，所以我赞成胡绳的这个意见，不是从革命的本来意义，而是从历史事件在整个中国近代史发展链条中的重要性，我觉得应该肯定革命高潮或革命高涨这样一种概念在中国近代史链条中的意义。但是我说胡绳 1954 年的文章还是从 1840 年到 1919 年来论述中国近代史，如果把它延长到 1949 年来论述中国近代史，那么胡绳的三次革命高潮显然是有缺点的。所以从 1840 年到 1949 年 110 年的历史来观察，应该有七次高潮。如果说陈旭麓先生从革命的本来意义，从辛亥革命、抗日战争、新民主主义革命的胜利来论述三次革命高潮是可以的，是对的，但是它是把三次革命固定化。如果是从胡绳的本来意义看这些重要事件在 110 年历史中的重要性的话，我觉着应该是七次而不是三次。我肯定了胡绳的三次，然后又往后延伸了四次，变成了七次革命高潮这样的看法。这篇文章发表后，学术界还是重视的、感兴趣的。这篇文章好像在其他刊物上也有转载，有的学校编的教材里头也选了这一篇文章。苏州那边有一个学校编的高中生参考资料里头也把这一篇文章综合概括了，编到他们的资料里头。韩国中国学研究中心《中国学志》1998 年第 4 期把《光明日报》发表的那个摘要翻译成韩文后发表。

李：这篇论文影响很大，这是对整个近代史体系的思考，这就涉及后来您主编《中国近代通史》，通史这个课题是什么时候报的，1999 年还是 1998 年？

张：实际上是 1998 年。1998 年我在院里一次内部会议上提出来的。1999 年在院的工作会议上，那时李铁映是院长，李铁映在工作报告中把这个《中国近代通史》列进去了。列进去之后，我们所里一些人看到了李铁映的工作报告。在开展"三讲"活动中，给所里领导提意见，好像有好几条意见，讲院里都把编写《中国近代通史》的任务提出来了，所里怎么还不动哇。实际上这就说明了院里已经把它列进工作日程里去了，所里大家又支持，我感觉上下都认识到需要这样做了。1999 年的下半年，我就正式把这个问题在所里提出来了。到 2000 年初，实际上也听到不同的声音，声音中有一条：我们有必要写通史吗？我们现在有条件写通史吗？所以我在课题组成立的时候写了一个东西，提出写《中国近代通史》的基本思想和基本原则。我在那里回答了这个问题。我是认为我们现在有条件了。近代史所从 50 年代开始就要写通史，而且就叫《中国近代通史》。这是我后来查到的资料，在《科学通报》还是哪里，已经见诸文字的。过去我进所的时候，所里的同志都普遍在谈，过去所里号召叫写"大书"，正式名字叫《中国近代通史》，口语俗称叫写"大书"。多次布置写"大书"，几上几下，后来没有写成。没有写成有多方面的原因，一种原因是政治运动太多，"上山下乡"等，大家坐不下来。我觉得另外一个原因是我们的研究不够、资料不够，那个时候写通史，分工以后，每个人都是重头做起，很多问题都没有展开，都没有深入下去，每个人要写的话都要从收集原始资料开始，一个问题一个问题的弄，非常慢。所以我认为除了政治原因外，还有近代史研究资料本身准备不够，研究不够，这是过去任务不能及时完成的一个原因。这是我的一个想法。

另外，我是 1988 年 9 月正式被任命为副所长，当时王庆成当所长，副所长就是李宗一和我，后来又加了一个张友坤。宣布了这届领导班子的组成以后，当时丁伟志同志是副院长，大概在 11 月他主持了一次汇报会，王庆成和我参加，谈近代史所的工作与研究方向。我主要发言，庆成让我发言。我事前和庆成谈过，他说那你谈谈吧，我谈了一个基本的想法就是，我们所里过去都是叫写"大书"，上大项目，不提倡个人写专著，也不提倡个人写论文，实际上对我也有影响。1985 年刘大年生病，在协和医院住院，把我叫到医院去。那是我见他最悲观的一次。他说到，他有几个老朋友都死了，如华罗庚、夏鼐等，都是 1985 年上半年去世的。他说他大概也不久于人世了。那个时候，《中国近代史稿》第三册已经出了，还有第四册、第五册。实际上我已经在负责第四册、第五册的组稿工作。过去的程序是每个作者自己写稿，写出来后由钱宏同志从头到尾梳理一遍，再拿给刘大年，大年再重新改一遍。最后收摊子时是我来给他整理稿子，是这样做法。这一次呢，钱宏年龄大了，他已经不能做了。所以他就讲第四册、第五册就交给我了，这个意思当然是说：过去钱宏整理一遍交给他，这次可能交不到他手里了，你就管起来了。我当时也说了我现在的学问和资历还不够，但我会努力去做。实际上从 1984 年至 1987 年这几年我就是在弄他的第四册、第五册。大年很快出院了，身体也好了，他也跟我叮嘱过，你就不要弄别的东西了，就一心一意的弄这个东西。所以我在 1985～1987 年有几年时间一篇文章也没写过，什么东西也没写过。我知道这是我们所里的历史传统。因此，在 1988 年 11 月份的那次汇报中，我就讲到这个传统。我说我们搞的是集体项目、大项目，是全所来组织的，这是我们所里的一个传统。我们现在也还尊重这个传统，但是我们过去长期不提倡写专门著作，我们应该做一点改变。我不能说把过去的传统彻底推翻了，所以我说我们应该尊重这个传统，还是要大项目，但我们也应该容许学者自己去写一些专著。我这一个基本的想法汇报以后，丁伟志作为副院长讲话，基本把我打回来了，基本上把我否定了，就是说还是以集体项目为主，个人还是要约束一下。但是实际上，在我后来当副所长期间，我贯彻了我的想法，提倡大家个人写专著。从那以后，我们的集体项目相对减少了，个人项目增多了。到 1999 年、2000 年这个时候，我感到所里中年这一批人，每个人都有几本书了，我觉得在资料的准备，在研究基础的准备方面，大体已经够了，所以我觉得从各个方面来说已经具备写《中国近代通史》的条件。也有的同志讲，你这个条件就那么充分了吗。后来在我写的东西中我也回答了这一个问题，我说资料的准备是没有底的，我们永远都可以准备下去，我写了一本专著，还可以写十本八本，所以我们现在是说基本满足了写通史的条件。那是不是说要等到资料全部准备好了再写呢，那我说就没有那一天了。十年以后我们就都准备好了吗？也不好那样说。我那时提的意见是，我们基本上具备了条件完成这一部通史，以后大体上十年左右或更长的时间，我们还需要修订，还需要不断完善。也就是说，我们的资料准备是不断积累的，我们的研究是不断深入的，我们到十年以后有新的成果拿出来的话，还需要进一步来完善这个通史写作。就这样，我觉得我们的条件基本具备了，我们应该来动手写了。

李：立项以后您有什么样的一个想法、一个通盘的计划？

张：我写了大概一万字的东西，现在第一卷的第二章大体就是那个东西发展过来的。当时课题组正式成立以后，我就把它打印出来发给了大家。发给大家的时候，我是讲得很清楚的，我希望用这个东西统一大家的思想，大家是不是赞成这样，如果不赞成，我们就需要讨论，需要交换意见。我这讲得很清楚，大家同意我做主编，这个书的基本指导思想应该按照我的思想来，我们每一个作者都可以不同意我的观点，但是在这一本书里头，要按照基本一致的观点来写，那么你不同的观点你可以在别的地方写论文或者在你写的书里表达出来，可是在这里你要这样写。这部书里头有些卷我改得很多，跟这个想法也有关系。我改的大体上我可以接受了，我就放心了。我找人哪，当时找了七八个人，在我当时看来呢，是中年，正是他们学术上的盛年，都有相当的研究基础，都有几本专著出版，都有相当的综合和概括能力。我组织来以后，所有这些人都很拥护，都没有反对意见，都没有不同意见。我起草了一万字的东西，大家看了之后，都没有提出原则性的不同意见，这样我就觉得可以做下去了。2006～2007年《中国近代通史》十卷全部出齐，算是顺利完成了。

李：您当初设想的既定目标有没有完成？

张：基本完成了。这样大的篇幅，550多万字，这样大篇幅的中国近代史，而且是从1840年到1949年110年连在一起的，应该说到目前为止，在我们中国的学术界还是第一部，第一部这样的书。应该说，比起以前我们已经出版的上百本近代史的书，100多本各种版本、各种篇幅大小的书，应该是进步了，前进了。应该说，它概括了我们这 20 多年甚至是 50 多年中国近代史研究上所取得的成就。但是我也还是觉得有遗憾，时间太紧，修改得还不够。我每卷都看了，我每卷都提了意见，有的意见多一些，有的意见少一些。有的卷我提了很多意见；有的卷我直接动手改的；有的卷提的意见多，动手改的少。我觉得还是有一点小遗憾，有一些还是没有完全按照我的想法来做，当然在整个十卷当中分量也不是太多。这里边有一个原因就是时间太紧，出版社追稿子，我后来也没有办法往下拖，只好迁就一些，将就一些。如果时间充裕一些，如果每个人交稿时间提前一些，给我的时间多一些，有一些我就会自己动手来改了，有的地方我是不完全满意。

李：还有一个，现在时代也不一样了，每个人的其他工作也很多。

张：对。工作很多，其他事情也很多，时间拖得很长。

四　治所经验

李：您 1988 年出任近代史所副所长，1994 年任所长，到 2004 年卸任，总共做了 16 年行政领导工作。请您谈一谈行政管理方面的经验。

张：上面说到在甘肃"四清"时，有一天王忠说我适合于做刘桂五那样的工作，那就是说我这个人还有点能力，可以做一些学术性的组织工作，大概是这个意思。我一直记着两个人的话。对我直接有评价的就两个，一个是王忠，还有一个是徐辉琪。70 年代从干校回来，1974 还是 1975 年，我们有一次中午吃饭时——那时都很简陋，大家都蹲在地上，我们这些年龄差不多的人都在一块，吃饭时聊天无所不谈，徐辉琪那个时候忽然指着我对我有一个评论。他说：你这个人综合和概括能力很强，但是分析能力不够。一个是王忠在张掖对我说的你适合做刘桂五那样的工作；再就是徐辉琪说的你这人综合能力、概括能力很强，但是分析能力不够。这两个人的这两句话隔了差不多十几年，我一辈子都记住了。这可能正是我的不足。说我可以去做刘桂五那样的工作是表示我可以做一些行政工作，这个反面就是我可能做研究不行，这是我的理会理解，我得下功夫去在研究上弥补我的不足。徐辉琪说你这个人综合、概括能力很强，分析不足，我觉得很可能这个就是我的不足，所以我在后来做学术研究的时候，写论文的时候，每写一篇我都要记住徐辉琪的这一句话，要克服我的分析不足。我跟学生们谈哪，你要多想。所谓分析就是要思想，这个问题究竟应该从哪些层面来看，要多想，要费脑筋想。我后来就是本着这个原则，接触到一个题目以后，就想这个题目前前后后究竟应该说哪些话，要克服我这方面的不足。

我从 1988 年担任副所长，到 1993 年底这是五年；1994 年 1 月担任所长，1998 年 1 月第二次担任所长，到 2004 年 7 月大约是 11 年。我在担任所长期间，刘大年同志多次提醒我，因为担任所长行政工作很多，你不管多忙，一定要写文章。他说你在领导岗位上，不管你多忙，你如果不写出东西来，你就取得不了领导地位。这是大年同志在私下谈话中好几次提到这个话。还有一个就是胡绳，胡绳做了社科院院长以后，有时在院里说过，有一次到我们所里来也说过，他就说社科院这个地方什么叫领导，是不是我做了院长就是领导？社科院是学术机构，你写了好的文章，你写了好的著作你就能领导学术，你没有好的文章，你没有好的著作，你就领导不了学术。所以他说：所谓领导权，在社科院这个地方，就表现在你的研究上。我是很相信这些话的，因为社科院的研究所也好，院也好，你不能把所长、院长仅仅看成是一个纯粹行政，上传下达这样一个位置，那就没有什么意思了。所以我在十几年的工作当中，我是非常努力地注意集中一切业余时间，只要有点空，我就找本书来看，思考问题。

那么头五年，副所长的五年，没有写出东西来，因为那五年太难了。当时王庆成同志是所长，但是他长期在美国，实际上他在国外的时间，加起来有一年半到两年。所里当时李宗一是副所长，他排在我的前面，但是他很快就去世了。1988 年 9 月我们这个班子成立，他是当年10 月去世的。后来我们又补充了一个副所长张友坤。过了一两个月他调来了。实际上那个五年就是我和张友坤两个人在所里，很长时间王庆成都不在所里。又加上一个 1989 年政治风波，风波以后清查差不多两年，整天忙这些事务。所以那五年我很少写出东西来。到 1994 年担任所长后，才尽量抽时间来写东西。

但是这五年期间，我觉得还可以举出几件事情说说。头一件是筹划、组织建所 40 周年活动。近代史所前身是华北大学历史研究室。华大历史研究室 1949 年 4 月从河北正定搬到北平东厂胡同一号，1950 年

5 月 1 日正式挂上中国科学院近代史研究所的牌子，到 1990 年 5 月正好 40 周年。我所是中国社会科学院，也是中国科学院第一个迎来建所 40 周年的单位。1989 年春，就决定了要纪念建所 40 周年，那年年中遇到政治风波，那是政治上的大事，我们建所纪念筹备活动只能抽空进行。1989 年下半年，我一方面向名誉所长刘大年同志请示方略，征求前任所长余绳武意见，另外，在所内召开多层次的座谈会，征求意见，同时将初步形成的方案，写信给远在美国的王庆成所长汇报，求得支持。通过一系列筹备和设计，形成了这样的方案：召开一次全所纪念大会，举行范文澜铜像揭幕仪式；召开在京学者座谈会；召开以"近代中国与世界"为题的国际学术讨论会；动员全所研究人员撰写学术论文，在国际学术讨论会前先召开所内学术讨论会，遴选论文，也为召开国际学术讨论会做好充足准备。我为这些活动的进行做了大量准备工作。同时，我也为这次国际学术讨论会撰写了一篇论文，题为《试论辛丑议和中的国际法问题》，在所内和国际学术讨论会发表。这篇论文似乎是第一次把国际法的概念引入辛丑条约谈判的研究中来。

再一件事情，就是 1991 年在夏威夷出席了纪念辛亥革命八十周年讨论会，那年中国史学会组织了十个人（刘大年为团长，后来大年因病未去成，金冲及代他为团长），成员有李侃、李文海、张岂之、张磊、章开沅、姜义华、汪敬虞和我，王玉璞为随行秘书。我那时写了一篇文章，实际上也是为辛亥革命八十周年写的，关于孙中山的民生主义思想的评议。为了参加武昌的辛亥革命八十周年讨论会，我就把孙中山研究会在河北涿州召开的孙中山思想述评讨论会的两大本论文集找来看，看了之后我发现两本评述当中就是没有人来专门评述孙中山的民生主义思想，我就来评孙中山的民生主义思想。我把这一篇论文截了一段去参加夏威夷的会议，截的这一段中我引了一个材料，就是对张玉法一篇文章中的看法提出了反驳，所以海外都很注意，张玉法也参加了会，所以他们也很重视。

第三件事情可说的，就是 1992 年到台湾参加政治大学的学术讨论会。现在不是说是"破冰之旅"吗，这次讨论会是我们大陆的学者头一次到台湾去。大概是 1991 年的 11 月份或是 12 月份，政治大学历史研究所所长胡春惠教授给我写了邀请函，会议是 1992 年的 5 月份开，会议名称是"黄兴与近代中国"。我觉得这是一个机会，我应该去参加这个讨论会。既然是讨论黄兴嘛，就要以黄兴为题写文章。实际上我过去对黄兴的了解不是很多，没有专门研究过黄兴。所以我那个时候就花了一个多月把湖南社科院编的那本《黄兴集》非常认真地翻了一遍，我就从那个《黄兴集》中发现了一个小问题，后来我写的那篇文章就是《论黄兴对武昌首义的态度》。我一直觉得那篇文章写得还是不错的。发现了一个什么小问题呢？就是武昌起义前夕，湖北的革命党人感觉到自己的力量不够，他们需要同盟会的领导人赶快回来领导武昌起义，所以他们派了一个人叫吕志伊，是云南人，是云南同盟会的主持人，派他去香港请黄兴。黄兴因为黄花岗起义的失败，心已经很灰了。吕志伊跑到香港后，打听到他的住处，要求与他见面，黄兴三天没有见他，三天后才请他进来谈。吕志伊告诉他武昌就要起义了，黄兴不信。我就是讨论这个三天，因为这个都是黄兴自己的信写的，他说我三天没有见他。我通过这个三天写了一篇文章。这篇文章是由小见大，讲他为什么三天没见吕志伊，讲黄花岗起义失败对他的打击。他本来是武昌两湖学堂出身的，他对湖北武昌的情况很了解的，但是他不相信武昌能够起义。所以我就讲到黄兴的起义战略，由黄兴的起义战略提到中国同盟会的起义战略，提到孙中山，提到宋教仁，他们对反清起义，开始时放在边境地区，后来在长江中游。黄兴最早是准备在湖南起义，后来放弃了，但是从来没有想到在武昌在湖北起义。我就是把他们的战略思想转变从很小的一个事情，延伸到整个同盟会的战略思想，军事战略，政治战略，从这个层面上来逐一展开。这篇文章我觉得在我的文章里还是比较有思想的一篇。后来在政治大学的讨论会中，评论人——政大的林能士教授，他给了我一个四个字的评语："无懈可击。"这四个字已经在他们出版的论文集的评论人意见中写上去了。当时中研院近代史所前任所长吕实强在他们所里介绍也是这样，他说：你写的文章和我们写的一样呀，没有什么意识形态的分歧呀。我当时写这篇文章的时候就在考虑这个问题，我现在是去台湾，我是在他们这个讲台上演讲，我要使得我的基本事实站得住，又要使他们不要过分挑剔。

这三篇文章可能是我写得稍微好一点的文章。在那五年期间，我的工作是很杂的，杂乱无章。实际上真正从事学术组织工作机会也不是太多，那个五年有它的一些特殊性。我说这一些，我是想说，我这个人在行政组织工作上是可以做一些事情的，这也是王忠所看到的。所以我在我的日常工作中，经常注意怎样培养和发挥自己研究工作中的长处，如果在这一点上我站不住的话，我仅仅在行政组织上做一些事情，我在这个阶段的所领导位置上还是不行。我刚才讲到大年给我多次讲胡绳的一些讲法，这都是对我事业上的一些启迪。

对近代史所从学术组织和学术发展的角度讲，从行政工作的角度讲，我觉得我做了一些事情。前些年我做了一些小的总结，在院报上发表过文章。我说，关于研究所的建设，我重视几个东西，一个是图书馆的建设，我始终认为一个研究单位，一个国际上一流的研究所，没有一个好的图书馆是绝对不行的，这是我的基本认识。我的总的认识就是这样的：一个学术单位，第一要有优秀的研究人才，第二要有代表性的学术著作，第三要有体现学术园地的刊物窗口，第四要有好的图书馆。具备了这几个方面，这个研究所就可能成为国际知名的研究所。这背后当然是强大的经费支持，才能够完成这四个方面的工作；没有强大的经费支持，这四个方面不能做得很突出，怎么做也不能做到国际知名。

先说图书馆。我做副所长期间，分工是图书馆归我管，图书馆的很多具体活动我都参加过，他们的会议我也参加过，图书馆我上上下下跑。这就说到1992年台湾那个会议，在台期间，他们还请我们参观了很多地方，包括中研院的近代史所，包括党史会、台北故宫、"国史馆"，包括其他的一些单位。参观这些单位的时候，都请我去看他们的电脑。本来在1992年以前报纸已经在介绍网络技术，当时叫网络高速公路。我到台湾看了这些东西以后，对我有个影响，我觉得我们应该办这些事情。当时我回来以后，我们实际上没有钱。所以我就做一个事情——调人。在我们所工作的熊励，就是那个时候通过图书馆提出调来的。熊励是在大学学电脑的，专业出身的。那个时候我们社科院没有一个所调进一个专门搞电脑的人。那时我就下决心调进一个懂电脑的人。他进来以后，首先我们开了一个电脑班，熊励在讲电脑知识，他把他们学校发的讲义重新印了，给了我一本。他讲课我也去听。我们开始具有一些电脑方面扫盲的知识。然后我让熊励在图书馆建立了一个局域网。因为我还不了解何谓局域网。1993年熊励就在图书馆利用三台电脑搞了一个局域网，这个极简易的局域网，当时不仅各所没有，院里也没有。从那以后我们才逐渐在这方面推动，逐渐把电脑的网络弄起来。

图书馆的建设，包括资料的购置等，那个时候都是我关心的，一直到以后我们把井上清的私人藏书弄进来，都是我抓图书馆工作的一些表现。井上清那个书，如果不是我抓的话，就根本不可能抓进来了。井上清在1993年应我们邀请来参加一个讨论会，当时在一层外宾室，我跟他见面的时候，实际上是大年和我跟他见面，他说过一句话，口头随便说的，他说：近代史所可以说是我的第二个家，我将来考虑我身后把我的藏书送给近代史所。就是这么一句话。大约是2000年，井上清去世了。井上清的夫人正在考虑要把这个书送给中国呢还是送给日本呢。日本有些大学和机构也看上了这些书。当时井上清的夫人考虑送给中国社科院，或者中国其他有名的机构。2001年11月，在神户，日本方面开一个纪念辛亥革命90周年讨论会，是卫藤沈吉主持的。他们邀请我在开幕式上做一个基调发言。在那个会上，京都的小野信尔专程赶到神户来找我谈话，他和狭间直树找我谈话，小野主谈。就说到井上清去世了，这个书要送，井上清夫人正在考虑往哪里送，问我有什么意见。我说：最好送给近代史所，1993年井上清先生当时跟我口头说过这样的话。他说：我们都不知道，井上清夫人也不知道。我说：这个话是确实的，你们可以把这个话写下来，转告井上清夫人。小野觉得这很重要，就连夜赶过去跟井上清夫人联系。这中间还有很多过程，我就不细述了。有一次，差一点危险了。我作为所长已经给井上清夫人写了一个委托书还是什么，我们要接受他的藏书的一个文件都已经送过去了。这个时候井上清夫人不知怎么回事，她又决定把这个书送给日本的一所学校，不想给近代史所了。正好被小野知道了。因为井上清的子女对这个书有不同意见，井上清夫人就把送书的事委托小野来经办。小野七十多岁了，是井上清的学生。小野听到之后，就从电话里跟井上清夫人发了脾气。说你这样已经没了诚信，你已经和张所长有这么多联系，委托书都送来了，这不妥。井上清夫人一听后悔了，他就把那个学校送给她的协议书撕了，就承认了我们这个，这样我们才把这几万册书接收到所里来。

实际上我们所里从范文澜、刘大年以来，都很重视图书馆的建设。华北大学的历史研究室从正定搬到东厂胡同的时候，只有9000不到1万册书。我们图书馆起家不到1万册书，现在差不多70万册，都是建国以后陆续购置以及接受各方面的捐赠，各种人来想办法充实积累的。实际上我在这方面确实做过一些事情，为我们馆藏的丰富也做了一些事情。如果从这个角度来说，我还可以说得更远一些。那就是"文革"中间，我们的"文革"小报，现在大家看成为宝贝的东西。"文革"期间正好是我在所里当头，那个时候所"文革"领导小组组长是张德信，我是实际负责人。当时张德信的主要活动是在院里，我在所里。我在"文革"初期主持近代史所里的工作的时候，有几件事情：一个就是收集红卫兵的传单，1966 年 8 月份，最早的一批传单在王府井散发，我们赶快派人去把它收集起来。再就是红卫兵小报，8 月份以后，陆续在全国各地，甚至是县里都办了很多红卫兵小报，很多是铅印的，也有很多是油印的，甚至于手写的都有，我们就开始收集这些。当时收集这些东西，就是因为我们是学历史出身的，又是在近代史研究所工作，我们觉得这就是史料。"文化大革命"是一个历史事件，这个时候的文字资料我们要想办法把它收集起来。但是最早的那批红卫兵传单后来丢了。1967 年初，当时根据林彪的指示，在北京开了一个红卫兵成果展，一个大型展览，红卫兵的成果，破四旧哇。有一天这个展览会的什么秘书长，都是红卫兵，哪个大学的学生，找到所里来。我们当时具体管事的是郭永才，郭永才接待了他。他说我们根据林副统帅的指示，要办这个红卫兵成果展，听说你们这里有一批最早的红卫兵传单，我们要把这些传单借去展览。郭永才同意了，就把它拿出来借给他了。1967 年整个"文革"变动很大，那个红卫兵成果展就关了，关了就没有人管了，都是一些红卫兵、一些学校的学生来办的，规模很大，这个东西就丢了。但是我们又增加了另外的一些东西。我们派了很多人，姜克夫、龙盛运都是我派去的，派到展览会上去帮助工作。展览会关闭的时候那些查抄的书籍多得不得了，公安局就没法弄了，他们就说要不我们就一把火烧了。姜克夫和龙盛运就给我打电话，说公安局问我们近代史所要不要，如果要他们就给我们拉过来，不要就一把火烧了。我就赶快回答，你赶快让他们都拉过来，拉了两卡车。最后也就成为我们图书馆的宝贝。其中有大量的照片，有一些大人物的照片从清末到民国。再就是邮票，一本一本的大邮票，大龙小龙说不定都有。再加上各种各样的书，书多得很。还有就是红卫兵小报，我们当时派了很多人到外地搜集小报。杨光辉当时就是负责去搜集小报的人之一，因为他那时在图书馆工作。不仅是派人去搜集，而且给全国的红卫兵组织用所里的名义写了信，让他们将他们出版的小报寄过来，从那以后红卫兵小报像雪片一样飞来。我们图书馆清理了几年，大概还没有清理完，现在据说超过一万种。很多小的地方，包括新疆县里出的小报都有。这个是图书馆的建设，我曾经花过工夫来经营，因为我始终认为，图书馆是一个研究所的生命所在，你没有一个图书馆，你这个研究人员也好，你的研究成果也好，很难出来。

再一个在我担任副所长和所长期间，我花了很多精力组织学术讨论会。打开近代史所和海内外的广泛联系渠道，我想这是一个重要的方面。我们所里开重要的讨论会在 80 年代以前不是很多，以前往往是用中国史学会的名义来开学术讨论会，而近代史所只是一个承办单位。从我开始就改变了方法，以近代史所来做主办单位，或者是和中国史学会合办，实际上由近代史所来办。第一次是 1990 年近代史所成立四十周年，叫"近代中国与世界国际学术讨论会"。如果从参加讨论会的角度讲，"文革"以后，我最早参加的是 1979 年在南京召开的太平天国的学术讨论会。我是会议的工作人员，我们那时都有简报，我是简报组的副组长。另一次是 1981 年武昌辛亥革命 70 周年国际讨论会，我也是会议的简报组副组长。国内学术讨论会的组织方式与国外的有区别，国外的讨论会我想第一次参加还是 1991 年夏威夷。1990 年我们组织的"近代中国与世界国际学术讨论会"就是以我们近代史所联合中国史学会主办的。我这次是作为会议的秘书长，会议的每一个具体步骤，每一个细节都是由我亲自来抓的。我通过亲自来抓每一个细节，来了解组织一个大型学术讨论会每个细节应该怎么办，哪个环节上可能会出什么事。那一次会我们从境外邀请了大概二十多个学者，井上清、安藤彦太郎、卫藤沈吉、小野信尔、狭间直树、山田辰雄、伊原泽周、滨下武志、孔飞力、陈锦江、王赓武、白吉尔等都来了。中研院近代史研究所前所长吕实强，研究员张朋园、副研究员林满红出席了会议。这是台湾学者第一次出席大陆的学术会议。国内学者更是名流云集。那是一次很成功的会。我是通过这次会议取得了召开国际学术讨论会的经验——从定选题，到论文的评审，国内国外学者的邀请，到会议的每一个具体的环节，每一个东西都是我亲自安排的，取得了举办这样一个会议的经验。

从那以后，我们开了很多会，就能比较顺利地推进。1991 年我们在沈阳开过一次"九一八事变六十周年国际学术讨论会"，也邀请了很多国外学者，包括井上清、齐赫文斯基、今井清一、石岛纪之、西村成雄、吴天威、唐德刚、朱永德、蒋永敬、胡春惠、李恩涵等。那个时候这些会我都是秘书长。1993 年在北京又开过一次"近百年中日关系史国际研讨会"。1992 年 6 月还有一次，我们和台湾师范大学三民主义研究所赵玲玲一起合作召开了一个"孙逸仙思想与中国现代化学术座谈会"，这个座谈会也是海峡两岸第一次合作召开的学术会议。那次会议取得了很多的经验。接着我们开了第二次，1994 年 1 月在杭州，也是和台湾师范大学，第二次孙中山讨论会。从 1994 年以后我们差不多每年都要举办一次国际学术讨论会，每次都有很多国外的学者来参加。最有意思的一次是 1999 年，那是中华人民共和国成立 50 周年。这个时候所里确定要开讨论会，但是要筹钱。——在我担任所长期间，我们开讨论会，基本上都是我去筹集资金的，基本上没有用我们院里和所里的钱。前边说的那几次会都是这样，第一次 1990 年"近代中国与世界国际学术讨论会"的钱我找了两个地方，一个是美国福特基金会驻北京办事处，我找到他们那里要了一万美元；一个是日本国际交流基金，跟他们要了一万美元，两万美元把那个会弄下来了。以后的会都是我去跑钱。1999 年的"1949 年的中国"国际学术讨论会也是这样，开始答应我们的单位吹了，没有弄成功。正好在 1999 年的年中，香港有一个网络公司，一个总编辑，他说网络公司邀请我做顾问。我说那个网络公司能不能给我们点钱，他说好哇。我开了 30 万，后来给了我 15 万。这样就把会期推晚了，我们原来准备在 1999 年的 10 月份开，后来因为落实经费问题，弄到 1999 年的 12 月 30 日开幕，2000 年的 1 月 2 日闭幕。这个会就开下来了，后来也有论文集出版。

从 1990 年以后，在我担任副所长和所长期间，平均下来每年有一次大型的国际讨论会。我觉得这样的会有几个好处，就是在推动国外的学者了解近代史所，和推动我们所的学者了解国外，起了很大的作用。所以近代史所在国外，在美国，特别是在日本有很好的影响，跟这样一些每年一次的国际讨论会是很有关系的。苏联（俄罗斯）、美国、日本、欧洲国家以及台湾、香港、澳门地区的著名学者许多都出席过我们的讨论会。我觉得这是我在近代史所的建设当中的一个贡献。

再一个就是我们所的青年讨论会。青年讨论会是从 1999 年开始的。在这以前，在我当副所长期间，我就开始考虑，怎么样帮助所里的年轻人在学术上成长。这个想法是来自于哪里呢？是来自于"文革"初期。

"文革"初期我作为造反派主持所里的工作一年多，当时大家有很多意见，贴了很多大字报，其中有一条，就是说所里的领导人，主要是指刘大年，不关心青年人的成长，从外面进来的青年人自生自灭，能不能成为研究人才都不知道。这种意见一直埋在我心里，后来我挨整时都还在想这个事。到我担任了所里的副所长这个职位以后，才有条件思考这个问题，在这之前根本没条件思考这个问题。所以我们在1991年开始，就开始推动这个计划，在所里搞一个优秀青年学者的奖励。每年把他们发表的文章，我们成立一个机构来评议。1991年、1992年搞了两年。我记得，1992年院里召开工作会议，还要我去会上做了近代史所如何做好青年研究人员培养工作的发言。1993年搞了，但是没有成功。这是我行政工作中的一个问题。1993年所有的程序都做完了，申请表格，会议都开过了，优秀名单也有了。1993年面临换届，庆成是所长，党委书记是高德。现在在考古所作党委书记的齐肇业，当时是我们所的人事处处长。这个事情是我来分管，我和齐肇业一起来管这个事。青年的评奖工作都做完了，我把资料交给齐肇业执行，还要给庆成、高德他们看，后来庆成和高德在上面都签了字，同意。材料就应该在齐肇业那里，后来我问齐肇业，我们做的事情要兑现呀，要给评奖的人奖励，资料在哪里，他说找不到了。1993年的工作做完了，就是最后一步没有做，很遗憾。到1994年换届我当所长以后，就把这个事情放下了。所以1994年以后我们继续探索在所里培养青年的机制。

1997年底还是1998年初，李莉调到我们所做党委书记，李莉给我介绍了一个情况，说语言所有一个青年的学术报告会。我觉得这个也很好，当时征求了很多人的意见，我也考虑了很长时间，觉得只是一个青年的学术报告会不足以形成一个很好的培养青年人的机制，所以我在1998年提出来召开所里的青年讨论会。1998年我们的经费还是很紧张，后来我下决心要把这个讨论会的论文出版，不管怎么穷，所里要拿出钱来。1999年的会是在所里自己开的，后来就出去开了。我当时定的，这个会就是按照国际上的学术会议，完全按照国际讨论会的程序，但是主角是青年人，40岁以下的学者。目的就是培养我们年轻的学者在将来参加国际讨论会时不怯场。我感觉应该训练所里的年轻学者，应该有这样一个机会，在任何会场上阐述自己的论文观点，能够非常简练地把自己文章的主要内容用十分钟讲完，而且要善于提问，敢于提问，别人提问的时候我也不害怕回答。主要是要培养这样一个东西，同时也使大家存在一个竞争机制，每个人要写文章，要在会上形成批评和切磋机制，这样便在所里形成一个良好的青年研究人员培养机制。这方面也算是我对所里的建设比较成功的一个措施，大家似乎是公认的。

在研究所的建设方面，我过去长期还管刊物。所里的刊物具体工作我不管，外边的人投稿，因为我是所长，好多人将他们的文章寄给我，我一个字都不写转给编辑部，我不表示任何态度。对于刊物的一些要求，那时曾业英同志当主编，经常找我谈一谈他的一些设想，我都表示支持。我当然非常看重我们的刊物，一个研究所没有一个好的学术刊物，你在国际上很难有自己的地位。所以一个刊物就是自己的一个窗口。那么刊物文章不好，水平低，或者我们的刊物按照我们的国情在政治方向、理论方向问题很大，国内外就反响很大，所以我在这方面经常加以注意。

我管得比较少的是研究室，研究室我觉得大家都有课题，我们把课题组织好，大家放手去做就行了，管得太具体不好。我在第一任所长期间，那个时候还每年有一次研究室的汇报会，每个研究室的主任，甚至多几个人，和我们所领导在一起，总结一下去年的工作，提出今年的设想等，我们提出一些在研究室建设上的想法和建议，使研究室的发展正常一些。

我刚才说了会议、图书馆、刊物、青年的培养，如果再加上这些重大课题的推出等，在我是把它看成是建设一个国际一流的研究机构、一个知名的研究所、一个现代的研究所的必要条件。需要在上面花许多精力，其实我在上面花精力是很多的。

五　承先启后

李：近代史所是当年组建中国科学院最早的几个研究所之一，这样的一个老研究所，曾经有许多学术大家，像范文澜、刘大年、黎澍等先生，您都亲闻謦欬，甚至长期共事过。请问您对范老有什么印象？

张：我来所后，只是在"文革"初期同范老有过一次直接接触，这有一个小故事。此前没有面对面的说话。所里元旦新年组织大会，范老要出面，但都很难有交谈机会。他没有去"四清"。在欢送全体"四清"人员去甘肃的聚餐会上，范老那一桌，还有刘英，范老站起来给大家介绍刘英。那是我第一次在大会上看到范老。"文革"初期，"6·3社论"发表以后，引起全国各地的反响。各地方批评的信雪片一般飞来。我们当时把这些信在外面张贴。8月份开始大串连，这时有个陕南学生，农校的学生，给我写了封信，他写文章批判范文澜，已经寄给了《人民日报》。大串连时他找到所里跟我谈，他说他在学校写大字报，正好在报纸上看到范文澜关于帝王将相的一些话，他因此认定范是保皇派。那时我是所里"文革"小组的负责人。实际上那时造反只认为刘大年、黎澍有问题，谁也没有批判范老。我就直接跟那个学生说，范老是毛主席保护了的，还说到当年在延安，毛主席与范老一起讨论历史。那个学生一听，立即认定范老是好人。我建议他将寄往《人民日报》的批判范老的文章拿回来，他答应了，但要求同范老见上一面。范老答应了。范老到所里来，到所里食堂坐下，我们三个人一起谈话。范老的口音他不懂，我就做翻译。主要谈在延安同毛主席交往的事。我在食堂请范老和那个学生吃了一餐饭。这是我同范老当面接触的唯一一次。

李：请您谈谈您与刘大年先生的关系。

张：我进所后相当一段时间内，与大年先生并没有直接接触。从1969年10月到1974年12月，我被作为"五一六反革命集团"的骨干分子，经受了差不多六年的审查，六年中我基本上失去了人身自由。这是我此生最痛苦的时期，最无奈的时期，最无助的时期。在这个时期里，唯一安慰我的，是我感受到的刘大年先生对我的爱护。这是一种并未直接言明的爱护，又是一种可以体会的爱护。先是，在1969年年中，军工宣队正在所内组织清查"五一六"专案组，我正处在被公开宣布审查的前夕。我已经明显地感受到了压力。有一天王明湘同志（后来调到重庆，曾任红岩纪念馆馆长）偷偷告诉我，他到大年同志家里谈话，在他家里吃过饭，听大年同志讲起1966年6月15日的"夺权"。刘大年同志自责自己是官僚主义，说近代史所有那么好的青年，我怎么没有发现。他说，所里临时党支部做了那么多的准备，被一帮青年一下打垮了。他在王明湘面前指名夸奖了我。在我受难的时候，王明湘的话使我很感动。因为照常理，刘大年有最多的理由参与对我的批判，这也是当时最常见的现象。王明湘的话，我虽然无法证实，但我受到的感动是真实的。后来在息县学部"五七"干校，王明湘担任连（由近代史所和考古所编成）指导员，他又一次偷偷对我透露了上述谈话。这使我感到温暖和安慰。在连里，我被编在二排八班。这个班是特殊的人员组成：除了专案组人员担任班长外，包括了尚未解放（但已相对较为自由）的老干部数人和正在接受审查的"五一六反革命分子"，其中就有刘大年、黎澍、蒋大椿和我。当时人们在私底下说，这是由新老"反革命分子"组成的一个班。我们连在东岳公社的塘坡。白天要参加沉重的体力劳动（打砖坯、烧窑、盖房和种地等），晚上或者休息日要接受批判。在八班的小组批判会上，我和蒋大椿总是受到指名批判，一般是被指责为反周总理，反毛泽东思想，反对毛主席为首的无产阶级司令部，反革命。在这样的批判会上，我低头不语，心情沉重。我印象深刻的有几次，听到刘大年发言，他说：我们是职业革命家，我们过去革命道路上也犯过许多错误，我们应该把我们犯错误的经验教训告诉今天的年轻人。他的发言，连"五一六"三个字提都不提。在有人天天骂你是反革命的时候，听到这样的话，你内心不感到温暖吗？这也似乎给我传出一个信息：对待所谓"五一六反革命集团"，至少刘大年是有不同看法的。1971年春（现在查明是4月），我记得有一天在明港军营里（干校已经从东岳公社迁移到明港镇，住在军营里，集中精力清查"五一六反革命集团"的罪行），碰巧只有我和刘大年先生两人在。大年先生忽然对我说："我后颈脖长了一个瘤，可能是癌，我明天就要回北京治病。"我不知道如何回答，只是"啊"了一声。我内心震动的是，就这一句话，几乎是我自1964年进所以来，大年先生对我一个人说过的唯一的一句话。我联系到王明湘说过的话，联系到在八班听到他的发言，我把他对我说的这句话当作是对我的明白无误的示好，极为感动。刘大年离开后，就听说军工宣队要掀起清查高潮，本来确定请刘大年担任清查领导小组负责人，他却借故走了。后来知道，大年先生离开，除了治病外，还有其他原因。这就是郭沫若院长为了迎接京都大学著名马克思主义历史学家井上清教授来访，组织了接待机构，参与接待人员获得周恩来总理批准。刘大年在这个名单中。那时候的惯例，只要接待外宾的名单在报上发表，这个人就算解放了。当时我心里明白，大年先生此走极为高明，他可以不承担这个清查领导小组的任何责任了。果然，大年走后，清查领导小组换了别人，我又成为再次清查的重点对象，吃的苦头就不用提了。

1974年年底，我被解除了审查，基本上变成了一个自由人，尽管心情仍然沉重，因为我随时会感受到来自专案组人员的异样的眼神。1975年夏，所里近代史组何重仁、龙盛运两位同志多次找我谈话，要我到近代史组工作。我几曾犹豫。两位后来向我透漏，要我去近代史组，是大年的意思。我一听到这里，便毫不犹豫表示我愿意去近代史组。1975年9月，我正式进入近代史组。这时的大背景，是毛主席发表理论问题谈话后，新闻媒体正在报道毛主席关于《水浒传》的谈话。近代史组集体学习讨论，联系太平天国历史，认为应该写一篇评论李秀成的文章。组长指定我来写这篇文章。我进近代史所差不多十二个年头，未能参加任何研究工作。这是我离开大学以后第一次执笔写学术论文。这篇文章随后发表在黎澍先生重新主持的《历史研究》1976年第1期上。

也许由于这篇文章，刘大年先生觉得我还能做点事，吸纳我参加《中国近代史稿》编写组，协助他整理文稿、核对史实，偶尔也写几条带考证性的注释。也许还是这个原因，黎澍先生也找我，希望我到《历史研究》编辑部去，不过我已下决心跟着刘大年先生工作，便借故没有去《历史研究》编辑部。

当我进入《中国近代史稿》编写组以后，我就有机会与大年先生频繁地接触，也有机会到他家里去谈话。我心里一直藏着一个愿望，总想对他谈谈我在"文革"初期的作为，算是对他的道歉。我记得，1976年、1977年，每次见到他，我都想对他说点什么，每次鼓足了勇气，每次都没有开口。每次离开后，我又很懊悔、自责，为什么就张不开口呢？但是我对他的道歉终于没有说出口，直到他辞世。非常有趣的是，从1975年一直到1999年，我同大年先生的所有谈话，大年先生从来不同我说一句有关"文革"的话，从来不问我一声为什么"文革"初期我那样对待他，从来不涉及"6·4"大会，从来不对我提及"6·15""夺权"大会的事，从来不涉及《人民日报》批判他的文章和大字报。我觉得他是有意回避这个话题，不愿意触及不愉快的那段岁月。我有时候感觉，他不如直接说我两句，哪怕说我那时幼稚，不懂事，鲁莽，等等，我可能心里都好受些。只有一次，他偶然对我说到被抄家，文稿丢失。可能意识到我在场，立即打住了话题。我很愿意他说下去，他却停止了。我没有对他表白，他家里被抄，已经不是我"当政"的时候，我只是愿意听听他的诉苦，他却把话吞下去了。今天想起来，我还是不知道如何形容我与他之间的那种感情纠葛。

1979年，中国近代史学界组织了在南京召开的太平天国历史国际学术讨论会。大年先生是大会的主席，我约略做了一点会务工作，在会议期间担任简报组副组长。会前，大年先生找我，要我写一篇文章，谈谈阶级斗争问题，准备做他在南京大会上的讲话。我起草了一份稿子，大年没有采用，他没有批评我，也没有表扬我。他在大会上的讲话稿是他自己起草的。我这时候想到，"文革"期间有人揭露刘大年的文章是别人替他写的，我这时候表示了明确的怀疑。我知道，大年先生作为一个有精深古文修养的史学家，是很难接受别人起草的稿子的。《中国近代史稿》是由各位作者提供的初稿，大年几乎对每篇初稿都做了全面改写，这是我在整理书稿时每天可以看见的。

1984年，我写了一篇文章《中国近代史的"两个过程"及有关问题》，送请大年先生阅改。大年先生在文稿上改了几个字，也订正了我的标题。那时政治史研究室各位都赞同这篇文章的基本观点。所里特别安排我在全所大会上做了一次学术报告。这篇文章最后在黎澍主编的《历史研究》发表了。但是这篇文章的观点与黎澍先生有异，也与《历史研究》编辑部各位编辑的看法不同。一时引起一些议论，有人批评我不该写这篇文章。有人说文章是经过刘大年修改过的，反映了刘大年的观点。再进一步，就会牵扯到刘大年与黎澍的关系了。这时候，在人们的谈资里，就往往把我和大年先生联系起来了。

1985年，刘大年先生因前列腺发炎住进了协和医院，他找我到病房，对我说了一些很悲观的话，大意说，夏鼐、华罗庚是他的两位好朋友，已经先后故去，他现在卧病在床，恐怕也会不久于世了。他希望我把《中国近代史稿》第四、五册的工作抓起来。我表示，我会努力去做，但我感到要像大年先生那样去修改所有初稿，非我的学力所能。原来《中国近代史稿》的工作方式，是收到作者初稿以后，先由大年先生的助手钱宏先生做文稿处理，再交大年先生改定。《中国近代史稿》原定编写三册，后扩充为五册。后两册涉及辛亥革命和北洋时期历史。钱宏先生年龄大了，不愿意再接手后两册。大年先生的意思，如果他的身体不好，后两册就由我处理了。此后，我为这件工作投入了两年多的精力和时间。1988 年 9 月我担任了副所长，事务冗杂，我就没有时间去做《中国近代史稿》第四、五册的工作了。1990 年，我向大年先生提到，辛亥革命历史已经有章开沅、金冲及等人的本子，我们的书很难在总体上超过他们，况且有的作者还未交稿；北洋部分，利用档案还是不够，研究成果也不够，勉强出版，可能会出不良效果。他同意了。这时大年先生年事已高，精力不济，这部书的后两册终于未能出版。这是一大遗憾。在谈及类似话题的时候，他给我说过，他一生在组织写作班子上有不成功的经验，他举例说任继愈在这方面有成功的经验：一拨人不行，就要赶快换一拨。

1988 年 9 月我担任副所长。那时候，所里房间紧张，我还是在原来的办公室，与别人同屋，工作有所不便。他主动把自己的办公室让给我，要我搬过来。我觉得很惭愧，他执意这样办，我只好遵嘱办理。此后，他就不容易经常到所里来。我有事，就到他木樨地的家里，与他商谈。有时，他会问我，你怎么来的？我答骑我的三轮车，他听了哈哈一笑，如此而已。我在担任研究所所长期间，使我感动的，是他经常提醒我，不管如何忙，都要挤时间写文章，不写文章，你在学术上就没有发言权，你就没有资格在学术上发挥领导作用。他说，20 世纪 50～60 年代，政治运动很多，很难坐下来，他仍硬着头皮写文章。那个时候批判他是右倾机会主义，说他在党内是专家，在专家面前是党员。学部副主任刘导生（负责联系历史学各所）批评他不听招呼，说要在战时，就可以枪毙你。他回答刘导生说：谁让你把我安排在这个位置上呢？在这个位置上不写文章，就不如撤职。刘导生同志无言以对。大年先生讲的这些故事，二十年来不断在激励我。我在处理大量行政工作和参与社会活动的时候，总是记住他的这句话。这些年来，我的学术成果不是很丰厚，但是我还是尽力了。

1995 年，是大年先生 80 华诞。我是研究所所长，决定联合中国史学会会长戴逸先生举办纪念活动。我将这想法报告大年先生时，他坚决反对。我说，我们举办活动，不只是为了你，不是为了给你贴金，你不需要贴金，我们是为了后来者，为了年轻一代了解你的奋斗一生，为了宣扬你坚持的那些学术观点和学术立场。他无以为辞，说我不管，反正你们的活动我不参加就是了。7 月，近代史研究所与中国史学会合作，召开祝贺刘大年同志 80 华诞的学术座谈会，学术界的许多前辈学者前来祝贺，发表祝贺感想，我在会议上做了发言，进一步较为系统地介绍了刘大年的学术经历。中国社会科学院副院长汝信、中国史学会会长戴逸和知名学者龚书铎、余绳武、金冲及、张椿年、王汝丰以及大年的学生姜涛相继发言，胡绳院长请人代致贺词，白寿彝、李侃、蔡美彪做了书面发言，首都社会科学界领导和专家郁文、于光远、逄先知、白介夫、丁伟志、何理、郑惠、林甘泉、李学勤、廖学盛、任式楠、齐世荣、汪敬虞、吴承明、孙思白、丁守和等以及史学工作者120人出席。这次会议，作为寿翁的大年先生避席他去，表现了他的美德。除了座谈会，我还请人编了《刘大年论著目录》，请刘潞夫妇编了《刘大年存当代学人手札》一书（近代史所印制），在会议上散发。

1999年11月，大年先生因发烧住进协和医院。我到医院看他，他正色说：你来做什么，还不回去抓工作！后来听说他不愿意配合医生，不愿做进一步检查，我到医院去说服他，他听从了，配合医生了。但是医生仍然没有能够挽回他的生命。

最近20年间，我和大年先生之间的工作关系甚多，这里难以尽述。如协助他筹办中国抗日战争史学会，关于中国社会科学院中日历史研究中心专家委员会的工作，等等，需要专门叙述，这里就不多说了。

李：您对黎澍先生的印象怎么样？

张：我要坦率地说，在所里的年轻人中黎澍同志最早看上我了，但我最后没有跟他走。我进所后，跟黎澍联系较多，跟大年没有任何联系。我去西郊组（中国近代史讨论会），是黎澍点名让我去的。我也是所里年轻人最早去西郊组的一个，可能因为我的文章写苏美建交，涉及中苏关系。在西郊组，黎澍对我颇多关怀与关注。那时进西郊组是一种荣耀。我们所里有到西郊组做行政秘书的，还有去做翻译的，做历史研究的就我一个。组里把我作为中俄关系的人才来培养，专门安排金应熙先生给我讲课，让我翻译俄文资料，后来又让我管理西郊组的图书资料。西郊组的资料很多，从全国各地搜集来的，很丰富。我在那里对图书进行编目，我就住在书库里头。学历史的人就我一个进了西郊组，黎澍对我是很重视的。

"文革"初期，学部有人在所里贴大字报，批判黎澍的《让青春放出光辉》是"大毒草"，还揭发黎澍的一些所谓问题。我当时很惊讶。我也写了大字报，质问黎澍你为什么写《让青春放出光辉》这个"大毒草"。这些都造成了我是"文革"初期的造反派。6月15日的"夺权"，选了七个人的主席团，推我来主持会议。当时我住在西颐宾馆，所里此前有很多活动。15日我被推为主席，也主要是因为此前我写了大字报，以及6月4日在学部大会上的发言，给大家造成一个印象。后来成立"文革"小组，我不是党员，张德信是党员，他就是文革小组组长，我是副组长。

批判刘大年、黎澍的会议，大多由我主持，其实批判的次数也不多。我坦率地说，在批判时，我看不出黎澍对我个人有什么仇恨的味道。但是祁式潜批判黎澍，黎立即把眼睛鼓起来，祁式潜一屁股就坐到椅子上。资历比较老的人批黎时，黎都要瞪眼。

我在被隔离审查时，有一次全所会，就是要枪毙沈元，让我也参加，对我是震慑。那一次看到黎在会上发言是声嘶力竭，因为是黎澍把沈元弄到所里来的。那时法院在所里征求意见，如何处理沈元。黎澍情绪很激愤。

到了息县干校，当时连长是连燎原，指导员是王明湘。那时清查"五一六"的运动正逼向他们两个。一个周末，我洗了被子，在外面晾晒，黎澍走到我跟前，问我一句话："连燎原、王明湘两个是不是'五一六'？"我本着尊敬黎澍的心理，明确告诉他："这两个人不是。"黎澍当时瞪了我一眼，说："是吗？"表示很不满。他根本就不相信，转身就走了。那时候，我看出来黎澍是书呆子，他完全看不清形势。他却认为我跟他撒谎。还有一次接触，在息县盖房子。白天我得干重体力活，晚上还得接受批判。后来到南京的卞孝萱，有次在大会上发言批判我。我们那时年轻力壮干活快，他做小工跟不上。他说："'五一六'反革命分子张海鹏，借劳动为名来整我们这些人。"我心里听了很委屈。我们干活得抢进度。当时盖房子，我把砖往上面抛，抛的是土坯，三十几斤一块。黎澍看到我抛，他拿来试试，抛不动。他很惊讶："你怎么抛上去的？"我就说："黎澍你看着。"拿起来就抛。从干校回来后，我已经宣布解放。黎澍搬家到建外，买了一些书架，就是让我去给他扛的。

"文革"中我批判刘大年、黎澍，他们两个后来对我都很好。1975年学部让黎澍重新主编《历史研究》，年底他邀请全国的学者座谈如何办《历史研究》，都是让我去做记录，然后整理纪要给他看。我的第一篇文章也是交给黎澍在《历史研究》发表。他想让我去《历史研究》，我觉得他有点迂腐，便委婉地拒绝了。那个时候我对黎澍已经不太满意了。这是我说的真话。我认为黎澍是一个书呆子。他虽然也是一个老革命，但是他是书呆子。刘大年在清查"五一六"的问题上，头脑是很清楚的，是不相信有"五一六"这样一个反革命组织，但是这样的话当时不能说。他对我，在会上公开说的话，从来没有点着我说你是反革命。黎澍是真正相信的。通过这些经历，我觉得黎澍同志的头脑不是很清楚，他政治上不行，所以后来尽管我帮他做了很多事情，但是他要我正式进入《历史研究》编辑部时，我就拒绝了。那个时候他也是单独跟我谈的，要我去《历史研究》编辑部，我没有说同意去还是不同意去，就只说了一句话：请党总支决定。我这句话是有含义的，因为当时党总支书记是刘大年，如果刘大年同意我去我就去，但是我没有这么说。我说请党总支决定，他一听，也没有往下说了。这是我后来没有跟黎澍走的原因。

1975年，当时苏联的一个刊物发表了一篇谈戚本禹的文章，涉及黎澍。黎澍同志让我给翻译出来，我就把文章翻译了交给他。从这些事看来，黎澍与我个人之间并无过节。后来来往就少了。1981年辛亥革命70周年他替中央起草报告，有的问题他还给我打过电话，让我给提供材料。我给他去查了。后来我同他联系就少了。

我对黎澍非常尊敬，他对人热情，对青年爱护、指导、提携，他有思想，他对马列主义、毛泽东著作很熟悉，为人处世有很多优点，值得我学习。

李：请您给青年学者提几点建议，或几点希望。现在也是一个新时代，和你们的那个时代不一样，就目前现状来看，要成为一个成功学者的话，应该怎么做，怎么样来做好？

张：当然现在和过去是不一样，这个时代的变化也很大，和1949年前不一样，和"文革"以前也不一样。在今天这个社会制度下，我始终认为我们选择社会主义这个制度本身是好的，我们还是应该坚持这一个社会制度。所以我还是劝现在的年轻学者，应该去看一些马克思主义最基本的书。我最近几年都是这样，我在外面演讲，在大学的演讲，都是劝这些学生们去读一点马克思主义的书，而且我讲我在这方面的学习心得。我们只要看《马恩选集》、《列宁选集》上的一些最基本的东西，以和其他西方早期的一些思想家来比较，从中做一些对比，可以看出马克思主义的一些基本原理对我们人类社会的发展究竟起一个什么样的作用。我觉得这一方面我是劝我们年轻一辈的学者不要把它忘掉了，不要把它丢掉了。1949年以前，在当时历史背景下，只有少数人在坚持马克思主义，他们取得了很大的成就。在今天的背景下，今天的背景和"文革"以前的背景不一样了，"文革"以前是单一的全民所有制，我们今天是多种经济，公有制为主体，非公有制，两个毫不动摇的制度。这样，我们整个社会经济结构发生了很大变化，从唯物史观的角度来看，必然的就有各种声音，有各种利益集团的代言人，这些代言人多多少少都会在学术领域体现出来，也会在政治领域体现出来。在年轻学者当中，还是应该有一些人能够坚持马克思主义的基本方向，坚持社会主义的基本方向。这些坚持不仅是政治上，而且包括在学术上，我认为这对于现在青年一代，未来的青年一代的学术成长是有好处的。

当然，学术还是要从学术本身来说话。我自己感觉到，现在你们采访我是院里作为学部委员来采访我，我作为学部委员，感到惭愧。因为我的学术成就实际上是不够的。2006年8月份院里正式确定学部委员制度，公布了学部委员的名单，而且召开学部委员大会。大会之后社科院院报登了一期学部委员的反应，其中也有我几句话。我写了几百字给他们院报寄过去，他们摘了几句话，登在那个报道里，大约是8月中旬。这里头有一句话，我说：盛名之下，其实难副。我说：今天我作为学部委员，比起郭老、范老，比起老一代的马克思主义史学家来讲"差距甚大"。有这么一句话。后来院报把我的这句话修改了，改成了"感到有差距"。这个修改很要不得。不知你们发现没有，随后在网上攻我的人很多，他们就是看到了院报的这句话，说张某人这个人简直不像话，你和郭老、范老就是有差距吗？我一直没有回答。今天我是第二次说这个话，第一次是今年一月份在院里的工作会议上，史学片讨论的时候，我是主持人，便借这个机会说了一下这个话。我实际上对院报提意见，说院报发表我们的言论，最好要尊重我们，不要轻易改我们的话，除非我这话违反了四项基本原则，你改是对的，我没有违反四项基本原则，你改我的话，你们又不知道轻重，就会造成很多不良的影响。我之所以没有回答网上的反映，是因为尽管我写的不是那样，但是它登出来的是那样。这是第一。第二，对我提出质疑的人，他们本身不是真正对我提出质疑，而是对整个学部委员制度质疑，还为某些人抱屈。我是真心地感觉到，作为一个学部委员，我是资格不够的，我只是在现在这样一个历史条件下，在现在的历史背景下成为学部委员。如果以我们个人的学问修养来讲，我们是不够的。现在不是很多人都在讲大师吗？我十年前给院报写的文章，我说中国社科院应该培养大师，这些话都不是指的我，不是说培养我成为大师，我不够条件，我所处的时代背景很难造就大师。我是寄希望在你们身上，在未来的年轻人身上，应该成为大师级学者。你们现在才真正具有了未来成为学术大师的条件，可以有稳定的政治环境，有逐渐改善的生活保障，有开放的读书环境，你们应该多读书，读各方面的书。我刚才说了马克思主义的书，不仅马克思主义的书，所有的书都要读，要从中提出比较，要思索，要分析，要得出我们自己的看法，要推动学术的发展。

所以我说现在的年轻一代，以及今后的年轻一代，要抓住现在的时代机遇，拼命读书，中国的、外国的、古代的，都要读，知识面越宽越好，同时也要精，要选择一个方向。未来在史学研究上，在近代史研究上，真正有成就的是你们年轻一代。我是作为学部委员，你们采访我，我实际上是很惭愧的，我自己觉得在这方面的贡献很少。如果我不做16年的所里的负责工作的话，可能还要好一点，因为在我这一辈人当中，甚至比我长一辈的人当中，我们所里的人过去都知道，我还是有一定研究能力的，但是今天严格说来，我的研究成果不是最多的。当然，我也没有办法来改变这一事实。说起我做16年所里的工作，为所里的建设应该说投入了精力，花了时间。大部分时间是花在治所上，花在做学问上是少部分时间。尽管这样，我还是利用这少部分时间努力去做了我的研究，也写出了一些东西，有一些文章还是有一点价值。后来我之所以对宏观理论方面的东西写得稍微多一点，也和我现在的工作有关系，我不可能有很多时间去跑图书馆，查各种档案资料，我已经没有这种机会了。我只能结合学术界大家的讨论，思考一些综合性、宏观性的问题，在这方面加强我的分析能力，从这个方面下功夫，使我在这方面做出一些微薄的贡献。

如果我真是对年轻朋友说话的话，我觉得对你们来讲这是最好的黄金时期，因为现在尽管我们还碰到经济生活的困难，但总起来讲，现在的情况比过去好多了。我那个年代的时候，有时还得为维持一个月的生活伤脑筋。你们现在经济生活上也有困难，但是我觉得比我那时候还是好一些。所里经费在 1997 年以前极为困难，1998 年李铁映当院长后经费增长很快。现在课题费不少了，所以我觉得现在你们有条件拼命读书了。在研究所工作，就是要看你有没有东西。我们这个研究机构就是一定要有文章，而且要有好文章，要有著作，而且要有好著作。只有这样，你才能在所里站得住，才能在学术界站得住，才可能在国内外有名气。如果说条件好，将来能够成为学术大师是更好的。如果我们不说学术大师这件事，我就仅仅从在研究所工作的角度说，也一定要做出非常扎实的研究，不然的话，到老了回想起来就很为难，而且在我们这个竞争环境中站不住。所以我希望今后你们能够真正踏踏实实地心无旁骛地在学术上做出自己的贡献，不仅是为自己，而是为发展我们的近代史研究事业，发展我们中国的学术事业。

借这个机会，我想说一点个人的感想。

（一）我做学问主张自学，努力体认前贤的优长与成就，不喜问人。这是我的优点，也是我的缺点。我指导的博士生，除了与他们谈话外，我要开一个优秀论文的目录，大约百十篇，让他们去读那些论文。除了让他们通过读论文积累知识、了解学术源流，我总是希望学生们去体会那些优秀论文是怎么写成的，那些论文的框架结构，使用语言的能力，逻辑力量，如何组织材料，如何论证自己提出的论点。我希望通过读论文，让学生们领悟做学问的真谛。我以为这些是不可言传的，只有用心体会的人，才能得其真谛。我不知道我的学生们在这方面的领悟情况如何，但是我相信，只有在这方面做了认真领悟的人，在学问的道路上必定会有成就。

（二）我认为学问要表现在论述上。一个人学富五车，满腹经纶，却无著述，我以为不能看成有学问。顶多只是熟悉典故，熟悉故事。只有用思想和逻辑，把典故和故事组织起来，在一定程度上说明历史的进程，体现历史发展的规律性，辨识历史事件的真伪，指出历史人物对历史前进的作用，才叫有学问，才叫有知识，才能称为学问家。我不赞成孔夫子"述而不作，信而好古"的作风。只是绍述前贤，没有发明，也不能叫有学问。孔夫子的"述而不作"反映了儒家的保守传统，只有打破这种传统，中国才能前进。从这个角度说，我不赞成复兴国学。研究国学是需要的，复兴国学是要不得的。不管怎么解释，国学的基本内容总是摆脱不了儒学。以儒学为代表的国学，包含了中国文化中的积极因素，也包含了保守、消极的因素。传承中国文化中的积极因素，对于我们建设有中国特色的社会主义文化是有好处的，但是那种保守、消极的因素，则需要剔除。

（三）前贤范文澜先生，主张做学问要有坐冷板凳、吃冷猪头肉的精神，要有"富贵于我如浮云"的精神；前贤罗尔纲先生提出先读四十年书，然后再来写文章。这些是成为学术大师的必备条件。我甚心向往之。但是我未能做到。现在的时代条件变化了，整个世界运转的速度大大加快了，先读四十年书再来做学问的时代氛围不存在了。但是"二冷"精神还是要继承的。社科院要创造一种氛围，让有志成才的年轻学者有可能坐冷板凳。没有坐冷板凳的精神，在人文社会科学领域，是出不了学术大师的。

（四）近代中国的历史进程告诉我，中国只有坚持社会主义的方向，中国才能复兴；中国只有坚持中国共产党主张的马克思主义与中国实践相结合，中国才能前进。所以，在学术事业中，在历史研究的实践中，我坚持只有遵循唯物史观的指导，我们的学术研究事业才能更为客观，更加科学，更符合历史事实。要认清人类历史发展的方向，要揭示人类历史前进的规律，只有马克思主义、唯物史观最具有指南针和解剖刀的意义。形形色色的唯心史观，在这个问题上都显得软弱无力。

但是，我并不主张在学术研究实践中到处引用马克思主义的只言片语。我主张学习唯物史观的基本理论，努力领悟唯物史观的方法论意义，在研究实践中，在百家争鸣中，运用这种方法论做解剖刀，去辨识历史事实，开拓学术视野，建立自己的学术观点。我撰写的学术论文，都是努力学习这种方法论，努力实践这种方法论的指导。当然，这不是说已经做得很好了，只是说一直在努力中；当然这种努力是无止境的，生命有日，在学术活动中都要这样去做。

我在与台湾学者接触中，了解部分学者对唯物史观很反感。1997年年末，台北《历史月刊》编辑部给我打电话，告诉我1998年是该刊创办十周年，请我写一篇文章。我决定直接向该刊的读者宣讲唯物史观。1998年《历史月刊》二月号发表了我写的《关于中国近代历史发展规律的认识和对若干史实的解说》的长文。我在这篇文章中系统解说了唯物史观的基本原理，结合这个原理对近代中国的若干历史事实，包括帝国主义侵华问题、洋务运动问题、辛亥革命问题、孙中山学说（特别是三民主义）问题、资产阶级历史作用问题、三大政策即"联俄、联共、扶助农工"问题等，分别给予了解说。文章发表后，中研院张玉法院士、该院近代史所前所长陈三井研究员告诉我，台湾地区研究中国近代史的主流学者大概都看过了这篇文章。著名的民国史专家蒋永敬教授在他的文章里还征引了我文章中的观点。1999 年，我随同李慎明副院长访问香港科技大学，也以这个题目对该校人文社会科学学院的教授发表了演讲。

2006 年 3 月 1 日，应有关单位约请，我在《中国青年报·冰点周刊》发表了《反帝反封建是近代中国的历史主题》一文，与南方某教授颠覆中国近代史基本观点的文章做学术论辩。我在文章中除了就第二次鸦片战争和义和团运动的史实驳斥了对方的观点，还结合唯物史观的基本原理，结合具体史实，强调了用唯物史观指导历史研究的意义。当天香港有线电视台记者采访我，认为我的文章很平实，出乎他们的意料。我调查了头三天网民的反应，支持的占到 60%，反对的占不到 40%。支持的人中，有人对文中提出唯物史观不理解，甚至反感。

从那以后，我发表的文章常常受到读者和网民关注。2006 年 12 月 14 日我在院报发表《中国近代史研究的基本评价和方法论问题》，一个网上博客对我强调唯物史观提出了强烈批评。我欢迎读者的批评，我会在今后的文章中考虑他们的意见，但是，我认为坚持唯物史观是正确的，对此我将乐此不疲，不会松懈。2006 年 8 月，在中国社会科学院党的工作会议上，会议安排我做大会发言，我做了《我是怎样在中国近代史研究中坚持唯物史观的》发言，算是对我院党组织作了一次汇报。

（五）从西方学者那里传来一种说法很流行：一切历史都是当代史，或者一切历史都是思想史，或者人人都是他自己的历史学家。我不是很赞成这样的说法。如果说一切历史都是当代有思想的人写出的，上述说法有一定的意义。但我认为这种说法会给人以误导，以为历史是依当代人的愿望随意改写的，从中可以嗅出唯心史观的意味来。如果按照一切历史都是当代史的理解，写成人人心中的历史，则言人人殊，失去历史的本来面目。

（六）关于主题先行。现在有一种情况，有的反对别人观点特别是坚持唯物史观观点的人，往往批评别人是主题先行。所谓主题先行，是指观点先行，或者意识形态先行。其实，主题先行，是任何写论文的作者必须具备的本领。这一点，马克思在《资本论》中说得很清楚。这是研究问题和表述研究结论的区别。研究问题，必须找到所有资料，研究所有资料，细心分辨和鉴别资料，要对史料进行考证和比勘，找出反映历史事件本质的东西，加以认识。研究有所心得，形成了对某个问题的基本看法，得出了某种研究结论，在论文中表述自己的研究结论时，必然是首先提出结论，然后再印证史料，加以论证。研究的过程和表达的过程，在程序上，大致是相反的。如果有人在自己的论著中，一上手就把所有的材料摆出来，重复研究的过程，这样的论文必然是失败的。实际上，批评别人主题先行，自己就是主题先行。不过是不同的主题罢了。

（七）研究历史，关注现实。这是我从事中国近代史研究的基本态度。我写过不少历史与现实相结合的文章，有关台湾问题、香港问题、澳门问题、中日关系问题，等等。我写这些文章，并不是为了研究现实问题，而是为了向研究现实问题的人提供历史资料，通过历史问题的阐述加深对现实问题的理解。有时候，从现实得到启迪，去研究历史上的某个问题；有时候，从历史中得到启迪，去观察现实中的问题。在这种研究中，始终要注意历史和现实的结合。但是需要谨慎，因为历史不等于现实。如果把历史和现实混淆在一起，就可能出问题。

写历史，是写过去的政治、过去的经济、过去的文化，不是写今天的政治、今天的经济、今天的文化。过去的政治、过去的经济、过去的文化不等于今天的政治、今天的经济、今天的文化。这是历史与现实的基本区别。司马光著《资治通鉴》，是要让最高统治者借鉴历史上的经验。从借鉴历史经验的角度说，历史对于现实的意义，今天仍是这样的。但是历史对于现实，仅止于借鉴，提出更多的要求是不合适的。历史为现实服务，不是说为现实政治做简单的服务，所谓服务，是从借鉴历史经验的意义上说的。

写历史也不能用现实的需要改铸历史。今天我们在搞现代化，用现代化的框架改写历史是不行的。今天我们以经济建设为中心，放弃了"阶级斗争为纲"的路线，不能说历史上就不存在阶级和阶级斗争。今天党中央提出建设和谐社会，我们在历史书上也去构建一个和谐社会的形象，这是历史书吗？为了集中精力发展经济，我们今天强调社会稳定，难道我们要在历史书上也强调社会的稳定吗？当然，历史上的确出现过某种和谐时期，或者出现过某种稳定时期，这些历史时期如果对历史的前进起过积极的作用，我们也要依据事实做出判断，提出研究结论。总之，研究历史，要以一定的时间、地点为转移，不能简单化。

（八）党中央赋予了中国社科院崇高的地位。中央要求把中国社会科学院建设成为马克思主义的坚强阵地、哲学社会科学的最高殿堂、党中央和国务院的思想库与智囊团。这是党中央对我们的一种期望，也是我们的努力方向和奋斗目标，也可以理解为中央对知识、知识分子的尊重。马克思主义坚强阵地，当然是指哲学社会科学研究的政治方向和学术理论方向。但是，它不能代替学术研究本身。所以提出哲学社会科学研究的最高殿堂。所谓最高殿堂，应是指在哲学社会科学研究领域，在学术上要取得最重要的成果，要代表哲学社会科学研究的基本成就和发展趋势。所谓思想库与智囊团，从狭窄方面理解，应是指从哲学社会科学研究的角度，为党中央、国务院在处理政治、经济、文化、社会发展和国际关系事务的决策方面提供对策方案和中央决策所需要于哲学社会科学领域的基本资料。因为社科院不是实际工作部门，在对策上不大可能提供政策上的执行方案，它应该是运用学术上的基础，提供宏观思路和发展方向，当然也不排除实际生活中的对策方案。

从以上认识来说，我觉得我们社科院需要培养两种人，一种人是"书呆子"，另一种人是战略思想家。我认为，多数研究人员要成为"书呆子"，少数人成为战略思想家。换句话说，多数人成为某一个问题研究上的专门家，少数人不局限于具体问题的研究，而具有广阔的视野、宏观的思维，上下古今，国内国外，无不涉猎。许多专门家及其学术成果形成了引领某个、某些学术领域前进的标志，始终处在学术研究的前沿。某个学科领域的战略思想家则在某个或者某些学科的学科体系上做出创新性的思维，引领那个学科向着更高的水准或者集成的高度发展。这样的战略思想家，小则可以引领某一学科领域向着新的高度发展，大则可以为国家和社会的发展提出具有前瞻性的战略思维。

因此，我们今天需要培养一大批能够拱托最高学术殿堂的"书呆子"，也要养成一批组成思想库、智囊团实体的具有广阔视野的战略思想家。但是，我们今天培养学术人才的现实环境和政策设计太急于出人才、出成果，太着眼于眼前，不利于长远的考虑，不利于大师级人才的养成。太急于出人才、出成果，反而出不了大师级人才，出不了标志时代性的大成果。再则，培养人才的投入太少，不利于年轻研究人员专心致志读书，他们不能不左顾右盼，到处兼职，急于发表成果。在今天市场经济的社会条件下，到处是陷阱，到处是落差，到处是诱惑，他们很难安于位。

李：最后一个问题，您到近代史所工作 45 年了，您对近代史所以后的发展有什么希望？

张：每一个时代都有自己的时代内容，我希望不管时代如何变化，近代史所老的传统、好的传统，还是应该继承和发扬。近代史所从延安过来，发挥了很大的作用。从范文澜开始，刘大年、黎澍都强调马克思主义指导，强调好的学风。我们现在讲，文化是在多元、多变的状态下发展，现在国家经济基础发生了很大变化，民营经济的发展规模甚至于超过了国有经济。因为物质基础的变化，自然在文化层面会有所反映。但不管如何，我觉得近代史研究所的好的传统应该在新的时代得到发扬。

近代史研究所以中国近代史为研究对象。近代史研究有比较强的意识形态性。我在做研究所所长时，一再强调正确的政治方向，但我不干预个人的研究。我也在文章中批评错误的研究方向，但我对于所里的人一般都不点名。我希望我们所里，当然不能像过去一样一个声音，但还是要有一个主流的声音。近代史研究所在学术研究上历来强调实证，以资料说话，强调坐冷板凳。范老那时最主张学马列、毛泽东思想，但同时强调踏实做学问，不求生前功名，但求以后的学术贡献。我觉得保持求实的学风是很重要的。我希望年轻一代能保持这样的学风。所里领导层的方向很重要，我过去对于近代史所发展做了很多考虑。我希望所领导能够从研究所的长远发展出发，眼光要全面一些，以建设国际知名研究所为目标。比如说，原来都以所里的名义来召开学术讨论会，现在都以各研究室名义来召开讨论会，这当然也是好事，对于更广泛的学术联系也有好处。但是这样也容易力量分散，不容易反映全所在学术界的优势地位。这一点也值得斟酌。这是我的一点想法。

近代史所还要发展，还需要下功夫。现在的机会更多更好，进一步加强与国际学术界的联系，保持我们在国际国内学术界的话语权，这不是一两句话就能够做到的，而需要我们投入足够的力量。

　　我的话就说到这里。其他方面，也没有更多的可说了。谢谢你们的采访。祝你们的学术事业，日有所进。

　　李：感谢您接受我们的采访。我们大家都希望近代史研究所以后会更好！

原载中国社会科学院近代史研究所编《回望一甲子——
近代史研究所老专家访谈及回忆》，社会科学
文献出版社，2010，第 231～290 页。

八十初度自订年谱简编

张海鹏

凡例

一、八十初度，余生无多，反顾一生劳碌，因自作年谱简编，略记平生所历各事，备后生学子取资。

二、谱中涉及前辈、同人，去世者一般称先生，无论长幼。

三、谱中偶涉时人，一般不作评论。涉敏事项暂不涉及。

四、本谱所涉史事，多以文字为据，不妄加臆测，不仅凭回忆。

五、简编之得在简明，简编之失在简单。异日有闲，当依史料与文献详作补充，裨便读者知所历、所为、所思，或者将录其尽录，未可知也。

1939年5月8日（旧历己卯年三月十九日），出生于湖北省汉川县马口镇张家大嘴。父母业农。张姓，谱名声彬，小名海鹏，长兄名海涛，塾师取名。以小名行世。

1946年入私塾发蒙。

1947年秋从私塾转入汉川县私立两铭小学校，读二年级。

1949年5月，武汉解放。敝乡经历战火后获得解放。读小学四年级。

1951年秋，小学毕业，考入湖北省立马口中学。

1954年7月，毕业于湖北省立马口中学初中部。考取湖北省立孝感高级中学。恰遇1954年长江大水，为确保武汉安全，汉江堤防决口，汉川、汉阳、沔阳、天门等县一片汪洋，吾乡困于洪水之中。9月初，上学报名期已过，彼时年幼，家庭贫寒，又无川资，乃决心回家种田，美其名曰当米丘林。

1955 年 5 月,随乡人到沔阳县(今仙桃市)公明山工地参加汉江分洪工程。这是杜家台分洪工程的一部分。在此地工棚里,有关方面传达了毛主席有关发展农业合作社的指示。乡人晚间讨论,一致赞成成立高级社。半月后回乡在原来三个互助组基础上组成新兴高级农业合作社,担任会计。秋,与乡人数人划小划子到汉口,船停汉口公路桥下,送弹花机到工厂修理。第一次见汉正街街市繁华。

1956 年 9 月,考入湖北省立孝感高级中学。

1958 年,所在班级被命名为理想班。担任班级学习委员。第一次有资格参加人民代表的选举。

1959 年 7 月,毕业于孝感高级中学。9 月,考入武汉大学历史学系学习。

1960 年 4 月,作为"优秀学生"出席武汉大学群英会。

1961 年 10 月,作为武大历史系学生列席中国史学会与湖北省社科联举办的纪念辛亥革命 50 周年学术讨论会。听范文澜、吕振羽、吴晗、白寿彝、黎澍、谭戒甫、姚薇元、唐长孺等先生学术报告。

1962 年,被评为模范团干部,任历史系 1959 年级甲班班长。听吴于廑、冯友兰、吴则虞、关锋、林聿时等先生学术报告。参加了武汉大学第三届科学讨论会。

1963 年,出席共青团武汉大学委员会第三届团员代表大会,出席武汉大学第十五届学生代表大会。听金景方、吕叔湘等先生学术报告。完成学年论文《试论秦汉之际的游侠》。

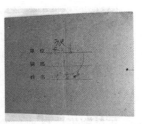

1964 年 2 月，报考北京外交学院研究生班。

3 月，翻译完成 1963 年第 6 期苏联《近现代史》杂志上一篇论苏美建交三十年的文章，作者为 Исраэлян。5 月，完成毕业论文《苏美外交关系的历史与现实》。以甲斐静马为团长的日本亚非团结委员会访华代表团访问武汉大学，作为学生代表参加了接待。7 月，毕业于武汉大学历史学系，毕业论文优秀。时任校长李达先生，系主任吴于廑先生。8 月，到北京东厂胡同一号中国科学院近代史研究所报到。从此成为近代史研究所的工作人员。8 月下旬，在北京参加 1964 年北京科学讨论会，任政法组秘书。

10 月，参加"四清"工作队，作为见习队员，随本所大队人马赴张掖。范文澜所长为"四清"工作队队员设宴壮行。

1965 年 6 月，结束甘肃张掖县乌江公社贾家寨大队八个月的"四清"运动，随后到山东黄县（今龙口市）大吕家公社劳动锻炼，住下孟村。11 月中旬，回到北京，被所里定为实习研究员。

左图为乌江公社贾家寨大队"四清"工作队合影。站立者中为蔡美彪，右二为王忠，左二为张海鹏，左一为耿云志；下蹲者左二为陈铁健，左三为曾宪权。左二图为黎澍、张德信、陈文桂、喻松青、韩信夫、张友坤。原图存近代史所网页。右图为保存的当年张掖至乌江火车票。

1966 年 1 月，被分配到位于西颐宾馆中馆的"中国近代史讨论会"。进这个讨论会时，负责人是金应熙（中山大学历史系主任）、李龙牧（复旦大学新闻系主任）、余绳武（近代史所）等先生。这个近代史讨论会的主要任务是为外交部中苏谈判小组提供中俄边界史料。6 月 3 日，《人民日报》发表社论《夺回资产阶级霸占的史学阵地》，矛头直指近代史研究所和学部，随之卷入近代史研究所的"文化大革命"运动。

1967 年，参加近代史所和学部"文革"运动，任近代史所"文革"小组副组长。年中，参加学部大批判指挥部工作。

1968 年 2 月，中央"文革"小组成员戚本禹被隔离审查，学部大批判指挥部负责人傅崇兰被学部总队强行扭送北京卫戍区，近代史所"文革"小组解散。4 月，在孝感与认识十年的王玉清（菊英）结婚。此后未参加所里运动，受何重仁先生邀请参加海淀区红卫兵查抄物资清查工作。12 月，工人、解放军毛泽东思想宣传队进驻近代史所。

1969 年 10 月，被强制请进学习班。后转进到文联大楼（今商务印书馆）三层（或四层？），又转到美术馆，作为"五一六反革命阴谋集团"骨干成员被审查，失去自由。在文联大楼时，已猜出同时受审查的尹士德先生自杀。

1970 年 6 月底，被工宣队押送到河南息县学部"五七"干校，参加建房，接受批判。

1971 年夏，学部干校转移到明港军营，专门开展清查"五一六"运动，接受审查和批判。

1972 年 7 月中旬，随学部干校从河南明港回到了北京。

1973 年，学部审查"五一六"运动基本上停顿，对我的管理很松懈。妻子王玉清可以来京探亲，年末我可以到湖北孝感伺候妻子生产，女儿出生。

1974 年 12 月，驻所军宣队、工宣队宣布了经学部领导小组批准的结论：经审查，我的问题不属于"五一六"问题，没有"五一六"错误，更没有"五一六"罪行。从此，结束了"五一六"审查阶段，不再处于被隔离状态，可以回到革命群众队伍中来。

1975 年 1 月，进近代史所翻译组。5 月，被所党总支调出协助刘桂五先生，从事学术秘书工作。随刘桂五到北京大学历史系和天津历史研究所了解"开门办学（所）"经验，北大历史系副主任王汝丰和天津历史研究所所长左建接待。与郭永才到大连红旗造船厂访问工人业余哲学社会科学研究所。6 月，到北京内燃机总厂劳动科联系安排所内研究人员学工。安排所内人员到京郊南韩继大队联系帮助收割小麦。9 月进入近代史组。近代史组的负责人是刘桂五、钱宏、何重仁三位先生。11 月，完成《李秀成——修正主义和投降派的一面镜子》一文的写作。12 月，黎澍先生重新担任《历史研究》主编，主持座谈会，担任会议记录人并整理会议纪要。

1976 年 2 月，在黎澍先生主编的《历史研究》第 1 期发表《李秀成——修正主义和投降派的一面镜子》。这是进入专门的研究机构——中国科学院近代史研究所 12 年后，也是"文化大革命"结束前发表的第一篇论文。这年夏天，参与主持北京印刷系统七二一大学，组织编写《中国近代史讲义》，主讲学习中国近代史的意义。8 月唐山大地震，所内震塌了几处墙壁，在大雨中参与维修。10 月，"四人帮"被粉碎，出席《光明日报》主持的史学座谈会，发言批判"四人帮"以"儒法斗争史"歪曲近代中国社会性质的言论。11 月，座谈会发言纪要在《光明日报》刊出。12 月，被吸收到刘大年先生主持的《中国近代史稿》课题组，协助刘大年做第一卷书稿的整理、校核注释、制作大事记和中外人名对照表、选配历史图片等事项。

1977 年 1 月，参与接待近藤秀树、狭间直树等日本学者组成的"第二次中国研究者友好参观团"。5 月，中国社会科学院成立，随后近代史研究所开展"清除'四人帮'帮派体系"运动，与刘大年、郭永

1976 年与北京市印刷系统"七二一"大学
学员在北京胶印厂门口合影

才、张友坤一起被批判。这次批判随着刘大年被提名为全国人大代表而
烟消云散。

接待日本学者"第二次中国研究者友好参观团"合影。

中排右 1 狭间直树，2 刘大年，3 近藤秀树，4 黎澍。前排右为森时彦，左为
张海鹏。后排右 1 郭永才，右 2 章伯锋，右 5 余绳武。

　　1978 年 5 月 13 日，《北京日报》第 3 版发表《伟大的历史使命》
一文，结合中国近代历史史实，宣讲闭幕不久的五届人大政府工作报告
的精神。所内按中国社科院统一要求组织研究室，我进入近代政治史研
究室。5 月，编制《建国以来中国近代史学科主要著述编年录》和《建
国以来中国近代史学科主要著述分类目录》（所内有铅印本）。9 月，刘
大年先生主持的《中国近代史稿》第一册在人民出版社出版，接受
《中国近代史稿》第二、三册的辅助工作。同时接受了编绘《中国近代

史稿地图集》的工作。

1979 年，春夏间，在南京出席太平天国史国际学术讨论会。这是"文化大革命"后中国近代史学界举办的一次最重要的学术会议。在会上担任简报组副组长。7 月，被近代史研究所学术委员会评定为助理研究员。参与了《近代史研究》的创办并任兼职编辑。

1980 年 7 月，在北京出版的英文刊物 *China Reconstructs*7 月号上发表 "An English Fighter in a Chinese Peasant War：A. F. Lindley in the Taiping Revolution"。这是应《中国建设》主编爱泼斯坦建议撰写的。研究太平天国历史的英国学者柯文南教授提供了有关资料。

1981 年春，应邀为北京市团干部讲《太平天国的奋斗和失败》。这是近代史所组织的中国近代史讲座中的一讲。4 月，在成都出版的《历史知识》第 2 期上发表了《忠诚的友人　勇敢的战士——纪念呤唎参加太平军 120 周年》，《新华文摘》转载。6 月，《近代史研究》第 2 期发表了和朱东安、刘建一合写的《应当如何看待义和团的排外主义》，发表时列名居中。8 月，主持并担任统编的《武昌起义档案资料选编》上卷由湖北人民出版社出版。10 月中旬，在武汉东湖宾馆出席纪念辛亥革命 70 周年国际学术讨论会。会议主席为刘大年先生。在会上担任简报组副组长。

1982 年 9 月中旬，在山东威海市出席义和团研究会的学术讨论会。担任义和团研究会理事、常务秘书。丁名楠先生为会长，徐绪典先生为副会长。10 月，应邀为《解放军画报》编辑中国近代史讲座（以图片形式），第 1 期在《解放军画报》第 10 期刊出。每月一期，共编发16 期。

1983 年 3 月，主持的《武昌起义档案资料选编》中下卷由湖北人民出版社出版。全书收湖北省博物馆和武汉市档案馆藏湖北革命实录馆历史资料 120 万字。8 月，代表《国家大地图集·历史地图卷》编委余绳武先生去浙江德清县莫干山出席《国家大地图集·历史地图卷》编委会。此项工作由中国社会科学院主持，总编辑谭其骧先生主持此次会议。

1984 年 6 月，《中国近代史稿》第二、三册出版。负责核查史料，撰写几处考证性注释，编制人名表、大事年表，选配插图和图版。7月，编著的《简明中国近代史图集》由长城出版社出版。8 月，参与写作的《中国近代史简明读本》由中国青年出版社出版。10 月，论文《中国近代史的"两个过程"及有关问题》在《历史研究》第 4 期发表。12 月，《中国近代史稿地图集》在地图出版社出版，初版平装 15000 册，精装 10000 册。本书出版后，承复旦大学谭其骧先生、华中师范学院刘望龄先生、湘潭大学杨奕青先生等来信谬许，来信的还有同学和朋友武汉大学吴剑杰、山东大学孟祥才。近代史所民国史室主任孙思白先生曾说："此书奠定了你在学术界的地位。"谬承奖饰，实不克当。筚路之劳，获得认可，私心少慰。本年接受中国社会科学院聘书，担任《中华人民共和国国家历史地图集》战争战役和军事重镇图组组长。

1985 年 10 月初，联合国教科文组织（UNESCO）在挪威首都奥斯陆主办 International Symposium on the Different Interpretations of the Causes and Consequences of Conflicts，这次国际学术讨论会只邀请了各国 11 位论文作者，受近代史研究所推荐成为论文作者之一。所撰《近代中国农民战争成败原因的比较研究》（"Peasant Wars in Modern China：A Comparative Study of the Causes of Their Failure or Success"）被会议安排为农民起义问题的第一个发言人。因不谙英语，未敢出席。本年，被聘任为副研究员。接受余绳武所长聘请，担任近代政治史研究室副主任。主任是贾熟村研究员。

1986 年 5 月，义和团研究会在天津改选理事，致函辞理事。

1987 年 3 月，《也谈外国侵略与近代中国的"开关"》一文在《红旗》杂志第 6 期发表。8 月，《湖北军政府"谋略处"考异》一文在《历史研究》第 4 期发表。

1988 年 5 月 10 日，应邀出席在燕翔饭店举行的中国社会科学院与美国文理科学院学术交流会议开幕式。8 月，《湘军在安庆战役中取胜原因探析》一文在《近代史研究》第 4 期发表。9 月，被任命为近代史研究所副所长。10 月，应邀写作的《中国近现代史研究概述》《中国近代史基本线索问题》收入汝信等主编《当代中国社会科学手册》，由社会科学文献出版社出版。为联合国教科文组织撰写的论文 "Peasant Wars in Modern China：A Comparative Study of the Courses of Their Failure or Success"，收入 UNESCO Yearbook on Peace and Conflict Studies（1986），由美国 Greadwood 公司出版。

1989 年，年初撰写笔谈《怀念黎澍同志》，发表于《近代史研究》第 2 期。6 月，会见美国学者伊利诺伊大学历史系教授易劳逸（Lloyd Eastman）。8 月，美国美中学术交流委员会驻北京办事处代理主任葛立仁（Robert B. Geyer）来访。彼称，美中学术交流委员会要从学术上制裁中国，暂停对华学术交流。对此做强烈反应，指出，美国政府制裁中国，是政府之间的事，我管不着。但是学术单位之间的交流停止下来，对中美双方都不利。中国学者不能去美国固然是损失，但是美国学者不能来中国，特别是研究中国问题的学者不能来中国，就不是损失吗？这是一种十分短视的行为。（大意如此）此后《参考资料》曾报道过葛立仁在美国一次午餐会上的发言，大体上转达了我的意思。12 月，《中国近代史研究的回顾》在《近代史研究》第 6 期发表。

1990 年 3 月下旬，在厦门大学出席 1990 年全国史学理论研讨会，在开幕式上致辞。在会上提交了《中国近代史的"两个过程"论及其指导意义》。3 月，在《求是》杂志第 3 期发表《如何看待中国近代史发展的基本线索？——学习毛泽东有关论述笔记》。5 月，在中共中央党校文史部举办的中国近现代史研讨班讲中国近代史的基本线索的讨论，关于半殖民地半封建社会性质的争论。在《团结报》5 月 26 日第 1 版发表《掀开近代反帝斗争第一页》，纪念鸦片战争 150 周年。6 月，《近代史研究》第 3 期发表了书评《通俗历史读物的社会责任——评〈中国历代名臣〉中两篇近代人物传记》（署名"薛适"），对所评人物传记做了严厉的批评。8 月底 9 月初，纪念近代史研究所成立 40 周年国际学术讨论会在北京龙泉宾馆举行。会议主题为"近代中国与世界"。担任大会秘书长。中国社会科学院院长胡绳先生和名誉所长刘大年先生在开幕式上发表了主题演讲。12 月上旬，在中山大学出席中国近代史开端 150 周年国际学术讨论会，为会议提供一篇简短的纪念文字。12 月，《近代史研究》第 6 期发表论文《试论辛丑议和中有关国际法的几个问题》。

1991 年 1 月，出席在前门箭楼由南京太平天国博物馆举办的太平天国起义 140 周年展览，人大副委员长彭冲出席。出席中国抗日战争史学会成立大会。大会在人民大会堂举行。刘大年主持大会。我替胡乔木先生起草了致成立大会的祝贺词，并在会上宣读。胡绳、周谷城、肖克、杨成武、吕正操、张爱萍、程思远、邓力群诸先生在成立大会上讲话。王忍之代表中共中央宣传部到会讲话，支持学会的成立。任副秘书长。刘大年任会长，白介夫任执行会长，胡乔木任顾问。

3月上旬，与白介夫先生去沈阳召开九一八事变60周年国际学术讨论会筹备会议，与辽宁省社会科学院副院长李光天、辽宁省副省长林升、辽宁省原省委书记李荒以及辽吉黑三省省委宣传部长座谈，就召开九一八事变60周年国际学术讨论会事项达成共识。

8月，在中央党校为中国历史唯物主义学会举办的中国近代史国情研讨班讲鸦片战争与中国贫穷落后的原因。8月底9月初，在美国檀香山东西方研究中心出席纪念辛亥革命80周年学术会议。提出的论文是：《孙中山的社会主义思想与科学社会主义的关系》。会议主席是日本东京大学的卫藤沈吉先生，副主席是：刘大年、蒋永敬、Marius Jansen。9月中旬，在沈阳出席九一八事变60周年国际学术讨论会。担任大会的秘书长，组织策划和安排了大会的日程和具体事项。

9月，《抗日战争研究》创刊号出版，担任主编。编辑《余仲勉日记》并加说明（约2万字）在《辛亥革命史丛刊》第8辑发表，中华书局出版。这是同盟会调查中的一项收获，余仲勉曾任同盟会湖北主盟人。

10~11月，与近代史研究所徐辉琪先生访问苏联半个月，连同火车行程共一个月。在莫斯科访问了远东研究所、东方研究所，与远东研究所签订了两所交流意向书。在列宁格勒，与苏联科学院列宁格勒图书馆签订了合作编纂中俄关系历史书目的协议。10月，所撰论文《孙中山社会主义思想研究评说》在《历史研究》第5期发表。

12月上中旬，出席中国社会科学院工作会议，在大会上就近代史所如何进行青年研究人员考绩工作做了发言。在新万寿宾馆出席近代东西方关系国际学术讨论会，主持开幕式。《略论中国共产党与近代中国农民战争》一文，收入中国社科院科研局编《中国共产党与中国社会科学》，由社会科学文献出版社出版。本年被聘任为研究员。

1992年1月，《中国大百科全书·中国历史》在中国大百科全书出版社出版，撰写"刘大年"词条。参与修订"辛亥革命"词条，发表时附名于刘大年、杨天石后。

5月上中旬，出席台北政治大学历史研究所主办的"黄兴与近代中国学术讨论会"，任团长，尚明轩、韦杰廷同行，提交论文《论黄兴对武昌首义的态度》。这是大陆学者第一次赴台参加学术会议，是中国社会科学院与台湾的学术交流从单向转到双向的标志。《联合报》刊登了记者陈碧华专访：《大陆史学家最想看"大溪档案"——社科院近研所副所长张海鹏：学者都希望以实事求是态度研究历史》。会后访问中研院近代史研究所和政治大学历史系，做了演讲。还访问了海基会（副秘书长陈荣杰接待）、阳明山党史会（李云汉主任委员、陈鹏仁副主任委员接待）、外双溪故宫（秦孝仪院长接待）、"国史馆"（瞿兑颖馆长接待）以及台湾师范大学三民主义研究所（赵玲玲所长接待）。到台中访问东海大学，文学院吕士朋院长接待。在《联合报》大楼出席"两岸学术交流对研究中国近代史的影响"座谈会。台方为蒋永敬、张玉法、陈三井，大陆方张海鹏、尚明轩、韦杰廷。

左图为黄兴与近代中国讨论会出席证。中图为张海鹏与尚明轩、韦杰廷、政大博士生吕绍理在桃园机场的合影。右图为台北故宫博物院秦孝仪院长在张大千摩耶精舍会见来访者，右为政治大学历史研究所所长胡春惠，中间女士为美国圣约翰大学李又宁教授。

6月中旬，在北京香山饭店出席中国社会科学院近代史研究所与台湾师范大学三民主义研究所、台湾孙文学术思想研究交流基金会联合主办"孙逸仙思想与中国现代化"两岸学术座谈会，任中方秘书长。这是两岸学术单位第一次合作召开这样的学术会议。提交论文《试论民生主义的真谛》。

8月上旬，在新世纪饭店出席全国台湾研究会召开的第二届海峡两岸关系研讨会，发表论文《历史和现实："一国一制"和"一国两制"研究》。会议期间，邀请台湾政治大学外交系教授、前"行政院新闻局局长"邵玉铭访问了近代史所。

10月上旬，在贵阳出席黎庶昌国际学术研讨会，提交论文《析黎庶昌〈敬陈管见折〉》。

1993年1月上旬，在北京举办第二届近百年中日关系史国际学术讨论会，任秘书长。

2月，《论黄兴对武昌首义的态度》一文以《黄兴与武昌首义》为题在《历史研究》第1期发表；原题文又收入胡春惠、张哲郎主编《黄兴与近代中国学术讨论会论文集》，1993年3月台北出版。北京《统一论坛》第2期和台北《海峡评论》第2期同时发表了《历史和现实：“一国一制”和“一国两制”研究》。

3月上旬，出席澳门基金会等召开的“东西方文化交流”国际学术研讨会，提交了《孙中山“社会革命”说正义》一文。此文收入吴志良主编《东西方文化交流国际学术研讨会论文选》，1994年3月版；又在《近代史研究》第3期发表。同时出席的还有北大季羡林先生、社科院宗教所名誉所长兼国家图书馆馆长任继愈先生，文学所钱中文、许明，院党办主任张显清等。3月，《析黎庶昌〈敬陈管见折〉》在《贵州社会科学》第1期发表。

5月，主编《中国近代史演义》（署名“陆仁”）在福建少年儿童出版社出版。

8月所写书评《探索中国近代资本主义发展特点的有益之作——杜恂诚新著〈中国传统伦理与中国近代资本主义〉读后记》在《近代史研究》第4期发表。

11月上旬，出席福州举行的严复国际学术研讨会。在会上宣读了胡绳院长的贺函。下旬，在广州出席广东省与国家文物局联合主办的论证会，论证港深珠高速公路是否妨碍虎门炮台。广东省副省长张高丽、国家文物局副局长张柏，国务院办公厅余昌祥在会上讲话，徐苹芳先生主持会议。

12月，《中国历史将要良性运转——毛泽东与近代中国历史的随想》在《海峡评论》第12期刊出。福建教育出版社出版了和徐辉琪先生共同主编的《中国近代爱国人物故事丛书》（14册，140万字）。

1994年1月，被任命为所长。1月下旬，在杭州出席海峡两岸“孙逸仙与儒家人文精神”学术讨论会。担任中方主席。台湾孙逸仙学术思想研究交流基金会董事长、“国大代表”、国民党中央委员赵玲玲担任台方主席。《海峡评论》第3期刊出《一个蹩脚的文字游戏——与王晓波教授商榷“不完全继承的理论”》，标题是编者拟定的。

6月上旬，王忍之率团访问朝鲜社会科学院，与李明德（外事局副局长）、李新德（历史所副所长）、吴泰昌（经济所副所长）、韩以德

（世经政所研究员，朝鲜族）同行。

8月，为纪念甲午战争100周年撰写《勿忘国家耻 励精图富强——甲午战争百年祭》在《海峡评论》第8期发表。

9月，《光明日报》发表《论台海两岸暂时分离的由来——评台湾当局"台海两岸关系说明书"》。此文下年收入国台办新闻局编《两岸关系与和平统一——1994年重要谈话和文章选编》，九洲图书出版社出版。

10月上旬，在龙泉宾馆主持黄兴学术讨论会，美国黄兴基金会资助。10月下旬，接待美国哈佛大学费正清研究中心史华慈（Benjiemin Schwantz）夫妇来访。

11月5日，接受《北京日报》记者崔立专访稿在《北京日报》发表。此后多次接受采访，谈近代中国丧权辱国的故事，一直到下年5月，共采访20次。

12月中旬，出席南京大学中华民国史研究中心主办的第三届中华民国史国际研讨会，与中研院近代史研究所原所长张玉法院士在开幕式上先后致贺词。

1995年1月，在《海峡评论》第1期发表《中国的统一要靠中国人自己——书生议政：年终看两岸关系》。

2月中旬，赴澳门出席澳门大学主办的"澳门史教与学"国际研讨会，做了《澳门史研究：前进与困难——国内澳门史研究的动向》的报告。此文发表于《中国社会科学院研究生院学报》1995年第5期。澳门文化司署主办的《文化杂志》，在第26、27期用中文和葡文发表。2月，龙门书局出版了主编的《中华骄子，卓越使者》一书。

4月，出席全国政协台港澳联络局等单位主办的《马关条约》签订100周年暨台湾回归祖国50周年座谈会，发言题目为《牢记百年之耻 发奋振兴中华——论〈马关条约〉与近代中国的落后》，刊载于《台湾研究》第3期和《海峡评论》6月号。《台湾与祖国共患难——回顾〈马关条约〉割台百周年》在《海峡评论》第4期发表。

6月，在公安大学讲抗战胜利的意义与台湾回归问题。6月中旬，近代史所承办瞿秋白就义60周年纪念暨学术讨论会，任秘书长。社科院党委书记王忍之主持开幕式，胡绳院长发表讲话。中共中央政治局常委刘华清出席开幕式。

7月，出席中日友协主办的"中日关系研讨会——前事之师，后事不忘"双边讨论会，与中日友协会长孙平化先生、文化部副部长刘德有、团中央国际部部长曹卫洲、日本前驻华大使鹿取泰卫先生、京都大学教授竹内实先生、河田登志夫、星野知子分别发言。中国史学会和近代史所联合召开庆祝刘大年80华诞座谈会，在会上做祝词，《在祝贺刘大年同志80华诞座谈会上的致词》发表于《近代史研究》第4期。

8月下旬，在纽约哥伦比亚大学出席华人学术团体召开的纪念抗日战争胜利50周年国际学术讨论会，与杨天石、杨奎松与会，在会上发表论文《论皖南事变之善后》。

9月，《前事不忘，后事之师——近代中日关系的历史回顾》刊载于《海峡评论》和《日本学刊》。

10月中旬，在国家行政学院开办的澳门高级公务员培训班讲中国近现代史。10月，《北京日报》文史专刊发表《近代中国丧失发展机遇的省思》一文。下旬，出访葡萄牙，黄庆华作为翻译陪同。此次访问重点在葡萄牙外交部档案馆、国立托尔·多·东宝档案馆和王家图书馆。《论皖南事变之善后》载《近代史研究》第5期；《新华文摘》第12期转载；收入《抗日战争胜利50周年国际研讨会论文集》，1997年3月台北"国史馆"印行。

11月，在北京正阳门城楼纪念徐继畬诞辰200周年书画展开展式上致辞，题为《进一步认识中国　进一步了解世界》。在《海峡评论》发表《从史料解禁看"一国两制"的历史根据》；《侨报》加正题《蒋介石也主张过"一国两制"》转载。

12月，《中国社会科学院要报》增刊第36期刊出《中国近代史研究中马克思主义史学观点面临挑战》；《中国社会科学院要报：信息专报》第2期再刊。在珠海主持香港史研究现状与前景学术研讨会。廖一中主编《义和团大辞典》在中国社会科学出版社出版，受托编写了"议和大纲"、"辛丑条约"、"辛丑条约谈判"和"庚子赔款"四词条。

1996年2月，与李文海、龚书铎联名在《光明日报》史林版发表《清除殖民文化心理　挺起中华民族脊梁》一文（三人谈），《新华文摘》4月号转载。《澳门日报》连载所写《里斯本访史散记》。

4、5月间，应邀对日本做学术访问。访日期间做了六次学术演讲。在庆应大学地域研究中心讲《中国社会科学院近代史研究所的研究工作方向》；在中国社会科学研究会举办的"留日学生在中国近代化过程中的作用"学术研讨会上，主题演讲题目是《中国留日学生与祖国的历史命运》；在京都孙文研究会上，做了《试论孙中山民生主义的真谛》的学术演讲。此外，还在东京辛亥革研究会上做了中国学者有关辛亥革命研究状况的演讲，在亚细亚大学亚洲问题研究所做了"我对近代中国周边关系走向的看法"的演讲，在山梨学院大学社会科学研究所做了有关近代中国周边关系和中日关系研究现状的演讲。

6月，《人民日报》海外版发表所写短文《留学生与祖国同呼吸共命运》。《中国社会科学院要报：信息专报》第 59 期发表《关于香港主权移交仪式的对策建议》，与刘蜀永联名。《高校理论战线》第 6 期发表短文《不能否定中国人民的反帝斗争》。

7月中旬，在山东曲阜出席"海峡两岸弘扬中华传统文化学术研讨会"。会议由中国社会科学院主办，台湾中流文教基金会协办。汝信副院长在开幕式上致辞。中流文教基金会董事长、台湾大学政治系教授胡佛，中研院杨国枢先生以及张玉法、曹俊汉、朱云汉、曾志郎、石之瑜等以及两岸五十多名学者出席。7月，主持中国近现代史学术研究座谈会，以本所和本院有中国特色社会主义理论研究中心名义主办。与汪敬虞、张国辉、李文海、程虎歔诸先生以及陶文钊、张振鹍、王晓秋、刘大年、刘吉、沙建孙、刘克祥、郑师渠先后发言。

9月，在北京市教委礼堂讲近年来中国近代史研究领域若干原则性问题的争论，听众为北京市各高校的党委副书记、宣传部长、社科部主任和革命史教研室主任，大约 150 人。9月下旬，接待卫藤沈吉先生访问近代史所。卫藤先生在所里做了题为"东亚的传统与革新"的学术报告。

10月，在中南海中央政策研究室，与滕文生、王沪宁等正副主任讨论修改纪念孙中山诞辰 130 周年大会讲话稿，滕藤亦在座。出席中国社会科学院在人民大会堂浙江厅举办的世界史所名誉所长陈翰笙先生100 周年华诞并从事学术活动 75 周年座谈会。王忍之主持。汝信、胡绳、刘大年等多人发言祝寿。李铁映代表党中央发表祝辞。雷洁琼、黄华、薛暮桥、骆耕漠、季羡林等多位老者出席。接待哈佛大学历史系主任柯伟林（M. Kirby）访问并演讲。《试论孙中山民生主义的真谛》在《中国社会科学院研究生院学报》第 5 期刊出（日本孙文研究会会报

《孙文研究》，1997 年 1 月 21 日刊出日文本）。

11 月上旬，在广东中山市翠亨村出席孙中山与中国近代化国际学术讨论会。黄华、胡绳、刘大年、汝信、丁伟志、金冲及、张磊等与会。胡绳致开幕词，刘大年做了学术报告。闭幕会上做了总结。

12 月，接待法国国家研究中心主任巴斯蒂夫人来访。应法国驻华大使之邀，出席法国大使为巴斯蒂夫人访华举行的宴会。《"告别革命"说错在哪里?》在《当代中国史研究》第 6 期发表。同月，《近年来中国近代史研究中若干原则性争论》在《炎黄文化研究》第 3 期发表（又载《马克思主义研究》1997 年第 3 期）。《中国留日学生与祖国的历史命运》在《中国社会科学》第 6 期刊出。《中国社会科学》英文版次年秋季号刊出了英文摘要〔"Chinese Students in Japan and the Historical Fate of Their Motherland," *Social Sciences in China* (Beijing), Vol. 18, No. 3, Autumn 1997〕。是年，为《刘大年存当代学人手札》撰写跋文。

1997 年 1 月初，在电脑上完成了《百年沧桑话香港》一文，应《求是》杂志之邀也。这是第一次正式用电脑完成论文的写作，所谓换笔之谓。从此写文章就改成敲键盘了。

2 月下旬，应澳门基金会主席邀请访问澳门，出席了澳门大学举办的萨安东（ANTONIO SALDANHA）教授编著的《葡中关系史文献集》首发式，葡萄牙总统帕罗约主持了首发式。还在葡澳总督府受到葡萄牙总统的接见。在此期间，邓小平同志去世，前往澳门新华社所设的灵堂吊唁。

3 月应邀在院党办主持的学习马克思主义理论报告会上做近年来中国近代史研究中若干原则性问题的争论的报告，院机关党委所属党员 200 人出席。《百年沧桑话香港》一文在《求是》杂志第 6 期发表。《香港地区是怎样被英国"割让"和"租借"的》收入中华名人协会等编的《香港新纪元》，人民出版社出版。

4 月，在廊坊航天部培训中心给中央国家机关党委宣传部学习班讲中国近代史研究学术动态问题。

5 月初，致函美国马萨诸塞大学 Fred W. Drake 教授等祝贺美国华盛顿纪念塔纪念徐继畬仪式活动的举办。5 月中，致函中国国民党党史委员会原主任委员李云汉，邀请出席卢沟桥事变 60 周年学术讨论会。

6 月中旬，应台湾中流文教基金会会长胡佛教授的邀请，随汝信副院长一行访问台湾。"考试院副院长"关中以民主文教基金会董事长、亚洲与世界社董事长名义设晚宴,出席作陪的有邱创焕("总统府资政"、国民党副主席)、梁肃戎(前"立法院院长"、"总统府资政"、国民党中常委,现任新同盟会会长、和平国际法律事务所律师)、赵耀东(前"经济部长")、孙震(前台大校长、"国防部部长")、胡佛、曹俊汉、范止安、何景贤、葛永光(台大三民主义研究所所长)、包宗和(台大政治所所长)、亚洲与世界社主任魏萼以及文化大学学务长高辉等。代表团在台期间,访问了中研院,会见了李远哲院长,并与杨国枢副院长及若干所长举行了座谈;参观了台北故宫博物院,会见了秦孝仪院长;访问了台湾大学、新竹清华大学及工业技术研究院、埔里暨南大学、台北中国文化大学,会见了台大校长陈维昭、新竹清华校长沈君山、工业技术研究院董事长孙震、埔里暨大校长袁颂西、中国文化大学董事长张镜寰及文化大学法学院院长杨建华,了解了各相关院校及研究机构的一般情况,表达了加强两岸学术交流尤其是中国社会科学院与各相关院校、研究机构交流学术的愿望。6月,《香港回归忆当年》刊载在《百科知识》6月号;《英国割占香港——旧中国屈辱的象征》刊于中组部主办的《党建研究》第7期;《香港回归的历史和现实意义》刊于武汉《改革纵横》7月号;《中国近代荣辱撮要》(原题为《中国近代国防的荣辱》,编辑改为现名)刊于军事科学院主办的《国防》7月号;《香港回归后的展望》刊于《中国社会科学院要报·领导参阅》第19期。

7月,撰写《中国近代史的"沉沦"与"上升"》刊于天津《今晚报》第10版副刊。7月上旬,出席在卢沟桥召开的纪念七七事变60周年国际学术讨论会。井上清、安藤彦太郎先生以及李云汉等出席与会。出席中国社会科学院授予井上清名誉博士学位仪式,王忍之、刘大年、张香山讲话。又与院党委书记王忍之等去中南海,陪同李岚清副总理以国务院学位委员会主任委员身份接见井上清教授。7月下旬,出席在青海西宁由中国社会科学院举办的"海峡两岸中国江河之源与中华民族发展学术研讨会",在会上提交了有关认识青海的小论文。

8月,在辽宁省东港市考察。东港市,即大东沟所在地,甲午海战就发生在大东沟海面。与历史所前所长林甘泉先生、工业经济研究所所长陈佳贵先生以及马列所所长靳辉明、世界经济与政治研究所所长谷源洋、研究生院党委书记廖世伦等组成中国社会科学院专家休假考察团赴新疆、甘肃考察。

9月底，应邀在北京师范大学95周年校庆文史哲学科学术报告会演讲，演讲主题是中国近代史上的"沉沦"与"上升"问题。

10月底，出席第一历史档案馆与日本冲绳县教育委员会联合主办的"中国、琉球学术讨论会"。

11月，主持王赓武教授演讲会。中下旬，访问日本，出席东京第四届近百年中日关系史国际研讨会，作为团长，白介夫、何秉孟为顾问。提交论文《反省近百年中日关系的历史教训》刊于《抗日战争研究》1998年第1期（收入衛藤瀋吉编《共生から敵對へ》，日本東方書店，2000年8月30日版）。

12月上旬，在香港大学出席"香港历史与近代中国"国际学术研讨会，在开幕式上致辞。出席南开大学历史系75周年系庆，以客人得宠，坐于主席台，蔡美彪、何理将军以南开大学学生坐于台下。为之作序的陈隽、佟立容编撰的《陈明侯将军》由中国文史出版社出版。这篇序文叙述了1980年代初与王学庄先生合作开展中国同盟会调查的情况。调查未能取得预期效果，只有这一篇总结公开出来。

1998年1月，《光明日报》史林版刊出《评胡绳著新版〈从鸦片战争到五四运动〉》。全文以《中共党史之前史的巨著——读再版的胡绳著〈从鸦片战争到五四运动〉》之名在《中共党史研究》第1期发表。旧历除夕，接受法国记者鲁安娜（Anne Loussouarn）代表法国电视一台的电视采访，就1900年八国联军在中国屠杀义和团的照片，做了适当解说。拍摄外景地点选在东交民巷，和平门外正乙祠戏楼拍内景。拍摄人为美国记者David。

2月，在台北《历史月刊》第121期发表《关于中国近代历史发展规律的认识和对若干史实的解说》。

3月中下旬，参加中国社会科学院访日代表团，应邀访问日中友好会馆，何秉孟为团长，与日中友好会馆人员会谈协助日方研究中日关系历史事，何秉孟主谈，达成协议。其间，拜访了我驻东京大使馆代办、公使武大伟、日本外务省亚洲局、日中友好会馆会长后藤田正晴先生。

4月上旬，在广州出席邮电部文史研究中心主办的中国邮票史第二次编纂工作会议，就中国近代史的分期即"沉沦""上升"等宏观认识问题，做了演讲。《中国社会科学院要报》增刊第 12 期（总 1933 期）刊出《对毛泽东中国近代史论的评价和近代史学理论研究中值得注意的倾向》一文；第 28 期（总 1934 期）又刊出《对日本自由主义史观的批判和战争遗留问题研究的进展》。《关于中国近代史的分期及其"沉沦"与"上升"诸问题》全文在《近代史研究》第 2 期发表。《近代史研究》第 2 期发表《一年以来的中国近代史研究综述》。随后以《1997年以来的中国近代史研究综合报告》为题收入中国社会科学院科研局编《中国社会科学前沿报告（1998）》，社会科学文献出版社 10 月出版。

5 月中，接待俄罗斯科学院远东研究所库里克教授，谈及列宁墓及俄杜马选举事。复函列宁侄女支持维护红场上的列宁墓。此函的俄文译本发表在 1999 年 10 月 12~13 日的《真理报》上。5 月下旬，中国社会科学院中日历史研究中心在社科宾馆宣布专家委员会正式成立。在新桥饭店出席中国社会学科学院中日历史中心与日中友好会馆备忘录签字仪式。

6 月底，出席天津社科联、南开大学、天津社科院以及天津市历史学会和天津河东区政府联合主办的戊戌变法 100 周年学术讨论会。与中国人民大学校长李文海在会上发表了意见。天津《理论与现代化》（主编潘镇贵）1998 年增 1 期发表了在这次讨论会上所做的发言，题为《对"戊戌维新的再思考"的再思考——与马洪林先生商榷》。

8 月底，代表中国史学会出席山东青岛召开的德占胶澳 100 周年学术讨论会，并致开幕词。

9 月中旬，出席在扬州召开的中国史学界第六次代表大会，新一届中国史学会会长金冲及，副会长李文海、龚书铎、李学勤、张椿年、张磊、张海鹏，张椿年兼秘书长。在扬州会议上，发表关于中国近代史几个问题的演讲。演讲内容于 1999 年 3 月在《光明日报》以《关于中国近代史研究的思考》为题发表。9 月底，在北京市政府宽沟招待所召开抗日战争时期的汪精卫与汪伪政权研究学术座谈会并致辞。此会由《抗日战争研究》杂志社主办、台北《近代中国》杂志社协办，美国黄兴基金会提供赞助。胡春惠先生以及蒋永敬、陈鹏仁、邵明煌等出席。

10 月中旬，出席在香港中文大学文化研究所召开的"香港对 21 世纪中国人的意义：人文与社会的观察"学术讨论会。会议由中国社会科学院、台湾中流基金会、香港中文大学三家合办。在第一场担任评论，综合讨论中做了引言。评论和引言在香港珠海书院亚洲研究中心主办的《亚洲研究》1999 年第 30 期刊出。10 月底 11 月初，访问四川大学历史文化学院。在川大历史文化学院和川师大对师生发表演讲。

11 月，《北京日报》第 4 版刊出《当代日本人眼中的侵华史》。随中国社会科学院中日历史研究中心专家委员会代表团访问日本，83 岁的中国社会科学院近代史研究所名誉所长刘大年先生任团长。

12 月，《澳门日报》发表新华社记者陈斌华、李鲲的《正视历史共迎回归——访中国社科院近代史所所长张海鹏》一文。《光明日报》12 月 25 日史林版刊出《20 年：中国近代史研究正在走向成熟》一文。论文集《追求集：近代中国历史进程的探索》在社会科学文献出版社出版，胡绳先生题签，刘大年先生作序。主持近代史所与中国社会科学杂志社联合主办"黎澍同志逝世十周年暨《黎澍自选集》出版座谈会"。

1999 年 4 月，《光明日报》第 1 版发表《五四运动的伟大历史意义》，以纪念五四运动 80 周年，这是第一次以中国社会科学院邓小平理论研究中心的名义发表文章，与左玉河共同执笔。

5 月中旬，随李慎明副院长访问香港科技大学。在香港科技大学社会科学院做了关于唯物史观与中国近代史研究的学术报告。又拜访了名士南怀瑾先生。出席澳门基金会等单位主办的"澳门回归——回顾与展望"学术研讨会，在会上发表《居澳葡人"双重效忠"说平议》。5 月，主编《人民警察必读丛书：中国近代史（1840—1949）》，由群众出版社出版。

6 月底，出席南京太平天国博物馆罗尔纲史学馆开馆暨罗尔纲铜像揭幕仪式。中共中央政治局委员、中国社会科学院院长李铁映出席，并发表了讲话。

8 月中旬，出席中国史学会、北京史学会、北京市档案馆、北京市档案学会等多家单位联合发起的档案与北京史国际学术讨论会。会后接受《北京档案》记者采访，谈及我所了解的历史学家与档案工作。《北京档案》月刊在 2000 年第 2 期登载了戴晓明的文章《档案开放是史学家的心声——访我国著名近代史学专家张海鹏》。

9 月，所撰传记《刘大年》，载中国社会科学院科研局编《中国社会科学院学术大师治学录》，中国社会科学出版社出版。与邓红洲合著的《历史不能忘记》丛书之《以史为鉴　面向未来——〈历史不能忘记〉丛书开篇语》在中国民主法制出版社出版。9月初至10月底，在日本庆应义塾大学做学术访问，做了四件事。一，为研究收集资料；二，会见了日本学术界的朋友，在一些大学和研究机构做了学术报告，介绍了中国学术界的研究状况，交流了学术；三，为明年的国际讨论会筹集经费；四，为我所与日本学术界建立正常的学术交流渠道进行了探索。

10月，就澳门回归接受中央电视台记者采访，新闻联播播出。《50年来中国近代史研究的理论与方法评析》一文，在《近代史研究》第5期发表，收入曾业英主编《五十年来的中国近代史研究》，上海书店出版社2000年出版。

11月初，在武汉大学主持中国社会科学院中日历史研究中心专家委员会课题评审会。会后在武汉大学历史学院演讲。

12月，主编《中葡关系史资料集》（300万字）由四川人民出版社在澳门回归前正式出版，李铁映院长题写书名。同月，《求是》杂志第23期发表《回归之际话澳门》。《建国50年来中国近现代史の基本问题に关する检讨及び研究课题の概述》，在野泽丰先生主编的《近きに在りて》（东京〈近邻〉）12月第36号发表。《居澳葡人"双重效忠"说平议》在《近代史研究》第6期发表。12月底至2000年1月初，中国社会科学院近代史研究所在北京小汤山九华山庄举办"1949年的中国"国际学术讨论会，致开幕词。

2000年1月，主持编撰的《20世纪的中国·政坛风云卷》由甘肃人民出版社出版。

2月，领衔撰写的学术综述《1998年的中国近代史研究概况》在《近代史研究》第1期发表。

3月，为杜春和编辑的《张国淦文集》写了序言，该书在北京燕山出版社出版。《战士型的学者　学者型的战士——追念刘大年先生的抗日战争史研究》在《抗日战争研究》第1期刊出。

5月，《人民日报》"纪念与回忆"版发表《一个战士、学者对中国历史学的贡献》，纪念刘大年先生（12月19日《中国社会科学院院报》全文发表《一个战士、学者对中国历史学的贡献——追怀马克思主义历史学家刘大年》）。为纪念建所50周年，举办全所纪念大会，邀请社科院副院长江蓝生以及有关各所负责人、在京历史学界朋友出席。《光明日报》就中国社科院近代史研究所迎来五十华诞做了新闻报道。《光明日报》历史周刊以《继承光荣传统，追求发展创新——中国社会科学院近代史所建所五十年》为题摘要刊出了所做报告。报告的部分内容，以《开拓近代史研究的新局面》为题在《中国社会科学院院报》发表。

6月，《中国社会科学院院报》发表《读刘大年的〈如何评价张学良?〉》《发扬吕振羽用唯物史观探索中国历史进程的精神》。《中国社会科学院近代史研究所青年学术论坛 1999年卷》，由社会科学文献出版社出版。这是青年学术论坛论文第一次结集出版，撰写了序言。

9月，与王忍之共同主编的《百年中国史话》共4辑92本（920万字），在社会科学文献出版社出版。其中，《辛亥革命史话》与邓红洲是共同作者。《中华英才》画报第18期报道了记者何海清采写的文章《史海扬帆，鹏程万里——访中国社会科学院近代史研究所所长张海鹏》。9月中下旬，应英国学术院邀请，与徐辉琪、刘蜀永到英国进行了为期半个月的学术交流。

10月初，应法国人文之家基金邀请，访问了巴黎。10月上中旬，单独访问了波兰科学院非欧洲国家研究中心。10月19日，《人民日报》第11版发表《二十世纪中国与世界关系的三个标志性年代》。这一天正好在从巴黎飞回北京的飞机上。

11月，《中国社会科学院院报》刊出《追思胡绳同志在建树中国近代史学科中的功绩》，这是在月初追思胡绳的座谈会上的发言。

12月，《刘大年集》在中国社会科学出版社出版。在原有编辑基础上做了编辑审定，撰写了编辑前言，编辑了作者著述要目和作者生平年表。按照刘大年先生生前的意见，把所写《战士型的学者 学者型的战士——记刘大年的学术生涯》附录书后。

2001年1月上旬，在台北国父纪念馆出席第四届孙中山与现代中国学术研讨会。提交的论文《50年来中国大陆对孙中山的纪念与评价》在《中央日报》3月3日22版摘要刊出。全文收入国父纪念馆编印《第四届孙中山与现代中国学术讨论会论文集》，5月出版，又在北京《党的文献》第5期发表。

2月，领衔编撰的《1999年中国近代史学术动态概述》在《近代史研究》第 1 期发表，收入李铁映主编《中国人文社会科学前沿报告No. 1（2000 年卷）》，社会科学文献出版社 2002 年 8 月版。

3 月，与邓红洲、赵一顺合著的《国耻百谈》在中华书局出版。

4 月，应总政治部邀请在总政摄影棚录制《帝国主义侵略和中华民族抵抗侵略的斗争》，总政宣传部制成电视录像带在军内高级干部中发行。

5 月底，在南京中国近现代史博物馆出席"太平天国起义 150 周年暨罗尔纲诞辰 100 周年纪念座谈会"，在开幕式上发言。

6 月下旬，在敦煌研究院出席中国社会科学院"21 世纪初中国面临的重大理论和对策问题"历史学学科选题研讨会。李铁映院长出席并主持会议。历史学家们就 21 世纪初应注意的重大理论问题从历史学的角度提出了若干项选题。

9 月中旬，在"'九一八'事变与近代中日关系"国际学术讨论会致开幕词。中国史学会会长金冲及和中国抗日战争史学会执行会长白介夫、台湾中正文教基金会董事长秦孝仪、日本早稻田大学名誉教授安藤彦太郎诸先生及海内外专家八十多人出席了开幕式。

10 月，在湖北省咸宁市主持北伐战争暨汀泗桥贺胜桥大捷七十五周年学术研讨会，致开幕词。出席在武汉东湖宾馆南山新村召开的纪念辛亥革命 90 周年国际学术讨论会。受李铁映院长委托向大会致贺词。《中国社会科学院院报》头版"热点纵论"栏刊出所写《为什么要隆重纪念辛亥革命》。

12 月下旬，出席在神户举行的辛亥革命 90 周年国际学术讨论会。所做基调报告题为《辛亥革命纪念的政治与学术意义》。《朝日新闻》兵库县版发表了会议开幕消息，专门报道了基调报告，配发了大幅照片。在东京国际文化会馆出席中国社会科学研究会与国际文化会馆主办的年会，做了中日关系历史回顾的报告。12 月，《50 年来中国大陆对辛亥革命的纪念与评价》在《当代中国史研究》第 6 期发表（收入中国史学会编《辛亥革命与 20 世纪的中国》下册，中央文献出版社 2002 年 8 月版）。

2002 年 1 月，刘明逵、唐玉良主编《中国近代工人阶级和工人运动》14 册，由中共中央党校出版社出版，撰写序言。

2 月，复函京都大学人文科学研究所东方学研究部森时彦教授。此信以《关于东方研究复京都大学人文科学研究所东方学研究部》题目，收入京都大学人文科学研究所《廿一世纪の东方学》。

3月，领衔撰写的《2000年中国近代史研究学术动态概述》在《近代史研究》第1期发表。同期还发表了所写《胡绳与近代史研究所》（收入郑惠、姚鸿编《思慕集——怀念胡绳文集》，社会科学文献出版社2003年出版）。社会科学文献出版社出版了与黑龙江社科院副院长步平先生共同主编的《日本教科书问题评析》，做了序言。人民出版社出版了与林甘泉、任式楠共同主编的全国干部学习读本《从文明起源到现代化——中国历史25讲》。致函俄罗斯科学院远东研究所所长季塔连科先生，祝贺《远东问题》创办三十周年。3月下旬，在深圳出席海峡两岸关系研究中心主办的两岸关系论坛，发表论文《"一国两制"是和平统一祖国的根本方针》。

5月下旬，在昆明出席中国史学会与云南大学联合主办的"21世纪中国历史学展望学术讨论会"，做了《关于民国史研究的几个问题》的报告。《中国社会科学院院报》在"所长访谈"栏目登出方丹撰写的《开展台湾史研究 促进祖国统一大业——访近代史所所长张海鹏》。

7月中旬，在中关村出席两岸三院信息技术应用交流研讨会，在会上发表《中国社会科学院近代史研究所关于建设数字化研究所的基本设想和我们的困难》。所写《我院开展台湾史研究筹备工作基本就绪》，在《中国社会科学院要报：信息专报》第50期刊出。

8月，《光明日报》发表《坚持百家争鸣，繁荣历史科学》。出席"中华民国史（1912—1949）国际学术讨论会"，致开幕词。中共中央政治局委员、中国社会科学院院长李铁映给会议发了贺函。提交论文《民国史研究的现状和几个问题的讨论》，该文发表于《近代史研究》第4期，又载中国史学会、云南大学编《21世纪中国历史学展望》，中国社会科学出版社2003年3月出版。

9月底，出席中国社会科学院台湾史研究中心成立大会，阐述台湾史研究中心的初步研究规划。大会通过了研究中心章程和理事名单，任中心主任。与金冲及和龚育之、郑惠先生共同主编的《中国二十世纪通鉴（1901—2000）》全五册（1100万字），在线装书局出版。

10月底，中国社会科学院世界社会主义研究中心编《世界社会主义研究动态》第28期（总369期）以《中国社科院学者对俄人民反对将列宁遗体迁出红场曾给予道义上的支持》刊载了以下三个文件：张海鹏等同志 1998 年 5 月 22 日撰写的工作报告、列宁侄女致张海鹏同志的亲笔信、张海鹏同志 1998 年 5 月 18 日给列宁侄女的信。

11 月下旬至 12 月上旬，率中国社会科学院中日历史研究中心专家委员会代表团访问日本，任团长。

12 月，薛衔天、周新民主编《中俄关系中文文献目录（17—20 世纪）》在四川人民出版社出版，任编委会主任并作序。

2003 年 1 月，日本《山阴中央新报》发表《张海鹏与宇野重昭对话录：在共同历史认识的基础上走向东北亚的发展》。为伊原泽周著《从"笔谈外交"到"以史为鉴"——中日近代关系史探析》作序，该书由中华书局出版。

2 月中旬，应欧亚基金会邀请，率中国社会科学院台湾史研究中心代表团一行七人访问台湾。2 月下旬，为隅谷三喜男先生逝世致唁函。

3 月，出席第十届全国人民代表大会第一次会议，参加湖北代表团的工作。领衔编撰的《2001 年中国近代史研究概况》在《近代史研究》第 1 期发表。

5 月，与汪婉合作的《应大力加强台湾史研究》在《中国社会科学院要报》第 37 期（总 2581 期）刊出。第 40 期《中国社会科学院要报》刊登所撰《电视剧〈走向共和〉引起观众历史知识的错乱》。9 月，致函祝贺南开大学历史系建系 80 周年。

10 月，《历史电视剧（走向共和）宣扬什么历史观》在《马克思主义研究》第 5 期发表。《中国社会科学院近代史研究所专刊》在上海书店出版，做了总序。

12 月初，出席纪念开罗宣言发表 60 周年学术座谈会，发言内容发表于人民网，又以《捍卫中国领土主权不可分割的原则》为题刊载于《中国社会科学院要报：领导参阅》第 35 期。《辛亥革命を纪念する政治·学術の意义》载于孙文研究会编《辛亥革命の多元構造》，日本汲古书院出版。12 月底，主持纪念范文澜先生诞辰 110 周年学术研讨会，做了《发扬马克思主义在史学领域的开拓精神——纪念范文澜先生诞辰 110 周年》的主旨发言。

2004 年 1 月上旬至 2 月中，访问日本岛根县立大学。在岛根县立大学做了三次学术报告，参加宇野教授研究生的论文发表会并对三人的论文做了评论，出席宇野校长主持的全校学术沙龙，在校长陪同下拜访了滨田市长，与宇野校长做了两次长谈。其间写成《试论当代中日关系中的历史认识问题——兼评〈中日接近和"外交革命"〉发表引起的"外交新思考"问题》。在岛根县立大学第 10 次东北亚学研究恳谈会上，以上述论题做了正式报告。在东京期间于中央大学人文科学研究所和旅日华人史学会主办的报告会上做了"中日关系中的历史与现实"的讲演，在早稻田大学平野健一郎教授主持的日中关系研究会上做了"东亚历史共同研究的现状与课题"的讲演。

3 月，《试论当代中日关系中的历史认识问题——简评〈中日接近和"外交革命"〉发表引起的"外交新思考"问题》在《抗日战争研究》第 1 期刊登。

4 月，中国史学界第七次代表大会在西安举行，做了关于中国近代史分期问题的发言。会议选举产生了新一届中国史学会理事会。李文海先生当选会长，我任常务副会长兼秘书长。

5 月，在近代史研究所图书馆主持井上清文库揭幕仪式。井上清夫人井上初江和儿子井上进、社团法人日中协会理事长白西绅一郎先生，中联部、中日友好协会副会长王效贤，朱佳木副院长等四十人出席。出席国家清史编纂委员会第三次工作会议，国家清史编纂领导小组组长孙家正、副组长周和平和朱佳木到会。在文津街国图分馆部级历史文化讲座演讲洋务活动及其现代的解释。

7 月 14 日，已过 65 周岁，退出所长职务。

8 月底 9 月初，出席京西宾馆召集的马克思主义理论研究和建设工程课题组成员会议。

10 月，在《中共党史研究》第 5 期发表《试论毛泽东的历史观》。在山东大学历史文化学院举办公开讲座，讲演中日关系与历史认识。

11 月，以中国史学会副会长兼秘书长身份在世界史所会见国际历史科学委员会（CISH）秘书长、加拿大人罗伯特教授，法国人文科学之家主任埃玛尔先生，法国人文科学之家亚欧部负责人齐福乐先生以及法国国家科研中心研究员科尔比埃女士。中国史学会前秘书长张椿年研究员、副秘书长徐辉琪研究员、赵文洪研究员，以及世界史所前所长廖学盛研究员和陈启能研究员、端木美研究员出席。

12 月，主持"海峡两岸台湾历史研究现状与未来趋势"学术研讨会。

2005 年 1 月，在金马宾馆出席马克思主义理论研究与建设工程史学概论教材课题组会议。在友谊宾馆专家俱乐部会议室出席国务院学位委员会第 21 次会议。

2 月，《20 世纪中国近代史学科体系问题的探索》在《近代史研究》第 1 期发表。

3 月，《关于台湾史研究中"国家认同"与主体性问题的思考》在《中国社会科学院院报》发表。出席"纪念黄遵宪逝世百周年"国际学术讨论会，在开幕式致辞。

6 月，与龚云合著的《二十世纪中国人文学科学术研究史丛书·史学专辑·中国近代史研究》在福建人民出版社出版。主编《中国近代史论著目录 1979—2000》在上海人民出版社出版。

7 月，率中国史学会代表团出席澳大利亚悉尼新南威尔士大学举办的第 20 届国际历史科学大会，在第三场专题讨论"近现代时期的中国与世界"上用英语做了发言。在《中国社会科学院院报》发表《治所与治学肩挑双担　论史与论政心忧天下》。《洋务活动及其现代的解释》收入国家图书馆编《部级领导干部历史文化讲座 2004》，北京图书馆出版社出版。

8 月，在《光明日报》发表《走向民族复兴的重要标志——论中国人民抗日战争胜利的历史意义》（以中国社会科学院邓小平理论和"三个代表"重要思想研究中心名义）。在长沙举办纪念台湾光复 60 周年暨两岸关系学术研讨会，致开幕词。出席全国政协举行的纪念林则徐诞辰 220 周年座谈会暨学术讨论会，做大会发言。

9 月，出席在银川召开的"中国历史上的西部大开发国际研讨会"，致开幕词。《走向民族复兴的重要标志——论抗日战争胜利的历史意义》在《抗日战争研究》第 3 期刊载。

10 月，出席纪念台湾光复 60 周年学术讨论会，发言题为《台湾是中国一部分的事实和法理无法改变》。与杜继东合作撰写的《抗日保台心向祖国——评日据时期台湾人民的抗日斗争》在《光明日报》发表。

11 月，出席纪念亚洲人民抗战胜利 60 周年学术座谈会，发表《正确处理历史认识问题，构筑亚洲和平发展的新局面》，《中国社会科学院院报》刊出。论文集《东厂论史录——中国近代史研究的评论与思考》在广东人民出版社出版。

12月，参与波兰科学院学者施乐文主编的《中国近代史》波兰文本出版（Nowozytna historia Chin pod redakcja Romana Slawinskiego, Ksiegarnia Akademicka, Krakow, 2005），英文本随后出版（*The Modern History of China*, Edited by Roman Slawinski, Published by Ksiegarnia Akademika, Krakow, Poland, 2006）。

2006年1月中旬，列席湖北省第十届人民代表大会第四次会议，列席武汉代表团全体会议。出席中国社会科学院2006年工作会议，出席国务院学位委员会第22次会议。下旬，出席人民大会堂宴会厅春节团拜会，国家主席胡锦涛主持，国务院总理温家宝致辞。《略论中国抗日战争中的两个领导中心》在《海峡评论》第1期发表。

2月，主持首都史学界迎春座谈会。戴逸主任、李文海会长以及何兹全、汪敬虞、金冲及、张芝联、齐世荣、林甘泉、李学勤、步平、牛大勇诸先生先后发言。在当代中国研究所出席中国社科院史学理论研究中心举办的迎春座谈会。

3月，《反帝反封建是近代中国的历史主题》一文在《中国青年报·冰点周刊》复刊号发表（《海峡评论》第5期转载）。出席黄山书社与本所联合举办的黄庆华著《中葡关系史》发行座谈会，在会上介绍《中葡关系史》撰写情况。葡萄牙大使卡洛斯、葡萄牙文化参赞高云霄，以及法国远东学院柯楠、杜明出席。

3月下旬至4月，在美国胡佛研究所访问，出席胡佛研究所档案馆会议室举办的国民党档案和蒋氏父子日记揭幕仪式，国民党主席马英九与会做报告，题目是《国民党与台湾》。在胡佛期间，看了张歆海档案、国民党改造委员会档案、蒋介石日记。抄写蒋日记约30万字。

5月底在京西宾馆出席新闻出版总署召开的《中华大典》工作会议，正式承担《中华大典·政治典》主编工作。

6月，出席复旦历史系与胡佛研究所举办的"复旦－胡佛近代中国论坛：宋子文与战时中国"开幕式，在综合讨论中做了评论。主编《中国近代通史》，其中第一、四、五、七、十卷，江苏人民出版社出版。《办好中国社会科学院关键在于抓好人才的培养和使用》在《社会科学管理与评论》第2期刊出。

7月，在院机关党委党总支举行形势报告会上讲台湾政治现状与台湾历史。出席清史编纂通纪专题学术研讨会，就太平天国历史评价问题做了发言。以中国社会科学院台湾史研究中心主任名义接待中研院台湾史研究所所长许雪姬。在北师大历史系出席"弘扬与培育中华民族精神研究"国家社科基金重点项目开题讨论会，担任专家组主席，就课题设计提出了若干意见。

8月，出席中国社会科学院学部成立大会，当选学部委员、文史哲学部副主任。在山东曲阜师范大学日照校区出席"近代中国、东亚与世界"学术讨论会，就中日关系的历史与前景做了发言。在厦门大学台湾研究院出席海峡两岸"二二八事件"学术研讨会，主持开幕式并做主旨发言，发言以《深入研究"二二八事件"，正确判断"二二八事件"的性质》为题刊登于中华全国台湾同胞联谊会研究室主编内部刊物《台湾民情》第2期。出席在苏州大学召开的"晚清国家与社会"学术讨论会，就建立晚清史学科问题发表讲话。出席中国社会科学院党组工作会议，就在研究工作中坚持唯物史观发言。《如何认识近代中国的反侵略问题》在台北《世界论坛报》连载。

9月，在文津街国图分馆文津讲坛发表《谈谈如何认识近代中国的反侵略问题》演讲。访问河南南街村，南街村是坚持共产主义理想并在社会主义建设实践中贯彻这种理想的典范。在河南大学历史文化学院对研究生（约70人）发表近代中国的反侵略问题的演讲。在京西宾馆出席马克思主义理论研究与建设工程第二十次审议会，审议沙健孙主持的大学公共课教材《中国近现代史纲要》送审稿并在会议上发言，中宣部副部长雒树刚主持讨论。

10月，在武昌华中师大科技楼出席中国史学会主办的第四届全国青年史学工作者学术讨论会，做了会议总结。出席浙江大学中国近代史研究所主办的中国近现代史学科建设高层论坛，在论坛发表中国近代史研究的基本评价和方法论问题的演讲。

11月，在中国社科杂志社出席《历史研究》编委会成立暨第一次工作会议，担任副主任，主任高翔。在中山市出席孙中山诞辰140周年学术讨论会，开幕式在孙中山纪念馆举行，在闭幕式上做了会议学术总结。在河北师范大学历史文化学院讲近代中国的反侵略问题。在昌平中国政法大学出席历史研究所主办的历史文化节，讲题是中国近代史的学科使命和现代化问题。在教育部高校社科研究中心出席中国史学会与社科中心联合主办的"唯物史观与历史研究历史教育",与会者结合上海历史教科书发表了意见。《高校理论战线》第11期刊载龚云《探索近代中国的历史规律　再现近代中国的历史面目——张海鹏的学术追求》。

12月,在兰州西北师范大学出席历史文化学院历史专业师生座谈会、西北师范大学学术会堂报告会,与会师生400人。就近代中国反侵略问题做了演讲。出席学部主席团主办的"学习六中全会决定,推进社会主义和谐社会理论研讨会。在教育部社科中心出席电视片《大国崛起》座谈会,与会者进行了评论和分析。主持《中华大典·政治典》第一次编纂委员会工作会议。总编纂任继愈、大典编委会常务副会长于永湛、大典办副主任伍杰出席讲话。《中国社会科学院院报·学术专刊》以特稿发表《中国近代史研究的基本评价和方法论问题》。中共中央国家机关工作委员会主管《紫光阁》2006年增刊刊载王素琴《一个史学家的不懈追求——记中国社会科学院学部委员、近代史研究所原所长张海鹏》。

2007年1月,《人民日报》和《中国社会科学院院报》先后刊登《社会主义和谐社会与历史学研究》(文字详略不同)。

2月,《徐州师范大学学报》(哲学社会科学版)第1期刊载李细珠《历史研究与现实关怀——张海鹏先生的学问人生》。

3月,出席台盟中央在人民大会堂主办的纪念台湾二二八起义60周年会议,做了发言。在中央政治局常委李长春出席十届人大第五次会议湖北代表团全体会议上,作为人大代表就新闻媒体应改善意识形态领导问题做了发言。

4月,《当代中国史研究》发表《社会主义和谐社会与历史学研究——以编纂大众历史读物的指导思想为例》。《马克思主义研究》第2期刊载周溯源《探索新知　论史议政——读〈追求集〉和〈东厂论史录〉》。《高校理论战线》第4期发表《〈中国近代史纲要〉的学术价值与现实意义》。

5月,《北京日报》发表《中国近代史的新写法、新史识、新论断》。

6月,出席中国社科院文史哲学部在贵阳召开的历史学理论学术座谈会,并参加贵州大学人文学科学术论坛及联谊活动。《中国近代史研究应该为塑造社会主义现代公民服务》在《中国社会科学院院报》"热点纵横"栏目发表,《北京日报》随后转载。

7月,《在中国近代史研究中坚持唯物史观》在《中国社会科学院院报》"学部委员论坛"栏目发表。《中国近代通史》十卷完成出版,中国社会科学院与凤凰出版传媒集团联合主办出版座谈会,做发言。新闻媒体做了广泛报道。

8月,参加学部主席团组织学部委员赴呼伦贝尔进行学术调研活动。李细珠采访撰写的《张海鹏 对中国近代史的不懈探索》收入中国社会科学院青年人文社会科学研究中心编《学问有道——学部委员访谈录》,方志出版社出版。

9月,代表中国史学会承办国际历史学会北京代表大会,并主持"中国历史学的现状及未来"国际学术讨论会,在会上发言介绍中国历史学现状。率中国社科院文史哲学部学部委员考察组到郑州、洛阳、开封考察历史文化遗产保护,在河南大学教师节大会上致辞。

10月,在首尔大学东亚研究所就中国近代史分期问题发表演讲。

11月,在东京大学驹场出席日中关系史研究会主办的"清末民初日中关系史——协调与对立的时代"学术讨论会,做了主调发言。此会是东京大学名誉教授卫藤沈吉先生的告别演出。11月下旬,与中国社会科学院国际合作局副局长李薇联手,促成陈奎元院长聘请卫藤沈吉为中国社会科学院名誉教授。近代史所所长步平在东京转交了证书。12月中旬,卫藤先生辞世。

12月,出席国家清史编委会第六次工作会议。《关于中国近代史若干热点问题的讨论》收入何秉孟、高翔主编《理论热点:百家争鸣12题》,社会科学文献出版社版。做了序言的李理著《日据台湾时期警察制度研究》在台北海峡学术出版社出版。《近代中国历史发展的特点与转折》在韩国首尔大学东亚文化研究所主办的《东亚文化》第45辑刊载。

2008年1月,参加中国社科院学部委员海南考察活动。《孙中山民生主义的现代意义》在《北京日报·理论周刊》发表。

2月,主持中国社会科学院文史哲学部学术动态报告会。

3月1日,东京学界举办东京大学名誉教授卫藤沈吉先生盛大追悼会,所写《祭卫藤沈吉先生》一文,在追悼大会上由东京大学石井明教授首先宣读。

4月，与赵庆云合撰的《试论胡绳的中国近代史研究》在《历史研究》第2期发表。

5月，七秩初度。在杭州主持中国社会科学院文史哲学部主办的史学理论讨论会，浙江省副省长郑纪伟、中国社科院副院长武寅致辞。在北京出席马工程《史学概论》编委会议。出席诸生办的生日宴会；金东吉主编《张海鹏先生七秩初度纪念文集》由社会科学文献出版社出版，送与会者每人一本。出席国家社科基金历史组评审会议。主持山东大学宗教所博士论文答辩，王凤青通过答辩。

6月，赵庆云通过博士论文答辩，李文海主持答辩。主持程朝云博士论文答辩。出席新一届海峡两岸研究中心全体会议，王毅任主任，陈云林任名誉主任，与吴敬琏、厉以宁、许世铨任学术顾问。接受首都师大历史学院讲座教授名义，在该校讲中国近代史问题。在社科院学术报告中心出席文史哲学部主办的"学问有道 名师论坛"第一讲，讲"我的理想与追求"。出席中国社会科学院中日历史研究中心成立10周年学术讨论会，做会议总结，提出了中日历史研究的建议，并宴请日中友好会馆村上立躬理事长一行。

7月，在近代史所出席"近代中国历史的新视野：新史料与民国历史研究"学术研讨会，与宋曹琍璇、郭岱君、吴景平、金冲及、章百家等发言。在所内主持政治大学国际关系研究中心副研究员汤绍成主讲大选后的台湾现状与两岸关系。出席本院文史哲学部主办的"国学研究论坛"，江蓝生主持，袁行霈、纪宝成、方克立、卢钟锋分别发表意见。出席中央马克思主义理论研究与建设工程第三批重点教材编写启动工作会议，中宣部常务副部长雒树刚做报告。此前，接中宣部马克思主义理论研究与建设工程办公室通知，被任命为马工程重点教材《中国近现代史》首席专家，首席专家还有杨胜群、郑师渠，课题组成员有谢春涛、汪朝光、董志凯、刘国新、王顺生、黄修荣、邱捷、刘伟以及史革新先生。随后与中宣部理论局局长张西明讨论《中国近现代史》课题名称，提出现在中国近现代史的概念已发生变化，1949年后的历史归入中国现代史，建议将马工程《中国近现代史》改名为《中国近代史》，得到批准。出席中国史学会第八次会长会议，研究召开史学会单位会员会议事，李文海主持。与赵庆云合作撰写的《论牟安世先生的中国近代史研究》一文收入《牟安世先生纪念文集》在中华书局出版。

8月，24日下午出席北京奥运会闭幕式，在贵宾席就座，集体乘车，与冷溶同车到达。召开马工程重点教材《中国近代史》课题组第一次工作会议，讲编写原则和工作方法。

9月，在开封出席中国社会科学院台湾史研究中心主办的"林献堂与蒋渭水——台湾历史人物及其时代"学术讨论会。王晓波、许雪姬等与会。在信阳师范学院尹全海陪同下，访问了河南息县原学部"五七"干校。在天津师范大学历史文化学院做我的台湾经历的演讲。与《中华大典》办公室主任于永湛、副主任伍杰沟通《中华大典·政治典》完稿日期不果，辞去《中华大典·政治典》主编。中共中央政治局委员、国务委员刘延东在考古所出席社科院党组会议，陈奎元主持，副院长王伟光介绍了院里的情况，张海鹏代表文史哲学部、刘树成代表经济学部、郝时远代表社会政法学部、张蕴岭代表国际研究学部、程恩富代表马列学部分别发言。刘延东对社科院工作提了几点希望。与步平所长接待中研院院士胡佛，胡佛认为马英九的路线仍是李登辉的"台独"路线。在北京出席江苏凤凰文库出版座谈会。在21世纪饭店出席中国社会科学院研究生院与中央电视台合办的纪念研究生院建立30周年晚会。

10月，在院里主持文史哲学部第一场学术报告会，朱佳木做党的十一届三中全会与中国当代史的伟大转折的学术报告。出席国家社科基金后期评审会。参加文史哲学部组织的学部委员桂林休假活动，在广西师大讲中国近代史分期问题，参观李宗仁故居，游灵渠。在京出席学部主席团举办的国学研究论坛，余敦康、楼宇烈、李存山分别发表意见。在江苏海门市出席第五届张謇国际学术研讨会筹备会议。主编《中国历史学30年》在中国社会科学出版社出版，所撰《当代中国历史科学鸟瞰》置于书首。中国社会科学院学者文选《张海鹏集》出版。

11月，出席本所与胡佛研究所合办的"民国人物与民国政治国际学术讨论会"。与杨天石、郭岱君、川岛真、陈谦平等先后发言。Raman H. Mires、山田辰雄、戴鸿超、朱浤源、裴京汉等出席。在京西宾馆出席光绪皇帝死因发布会。在康铭大厦给大型音乐舞蹈史诗《复兴之路》创作人员讲中国近现代历史进程。这个节目是为建国60周年准备的，中宣部、文化部主抓，与金冲及被任命为学术顾问。在友谊宾馆出席中国地方志指导小组四届一次会议，陈奎元主持。在人民大会堂出席第四次全国地方志工作会议，刘延东讲话，朱佳木做工作报告。在上海师范大学法政学院、马列学院联合主办的报告会上讲中国近现代史的几个基本问题。在上海大学出席义和团研究会会长会议，并出席义和团运动与义和团战争学术研讨会，在上海大学讲中国近代史分期问题。在教育部国家教育行政学院《中国近现代史纲要》教师培训班讲中国近代史分期问题、半殖民地半封建问题、近代中国发展规律问题等。《光明日报》发表《改革开放以来的中国历史学》，同日光明网"文化日记"就此文记载说："中国社科院近代史所张海鹏撰文说，30 年前，中国学术界大多把 1919 年发生的五四运动作为中国近代史和中国现代史的分界点，这样分期不科学，因为以社会经济形态作为划分历史时期的标准，1840—1949 年之间都是半殖民地半封建社会。学者们以往在处理近代中国的历史时，往往强调革命史，对于全面的历史研究则照顾不够。最近 30 年来，一些学者提出应该依据唯物史观的基本观点，实事求是地看待历史的过程，既要看到革命史在近代中国历史发展中的基本作用，也要看到现代化进程在近代中国也有一定程度的表现。"出席中国社会科学院科研局主办的科研成果发布会。出席文史哲学部主办的中国社会科学院世界史高级论坛开幕式，就世界史研究体系问题发言。在职工之家出席广电总局影视局主办的影视剧《台湾·1895》座谈会，对该剧做了基本上肯定的发言。国台办新闻局李维一、范丽青，原文联副主席李准，余克礼等在座。所写的剧评随后在《人民日报》发表。

12 月，出席中国史学会第九次会长会议，研究召开第八次史学界代表大会事。在本所出席罗马尼亚科学院 Pop 院士学术报告，纪念罗马尼亚国庆 90 周年，罗马尼亚大使陪同出席。发言指出中国史学会与国际历史学会的联系得到了罗马尼亚的帮助。在天津出席"中国历史学 30 年暨中国史学会单位会员负责人座谈会"。在南开大学讲中国近代史分期问题。在京出席广电总局电影局关于台湾电影《海角七号》专家座谈会。出席中国社会科学院第四次国学研究论坛，陈智超、张国刚分别发表意见。在京听取关于中央经济工作会议精神和当前加强和改善意识形态工作的意见。在京出席太湖文化论坛首届年会专家研讨会。在广东吴川县黄坡镇冒雨出席陈兰彬使美 130 周年大会，在大会上讲话。在北京友谊宾馆出席国务院学位委员会第 26 次会议，讨论中国博士质量报告。

2009 年。1 月，在钓鱼台国宾馆出席海峡两岸关系研究中心与全国台湾研究会举办的纪念《告台湾同胞书》发表 30 周年，学习胡锦涛总书记讲话座谈会。主持社科院文史哲学部史学高级专业职务评审会。主持社科院西南边疆项目领导小组第二次会议，马大正代表专家委员会报告工作。应中央人才协调小组邀请，在国家大剧院观俄罗斯国防部远东省红旗歌舞团演出俄罗斯歌舞。作为太湖文化论坛首席专家应邀到苏州参观太湖文化论坛永久坛址建设现场。在《人民日报》发表《中国走社会主义道路是历史的选择》。在《中国社会科学院院报》发表《建构包含面更广的世界史学科》。

2 月，在京与山东大学校长徐显明、历史文化学院院长王育济商量在济南争办 2015 年国际历史科学大会事，取得共识。在香山饭店出席中日历史共同研究中方首席专家步平召集的会议，研究处理日方专家论文事，与金冲及、李文海、何理、章百家等出席，认为 1972 年后部分不宜发表。出席教育部有关建国 60 周年座谈会，李文海、梁柱、沙健孙、田居俭等在座。在文化部出席庆祝中华人民共和国 60 周年大型音乐舞蹈史诗《复兴之路》方案汇报会，创作核心成员张继钢、阎肃做汇报，艺术顾问周巍峙、乔羽、苏叔阳、曾庆淮在座。出席中国史学会第 10 次会长会议，研究了下一届会长、副会长、秘书长人选，研究了争办国际历史科学大会事项，同意推荐陶文钊参加下届国际历史学会执行局成员竞选，同意与山东大学合作申办 2015 年国际历史科学大会。出席中国社会科学院外事工作会议、对台工作会议。出席教育部召开的新时期高等学校文科人才培养与学术繁荣座谈会。在《中国社会科学院院报》发表影评《一江春水向东流，海峡春潮逐浪头》。

3 月，出席中央统战部座谈会，讨论台盟中央原主席张克辉写的剧本《啊，谢雪红》，参加会议的有统战部三局、国台办范丽青、台盟中央负责人等。在怀柔全国宣传干部培训学院出席马工程第四批重点教材编写启动会议，教育部副部长袁贵仁主持大会，中宣部常务副部长雒树刚报告，他强调指出课题组第一首席专家作为第一责任人。作为第一责任人与马工程办签订了项目责任书。出席中国社会科学院 2009 年度工作会议，副院长王伟光做了工作报告。向我院研究生院图书馆赠送编著的书籍约 10 种。在文化部出席《复兴之路》大型音乐舞蹈史诗主创、顾问和创作组各部门负责人颁发聘书仪式。导演张继钢和顾问周巍峙、乔羽、苏叔阳、金冲及、张海鹏、曾庆淮等接受证书。出席中宣部理论局会议，讨论《辉煌六十年》剧本，准备在此基础上拍摄电视政论片。出席中国社会科学院马工程实施方案讨论会，王伟光主持会议。在友谊宾馆出席湖南省新闻出版署 2009 年重点图书选题论证会，李君如、李学勤等以及文艺界、航天界人士出席。出席国台办宣传局会议，叶克冬副主任主持，讨论国庆六十周年游行队伍中台湾彩车的体现形式问题。

4 月，出席中国史学会第十一次会长会议，审议提交中国史学界第八次代表大会几个文件事项，这是本届史学会最后一次会长会议。在石家庄中国大酒店出席中国史学界第八次代表大会，李文海会长做工作报告（代为起草），中国社科院党组书记、院长陈奎元和河北省委副书记、副省长、省政协副主席等出席开幕式。陈奎元讲话称赞了中国史学会的工作，对年轻一代史学工作者如何传承历史文化传统表示了期许。大会期间被选为第八届中国史学会理事会会长，李捷、马敏、郑师渠、陈祖武、于沛、熊月之、邓小南、陈春生为副会长，王建朗为秘书长。在江苏海门市出席第五届张謇国际学术讨论会，以中国史学会会长名义致开幕词。在《求是》杂志第 7 期发表《新时期历史研究中的几个问题》。在《人民日报》"本周话题"栏发表《走中国特色社会主义道路是历史的选择》，作为答网友问刊出。

5 月 8 日是满七十周岁的一天。整理了《已刊论著目录》，将 2009 年 5 月 8 日以前的目录与此后的目录分开登录。为此写了一篇小序：

> 人生七十，不觉垂暮之将至矣。回顾学术来径，既有喜悦，也有汗颜。我进研究所，已近四十五年。我的文章发表历史，只有最近三十余年。所发表者，只是一种记录，无所谓满意不满意。我应该多做一些事情，可是我没有能够做更多的事情，在一定的意义上说是辜负了朋友们的期待。所可慰者，我没有虚度时光。三十余年来，计时计刻，分秒必争，一切以工作为先。在所务以及为社会服务等其他方面，可能付出了更多的时间和精力。
>
> 七十是一个坎。七十三，八十四，阎王不请自己去。我的人生历程中，来日无多了。青春年华，永远不会再回来。唯物主义者不拒绝谈论死亡。死亡或许是新生的开始。息息生生，永世不绝。鸣呼！人生是有限的，文化是永续的。我个人的学术事业，以及在更大的范围内为学术事业的服务，以后还能做些什么吗？我期待着，

我祈祷着，我努力着。也许，七十以后，是否可以开始一个新的人生呢!？"烈士暮年，壮心不已。"我岂敢以烈士自况，壮心恐怕也是奢望了。

将整理印出的《已刊论著目录》送诸生各一本，以作纪念。本月，在河南大学历史文化学院讲中国近代史分期、近代中国历史发展规律以及《走向共和》等问题。在北京师范大学英东讲堂出席白寿彝学术思想研讨会——纪念白寿彝诞辰百周年，发言概括了白寿彝先生学术成就。分别接待台湾学者谢国兴、林满红、齐茂吉。主持《历史研究》编委会议，廖学盛、林甘泉、刘庆柱、厉声等发言。在南昌京西宾馆出席《江西通史》首发式，《江西通史》主编、副省长、省委宣传部部长刘上洋出席，邵鸿介绍了编写经过；发表评论意见，对涉及史观以及《江西通史》几个具体表述的问题提出了商榷意见。又在江西师大讲中国近代史的分期问题。在山东威海出席北洋海军成军120周年国际学术讨论会。在郭沫若纪念馆召开中国史学会第八届理事会第一次会长会议。与日本学者伊原泽周（彭泽周）谈他的学术规划。

6月，在社科院青年中心举办的马克思主义理论学习第11次演讲会上讲中国近代史研究若干问题。在厦门大学台湾研究院出席海峡两岸台湾社会经济史学术讨论会。陈孔立、陈在正、林仁川以及台湾学者赖泽涵、许雪姬、黄富三、戚嘉林等出席。在中国人民大学出席《吴晗全集》出版座谈会。出席国务院学位委员会办公室组织的全国优秀博士学位论文评选专家复审会，文史哲组与袁行霈做主持人。出席傅琪怡（藤井志津枝，政治大学许介麟夫人）报告会。台湾学者孙若怡著《圆明园西洋楼景区的园林建筑与精致文化》在商务印书馆出版，为此书作序。贵志俊彦、谷垣真理子、深町英夫编《摸索する近代中日关系　对话と竞存の时代》在东京大学出版会出版，所撰《中日关系の现实と最近の中日关系史研究》收入其中。

7月，季羡林、任继愈两先生作古，致电表达悼唁。在首都师范大学出席中国史学会成立60周年座谈会，与会学者60人，在会上做主要报告，回顾60年来中国史学会的工作成就和今后的工作打算。李文海、齐世荣、张椿年诸先生发言。朱佳木代表国史学会、黄小同代表中共党史学会、唐研代表中共文献学会、王正代表中国社会科学院致贺词。

8月，出席汉文化芒荡国际论坛新闻发布会。作为中共中央、国务院邀请的庆祝国庆60周年专家休假团成员，在中央组织部组织下，与其他59位成员一起赴北戴河休养，妻子王玉清同行。参加考古所、边疆中心赴蒙古考察团在蒙古考察一周。访问乌兰巴托大学，访问了哈拉和林遗址和恰克图。作《蒙古草原行》12首。在大连出席中国社会科学院台湾史研究中心主办的台湾殖民地史学术讨论会，致开幕词。在京与若林正丈、春山明哲两位台湾史学者座谈。出席中华人民共和国国史学会第四届理事会成立大会，中共中央政治局委员刘云山出席。陈奎元担任会长，朱佳木任常务副会长。代表中国史学会致辞。在当代中国研究所出席新中国60周年学术讨论会，沙健孙、李文海、李捷和我做了学术报告，我做了闭幕总结。按中央要求，中国社会科学院成立了《中华人民共和国史稿》审查组，任组长，成员有步平、王建朗、于沛、武力、侯惠勤。中央人才工作协调小组办公室、中组部人才工作局《专家意见建议》第59期发表所撰《社科院既要培养"书呆子"，也要培养战略思想家》。在《北京日报·理论周刊》发表《中国近代爱国主义理性提升的历程》。

9月，《人民日报》理论版整版发表《中华人民共和国成立的伟大历史意义》，署名中国史学会（张海鹏执笔）。这是第一次以中国史学会名义在《人民日报》发表文章。出席河南大象出版社与北师大历史学院联合主办《民国史料丛刊》首发式。在山东大学讲中华人民共和国成立周年的伟大历史意义。在人大会堂观看《复兴之路》大型音乐舞蹈史诗预演，李长春、刘云山、刘延东、马凯等一批政治局委员和部长出席。出席当代中国研究所办的"当代中国与它的发展道路——第二届当代中国史国际高级论坛"，就社会主义选择问题发言。傅高义、沈大伟、季塔连科、毛里和子等与会。政协副主席孙家正会见与会学者。近代史所人事处返还41年前被抄走的工作笔记本共五本。此事交涉甚久，终得归还，也算了了一桩心愿。出席马工程咨询委员会审议《中国近代史》编写提纲会议，王晓晖、王维澄、郑科扬、虞云耀、邢贲思、金冲及、孙英、邵华泽、侯树栋、逄锦聚出席并发表审议意见，提纲得到总体上肯定。在国家行政学院香港公务员国情研修班讲中国近代的屈辱史。出席《清史图集》政制卷、军事卷提纲讨论会。列席中国社会科学院党组会议，代表《中华人民共和国史稿》社科院专家审读组发表了总的意见，党组书记讲了结论性意见。在人民大会堂出席 60 周年国庆招待会。《人民日报》在"学者论坛"栏发表所撰《中国近代史和中国现代史的分期问题》。

10 月，去台北访问，住进文山区仙岩路一处民房四楼，是本所在台北长期租用的住房，妻子王玉清随行。会见中国统一联盟主席纪欣、副主席王晓波、宣传部部长戚嘉林等。又分别会见宋光宇、赖泽涵、齐茂吉、郑政诚、许毓良、张朋园、张玉法、陈永发、黄克武、林满红、李恩涵、林美莉、汪荣祖、孙若怡、潘光哲等。在"中央大学"历史研究所讲我的台湾经历。在中国文化大学史学系给研究生讲中国近代史的分期。在台湾大学历史系讲中国近代分期问题。应林光辉邀请，在台北市警察局大同分局门口出席台北市文化局主办雾峰林家与新文化运动特展，马英九出席并讲话，台史所所长许雪姬讲林家历史。在"国史馆"出席"值得推荐的中国近代史著作"座谈会，林满红馆长主持，与谈人为张玉法、张朋园。在台北张荣发大楼中国国民党党史馆抄录档案，遇重庆市委宣传部常务副部长周勇、张国祚一行。马英九特来此地与周勇等会见，也借机与我相见。《历史研究》第 5 期刊出《60 年来中国近代史学科的确立与发展》（笔谈）。《当代中国史研究》第 5 期刊出《近代中国历史发展选择了社会主义道路》。

11 月，在辅仁大学历史系演讲中国近代史分期问题。在中国统一联盟会议室演讲中华人民共和国成立的伟大历史意义，纪欣主席主持。在台北忠孝东路亚太和平研究基金会演讲未来两岸政治关系的可能定位及其发展，基金会执行长高辉先生主持。在汪大华陪同下到复兴南路拜访前监察院院长王作荣先生（汉川籍）。在台北林口乡台湾师范大学分校东亚文化学系讲我的台湾经历，潘朝阳院长主持。在政治大学国际关系研究中心演讲未来两岸政治关系的定位及其发展，汤绍成教授主持。在君悦大酒店出席太平洋文化基金会主办的"两岸一甲子"学术讨论会，大陆代表团团长郑必坚做主题报告，海基会首任秘书长陈长文和台湾大学原校长孙震分别致辞。与中国科技大学讲座教授、"立法委员"赵丽云担任文化组主持人。第二天大会自由发言时间就两岸共同纪念辛亥革命 100 周年、孙中山诞辰 160 周年、卢沟桥事变爆发 80 周年以及中共建党 100 周年、国民党一大 100 周年做了发言，得到大会主持人的高度评价。离台抵港，访问了珠海书院胡春惠教授和浸会大学历史系主任麦劲生和周佳荣、李金强、林启彦教授，在中文大学崇基学院、浸会大学历史系分别做了两岸未来政治定位的演讲，梁元生院长、麦劲生主任分别主持。《近代史研究》发表《60 年来中国近代史研究领域有关理论与方法问题的讨论》。

12 月，在近代史所做访台报告。会见湖北省社科联党委书记马建中一行，与中国史学会秘书长王建朗等谈辛亥革命 100 周年纪念活动事。为两卷本《台湾史稿》提纲做润色，修订《台湾简史》和《台湾史稿》有关篇章初稿。在宋庆龄基金会出席《宋庆龄年谱长编》首发式。主持文史哲学部史学正高级专业职务评审会。在人民大会堂出席中央马工程办主持的《马克思恩格斯文集》《列宁专题文集》出版座谈会，政治局常委李长春、中宣部部长刘云山、社科院院长陈奎元等出席。《中国社会科学报》发表《两岸的中国近代史学术交流》。台北《世界论坛报》发表《两岸学术交流的一些回顾与建议》。岳麓书社出版周秋光、黄仁国著《刘大年传》，传末附录长篇跋文。龚云在博客里发表《重现近代中国的本来面目——读张海鹏著〈追求集：近代中国历史进程的探索〉》一文。

2010 年 1 月，主持文史哲学部史学片院重大课题、院重点课题评审会。在国家图书馆出席 "文津讲坛" 500 期座谈会，与出席者多人获得国家图书馆馆长周和平颁发 "文津讲坛" 特聘教授头衔。在院里出席西南边疆工程领导小组会议。在东京日中友好会馆出席日中学院主办的安藤彦太郎追思会，日中学院院长小池敏明致辞后，发表吊文《祭安藤彦太郎先生》。与山田辰雄、姬田光义会晤，在神保街内山书店购得佐藤公彦著的《冰点事件与历史教科书》和《上海版历史教科书的扼杀》，以及袁伟时的《中国的历史教科书问题》，受到攻击甚多。在京出席国务院学位委员会第 27 次会议，先到中南海国务院第 5 会议室出席会议，主任委员刘延东结合国家发展谈到学位和研究生教育发展问题。出席步平主持的中日历史共同研究讨论会。台北《海峡评论》发表所撰《对未来两岸政治关系的可能定位及发展刍议》，台北《远望》杂志发表所撰《两岸学术交流的一些回顾与建议》。在《中国社会科学院要报》第 12 期发表《进一步推动中蒙关系发展的意见建议》。

2 月，出席中国史学会与近代史所联合主办的 "学者与战士——刘大年逝世 10 周年追思会"，做 "刘大年与近代史研究" 的发言。社科院常务副院长王伟光、副院长高全立、院机关党委常务副书记张昌东陪同国务委员、中央直属机关工委书记马凯一行来家里看望、拜年。讲了三件事：一是建议海峡两岸共同举办辛亥革命100周年纪念；再是中国史学会争办2015年国际历史科学大会；三是提高哲学社会科学地位。应文化部社会文化司司长邀请，出席钱泳手录《浮生六记》卷五《中山记历》专家评议会，傅璇琮为组长。《台湾简史》书稿发南京凤凰出版社。出席海峡两岸关系研究中心顾问会，中心主任王毅介绍了两岸关系情况以及中央精神。《中国社会科学报》发表《祭安藤彦太郎先生》文。

3月，接受新华社港澳台部记者采访，谈及两岸共同举办辛亥革命100周年事。在文化部出席有关钱泳手抄《记事珠》涉及《浮生六记》真伪问题专家组会议，大致上形成了四点意见：第一，所指有关钓鱼岛是中国领土的记载，手抄本有一定价值，但在抄本以前270多年间有多种正式记载，因此对手抄本史料价值不宜评价过高；第二，手抄本是否钱泳亲笔，核对现有钱泳墨迹，多有不合，但抄本中至少有四则笔记与钱泳《履园丛书》有重合和近似之处，还需要进一步探索；第三，没有明确证据证明手抄本中有关记载与《浮生六记》有关系；第四，抄本对钱泳《履园丛书》和《浮生六记》篇目有研究价值。主持中国史学会会长会议，研究申报2015年国际历史科学大会事。在科学会堂出席教育部、财政部召开的"985"工程二期验收工作会议。与山东大学校长徐显明会晤，商讨阿姆斯特丹申办国际历史科学大会诸事。出席中国社科院2010年工作会议。在京西宾馆出席由中宣部、中央党校、云南省委主办的纪念艾思奇诞辰100周年暨推进当代中国马克思主义大众化座谈会。在当代中国研究所出席国史编委会，根据各部委意见进行修订。改组后的编委会总主编为邓力群，李力安、有林、田居俭、张启华、程中原为副主编，委员有逄先知、王梦奎、李际均、金冲及、杨胜群、卫建林、沙健孙、张海鹏、梁柱、周新城、步平、夏杏英。

4月，出席商务印书馆举办的"中华现代学术名著"专家论证会。在成都望江楼公园出席成都市薛涛研究会举办的学术沙龙。出席四川大学等举办的"隗瀛涛与中国近现代史、近代城市史学术研讨会"。在广电总局出席重大革命历史题材《共和之门》电视连续剧剧本审议会议。撰写关于调整历史学科博士、硕士研究生专业学科目录的建议。在京西宾馆出席太湖文化论坛首席专家座谈会。撰写《在唯物史观指导下研究中国近代史的实践》，收入中国社会科学院青年学习马克思主义基本理论培训辅助教材。

5 月，冯琳博士论文答辩通过，金冲及任主席。出席国家社科基金年度评审会议，主持中国历史组评审会议。出席近代史研究所举办的纪念建所 60 周年大会，与李慎明、金冲及、章百家、王巍等分别致辞。在香山饭店出席第三届近代中国与世界国际学术讨论会。应邀在外交部党校为驻外使领馆外交官做中华人民共和国成立的伟大历史意义的报告。李细珠、张志勇、赵庆云访谈，李细珠统稿，经修改补充定稿的《张海鹏先生访谈录》近 6 万字，收入中国社会科学院近代史研究所编《回望一甲子——近代史研究所老专家访谈及回忆》，社会科学文献出版社出版。

6 月，在香港城景国际酒店出席 2010 年"海峡两岸与台港关系问题与展望"学术讨论会，与邱进益、翁松燃、郭震远安排为第二场主题发言，对许信良以及其他人士的发言提出商榷。在香港新界接受凤凰卫视有限公司采访，与邱进益、林浊水、许信良分别长谈。在友谊宾馆出席国务院学位委员会召开的学科评议组召集人会议、2010 年全国优秀博士学位论文评选专家复审会，担任文科二组主持人，文科二组包括中国文学、外国文学、哲学、史学、新闻传媒、艺术学六个学科。在中国职工之家召开马工程中国近代史教材编写启动工作会议，课题组成员以及参加编写的人员二十多人出席。在京出席武汉大学人文社会科学研究院举办的《反法西斯战争时期中国与世界研究》出版座谈会。撰写《清史·台湾志》审读意见。撰写《清史·舆图志》审读意见。出席当代中国研究所建所 20 周年纪念大会。出席《清史图录·舆图卷》评审会议。中国社会科学院台湾史研究中心简报刊出《部分台湾政要对两岸关系的看法》，《中国社会科学院要报》专供中办 147 期，中办采用。

7 月，出席《中国社会科学》创刊 30 周年暨《中国社会科学报》创刊一周年座谈会。在厦门大学台湾研究院出席刘国深院长主持的座谈会，美中学术交流委员会一行、日本学者春山正明和桧山幸夫等、新加坡东亚研究所学术顾问黄朝翰、琉球大学林泉忠以及陈孔立等出席。会议讨论海峡两岸关系问题，做了简短发言。出席厦门大学台湾研究院 30 周年庆典暨学术讨论会。在京与山东大学徐显明校长和山东大学历史文化学院王育济院长、山东大学宗教所所长姜生等就出席阿姆斯特丹国际历史学会代表大会进行协商。出席国务院学位办召开的学位授予和人才培养学科目录修订人文学科领域专家咨询会，与会者还有清华大学李学勤、山东大学曾繁仁、北京大学钱乘旦、吉林大学刘中树、北京大学赵敦华、中国人民大学张海、北京外国语大学金莉、中央音乐学院王次炤。在会上做了发言，形成结论为历史学科增加为三个一级学科，增加艺术门，国学未进入一级学科。出席《中国社会科学院要报》专家评阅组会议。出席国家文物局召开的第七批国家重点文物评审会议。出席海峡两岸关系研究中心全体会议，国台办主任王毅讲话，出席会议的顾问有李道豫、徐敦信、唐树备、王在希、王文海、许世铨等。参加学部主席团组织的学部委员黑龙江休假团，玉清同行。

8月，接受重庆电视台采访。在北戴河出席中国社科院2010年"实施三大强院战略，全面加强党的建设"研讨会，北京有分会场，这是社科院第一次通过卫星视频举行会议。主持中国史学会出席阿姆斯特丹国际历史学会代表大会代表团会议，通报国际历史科学大会日程安排事项。率领中国史学会代表团出席阿姆斯特丹第21届国际历史科学大会暨国际历史学会代表大会，中国史学会代表团举办了招待酒会，在代表大会上申办第22届国际历史科学大会成功，在国际历史科学大会上就中日现代化比较研究做了报告。《书生议政——中国近现代史学者看台湾的历史与现实》在台北海峡学术出版社出版。

9月，在近代史所学术报告厅出席中国社会科学论坛"二战后东亚与欧洲历史的反思与和解进程比较"国际学术研讨会，代表中国史学会致辞。与中国社科院院长陈奎元谈国际历史科学大会和辛亥革命100周年学术活动事。出席中宣部理论局召开的辛亥革命文献片脚本起草会议。出席清华大学日本研究中心在香山饭店召开的晚清社会变革与日本学术讨论会。出席北师大举办的"何兹全教授百岁华诞暨《中国古代社会与政治》首发式"，何兹全先生出席，何先生堂侄女何鲁丽以及何先生学生魏礼群讲话，代表中国史学会讲话，对何兹全先生一生学术成就做了评价。在上海社科院做"中国社会变迁与我的历史研究"演讲，熊月之副院长主持。在上海大学历史学院做了同样题目的演讲，陶飞亚院长主持。出席上海社科院与台湾中流基金会联合主办的"百年中国之路研讨会"，台湾学者胡佛、曹俊汉、石之瑜、黄光国、王震邦、石佳音、林金源等参加，会后在崇明岛遭遇车祸。《中国社会科学报》发表《中国抗日战争领导权问题的思考》，本文意在与《人民日报》8 月 15 日社论唱点反调。撰写《建议阐明我国在抗日战争期间存在两个领导中心》文，由中国社会科学院办公厅要报专供中办 178 期，中办采用。

10 月，出席国家文物局第七批全国重点文物单位申报项目专家评审会。应邀成为北京市文史馆馆员。在山东大学出席义和团运动 110 周年国际学术讨论会，作为中国义和团研究会理事长致开幕词。在京出席北京联合大学台湾研究院举办的第四届北京台研论坛——新形势下两岸关系发展暨京台交流学术研讨会，就王晓波关于高中历史课纲的文章做了 10 分钟评论，又就辛亥革命 100 周年以及最近 20 年台湾政局发展做了分析，提出了"台独"意识由民间走向官方的观点。在前门大街台湾会馆出席台盟中央、全国台联、中国社科院台湾史研究中心和海峡两岸关系研究中心联合举办的纪念台湾光复 65 周年学术讨论会，王晓波、福蜀涛、孙若怡、戚嘉林、汤绍成、蔡玮等参加会议。主持社科院史学片院重大课题评审会议。与北大钱乘旦、高岱谈国务院学位办推动的一级学科调整问题。与陶文钊共同主编的《台湾简史》在江苏凤凰出版社出版。

11 月，出席社科院学部工作会议。在重庆出席院台湾史研究中心主办的台湾史论坛——台湾光复 65 周年暨台湾抗战史实学术研讨会，致开幕词。在西南大学历史文化学院讲中国近现代史的分期问题。在广东中山市，主持中国孙中山研究会主办的"孙中山·辛亥革命研究的回顾与前瞻"高峰论坛，金冲及会长致开幕词，与李文海、张磊、姜义华、耿云志、王晓秋等均有发言。出席中山市纪念孙中山诞辰 144 年暨中山市中山文化周活动，代表中国史学会、中国孙中山研究会、辛亥革命研究会向孙中山画像敬献花篮。为茅家琦主编《一代宗师布衣学者罗尔纲先生传》作序，该书在凤凰出版社出版。撰写的《如何认识近代中国的反侵略问题——与一些流行的观点商榷》一文，收入于沛主编《马克思主义史学理论论丛》第一辑，在中国社会科学出版社出版。

12 月，出席中国社会科学网总编辑周溯源召集的征求意见会。出席中国地方志领导小组会议，朱佳木主持。出席《历史研究》编辑委员会会议，听取刊物副主编李红岩的工作报告。在中央统战部出席杜青林部长主持的小型座谈会，座谈辛亥革命百周年及其历史遗产问题，金冲及、李文海、李捷、汪朝光在座。出席《清史图录·政制卷》初稿审查讨论会。出席社科院增补学部委员大会。接受山西社科院《晋阳学刊》记者李卫民采访,谈学术道路、学业争鸣、中外中国近代史研究异同和海峡两岸近代史研究的差异等。

2011 年 1 月,在院主持史学片正高级职称评审会。接受台湾大学统合学会会长、政治学教授张亚中采访,彼自费拍一部《百年中国》电视纪录片,提出马英九"独台"概念。在社科院出席历史学部学部委员推荐荣誉学部委员讨论会。新闻出版总署公布第二届政府图书奖,《中国近代通史》在列。在桂林出席海研中心主办的第九届海峡两岸关系研讨会,孙亚夫主持,王毅讲话,刘兆玄、许嘉璐、王蒙、王邦雄做主题发言,讲历史上的王道与霸道,与刘兆玄交换意见。在中宣部培训中心出席八集大型文献电视片《辛亥革命》脚本征求意见会。出席北京市文史馆新春团拜会,新进市政府参事和文史馆馆员接受聘书。出席社会科学文献出版社第二届专家委员会第一次全体会议。台湾学者戚嘉林《台湾史》在海南出版社出版,为此书作序。《书生议政——中国近现代史学者看台湾的历史与现实》在九州出版社出版。

2 月,在人民大会堂出席国务院学位委员会主办的"《中华人民共和国学位条例》实施 30 周年纪念大会",刘延东讲话,中央决定教育经费提高到国民经济总产值的 4%。出席国务院学位委员会第 28 次会议,会议通过了修订的学科目录。完成国家清史编委会委托的《台湾志》一审鉴定。出席海峡两岸关系研究中心顾问会议,孙亚夫传达了全国对台工作会议精神。在海研中心出席讨论两份对台工作建议的内部报告。完成《中华人民共和国史稿》审读,写成社科院专家组意见。出席社科院增补学部委员会议。接受《广州日报》记者采访,谈辛亥革命百周年事。在《中国社会科学报》发表《以言论求和平,以意见求统一,以思想捍卫中国——写在〈海峡评论〉创刊 20 周年之际》。《近代史研究》刊出《试论罗尔纲史学研究的新生命——〈罗尔纲全集〉出版前言》。

3 月,在央视接受建党 90 周年文献片《旗帜》做采访录像。与湖北省社科联党委书记马建中一行商筹办辛亥革命百周年学术讨论会事。在京城大厦出席正略读书会演讲会,讲题为《大国崛起为中国提供的历史教训》,听讲者约百人,大多为全国青联常委和委员,一些国有大公司总裁、副总裁，外交部等政府部门的副局长、处长等官员。在讨论环节，有一位青联常委提出两岸关系的解决在民主问题。还有一位认为中国历史上对内专制、对外扩张，直至今天越来越专制，针对以上认识做了驳斥。在中国人民大学出席马工程教育部课程教材《中国革命史》编写提纲征求意见会，李捷、沙健孙、李文海、郑师渠等出席。在教育部社科中心出席小型座谈会谈当前学术界思想倾向。在京出席我院研究生院与河南大学共建研究生培养基地协议签字仪式，并颁发聘书。主持中国史学会会长会议，山东大学王育济列席，讨论国际历史科学大会筹备事。出席太湖文化论坛严昭柱主持的小型座谈会。在中央统战部出席宗教民族局主持的辛亥革命与民族问题讨论会，副部长朱维群出席。

4月，在河南大学新闻学院讲"冰点事件"五周年回顾，在历史文化学院讲大国兴衰给中国留下什么经验教训。接受《开封日报》记者采访谈河南大学与社科院研究生院合作。在中央编译局接受《思想者的历程》电视采访，谈马克思主义在中国的传播。在湖南师大主持中国社科院文史哲学部主办的第十一届史学理论讨论会。在湖南师大历史文化学院和中南大学马克思主义学院讲大国兴衰问题。在京接受央视为中纪委纪念建党90周年所拍电视片的采访。在中央文献研究室接受电视采访谈建党90周年。在京出席中国华侨华人学会代表大会兼辛亥革命百周年学术讨论会，代表中国史学会致词，政协副主席罗豪才与会。出席北师大第二届近代文化与近代中国学术讨论会。在南京大学讲"冰点事件"五周年回顾，历史系主任陈谦平主持，茅家琦等老教授出席。在徐州师范大学历史文化和旅游学院讲大国兴衰问题。《孙中山·辛亥革命研究回顾与前瞻高峰论坛纪实》出版，所撰《孙中山民生主义的内在矛盾值得研究》收入其中。

5月，出席首都师范大学重点学科评估与自主设置二级学科博士点评审会。在苏州太湖文化论坛出席首届年会，国务委员刘延东陪同巴基斯坦总理吉拉尼和印度尼西亚前总统梅加瓦蒂出席。在武汉东湖出席湖北省纪念辛亥革命100周年学术讨论会开幕式，代表中国史学会做即席讲话。在香港出席香港各界纪念辛亥革命100周年筹备委员会举办的"辛亥革命运动与近代中国的发展"学术讲座，主讲辛亥革命历史若干基本问题的认识。《中国青年报》发表《大国兴衰给中国提供的历史经验》，中国新闻网以"社科院学者分析大国兴衰的六大原因"为题做了报道。社会科学文献出版社出版了与邓红洲合著的《辛亥革命史话》修订本，是新版《中国史话》200本系列之一。

6月，接受山东大学一级教授聘书。李学峰博士论文答辩，李文海主持。主持中国史学会《中国历史学年鉴》编委会。在日本所做有关辛亥革命历史的学术报告。出席李慎明副院长主持的座谈会，讨论建党90周年高校思想教育问题，就国共两党的历史地位做了发言。在当代中国研究所出席国史学会和中国史学会联合主办的建党90周年学术研讨会。在首都师范大学历史学院给离退休教师做辛亥革命问题的报告。在京西宾馆出席中央编译局与黑龙江省委宣传部联合主办的大型文献电视片《思想的历程》首播仪式。在天津召开国务院学位委员会历史学科评议组会议，南开大学校长龚克致欢迎词，会议讨论了历史学门三个一级学科的设置建议，评议了各高校报上来的学科设置调整申报材料。与赵庆云合作的论文《试论刘大年的中国近代史研究》在《历史研究》发表。《晋阳学刊》刊出李卫民采访的《深入钻研马列主义，提高宏观史学研究水平——张海鹏研究员访谈录》。《中国社会科学报》发表《如何科学把握国共两党的历史地位》。作序的《庆阳通史》三卷在商务印书馆出版。

7月，在人民大会堂出席庆祝中国共产党成立90周年大会，吴邦国主持大会，习近平宣布表彰先进共产党员决定，胡锦涛做报告。出席中宣部、中组部等七单位主办的庆祝中国共产党建党90周年理论研讨会。出席中央组织部代表中央组织的90位优秀党员专家代表学习考察活动。出席中国社会科学院学部大会，成立历史学部，王伟光任学部主席团主席。在湖广会馆接待海峡两岸新闻记者"重走辛亥路"采访团，向与会记者介绍孙中山与辛亥革命历史。王晓波来谈台湾中学历史教科书课纲审定问题、马英九问题、陈映真和林书扬处境、《海峡评论》杂志的去向、统派内部分歧、统派后继力量诸问题。在澳门出席中华总商会举办的纪念辛亥革命100周年学术讲座，做有关辛亥革命历史的演讲。中华总商会理事长高开贤和中联办台湾事务部部长李维一致辞。

8月，龚云代表《马克思主义研究》来采访，主要从学术角度谈辛亥革命历史诸问题。出席舆情所召集的小型座谈会，针对一些人鼓吹退回新民主主义社会发表意见，卢之超、梁柱、沙健孙、有林、李文海、武兆令等参加。按广电总局要求，看王朝闻编剧的48集电视剧《辛亥革命》，写出审读意见。在昌平出席辛亥革命 100 周年学术讨论会论文评审会。接受中央编译局刊物采访，主要谈辛亥革命历史意义等。接受新华社中央新闻采访中心政文室副主任等四人采访，回答他们有关辛亥革命的历史和现实意义、历史遗产以及如何把握辛亥革命报道问题。在大兴国家教育行政学院高校思想政治课骨干教师培训班讲辛亥革命几个问题的认识。在金台饭店审看中央政法委拍的六集政论片《选择》，第一集讲美国，第二集讲苏联，第三集讲印度，第四集讲民国初期的中国，第五集讲新中国建立后，第六集讲当代。该政论片从形象的故事入手，讲社会制度选择的不同历史根据，很少官话套话，有说服力。接受中国社会科学网和《中国社会科学报》记者联合采访，谈辛亥革命问题。出席社科院科研局主办的《中华民国史》出版座谈会。《人民日报》理论版发表《普及历史知识首先应尊重历史真实》。新华网"新华时政"转发时题目改为《张海鹏：前些年有两个电视片的不良错误倾向危害极大》。

9 月，接受天津电视台采访谈辛亥革命。接受日本《朝日新闻》驻京记者采访谈辛亥革命以及中日关系。接受央视记者采访谈孙中山。接受新华社《半月谈》记者采访，从文明转型角度谈辛亥革命的历史意义。陪同武寅副院长会见国际历史学会秘书长 Rorbet Frank。与端木美陪同 Rorbet Frank 到山东大学考察济南会场。在山东大学召开国务院学位委员会历史学科评议组中国史学科成员会议，讨论了陈谦平起草的《中国史学科博士硕士培养基本要求》《中国史一级学科简介》，基本上形成定稿。在山东大学历史文化学院给研究生讲关于辛亥革命历史的认识问题。接受香港《大公报》记者、《中国日报》记者、中新社记者、央视英文频道记者采访谈辛亥革命。《人民日报》理论版发表《辛亥革命为中国的进步打开了闸门》。中国社会科学网刊出《张海鹏：百年辛亥的回顾、追思与展望》（带视频）。作序的祁龙威、周兴国主编《辛亥革命江苏地区史料》在江苏出版。作序的王凤青《黄炎培与国民参政会》在社会科学文献出版社出版。《马克思主义研究》发表《实事求是地研究和评价辛亥革命——访中国社会科学院近代史研究所研究员张海鹏》。新华社《半月谈》发表《辛亥革命：开启中国文明的现代转型之路》。

10 月，在武昌东湖宾馆出席辛亥革命 100 周年国际学术讨论会，致开幕词，湖北省省长王顺生代表湖北省政府、社科院副院长王伟光代表中国社科院致辞，金冲及、陈鹏仁、滨下武志、巴斯蒂分别致辞。与章开沅、张玉法、狭间直树、周锡瑞等做主题报告。在成都出席四川辛亥革命暨尹昌衡国际学术讨论会。在西安解放军政治学院做辛亥革命认识的学术报告，听众约 300 人。在考古所出席《夏鼐日记》出版座谈会。召开马工程中国近代史教材编写课题组会议，对下一步工作做了安排。中央编译局《马克思主义与现实》发表《辛亥革命与百年中国的复兴之路——中国史学会会长张海鹏访谈》。《南方周末》发表《张海鹏：革命共和是推动辛亥革命发生的动力》。香港《大公报》发表《中国史学会会长张海鹏谈辛亥革命意义：奠定共和开启民权》。《中国社会科学报》发表《辛亥革命的历史意义和现实意义》（与汪朝光联署）。《光明日报》发表《为开启社会变革的辛亥革命高歌——长篇电视连续剧〈辛亥革命〉观后》。

11 月，在厦门大学出席海洋文明与战略发展高端论坛，杨国桢主持，就中国历史发展与海洋战略选择做了发言。在京会见国际历史学会主席 Hietala，介绍济南大会的筹备情况。作为组长，第三次对邓力群主编《中华人民共和国史稿》进行审查，认为这部书最大的问题是截止到 1984 年，缺乏学理根据。出席所里举办的《台湾史稿》结项报告会，做结项报告。在北京联合大学社科部做辛亥革命研究的报告，与联合大学台湾研究院老师们座谈。在中央党校出席培训部、学院俱乐部组织的"以史为鉴，以史资政"论坛，中青一班、中青二班、新疆班、西藏班全体学院约 360 人参加，党校副校长孙庆聚、李书磊等，以及中组部、国新办等单位有关负责人出席，学院代表唐洲雁、程越等四人发言后，我就四人发言做了简单点评，并就辛亥革命历史的几点启示做了主题发言。

12 月，对抗战纪念馆《台湾人民抗日斗争史实展大纲框架》提出审稿意见，由所里转发中央台办。在顺义怡生园出席国家清史编委会第八次会议，文化部部长蔡武来会。出席河南大学研究生院挂牌仪式，在河南大学历史文化学院给研究生讲辛亥革命史。在法国驻华大使馆新馆出席大使白小姐代表法国总统授予我世界历史所端木美研究员法国国家骑士军官勋章仪式。出席中国孙中山研究会第三届理事会，宣布第三届理事会顾问为戴逸、章开沅、金冲及、李文海、张磊，会长张海鹏，副会长汪朝光、马敏、郑师渠、熊月之。召开中国史学会关于 2015 年大会议题专题讨论会。在北京市卫生局党委中心学习组讲辛亥革命史。在中央党校所讲《学习辛亥革命史的几点启示》，在人民网发表。

2012 年 1 月，新年注册了新浪微博，有点东厂闲人忙中求乐的意思。出席社会科学文献出版社专家委员会第二次会议。在人民大会堂出席中共中央办公厅、国务院办公厅主办的春节团拜会，胡锦涛主持，温家宝致辞。大年初二，陪玉清在美术馆观看邓拓赠画展。

2 月，到中国政法大学出席中国政法大学台湾研究中心成立仪式，台湾学者吴琼恩担任主任，我代表中国史学会、中国社会科学院台湾史研究中心致贺词。全国政协文史委为政协文史馆即将开馆前来电视采访，谈政协文史资料对中国近现代史研究的作用和意义。出席马工程咨询委员会会议，审议《中国近代史》教材送审稿。出席大百科全书出版社组织的《台湾百科全书》第一次编纂工作会议。召开中国史学会会长会议，讨论召开全国青年史学会一事。出席国务院学位委员会第 29 次会议，讨论核心内容是研究生培养质量问题。戚嘉林总编的《祖国文摘·二二八专刊》发表《我对二二八事件的粗浅认识》。中央党校《理论视野》发表《怎样读懂辛亥革命历史》。

3 月，召开马工程《中国近代史》教材修改会议，提出修改意见和方案。在美术馆出席徐光冀主编《中国出土壁画全集》首发式。在 CCTV 科影中视影视制作中心接受总编辑夏骏采访，回答有关武汉在全国的地位、张之洞在湖北的建树以及辛亥革命在武汉发生等问题，这是央视与湖北电视台拍的政论片《支点》，为武汉作为中部改革的经济支点进行鼓吹。对清史编委会典志组交办的《台湾志》再次做出修订。

4 月，完成《清史·传记·光绪下》二审。召开郑成功收复台湾 350 周年学术讨论会筹备会议。在上海东华大学与历史系老师和研究生座谈。在杭州出席"政治精英与近代中国"国际学术讨论会。在浙大蒋介石研究中心做《蒋介石评价刍议》演讲。在江苏宜兴国滏镇竹海国际会议中心接受 CCTV 影视中心中国通史频道赵姓导演采访，谈鸦片战争以来的中国历史以及对拍摄中国通史的建议。这是社科院历史研究所主持的。被学习出版社列入第 10 批《学习理论文库自选集》作者，为此编辑文选。

5 月，与陶文钊到济南考察国际历史科学大会会场以及筹备情况，在山东大学历史学院分别讲演。在所内听李敦白先生讲中国革命经历的报告，徐秀丽主持。在院里出席学部主席团与学部工作局召开的学部委员参加创新工程若干规定和出版学部委员专题文集会议，编辑学部委员专题文集发中国社会科学出版社。接待军科院一位大校、一位中校，谈对国家设立国防教育日的意见，分析近代中国的国耻，撰写《确定国防教育日的思考与建议》。陶文钊来传达在瑞士出席国际历史学会执行局会议讨论 2015 年大会会议议题情况。接待纳米比亚历史学家 EFFA 来访。在山东大学与王育济、姜生谈 2015 年济南大会的筹备事项。

6 月，在人民大会堂出席纪念胡乔木诞辰 100 周年座谈会，陈奎元主持会议，李长春、刘云山、刘延东等出席。在京西宾馆出席马克思主义理论研究与建设工程工作会议，李长春、刘云山、刘延东、陈奎元等出席，李长春讲话。在本院历史所出席郭沫若史学奖评奖会议，出席本院创新工程史学片评审会议。在当代中国研究所出席朱佳木同志主持的中国社会科学院第一届马克思主义史学理论论坛筹备会议。在大百科全书出版社出席《台湾百科全书》历史部分工作会议。召开中国史学会工作会议，研究 2015 年济南大会筹备工作具体事项，山大王育济、郑群出席。中央党校《理论视野》发表《大国兴衰的历史教训（上）》。

7 月，写完《孝感王氏族谱考》。替《王氏族谱二分谱》编辑委员会主任王升平写成族谱序言。这是第一次为一个农民起草序言。在京出席东北师范大学举办的《日知文集》首发式。在人民大会堂出席中国社科院主办的《简明中国历史读本》《中华史纲》首发仪式并参加座谈会。

8 月，在中国社会科学网讲"冰点事件"兼论历史学的科学性原则，周溯源主持。在新疆博乐市出席社科院第 12 届历史学部史学理论讨论会，出席博乐州博物馆举行的中国亚欧草原文化研究中心博州工作站揭牌仪式，这个站是考古所设立的。考察温泉县阿日夏特石人墓和阿敦乔鲁古人墓葬处，这里翻山过去就是哈萨克斯坦共和国。阿敦乔鲁古人墓葬据碳 14 测定为 3800 年前古代草原游牧部落的墓葬。宋庆龄基金会副会长唐闻生一行来谈与台湾中山学术基金会（许水德为会长）开会事，谈及设立孙中山宋庆龄研究委员会，以唐兼主任，以我为副主任。中央党校《理论视野》发表《大国兴衰的历史教训（下）》。《徐州师范大学学报》刊出《19 世纪 60—90 年代中日早期现代化比较研究》。

9月，在布达佩斯出席匈牙利科学院人文中心组织的移民史学术讨论会，出席国际历史学会代表大会，与王建朗、杨加深、杨婉蓉同行，王建朗代表中国史学会就2015年大会筹备做了发言，杨加深就济南情况做了介绍，代表们讨论的执行局提交的大会议题基本上获得通过。中宣部组织马工程首席专家出访法国、西班牙，考察欧洲经济危机，以顾海良为团长，与湖南师大唐凯麟、吉林大学宝成关、中央党校陈述、中国人民大学秦宣、北大孙熙国、中宣部理论局教材处处长宋凌云、理论培训处副处长田岩，以及文化部外联局李建刚、赵晓明等为团员。在巴黎与法国国际关系研究所亚洲研究中心主任 Nicolas 等座谈，与法国经社理事会主席办公室主任 Le Roux 讨论欧洲危机，访问了法国共产党总部，与法共全国执行委员会委员、经济学家 Dimicoli 座谈。在马德里访问了马德里自治大学，与副校长马丁内斯女士以及法律、哲学、经济、国际关系、东亚研究的教授座谈；访问了西班牙共产党总部，与西班牙共产党国际书记、数学教授莫拉以及西共各方面成员十多人座谈。在开封出席河南大学100周年校庆庆典。在河南大学历史文化学院与老师座谈学科建设。在《北京日报》、《光明日报》、《人民日报》和《求是》杂志分别发表评蔡美彪《中华史纲》书评。

10月，在我院金融所做中国近代史分期问题的报告，王国刚所长主持。在中国政法大学台湾研究中心讲我经历的台湾海峡两岸关系的演变，中心主任吴琼恩主持。在宋庆龄故居出席宋庆龄基金会孙中山宋庆龄研究委员会成立暨第一次会议，唐闻生为主任委员，与李捷、张磊、郑师渠为副主任委员。出席世界史所举办的"新史料新见解：中国与苏联和欧洲的国家关系"国际学术讨论会。在北京国际会议中心出席中国社会科学院、全国博士后管委会、中国史学会主办的首届中国历史学博士后论坛"历史进程中的中国与世界"，在致辞中讲中国社会科学院设立博士后工作站的经过。在良乡研究生院召开的科学道德与学风建设宣讲大会讲学风问题，新入学的硕博士生以及教师约800人出席，中国科协书记、全国科学道德宣讲领导小组组长张勤讲话。

11月，参加历史学部组织的欧洲文化古迹考察，考察了西班牙、希腊几处历史文化古迹。作为宋庆龄基金会代表团团长出席台北孙中山宋庆龄学术研讨会，这是台湾第一次把宋庆龄的名字与孙中山联系在一起开会。访问政治大学人文中心，周惠民主任接待。央视《大家》栏目记者来采访，主要谈我的经历和我的事业。所写《法国、西班牙考察》发院要报专供中办 300 期。我作为第一首席专家主持编写的马克思主义理论研究与建设重点教材《中国近代史》由高等教育出版社、人民出版社联合出版。

12 月，在所内听狭间直树教授报告梁启超与谭嗣同《仁学》发表不可思议的关系。在南京中国近代史遗址博物馆（原总统府）代表中国孙中山研究会主持"南京临时政府研究"高级论坛，这是纪念南京临时政府成立百周年。在台北福华大酒店出席"台北会谈：强化认同互信，深化和平发展"两岸学术研讨会。在广州中山大学怀士堂出席全国青年史学工作者学术讨论会，致开幕词，此会是中国史学会与中山大学联合主办的。在中山大学永芳堂讲我经历的海峡两岸关系的演变，吴义雄主持。在华南师大、暨南大学历史学院讲我经历的海峡两岸关系的演变。看台大两岸统合学会张亚中编导的《百年中国——迷悟之间》电视片共 6 集，该片从一个中国着笔，总的倾向是好的。与陶文钊主编的《台湾史稿》两卷本在江苏凤凰出版社出版。《张海鹏自选集》由学习出版社理论文库推出。

2013 年 1 月，与钱乘旦共同主持在北大招待所召开的国务院学位委员会历史学科评议组会议，讨论考古学、中国史、世界史三个学科编写的学科简介和硕博士培养方案。出席社科院科研局、办公厅和社会科学文献出版社联合主办的《中国史话》出版首发座谈会，陈奎元、王伟光、邬书林及有关学者百余人出席。在河南大学历史文化学院出席学科建设总结大会。在京出席湖南湘学研究院专家顾问座谈会。在社科院出席《台湾史稿》出版发布会，武寅和孙亚夫发言，给予这部书很好的评价。在中山公园中山堂出席《孙中山传》《宋庆龄传》出版首发仪式。与玉清在长安大戏院看北京京剧团演出《锁麟囊》。《现代版本的堂吉诃德式英雄——评余英时有关壹传媒并购的传真》在《海峡评论》发表。《关于治学与学风的几点感想》在《中国社会科学院研究生院学报》发表。作为中国社会科学院学部委员专题文集之一的《中国近代史基本问题研究》，在中国社会科学出版社出版。

2 月，完成《清史·通纪》第六卷审稿。出席中国社科院与人社部合作的中国博士后文库入选评审会。出席中国社科院学部委员大会。出席社科院学部委员专题文集出版座谈会。《人民日报》发表《学问来不得半点虚假》。《湖南社会科学报》发表《要研究湘学的概念、内涵及湘学的理论支撑》。

3月，与周溯源、龚云商议在毛泽东诞辰120周年时编一套小丛书，用历史学家眼光分析毛泽东的一生。草成编写纲要，列出九个题目。随中国地方志学会组织的访台代表团启程，先访问澳门特首与澳门社会司司长、中联办，希望支持澳门编纂地方志。在台北访问了"国史馆"、政治大学人文中心、中国统一联盟、台北文献委员会，到台大医学院参加座谈会，了解各地编纂地方志情况，到台中参观台湾文献馆，在宜兰县史馆座谈。与台湾开展地方志合作，很难跨越一些政治障碍。《孝感王氏族谱二分谱》编纂完成，在社会科学文献出版社出版（未署版权页），我所写《孝感王氏族谱考》置于谱前。《法国、西班牙债务危机及其影响》在《世界社会主义研究动态》第23期刊出。

4月，中国社会科学出版社郭沂纹来谈《中国历史学30年》翻译成英文事，约写《简明中国近代史读本》事。接受央视与湖北电视台合作的《汉江》电视片夏骏总导演采访。在梅兰芳京剧院观看全本《霸王别姬》。出席中国社科院史学理论首届论坛，主持开幕式，朱佳木致辞。落实毛泽东历史小丛书作者。与玉清在长安大戏院观看国家京剧三团演出《穆桂英挂帅》全本。《中国新闻出版报》发表《在〈台湾史稿〉出版座谈会上的发言》。《关于中国近代史的几个问题》收入张冠梓主编《和青年谈马克思主义》，社会科学文献出版社出版。

5月，主持羽根次郎博士后出站报告，张振鹍、张崇根、徐博东、李细珠对他的《早期欧洲人的中国"想象"——19世纪台湾的再"发现"》给予很高评价。在当代中国所主持中国史学会会长会议，讨论2015年济南大会筹备情况、中国史学会年鉴编辑情况以及换届延期一年事。5月8日是我74周岁生日，《人民日报》发表我和李国强的钓鱼岛问题文章。这一天正是1895年在烟台交换《马关条约》批准书的一天。《人民日报》新闻榜把这篇文章排在第一名。文章最后一句话"琉球问题现在到了可以再议的时候了"，吸引了所有媒体的眼球，引起了日本官房长官菅义伟对中国的抗议，外交部新闻发言人华春莹拒绝了日本的抗议。这天下午玉清陪我到景山公园赏牡丹，以此度过生日。威海市委宣传部部长一行来谈明年召开甲午战争120周年学术讨论会事。出席社科基金 2013 年评审会，主持中国历史学科申请项目评审。与玉清到长安大戏院看北京京剧院演出京剧《昭代箫韶》，讲杨家将故事，用两百多年前宫中底本排出。中央国家机关工委所属团委组织"与院士面对面"活动，第一次在近代史所举行，国家机关团委书记冀萌新主持开幕式，送一面小锦旗。社科网就琉球、钓鱼岛问题做采访。《每日新闻》驻京记者就琉球问题采访。《朝日新闻》驻京记者电话采访琉球问题。在中国人民大学重阳金融研究所出席中国能源基金会、海南海洋研究院等单位举办的第二届危机论坛，讨论主题为琉球不是日本的。应凤凰台主持人邱震海邀请在凤凰会馆录制《震海听风录》，与林泉忠就琉球话题对话。重庆市委党史研究室主任周勇一行来谈，明年抗战胜利70 周年应大力纪念，建议在重庆新建抗战胜利纪念碑、建抗战胜利纪念馆，在南京建日本投降纪念碑等。在山东大学出席博士论文答辩会，指导的学生鲍梦隐论文通过。在山东大学讲有关钓鱼岛与琉球问题的思考。与林斌、王育济商讨编纂《中国海域史》事。与高士华讨论东方式国际关系体系与西方式国际关系体系概念。《人民日报》要闻版发表《〈马关条约〉与钓鱼岛问题》（与李国强合作）。《环球时报》发表《琉球再议，议什么》。《红旗文稿》发表《最严重的问题是一切向钱看——关于学风问题的几点感想》，主持人点评："张教授的讲稿言辞恳切，对当前学术界存在的问题又直言不讳，我们从中体会到了一个真正学者的良知。为学者当如张教授所言，不为追名逐利，甘心在坐冷板凳中追求真理。"

6 月，出席吕颖慧博士论文答辩，论文题为《台湾城市体系变迁研究》，北大董黎明为主席，委员有华林甫、傅崇兰、姜涛、李细珠。接受社科院马院赵广智、龚云等五人采访，调查国内思想流派代表人物观点，就中国近代史领域的基本观点和对历史虚无主义的应对做了阐释。搜集台湾地方志目录，了解台湾地方志编纂情况。随曹宏举带队的中国社会科学出版社代表团出访台湾，与远流出版公司、大东书局以及台北市文献会等单位座谈汇编台湾方志事，难以推进。近代史所网站发表《张海鹏会长代表中国史学会致唁函悼念李文海先生》和《忠诚战士良师益友——缅怀李文海同志》采访稿。

7 月，在兰州大学和西北师范大学讲关于钓鱼岛和琉球再议问题的思考。在张掖市河西学院讲钓鱼岛和琉球再议问题。在杜继东、李细珠陪同下访问张掖市乌江镇，看望当年"四清"所在地乌江公社贾家寨一队、二队。一队已经变成一幢高楼，二队原有三个村庄，现在只剩下褚家庄，完全不复当年模样。这一带当年种水稻为主，现在是全国玉米种子基地。中国红色文化研究会聘为学术委员会委员。在济南出席《中国海域史》编纂工作会议。在济南参观聚雅斋美术馆，这里最有特色的收藏是 1949~1966 年中国文联的全部档案。

8 月，在国家教育行政学院高校培训班做马工程教材《中国近代史》的指导思想培训报告。在兰州大学出席中国社科院台湾史研究中心主办的纪念康熙统一台湾 330 周年国际学术讨论会，与会台湾学者甚多。在飞天大厦出席太湖文化论坛巴黎峰会预备会议。《中国社会科学报》发表《警惕日本军国主义复活——写在世界反法西斯战争胜利 68 周年之际》。上海《历史教学问题》刊出《追求历史的真谛：我的史学之路——访张海鹏研究员》（署名：张海鹏 邹兆辰）。

9 月。在国家行政学院研究生院给攻读学位的学生讲学风与治学问题。在上海古籍出版社讨论《中国海域史》编写大纲，分渤海卷、黄海卷、东海卷、南海卷，总论卷待定。在人民大会堂出席科学道德与学风建设宣讲大会，中国科学院郑哲敏、工程院杜祥琬和我分别做了宣讲。全国政协副主席、中国科协主席韩启德讲话。今年北京地区新入学的硕博士生、高校青年教师等约 8000 人听讲。大会是中国科协、教育部、科学院、社科院、工程院和北京市人民政府主办的。在杭州连横纪念馆出席《台湾通史》暨"连震东与台湾知识分子抗日活动展"，连战、陈云林等致辞。《重访贾家寨》一文在"金张掖在线"发表。

10 月，出席李慎明主持召开的小型座谈会，座谈宪政问题，沙健孙、王一程、汪亭友、张永乐、马钟诚等，除宋小庆外，多不赞成我所提社会主义宪政，未能说服我。在京西宾馆出席中央马工程会议。马工程咨询委员、首席专家、中央机关负责人、各省宣传部负责人约 200 人出席，刘云山讲话强调学习习近平总书记 8 月 19 日在全国宣传工作会议上的讲话，强调中央政治局常委专门研究马工程工作，强调马工程只有进行时没有完成时。在山东大厦出席"区域文化与齐鲁文明"暨国际历史学会执行局学术讨论会，代表中国史学会与山东大学副校长陈炎、国际历史学会主席 Hietala 分别致辞。在山东大学召开中国史学会与国际历史学会就筹备 2015 年大会工作会谈。在南京紫金山庄出席两岸合办的孙中山宋庆龄学术研讨会，宋庆龄基金会主席胡启立、江苏省委副书记石泰峰、国台办副主任王福卿以及吴伯雄、许水德等出席开幕式，与周阳山主持第一场讨论。在上海华东师大历史系讲现代中国历史变迁与我的历史研究。《怀念龚书铎先生》收入《龚书铎先生纪念集》，在北京师范大学出版社出版。

11月，参加中国社科院学部组织的宁波考察，出席中国社科院与宁波市第二期战略合作协议签字仪式，宣布中国社会科学院在宁波设立学部工作站。在广州出席中国社科院中日历史研究中心与边疆史地研究中心联合主办的钓鱼岛与中日关系座谈会。接受国家社科规划领导小组咨询委员的聘书。在京出席中央台办、国务院台办、海峡两岸关系研究中心召开的海峡两岸和平发展思想重要理论学术讨论会，国务委员杨洁篪、台办主任张志军讲话。在本所出席《抗日战争研究》编辑部主办的东亚秩序与中日关系国际学术研讨会，滨下武志做朝贡体系报告。在京出席中国史学会与俄罗斯历史学会联合主办的"1943：战后新格局的奠基"国际学术讨论会，会前是中俄两国史学会合作备忘录签字仪式，与俄罗斯历史学会执行主席沙赫莱（Шахрай C. M.）在文本上签字并交换协议书，高翔秘书长主持签字仪式，王伟光院长和全体与会者见证了签字仪式。在中国社会科学出版社出席中国社会科学出版论坛暨中国社会科学出版社建社35周年大会。在中国社会科学出版社出席《核铸强国梦》新书出版座谈会，在会上致辞。将"历史学家眼中的毛泽东"小丛书共九本全部处理完，写出总序，发交中国社会科学出版社。

12月，在天津师范大学历史文化学院给研究生讲当代中国社会变迁与我的历史研究，侯建新院长主持。在中国美术馆出席北京市文史馆与美术馆合办的北京神韵重大历史题材山水画展开幕式。在昌平静之湖度假村出席所里召开的范文澜、荣孟源诞辰学术座谈会，与北师大陈其泰教授先后发言。在社科院出席毛泽东诞辰120周年学术座谈会，我就正确评价毛泽东的历史功过做了发言。受清史编委会典志组委托审读《香港志》《澳门志》，写出长篇评论，建议合并为《港澳志》。《人民日报》在"大家手笔"栏发表《人民公仆观念之百年嬗变》，新闻榜排为本日第二名。《人民日报》在副刊发表《为中华民族复兴唱响强国梦——读〈核铸强国梦〉见证中国"两弹一艇"的研制》。

2014年1月，一元复始，上微博，无意中登上了新浪博客，开始体会博客味道。接待山东威海市委宣传部副部长刘昌毅一行，商甲午战争120周年国际学术讨论会筹备事。主持召开《刘大年全集》编辑工作会议，刘潞、姜涛、李长莉、杜语、赵庆云、黄仁国、朱薇出席，讨论编辑方案，确认分工。盖此前已与湖北人民出版社达成出版协议。看山东大学郑群教授所写《中国加入国际历史学会的早期历程》。所撰《1964年参加甘肃省张掖县乌江公社"四清"工作简记》文，收入《乌江镇志》编纂委员会编《乌江镇志》，中国文史出版社出版。

2月，在全国台联出席两岸关系讨论会。出席中宣部宣教局召开的小型座谈会。在中国社会科学网演播室接受采访，谈历史虚无主义问题。中央电视台记者采访，谈习近平会见连战新闻的话题。出席院里召开的纪念毛泽东诞辰120周年论文集编委会议。在《光明日报》发表《正确评价毛泽东的历史功过》。在台湾《中国时报》发表《两岸没有解不开的结》，这是回应习近平会见连战谈话的，国台办很关注。《中国社会科学报》发表《忆儿时过年》节本，《山东大学报》整版发表全文。

3月，福建省委宣传部副部长马照南来谈明年拟召开林则徐诞辰230周年学术会议事。与高士华、崔志海、李细珠商量编辑甲午战争120周年学术论文集事。出席中宣部理论局、教育部社科司、社科院科研局联合召开的"国家人文社会科学奖"设立问题调研会。《上海社会科学报》记者访谈历史虚无主义问题。我主持的"历史学家眼中的毛泽东"获得院里创新工程出版资助，与中国社会科学出版社签订合同。在北师大历史学院出席龚书铎主编的山东教育出版社出版的《中国文化发展史》八卷出版座谈会，山东电视台做了电视采访。在全国政协会议楼出席太湖文化论坛巴黎峰会行前会议，上届政协副主席张梅颖在座。出席教育部课程中心召开的初中历史教材（共七本）审定会议。《钓鱼岛争端与中日关系评析与展望》在《海峡评论》发表。早前写的《晚清政治史研究的理论和方法问题》收入中国社会科学院近代史研究所政治史研究室编《晚清政治史研究的检讨：问题与前瞻》中，社会科学文献出版社出版。

4月，在巴黎吉美博物馆会议厅出席太湖文化论坛举办的"丝绸之路：中西交通的永恒通途"国际学术讨论会。随后出席中法友好关系与中法文化特性圆桌会议。回答新华社港台部记者有关甲午战争时期台湾的三个问题。收到冲绳县文教局史料编辑组寄来《琉球宝案》一箱。出席中国社会科学博士后文库评审会议，主持文史哲部分，张卓元主持经济管理部分。前所写《新世纪十年史学概述》收入《中国历史学年鉴2002—2012》，社会科学文献出版。

5月，在杭州浙江人文大讲堂讲甲午战争百年回顾，杭州师范大学党委宣传部部长袁成毅主持。在北太平庄远望楼宾馆出席教育部基础教育二司教材处召开的思想品德、历史、语文教材审查工作会议。主持齐世荣主编的初中历史教材审查，与刘家和、赵世超、晁福林、张帆、钱乘旦、张宏毅、杨栋梁（南开大学）分别发表意见，大多认为这套教材已经成熟，可以出版。召开中国史学会会长会议。出席国家社科基金课题年度评审会议，颁发了国家社科规划专家咨询委员证书。出席国新办舆情所召开的讨论会。在山东大学出席历史学院博士论文答辩会，看孟德楷的博士论文《国际历史科学大会与百年中国1900—2010》，此文大量引用了我与国际历史学会的通信文件。拜访山东大学校长张荣，谈国际历史科学大会事。在山东省委党校做甲午战争与中日关系的报告，孙占元副校长主持。王育济主编的《中国历史评论》第一辑发表了前在《中国海域史》编委会上的发言《宗藩与殖民——历史上两大国际关系体系断想》。

6月，在曲阜师大孔子讲堂讲钓鱼岛、琉球以及中日关系问题，成积春院长主持。在曲阜主持《刘大年全集》编委会，出席马克思主义史学理论暨刘大年史学思想学术研讨会，做试论刘大年史学思想的发言。在中国人民大学逸夫会堂出席"李文海校长学术思想和教育实践座谈会"，与中国人民大学校长陈雨露、党委书记靳诺、前党委书记马绍孟以及田心铭、卜键、夏明方等发言。出席中国社会科学院学部委员增补评审会议。应山东省委宣传部、山东社科联邀请，在山东省博物馆齐鲁大讲堂与戚俊杰同讲甲午战争问题，山东省委党校副校长孙占元主持。指导的博士后研究人员郝幸艳经考核出站。中国社会科学院台湾史研究中心召开《台湾历史研究》创刊一周年学术座谈会，崔之清、谢必震、陈小冲、臧运祜、张冠华、陶文钊、杨匡汉等与会。出席社科院高翔秘书长召集的小型座谈会，就王伟光院长提议编著《中华思想通史》征求意见，表示赞成。《光明日报》第1版发表记者户华为写的报道《张海鹏："学问之道在于经世致用"》。《经济日报》发表记者熊丽写的《史学家张海鹏：潜心治史求真义　论史议政心忧天下》。新华社发了记者吴晶、施雨岑写的《学问有道：史学家张海鹏小记》。《史学月刊》发表所撰《〈中国近代史〉教材（"马工程"系列）编写的有关问题与思考》。《光明日报》史学版发表《甲午战争百廿年祭》。《参考消息》11版发表《甲午战争与中日关系》。知识产权出版社出版中国政法大学《名家大讲堂》，收入演讲稿《1992—2012年我经历的海峡两岸关系的演变》。

7月，与龚云商批判《炎黄春秋》三篇历史虚无主义文章，指出三点：一，批判历史虚无主义不是单纯的学术理论讨论，揭穿三文在历史虚无主义定义上故弄玄虚的图谋；二，马克思主义是人类思想发展的结果，《共产党宣言》没有宣布历史终止于共产主义，马克思高度评价了资本主义对人类历史的贡献，从历史发展规律说，从资本主义发展规律说，资本主义要被共产主义所取代，这与历史虚无主义没有关系；三，肯定历史发展规律，肯定历史前进的规律，就是肯定中共的历史，肯定中华人民共和国的历史，肯定中国特色社会主义的历史。《人民日报》要闻版发表记者王珏采写的报道：《坐住冷板凳　治史五十年》。出席湖南大学岳麓书院联合凤凰网在北京世纪坛举办国学大典启动仪式。出席院里的小型座谈会，王伟光院长提出《中华思想通史》征求意见，提出编写史料长编，得到多人支持；建议在框架设计上不要简单地按照朝代，要把社会形态与朝代结合起来，王伟光肯定这一意见。出席社科院2014年学部委员增选大会，朝戈金、王震中、王国刚、何星亮四位通过。在深圳市博物馆深圳市民大讲堂讲甲午战争与中日关系，与听众对话半小时。在国家图书馆出席参考消息报社等单位举办的"殇思·镜鉴——甲午战争120周年研讨会"。与李慎明、巴中倓中将、糜振玉中将、武寅等做了主旨发言。接受多家境内外记者包括朝日新闻记者采访报道。出席中国社会科学院第二届史学理论论坛会议，代表组委会致开幕词，并做闭幕讲话。与龚云合作的《马克思主义不是历史虚无主义》初稿也在会上发表。《求是》杂志刊出《甲午战争的历史教训与现实思考》一文。人民网将《光明日报》发表的《正确评价毛泽东的历史功过》一文改题为《中国史学会长：毛泽东一生清廉没为子女留权财》重发一次。《中国历史评论》第三辑刊出在中国人民大学的发言《怀念李文海先生——当代中国历史学的一面旗帜》。

8月，在重庆江北区委区政府大楼江北大讲堂讲"甲午战争与中日关系：120年历史教训的反思"，江北区科级以上干部约800人听讲。在长春东北师大校史馆出席"东亚秩序与近代中国"国际学术讨论会，就宗藩体系与殖民体系比较的思考做了发言。在韩东育副校长主持下，在东北师范大学暑期研习营讲甲午战争与中日关系。在威海海军88舰出席海军与军事科学院举办的甲午战争120周年研讨会，海军刘晓江政委主持，军科院孙思敬政委致辞，海军副司令员杜景臣、军科院副院长何雷做主题发言。在大会上讲双甲子后的回顾与甲午战争对后世的影响。《反思甲午绕不开钓鱼岛问题》在《参考消息》报发表。《中日甲午战争的世纪影响》在《海峡评论》刊出。《正视甲午是改善中日邦交的前提》在《国际先驱导报》发表。与龚云合署的《马克思主义是历史虚无主义吗?》在《红旗文稿》刊出。长文《甲午战争与中日关系——对甲午战争120周年的反思与检讨》收入张铁柱、刘声东主编《甲午镜鉴》，在上海远东出版社出版。与崔志海、高士华、李细珠合编的《甲午战争的百年回顾——甲午战争120周年学术论文选编》在中国社会科学出版社出版。

9月，在威海市出席中国社会科学院与山东省政府合办的纪念甲午战争120周年国际学术讨论会，致开幕词，社科院院长王伟光、山东省副省长季湘绮、张序三、陈鹏仁致辞。在深圳福田区委礼堂讲甲午战争史。在南京出席江苏省教育局主持的《南京大屠杀死难者国家公祭读本》审读会，任专家组组长。接受澳门澳亚卫视记者采访，谈设立烈士纪念日的意义。《忘记历史教训难以改善中日关系》在《光明日报》发表。《马克思主义是历史虚无主义吗?》全文在"乌有之乡"网站登出，《红旗文稿》发表时删除过多，且将注释全部删去。《对近代史研究若干观点的辨析——兼谈新编〈中国近代史〉教材的指导思想》在《北京日报·理论周刊》发表。《为中华民族走向复兴点赞——庆祝中华人民共和国成立65周年》在《人民日报》理论版发表。《写在第一个法定抗战胜利纪念日前夕》在台北《观察》杂志刊出。中央国家机关团工委编《与院士面对面（一）》收入《从历史学出发　共筑中国梦想——专访历史学家张海鹏》，中国社会科学出版社出版。

10月，《深圳商报》记者发表采访报道《居安思危才能立于不败之地》和《不能为了突破而"突破"》，后一篇是针对中国近代史研究的。

在近代史所出席由近代史所发起，与复旦、北师大影视中心合办的视频会议，讨论近代史档案的搜集整理与数字化问题。这是国内史学界第一次举办视频会议。出席福建武夷学院宋明理学中心的座谈会，参观朱熹故居，参观闽越国汉城遗址。在武昌出席湖北省荆楚文化研究会、天津湖北商会楚文化研究会合办的黎元洪学术座谈会，在会上发言谈黎元洪"有大功，无大过"，与会者展开讨论。在山东省委党校给全体学员做甲午战争的报告。在石家庄出席中国义和团研究会第八届理事会，参观正定教堂，这里是 1937 年正定教堂惨案发生地。在河北师范大学历史学院讲"甲午战争与中日关系：钓鱼岛与琉球问题"。在河北省天主教神学院出席"正定教堂惨案暨宗教在战时的人道救助"国际学术讨论会，代表中国史学会致辞。在社科院出席高翔秘书长主持的中国思想通史启动工作会议，作为顾问首先发言。《甲午战争反思》在台北《祖国文摘》刊出。《老视角，新话题：从国际共产主义运动的角度看中国与苏联和东欧国家关系》，收入黄立茀等主编《中国社会科学论坛文集 新史料·新发现：中国与苏东关系》，在中国社会科学出版社出版。《台湾简史》英文版 *A History of Taiwan—From Prehistory to the Present* 在外文出版社出版。

11 月，在华中师范大学出席中国史学会单位会员负责人会议，就中国史学会近五年来的工作做了报告。在中山市出席中国国民党第一次全国代表大会暨第一次国共合作成立 90 周年学术研讨会，代表中国孙中山研究会致开幕词，张磊、陈鹏仁、叶文心、杨天石分别做了大会发言。在新华社出席新华社第三届社科院"特约观察员"颁发聘书仪式。在本所与山东大学方辉、杨加深、赵爱国以及中科院网络信息中心汇智河谷科技发展有限公司运营部主任等多人会商国际历史科学大会网站建设问题，与陶文钊、王建朗参加。在湖北宜昌主持专家论证会，对宜昌抗战在抗日战争中的地位和作用形成共识，提出了宜昌抗战概念的基本意见，步平、马振犊、张生、卞修跃表示赞同。《中国社会科学报》专刊发表了在中华思想通史立项会议上的发言：《立意宏大　收获必丰——祝贺中华思想通史成功立项》。近代史所网站和《团结报》发表了在中国国民党第一次全国代表大会暨第一次国共合作成立 90 周年学术研讨会上的致辞。《当代中国近代史研究的理论与方法问题》一文收入曾业英主编《当代中国近代史研究（1949—2009）》，在中国社科学出版社出版。

12月，在社科院出席李培林主持的创新工程重大成果专家评审会。在中央文献研究室原主任滕文生办公室谈干部读物问题，李慎明、杨胜群等在座。在北京文史馆新馆聚会，谈创作反映北京历史的10幅巨画事。出席中华思想通史第五次编委会。出席红色文化研究会关于高校文科教学情况，与中国人民大学卫兴华，上海社科院周建民，北大陈尚志、董学文、刘瑞复，社科院王一程分别发言。与会多数人认为我国高校文科马克思主义教学已经边缘化了。在当代中国研究所出席朱佳木主持的中国社科院马克思主义史学理论论坛筹备会议。在新闻出版广电总局电影剧本中心出席电影剧本《龙抬头》讨论会。在考古所会议室出席社科院可移动文物工作座谈会。在考古所会议室出席中国社科院学部大会，王伟光做工作报告，汝信建议建立院士制度。出席国台办海峡两岸关系研究中心兼职研究员会议，国台办主任张志军做报告。《我国高校历史院系忽视马克思主义基本理论的教育》在红色文化网发表。《点中历史虚无主义的死穴》在《环球时报》发表。《60年来有关台湾通史的撰写及理论方法问题》在《台湾历史研究》第2辑刊出。

2015年1月，为《刘大年全集》论文卷编成两个目录，一个是论文目录，另一个是文章目录。在人民教育出版社讲中国近代史若干问题的思考，编辑人员约300人出席。出席"中华思想通史"讨论绪论卷大纲编委会议。为教育部组织的齐世荣总主编八年级中学历史教材写了审查意见。在京和济南分别接待国际历史学会主席Hietala和秘书长Frank，山东大学历史学院院长方辉汇报国际历史科学大会筹备情况。在山东大学行政楼出席第22届国际历史科学大会新闻发布会，与张荣校长、Hietala、Frank分别致辞，方辉汇报筹备情况，接受记者提问。就在济南召开国际历史科学大会一事在山东大厦会见山东省副省长（外事）夏耕。在网上评审教育部30家高校"马工程"教材《中国近代史》精彩一课的教学视频。

2月，接待重庆抗战大后方研究中心周勇等人，谈抗战70周年在重庆举办会议事。接待福建社科联副主席马照南，谈筹办林则徐诞辰230周年学术讨论会事。出席中国社科院纪念邓小平诞辰110周年学术讨论会论文集编委会。召开《刘大年全集》编委会，讨论确定分卷原则、编辑分工和完工日期。《近代史研究》发表《刘大年史学思想散论》一文。

3月，接待湖北宜昌政协主席李亚隆和宜昌市委党校副校长周兵，谈宜昌抗战资料集事。为社科院科研局讲关于科研管理的思考。接待中山市委宣传部部长唐颖，谈中山市建立孙中山研究中心以及明年纪念孙中山诞辰150周年事。和山东大学曹总会计师、方辉等与社科院李培林副院长等谈国际历史科学大会筹备情况，决定尽快召开领导小组会议，尽快向国务院提出报告。出席李培林副院长主持的近代史研究所搜集海外珍稀档案成果审查会，与会专家给予高度评价。收到河南信阳市政协寄来《五七干校在信阳》，汇编了若干亲历者对当年"五七"干校的回忆，也把在社科网上发表的关于河南干校部分内容收进去了。接受国台办宣传局带来的摄制组采访，谈海峡两岸关系。《环球时报》发表《正确看待抗战两个领导中心，中共是中流砥柱》。（山东）《文化大观》刊出记者采访我的文章《"大一统"思想不能忘》。

4月，出席社科院举办的"《2014—2015世界社会主义黄皮书》和《世界社会主义小丛书（第三辑）》发布暨时代、霸权与历史虚无主义学术研讨会"，在会上讲抗战中的两个领导中心问题。在社科院出席第22届国际历史科学大会领导小组工作会议。出席社科院信息研究院召开的反法西斯战争暨抗日战争胜利周年座谈会，就抗日战争的历史地位做了发言。《紫光阁》发表《统治阶级贪腐是甲午战争重要败因》。

5月，在莫斯科出席俄中友协、中俄友协、俄罗斯科学院远东所、吉林大学合办的苏中反击法西斯和日本军国主义中俄国际论坛，季塔连科所长因病不能出席，代所长贾鲁宁主持会议，俄外交部副部长宣读普京贺信，全国政协副主席陈元宣读习近平贺信，代表中国史学会致辞，回答《远东研究》主编的提问。在莫斯科南面100多公里的科洛姆纳市（Коломна），出席中国史学会、俄罗斯史学会共同举办的纪念反法西斯战争暨抗日战争胜利70周年国际学术讨论会，俄罗斯科学院历史研究所所长彼得罗夫致开幕词并宣读俄罗斯史学会主席兼国家杜马主席纳雷什金贺词，代表中国史学会致辞。在名为历史学家的战争记忆的第二组分组讨论中，宣读了就第二次世界大战历史研究反思的论文，主持第二组讨论的俄罗斯科学院历史研究所副所长 С. В. Журалёв 在结论时对我的发言做了高度评价。在山东大学出席第22届国际历史科学大会百日倒计时新闻发布会，讲了四点意见。出席宜昌市政协、市委党校办的

《宜昌抗战史料汇编》出版座谈会。在宜昌出席中国抗日战争史学会等单位举办的"抗日战争与中国社会"国际学术讨论会,在会上做学术报告《论宜昌抗战》。在所内出席朱文亮博士论文答辩会,王建朗任主席。主持刘小萌的博士生吕柏良博士论文答辩会。出席社科院举办的退休学部委员座谈会,王伟光院长讲话,与廖学盛、周叔莲、李京文、田雪原、苏振兴、方克立先后发言。从此正式办理退休手续。接待新华社两位记者,谈抗日战争问题。《海峡评论》发表《〈马关条约〉与日本的崛起》。《求是》杂志发表与龚云合写的《马克思主义岂是历史虚无主义》。《三峡学刊》发表《试论宜昌抗战》。《中国社会科学报》发表《民国生活十年杂感》。俄罗斯科学院历史研究所汇编出版科洛姆纳市国际会议的论文集,收入《关于第二次世界大战历史的一点思考》(Размышления историка о Второй мировой войне: к 70-летию разгрома фашистской Германии и милитаристской Японии)。

6月,审看中宣部理论局寄来的《筑梦中华》政论电视片稿本。在世界史所观看电视纪实片《光明与阴霾——德日二战反思录》。接受《人民日报》《光明日报》《中国青年报》记者采访谈电视片《光明与阴霾》。在《光明日报》出席《光明与阴霾》创作座谈会。给习近平总书记致函,建议出席第22届国际历史科学大会或者致贺信,信寄中办副主任兼总书记办公室主任丁薛祥,给中办提供国际历史科学大会背景情况。出席近代史所举办的荣退座谈会,发表感言一小时。在京西宾馆出席马克思主义理论研究与建设工程工作座谈会,刘云山出席并讲话。出席"中华思想通史"编委会第11次会议,讨论绪论部分文稿。《为什么说共产党是抗战中流砥柱》一文在《北京日报·理论周刊》刊出。主编《历史学者眼中的毛泽东小丛书》(共九本)在中国社会科学出版社出版,其中包括与高中华合作的《雄才伟略毛泽东》。

7月,出席中国人民大学书报资料中心学术顾问委员会成立大会,被聘为顾问委员。在解放军南京政治学院出席"铭记历史警示未来,矢志复兴捍卫和平——纪念中国人民抗日战争胜利70周年学术讨论会",就第二次世界大战历史的宏观反思做了学术报告。出席当代舆情研究所召开的会议,先有经济专家分析当前中国股市危机,再由舆情所负责人介绍中办35号文件精神,与会者讨论了当前意识形态领域的严峻形势。在中央党史研究室出席抗战胜利70周年学术会议论文评审会。光明网连续发表记者采访稿《世界要重新审视中国在二次大战中的地位和作用》《日本侵略中国是"二战"的另一起点》《建议每年举行抗战纪念活动》《抗战纪念有利于争夺抗战研究的话语权》。《北京日报·理论周刊》发表《关于中国近现代史的分期问题》。与黄仁国合编的《刘大年诗集》在湖北人民出版社出版，为诗集撰写前言，题为《编者絮语》。

8月，在社科院出席刘大年诞辰100周年学术座谈会。在京出席山东画报出版社出版《日本侵华图志》新书发布会。在山东大厦出席国际历史科学大会筹备会，中国社科院方面还有李培林、王建朗等，山东方面有省政府常务副省长孙伟及省政府办公厅负责人等多人。《光明日报》头版发表记者户华为写的通讯《中国历史科学走向世界的里程碑——写在第22届国际历史科学大会开幕之际》，光明网发表记者王锦宝写的《展示中国文化魅力，让"中国话语"更加铿锵有力——写在第22届国际历史科学大会开幕之际》，两篇通讯都与采访有关。陪同山东大学校长张荣、社科院副院长李培林分别会见国际历史学会主席Hietala和秘书长Frank。出席国际历史科学大会开幕前举办的新闻记者发布会，与Hietala主席分别代表中国史学会和国际历史学会讲话，张荣校长通报了筹备情况，来自90个国家的915名外国学者和1600名中国学者出席大会。23日，出席第22届国际历史学会代表大会；陪同国务院副总理刘延东在山东大厦海岱厅会见国际历史学会主席、秘书长和执行局成员；出席第22届国际历史科学大会开幕式，与刘延东、Hietala、王伟光、姜异康、郭树清、江小娟、杜玉波等在主席台上就座，张荣主持，刘延东首先致辞并宣读了国家主席习近平给大会的贺信，代表中国史学会致辞，姜异康代表山东省、王伟光代表中国社科院、Hietala代表国际历史学会先后致辞。24日，出席王建朗主持的大会第一主题会议"全球视野下的中国"；晚在山东大厦聊城厅出席中国社会科学出版社《中国历史学30年》英文版首发仪式和座谈会，作为中文版主编首先发言，Rorbet Frank、彭慕兰、陶文钊、王建朗、马敏等先后发言。25日，上午在山东大厦大会新闻中心接受二十多家新闻媒体集体采访，包括新华社、人民网、《光明日报》以及山东各媒体，集体采访后，央视单独采访；下午出席大会第四主题历史学的数字化转向讨论会。26日，上午出席专题讨论第三场"1989年后的危机与历史的社会表达"；晚宴后在山东会堂出席"国际历史学会－积家国际历史学奖"颁奖仪式，法国学者戈鲁津斯基获奖。27 日，晚在黄河厅出席波兰大使举办的招待会，为波兰波兹南争取 2020 年第 23 届国际历史科学大会暖场。28 日，王育济介绍山东滨州市委宣传部部长周静一行来谈邹平历史人文；晚以中国史学会名义宴请国际史学会执行局成员和上上届主席、德国于尔根·科卡教授。29 日，上午在山东大学明德楼出席国际历史学会会员代表大会，Hietala 主席对大会的成功做了充分肯定，但指出拒签挪威学者是一个遗憾，同时指出济南大会是一次完全自由的充分讨论的会议，通过对会议肯定冲淡了批评语气，批评口气较前所知缓和许多；上午 11 点在山东大学音乐厅举办大会闭幕式，与 Frank、Hietala、新任秘书长、新任主席、张荣先后致辞。主要讲：1. 此次大会成功圆满，标志是大会追求了国际化和自由讨论，完全符合国际历史学会的精神，也符合中国史学会的精神。2. 国家主席习近平的贺信将大大推进中国历史学的发展和前进。下午在明德楼举办最后一次新闻发布会，出席记者 60 多人。光明网在"抗战史·光明忆"栏发表《张海鹏：媒体对于历史虚无主义要敢于发声批驳》，首频。光明网又在首频"五老评热点"发表《张海鹏：申办国际历史科学大会堪比北京申奥》。《光明日报》发表《济南大会聚焦"全球视野下的中国"》。山东大学网站发表《中国史学会会长张海鹏在第二十二届国际历史科学大会开幕式上的致辞》。《团结报》发表《抗战胜利是对人类历史的挽救》。新华社发表通稿《台湾光复是对日本殖民统治的否定——驳李登辉台湾没有抗日的媚日言行》，各报有刊登。《人民日报》发表《九一八事变是日本蓄意制造的侵华战争开端》《纪念抗战不能忘记历史的基本线索》。《中共党史研究》刊出学术论文《第二次世界大战历史的宏观反思》。台北《观察》发表《抗日战争有两个领导中心》文。《中国历史学的 30 年》英文版 *Thirty Years of Chinese History Studies*, Edited by Zhang Haipeng, Translated by Li Wenzhong and Wu Jinshan，由中国社会科学出版社和美国 M·C·M Prime 联合出版。

9 月，在友谊宾馆出席纪念中国人民抗日战争暨反法西斯战争胜利 70 周年国际学术讨论会。受中组部邀请出席"九·三"天安门大阅兵，在西观礼台就座。在重庆出席中俄纪念中国抗日战争和世界反法西斯战争胜利 70 周年国际学术讨论会，致开幕词，俄罗斯历史学会秘书长彼得罗夫宣读俄罗斯历史学会主席兼国家杜马主席纳雷什金贺信，周勇代表中共重庆市委宣传部致辞。出席中国人民大学主办"戴逸与清史研究"学术座谈会，祝贺戴逸同志 90 诞辰。代表中国史学会和近代史研究所致贺辞，教育部副部长郝平出席。在《求是》杂志社影视中心接受采访，谈抗日战争对世界反法西斯战争的贡献及抗日战争中两个领导中心问题。在社科院老干局主办的报告会上做纪念抗战胜利 70 周年报告，谈如何认识"二战"以及如何认识共产党是中流砥柱问题，刘红局长主持。在四川省社科院出席"学习习近平总书记纪念中国人民抗战暨世界反法西斯战争胜利讲话精神与《四川抗战全史》《四川抗战文化研究丛书》出版座谈会"，就下大力气研究抗战史做主题发言。在四川社科院讲"从国际视野看抗日战争历史"的演讲，谭继和主持。在建川博物馆看那里收藏的学部军宣队总指挥余震档案，涉及军宣队"清查五一六反革命阴谋集团"案有关文件。在京出席《中国纪检监察报》"历史与媒介：新形势媒体历史文化报导策略暨《历史周刊》筹备研讨会"。《北京日报》发表《代表了人类正义的回声——学习习近平同志关于抗战历史的重要讲话》。《人民日报》在"今天我们如何纪念抗战"栏发表《下大力气推进抗日战争史研究》。

10 月，国庆第三天与玉清到天安门广场体会国庆气氛。出席教育部基础教育二司主持的语文、德育、历史三课教材审定会。出席《光明日报》与中国史学会联合主办的学习习近平总书记致第 22 届国际历史科学大会贺信"新时期史学功能与史学家担当"座谈会，与陈祖武、瞿林东、于沛、陈扬勇、邢广程、卜键、张星星、汪朝光、李红岩、彭卫、杨共乐、孟广林先后发言。在成都市委宣传部主办的金沙讲坛讲《从国际视野看抗日战争历史》，出席成都市 2015 年社会科学联合会学术会议，在会上讲第二次世界大战历史的宏观反思问题。在广州出席抗战胜利与台湾光复 70 周年学术讨论会。在梅州嘉应学院出席"客家人与抗战"学术论坛。在社科院出席中央第一巡视组巡视中国社会科学院动员大会。《光明日报》发表《中华民族走向民族复兴的起点》。

11 月，在郑州出席中国史学界第九次代表大会，代表中国史学会做工作报告，这次大会产生了中国史学界第九届理事会，以及会长、副会长。李捷担任会长，正式卸任第八届理事会会长。在南京出席南京出版社组织的"南京传世名著"专家评选会。在中山市出席中国孙中山研究会第三届理事会，报告第三届理事会工作，选举熊月之任会长，正式退出会长。《光明日报》发表《中国历史学家要有时代担当》。

12 月，在社科院出席李培林副院长主持的社科院创新工程 2015 年度重要成果评审会。在本所出席重庆出版集团举办的日本远东战争罪行丛书出版座谈会。在社科院老干局出席离退休科研人员申请科研项目和出版资助评审会。出席教育部马工程办组织的《中国史学史》教材评审会。在广东清远市出席暨南大学近代中国研究中心与社科院近代史所政治史研究室联合主办的"近代中国制度变迁暨近代历史研究的拓展高峰论坛"。在复旦大学历史系讲第 22 届国际历史科学大会的申办和筹备情况。在复旦大学历史系主持马忠文博士论文答辩，马忠文的指导教授金冲及出席，答辩委员还有姜义华、熊月之、潘振平、章清。为谭世宝《马交与支那诸名考》作序，该书由香港出版社出版。《台湾通史的撰写及理论方法问题》一文收入《当代中国台湾史研究》，中国社会科学出版社出版。

2016 年 1 月，出席第九届内地与香港课程交流会，在北京市五中观摩历史课教学。在中国地图出版社出席外交部、教育部、国家测绘地信局办的中小学历史地图教材会议。在福建师范大学闽台区域研究中心出席中国海域史第三次工作会议。

2 月，应国家新闻出版广电总局电视剧司要求，写出长篇电视剧《孙中山》剧本审读意见。

3 月，接待中新社、央视记者谈孙中山诞辰 150 周年摄制纪录片事。在北京市文史馆与创作清末民初北京城市社会风貌画作的画家汪光华就创作背景交换意见。出席"中华思想通史"第 15 次编委会议。在人民教育出版社出席部颁初中历史教材审稿会，教材由齐世荣总主编。与卜宪群随中国社会科学出版社访问美国，郭沂纹为团长，此行访问了南加州大学东亚系，赠送了《中国历史学 30 年》英文版，在西雅图美国亚洲年会期间，访问了与会的哈佛燕京学社马小鹤、芝加哥大学图书馆吴嘉勋，以及周锡瑞、艾凯等。为社科院边疆所青年学者吕文利著《丝路记忆——"一带一路"历史人物》作序，该书在人民出版社出版。《抗日战争研究》第 1 期刊出《〈抗日战争研究〉创刊推动了抗日战争历史的学术研究——〈抗日战争研究〉创刊记》。应邀为《澳门理工学报》（人文社会科学版）"孙中山研究"笔谈专栏写主持人语，撰写笔谈的有熊月之、罗福惠、王杰、桑兵、刘维开、深町英夫、裴京汉等。

4月，在台北出席中国近代史学会主办、"国史馆"承办的"互动与新局：三十年来两岸近代史学交流的回顾与展望讨论会"，宣读论文。接受国家社科规划办聘请担任抗战专项研究工程学术委员会委员。在京出席中宣部理论局召开的为纪念建党95周年准备的文献电视片《筑梦路上》电视台本审看会。在人民教育出版社出席中学历史教材专家审议组会议，任组长。《人民日报》海外版以《这本书用人物展现丝绸之路历史》发表为吕文利书写的序。载有所作总序的"抵御外侮——中华英豪传奇"丛书在南京出版社出版。

5月，在陕西师大历史文化学院讲钓鱼岛与琉球问题，主持陕西师大国家社科基金重大项目"陕甘宁边区制度史研究"开题报告暨学术讨论会。出席并主持国家社科基金中国历史项目评审会议。博士生翟金懿的博士论文通过答辩，本系学位委员会推荐为优。在山东大学马克思主义学院讲中国近代史研究的几个问题，在山大历史文化学院出席谭世宝著《马交与支那诸名考》新书发布暨座谈会。

6月，出席国家社科规划办主办的抗战研究专项工程评议会。接受中宣部理论局委托，承担"台湾人民抗日史"研究与写作，作为马工程的一项任务。出席国家清史编委会第九次会议。应茅家琦先生要求为南京太平天国博物馆编《太平天国资料汇编》写序。近代史研究所编辑的 *Journal of Modern Chinese History*（英国 Routledge Taylor & Francis Group 出版发行）发表了我关于第二次世界大战的两个起点的论文 The Two Starting Points of World War II: A Reexamination from A Global Perspective。《中国纪检监察报》发表记者采写的《历史研究要以马克思主义中国化的正确方针为指针》一文，还插了我为该报的题词：

7月，出席维也纳大学汉学系举办的一次圆桌会议，魏格林教授主持，主讲人演讲1968年德国学运；出席该系举办的"从多维度探讨毛泽东传纪编纂法"国际学术讨论会，与会学者约30人，魏格林教授主持。与金冲及、潘佐夫等发表演讲，次日科隆大学文浩（德国人）、加拿大不列颠哥伦比亚大学齐慕实、南京大学沈卫威、北京大学赵白生分别演讲。在北京文史馆出席"新聘市政府参事室文史馆馆员聘书颁发仪式暨市政府参事室文史馆馆员座谈会"，北京市长王安顺出席。出席国家清史编纂领导小组、国家清史编纂委员会联席会议，文化部部长雒树刚传达习近平总书记关于清史编纂的批示。《人民日报》发表《推进我国史学话语体系建设》。《光明日报》发表《努力建设哲学社会科学的基础学科——历史学》。

8月，在军事科学院出席军科院主持的《中国抗日战争史丛书》编写工作会议。在承德出席河北师范大学主办的"清代的府县"学术研讨会，在致辞中谈及清代府县研究的意义。出席中华思想通史第20次编委会议。召开《台湾人民抗日史》第一次编写工作会议。在江苏人民出版社出席《中国近代通史》修订版合同签署仪式，代表修订组在合同上签字。在所内主持李皓博士后报告评审会，李细珠是合作指导教授。《从历史经验说我国面临的机遇与风险》在《济南大学学报》刊出。《方志学领域的突出贡献——读〈汶川特大地震抗震救灾志〉》在《中国地方志》发表。

9月，在西黄寺藏语系高级佛学院商编写中初级中国近现代史教材事。在上海交通大学徐汇校区出席"日本战犯审判文献征集、整理与数据库建设开题报告会暨上海交通大学与中国第二档案馆合作框架签约仪式"。与玉清在长安大戏院观看武汉汉剧院演出《宇宙锋》。在济南出席义和团研究会理事会议暨"义和团与世界"学术规划与研讨会。在上海参加孙中山诞辰150周年学术研讨会论文评审会。台北《观察》杂志刊出《国史馆禁止大陆学者查档是开两岸交流的倒车》的评论。

10月，与玉清在长安大戏院看中国戏曲学院青年研究生班演出的

《白蛇传》。中国抗日战争史学会召开第六届代表大会，选出王建朗为会长，高士华为秘书长，与金冲及、何理等被选为顾问。出席抗日战争的历史回顾与展望座谈会。接受江苏人民广播电台采访，谈海峡两岸学术界有关孙中山研究。应我国驻马来西亚槟城总领事馆邀请，在槟城华人大会堂出席总领馆主办的孙中山诞辰 150 周年纪念大会。在武昌东湖南山乙所洪湖厅出席辛亥革命 105 周年国际学术谈论会。《光华日报》（槟城）发表在槟城纪念大会上的讲话：《槟城华侨华人对祖国历史做出了历史性贡献》。河南《寻根》杂志刊出《孝感〈王氏族谱〉考（一）》。

11 月，接受中国新闻社《孙中山》文献片采访。出席"中国达州巴人文化研讨会"，发表关于巴人文化的四点意见。出席近代史所与社会科学文献出版社联合主办的"两岸新编中国近代史"学术座谈会。在中山公园出席新星出版社举办的尚明轩《孙中山图文全集》出版座谈会。在中山市出席孙中山研究会理事会，出席纪念孙中山诞辰 150 周年国际学术讨论会，在会上提出关于孙中山民生主义内部矛盾的学术报告。《南方周末》记者来采访，谈与台湾中国近代史学界的联系。应季我努学社范国平邀请，在朝阳区图书馆讲孙中山民生主义的现代意义。全国政协《纵横》杂志刊出于洋采访整理的《同根同源，开门见"山"——回忆 90 年代初两岸孙中山研究交流往事》。广东人民出版社出版胡波主编《孙中山研究口述史——京津卷（下）》，收入采访我的《孙中山研究口述史》。

12 月，在厦门出席社会科学文献出版社操办的"《台湾大陆同乡会文献汇编》数据库第一次学术委员会暨福建文献上线仪式"。在近代史所出席本所档案馆开办三年座谈会，马忠文主持，王汝丰、王晓秋等人与会。接受新华社记者采访谈特朗普上台后中美关系和美台关系。在厦门市委党校出席中国史学会主办的"当代马克思主义史学理论论坛"，李捷、高翔分别致辞，做发言。在福州出席"中华思想通史高峰论坛：唯物史观视域下的思想史研究"，王伟光讲话，就孙中山民生主义理论体系内在矛盾和孙中山的阶级观点问题做了发言。出席中国社会科学院台湾史研究中心换届会议，做工作报告，产生第二届理事会，李培林任理事长，与王建朗任副理事长；继续任中心主任，汪朝光、金以林任副主任，李细珠、褚静涛任正、副秘书长。湖南社科院《湘学研究》第 2

期发表《21世纪的视角：毛泽东的传记和毛泽东的影响》，这是提交维也纳大学毛泽东传记研讨会的论文。成都《中华文化论坛》发表《有关巴文化的一点感想》，这是根据达州巴文化会议即席发言整理的。

2017年1月，接受《人民日报》新媒体记者电话采访谈国际话语权问题。在澳门饶宗颐学艺馆出席谭世宝主席的澳门历史宗教文化研究会主办的"天下为公·孙中山的中国梦与澳门"，纪念孙中山诞辰150周年专题学术报告会，做了《孙中山的中国梦及民生主义的现实意义》的学术报告。澳门《市民日报》第4版头条发表《张海鹏：民生主义堪启迪中国梦》。

出席《抗日战争研究》编辑部召开的八年抗战与十四年抗战学术座谈会，与会者对十四年抗战概念多不理解。写成《"十四年抗战"概念取代"八年抗战"概念，远非史学界共识》一文，送王伟光院长，《中国社会科学院要报》已送中办和中宣部。29日上午9点红色文化网发表我写的上述文章，题目改为《对教育部〈通知〉的质疑》，当天在互联网和微信朋友圈里刷屏，下午5点屏蔽。《人民日版》在"大家手笔"栏发表《清代府县历史研究大有可为》。

2月，中国社科网载"今年最具影响力的30位马克思主义学者"已经学术团体评出，列名其中。完成修订《中国近代通史》第一卷，发出版社。在国台办大楼出席海峡两岸关系研究中心兼职研究员会议，听国台办主任做对台关系报告。《团结报》微信号将我10年前写的《深入研究"二二八事件"，正确判断"二二八事件"的性质》一文转发，网络转载很多。《河北学刊》刊出去年在武昌会议的文章《辛亥革命是推动中国历史大踏步前进的重要动力》。《福建日报·理论周刊》发表《推进中国历史学话语体系建设》。河南《寻根》刊出《孝感〈王氏族谱〉考（三）》。

3月，访问曲阜师范大学，与研究生谈话，出席历史文化学院座谈会谈科研方向问题。在近代史所召开与翟金懿合作编著的《简明中国近代史读本》《简明中国近代史知识手册》书稿审读会两次，第一次有罗敏、李在全、唐仕春、任智勇、赵庆云、冯琳、翟金懿、刘志兵出席；第二次有曾业英、姜涛、王也扬、崔志海、李细珠、杜继东、金以林、郭沂纹、刘志兵、吴丽平、翟金懿出席。《朝日新闻》沈阳记者站记者平贺来采访，谈"十四年抗战"与"八年抗战"问题。在远望宾馆出席教育部"普通高中课程标准审议会"，陈宝生部长讲话，作为历史课标审议组组长主持了历史课标审议组会议。在国家新闻出版广电总局电视剧司出席电视剧《孙中山》审片会议，电视剧司原司长李金生主持，与李准等先后发表意见，会议一致否决了这部电视剧。在人民大会堂重庆厅出席福建师范大学举办的《台湾文献汇刊续编》首发座谈会。在山东大学历史文化学院召开《简明中国近代史读本》《简明中国近代史知识手册》书稿审读会，与会者中陈尚胜、赵兴盛、苏位智、胡卫青、徐畅、朱修春、贾国静、崔华杰、孙一萍、刘大可、孙占元、王凤青，王育济、刘家峰提交了书面发言，给山大历史学院研究生讲抗日战争历史的几个问题。社科院马研院主办的《思想家评论》（*International Critical Thought*）发表"The Treaty of Shimonoseki, the Diaoyu Islands and the Ryukyu Issue"，英国 Routledge Taylor & Francis Group 出版发行。

4月，在成都锦江宾馆出席"丝绸之路与天府之国"学术讨论会，作《为"一带一路"提供历史根据》的主旨发言。在西藏大厦出席香港历史课纲学术交流会，香港方面有梁元生、麦劲生及香港教育局首席助理秘书长等。在南京出席《钓鱼岛问题文献集》首发暨学术座谈会，与刘江永、张宪文做主旨发言。在南京大学历史学院讲有关抗日战争的几个问题。在京出席教育部召开的统筹推进世界一流大学和一流学科建设专家委员会全体会议，由教育部、财政部、国家发改委联合提出委员名单，韩启德为主任委员，教育部部长讲话。《中华读书报》发表《一份日本侵华的"自供状"》，这是为山东画报出版社翻译出版卢沟桥至珍珠港事变期间的日本《中国事变画报》写的序言。重庆出版社出版《台湾光复史料汇编》（共六编，每编一册），任主编。

5月，主持汪小平博士论文答辩。在京西宾馆出席构建中国特色哲学社会科学工作座谈会，刘云山讲话。主持2017年社科基金中国历史项目申请评审会。收到王伟光院长、金冲及同志分别为《简明中国近代史读本》写的序言。出席国家清史编纂领导小组、国家清史编纂委员会会议，文化部部长雒树刚讲话。《光明日报》在"光明讲坛"发表《为"一带一路"建设提供历史根据》，这是依据上月在成都丝绸之路会议上的主旨发言改成的。周溯源、赵剑英主编《中国社会科学院学部委员学术自传》在中国社会科学出版社出版，其中《历史学部卷》（下）收入我写的《学术人生——我的理想与追求》。

6 月，在京出席教育部马工程办为瞿林东主持的《中国史学史》教材审稿会，顾海良主持。在国家新闻出版广电总局出席重大革命历史题材专家委员会，电视剧司司长毛羽主持，田进副部长总结。闻悉日本岛根县立大学前校长宇野重昭仙逝，写《挽宇野重昭文》发岛根县立大学。与玉清在长安大戏院观看北方昆剧院演出《玉簪记》。接受英国《每日电讯报》记者电话采访谈佟麟阁将军是抗战爆发后牺牲的第一个将军，涉及"十四年抗战"引发的问题。在澳门培正中学礼堂出席澳门政府教育暨青年局主办"历史教学分享交流会"，我主讲澳门中学应开设中国近现代史课程问题。翻阅《中国海域史·黄海卷》，提出若干修订意见。出席世界史所张顺洪召集的高中历史教材调研组讨论会。在河北大学新校区图书馆出席河北雄安新区管理委员会、河北省文化厅主办的"雄安新区历史文化与遗产保护座谈会"。在京出席社科规划办主持的抗战专项工程汇报会。中央党校《学习时报》发表《向开国领袖学工作方法——读金冲及〈向开国领袖学习工作方法〉》。《跨过台湾海峡实现双向交流之旅——记 1992 年 5 月赴台北"黄兴与近代中国"之会》，收入吕芳上主编《春江水暖——三十年来两岸近代史学交流的回顾与展望（1980s–2010s）》，台北世界大同文创股份有限公司版。

7 月，在北师大出席山东画报出版社与北师大历史学院主办的《日本侵华的自供状——中国事变画报》出版座谈会。在浙江大学紫金港校区出席全国台联、海峡两岸交流中心、台湾大陆地区高校学生协会联合主办的大陆台生硕博士"复兴之路"（浙江）暑期研习营开营式，开讲第一讲"近现代中国的历史命运与两岸关系"。中评社记者束沐在中评网连续报道采访：《张海鹏答中评：不应泛政治化　更勿触碰底线》《抗日起始点追溯到甲午战争？张海鹏：可讨论》《国民党到底带了多少黄金赴台？史学名家揭秘》。在南京紫金山庄紫金厅出席"中华民族的抗日战争史"学术研讨会，会议由中国抗日战争史学会与台湾中华民族抗日战争纪念协会联合主办，郝柏村与会并致辞。在京出席纪念全面抗战爆发 80 周年国际学术讨论会，就抗战中的两个领导中心与八年抗战、十四年抗战的关系做了主旨发言。接受台湾《联合报》记者电话采访，对台湾中学历史教科书不讲《开罗宣言》做了分析。给教育部课程中心撰写澳门中学加强中国近现代史教育的想法。翻阅《中国海域史·渤海卷》，提出了修订意见。教育部教材局通知，经国家教材委员会批准，与徐蓝共同担当高中历史教材总主编。出席"双一流"大学建设专家委员会第二次会议，通过第二次会议议事规则和高校建设方案审议咨询要点，分组审查，大会通过评审意见。

8月，就《台湾人民抗日史》研究工作进展给马工程办写了一份报告。完成"2017年版统编高中历史教材编写方案"撰写。出席教育部召开的普通高中三科教材编写工作启动会议，教育部课程中心刘月霞副主任主持了历史教材编写指导组和编写组全体委员会议，与徐蓝先后报告历史课标修订、高中历史教材编写方案，指导组组长李捷、马敏发表了意见。在中国美术馆出席北京市文史馆主办的北京重大历史题材美术作品展开幕式。翻阅《中国海域史·南海卷》，提了修订意见。在人教社出席高中历史教材编写组会议，讨论通过中外历史纲要大纲框架，分别讨论世界史提纲和中国史提纲。《光明日报》发表《一部"索我理想之中华"的奋斗史——〈留学生群体与民国的社会发展〉略谈》，这是为周棉的书写的序言。

9月，在西藏大厦出席教育部教材局召开的专家委员会，主持人说明这是为国家教材委员会下属思想政治委员会、马工程委员会遴选委员。翻阅《中国海域史·东海卷》，提出修订意见。翻阅台湾湖北文献社编纂的五十周年纪念专刊，李庆安写的五十年总结"反独"立场明确，乃承嘱写序。出席高中历史教材编写、指导组全体会议，报告编写大纲形成过程。讨论中有不同意见，主要涉及社会形态问题的处理，指导组、编写组主要负责人主张写入社会形态。接受湖北电视台有关辛亥革命历史研究的采访。与玉清在长安大戏院观看京剧《举鼎观画》《恶虎村》，这是纪念谭鑫培诞辰170周年谭富英诞辰111周年系列展演。主持高中历史教材编写组会议，讨论中国古代史、中国近现代史、世界史各单元编写大纲，已趋于成熟。在河北师范大学出席河北师大、复旦大学等主办的"第四届中国金融史国际学术讨论会"，做了主题报告。翻阅《中国海域史·总论卷》，提了修订意见。在人民大会堂出席"十月革命与中国特色社会主义"理论研讨会，王伟光主持，刘奇葆讲话。编制《中外历史纲要各课分工情况》，分发编写组成员，开始进入课程编写。在教育部出席香港中国历史修订课程咨询会。《刘大年全集》在湖北人民出版社出版。

10月，在遵义师范学院讲抗日战争历史研究的几个问题，出席中国社会科学院台湾史研究中心举办的台湾历史与两岸关系国际学术讨论会。在湖南师范大学至善讲堂讲抗日战争历史研究的几个问题，与玉清参观韶山、花明楼，出席"中外条约与近代中国"国际学术讨论会，在湖南社科院历史所讲抗日战争历史研究的几个问题。《建设哲学社会科学的基础学科，推进中国历史学国际话语权》收入中国社会科学院马克思主义研究学部编《30位著名学者纵论哲学社会科学》，中国社会科学出版社出版。

11月，在人民大会堂听中央政策研究室副主任、中宣部副部长王晓晖做十九大后中央宣讲团第一次宣讲十九大精神。在康铭大厦出席中宣部理论局召开的马工程重点教材修订工作会议。在大成路九号宾馆主持马工程重点教材《中国近代史》修订组学习活动，制定修订工作规划和原则。出席马工程重点教材修订工作启动会。在北师大历史学院出席中国史学学科硕博士授权点评估会议，任专家委员会主席。在金龙潭酒店主持高中历史教材世界史部分、中国史部分的修改会议。在山东大学历史文化学院出席博士论文答辩，兰波博士论文通过答辩。在山东大学历史文化学院就马工程中国近代史教材教学使用情况做调研，郑师渠、赵庆云、董佳同行。

12月，在近代史所出席唯物史观与民国学术及社会发展学术讨论会，李捷主持，王伟光致辞。在辽宁大学历史文化学院做中国近代史教材使用情况调研，郑师渠、董佳同行。在河北大学历史文化学院、广西师范大学历史文化学院、湖南师范大学历史文化学院做中国近代史教材使用情况调研，赵庆云、董佳同行。收到陈谦平和吴景平分别发的四川师范大学和浙江师范大学历史文化学院调研纪要，形成调研总报告。在安徽大厦召开马工程中国近代史教材修订组会议，讨论形成中国近代史修订说明和报审提纲。《人民日报》在"大家手笔"栏发表《从货币金融史中汲取智慧》，在"构建中国特色哲学社会科学"栏发表《史学在建设社会主义现代化强国中大有可为》。《学术人生——我的理想与追求》在《江苏师范大学学报》发表，此次发表较前略有增补。台湾《远望》杂志发表《超越党争 共倡统一——贺台湾〈湖北文献〉50周年》，本文是为湖北文献社所编《八千里云月 五十载乡情》所作的序。

2018年。1月。在人民大会堂东大厅出席纪念胡绳同志诞辰100周年座谈会，俞正声出席。出席《中华思想通史》编委会会议。在中宣部综合楼出席学习宣传贯彻习近平新时代中国特色社会主义思想系列研讨会首场研讨会，夏伟东主持，中央党校、中央文献研究室、社科院、人民日报社、北京市委宣传部等负责人和新华网、清华大学与延安大学学生讲师团代表发言，黄坤明部长讲话。审看高中历史教材中国史、世界史部分初稿，就高句丽、朝鲜、蒙古西征、16 世纪白银输入诸问题提出修改建议并征求有关学者意见。按马工程重点教材《中国近代史》修订组分工，初步完成导论部分的修订，增加约 2000 字，同时就全书若干不合适之处做了修订。编写《中国近代史》教材地图目录和插图目录。与翟金懿合著《简明中国近代史读本》在中国社会科学出版社出版。在教育部教材局会议室出席初中历史教材审议会议，人教社根据几个单位的审议意见对中学历史课本有关"文革"课文做了修订，与会专家对这些修订进行审查。

2 月。起草关于高中历史教材选择性必修课编写体例的意见，准备提交下次编写组会议讨论。收到百度人事总监送来百度新产品 Raven H 智能音箱一件，接电上网后，可呼唤小度小度，语音回答以百度为依托的各项知识，也算是人工智能的运用吧。为国家开放大学审阅中国近代史微课堂课文，每课时长 5 分钟。在线装书局出席"民国故籍整理出版启动座谈会"。翻阅香港现代出版的初中中国历史教材 3 册，对港版初中历史教材有了一点了解。主持高中历史选择性必修课编写体例讨论会，形成了编写体例的基本意见。藏传高级佛学院副院长扎西来访，就我们承担的藏传中初级佛学院中国近现代史教材修订达成共识。在曲阜师范大学历史学院出席该院社科基金申请书讨论会。春节期间看完了汪朝光发来《中国近代通史》第 10 卷修改稿和马勇为第 4 卷补写的关于"庚子中国国会与自立军事件"的内容，写了《中国近代通史》再版前言，发给江苏人民出版社。看完北大尚小明教授新著《宋案重审》，连连点赞。我在微信里给尚小明写了读后感："读完大著《宋案重审》，极为钦佩！这不是法律的重审，而是学术的重审，价值极大。史料宏富，考证精详，结论可靠。把宋案与刺宋案分开来讨论，极具眼光。最后一章对学术界几种观点的评论，我极表赞成。最后的结论：我们不应当因为袁、赵不曾主持刺宋，便否认'二次革命'的必要性和必然性，并贬低其意义。与其苛责国民党不走所谓'合法'道路，不如探求什么样的因素导致国民党再次走上'革命'道路。这是全书的点睛之笔。

与这个题目有关的问题还有帮会问题、武昌马队问题，都值得做仔细的学术研究。"与玉清飞往珠海，出席第一届珠海中国留学博物馆"学术立馆"规划研讨会，被聘为顾问委员会主任，江苏师范大学周棉教授被聘为学术委员会主任。接受留学博物馆电视采访，参观翠亨村孙中山故居博物馆，又到新会凭吊崖山古战场，参观梁启超故居。崖山归来，有诗一首：崖山悼南宋君臣死难。沧桑古战场，荫翳又徐来。惨兮君臣烈，崖门不复回。盖当日崖山海面雾气甚浓，直可体会 1279 年那场海战的愁雾惨淡，故有"荫翳重来"之句，作于新会崖山祠。《跨过台湾海峡实现双向交流之旅——记 1992 年 5 月赴台北"黄兴与近代中国"之学术讨论会》一文收入丁伟志、郭永才、张椿年总主编，刘培育、杲文川主编《中国哲学社会科学发展历程回忆》续编 1 集，中国社会科学出版社出版。《孙中山民生主义理论体系的内在矛盾——兼议孙中山阶级观点问题》在《历史研究》2018 年第 1 期刊出。

3 月。美国"台湾旅行法"通过之际，枕上哼出长短句：遥想当年，崖门海战，万千孤魂成野鬼。南明君臣尽忠忱，怎抵得，八旗狂师，扫尽海面妖雾，落得个寰宇清清，一统江山开太平。在人教社讨论高中历史教材《中外历史纲要》3 天，重点是中国史部分，主要在如何体现课标有关历史素养的要求。修改初稿完成后，人民教育出版社排成彩版白皮书，送编写指导组审查，听取指导组审查意见。学习出版社编辑来谈编辑"革命英烈"丛书事。完成马工程重点教材《中国近代史》修订初稿，为送审写出了修订说明。为李捷主持的马工程《史学概论》修订初稿，写出了审定意见。

后　记

　　十年前，我们的导师张海鹏先生七秩初度，为庆贺先生的华诞，我们编辑出版了一本纪念文集，除了当时每位学生提供一篇论文以外，还收集了先生多位海内外朋友的论文。对于这个朴素的礼物，先生颇为满意。

　　时光荏苒，十年过去了，先生迎来八十华诞，我们还像以前一样，再编一本纪念文集。这本文集主要收录每位学生近十年来的一篇有代表性的论文，大概可以反映各位学生学业的一点进步。学生学业的进步，是先生最想看到的；以此来庆贺先生的华诞，想必也是先生所乐于接受的。

　　这本文集共收录先生25位学生的25篇论文，大都已发表，有几篇未刊稿。这是各位学生向先生略表敬意的学业汇报。需要说明三点：一是论文排序大致按照所涉内容时间先后，也有个别篇章因内容相关而放在一起；二是每篇论文首页注明作者从先生问学之身份类别（硕士/博士、博士后、访问学者），以及现在任职单位/职称；三是已刊论文在文末注明原刊出处，未刊则不注明。

　　非常感谢先生慨允我们把他的一份学术人生自述置于文集之首。先生的自述言简意赅，涵括生活经历、学术事业、思想境界和人生感悟多个方面。我们还在文集后面附录两篇文稿：其一是李细珠、张志勇、赵庆云2009年对先生的访谈录，其二是先生自订年谱简编。先生的自订年谱详近略远，尤其近十年纪事较多，正好与访谈录相互补充。这些均有助于了解先生的生活状况、治学精神与理想追求。

　　这本文集由李细珠、赵庆云主编，学兄杜继东多所谋划，张志勇、冯琳、郝幸艳、徐鑫做了部分编校工作。

社会科学文献出版社总编辑杨群先生和近代史编辑室主任宋荣欣女士对这本文集的出版给予了大力支持，责任编辑李期耀、楚洋洋、吴丽平、李蓉蓉也付出了大量心血，我们对此深表感谢。

李细珠　赵庆云

2018 年 1 月 25 日

图书在版编目（CIP）数据

张海鹏先生八秩初度纪念文集 / 李细珠，赵庆云主
编 . -- 北京：社会科学文献出版社，2018.5
ISBN 978 - 7 - 5201 - 2521 - 5

Ⅰ . ①张…　Ⅱ . ①李…　②赵…　Ⅲ . ①中国历史 - 近
代史 - 文集　Ⅳ . ①K250.7 - 53

中国版本图书馆 CIP 数据核字（2018）第 064879 号

张海鹏先生八秩初度纪念文集

主　　编 / 李细珠　赵庆云

出 版 人 / 谢寿光
项目统筹 / 宋荣欣
责任编辑 / 楚洋洋　吴丽平　李蓉蓉　李期耀

出　　版 / 社会科学文献出版社 · 近代史编辑室（010）59367256
　　　　　 地址：北京市北三环中路甲 29 号院华龙大厦　邮编：100029
　　　　　 网址：www. ssap. com. cn
发　　行 / 市场营销中心（010）59367081　59367018
印　　装 / 三河市东方印刷有限公司

规　　格 / 开　本：787mm × 1092mm　1/16
　　　　　 印　张：41.25　字　数：675 千字
版　　次 / 2018 年 5 月第 1 版　2018 年 5 月第 1 次印刷
书　　号 / ISBN 978 - 7 - 5201 - 2521 - 5
定　　价 / 198.00 元

本书如有印装质量问题，请与读者服务中心（010 - 59367028）联系